창비신서 147

지배와 이성

정치경제, 자연환경, 진보사상의 재구성

황태연 지음

창작과비평사

1996

머 리 말

17~18세기의 계몽기획은 원래 수리적·실험관측적 과학개념에 의해 탈(脫)신비화된 자연의 합리적·기술적 이용에 기초를 둔 경제적 생산이념, 중세의 우주론적·자연질서적 정치제도론에 대항하여 공론적 합의와 시장경쟁적 균형에 의해 확증되는 합리적 인간행위의 구성물로 세속화된 국가사회이념, 해와 달과 계절의 운행처럼 반복·회귀하는 중세의 자연사관에 대항하여 궁극적 인간해방을 겨냥하는 유토피아적·목적론적 진보사관 등 자연, 사회, 역사의 세 측면에 대한 새로운 논박적 근본명제를 담고 있었다. 하지만 이 계몽기획은 낮에는 잠자고 밤에는 무도회에서 호화방탕한 생활을 하는 귀족적 비생산성의 상징인 드라큘라적 봉건성채에 대항하여 실리주의적 '목적합리성' 또는 생산적 효율성을 추동하는 단순한 합리화 기획에 그친 것이 아니라 동시에 이에 대한 자기반성적 비판기획도 아울러 내포하고 있었다. 즉, 포스트모더니스트들이 계몽기획의 기안자들을 합리주의의 순진한 열광분자들로 억측하는 것과는 달리 디드로(D. Diderot), 메르씨에(L.-S. Mercier) 등 수많은 계몽사상가들은 계몽기획이 공동선적 목적을 넘어 비이성으로 반전될 수 있는 위험에 대해서도 이미 우려하고 있었던 것이다. 근대 이성에 대한 이러한 반성적 우려와 회의는 교조적 합리주의를 비판하는 칸트(I. Kant)의 이성비판과 자기반성적 계몽이념, 즉 '계몽의 계몽' 이념으

로 종합됨으로써 근대 계몽기획은 이념적으로 완성된다. 그러나 이 순수하고 자기반성적이던 계몽기획은 현실 속에서 자본기제와 강제 결합되면서 미상불(未嘗不) 비이성(지배·궁핍·전쟁)을 확대재생산하는 기획으로 "혁명적 대타락"(Rousseau)을 겪는다. 자본주의적 전도(顚倒) 속에서 '이성적 비이성'의 형용모순에 빠진 이 계몽기획은 헤겔(G. W. F. Hegel)에게서 열광과 회의, 비관적 자포자기와 복고주의적 반동의 양가치적 착종을 맛보고, 곧이어 맑스(K. Marx)에 의해 이론적으로 완성된 사회주의 노동운동의 '구제적 비판'(rettende Kritik) 즉 제2차 '계몽의 계몽'과 니체(F. W. Nietzsche)의 허무주의적·반(反)합리주의적 전복기도로 분화된다.

맑스와 니체에 이어 20세기 초반 베버(Max Weber)에게서 다시 포괄적으로 개시된 근대 합리성의 비판적 해부 또는 제3차 '계몽의 계몽'은 1960~70년대 이후 프랑크푸르트 학파와 푸꼬(M. Foucault)의 저작들을 배경으로 오늘날 또다시 학문과 예술을 가로질러 만개하는 제4차 '계몽의 계몽'으로 이어진다. 이 비판적 합리성 논의는 때로 다기적(多岐的)인 근대적 합리성 일반을 '기술적 합리성' 또는 '목적합리성'(Zweckrationalität)으로 단순화한 베버적 합리성 개념의 비판에 매몰되어 기술비판적 미학주의, 문화주의, 자연경건주의 경향을 띠기도 하고, 때로는 '언어유희 제국주의적'인 상징주의에 빠져든 포스트모던적 비관주의, 냉소주의, 회의주의 경향을 띠기도 한다.

하버마스(J. Habermas)가 비판적 합리성 논의의 이러한 전반적 단순화 편향을 비판하면서 아도르노(T. W. Adorno)와 푸꼬에 대항하여 근대적 합리성을 규범적 합리성과 연출적(미학적) 합리성 외에 노동행위의 "도구적 합리성", 투쟁과 경쟁행위의 "전략적 합리성", 의사소통적 행위의 "소통적 합리성"(kommunikative Rationalität) 등으로 대별하고 소통적 행위와 생활세계의 이론을 체계화함으로써 아렌트(H. Arendt)처럼 노동에 대해 소통적 행위의 우월적 지위를 구조화한 '은밀한' 네오아리스토텔레스주의를 추구하고 있음은 주지의 사실이다. 하버마스가 근대와 더불어 발전하고 그럼으로써 근대를 봉건시대와 구획한 합리성들을 다양하게 구분한 것, 그리고 근대에는 맑스가 극적으로 강조했듯이 노동의 생산력(도구적 합리성)만이 폭발적으로 발전한 것이 아니라 대중들이 말하고 표현할 자유의 소통적 이성도 획기적으로 확대되었다는 그의 비판적 지적은 본질적으로 정당한 것이다. 하지만 그가 전략적 합리성과 소통적 합리성 간의 상극성은 강조해 마지않으면서도 가령 '도구적 행위'로 축소된 '인간적 생명활동'으로서의 노동의 생산성과 지배전략적 합리성은 한낱 타협 가능한 '차이'만을 보일 뿐인 동일한 '목적합리성'의 쌍생아쯤으로 간주한 것은 역사해석마저 바꿔놓을 수 있는 프랑크푸르트 학파 전통의 근본오류이다. 강제 없는 자유로운 상태에서만 극대화될 수 있는, 따라서 단순히 '도구적 합리성'으로 환원될 수 없는 인간적 노동의 생산성과 최소의 지배비용으로 최대의 지배효과를 노리는 자본의 지배합리성 간에도 근본적인 갈등과 상극성이 개재되어 있기 때문이다.

하버마스는 1세대 프랑크푸르트 학파가 니체의 영감하에서 베버로부터 차용하여 비판적으로 사용한 '목적합리성' 또는 이를 더욱 부정적으로 변용(變用)한 '도구적 이성' 개념의 미분성(未分性)을 올바로 비판하였지만, 스승세대와 마찬가지로 애매하게 노동과 지배를 싸잡는 이 자유주의적 '목적합리성' 개념의 강력한 유혹하에 노동의 생산력과 지배의 전략적 합리성이, 독일에서 나찌와 프롤레타리아가 그랬듯이 본질적으로 타협 가능하고 또 실제로 타협한 것으로 전제하고 인간적 노동에서 분출될 수 있는 비판적 이성능력에 대한 모든 기대를 포기한 것이다. 그리하여 하버마스가 호르크하이머(M. Horkheimer), 아도르노, 마르쿠제(H. Marcuse)를 여러 각도에서 비판하고 있음에도 불구하고 큰 구도에 있어 그의 비판이론은 아도르노가 "노동과 지배의 갈등선"을 폐기하고 자본주의적 지배에 대한 미학적 비판으로 선회하였듯이 소통적 이성의 관점에서 지배를 비판하는 소통 패러다임("소통과 지배의 갈등선")으로 선회하여 '인간의 생명활동'(Marx)이기도 한 대중의 노동행위를 '비사회적' 성격의 '도구적 행위'로 격하, 사회이론에서 추방하고 있다. 물론 하버마스가 소통적 행위, 생활세계 및 공론장 이론을 체계화함으로써, 전(前)근대의 종교형이상학적 권위뿐만 아니라 초기근대적 계몽기획에 내재된 형이상학적 잔재로서의 천부적 인간본성(human nature) 테제마저 해체된 오늘날의 탈(脫)형이상학 시대에 개인의 아이덴티티와 공동체적 유대를 반동적 신비주의로 퇴행시키지 않고 이성적으로 새로이 정초하는 데 공헌했음은 부정할 수 없다. 하지만 하버마스가 이러한 개별부문들에서 이룬 학문적 업적을 추호도 부정할 의도 없이 그의 방법론적 이론구도에 대해 이같이 비판하는 것은 가능하고 또한 필수적인 것이다. 그는 아도르노의 미학적 미메시스(Mimesis) 행위 대신 그 자리에 '소통적 행위'를 위치시키고 노동에 대한 소통적 이성의 '독재체제'를 구축한 셈이기 때문이다. 옛말에 '수양산 그늘 강동 80리 간다'는 말이 있듯이 하버마스는 스승들의──여기서는 그릇된──그늘을 결국 탈피하지 못한 것이다.

더구나 하버마스의 이 새로운 소통 패러다임 구도 속에서는 스승들의 이론체계에서 찾아볼 수 없던 요소가 끼여들었다. 생활세계를 압박하는 자본체계의 과잉합리화에 대한 소통이성적 비판이라는 '비판답지 않은 비판'(unkritische Kritik)의 구실하에 자본비판이 사실상 제거되었을 뿐만 아니라 '체계합리화'의 일정한 한계 내에서는 자본주의 자체마저 정당화되었다. 하버마스류의 비판이론에 은닉된 이런 체제보수주의는 노동자대중 대신 대학생들과 지식인집단을 비판적 변혁주체로 설정한 스승들의 빗나간 비관주의적·초(超)좌익적 자본주의 비판에 대한 잘못된 반동에서 유래한 것이리라.

아무튼 하느님도 실수하던 1920~30년대의 대공황 언저리에서 나찌에 기만당한 노동자대중의 실책을 너무 원망한 나머지 노동 일반을 '도구적 행위'(instrumentales Handeln)로 격하시켜 개념적으로 지배와 동일시한 이론적 오류는 나찌에 쫓겨 망명의 불운을 체험한 호르크하이머, 아도르노, 마르쿠제 등 1세대 비판이론가들뿐만 아니라 이들을 극복하려는 전후세대 하버마스와 그 아류들에게도 공통된 것이다. 이러한 오류는 프롤레타리아를 불가오류의 하느님이나 헤겔의 '절대정신'으로 생각하던, 역사적 낙담과 혁명적 희망이 교차하던 1920년대의 헤겔주의적 프롤레타리아관──루카치(G. Lukács)에게서 전형적으로 응결된──의 붕괴에 대한 절망적 반동에서 야기되었다. 교양부르조아 출신의 좌익 지식인들이 관념주의적 작업을 통해 날조한 이 헤겔주의적 노동자관의 붕괴 여파로 개시된 노동이성의 이러한 몰각과 배신은 오늘날 환경위기의 대두와 함께 '생태학적 이성'의 관점에서 경제성장, 기술발전, 생산력 진보를 비판하는 새로운 자연경건주의적 이론풍조로 인해 더욱 증폭되고 착종된 상황이다.

명색이 '맑스주의'의 가명(假名)으로 공식 학계에 정착한 '비판이론' 내에 흐르는 이러한 착잡한 이론적 조류를 감지하면서 필자의 연구와 비판의 방향은 어느덧 자명해졌다. ①노동자대중을 포기하고 관념적으로 급진적인 학생 및 지식인 집단과, 종국에는 룸펜들을 저항주체로 설정한 비판이론(마르쿠제 경우)의 비판주의적 '초좌익성', ②다른 경우라면 정열적으로 실증주의적 방법을 비판하던 프랑크푸르트 학파가, 탈숙련화된 산업노동을 비판할 수 있는 사실대항적인 (kontrafaktisch) 노동철학을 실제적 '가능태' 속에서 구성해내기는커녕 이 테일러-포드화된 산업노동을 최상의 합리적 노동형태로 수락하는 자포자기적이고 역설적인 '노동실증주의', ③나아가 호르크하이머와 아도르노의 경우는 강력한 맑스주의적 심지(心志) 속에서 억제된, 그러나 하버마스의 경우는 맑스 비판과 함께 노골화되는 베버식 '비판적 보수주의' 등을 한편으로는 프랑크푸르트 학파의 철학범주적·추상적 논의과정을 대체하는 역사적·경험적 실제분석에 의해, 다른 한편으로는 주요 정치사상들의 비판작업에 의해 해체하는 것이다.

 이 두 방향의 작업은 불가피하게 서유럽 사회의 전부문에 대한 역사사회학적 실제분석과 상호 경쟁하는 주요 이론들의 비판적 해부로 확장되었다. 그리하여 이 연구서의 일차적인 목표는 일단 유럽 자본주의, 근대국가, 기업구조, 소유 및 계급 관계, 시민사회의 역사적 발전을 동유럽 '사회주의' 사회에까지 확장하는 이론적 관점에서 정치사회학적 또는 정치경제학적으로 추적함으로써 지배기술적 합리성과 노동기술적 합리성 간의 근본적 상극관계를 밝혀 보이는 것이다. 현재의 '언어유회 제국주의적'이면서 동시에 기술물신주의적인 합리성 논의는 이런 작업을 전제로 해서야 비로소 냉소적 비관주의와 비합리주의 경향 및 자유주의적 '소통독재'를 탈피하고 '합리성의 합리적 비판'의 궤도로 올라설 수 있을 것이기 때문이다. 이 논의과정에서 베버, 하버마스, 마르쿠제, 푸꼬, 울리히 (O. Ullrich), 존-레텔 (A. Sohn-Rethel), 기타 현존 사회이론가들 및 맑스주의자들의 정치사상과 환경이론들이 분석되고 비판되고 때로 수용된다. 이 비판적 논의에서 근간이 되는 기본관점은 근대 합리성에 대한 맑스의 비판이론인바, 여기서 뜻하는 기본관점이란 동서유럽의 맑스주의자 및 사회이론가들의 이론적·개념적 오해와 역사적 편견 속에서 찌그러지고 형해화된, 또는 항간의 식자층과 딜레땅뜨들의 머리 속에 떠도는 '그렇고 그런 유형의 맑스'가 아니라 엄밀하게 문헌비판적으로 정독되고 가로세로로 통독된 '새로운' 맑스 또는 맑스 '자신'의 이론이다. 이런 이유에서 이 연구서 전반에 걸쳐 거듭 맑스 자신의 고전에 대한 탐색과 비판적 반추를 통해 여러 주요 이론가들의 오해된 맑스, 나아가 맑스 자신의 미흡성과 실책들을 교정하는 작업이 수반된다. 이에 조응하여 서유럽의 산업화 과정을 추적하면서 오늘날의 노동과정과 계급구조가 새로운 방법과 범주들로 해부된다.

동시에 신기술의 영향, 산업의 외연적 성장과 내포적 성장, 경제적 합리성(노동기술적 합리성)과 생태학적 합리성 간의 모순의 근본원인과 해소방식이 이론화된다. 이 이론화 과정은 유행하는 자연경건주의적 명제들에 대항하는 생태학적 내포화 또는 내포적 재(再)산업화 전략의 제안과 노동운동이 근원적인 환경운동의 한 기축(基軸)임을 입증하는 노동운동의 반(反)포스트모던적 복권으로 완결된다.

이 연구서의 기초가 된 것은 1991년 말에 프랑크푸르트 암 마인의 요한 볼프강 괴테 대학교(Johan Wolfgang Goethe Universität)의 사회과학부에 제출되고 1992년 초에 출판된 박사학위논문 *Herrschaft und Arbeit im neueren technischen Wandel. Zum Verhältnis der neuen Technik bzw. der neuen Reproduktionsweise des Kapitals zu Herrschaft, Arbeit und Umwelt* (PL Verlag, Frankfurt am Main/Bern/New York/Paris 1992)이다. 물론 이 연구서는 학위논문의 단순한 번역서는 아니다. 논문의 독일어본 출판 이후 과거의 오류를 반복하기도 하고 필자의 기본관점을 또다른 시각에서 보강하기도 하는 많은 논자들의 글들이 그 사이 새로이 간행되었고, 따라서 논문의 기본명제들의 관점에서 이 새로운 저작들에 대한 반응을 어떤 식으로든 보일 필요에서 여기저기 내용이 보충되었다. 또한 독일식 학술어법에 특유한 표현과 문장구조가 우리말에 맞춰 분해되고 새로 조립되었다.

이 연구서가 이런 형태로 완결되는 데는 실로 10여 년의 긴 세월이 흘렀다. 그 사이 사회주의권이 무너지는 역사적 변화가 일고 국내 정치지형도 급격히 뒤바뀌어 주요 논쟁점들은 빠르게 변해갔다. 필자는 이 긴 세월과 변화무쌍한 역사변동을 뚫고 이 연구서를 완성하고 마무리지어 출판하면서 음양의 많은 신세를 졌다. 우선 오랜 유학생활을 지원하고 믿음 속에 기다려주신 양가 부모님들께 충심의 감사를 올린다. 아울러 긴 유학생활의 고독과 강사생활의 여러 난관 속에서도 타고난 균형감각과 지혜로써 필자를 항상 북돋우고 보살피며 늘 조용히 친한 벗이 되어준 아내 명숙에게 깊은 고마움을 표한다.

이 연구서의 이론적 내용과 관련해서는 무엇보다도 필자의 지도교수였던 위르겐 리체르트(Jürgen Ritsert) 교수의 고마운 지도를 잊을 수 없을 것이다. 그는 필자의 논문 전반을 수년에 걸쳐 지도하고 논쟁하고 편달하면서 필자가 제출한 매 절의 논문 단락들을 한 줄도 빠뜨리지 않고 읽고 분석하고 비판하면서 필자를 독려하였다. 그가 매 단락마다 평가하고 체크하여 필자에게 넘겨준 논문원고들은 그의 놀랄 만한 노고의 증거이면서 필자에게는 이제 필자도 걷고 있는 대학 사도(師道)의 귀감으로서 필자의 개인적 보물인 셈이다. 나아가 그는 자신의 저작들 이곳저곳에서 필자를 최초로 독일 학계에 소개하는 역할도 자임하였다. 또한 분망중에도 수개월에 걸쳐 필자의 논문을 정독하고 필자가 대변하는 기본명제들에 대해 아낌없는 성원을 보내준 이링 페처(Iring Fetscher) 교수에게도 크나큰 감사를 표해야 할 것이다. 그는 리체르트 교수의 손을 떠나 공개된 필자의 논문을 알아준 최초의 학자이면서 동시에 필자를 촉구하여 논문의 기본명제들을 독일 학술지에 게재하는 용기를 주기도 하였다.

필자의 연구생활과 긴밀히 관계된 독일 친구들에게 진 신세도 잊지 못할 것이다. 독일인답지 않게 항상 명랑하고 말 잘하는 미하엘 힌쯔(Michael Hintz)는 논문과 관련하여 기술적으로, 그리고 문헌공급 차원에서 협조를 아끼지 않았고, 귀국을 앞두고 반납해야 할 셋방의 도색작업을 도맡아주기까지 하였다. 또한 독일인답게 항상 말이 없고 겸손한 헬무트 브렌텔(Helmut Brentel) 박사는 이론적으로 치밀한 논문과 강의, 대화를 통해 맑스 원전의 방법론적 근본지평과 환경문제에 대한 관심을 일깨우고 그의 환경이론에 대한 필자의 비판에 기꺼이 호응해주었다. 또한 생면부지의 필자에게 논문의 한 명제를 지면에 발표할 기회를 제공하고 나아가 필자의 명제를 둘러싼 독일 학자들간의 지지와 비판 논쟁을 필자가 귀국한 후에도 연이어 실어준 『사회주의』(Sozialismus)지의 편집책임자 요아힘 비쇼프(Joachim Bischoff)와 리하르트 데티에(Richard Detje), 그리고 필자의 소유권 명제를 가장 적극적으로 지원한 조스트(Sost) 그룹의 여러 학자들에게도 고마운 마음을 금할 길 없다.

또한 유학생활 동안 한데 어울려 솔직한 학술토론을 즐기며 서로의 연구를 자극하고 격려하던 호균, 도현, 형식, 승완 등 여러 친구들에게도 감사한다. 한적한 독일 시골의 별장에서 처자식 동반으로 즐기던 청담(淸談)의 시간과 맥주 맛은 다만 이제 다시 체험할 수 없는 추억 속의 일화가 되고 말았다. 그밖에 어쭙잖은 유학을 멸시하는 풍조가 일던 시절 필자의 독일유학 결심을 지지하고 이후에도 변함없이 성원해온 필자의 오랜 친구 이을호, 국내 진보학계와 운동이 곧 파국에 봉착할 것이 뻔한 방향으로 광풍에 휩쓸려갈 때도 이성과 중심을 잃지 않고 필자를 성원한 양재원 후배, 필자의 주장을 항상 귀담아 들어준 김근태 선배 등도 잊을 수 없다.

이 연구서를 우리말로 옮기고 새로운 내용을 보충하여 출판할 수 있기 위해서는 학술생활의 안정과 정착이 필요하였다. 안정과 정착에 이르는 데에는 많은 선생님들과 선배교수들의 지원과 도움이 있었다. 특히 김용구 교수님, 박상섭·하영선·하용출 교수님, 윤영관·최정운 선배님, 노재봉 선생님, 이홍구 선생님, 이종률 선배님, 손학규 선생님, 길승흠·김영국·김세균 교수님, 백영철 교수님, 박호성·양승태 교수님, 경희대 국제관계학과 권만학 선배님, 그리고 동국대학교 정치외교학과의 민병천 선생님, 김인홍·유광진 교수님, 정용길 교수님, 김진철 교수님, 백경남 교수님 등 일일이 열거할 수 없이 많은 여러 교수, 선배님 들께 이 자리를 빌려 깊은 감사를 드린다.

끝으로 출판을 흔쾌히 수락하고 3년에 걸친 기간 동안 말없이 원고가 완성되기를 기다려준 창작과비평사의 백낙청 교수님과 고세현 편집국장께 심심한 사의를 표하고 실무를 맡아 수고해준 여러분에게 감사를 드린다.

1996년 4월
황태연

차   례

서

자본관계(Kapitalverhältnis)는 자본주의적 사회구성체에서 이 구성체의 역사적 특징을 규정하는 '핵심구조적인' 강권관계로서 기능한다. 자본관계는 '사회적' '정치적' 지배관계와는 본질적으로 다른 '경제적' 지배관계이지만, 사회적 상부구조와 국가구조를 결정적으로 조건짓는 것이다.

그러나 경제적 지배관계로서의 이 '자본관계'는 지금까지 맑스주의적 논의 구조 속에서 종종 '표면적인' 범주들인 상품, 가치, 화폐나 자본 개념의 순수**논리적** 구조 등의 분석에 밀려 잊혀지거나 뒷전으로 밀려나 있었다. 이리하여 자본주의 경제는 자유주의적 이론가들의 '경제주의적 체제변호론'에서와 마찬가지로 '맑스주의적' 논의 속에서도 너무나도 자주——강권과 지배로부터 자유로운——단순한 상품생산과 상품유통의 '자유경제'라는 형상으로 나타났다. 이러한 '자유경제'관에서는 특권집단의 국가지배와 시민사회적 계급 헤게모니의 역사적 형태를 설명하는 것이 원칙적으로 가능하지 않을 것이다. 여기에다 요즈음 유행하고 있는 오해, 즉 맑스(Karl Marx)의 '시민사회'(société civile) 개념을 그가 초기 저작에서 논의의 중심에 놓았던 헤겔(G. W. F. Hegel)의 '시민사회'(bürgerliche Gesellschaft) 개념과 혼동하는 오해가 곁들여지면, 토대와 상부구조 간의 내적 관계를 설명하려는 이론적 시도는 극복할 수 없는 난관에 봉착한다. 이런 시도는 의도치 않게 자본주의적

14

경제토대의 경제주의적 변호론으로 전락할 뿐만 아니라, 국가의 독자적 실재성을 '최종적 심급에서' 허상으로 해체하는 토대환원주의로 귀착하든가, 아니면 시민사회라는 또다른 방대한 '사회적' 상부구조를 이론적으로 몰각하는 상부구조 전체의 '국가화' 논리로 전락하기 때문이다. 이런 이론적 단순화 경향에 대항하기 위해서는 시민사회와 국가의 제각기 고유한 독자성을 선명히 하고 양자의 본질적 구분을 확고히 하면서 동시에 토대의 자본관계를 '핵심구조적인' 것으로 고수하는 것이다.

맑스주의자들조차 빈번히 상품-화폐관계를 자본주의의 본질적 관계로 격상시켜 자본관계를 망각하는 이런 사태 앞에서, 보수주의 계열의 철학적·사회학적 문명비판가들이 기술과 기술관료를 비판의 핵심주제로 설정하여 자본관계를 이론적으로 사상해버리거나 사소한 것으로 취급하고 있다고 나무라는 것, 한걸음 더 나아가 (막스 베버 Max Weber의 경우에서처럼) 자본가를 '전문관료체제의 지식지배의 월권'에 맞설 수 있는 '유일한 예외심급'으로 찬양한다고 비판하는 것은 그리 큰 이론적 주목을 받지 못할지도 모른다. 그런데 이 문명비판가들이 공유하는 기술비판적 보수주의의 세계관은 한편으로 최고경영자를 "자본주의 매장자"(Burnham)로, 또는 위력적인 "백발이 성성한 테크노크라트"(Hirsch)로, 또는 실질적 지배자인 "테크노스트럭처의 무력한 대변인"(Galbraith) 등으로 오해하는 다양한 시도들에 의해 측면 보조되는 한편, 노동과정과 소통과정의 정보기술화에 대한, 은연중에 자본관계의 자동적 해소를 함의하는 '포스트산업사회론적' 평가들에 의해 늘 지원받았고 이미 오래 전에 저널리즘에도 깊이 뿌리내렸다.

이런 사상적 상황은 1960년대 이래 기술 및 테크노크라시 자체를 '지배'로 규정, 이것을 (자본보다) 더 강력히 비판하면서 자본관계의 새로운 기술적 허울을 폭로하기는커녕 자본관계에 대한 비판을 상대화하거나(가령 Marcuse, Ullrich 등), 이것을 그 자체로서 '대체할 수 없이 합리적인 것으로' 수락한 몇몇 좌익 이론가들(가령 Habermas, Gorz 등)의 비판적 논리에도 직·간접적으로 영향을 미쳤다. 이 기술비판적 또는 테크노크라시 비판적 전통은 최근 수많은 신좌익적 지배이론가 및 환경이론가들에 의해 수용되어 새로운 사회적 맥락에서, 일정한 계몽적 효과가 없지 않았으나 실은 자본비판을 약화시키는 대가를 치르면서 더욱 급진화되었다. 이리하여 유령 같은 개념 '기술'은 최근 수년간 지배이론 및 환경이론의 정치적 논의구조 속에서 점차 분석의 중심을 차지하게 된다.

이 기술 논의에서 상호 경쟁하는 입장들은 '기술'이라는 추상물로부터 출발하여 대체로 세 가지 기술관으로 나누어진다. ①원칙적인 기술 긍정, ②이에 대한 기계적 대립입장으로서 본질주의적 기술비판, ③전통적인 좌익입장으로서 기술의 본질적 중립성 테제 등이 그것이다. 그런데 이 입장들을 대변하는 이론가들은 서로간의 이론적 대립성에도 불구하고 적어도 한가지 것을 공유하고 있다. 이들은 모두 의식적·무의식적으로 자연과학적 근본원리로까지, 아니 심지어 철학적 수단개념으로까지 단순화된 **추상적·본질주의적** 기술개념과 씨름하고 있다는 것이다. 모든 구체적인 개발조건과 사용목적으로부터 순화된 순수한 '수단'으로서의 '기술'이라는 이 사유추상 (Denkabstraktion)이 사회적 현실 속에 마치 실재하는 것인 양! 원칙적으로 이들은 (정형화된 구체적 형태에 있어서 이미 다양한 가치 및 목적들, 즉 생산적·파괴적·억압적 또는 여타의 사용가치 및 사용목적과 불가분하게 합체되어 제각기 생산적으로, 파괴적으로, 억압적으로, 환경파괴적으로 또는 환경보존적으로, 지배중립적으로 또는 환경중립적으로 기능할 수밖에 없는) 실재의 구체적 기술들의 다양한 사회적 성격이 추상물 '기술'의 이론추상적 본질로부터 유래하는 것으로 주장한다.

그리하여 다양한 기술들의 상이하고 대립적인 사회정치적인 효과에 대한 산발적·선택적 경험이 슬그머니 추상물 '기술'의 내재적 성격으로 격상되고 있다. 그럼으로써 언뜻 보기에 그럴싸한, 그러나 자세히 뜯어보면 사변적인 논증을 매개로 강세에 따라 상쟁하는 자의적인 기술개념들이 정립된 것이다. 파괴적 무기기술, 고문기술, 기타 모든 인간 및 자연 적대적 기술들조차도 그 자체로서 정당화할 수 있는 이론적·실천적 위험을 안고 있는 추상적인 **긍정적** 기술개념, 노동을 손쉽게 하는 노동기술·의료기술 등 기타 유용한 기술들을 전혀 고려치 않는 추상적인 **악마적** 기술개념, 인간파괴적인 목적 외에 달리 사용될 수 없는 모든 인간적대적 기술 또는 심지어 핵무기도 무비판적으로 중립화시키는 추상적인 **중립적** 기술개념이 그것이다.

우리는 이 정치적 기술명제들이 제기하는 '본질주의적·전체주의적' 타당성 주장들('essentialistisch-holistische' Geltungsansprüche)을 비판적으로 논의하고자 한다. 이를 위해서는 다양한 기술들이 사회적 관계와 환경에 미치는 직접적인 그리고 간접적인 (즉, 경제매개적인) 영향을 선입견 없이 냉정하게, 그것도 기술의 역사적 **발전단계**들에 주목하여 파악할 필요가 있다. 가령 동일한 기술적 원리에 기초를 둔 그리고 동일한 목적으로 적용된 기술들의 (가령 노동숙련도에 대한) 사회적 영향은 이 기술들의 발전단계에 따라 상이할 수 있기 때문이다. 나아가 기술은 자본주의 사회에서 본래적인 '경제'에는 무의미한, 직접 지배전략적인 방향으로(전쟁무기, 지배기구 및 지배수단의 효율화 등을 위해), 또는 직접(또는 전혀) 지배전략적이지 않은 순수경제적인 방향으로, 그럼에도 어떤 조건에서는 지배전략적으로 유의미한 권력효과를 동반하면서 (상대적 과잉인구의 창출, 탈숙련화 등의 방향으로) 적용될 수 있다. 간단히 말하면 기술의 사회적·정치적 성격과 관련해서 천편일률적인 '본질주의적' 추정은 이론적으로 부적절할 뿐만 아니라 실천적으로 무의미한 공론(空論)인 것이다.

오늘날 기술의 사회경제적 영향을 조감하면, 생산과정의 지배는 신기술의 직접적인 적용에 의해 강화되고 있는 반면, 신기술을 다루는 노동의 숙련도는 지속적으로 상승하는 경향을 지니고 있다. '한층 더 강화되고 있는 권력의 양극화 현상 속의 노동기능의 탈(脫)양극화'로 요약될 수 있는 이 **기묘할 정도로 획기적인 최신 경향**은 노동의 숙련도 상승을 지배권력의 완화와 등치시키는 기술낙관주의도 부정하는 것이지만, 동시에 일직선적 탈숙련화라는 전통좌익 또는 신좌익들의 비관주의적 테제도 부정하고 있다. 노동의 숙련도 상승은 전통적인 추정과 대립되게 노동의 자율성의 제고 없이, 차라리 새로운 정보통신기술들의 지배기술적으로 합리적인 투입에 의한 노동자들의 심화된 지배기술적 미성년화(Entmündigung)를 수반하면서 주요 경향으로 관철되고 있기 때문이다. 물론 오늘날의 이 기묘한 경향은 노동기술적 합리성과 지배기술적 합리성 간의 좀더 첨예한 모순잠재성을 품고 있다. 이것은 장래 간과할 수 없는 정치사회적 갈등요인으로 작동할 것이다. 그러나 오늘날 두뇌노동자의 수를 증대시키고 육체노동자를 감소시키는 과학기술적 재(再)숙련화 경향의 이 획기적인 기묘성에도 불구하고 고전적 노동철학은 견지될 수 있다. 맑스는 일관되게 『정치경제학 비판 강요』(*Grundrisse der Kritik der politischen Ökonomie*)와 『자본론』(*Das Kapital*) 3권에서 과학기술적으로 고도숙련화된 노동을 '일반적 노동'(allgemeine Arbeit)으로 규정하고, 종종 자칭 진정한 맑스주의적 관점이라고 주장하는 좌익 노동비관주의의 다양한 대변자들과는 정반대로, 물질적 생산이 가일층 과학화함으로써 '직접적인 육체노동'이 점증하는 '일반적 노동'에 대해 "양적으로나 질적으로 부차적인 계기로 전락할 것"이라고 내다보고 있기 때문이다.

다른 한편으로 신기술의 생산력화는 자본의 재생산양식의 심층적 변화를 야기하고 있다. 신기술의 경제적 활용과 이에 상응하는 노동조직의 혁신은 점점 많은 생산기계(역학적 기계)의 투입에 의한 '산 노동'의 절약을 목표로 하였던 전통적인 방향과는 대립되는 경향을 지닌 채 오늘날 주로 생산수단('죽은 노동')의 절약을 겨냥하고 있다. 맑스의 이론에 따라 주로 생산수단의 절약에 기초를 둔 자본의 재생산양식은 '내포적' 재생산양식으로 정의될 수 있다. 이것은 **제Ⅱ부문(소비수단 생산부문)의 상대적으로 보잘것없는 성장을 위해 제Ⅰ부문(생산수단 생산부문)의 저 이상비대(異常肥大)를** 야기한 전통적인 '외연적' 재생산양식과 구분된다. 이 경제적 차원에서야 비로소 지배구조, 노동숙련도, 계급구조, 노동운동, 자연환경 등에 대한 심층적 영향이 미래지향적으로 논의될 수 있다.

따라서 신기술의 정치적·사회적·경제적 영향의 특징을 적절히 묘사하기 위해서는 먼저 정치적·경제적 지배심급 및 지배과정, 노동의 형태 변화, 오늘날의 전지구적인 환경위기의 원인 등이 분석되고 정밀하게 설명될 필요가 있다. 자본주의적 현실은 이러저러한 추상적·본질주의적 기술테제를 뒷바라지하기 위해 선택적으로 인용되어서는 안되겠기 때문이다.

제1장은 경제적 토대의 '핵심구조적' 관계인 **자본관계**를 분석하고 자본주의적 지배의 세 차원 즉 자본경제, 시민사회, 근대국가 간의 근본적 분리성과 연관성 및 근대국가의 역사적 성립과정을 논한다. 이 논의의 목적은 국가론적 경제주의, 즉 '국가도출론'에 대한 비판의 형식으로 새로운 **국가론의** 이론적 전망을 창출하고 **시민사회**와 이것의 사회적·정치적 운동논리의 고유성을 밝히는 것이다. 이 장은 동시에 기업적 지배과정과 노동과정에 대한 분석의 '핵심구조적인' 의의로 다가가는 매개적 역할도 담당한다.

제2장은 테크노크라시나 관료체제의 상단에 위치한 **최고경영자 지배**에 관한, 지금까지 전면적으로 오해되어온 맑스의 **신용이론적** 개념을 재건하는

한편, 사회사적 접근방법을 적용하여 17세기에서 최근에 이르는 사무실 및 작업장의 지배조직 및 노동조직의 전(前)관료체제적·전근대적 통제형태와 **관료체제적**(전통적, 테일러-포드주의적, 정보통신기술적·린lean방식적) 통제형태들을 분석한다.

덧붙여 기업의 새로운 **물리적 억압기능**(기업경찰)을 최근 경험자료를 바탕으로 규명한다. 독점자본가들의 이 물리적 무장화 추세는 정통적 폭력의 독점체로서의 근대국가라는 베버적 국가 정의에 근본적 수정을 가하는 것이다.

이 대기업적 생산과정의 분석에 덧붙여 기업의 사회적 구조변동의 **계급이론적** 함의가 요약된다. 이 계급이론적 논의에서는 지금까지 소홀히 취급되어온 '금융귀족층'(Finanzaristokratie)으로서의 최고경영자층(Marx), '중간계급'으로서의 관료와 테크노크라트층(Marx), 탈(脫)관료화·탈테크노크라트화된 두뇌노동하는 임금노동자 대중('지식프롤레타리아트', Engels) 등의 새로운 계급범주와 계급정의가 적용된다. 이어서 맑스적 관점에서 **사회주의적 기업지도이론 및 기업모델**의 재건이 시도된다.

제3장 및 제4장은 이러한 기업조직적 지배구조의 분석, '일반적 노동' 및 자본의 '내포적' 재생산양식의 맑스적 개념의 토대 위에서 **알프레트 존-레텔**(Alfred Sohn-Rethel), **헤르베르트 마르쿠제**(Herbert Marcuse), **위르겐 하버마스**(Jürgen Habermas), **오토 울리히**(Otto Ullrich) 등의 정치적 기술테제와 노동개념을 비판적으로 해소하고 이를 통해 기술을 일괄 긍정하거나 일괄 악마시하거나 일괄 중립화하지(무해한 것으로 만들지) 않는 **비(非)본질주의적** 기술테제를 정립한다.

이와 동시에 제4장의 마지막 절에서는 최근 들어 아주 빈번히 오해받고 악명 높아진, 그러나 사회적으로뿐만 아니라 **생태학적으로도 비판적인** 고전적 **생산력 개념**과 '내포적' 재생산양식의 **생태학적 함의**를 발전시키고 있다. 여기에서는 특히 **헬무트 브렌텔**(Helmut Brentel), **엘마르 알트파터**(Elmar Altvater), **울리히** 등의 맑스주의적 또는 생태주의적 환경이론이 비판적으로 분석된다. 이를 통해 자본주의의 생태학적 '붕괴론'의 다양한 유형 및 종말론적·생태학적 탈산업화 테제에 대항하여 독자적인 정치생태학의 이론화가 시도된다. 생산수단의 '내포적' 절약과 지배강화의 엄청난 잠재력을 동시에 품고 있는 신기술의 경제적 투입은 노동투쟁을 통해 지금까지 외연적으로 이상비대화된, 따라서 **오늘날의 환경위기에 주된 책임이 있는 제 I 부문의** '내포적' 축소화 방향으로 **자본의**——노동투쟁의 부재시——**압도적으로 지배기술적인** 기술투입에 대항하여 강제하고 조종해야 할 것이다. 이것은 지금까지 기존의 노동쟁의를 통해 무의식적일지라도 줄곧 수행되어온 것이지만 이제 의식적으로 이런 경향을 강화하고 가속화하여야 할 것이다.

　이런 한에서 임금과 복지, 노동자율성과 여가시간, 소유권과 억압 문제 등을 둘러싼 노동대중의 투쟁은 환경운동에 대한 '제동기'가 아니라 실로 필수불가결한 생태학적 정치투쟁인 셈이다. 말하자면 노동운동과, 고도숙련화된 임금노동자 대중이 주요 역할을 수행하는 환경운동은 환경문제의 해결에서 복합적으로 서로 얽혀 있고 상호 보충하는 관계에 있다. 이것은 **경제적 합리성과 생태학적 합리성의 투쟁적 화해** 및 임금노동자 대중의 '낡은' 노동운동과 '새로운' 사회운동 간의 허상적 대립의 이론적·실천적 해소를 뜻한다. 나아가 이것은 최근의 서구 환경운동을 **임금노동자들의 또다른** 사회운동으로 위치짓고 **전통적 노동운동을 유행하는 노후화(老朽化) 테제에 맞서 생태학적으로 복권하는** 정치이론적 요구를 담고 있다.

제 1 장

자본주의와 근대국가

제 1 장

자본주의와 근대국가

1. 시민사회와 국가형태

사회이론적 근본범주인 '사회적 생산관계'는 정의상 물적 생산수단들간의 기술적 연관이나 이 생산수단에 대한 인간들의 기술의 기능연관을 표현하는 기술적 관계를 뜻하는 것이 아니라, 개인의 의지로부터 독립적이라는 의미에서, 즉 인간들이 자신들의 물질적 생을 생산하는 가운데 물적 이해관계상 필연적으로 맺어야 하는 관계라는 의미에서 '객관적인' 경제적 인간관계를 뜻한다. 이 생산관계는 두 가지 방식으로, 즉 경제적 범주와 법률적 소유권 범주로 파악될 수 있다. "경제적 범주들은 사회적 생산제관계의 이론적 표현, 추상"(4: 130면)[1]인 데 반해, 소유권 범주는 이 관계의 "법적 표현"(13: 9면)이기 때문이다. 그러나 법률적인 소유권 범주는 사물에 대한 개인의 처분관계를 생산기능을 도외시하는 개인적인 의지관계로만 포착할 뿐이다. 따

---

1) 4: 130면은 *Marx Engels Werke* (*MEW*)의 4권 130면을 뜻한다. 이하 *MEW*로부터의 인용문 표시는 이 범례에 따른다.

라서 이 법적인 범주로써는 소유관계의 진면목, 즉 생산관계 그 자체는 파악할 수 없다. 이런 의미에서 맑스는 헤겔의 소유개념을 다음과 같이 비판하였다. "사적 소유권에 대한 헤겔의 설명보다 더 가소로운 것은 없을 것이다. …자유로운 사적 소유는… 헤겔에 의하면 일정한 사회적 관계가 아니라 인격체로서의 인간의 '자연'에 대한 관계, 즉 '모든 사물에 대한 인간의 절대적 점취권'이다." 부르조아 사회에 고유한 법적 소유관념을 "절대적인 것"으로 간주한 헤겔은 이 소유권의 "실제 모습에 관해서는 아무것도 이해하지 못했다."(25: 629면) 사물에 대한 개인의 유아론적(惟我論的) 관계로서의 소유란 실은 불합리한 관념이기 때문이다. "언어가 개인이 혼자 지어낸 것이라면 불합리한 것이듯이 소유권도 개인이 단독으로 지어낸 것이라면 무의미한 것이기" 때문이다(42: 398면).

(1) 자본주의적 소유개념과 사회주의적 소유관계

게다가 생산관계의 사물지향적인 법적 표현은 그것의 정확한 표현이 아니라 가끔 왜곡된, 어떤 경우는 삭감되고 또 어떤 경우는 과도히 확장된 표현이다. 이런 까닭에 경제적 사회구성체에 대한 순수법률적 소유개념에 사로잡힌 접근방법들은 때로 기존의 생산관계를 이데올로기적으로 은폐하거나 정당화할 위험이 있다. 따라서 실제의 소유관계에 대해서는 언제나 경제학적으로, 좀더 정확히 말하자면 비판경제학적으로 접근해야 할 것이다. 사람들간의 경제적 관계는 "항상 사물과 결합되어 있고 사물로 현상하는 까닭에 경제 전체를 관통하여 부르조아 경제학자들의 두뇌 속에 지독한 혼동을 야기해왔지만, 경제학은 실은 사물을 취급하는 것이 아니라 사람들간의 관계를, 그것도 최종적으로는 계급들간의 관계를 취급하는 것이다"(13: 478면). 따라서 기존의 법적 소유제도는 비판적으로 해명된 경제적 관계의 관점에서 감지하여 비판경제학적 범주로 번역, 그것의 올바른 사회적 내용을 해독해내야 한다. 말하자면 "기존의 근대 부르조아적 소유가 무엇이냐 하는 물음에 대해서는 소유관계의 전체를 의지관계로서의 법적 표현에서가 아니라 그것의 실재적 형태인 **생산관계**로서 포괄하는 저 '정치경제'의 **비판적 분석**을 통해서만 답변될 수” 있다(16: 26면 이하—강조는 인용자. 이하 인용문 속의 강조는 모두 인용자). 요약하자면 소유는 사물 자체도 아니고 사물에 대한 한 개인의 유아론적인 관계도 아니다. 그것은 사물을 매개한 인간들간의 물적 이해관계, 즉 재화의 생산 및 획득과 관련하여 맺어지는 사람들간의 사회경제적 관계이다.

이 소유개념은 경제적 현실 속에서 범주상으로 선명히 분화된다. 비자본주의적 소기업의 자기노동에 근거한 **개인적** 사적 소유(*individuelles* Privateigentum)는 남의 노동에 근거한 적대적인 **자본주의적** 사적 소유(*kapitalistisches* Privateigentum)와 경제적으로 뚜렷이 구분된다. 그러나 부르조아 정치경제학과 법학적 소유이론은 “하나는 생산자의 **자기노동**에 근거하고 다른 하나는 남의 노동의 착취에 근거하는 이 아주 상이한 두 유형의 사적 소유를 원리적으로 혼동하고 있다. 그것은 후자 유형의 사적 소유가 전자 유형의 사적 소유의 정면적 대립물일 뿐만 아니라 이것의 무덤 위에서만 자라난다는 사실을 망각하고 있다”(23: 792면). 역사적으로 ‘자본주의적 사적 소유’(중소자본가)는 전자, 즉 자기노동에 근거한 사적 소유인 ‘개인적 사적 소유’(소농, 소상인, 소점포생산자)가 자본의 원시적 축적과정에서 수탈되고 몰락함으로써만 발전할 수 있었다.

나아가 “자본주의적 사적 소유”는 상호수탈을 거쳐 ‘**사적**’(privat)**이라는 접두어 없는** “자본주의적 소유”(kapitalistisches Eigentum), 즉 독점자본으로 지양·통합된다(23: 791면). 두 유형의 사적 소유의 범주론적 혼동과, 사적 소유 일반과 ‘자본주의적 소유’의 이데올로기적 동일시는 오늘날 양자간의 차이가 천양지차로 커지면 커질수록 더욱더 강력히 재생산되고 있다. 그러나 이러한 법학적·이데올로기적 말장난이 횡행하더라도 가령 재벌소유와 중소자본 사이에는 사활을 건 질적 차이가 있는 것이다. 매 불황기마다 자금 압박에 자살하는 중소자본가의 소식은 들리지만, 재벌들의 자살 소식은 전혀 들리지 않기 때문이다.

또한 **생산수단에 대한 소유**는 이미 경제적 운동으로부터 벗어나 개인적으로 사용되거나 소모되는 **소비수단에 대한 소유**(베버에 의하면 자산 Vermögen)와 구별되어야 할 것이다. 이 소비수단에 대한 개인적 소유는 생산수단에 대한 소유에 의해 제약되지만 이것과 본질적으로 다른 것이기 때문이다. 부르조아 법학의 소유개념은 이 차이를 호도(糊塗)한다. 개인적 소비수단에 대한 개인의 소유권은 사상(事象)의 본성상(가령 너는 나 대신 자고 먹고 살아줄 수 없다) 인류역사 전체를 관통하여 재생산되었다. 이것은 로마 노예제에서 바로 소유의 대상이었던 노예한테서도 '페쿨리움'(Peculium)으로 다시 나타났고, 맑스의 이른바 '공산주의' 사회의 낮은 단계와 높은 단계에서도, 물론 이젠 '공동점유' 상태의 생산수단에 대한 '개인적 소유'의 토대 위에서, 따라서 적대성 없이 재생산되지 않을 수 없을 것이다.

우리는 '공산주의적' 소유제도와 관련하여 맑스적 의미에서의 공산주의적·사회주의적 소유의 (특별히 주목해야 할) 이중구조, 즉 협업적 공동사용으로 인하여 경제적·기술적으로 필연적인 공동**점유**(Gemein*besitz*) 상태의 생산수단에 대한 개인적 **소유**(individuelles *Eigentum*)의 이중구조를 소비수단에 대한 개인적 소유보다 더 강력히 강조한다. 이 '사회적 소유' 형태는 생산수단의 개인적 소유를 범죄시하였던 과거 국가사회주의적 공동'소유'와 정면 대립되는 것이다.

따라서 맑스적 사회주의 사회에서 **소유권자**는 개인이고 공동체는 (이것이 국가든 단체든) 오직 **점유권자**에 지나지 않는다. 맑스는 『자본론』 1권 제2판의 '자본주의적 축적의 역사적 경향'이란 절에서 오해할 여지 없이 명시적으로 다음과 같이 말하고 있다.

자본주의적 점취양식, 즉 자본주의적 사적 소유는 자기노동에 근거한 개인적 사적 소유의 첫번째 부정이다. 그러나 자본주의적 생산은…자기 자신의 부정을 낳는다. 이것은 부정의 부정이다. 이것은 사적 소유를 다시 산출하지는 않지만, 자본주의 시대의 쟁취업적, 즉 협업 및 대지(大地)와——노동 자체에 의해 생산된——생산수단의 **공동점유**의 토대 위에서 **개인적 소유**를 다시 산출한다. (23: 791면)

여기서 '개인적 소유'[2)]와 (소유로부터 파생되는 하급범주로서의) '공동**점**

---

2) '개인적'(individuell)과 '사적'(privat)이라는 용어는 엄밀히 구별해야 하는 개념이다. '개인적'은 여기서 노동과 소유의 개인적 통일성(노동하는 개인이 이 노동의 생산

유'라는 상이한 범주의 사용은 결코 우연이 아니다. 이 '공동**점유**'는 『자본론』 1권의 제1판에서 쓰였던 '공동**소유**'라는 표현을 맑스 자신이 의식적으로 바로잡은 것이기 때문이다. 『자본론』 1권 제1판(1867)의 해당 구절은 앞에 인용한 제2판(1873)과 다음과 같이 다르다.

> 이것은 부정의 부정이다. 이것은 **개인적 소유**를 다시 산출하지만, 자본주의 시대의 쟁취물, 즉 자유로운 노동자들의 협업이라는 토대 위에서 그리고 대지와——노동 자체에 의해 생산된——생산수단에 대한 이들 노동자들의 **공동소유** 위에서 다시 산출한다. (*MEGA* Ⅱ/6, 683면)[3]

그러나 맑스는 이미 프랑스어판 『자본론』 1권(1872~75)에서 다음과 같이 바로잡고 있다.

> ⋯ C'est la négation. Elle rétablit non la propriété privée, mais sa *propriété individuelle*, fondee sur la acquêts de l'ère capitaliste, sur la coopération et la *possession commune* de tous les moyens de production, y compris le sol. (*MEGA* Ⅱ/7, 679면)

따라서 우리는 맑스가 오해를 없애기 위해 1873년에서 1875년 사이에 교정작업을 했다고 추정할 수 있다. 두 가지 상이한 범주(소유와 점유, 이 두 범주를 맑스 자신은 엄격히 구별하고 있다. 42: 36면; 25: 784, 798면 이하 등을 보라)의 사용에 근거한 위의 명제는 애석하게도 지금까지 대부분 오해되어 뒤집힌 의미로 해석되어왔다. 사회주의 사회에서 대지와 생산수단에 대한 소유권자는 국가와 단체라는 것이다. 이러한 비극적인 오해에는 이 명제를 둘러싼 엥겔스(Friedrich Engels)의 논쟁이 적잖이 기여하였다. 엥겔스는 『반뒤링론』(*Anti-Dühring*, 1878)에서 다음과 같이 설명하고 있다.

물에 대한 소유권자여야 한다는 정당한 천부인권적 권리의 원천)을 뜻하는 데 반해, '사적'은 로마법 이래 배척성, 박탈성, 수탈성만을 뜻한다.

3) *MEGA*는 *Marx Engels Gesamtausgabe*. 이하 *MEGA*로부터의 인용문 표시는 이 범례에 따른다.

소유권자의 수탈에 의해 산출되는 상태는 개인적 소유의 재산출로 기술되지만, 대지와——노동 자체에 의해 생산된——생산수단에 대한 사회적 소유의 토대 위에서의 재산출이다. 독일어를 아는 모든 이들에게 이것은 사회적 소유가 대지와 다른 생산수단에 적용되고 개인적 소유는 생산물에, 즉 소비대상에 적용된다는 것을 뜻한다. (20: 122면)

엥겔스는 이 구절에서 『자본론』 1권의 제2판을 인용하고 있고 따라서 프랑스어판에서 해당 명제가 이미 수정되어 있다는 것을 알아차리지 못했음에 틀림없다. 이런 까닭에 그는 맑스의 '사회적 소유'의 개념을 암암리에 공동소유와 등치시키고 '개인적 소유'를 자의적으로 소비재에 한정시키고 있다. 이 잘못된 해석에 따라 생산수단의 공동소유 또는 국가소유의 원리는 과거 소련·동유럽의 소유제도와 서유럽 노동자정당들의 소유권정책에 공통된 '맑스주의적' 정통노선 노릇을 해왔었으나, 더이상 상론할 필요가 없는 이유에서 동·서유럽에서 공히 일정한 시차를 두고 좌초한 바 있다.

엥겔스는 맑스 사후 『자본론』 1권 제2판에 대한 맑스 자신의 육필교정본을 근거로 『자본론』 1권 제3판을 준비하면서 해당 구절을 오늘날 우리가 접하고 있는 정식으로 수정한 장본인이다. 엥겔스가, 그가 주장하듯이 맑스에게 『반뒤링론』 원고 "전체"를 "낭송해"주었는지(20: 9면), 왜 그 자신이 『반뒤링론』의 재판(1885)과 3판(1894)에서 자신의 잘못된 해석을 교정하지 않았는지 하는 것 등이 궁금할 따름이다. 하지만 아무튼 해당 명제가 들어 있는 '자본주의적 축적의 역사적 경향' 절의 서술맥락에서는 '개인적 소유'를 소비수단에만 한정시킬 아무런 근거도 없다. 맑스는 이 절에서 바로 **생산수단**의 소유형태의 역사적 발전을 취급하고 있기 때문이다. 해당 구절 전후맥락 어디에도 소비수단의 소유권에 대해서는 일언반구도 없다.

결국 맑스에 의하면 '사회적 소유'는 노동에 정당한 권리의 원천을 두는 개인적 소유(노동과 소유의 개인적 통일)가 '개인적 사적 소유'에서처럼 '사적 소유'와 결합하는 것이 아니라 공동점유와 결합하는, 변증법적으로 종합된 절묘한 소유제도이다. "대지와——노동 자체에 의해 생산된——생산수단의 공동점유에 기초를 둔 개인적 소유" 체제는 점유권과 소유권이 전혀 분리되어 있지 않은 개인적 사적 소유와 자본주의적 사적 소유의 관점에서 보면 불합리하게 보일 수 있다. 동일한 대상이 개인들의 소유이면서 동시에 공동체의 점유물로 나타나기 때문이다. 그러나 이 소유권 테제는 자본주의적 소유권제도의 최고 형태이며 그 해소의 형태인 주식회사의 '자본주의적 소유'와 협동조합 소유의 관점에서 다음과 같이 일관되게 해석할 수 있다. 그것은 주식회사와 협동조합기업처럼 법의제적(法擬制的)인 법인의 '회사소유'로 등장하는 공동점유 상태의 생산수단에 대한 노동하는 개인들의 (대체로 평등한) 주식소유제 및 협동조합적 지분소유제를 뜻한다는 것이다. 이미 자본주의적 사적 소유가 아니라 주식자본가들의 연대적 소유(즉, 공동점유 상태로 연합한 자본소유)를 뜻하는 자본주의적 주식회사는 자본주의 품안에서 부화된 또는 적어도 '공동점유' 상태의 '개인적 소유제'(노동과 주식소유 또는 노동과 지분소유의 개인적 통일에 기초한 사회주의적 주식회사 또는 지분제협동조합)로 생성중에 있는 미래사회의 암시적 소유형태인 셈이다. 따라서 자본주의적 주식회사의 소유형태는 노동자들의 자유롭게 "연대한 생산양식"으로의 "이행형태"(Marx) 외에 다른 것이 아니다. 자세히 관찰하면 자본주의적 주식회사의 '회사자본'을 관리하는 최고경영진은 한편으로 주식소유권자 전체에 대해서는 이 주식소유권으로부터 파생된 단순한 '공동점유권자'의 형식(이 점유권은 소유와 경영의 법적 분리 원칙에 따라 일정 범위 내에서 그 자율성이 인정된다)을 취하고, 다른 한편으로 제3자 또는 개별적인 주식소유권자에 대해서는 주식자본 전체의 소유권을 대리한다. 그러나 일정 주기로 노동의 과실이 주식 비례로 개인에게 분배되고 회사 청산시에는 전자본이 주식소유권자들에게 분배된다(이 점이 공동'소유'제와 결정적으로 다른 점이다). 이 소유권 테제를 정식화하면서 맑스가 주식회사나 이와 유사한 것을 염두에 두고 있었음은 위의 인용문 바로 다음 문장에서 "이미 사실상 사회적 생산 운영에 근거한 자본주의적 사적 소유"(*MEGA* Ⅱ/6, 683면)[4]라는 원래의 잘못된 표현을 ('사적'이라는 접두어 없는) "사실상 이미 사회적 운영에 근거한 자본주의적 소유"(23: 791면)[5]로 바로잡고 있는 점이

---

4) 『자본론』 1권 제1, 2판의 해당 소유권 명제 바로 뒤에 이어지는 문단.

5) 프랑스어판에는 더욱 분명하게 "집단적 생산양식에 근거한 자본주의적 소유"(la *propriété capitaliste*, qui de fait repose déjà sur un mode de production *collective*) 라고 하고 있다(*MEGA* Ⅱ/7, 679면).

입증해준다. '사적'이라는 접두어가 없는 이 '자본주의적 소유'는 상호 배척·상호 수탈하는 사적 자본가들이 자신들의 사적 소유의 배척·수탈하는 '사적' 성격('privater' Charakter)을 청산하고 사적 자본을 거대 주식회사 형태로 결속하여 (개개인의 주식소유권에 따른 구분은 있되, 분산적으로가 아니라) 공동'점유' 상태로 공동운용·공동경리하는 소유형태를 함의하기 때문이다.[6]

(2) 경제적 강권과 국가의 변증법적 관계

계급적대적인 사회구성체에서 경제적으로 결정적인 소유는 물론 타인의 노동착취에 기초를 둔 생산수단 소유이다. 법적으로 파악하면 이 소유는 생산수단의 보유상태(Zustand des Habens) 또는 배타적인 사용권(jus utendi et abutendi, 사용, 남용, 악용의 권리)을 뜻한다. 그런데 여기에서 소유권자에 의한 생산수단의 '소지, 보유' 또는 '사용'은 순수한 픽션이다. 이 적대적 소유권자는 소유의 규모상 몸소 생산수단을 '소지'하거나 '사용'할 수 없고 이를 운용하기 위해서는 남의 노동을 써야 하기 때문이다. 그러나 이 적대적 소유를 경제적 범주로 포착하면 그것은 타인노동의 적대적 점취과정으로 나타난다(Römer 1978, 22면). 따라서 본질적으로 타인노동의 착취를 기초로 한 소유는 강권관계 또는 강제관계이다. 이런 이유에서 맑스는 다음과 같이 말하고 있다.

생산도구에 대한 사적 소유란 하나의 픽션이다. 소유권자가 몸소 이 생산도구들을 사용할 수 없기 때문이다. 이 픽션이 소유권자에게 부여하는

---

6) 맑스의 사회주의적 소유권 테제에 관한 더욱 자세한 해명은 Tai-Youn Hwang, "Verschollene Eiegentumsfrage–Zur Suche nach einer neuen Eigentumsfrage," in: *Sozialismus*, 2/1992(Hamburg), 또는 황태연, 『환경정치학과 현대정치사상』(나남 1992) 및 엄명숙/황태연, 『포스트사회론과 비판이론』(푸른산 1993)의 '소유권' 절을 참조하라. 이 소유권 테제를 둘러싼 독일 이론가들간의 논쟁은 *Sozialismus*, 4/1992, 5/1992 또는 황태연, 『환경정치학과 현대정치사상』의 '소유권' 절을 참조하라.

것은 단지 소유권자가 다른 인간들을 자신을 위해 노동하도록 강제하는 생산수단 매개의 **권력**일 뿐이다. (16: 561면)

응분의 대가를 주지 않고 남의 노동을 점취하기 위해서는 항구적인 강제관계가 필수적이다. 그러나 이 필수적인 강제관계는 소유와 분리된 별도의 계기가 아니라 "다시 생산수단의 점취 공식에 속하는 것이다"(42: 408면). 말하자면 생산조건의 소유권자는 물적 생산수단과 함께 직접생산자 자체를 완전히(노예제) 또는 부분적으로(농노제) 생산수단적인 소유대상으로 규정, 소유할 수 있다. 아니면 소유권자는 물적 생산 및 소비 수단을 남의 노동력의 구입수단으로 투입하여 이 노동력을 발휘하게 할 수 있다. 즉 남의 노동을 자신의 지휘권 아래 포섭, 소유할 수 있다(임금노동제). 노동수행자의 인신 자체에 대한 소유권 또는 인신과 불가분하게 결부된 남의 노동에 대한 이 소유권은 사회경제적 범주로 번역하면 **지배관계**이다. 따라서 적대적 소유관계는 그 핵심적 기능 면에서 포착하면 사람들간의 동등한, 강제 없는 매매관계가 아니라 생산과정을 조직하고 추진하는, 지배자·소유권자의 (피지배자·무산자에 대한) **강권관계**(Gewaltverhältnis)이다. 이런 의미에서 맑스는 "소유란 아무튼 일종의 강권(Gewalt)"(4: 337면)이라고 갈파하고 있다.

따라서 역사적으로 일반화하여 다음과 같이 말할 수 있다. 적대적 소유관계의 실질적 핵심은 소유권자와 소유권자의 관계가 아니라 "생산조건 소유권자의 직접생산자에 대한 직접적인 관계"(25: 799면)이고, 그것은 잉여노동의 적대적 점취관계와 "이 점취의 본질적 관계로서의 지배-예속관계"(42: 408면)를 구성한다. 이 지배-예속관계는 "자신의 고루성을 표현하는 모든 본원적 생산관계 및 소유관계의 발전과 몰락의 효인(酵因)을 이룬다. 물론 이 지배-예속관계는 자본 속에서도 매개된 형태로 재생산되고 마찬가지로 자본해체의 효인을 이루며 자본의 고루성을 나타내는 문장(紋章)이다"(같은 곳). 우리가 이 지배-예속관계로서의 생산관계를 여기서 유독 강조해 마지않는 것은 보수적 이론가들뿐만 아니라 '맑스주의적', 아니 레닌주의적 이론가들까지도 생산관계로서의 이 지배-예속관계를 철저히 망각하고 있기 때문이다.

소유의 이 지배계기는 착취(잉여 점취)의 계기와 불가분하게 결합되어 있다. 착취는 모든 지배의 궁극목적이요 근본원인이기 때문이다. 잉여노동의 "압출"(壓出, Ab- od. Erpressen) 또는 "추출"(Heraus-und Auspumpen) 같은 맑스 자신의 표현들(23: 231면; 25: 799, 827, 831면 등)은 바로 지배와 착취의 이 두 계기를 결합시키고 있다. 그러나 이론적 분석을 위해서는 개념적으로 착취의 수단인 지배(남의 의지의 강제적 장악)를 지배의 목적(원인)인 착취(남의 잉여노동의 점취)로부터 분리시킬 수 있다. (영미 계통의 이론가들에게서 보통 이 두 개념은 미분화되어 있지만 실은 양자는 같은 뜻이 아니다.)

토대로서의 이 경제적 지배관계는 상부구조로서의 국가적 지배관계와 혼동되어서는 안될 것이다. 국가적 지배는 직접생산자 대중의 정치적 계급투쟁과 개별적인 자본가 및 여타 개인들의 위법행동을 억압하는 것을 본질적 과업으로 하는 데 반하여, 경제적 지배는 잉여노동의 추출을 과업으로 하기 때문이다. 지배의 이 두 차원을 맑스는 선명히 구별한다. 그는 다음과 같이 말한다. "정치적 영역에서의 지배와 마찬가지로 경제적 영역에서의 지배도 지배자들에게 지배의 기능적 부담을 과한다"(25: 398면). 또는 "우리는 두 종류의 강권을 대하게 되는데, 한편으로 소유권, 즉 소유권자의 강권과 다른 한편으로 정치적 강권, 즉 국가권력이 그것이다"(4: 337면).

여기서는 저 경제적 지배형태와 국가적 지배형태의 역사적 조응관계에 주목하고자 한다. 국가는 물론 직접 토대에 의해서 인과적으로 또는 기능적으로 규정된 것——따라서 '최종적 심급에서' 토대에 의해 다시 흡수되어버릴 수 있는 것——도 아니고 '최종적 심급에서' 관념적 허상으로 해소되는 것도 아니다. 국가는 토대 및 소유권자들의 개별적인 부분이익에 '첨예하게' 대립할 수 있는 정도까지 자립적인 실존형식을 지니고 있다. 국가는 이해관계상 권력기술과 이데올로기에 의해 물신(物神)으로 자립화된 최대의 물적 강권기제 및 권력장치이기 때문이다. 말하자면 국가는 단순히 이데올로기적 유형의 관념이나 상징의 체현물이 아니다. 따라서 국가는 언어·담론적인 논증이나 창발적인 두뇌운동에 의하여 또는 (실재적 이익관계 및 강권관계를 도외시하고) 머리 속에서 짜낸 자의적·천재적인 관념의 전환에 의해 해소되는 것이 아니다. 하지만 토대와 국가 간에는 내적인 연관이 있다.

주지하다시피 맑스는 『정치경제학 비판』(*Zur Kritik der politischen Ökonomie,*

1859) 서문에서 국가형태의 경제적 토대에 대한 조응관계를 설명하고 사회적 생산관계가 국가를 포함한 상부구조를 규정한다고 확인하고 있다. 따라서 국가형태는 이 생산관계로부터 설명되어야 한다. 그런데 이 테제는 국가의 근본특징을 생산관계의 임의적 부분들——경제적 토대의 '표면'에 위치한 생산관계들(가령 교환관계, 유통관계, 신용관계, 경쟁관계 등)——로부터 설명해야 한다는 식으로 왜곡해서는 안될 것이다. 이런 식의 설명은 국가를 상품거래자 쌍방에 중립적인, 따라서 계급적으로도 중립적인 공동의 정치제도로 얼버무리는 그 흔한 자유주의적 국가관으로 귀착되고 말 것이다.

따라서 국가의 역사적 형태를 경제적 토대로부터 설명하려는 시도는 그 전제로서 토대의 올바른 파악을 필요로 한다. 즉, 경제적 토대는 속류경제학적인 '경제주의'의 관점에서 이해되어서는 안되고 먼저 비판경제학적으로 이해되어야 할 것이다. (계급이론적인 의미에서가 아니라) 맑스가 의미하는 이 '경제주의'는 "자본주의적 생산과정에서의 생산행위자들의 관계를 상품유통에서 맺어지는 단순관계로 해체시켜"(23: 128면) "유통영역의 무개념적 입지점"을 절대화하는(25: 793면) 잘못된 접근방식을 뜻한다. 이런 경제주의적 접근방식에 사로잡힌 자유주의 경제학자들은 역사적 생산양식을 노예제, 봉건제, 자본제로 구분하는 것이 아니라 순진하게도 "현물경제, 화폐경제, 신용경제"를 "사회적 생산의 세 가지 특징적인 운동형태들"로 구별하곤 한다 (24: 119면).

광의의 생산제관계, 즉 생산관계와 물자교류관계들은 자기연관적 전체를 구성하지만 기능적 서열과 영향력에서 동등한 것이 아니다. 이들 가운데는 나머지 모든 생산관계들에게 서열과 영향력을 배정하고 사회구성체를 역사적으로 특징짓는 "핵심구조적 생산관계"(Ritsert 1988b, 88면; 1973, 32면 이하)가 있다. 맑스는 다음과 같이 말한다.

> 이 잉여노동을 직접생산자, 즉 노동자로부터 압출하는 형태(Form)만이 경제적 사회구성체들을, 가령 노예제사회를 임금노동 사회와 구분해준다. (23: 231면)

여기서 "잉여노동을 직접생산자, 즉 노동자로부터 압출하는 형태"란 경제적 영역에서의 착취-지배형식 외에 다른 것을 뜻하지 않는다. 이 경제적 착취-지배관계가 바로 핵심구조적 생산관계이다. 따라서 토대의 생산관계 중 이 착취-지배관계가 다른 생산관계에 파급, 이들에게 역사적 성격을 부여하고 나아가 나머지 다른 생산관계에 앞서 정치적 상부구조, 따라서 국가적 주권-지배관계의 특유한 근본특징도 조건짓는 것이다.

하지만 우리는 '맑스주의적' 국가론에 자주 등장하는 또다른 경제주의, 즉 국가를 핵심구조적 생산관계로부터 무매개적으로 직접 '도출하는' 국가론에 대해 완전히 방역된 것은 아니다. 맑스는 "사회적 생활과정, 정치적 생활과정, 정신적 생활과정" 등 여러 상부구조적인 생활과정을 나열하고 있다. 인간들은 사회적·정신적 의사소통(Kommunikation)[7]의 "법률적·정치적·종

---

7) 맑스는 다른 계급과 집단적으로 투쟁할 수 있는 '대자적 계급'의 구성에서 본질적인 계기인 소통을 줄곧 강조하고 있다(3: 53, 61면; 4: 180면; 8: 198면). 노동은 주체와 객체(상대방)의 일방적 인식이 수반되는, 본질적으로 독백적 주객관계(Subjekt-Objekt)의 행위인 데 반하여 소통은 간주체적(intersubjektiv) 행위, 즉 주체와 주체(Subjekt-Subjekt) 간의 대화유형적 행위이다. 노동은 일정한 성과를 얻기 위해 본질적으로 (노동)수단에 의해 매개되고, 타자와의 사회적 관계도 이 수단과 노동성과(생산물)에 관한 말없는 이익관계를 중심으로 맺어진다. 이에 반하여 소통은 언어에 의해 매개된다. 노동과 이익 및 이에 관한 주체의 인식(의식)은 즉자적인 사회집단 또는 즉자적 계급의 구성요소로서 주객관계의 차원을 넘지 못하는 것이다. 이에 반해 소통은 동일한 이익상황에 있는 주체들간에 동일한 상황에 관한 이해(理解)의 일치(양해)를 가능케 하고 이를 통해 서로 사귀고 연대할 수 있게끔 해준다. 따라서 맑스에 의하면 대자적 계급의 구성은 이익동일성과 의식철학적·독백적 계급의식만으로 구성될 수 없고 반드시 언어적 소통을 전제하는 것이다. 맑스는 『독일이데올로기』에서 방법론적 원칙을 급진적 비판(포이어바흐 L.A. Feuerbach의 자연주의적 인간관에 대한 비판, 슈티르너(Max Stirner)의 거대주체적 사회관에 대한 비판 등)의 형식으로 정식화하면서 주객관계와 동시에 간주체적 관계를 거듭 강조하고 있다. 이 점은 전통적인 맑스주의자들에 의해 전혀 또는 충분히 인식되지 못하여 현대적 사회이론의 관점에서 조명받지 못했다. 그간의 맑스 해석은 차라리 맑스에 의해 정면 비판된 슈티르너의 거대주체론적 사회관과 계급관을 반복한 셈이다. 이런 맥락에서 하버마스가 새로이 소통행위를 이론화하면서, 맑스가 모든 행위모델을 생산패러다임(노동과 인식형식) 속에 함몰시키고 있다고 비판한 것은 주목을 요한다. 맑스를 좀더 면밀히 독해하면, 차라리 맑스의 사회방법이 전통적 맑스주의자들과는 정반대로 노동과 소통을 준별하고 소통의 계기를 제거하는 거대주체론자와 자연주의적 인간론자들을 비판함을 알 수 있기 때문이다. 따라서 하버마스의 잘못된 맑스 독해에 주목하면, 하버마스의 소통행위론은 맑스의 방법론적 입장에 적실한 보충으로 기여할 수 있다. 다만 맑스와 하버마스의 결정

교적·예술적 또는 철학적 형식" 등으로 생활과정의 "문제들을 의식하고 이 문제들과 투쟁한다"(13: 9면). 우리가 이 테제를 진지하게 받아들인다면, 국가제도는 경제적 토대에 의해 단순히 인과적으로 또는 목적론적으로 또는 기능적으로 규정된 형성물이 아니라, 험난한 투쟁[8]과 간주체적(間主體的) 소통[9]의 복합적 중첩과 교차의 산물로 이해해야 할 것이다. 정치현실 속에서 정치투쟁은 이해갈등과 의견 불일치에 의해 추동되지만 의사소통의 계기와 단절됨이 없이 소통의 '법률적·정치적·종교적·예술적 또는 철학적 형식' 속으로 파고들고 역으로 이 형식들에 의해 삼투·제약당하는 데 반하여 계급들과 집단들 간의 정치적·사회적 소통은 투쟁에 의해 쟁취되고 갱신되는 (계급적으로 비대칭적인) 간주체적 인정구조 속에서 제도화되고 재생산되기 때문이다. 사회정치적인 투쟁적·소통적 운동들의 물적 조건과, 늘 긴장된 그러나 일시적으로 인정되고 법적으로 고정되기도 하는 계급간 세력관계는 물론 다시 생산관계의 발전에 의해 영향받고 변모되고 갱신된다. 이 복합적인 움직임을 배경으로 국가의 역사적 형태는 사회적으로 구성되는 것이다. 이런 의미에서 생산관계에 의한 국가형태의 규정이란 직접적인 인과적 규정이 아니라 항상 사회적으로 매개되고 은폐되는 규정이다.

하지만 토대와 상부구조 간에는 인과적 상호작용이 벌어지지만 궁극적으로는 토대가 상부구조를 규정하고야 만다는, 토대의 '최종심급적인' 인과율적 결정(Kausalbestimmung)이라는 엥겔스의 임기응변책에 의존하지 않고도

적인 차이는 하버마스가 노동을 '도구적 행위'로 격하하고 노동과 소통 간의 변증법적 관계를 파괴, 노동을 소통에 도구적으로 종속시키는 데 반하여, 맑스는 노동을 소통의 근거(Grund)로 규정, 사회의 생성과 발전에 있어 노동의 생적 의미에 선차적 강세를 두고 따라서 소통〔言路〕 억압의 근본원인도 노동의 억압과 착취에서 구하는 데 있다.

8) 미셸 푸꼬는 사회적 소통관계를 거의 완전히 도외시하고 정치를 줄곧 "다른 수단에 의한 전쟁의 연속"이라고 일면적으로 파악하고 있다(Foucault 1983, 38면; 1978, 71면 이하; 1983, 114면 이하 또는 Foucault 1986). 푸꼬의 투쟁적 정치개념의 종합적 설명과 비판에 대해서는 황태연, 『환경정치학과 현대정치사상』을 참조하라.

9) 하버마스는 푸꼬와 정반대로 정치에서 투쟁의 계기를 소홀히 하고 토론적 소통정치(deliberative Politik)를 일면적으로 강조한다. 이에 대한 비판은 이 책의 제4장 제2절을 참조하라. 또한 황태연, 『환경정치학과 현대정치사상』의 제3장 '권력과 정치'도 참조하라. '토론정치'에 관한 하버마스의 본격적 논의는 Habermas 1992, 349면 이하를 보라.

‘사회적·정치적·정신적 생활과정’에 대한 토대의 규정적 선차성(Primat)을 확정할 수 있다. 첫째, "생산에서 시작하여 생산으로 귀환하는 원환운동"으로서의 토대는 전사회 안에서 "재현되고"(repräsentieren), 이런 한에서 "사회는 그 전체가 물질적 재생산과정"이다(Ritsert 1975, 44면). 말하자면 토대의 물적 재생산과정에 참여하지 않는다면, 아니 최소한 이 과정과 연관이 없다면 ‘사회적·정치적·정신적 생활과정’과, 아직 또는 이제 사회적 기능을 담당하지 않는 인구부분들(어린이와 노인) 및 이들의 조직과 단체(소년단, 노인회)를 포함한 모든 상부구조적 제도와 조직들은 예외없이 몰락하기(zu Grunde gehen) 때문이다. 둘째, 토대의 핵심구조적 생산관계의 규정들은 "특유한 방식으로 사회 전체를", 따라서 ‘사회적·정치적·정신적 생활과정’을 "관통하고" 신성한 신(神)들에 관해 운위되는 종교생활 안에서도 특유한 경제적 필요강박의 각인을 주입하고 정신적·사회적 대립을 산출한다. 간단히 말하자면 경제적 토대의 상부구조에 대한 규정관계는, 항상 단순한 인과론적 관계인 것이 아니라(부분부정!) 특유하게 변증법적인 의미에서 내적인 포월관계(inneres übergreifendes Verhältnis)이다. (Ritsert 1988c, 25면 이하; 1990, 60면 이하)

토대와의 내적인 연관을 단절함이 없이, 아니 차라리 오직 이 내적 연관 속에서만, 그리고 동시에 이 내적 연관에도 불구하고, 상부구조의 모든 요소들은 토대와 ‘첨예하게 대립할 수 있다’. 따라서 특히 자신들의 물적 이익, 문제, 대립을 오직 ‘법적·정치적·종교적·예술적 또는 철학적’ 형식으로만 인식하고 평가하고 싸우는 계급들과 개인들의 소통과 투쟁은 토대에 의해 ‘최종심급에서’ 단순히 원인-결과 식으로──이 인과성이 단선적 인과성이든 상호적 인과성이든──야기당하는 것이 아니다. 인간의 사회적 행위 일반, 따라서 소통과 투쟁은, 원인(Ursache, cause)과 구별되는 근거 또는 이유(Gründe, reason)에도 정향되어 있기 때문이다.[10] 이 소통과 투쟁은 특유하게 ①동기적으로 성향에 뿌리박고(motivativ disponiert), ②의도적·지향적으로 계획되고(intentional geplant), ③자기반성적·전략적으로 정초되는(selbstreflexiv-strategisch orientiert) 것이라서 경제적 토대의 강제적 영

─────────

10) 사회적 행위의 ‘이유’(=근거: Gründe, reason)와 ‘원인’(Ursache, cause)의 차이에 관해서는 Ritsert 1975를 보라.

향에 대한 단순한 인과적·기계적 반응을 초월하고 경우에 따라서는 토대에 '첨예하게 맞서' 이것을 변화시킬 수도 있는 것이다.

이 원인과 이유를 구별할 줄 몰랐던 이른바 '구조주의적' 맑스주의는 토대의 '최종심급적' 원인-결과 규정이라는 엥겔스의 임기응변책을 교조적으로 고수하며 전통적인 맑스주의의 기계론적 경제주의를 극복하려고 시도하였지만, 이 시도는 원인과 이유의 차이에 관한 '구조주의적' 몰각으로 인해 더욱 완전무결한 기계론으로 귀착되고 말았다. 이 구조주의적 맑스주의는 한편으로 토대의 상부구조에 대한 규정의 순전한 상호 인과성과 '최종심급적' 결정이라는 부정적으로 전도된 실증주의의 기계론적 테제에서 한 발짝도 전진하지 못한 채 구조주의와 후기구조주의 사이에서 동요하였다. 결국 구조주의적 '맑스주의자들'은 상부구조가 '최종심급'에서 토대의 결과임을 함의하는, 그리하여 행위하는 주체성의 역사적 거소(居所)를 제거하는, "주체 없이 취생몽사하는 역사"라는 구조주의 테제를 맑스의 술어들로 치장하였고 흐루시초프주의적 우경화의 좌파적 비판이라는 구호로 은폐된, '스딸린보다 더 스딸린적인 스딸린주의'=현대판 뜨로쯔끼주의로 전락하였다.

다른 한편 이들은 토대에 역작용한다는 상부구조적 '구조들'의 상대적 자립성을 구조주의적으로 재구성하기 위해 불가피하게 (맑스의 변증법적 사회관에 따르면) **내적인** 전체성 연관(*innerer* Totalitätsbezug)에 들어 있는 사회를 여러 구조들의 외적인 중층합성물로 파악함으로써 사이비 맑스주의로 귀착되었다. 이 사이비 맑스주의적 구조주의는 맑스의 변증법적 근본범주인 본질로서의 '심층'('핵심구조')과 현상으로서의 '표면'의 내적 관계를 심층'구조'와 표층'구조'의 기계적 관계로 피상화하여 '본질' '내적 연관' '전체성' 등의 변증법적 범주들을 간단히 제거하였다. 이 구조주의는 여기저기서 스스로 입에 담고 있는 '변증법'이 무엇인지를 과학적 헤겔분쇄라는 지식인주의적·과학주의적 언어유희에 사로잡혀 전혀 이해하지 못했던 것이다. 즉, 구조주의적 맑스주의는 애당초 헤겔 변증법에 대한 비판적 이해의 피안에 있었기 때문에, 맑스가 헤겔을 변증법에 대한 '최초의 가장 포괄적 서술자'로 평가하고 스스로를 헤겔의 제자로 공언한 의도에 따라 헤겔의 변증법을 그 '합리적 핵심'에서 비판적으로 재구성하기는커녕 맑스로부터 헤겔의 흔적을 철저히 청소하려 했던 것이다. 아무튼 변증법적 운동논리란 자기연관적 전체를 구성하지 못하는 외적인 기계적 관계 속에서는 작동할 수 없는 것이고 그 어떤 형태의 인과적 '상호작용'으로 축소될 수 있는 것도 아니다.

(3) 시민사회 개념과 근대국가의 유형들

사회적 계급들이 경제적 토대와 국가의 재생산을 공고히 하거나 변혁하기 위해 서로에 대항하여 투쟁하고 서로와 소통하는 사회적 영역은 경제영역도 국가영역도 아니고 시민사회[11]이다. 국가의 형식과 활동은 시민사회의 독자적인 운동과정에 의해 직접 영향을 받는다. 이 시민사회는 토대와 국가 사이에 위치하는 사회적 상부구조이다. 맑스는 안넨꼬프(P. W. Annenkow)에게 보내는 프랑스어로 쓴 한 서한(1846. 12. 28)에서 '시민사회'(société civile) 개념을 경제적 토대와 구별되는 '사회적' 상부구조의 의미에서 사용하고 이 시민사회의 공식적 표현을 국가로 규정하고 있다.

인간들의 생산력의 일정한 발전정도를 전제하면 교류(commerce)와 소비의 일정한 형태가 얻어진다. **생산, 교류, 소비**의 발전(즉, 경제적 토대)을 전제하면 이에 조응하는 **사회적** 체제, 즉 조응하는 **가족, 신분 또는 계급들의 조직**, 한 마디로 말하면 조응하는 **시민사회**(société civile)가 얻어진다. 이 시민사회를 전제하면 이에 조응하는 **정치적 국가**(état politique)가 얻어지는데, 이 국가는 시민사회의 공식적 표현(offizieller

---

11) 최근 독일 학계의 논의에서는, 국가로부터만이 아니라 경제적 토대로부터도 구분된 순수한 **사회적** 관계로서의 시민사회를, 이전 국가로부터만 구분되고 사적 경제를 포괄하던 (헤겔류의) 시민사회(bürgerliche Gesellschaft) 개념과 구별하기 위해 Zivilgesellschaft 또는 zivile Gesellschaft로 표기하고 있다. 헤겔류의, 따라서 부르조아 학자들의 시민사회는 17세기 부르조아 경제학자 및 법철학자들의 이론 전통을 따르는 것이고, 토대와 국가로부터 공히 구분되는 시민사회 개념은 아리스토텔레스의 고대 폴리스 개념을 원조로 하여 근세 초 아담 퍼거슨에 의해 최초로 이론화된 시민사회 개념의 전통을 따르는 것이다. 맑스에게서는 이 두 가지 상이한 시민사회 개념이 모두 등장하는데, 그는 두 개념의 이러한 내용적 상이성에도 불구하고 당대의 술어적 빈곤으로 인해 모두 bürgerliche Gesellschaft로 표기하고 있다. 이로 인해 맑스에게서 두 개념의 구별은 문맥으로 알아내는 수밖에 없다.

Ausdruck)일 뿐이다. 프루동씨는 이것을 결코 이해하지 못했다. 그는 국가로부터 시민사회에, 말하자면 시민사회의 공식적 요약체(要約體)로부터 공식적 시민사회에 호소하면 뭔가 위대한 일을 하는 거라고 믿었기 때문이다. (4: 548면—국문 보충 및 프랑스어 원어 삽입은 인용자)

사회를 경제, 시민사회, 국가로 삼분하여 구분하는 맑스의 이러한 사회관과 '시민사회' 개념은 헤겔 『법철학』의 연장선상에 있는 것이 아니라, 그에게 아담 스미스(Adam Smith) 못지않은 사상적 영향을 미쳤던 아담 퍼거슨(Adam Ferguson)의 『시민사회의 역사에 관한 에쎄이』[12]의 연장선상에 있는 것이다. 맑스는 헤겔과 달리 여기서 시민사회를 국가로부터만이 아니라 경제적 토대로부터도 구별하여 시민사회를 사회적 상부구조로, 국가를 이 시민사회의 '공식적 표현'인 국가기구적 상부구조로 규정하고 있기 때문이다.

맑스의 이러한 상부구조의 이중구조(시민사회와 국가)는 지금까지 거의 주목받지 못했다. 이것은 맑스의 저작에서 'bürgerliche Gesellschaft'라는 용어가 헤겔적 의미로 쓰이는 경우(이것은 1844년 이전 헤겔 및 헤겔주의자들과의 논쟁이 들어 있는 초기 저작에 한정된다), '부르조아 사회'라는 의미로 쓰이는 경우(이것은 도처에서 나타난다),[13] 위에서 정의된 '시민사회'로 쓰이는 경우[14] 등 다의적으로 사용되고 있음에 기인할 것이다. 그러나 이

---

12) Adam Ferguson, *An Essay on the History of the Civil Society,* 1767; 독일어판 *Versuch über die Geschichte der bürgerlichen Gesellschaft*, Frankfurt am Main, 1986. 퍼거슨은 아담 스미스와 마찬가지로 스코틀랜드 출신으로서 스미스의 친구이자 동료로서 같은 대학에 봉직하였다. 그러나 스미스는 퍼거슨의 명성을 늘 견제하였고, 한때는 퍼거슨의 이 『시민사회의 역사에 관한 에쎄이』의 출판을 방해하기까지 하였다 (이에 관해서는 Ferguson 1986의 독일어판 해제 참조). 맑스는 퍼거슨의 이 저작을 철두철미하게 소화하였고 『자본론』 1권에서 퍼거슨을 긍정적인 맥락에서 여러 번 인용한다. 그러나 평생 그는 퍼거슨을 스미스의 스승으로 잘못 알고 있었다.

13) 가령 다음 구절을 보라. "까밀 데물랭, 당똥, 로베스삐에르, 쌩 쥐스뜨…등은…로마 의상을 입고 로마식 언사를 써가며 자기 시대의 과업, 즉 근대 부르조아 사회 (moderne bürgerliche Gesellschaft)의 해방과 산출을 완수했다"(8: 116면).

14) 가령 다음 예문의 'bürgerliche Gesellschaft'는 위에서 정의된 'société civile'의 의미로 사용되고 있다. "국가가 시민사회(bürgerliche Gesellschaft)를 가장 포괄적인 생명표현에서부터 지극히 사소한 움직임에 이르기까지, 즉 가장 일반적인 생활양식에서부터 개인들의 사생활에 이르기까지 휘감고 통제하고 감시하고 후견하는 프랑스와

용어가 사용되는 경우 이 중 어느 의미로 사용되고 있는지는 의미맥락에 따라 대체로 명확히 판명된다.

맑스주의자로서는 그람시만이 국가와 경제 양자에 대해 구별되는 사회적 상부구조로서의 시민사회를 처음 인식하였다. "지금까지 두 개의 커다란 차원이 상부구조로서 확정될 수 있다. '시민사회'(societa civile)의 차원으로 불릴 수 있는 차원은 구어로 '민간적'이라고 불리는 개인들의 총체를 포괄하고 두번째 차원은 '정치적 사회', 즉 국가의 차원이다"(Gramsci 1980, 228면). (그람시의 시민사회 개념의 문화주의적 축소에 대해서는 뒤에서 비판적으로 재론된다.) 맑스의 위의 'société civile'의 제도적 테두리는 그람시의 이 'societa civile'와 완전히 합치한다.[15] 이런 까닭에 그람시 저작의 독일어 편찬자의 다음과 같은 주석은 잘못된 것이다. "그람시는 '시민사회'라는 술어를 맑스와 동일한 의미에서 사용하지 않고 있다"(같은 책, 후주 172). 이 편찬자는 맑스의 (상부구조로서의) '시민사회' 개념의 존재를 알지 못하고 이를 헤겔의 'bürgerliche Gesellschaft' 개념과 일괄 등치시키고 있다. 헤겔의 이 개념은 (물질적 토대 전체로서의) 노동, 욕망, 교환의 체계뿐만 아니라 (국가제도의 일부인) '경찰행정'(Polizei) 및 '사법제도', 나아가 (맑스와 그람시의 '시민사회' 내의 단체에 해당하는) 직업신분들의 '동직자조직'(Korporationen)을 망라한다(Hegel 1980). 한편, 헤겔에게 가족은 'bürgerliche Gesellschaft'에 앞서는, 이 체제 밖의 자립적인 범주이다. 이에 반해 맑스의 '시민사회'는 정의상 가족도 포함한다.

맑스의 시민사회 개념이 헤겔의 'bürgerliche Gesellschaft'와 동일하다는 유행하는 억측은 보통 『정치경제학 비판』 서문에 근거하고 있다. 그러나 이 곳에서 이미 맑스는 'bürgerliche Gesellschaft'를 인용부호 속에 넣어 사용하고 있다. 따라서 그람시 연구가 케비어(Sabine Kebir)의 다음과 같은 확인도

같은 나라에서…장관직에 대한 처분권을 가진 국회가…시민사회와 공공여론으로 하여금 자신의 고유한, 정부권력과 독립적인 기관들을 창출하도록 하지 않았다면 국회는 모든 실제적 영향력을 상실한 것이다"(8: 150면).

15) '경제적 토대'와 '사회적' 관계를 망라하는 자유주의적 civil society 또는 헤겔적 'bürgerliche Gesellschaft'와 구별하기 위해 근래 독일 좌파 이론가들은 이 그람시적 '시민사회' 개념을 'Zivilgesellschaft'(또는 'zivile Gesellschaft')라는 신조어로 표기하고 있는바, 이하 '시민사회' 용어는 이 의미로 사용된다.

올바르지 않다. "그람시의 'societa civile'는 헤겔과 **맑스의** 'bürgerliche Gesellschaft'의 번역어로 간주될 수 없다. 그람시의 '시민사회'는 상부구조 기능만을 포함하기 때문이다. 헤겔의 'bürgerliche Gesellschaft'는 노동과 같은 토대기능과 사법작용——그람시에게는 국가에 속한다——도 포함한 다"(Kebir 1990, 31면 각주). 하버마스는 맑스의 '시민사회' 개념에 관한 이 유 행하는 해석오류에 가담하고 있다. "오페는 최근 통용되는 '시민사회' (Zivilgesellschsft) 개념의 의미를 상기시키고 있는데, 이 용어는 헤겔과 **맑스** 이래 통용된 'societas civilis'의 근대적 역어인 'bürgerliche Gesellschaft'와 달리 노동시장, 자본시장, 재화시장을 매개로 조정되는 경제를 더이상 포함 하지 않는다. …이 '시민사회'의 제도적 핵심은 단지 비체계적으로 몇가지 예를 들어보자면 교회, 스포츠 및 여가 조직, 토론클럽, 시민포럼, 시민 주 도 조직에서 직업단체, 정당, 노동조합, 기타 대안적인 제도장치 등에 이르 는, 자발성에 기초를 둔 비 (非)국가적·비 (非)경제적 결사체들을 포함한다" (Habermas 1990, 46면). 하버마스는 여기에서 가족을 잊어버리고 있다. 그의 나열에 이 가족을 끼워넣으면 이것은 (헤겔이 아니라) 바로 맑스의 '시민사 회'를 이룬다.

맑스적 '시민사회' 개념의 오해에 관한 논의는 이것으로 그치고, 위 표준 인용문의 의미내용을 좀더 면밀히 살펴볼 필요가 있다. 위의 '공식적 표현' 이란 구절에서 '표현'(Ausdruck)의 의미를 중시하면 위 인용문은 일단 자본 의 원시적 축적기, 즉 근대 부르조아 계급의 경제사회적 생성기에 일반적이 었던 국가형태인 17~18세기의 절대주의 국가에는 적용되지 않는다. 절대주 의 국가체제하에서는 신흥부르조아지의 경제적 형성이 정책적으로 촉진되기 는 하였지만, 이것은 무엇보다도 국가유지를 위한 것이지 부르조아를 위한 것은 아니었기 때문이며, 또 초기 부르조아는 정치적으로 자신의 이익을 자 신의 명의와 권력으로 관철시킬 정치적 활동공간이 지극히 협소하였고 따라 서 부르조아가 활동하는 정치소통적 공론구조의 발전도 의회적 권력 요구도 절대주의 국가에 의해 억압·규제되었기 때문이다. 절대주의 국가는 신흥부 르조아의 계급이익을 대변·'표현'하는 기구가 아니라 국가를 구성하는 군주 와 왕족, 대귀족, 상인 대호족층의 일종의 '이익단체'(l'état se moi)였다. 따 라서 맑스의 위의 정식은 19세기 이후의 부르조아 국가들을 염두에 둔 것으로 읽혀야 할 것이다.

한편, ‘공식적 표현’의 ‘공식적’(offiziell)을 공공적(öffentlich, public)이 아니라 어원적 의미에 따라 관청적(official)이라는 뜻으로 이해하면 국가란 시민사회의 공적 ‘표피’라는 의미가 아니라, 시민사회의 이익갈등과 합의를 억압적으로 대변하고 종합하는 관청적 관료기구로 자립화된 ‘영역시설조직 경영체’(Gebietsanstaltbetrieb)[16]를 뜻한다. 따라서 국가는 그 존재가 시민사회의 내적 갈등의 억압적 통일을 위해, 말하자면 직업신분과 계급조직의 갈등 때문에 필요한 점에서 시민사회의 관청적·국가조직적 ‘표현’이지만, 시민사회의 대중적 이익에 대한 억압조직으로서의 국가의 일반적 공통본질 속에서도 지배적 계급이익을 대변하는 방식은 다양할 수 있다. 말하자면 국가는 경제적·사회적 지배집단의 이익을 상향적으로 수용하여 자신의 활동을 정식화하기도 하고 사회경제적 지배체제와 지배집단의 **일반적** 이익관리자로서 지배집단의 개별적 구성원 또는 일부의 이익에 반해서 전체 집단의 장기적 이익증진 및 국가 자신과 관료들의 이익에 필요하다고 생각하는 방향의 정책을 하향적으로 정식화하여 강제할 수도 있다. 나아가 국가는 **물신적 조직**으로서 지배집단 전체로부터도 자립화하여 국가 자신의 이익만을 위해 시민사회 전체를, 따라서 모든 계급을 직접적으로, 물론 언제나 계급차등적으로 억압할 수 있다. 국가의 억압적 기능(人) 및 억압적 기구(요원)는 “개인적 이익과 국민적 이익의 갈등에 의해 필요한 것”일 뿐만 아니라 “스스로를 **필요하도록 만드는 것**”이기(26.1: 145면) 때문이다. 이로 인해 시민사회 내의 계

---

16) 막스 베버는 시설조직(Anstalt)과 단체(Verein)를 나누고 있다. 단체는 개인적 가입에 의해 가입자에게만 적용되는 규정을 가진 자발적 조직체를 뜻하는 데 반해, 시설조직은 적시 가능한 일정 영역 내에서 일정 특징에 입각하여 적용되는 모든 행위에 성공적으로 강제할 수 있는 규정을 가진 결사체로 규정하고 있다(Weber 1985, 28면). 이 시설조직은 영역을 기준으로 일정 지역에 들어 있는 사람들로 구성될 수도 있다. 이때 이 영역시설조직(Gebietsanstalt)의 규정은 이 영역에 들어 있는 모든 사람들에게 적용된다. 대표적인 예는 국가의 영토고권이다. 이에 반해 경영체(Betrieb)는 베버에 의해 목적합리적으로 조직된 단체를 뜻한다. 따라서 국가를 영역시설조직 경영체로 규정하는 것은 이 두 개념의 종합을 함의한다. 그러나 이와같이 국가를 단순히 영역시설조직 경영체로 정의하는 것은 맑스와 엥겔스에 의해 공히 강조된 국가의 물신성, 즉 시민에 대해 관료적 기구로 자립화된 인간소외성을 소홀히 할 염려가 있다.

급조직 및 직업신분조직(이익단체)들 간의 갈등만이 아니라 **시민사회와 국가 간의 갈등**도 피할 길이 없다.

시민사회의 '공식적 표현'인 국가의 유형은 경제적 토대에서의 세력관계의 발전에 대한 상대적 자립성 속에서 다양하게 발전하는 시민사회의 구성과 성숙도에 따라 다양하게 분화되는데, 대체로 ①**자유주의적 부르조아 계급독재국가**, ②**보나빠르뜨주의적 개인독재국가**, ③**반동파시즘적 계급독재국가**, ④**부르조아 헤게모니 민주국가**, ⑤**프롤레타리아 헤게모니 민주국가** 등으로 분류될 수 있다.

자유주의적 부르조아 계급독재국가 유형은 부르조아 계급이 봉건세력을 밀어내고 그들의 정치적 대변인을 통해 의회를 설치, 국가권력을 장악했지만 시민사회의 공론구조와 정치영역으로부터 피지배대중이 전적으로 배제된 상태(재산 및 납세 기준에 따른 차등선거제, 비납세자와 여성의 선거권 및 피선거권을 부인하는 제한선거제, 무산대중의 결사·집회·언론 및 표현의 자유 불인정 등)에서 부르조아지의 계급의회적 정권 장악과 시민적 계급여론의 일방적 지배가 이루어지는 초기 부르조아 국가이다. 이때 국가기구는 명실상부하게 맑스와 엥겔스가 『공산당선언』(*Manifest der Kommunistischen Partei*, 1848)에서 규정하고 있듯이 "부르조아들의 위원회"로 현상한다.

보나빠르뜨주의적 개인독재국가 유형은 피지배대중이 정치적 투쟁을 통해 정치 및 공론 영역으로 진입함으로써 계급독재는 붕괴하였으되 무산대중도 통치권을 장악할 만큼 성장하지 못한 과도기에 등장하는 개인독재이다. 계급권력과 의회가 계급간 세력균형으로 인해 약화되는 시기에 개인권력자가 어부지리로 행정권을 강화, 의회를 무력화시키고 국민투표를 통해 개인독재를 수립하는 것이다. 이때 "입법부에 대립하는 행정권력은 국민의 자율지배에 대립하는 국민에 대한 타율지배를 표현한다." 국민은 "일 계급의 전제체제에서 도피하여 한 개인의 전제체제 아래, 그것도 권위 없는 개인의 권위 아래 되떨어지는 꼴이 되고 만다. 싸움은 모든 계급이 곤봉 앞에 동일하게 무력화되고 말없이 무릎을 꿇는 방식으로 중재된 꼴이다."(8: 196면) "부르조아체제의 힘은 중산계급(귀족층에 대비하여 부르조아 계급을 표현하던 당대의 범주—인용자)이다." 따라서 개인독재자는 "자신을 이 중산계급의 대변자로 알고 이런 취지에서 법령을 발표한다. 하지만 그는 중산계급의 정치권력을 분쇄했고 또 매일 새로이 분쇄함으로써만 유력한 그 무엇일 수 있다. 따라서 그는 자신을 중산계급의 정치적·문필적 권력에 대한 적수로 안다. 그러나 그는 그들의 물질적 권력을 보호해줌으로써 그들의 정치권력을 새로이 키워준다. 따라서 원인은 살아 있어야 하지만 결과는 모습을 드러내자마자 제거되어야 하는 것이다." 그러나 이 개인독재자는 "동시에 부르조아에 대항하여 자신을 부르조아 사회 안에서 하층민중계급들을 행복하게 해주려는, 농민과 인민 일반의 대변자로 안다. …이 사나이의 이 모순적인 과업은 그의 정부의 모순을, 즉 저번에는 이 계급, 이번에는 저 계급을 획득하는 듯하다가 곧바로 깔아뭉개려고 하고 모든 계급을 동일하게 서로 갈등하도록 만드는 불명확한 좌충우돌식 더듬질을 설명해준다."(8: 204면 이하) 근대적 생산양식의 발전을 촉진하여 부르조아의 물질적 이익을 증진시키면서도 모순되게 근대적 생산양식에 의해 몰락하는 중소농들의 역사적 자기기만, 복고적 이데올로기와 지지를 활용하여 프롤레타리아뿐만 아니라 부르조아 자신의 정치적 권력(의회 및 언론)을 무력화하는 이 모순적 국가형태는 보통 부르조아 헤게모니 민주국가로 이행하는 과도기 유형으로서 정치적 좌충우돌을 본질로 하는 괴이한 정치적 합성물이며 이 권력의 정상을 장악한 개인독재자는 "모든 계급의 가부장적 시혜자 노릇을 하고 싶어한다"(8: 206면). 계급독재국가와 보나빠르뜨 개인독재국가는 고전가들에 의해 상세히 분석된 바 있다.

셋째, 서유럽 자본주의체제의 구성체적 위기(일반적 체제공황), 격화된 국내외적 계급투쟁과 전쟁, 러시아혁명의 국제적 영향에 대한 반공(反共)히스테리적 반동체제로서 제국주의 시대의 **파시즘적 계급독재국가 유형**은 고전가들에 의해 체험될 수 없었다. 이 파시즘국가는 시민에 대한 **테러와 병리적 포퓰리즘**(populism)을 핵심적인 존속조건으로 구사하는 **노골적으로 폭력적인** 계급독재체제이다. 이 유형의 국가에서 시민사회는 국가의 '뻗은 팔'로 전락하고 각종 자율적 시민단체와 노동자조직은 분쇄되거나 관변조직으로 개편된다. 이 경우 국가는 시민사회의 '공식적 표현'이 아니라 역으로 시민사회가 국가의 '비공식적' 표현이 된 꼴이다. 파시즘체제는 자본주의가 국가의 가부장제적 지도하에 국가자본주의 식으로 속성 재배되어 문민부르조아가 정치권력을 장악하기에는 정치적으로 취약한 남유럽 및 중유럽, 동유럽 지역에서 부르조아 헤게모니 민주체제로의 이행을 거부하거나 또는 단기적으로 수립된 이 민주체제(가령 독일의 바이마르공화국)를 파괴하고 20세기 초반에 과도기적으로 번창하였다. 그러나 이 국가형태는 1974년 포르투갈, 스페인을 마지막으로 서유럽에서 완전히 자취를 감추었다.

넷째, **부르조아 헤게모니 민주국가 유형**은 시민사회의 정치적 공론과 정치구조가 전통적인 계급독재성을 탈피, 민중들도 집회·결사·표현·학문·양심의 자유, 실질적인(！) 시민적 정치권(보통선거권 및 피선거권, 부정선거 및 정치범 개념의 완전 소멸)을 쟁취함으로써 시민적 공론성이 폭넓고 강력하게 신장되어 정치적 대항권력조직(노동조합, 정당, 기타 이익단체적 결사조직)을 구축, 활동의 합법공간을 획득한 단계에 조응하는 부르조아 국가형태를 가리킨다. 이 국가체제에서 부르조아 계급은 이제 자신의 계급이익을 일방적으로 관철하거나 타계급을 독재적으로 자신의 의사와 이익에 굴복시킬 수 없고 항상 합법적인 권력투쟁의 기제와 정치적·법적 게임절차에 따라 정치권력을 주기적으로 쟁취·재창출해야 하며, 일상적 정책의 집행도 다른 정치권력체와 일정한 의식적·무의식적, 명시적·묵시적 타협을 담아야 한다. 이런 까닭에 부르조아 계급의 정치조직은 다른 계급세력들의 합법적 존재를 승인하지 않으면 안된다. 말하자면 부르조아 헤게모니 민주국가 단계에서 지배계급은 자신의 이익을 관철시키면서도 피지배계급의 이익을 항상 차선적으로 고려하여 '국민의 이익'으로 일반화해야 하는 까닭에 헤게모니 국가의 국익은 부르조아지의 계급이익만이 일방적으로 표현된 것이 아니라 다른 계급들의 이익의 차등적(！) 고려하에 부르조아 계급이익이 '동등한 자들간의 제1인자'(primus inter pares)의 형식, 즉 **헤게모니** 형식으로 표현된다. 이 단계에서 대부르조아 집안은 그 출신성분상 정치영역에서 대중적 영향력을 상실하기 때문에 비국가적 영역으로 깊이 숨어들어 언론권력(telecracy), 자신들과 기업의 사회적 이미지 제고 업무와 정치자금 업무 등을 장악하고 자신들의 경제적 계급이익의 정당정치적·국가정치적 관장업무는 자신들의 이익에 적합한 정치이데올로기를 신봉하고 대변하는 '양심적인' 직업정치가 집단에 전담케 한다. 이로써 경제인과 정치가의 분업이 정착한다. 고전가들의 이론적 작업에 근거한 사회주의적 정치운동의 이념적·실천적 압박효과로서 등장한 이 국가유형은 레닌을 포함한 사회주의 고전가들에 의해 경험되지 않았고 따라서 이론화될 수 없었다. 따라서 맑스에 의해 '부르조아 계급독재국가' 및 '보나빠르뜨 개인독재국가'에 대한 불가피한 프롤레타리아적 대항물로서 기안되고 또 '파시즘적 계급독재국가' 단계에까지도 이론적·실천적 타당성을 유지할 수 있었던 프롤레타리아 계급독재론――혁명적 과도기의 노동자국가 유형으로서의――은 이 부르조아 헤게모니 민주국가 단계에서 그 적실성을 상실할 수밖에 없다.

다섯째 **프롤레타리아 헤게모니 민주국가 유형**은 좌우 국가론에 의해 줄곧 망각되어온 북유럽의 국가유형이다. 북유럽의 노르웨이와 스웨덴은 후발자본주의 국가로서 비교적 오랫동안 절대군주의 관료정치체제하에 있었다. 따라서 국가관료의 손길로 뒤늦게 속성된 자본가계급은 이 귀족관료들의 가부장제적 대행정치에 길들여진 나머지 정치활동의 조직능력과 통치능력을 스스로 배양하지 못하였고 이로 인해 경제적 영역에서 사회정치적 영역으로 세력을 뻗쳐 시민사회적 지배를 적시에 구축하지 못하였다. 이런 상황에서 노동자대중은 사회주의 이념의 국제적 지원으로 노동운동의 정치세력화를 부르조아지보다 앞서 이루게 되었다. 따라서 나중에 등장하는 각종 부르조아 정당은 강력한 좌파 여당의 사회적·정치적 헤게모니와 위세에 눌려 만년 야당의 지위에 머물러 있는 관계로 수권능력 내지는 통치능력을 상실하였다. 이런 시민사회적 계급관계를 배경으로 자본주의적 경제의 '토대' 위에서 좌파정당의 '정치적' 헤게모니가 상당히 안정적으로 재생산되어 민주적 절차에 입각한 좌파정당의 장기집권이 수십년에 걸쳐 반복되는 정치구조가 정착한 것이다. 이와같이 부르조아의 '토대' 지배권과 프롤레타리아의 '상부구조' 지배권이 장기적으로 엇갈려 맞물리는 현상은 시민사회가 토대에 대해 얼마나 자립성을 지니고 있고 또 그 자체 얼마나 고유한 자기운동 속에서 발전하는 것인가를 극명하게 보여준다 할 것이다. 그럼에도 불구하고 이 국가유형도 자본주의적인 토대의 역사적 형식에 조응하는 근대국가의 근본특징(가령 국가와 경제의 형태적 분리 및 국가와 시민사회의 분리 등)을 그대로 보유한다. 또한 이 경우 장기집권의 좌파정당도 자본주의적 토대를 청산하려 하지 않고 단지 자본의 활동을 제한하는 방향으로 자본주의에 대한 이념적 적응을 겪거나, 다양한 체제변혁 시도의 실패를 거울삼아 자본주의적 경제토대를 대치할 새로운 소유형태를 담은 사회변혁적 대안 및 유토피아적 지향을 포기한 상태에 있다.

　이러한 다섯 국가유형에 덧붙여 파시즘 유형의 개발도상국적 변형태들을 고찰할 필요가 있다. 자본축적이 제국주의의 국제적 지원에 기초를 둔 국가권력에 의해 하향식으로 추진되어 문민부르조아의 시민사회적 영향력과 정치적 권력이 취약한 개발도상국에서는 특이한 유형의 (군사)파시즘국가가 나타난다. 이 **개도국 유형의 파시즘적 계급독재국가**에서도 국가가 시민사회의 '공식적 표현'인 것이 아니라 역으로 시민사회의 각종 단체가 테러리즘적인 파시즘국가의 '비공식적 표현', 즉 국가시책의 단순한 집행자로서의 관변단체로 전락한다. 이 경우 시민들의 모든 자립적인 사회적 권력조직과 연대조직들은 국가테러리즘에 의해 분쇄되고 따라서 시민사회는 국가에 대한 대항적 자립성이 전무하여 국가에 의해 흡수된 상태가 되어버린다. 이 사회에서 문민부르조아들은 국가권력집단에 (흡사) 가부장제적으로 종속되어 있다. 그러나 이 비서구 유형의 파시즘적 계급독재국가는 기존의 조직된 권력엘리뜨들(보통 군부)이 대중적 기반 없이 정변을 통해 정권을 장악한 다음 '위에서 아래로' 대중조작, 시민사회의 공적 기제의 관변화, 국가유형의 변혁을 꾀함으로써 출현한다는 점에서, 시민사회 내의 대중적 조직운동을 통해 광범한 대중지지를 획득하여 '아래에서 위로' 정치권력을 장악하여 국가유형을 변혁한 서구의 파시즘국가 유형과 결정적인 생성론적 차이를 보인다. 따라서 비서구 유형의 파시즘체제는 그 기능적 특징과 역할에서도 서구의 파시즘국가 유형과 동일한 선명성을 지니는 것이 아니라 서유럽의 옛 절대주의 국가의 관료귀족주의 및 군국주의, 보나빠르뜨 국가의 개인독재, 중유럽 및 동유럽 파시즘국가의 국가테러리즘과 반공(反共)히스테리적 포퓰리즘이 혼효되어 있다. (부르조아 계급독재국가, 부르조아 헤게모니 민주국가, 파시즘국가에 관해서는 뒤에서 좀더 상론한다.)

　이러한 국가유형의 간략한 조감을 통해서도 시민사회의 고유한 자립성과 이에 따른 근대국가의 다양한 유형적 분화가 잘 드러난다. 따라서 국가는 토대와 국가 사이에서 전개되는 독자적인 시민사회의 변화무쌍하고 파란만장한 사회적·정치적 매개운동과 정치적 성숙도를 탐구함이 없이 간단히 토대범주들로부터 '도출할'(ableiten) 수 있는 것이 아니다. 엥겔스는 일찍이 독일의 '많은 청년 문사들'에게 다음과 같이 경고한 적이 있다. "우리의 역사관은 무엇보다도 연구의 지침이지 헤겔주의자들 식의 관념적 구성의 지렛대가 아니다. 전역사는 새로이 연구되어야 하고 상이한 여러 사회구성체들의 존재조건은 이 조건에 조응하는 정치적·민법적·미학적·철학적·종교적 관념방식들을 이 존재조건들로부터 도출하려고 하기 전에 개별적으로 연구해야 한다. …여기에서 우리는 대량의 보조를 필요로 하고 연구영역은 무한히 넓은 것이다"(Conrad Schmidt에게 보내는 1890년 8월 5일의 서한. 37: 436면).

우리는 논의의 심도를 더욱 높이기 위해 시민사회와 국가형태의 탐구에 앞서 토대의 경제적 지배관계를 더욱 구체화하고자 한다. 노동방식 및 생산력의 발전에 따라 변화되는 경제적 지배관계의 형태는 특유한 역사적 종차(種差)로 현상한다. 우리는 전(前)자본주의 사회의 경제적 지배관계와 자본주의의 경제적 지배관계를 그 주요 특징에 있어서 분석할 것이다. 이에 맞춰 이 지배관계와 각각의 역사적 국가형태 간의 '은폐된' 내적 규정관계 및 전자본주의적 국가형태와 자본주의적 국가형태 간의 역사적 차이를 밝혀 보이고자 한다.

(4) 근대의 경제적 강권관계로서의 '자본관계'의 역사적 특징

경제적 토대영역의 지배관계는 적대적 생산체계 안에서 직접생산자를 그들의 생계유지에 필요한 노동보다 '더 많이' 일하도록 지속적으로 강제하기 위한 필수적 기제이다. 즉, 강제관계가 지속적으로 재생산되어야 하는 것이다. 그런데 이 강제관계가 항구적인 지배관계로 성립·공고화되기 위해서는 직접생산자들의 의지를 장악하는 것이 필요하다. 이런 의미에서 맑스는 다음과 같이 말하고 있다. "남의 의지의 점취는 지배관계의 전제이다"(42: 408면). 사회적 생산과정에서의 이 '남의 의지'의 항구적 '점취'는 역사적으로 상이한 시대를 창설하는 형태로 벌어진다.

전(前)자본주의적 생산형태에서는 직접생산자의 인신의 장악을 통한 '남의 의지의 점취'가 유별난 역사적 역할을 수행하였다. 물론 여기에서도 생산수단으로부터 생산자가 소유권적으로 분리된 데서 나오는 경제적 강제가 항상 공동(共動)하였지만, 이 "경제적 강제만으로는 직접생산자를 종속관계에 붙들어두기에 충분치 않았다. …따라서 보충적으로 경제외적인 강제가 행사되어야 했다"(Welskopf 1957, 171면). '사회적으로 발전된 생산력'과 생산수단은 '자연조건적 생산력'에 비할 때 아직 보잘것없었고 따라서 경제적 강제는 너무 취약해서 그 자체만으로써는 생산자를 생산수단의 소유권자에 묶어둘 수 없었던 것이다. 그리하여 경제외적인 직접적 폭력이 전면에 등장하여 경제적 강제의 계기를 무색케 하고 있었다. "생산자에 대한 생산수단의 지배는 여기서 생산과정의 직접적인 추동자로서 출현하는 명시적인 지배–종속관계에 의해 은폐되었다"(25: 839면).

생산수단의 전자본주의적 소유권자에 의한 생산자 인신 자체의 이러한 폭력적 점취는 저급한 생산력과 적대적인 생산관계 간의 변증법의 필연적인 논리적 귀결이었다. 그리하여 "정복자가 땅을 정복한 후 즉각 해야 할 일은 인간들을 점취하는 일이었다"(25: 799면). 따라서 "노예제도 또는 농노제도에서 토지소유는 직접생산자들의 인신에 대한 특정인들의 소유에 따르는 부수기제일 뿐이다"(25: 647면).

하지만 이러한 직접적 지배–종속관계는 생산력 발전과 직접생산자들의 계급투쟁의 발전에 따라 상이한 형태를 취하게 된다. 가령 고대아시아적 사회구성체에서는 잠재적인 "일반적 노예제"(42: 403면)로 나타나고,[17] 고대 그리스·로마와 근대 아메리카 신대륙에서는 노골적인 노예제(매매 가능한 동산 動産노예제)로 나타나며, 봉건적 사회구성체에서는 단순한 공납의무로까지 약화되기도 했던 부분적인 노예제(농노제)로 나타나는데, 여기에서는 이에 관해 상론할 필요가 없겠다.

중세적 길드조직 및 동직(同職)체제(Korporation)에서는 직장(職長), 장인(匠人), 도제(徒弟) 간의 가부장제적 지배–종속관계를 위해서 "도구를 진

---

17) 고대아시아적 착취지배관계는 본질상 일종의 노예제이다. 그러나 이 노예제는 잠재적이었다. 이 노예제는 혈연관계, 친척관계, 혼인가족관계 등과 통합되어 이런 관계에 의해 가부장제적으로 은폐되어 있었기 때문이다. 부인은 남편에, 자녀는 부모에 결국 가부장에, 가내노비는 가부장에 속했고, 모든 가부장은 다시 왕과 그의 관리에 속했으며, 이 관리는 다시 왕에 속했다. 게다가 부녀 및 자녀 노예제는 왕과 관리들의 가족관계 안에서도 반복되었다. 말하자면 왕을 제외하고 "주인 없는 사람은 아무도 없었다"(nul homme sans maitre). 이에 관해서는 Welskopf 1957, 101~105면을 보라.

정으로 잡다루는" 비전적(祕傳的)인 "수공기능"(42: 407면) ——"(소유권의 원천일 뿐만 아니라) 소유 자체인 노동, 즉 수공적으로 규정된 기예(技藝)"(42: 409면) ——이 유별난 역할을 하였다. 그러나 지배관계의 이 형식은 독자적인 시대를 창설하지 못하고 농촌지역 농가의 당시 지배적이었던 가부장제적 지배관계를 대체로 닮아갔다.

'남의 의지의 점취'의 근대적 형태는 생산수단 및 생활수단에 대한 특정인들의 배타적 소유를 통해 이 수단들로부터 배제된 대중의 물적 생존위기를 야기하는 형태이다. 이것은 생산수단으로부터의 대중의 분리로 조성되는 경제적 강제가 앞에서 말한 것처럼 전자본주의 시대에도 항상 공동(共動)하였기 때문에 새로운 것이 아니다. 이 근대적 형식의 실로 새롭고 특유한 측면은 이 경제적 강제가 인신의 폭력적인 점취 없이 그 자체만으로도 잉여노동을 추출하기에 충분히 강력하다는 데 있다.

경제적 강제의 이러한 강화는 상대적 과잉인구(실업자대중)의 최저생계를 가능케 하는 생산력의 역사적 발전에 근거한다. 자연조건적 생산력이 지배하는 사회에서는 생산조건의 소유권자에 대한 직접생산자의 경제적 종속, 즉 경제적 강제는 그리 크지 않았다. 직접생산자는 도주하기만 하면 산악과 원시림, 평원 도처에서 이러한 생산조건을 손쉽게 찾을 수 있었기 때문이다. 이런 까닭에 고대적 계급사회에서는 생산현장에서 도주를 막는 물리적 강권이 그 전제로서 필연적으로 요청된다. 그러나 생산조건과 사회적 생산력이 발전하면 할수록 이러한 발전된 수준의 생산조건을 다른 곳에서 얻을 가능성이 더욱더 적어지고 따라서 생산조건의 소유권자에 대한 직접생산자의 경제적 종속은 그만큼 더 커진다. 이런 관계로 근대 임금노동자는 공장으로부터 도망치는 것이 아니라 거꾸로 공장 속으로 쇄도해들어와 공장주의 손아귀에 흡사 자발적으로 사로잡히는 것처럼 보이는 반면, 고대 노예와 중세 농노는 정반대로 끊임없이 농장과 장원으로부터 도주하려 하였고 또 일부는 실제로 도주하였던 것이다. 그러나 근대 임금노동자의 효과적인 착취를 위해서는 다른 역사적인 조건이 하나 더 필요하다. 노동시장이 항상 임금노동자 후보들의 과잉인구로 넘쳐흘러야 하는 것이다. 이 과잉인구는 자본과 노동의 경제적 세력관계에서 임금수준과 기율(紀律)권력을 착취에 적절한 테두리 안에 유지할 수 있게끔 해주는 공장주의 우세한 권력지위를 보장해준다. 이런 까닭에 이 넘치는 노동시장, 즉 상대적 과잉인구는 자본주의적 생산양식의 순조로운 운행을 위해 필수불가결한 체제요소인 셈이다. 이런 이유에서 상대적 과잉인구는 전부가 아사(餓死)해서는 안되고, 걸식을 하든 사회보장제로 구휼되든 어떤 식으로든 살아남아 '인질' 노릇을 해야 한다. 이것은 일자리 없는 비생산적 과잉인구의 육체적 생존을 어떤 식으로든 가능케 하는 사회적 생산력의 일정한 발전수준을 전제하는 것이다. 피지배 노동대중의 일부가 이와같이 일자리 없이 생존할 수 있고 또 '인질'로서 생존하지 않으면 안되는 것은 자본주의에 고유한 역사적 특유성이다. "우리는 고대에 잉여노예가 있었다는 소리를 들어본 적이 없기 때문이다. 오히려 노예에 대한 수요는 증가일로에 있었다. … 잉여노동자의 발명은 자본의 시대에 속하는 것이다"(42: 508면). 이런 곡절을 거쳐 강화된, 순수경제적인 강제는 전자본주의적인 직접적·인신적 지배–종속관계의 해체를 위한 역사적 필요조건이다.

그러나 순수경제적·물적 종속관계의 역사적 성립은 "전혀 종속관계 일반의 제거를 뜻하는 것이 아니라 다만 이 종속관계가 일반적 형식으로 해소되는 것, 오히려 인격적 종속관계의 일반적 근거를 창출하는 것을 뜻할 뿐이다"(42: 97면). 따라서 위에서 언급된 필요조건 외에 그 어떤 충분조건이 첨가되지 않는다면 강화된 경제적 강제는 경제매개적인 물적 종속을 직접적인 인신적 종속으로 고착화·고루화(固陋化)할 수 있다. 상대적 과잉인구의 항시적인 실존을 상기하면, 경제적 강제의 강도는 여기서 '남의 의지의 점취'에 필요한 수준을 항상 넘어가기 때문이다.

무엇이 물적 종속의 인신적 고루화를 저지해주는가? 직접생산자 자신은 이 인식적 고루화를 저지하는 자일 수 없다. 그는 일단 소유권자에 복종하는 것 외에 다른 선택의 여지가 없는 종속인이기 때문이다. 물적 종속이 고정된, 불변적인, 종신적인 예속으로 전환·고착되는 것을 막는 자는 따라서 소유권자로 봐야 할 것이다. 이 소유권자는 이것을 도덕적인 이유에서 수행하는 것이 아니라 저 물적 종속의 각질화(角質化)·고루화를 끊임없이 분쇄하도록 구조적으로 내몰린다. 이 소유권자를 이런 방향으로 내모는 것은 소유와 노동의 교환가치관계에 상응하는 모든 경제적 관계의 절대적 가변성이다. 교환가치 형식으로 대상화된 노동은 직접생산자의 의지와 산 노동을 장악하는데 이 산 노동을 지배하는, 교환가치 형식으로 대상화된 노동이 바로 다름아닌 자본인 것이다. "축적된, 지나간, 대상화된 노동의 직접적인, 산 노동에 대한 지배는 이 축적된 노동을 자본으로 만든다"(6: 409면). 자본, 말하자면 산 노동을 지배하는 교환가치는 절대 가변적이고 절대 유동적이다.

> 자본은 모든 생산부문의 특수성에 대해 본질적으로 무차별적이고 자본이 어디에 투자되는가, 어떻게 투자되는가, 그리고 자본이 어떤 규모로 이 생산부문에서 저 생산부문으로 이동하는가 또는 여러 생산부문간의 자본의 배분이 어떤 규모로 변하는가는 오직 이 생산부문, 저 생산부문의 상품을 매각할 때 생기는 크고 작은 어려움에 의해서만 결정된다. …자본의 이와같은 유동성은 자본이 장악하는 노동과정의 특수한 성격에 대한 무차별성, 노동 안에서의, 즉 노동자에 의한 노동력의 적용능력에 있어서의 동일한 유동성 또는 가변성을 전제한다. …그것은 이 가변성에 대한 모든 법적·경제외적인 장애를 제거한다. (K. Marx, *Resultate des unmittel-baren Produktionsprozesses*, 39면. 이하 *Resultate*로 약칭함)

자본의 이 유동성과 무차별성 그리고 절대적 동요가 자본가와 노동자 간의 지배-종속관계의 모든 인신적 각질화 경향을 분쇄하는 것이다. "모든 고정된, 녹슨 관계는 해소되고 모든 신생된 관계는 각질화되기 전에 낡아버린다"(4: 465면). 노동에 대한 자본의 지배에서 역사적으로 특유하고 획기적인 것은 자본의 지배가 강화된 경제적 강권에 기초를 두고 있고 따라서 노동자의 인신에 대한, 물리적 강권을 기초로 한 소유가 불필요해졌다는 사실만이 아니라 자본이 자신의 절대적 동요로 말미암아 지배-종속관계의 인신적 고루화 경향을 끊임없이 해소하지 않을 수 없다는 사실이다.

요약하면 자본의 순수경제적인 강권은 노동자대중의 의지를 점취, 노동을 제공하도록 강제하여 생산과정에서의 자본가의 지배와 착취를 보장한다. 다른 한편 이면에서 이 자본가, 저 자본가에 의한 불특정 노동자의 신속한 고용과 가차없는 해고의 반복을 야기하는 자본의 절대적 동요는 특정 자본가에 의한 특정 노동자의 고용의 종신화, 즉 사실상의 노예제 또는 농노제로의 전락을 저지한다. 이로써 이 절대적 동요는 자본의 초강력한 경제적 강권이 노동자의 인신 자체를 침해하는 것을 막는다. "노예는 특정 주인에게 속한다. 노동자는 자신을 자본에 팔아야 하기는 하지만, 특정 자본가에게 팔지는 않기 때문에 일정한 영역 내에서 그가 누구에게 자신을 팔 것인가에 관한 선택권을 갖고 자신의 주인을 바꿀 수 있다"(*Resultate*, 58면). 간략히 말하자면 근대 임금노동자는 자본에 속하지만, 결코 개인으로서의 자본가든 계급으로서의 자본가든 자본가에 속하는 것이 아니다. (만약 직접생산자가 한 개인에게 완전히 또는 부분적으로 속한다면, 이 생산자는 노골적인 노예나 또는 농노이다. 이에 반해 이 자가 한 계급 전체에 속하면 그는 아시아적 봉건농민이다.) 맑스는 임금노동에 대한 자본의 이 특유한 지배관계를 자본관계(Kapitalverhältnis)라고 부른다.

따라서 맑스는 자본관계를 "노동시간의 연장을 통해 잉여노동을 강탈하는 강제관계——그 어떤 인격적 지배-종속관계에 근거한 것이 아니라 단순히 상이한 경제적 기능에서 생겨나는 강제관계"(*Resultate*, 47면) 또는 "지나간 노동이 자립화하여 위압적(übermächtig) 권력이 됨으로써 산 노동에 대립하는 일정한 사회적 관계"(25: 412면)로 정의한다. 즉, 자본관계는 교환가치 또는 화폐에 의해 매개되는 강권관계인 것이다. 그러나 자본관계는 화폐관계의 개입으로 인해 종종 이 강권관계를 호도한 단순한 교환관계나 상품유통관계로 축소되어 파악되곤 한다. 그러나 "생산과정중의 자본관계는 유통관계 안에, 즉 (노동력의) 구입자와 판매자가 맞서는 서로 상이한 경제적 근본조건 속에 이미 즉자적으로 내재하기 때문에만 나타나는 것이다. …이 자본관계를 생기게 하는 것은 화폐의 본성이 아니다. 오히려 자본관계의 현존이 단순한 화폐기능을 자본기능으로 탈바꿈시키는 것이다"(24: 37면). 이 유통의 "피상적인 관계 속에서", 즉 "자본관계의 허상 속에서 이 관계의 본질을 찾는 자는 제정신이 아닌 자이다"(*Resultate*, 88면). 이런 까닭에 자본과 노동 간의 형식적으로 자유롭고 평등한 화폐교환관계 속에서는 임금노동자의 역사적으로 특유한 종속의 근거도 찾을 수 없고 또 이 종속적인 임금노동자의 역사적으로 특유한 인격의 보존의 근거도 찾을 수 없는 것이다.

한걸음 더 나아가 교환행위 종료 후에 생산과정에서 벌어지는 노동력의 소비과정은 아예 이러한 교환의 허상 자체를 벗어버린다. "생산과정이 무릇 일종의 교환과정으로 불리는 것은 오직 오용으로 말미암은 것이다. 생산과정은 교환과 직접 대립한다. 그것은 본질적으로 다른 범주이다"(42: 201면).
노동자의 인격은 물론 교환행위 종료 후에도, 즉 생산과정에서도 보존된다.
그런데 '교환'이라는 범주를 가지고는 근대 임금노동자의 이러한 인격의 긍
정도 설명할 수 없고 교환을 통해 사들인 노예의 인격의 원칙적인 부정도
설명할 수 없다. 임금노동자가 자신의 노동력을 시장에 내놓을 때나 또는
그 이후 생산과정에서도 자신의 인격을 유지할 수 있다는 사실은 상품보유
자들이 서로를 동등한 인격체로서 취급해주는 교환행위의 자유평등성에 기
인하는 것이 아니라 "예속의 형태전환"(23: 743면)에 기인하는 것이다. 근대
의 새로운 사회적 예속은 인격적 예속에 기인한 것이 아니라 경제적 우열관
계에 기초한 사회적 강제관계를 뜻한다.

근대 임금노동자는 형식적으로 자유롭다. 그러나 "이 자유노동자가 왜 유
통과정에서 화폐보유자와 맞서게 되는가 하는 물음은 노동시장을 상품시장
의 별도부문으로 무심히 대면하는 이 화폐보유자에게는 관심이 없다." 따라
서 부르조아 법률가들이 "이 화폐보유자가 실천적으로" 노동시장에서 취하
는 태도로 "이론적으로 이 사실을 고수하면", 이 과정의 전체상은 다음과
같은 표면적 모습을 취한다.

노동력의 보유자는 노동력을 팔기 위해 이 노동력을 마음대로 처분할
수 있어야, 즉 자신의 노동력의 자유로운 소유자여야 한다. 이 노동력 보
유자와 화폐보유자는 시장에서 서로 만나 동등한 상품보유자로서 상호관
계를 맺는바, 다만 한 사람은 구입자이고 다른 사람은 판매자라는 사실에
서만 다를 뿐 양자는 법적으로 동등한 인격체이다. 이 관계의 지속은 노
동력의 소유자가 항상 이 노동력을 일정한 시간 동안만 팔 것을 요한다.
그가 노동력을 몽땅, 단 한번에 다 팔아버리면, 즉 그가 자기 자신을 팔
아버리면 그는 자유인에서 노예로, 상품보유자에서 상품으로 변해버리고
말기 때문이다. 인격체로서의 노동력 소유자는 끊임없이 자신의 노동력을
자신의 소유물로, 따라서 자기의 상품으로 대해야 하고, 이것은 그가 노
동력을 항상 일시적으로만, 즉 일정 기간만 구입자의 처분에 맡겨 사용토
록 넘겨주는 한에서만, 다시 말해 노동력의 양도를 통해 자신의 소유권마
저 포기하는 일이 없어야만 가능한 것이다.   (23: 182면)

그러나 자본관계에 대한 지금까지의 분석을 추적한 사람은 누구나 사회적 '심층'에 대한 필자의 설명을 이 '표면'의 법률적 통역문과 잘 구별할 수 있을 것이다.

필자의 설명을 검증해보자. 두 조건, 즉 강화된 경제적 강제라는 필요조건과 자본의 절대적 유동성이라는 충분조건의 동시적 존재는 경제영역에서의 지배, 즉 자본관계의 역사적 종차를 이룬다. 첫번째 필요조건이 사라지면 지배-예속관계 자체가 소멸한다. 또는 그럼에도 불구하고 누군가가 버릇대로 계속 착취하고자 한다면 노예제도를 다시 도입해야 할 것이다.

> 필(Peel)씨는⋯5만 파운드 상당의 생활수단과 생산수단을 영국에서 뉴 홀랜드의 스웬강 연안으로 가져갔다. 필씨는 그외에도 주도면밀하게 노동계급의 성인 남녀 및 어린이 3천 명을 데리고 갔다. 그런데 목적지에 도착하자 '필씨의 잠자리를 돌봐주거나 강에서 물을 길어다 줄 하인은 한 명도 남아 있지 않았다'. 모든 것을 예견하여 주도면밀하게 준비했던 이 불행한 필씨는 영국의 생산관계를 스웬강으로 수출하는 것만은 잊어버렸던 것이다! (23: 793면)

말하자면 노동자가 다시 어디에선가 스스로 생산수단의 소유자가 될 수 있다면 경제적 강제, 즉 자본관계 자체가 소멸한다. 화폐는 화폐이고 생산수단은 생산수단일 뿐, 이제 더이상 자본이 아니다. 또는 필씨가 신세계에서도 영국에서처럼 계속 지배하고 착취하고자 했다면 미국 남부의 노예소유주들이 자행했던 일과 같은 짓을 했어야 한다.

이에 반해 두번째 충분조건, 즉 경제적 관계의 일반적 유동성과 가변성은 부재하거나 불완전한 반면 경제적 강제는 살인적으로 강력한 곳에서는 사실상의 노예제 또는 농노제가 형성되어나온다.

> 여러 나라에서, 가령 멕시코에서 (그리고 미국 남북전쟁 이전에는 멕시코로부터 분리된 영토에서도, 또한 쿠자의 변혁 이전까지 사리상 당연히 여러 도나우지방에서도) 노예제는 푀니지(Poenage)라는 형식 아래 은폐되어 있었다. 노동으로 갚아야 하고 못 갚으면 세대에서 세대로 이월되는 선불금에 의해 노동자 개인뿐만 아니라 그의 가족도 사실상 타인과 이 사

람의 가족의 소유물이 되는 것이다. (23: 182면)

제국주의의 직간접적인 침입에 의해 해체된 촌락공동체의 농촌주민들이 유사 봉건제적으로 종속된 소작농층으로 전락한 (신)식민지에서도 이와 동일한 관계가 펼쳐졌고, 개도국들에서는 지금도 부분적으로 남아 있다. (신)식민지의 몰락한 땅에서 옛 중소농의 농토는 토착지주 또는 외국인 지주의 손아귀에 집중되고 땅 없는 농민층이 대중적으로 형성된다. 그러나 땅 없는 농민들은 도시에서 일자리를 구할 수 없기 때문에 도시로 이주할 수도 없는 상황이다. 이런 까닭에 이들은 농촌에 눌러앉아 대지주로부터 작은 땅뙈기를 빌려 경작하는 소작계급으로 변한다. 대지주와 소작인 간의 이 관계는 생산자의 인신이 지주에게 속하는 본래적인 봉건관계가 아니긴 하지만 토지소유 형태상 봉건적 대토지소유주와 소농의 관계구조를 닮고 있다. 이로 인해 이 순수경제적인 관계로부터 온갖 색조를 띠는 유사 봉건적 또는 반(半)봉건적 강권지배관계가 자라나온다. 왜냐하면 여기에서 경제적 강제와 종속은 절대적으로 강력한 데 반해, 사회경제적 관계는 굼뜨고 고루하기 때문이다.

따라서 이 관계의 사회경제적 내용은, 정확히 개념화하면 전근대적(vormodern)인 것은 아니지만 아무튼 비(非)근대적(nicht-modern)이다. 첫째, 대지주는 경제적 강권을 수단으로 하여 소작인의 인격을 자의적으로 훼손할 수 있다. 지주는 가령 소작료의 지불이 이행되지 않거나 지체될 때 폭행을 가했고 심지어 소작인으로부터 부인이나 딸을 강탈하였다. 둘째, 지주는 자신의 개인적 가사일(가령 경조사 관련 노동, 주택보수나 울타리 및 담장 보수 작업 등)에 소작인들로부터 별도의 잉여노동을 추렴하였다. 이 유사 부역노동이 예를 들면 일제시대 조선에서는 연간 거의 20일에 달했다! 말하자면 근대적인 소유제도를 배경으로 형식적 근대성을 갖춘 대토지 소유-소작관계는 종종 이러한 사실상의 봉건적 또는 반(半)봉건적 농노제를 은폐하고 있다. 이 관계는 도시 자본주의의 발달, 즉 소작인대중의 도시 임금노동자로의 전환과 이로 인한 농촌의 경제적 세력관계의 근본적 변동에 의해서만 어렵사리 해체되는 특유한 관계이다.

생산수단과 노동의 특수한 소재적 성격에 구속당한 굼뜬 자본(메뉴팩처

시대의 대부분의 수공업자본들, 오늘날은 특수한 분야의 매뉴팩처 자본 또
는 '섹스숍 sex shop 자본' 등)의 경우에도 종종 은폐된 노예제가 (매뉴팩처
시대에는 '노역소'의 노예제 및 아메리카 식민지의 노골적인 노예제와 평행
하여) 만개한다. 1986년 인도 최고법원의 한 조사위원회는 다음과 같은 보
고를 하고 있다. "도주를 막기 위해 종종 등, 다리, 팔 등에 낙인이 찍힌
유년노예들의 수가 공식통계에 의하더라도 1700만 명에 달한다. 이 유년노
예들은 인도 양탄자 매뉴팩처의 주요 노동력이다. 이들은 빚에 빠진 적빈의
부모들에 의해 팔려온 어린이들이다"(『한국일보』 1986.11.21). 최근 폭로된 사
례에 의하면 "한 인도 매뉴팩처 기업가는 10살 안팎의 어린이 32명을 좁은
폐쇄공간에 가두고 형편없는 음식을 먹이면서도 하루 12시간에서 16시간을
일하도록 내몰았다. 그는 어린이들이 변소에 가게 해달라고 빌거나 또는 허
락없이 변소에 갔다는 이유로 어린이들을 거꾸로 매달아 셀 수 없이 두들겨
팼다 한다." 이 어린이들의 "노예임금"(?!)은 "일당 12루피"였다. 여기서
숙식비를 빼면 "거의 한푼도 남지 않는다."(같은 글) "뿌리깊이 박힌 봉건제
도의 일부"인 이러한 사실상의 유년노예제는 이른바 정보화 시대인 오늘날
에도 남아시아(인도, 스리랑카, 방글라데시, 파키스탄 등)에 광범하게 확산
되어 있다(『한국일보』 1993. 7. 28 석간).

(5) 자본관계와 부르조아 국가의 특수화된 분리

필자는 지금까지 자본관계의 역사적 근본특징(differentia spezifica)을 분석
하고 이 근본특징이 모든 역사시대에 두루 등장하는 교환행위의 형식적 성
격과 무관하다는 사실을 강조하였다. 이제 다음에서는 자본관계에 '은밀히'
조응하고 있는 부르조아 국가의 역사적 형태규정성을 서술하고자 한다.
"다른 인간들과의 자연적 유(類)연관의 탯줄을 아직 벗어던지지 못한 개
인적 인간의 미성숙상태"(23: 93면)를 기초로 했던 고대아시아적 사회구성체
에서 지배-예속관계는 혈연 및 친족 관계로부터 발전된 자연성장적 공동체
의 공동적 공공기관(器官)의 자립화된 형태로 현상한다. 경제적 지배자는
여기에서 정치적 지배자와 한몸을 이루고 있다. 왕은 그의 관리 및 종교적

이데올로그들과 더불어 지배계급을 구성한다. 직접생산자의 '점유'하에 있는 모든 토지는 국가'소유' 또는 왕의 '소유'이다. "전체 집단의 공동이익의 대변자로서 개별적인 공동체에 대해 특수한 위치, 경우에 따라서는 대립적인 위치마저 지닌 공동이익의 관장기관은 한편으로 모든 것이 자연성장적으로 진행되는 세계에서 거의 자명하게 나타나는 관직의 세습성으로 인하여, 다른 한편으로 다른 집단과의 갈등의 증가와 함께 증가하는 관직의 필수불가결성으로 인하여 곧 더욱 자립화한다. …사회에 대한 사회적 기능의 이러한 자립화는 시간이 가면서 사회에 대한 지배로까지 발전하고…이 지배자는 상황에 따라 동양적 전제자 또는 (페르시아적) 사트랍(Satrap), 그리스적 종족군주, 켈트적 족장 등으로 등장하게 되고…마침내 개별적인 지배인물들이 지배계급으로 결속하게 되는 것이다"(20: 166면).

이것은 엥겔스가 구분한 지배형성의 두 가지 길 중 첫번째 것이다. 핵심구조적인 생산관계는 여기서 직접 인격적으로 체현되고 토지소유관계는 인격적으로 제약된다. 이 인격적 토지소유관계의 역사적 수정은 핵심구조적 생산관계가 직접 인격적으로 제약되어 있는 한 그러한 사실에 아무런 변화를 가하지 못한다. 따라서 이것은 엥겔스가 지배-예속관계의 두번째 형성유형으로 기술한 고대 그리스·로마적 노예제도, 농노제도, 그리고 심지어 미국과 구식민지의 '근대적' 노예제도에서도 마찬가지였다. 무산자에 대한 소유권자의 지배가 인신적 관계에 기초를 두고 있다면 그것은 지배자들의 "일종의 공동체"(3: 65면)를 기초로 하고 있는 것이다. 따라서 고대적 "사적 소유"는 "이 자연성장적 방식으로 노예에 대립하는 연합체로 남아 있을 수밖에 없는 고대적 시민들의 공동체적 사적 소유(das gemeinschaftliche Privateigentum)"이다(3: 23면). 봉건소유와 당시 미국 노예주들의 의사 근대적인 사적 소유도 피지배자를 소유객체로서 배제하는 인격적으로 연합한 소유주체들의 공동체에 기초를 두었다. 이들의 강권은 물적 생산수단에 대한 소유로부터 도출된 것이 아니라 인신소유와 생산수단 소유 사이의 직접적인 결합, 즉 "토지소유의, 인격적 지배-종속관계에 기초를 둔 권력"(23: 161면 각주)이다.

이런 한에서 이 소유의 특유한 권원(權源)과 재생산은 직접 인신적으로 종속된 생산자계급을 공식적으로 적대·차별할 수밖에 없는 국가 및 공동체로부터 독립적일 수 없다. 이것은 경제적 영역에서의 사적 지배——잉여노동의 착취를 위한 권력(이하 '착취권력')——가 고대아시아, 이집트 등에서처럼 직접적으로 공권력과 동일하든가 고대 그리스·로마 사회, 유럽 봉건사회 등에서처럼 공권력과 미분화·결착되어 있는 것이다. 말하자면 전자본주의적 사회구성체에서 생산자들의 정치적 계급저항을 억제하기 위한 공적 계급권력, 즉 국가권력(이하 '일반적 계급권력')은 동시에 경제적 착취권력으로 기능했던 것이다. 사적 착취권력은 착취자들의 정치적 연합체의 일반적 계급권력의 분화형태였다. 전자본주의적 국가권력은 따라서 체제 내재적으로 '경제적 힘'이었다. 여기에서 일반적 계급권력과 경제적 착취권력 간의 분화, 즉 국가권력이 일반적 계급권력으로 국한되는 것은 애당초 불가능했다. 이 분화는 소유관계가 인신적·신분적 지배의 정치적 공동체를 전제하지 않는 경우에야 비로소 가능하게 되고 필연적이 되는 것이다. 따라서 비인격적 지배-예속관계로서의 자본관계만이 일반적 계급권력을 착취권력으로 분리·특수화시킬 수 있다.

지금까지의 분석의 토대 위에서 이제 우리는 경제주의적 '국가도출론자들'이 피상적으로 이해하여 거듭거듭 오용하고 있는 청년 맑스, 엥겔스로부터 나온 다음의 표준인용문을 올바로 해석해들어갈 수 있다.

> 공동체로부터 사적 소유의 해방을 통해 국가는 시민사회(이것은 헤겔적 의미로 사용되고 있다—인용자)와 나란히 그리고 이 사회 외곽에 위치한 특수한 실존체가 된다. (3: 62면)

여기서 "공동체로부터 사적 소유의 해방"은 무엇을 뜻하는가? 이 표현은 아주 불명료한데 아마 아직 자본, 착취, 잉여가치 등의 결정적인 범주에 도달하지 못한 맑스와 엥겔스의 당시 사유 속에 남아 있던 부르조아적 이론의 잔재를 증거하는 것일 수 있다. 그들은 다음 페이지에서 "사용 및 남용(오용)의 권리(jus utendi et abutendi)는 사적 소유가 공동체로부터 전적으로 독립되었다는 것을 뜻한다"(3: 63면)고 말하고 있기 때문이다. 따라서 이 표현은 이 주석에 의할 것 같으면 한낱, 후에 자신들이 비판해 마지않는 '자유주의적 백치들'의 경제주의적 사적 소유관을 반영하는 것에 지나지 않는다.

공동체로부터 사적 소유의 '해방'이 유산자와 무산자의 관계의 시각에서가
아니라 한낱 유산자와 유산자의 관계의 시각에서나 혹은 이 유산자들과 국
가 간의 관계의 시각에서 이해된다면, 그 표현은 자신의 소유물에 대한 무
제한적인 처분권(바로 jus utendi et abutendi) 및 국가의 간섭 없는 소유물의
무제한적인 교환의 자유 외에 다른 것을 뜻하지 않는다. 그러나 라틴어 jus
utendi et abutendi는 이 술어의 법개념적 유래가 입증하듯이 로마의 사적 소
유권자들도 향유하던 것이다. 이 '해방'이라는 표현이 이런 의미에서만 이해
된다면 고대 그리스·로마의 '공동체적 사적 소유'도 이미 '해방'되어 있던
셈이다. 당시의 노예소유주들은 노예의 자유매각과 살해를 포함한, 자신들
의 노예에 대한 거의 무제한적인 처분권력을 향유했기 때문이다. 이런 까닭
에 우리가 뒤에 다룰 '국가도출론자들'에 의한 저 표현의 자유주의적 해석
은, 로마의 사적 소유권자들은 자신의 소유물에 대한 무제한적인 처분의 자
유에도 불구하고 왜 공동체로부터 해방되지 못했는가 하는 물음에 대답할
수 없다.

　소유관계의 사회경제적 핵심구조는 생산 속의 착취-지배관계이다. 따라서
'사적 소유의 해방'이라는 표현을 개인이 자신의 소유물을 국가와 독립적으
로 자유로이 교환하고 양도하고 처분할 수 있다는 의미로 천박화해서는 안
될 것이다. 이 표현은 좀더 깊이 이해해들어가야 한다. 이 표현은, 그것의
핵심에서 이해할 때 무지불 잉여노동이 직접생산자로부터 추출되는 생산과
정에서 소유권자가 경제외적인 물리적 강권관계, 즉 직접적인 인신적 지배
관계에 기초를 두고 있지 않다는 것을 뜻한다. 이 소유권자는 이제 잉여노
동의 착취시에 국가의 물리력에 의해 지원받을 필요가 없고 생산수단 소유,
비소유에 기초를 둔 순수경제적인 우열관계를 매개로 생산과정의 권력 및
지배 장치를 독력으로 설치할 수 있게 된 것이다. 이리하여 부르조아 국가
는 이제 보충적으로 경제적 착취권력으로 기능할 필요가 없어졌고 다만 일
반적 계급권력으로만 기능하면 된다. 따라서 "공동체로부터 사적 소유의 해
방" 또는 "사회와 나란히, 그리고 그 외곽에" 위치한 "특수한 실존체"로서
의 근대국가의 분리라는 말은 한편으로 자본관계의 완성을, 다른 한편으로
는 경제적 착취권력으로부터 분리된 부르조아 국가권력의 역사적 형성을 뜻
하는 것이다. 국가는 이제 자신의 강권기능을 계급적대적으로 분열된 경제

적 사회와 시민사회의 억압적 통합기능에만 국한시킬 수 있게 된 것이다. 이런 의미에서 국가는 경제적 토대로부터, 그리고 시민사회로부터 분리된다.

이와같이 사회로부터 부르조아 국가의 형태적 분리현상에 대한 유물론적 설명의 이론적 과업은 '사적 소유의 해방'과 국가의 '특수한 실존'이 경제주의적으로 축소되지 않은 온전한 소유개념과 비판적 경제개념의 시각에서 비판적으로 재해석되는 경우에만 수행될 수 있는 것이다. 특유하게 부르조아적인 국가형태의 비밀은 소유권자들간의 교류관계(즉 토대의 표면에 위치한 생산관계인 유통관계, 경쟁관계, 신용관계 등)에 있는 것이 아니라 무산자로서의 피착취 생산자들과 소유권자 간의 직접적인 관계, 즉 자본관계에 있기 때문이다. 동일한 의미에서 맑스는 다음과 같이 말한다.

> 무지불 잉여노동이 직접생산자로부터 추출되는 특유한 경제적 형식(즉 잉여추출을 위한 특유한 강제형식 — 인용자)은, 생산 자체로부터 직접 자라나와 자신 쪽에서 이 생산에 규정적으로 역작용하는 지배-종속관계를 규정한다. 그런데 이 관계에 경제적 … 공동체의 전구조와 또한 이 공동체의 특유한 정치적 형태도 기초를 두게 된다. 우리가 … 주권-예속관계의 정치적 형식, 즉 매 시대의 특유한 국가형태의 가장 내밀한 비밀, 은폐된 기초를 발견하는 곳은 항상 직접생산자에 대한 생산조건 소유권자의 직접적 관계 —— 노동양식 및 노동의 사회적 생산력의 일정한 발전수준에 자연적으로 조응하는 형식을 가진 관계 —— 이다. (25: 799면)

따라서 특유하게 부르조아적인 국가형태의 '은폐된 기초'도 중세 가부장제적·수공업적 및 소농적 '생산'으로부터 '자라나와' 자기 쪽에서 이 생산에 '규정적으로 역작용하는', 경제토대의 자본주의적 지배-예속관계 —— 정치적·신정적(神政的)·가부장제적인 물리적 강권으로부터 순화된 —— 안에서 찾아야 할 것이다. 맑스는 위의 일반공식을 스스로 부르조아 사회에 적용한 적이 있다.

> 노동이 자본 아래로 포섭되면서 잉여노동을 위한 강제는 … 이전의 생산

양식과는 다른 형식을, 즉 착취관계가 모든 가부장제적·정치적 또는 종교적 혼효물을 분비한 형식을 취한다. 물론 이 생산관계(핵심구조적 생산관계로서의 자본관계—인용자) 자체가 새로운 관계의 상명하복 질서를 산출하는 이 새로운 질서관계는 자기 자신의 정치적 표현 등도 생산한다. (*Resultate*, 52면)

말하자면 부르조아 국가의 역사적 형태의 특징은 본질적으로 자본관계로부터만 설명될 수 있는 것이다. 노동자의 인신에 대한 그 어떤 (가부장제적·정치적·신정적) 권력행사 없이 그의 '의지'의 '점취'를 성립시키는, 따라서 그 어떤 인격적 예종화(隷從化), 즉 혈연물신적 신분차별제의 도입 없이 노동을 지배하고 착취하는 자본관계는 국가를 일반적 계급억압에 국한시켜 자신으로부터 '분리'해내는 것이다.

물론 이 '국가의 일반적 계급억압'이라는 표현은 계급국가의 모든 공적 기능이 모조리 계급억압적이라는 것을 뜻하지 않는다. 자본주의 기업의 경영기능과 마찬가지로 부르조아 국가의 기능도 항상 공동체적 업무기능과 지배기능을 혼효하고 있는 이중적 성격을 띠기 때문이다. 이런 의미에서 맑스는 다음과 같이 말한다. "감독과 지도 업무는 직접적인 생산과정이 독립적인 생산자의 개별화된 노동으로가 아니라 공동적·협업적 과정의 형태로 나타나는 도처에서 필연적으로 생겨난다. 그러나 그것은 이중적 성격을 지닌다. 한편으로 여러 명의 개인들이 협업하는 모든 노동에서 노동과정의 연관과 통일성은 오케스트라의 지휘자의 경우와 마찬가지로 지휘하는 의지와 부분노동이 아니라 작업장의 전체 활동과 관련된 기능 속에서 표현된다. 이것은 모든 협업적 생산방식에서 수행되어야 하는 생산적 노동이다. 다른 한편 상업부문을 완전 도외시하면 이 감독업무는 직접생산자로서의 노동자와 생산수단 소유권자 간의 대립에 기초를 둔 모든 생산양식에서 필연적으로 생겨난다. 이 대립이 크면 클수록 이 감독업무가 하는 역할도 커진다. …이 감독업무는 자본주의적 생산양식에서도 필수불가결하다. 여기에서 생산과정은 (물건 제작과정임과—인용자) 동시에 자본가에 의한 노동력의 소비과정이기도 하기 때문이다. 이것은 정부의 감독 및 전측면적 개입 업무가 양 측면적인 것, 즉 모든 공동체의 본성에서 나오는 공동업무의 수행과 정부와 인민대중의 대립에서 생겨나는 특유한 (억압—인용자) 기능을 다 포함하고 있는 전제적인 국가들에서와 완전 유사한 것이다."(25: 397면)

(6) 권력, 헤게모니, 부르조아적 시민사회의 내적 모순

자본관계는 국가를 착취강권으로부터 분리시킴으로써 필연적으로 일정한 사회적 공간, 즉 국가주권관계에 인신적으로 종속되지 않은 피착취계급이 형식적으로 참여하는 것('인민주권')이 가능해지고 국가로부터뿐만 아니라 경제로부터도 독립된 사회적 상부구조로서의 시민사회가 많건 적건 발전할 수 있는 (즉, 부르조아 계급독재가 인민주권 원리의 관철 정도에 따라 부르조아 헤게모니체제로 이행할 수 있는) 사회적 공간을 창출한다. 임금노동대중의 참정의 이 역사적 가능성이 무릇 구현되는지, 구현되는 경우 어떻게 그리고 얼마만큼 구현되는지는 본질적으로 정치적 민주주의를 위한 계급투쟁의 확장 정도와 (이것과 상호 연관된 것이지만) 시민사회가 부르조아 계급독재의 틀을 넘어 발전하는 정도에 달려 있다. 정치적 민주주의와 시민사회의 성립은 자본주의 발전의 자동적 산물이 아닌 것이다. 상대적인 고유운동 속에 들어 있는 시민사회의 발전은 물질적 생산의 발전과 특유하게 불균등한 관계를 맺고 있기 때문이다. 이에 관해 맑스는 다음과 같이 말한다.

물질적 생산의 발전은 가령 예술발전과 불균등관계에 있다. 무릇 진보의 개념은 통상적인 추상으로 파악될 수 없는 것이다. 예술에서의 이러한 불비례는 그래도 실천적·사회적 관계 자체 안에서의 불비례만큼 중요한 것도 아니고 파악하기 어려운 것도 아니다. 가령 교양수준, 미국의 유럽에 대한 관계 등을 보라. 여기서 논의해야 할 본래적인 난점은 생산관계들이 어찌하여 법관계와 불균등한 발전을 보이는가 하는 점이다. 가령 근대적 생산에 대해 맺고 있는 로마 사법의 관계를 보라(형법과 공법의 경우는 그래도 덜하다). …게다가 우연의 몫…자유의 몫, …커뮤니케이션 수단의 영향도 고려해야 한다. 세계사는 항상 존재했던 것이 아니다. (42: 43면 이하)

시민사회 안에서는 개인들의 사생활, 육체적·정신적·문화적 재생산과 교육과정, 정치적 계급투쟁과 공론(Öffentlichkeit) 등이 공개적 또는 은폐된 형식으로, 이데올로기 또는 과학적 형태로, 정당적 또는 이익집단적 형태로, 문화예술적 또는 종교적 형태로, 개인적 또는 집단적 형태로 다양하게 전개된다. 부르조아적 시민사회의 이러한 발전은 부르조아가 자신들의 물적·정치적 계급특권을 이용하여 시민사회를 자신들의 이익에 따라 주조하였기 때문에 부르조아적 계급 테두리를 쉽사리 극복할 수 없었다. 하지만 이 계급 테두리는 사회투쟁의 압력하에 점차 상대화하여 다른 형식, 즉 좀더 유연한 형식을 취하지 않으면 안되게 되었다. (서유럽에서는 금세기 초까지, 대부분의 개발도상국에서는 오늘날도, 그리고 이른바 '신흥공업국들'에서는 부분적으로 오늘날까지) 부르조아가 보통민주주의에 저항하고 피지배계급들에게 시민적(정치적 및 사회적) 제권리를 전혀 인정하지 않거나 한정적으로만 인정하던 부르조아의 정치적 계급독재의 시기에 프롤레타리아트는 시민사회의 공론영역으로부터 완전히 또는 부분적으로 배제되었다. 그러나 프롤레타리아트에 의해 이끌어진 인민대중이 보통민주주의 및 정치사회적 인권과 시민권을 유혈쟁취한 이후 부르조아적 시민사회의 발전은 피지배계급의 부단한 유혈투쟁에 힘입어 계급독재적 한계를 넘어 추동되었고 이리하여 시민사회의 부르조아독재적 형태는 점차 부르조아 헤게모니 형태로 대체되었다.

이 새로운 부르조아 시민사회는 원칙적으로 인신적·신분적으로 예속되지 않은 동등한 시민들간의 수평적인 사회적 네트워크여야 한다. 이것은 경제적으로 그리고 관료체제적으로 수직 지배당하는 계급들이 기업과 국가의 수직적 계급위계에 대항하여 쟁취하고 간수하는, 따라서 사회적·정치적으로 많건 적건 자율적으로 움직일 수 있는 일정한 수평적 소통과 투쟁의 사회적 활동공간의 형성을 함의하는 것이다. 따라서 부르조아 헤게모니적 시민사회는 '일차원적인' 사회가 아니라 부르조아가 일방적으로 자신의 계급이익에 따라 주조한 부르조아 계급독재 시기의 시민사회보다 더 보편적인 측면을 지니고 있다. 말하자면 오늘날의 시민사회는 한낱 부르조아의 '독점회사'가 아니라 프롤레타리아가 결정적인 진보적 역할을 수행한, 피지배계급들의 복합적인 유혈투쟁의 역사적 성과를 내포하고 있는 것이다. 이 점은 레닌주의자, 뜨로쯔끼주의자, 각종 좌익 급진주의적인 네오맑스주의자 등과 같은 교조적인 맑스주의자, 프랑크푸르트 학파의 '비관주의적' 맑스주의자, 푸꼬 등의 포스트모던적 비관주의자 등에 의해 종종 무시되었다.

따라서 많건 적건 발전된 시민사회에서 부르조아의 계급지배는 국가지배와 기업지배의 수직위계적인 명령복종 형식과 상반되는 수평적 행위양식에 복(服)해야 한다. 이제 부르조아의 정치사회적 계급지배는 오직 시민사회 내의, 언필칭일지라도 적어도 법형식적으로는 동등한 대항집단들 사이에서의 패권적 지위(Vormachtstellung)의 형식으로만 유지될 수 있을 뿐이다. 이 사회집단들은 복합적인, 때로 (평화적·물리적) 강권에 의해 측면 지원되는, 권력투쟁과 물질적·정신적으로 이해관계가 있는 공중의 지지와 신뢰를 얻기 위한 (홍보적, 비판·논박적, 논쟁적, 문화·도덕적, 선동적, 시위적인) 공론적 설득투쟁 속에 처해 있다.

따라서 시민사회 개념을 위요한 논의는 이제 새로운 권력이론에 의해 뒷받침되어야 할 것이다. 그렇지 않으면 시민사회 개념은 문화주의적으로, 소통·논의이론적(diskurstheoretisch)으로, 한마디로 '언어유희 제국주의적으로'(Ritsert) 희석화되어버릴 것이기 때문이다. 너무나도 종종 권력(Macht)과 강권(Gewalt)은 충분히 구별되지 않았다. 차라리 양자는 가를 수 없이 혼동되어 사용되고 있다. 우리가 보기에는 한나 아렌트(Hannah Arendt)의 개념적 준별을 위한 노력이——그녀의 다른 이론적 시도들에 대해서는 동의할 수 없을지라도——이 방향에서 향도 노릇을 할 수 있다고 생각한다. 그녀에 의하면 강권은 다른 사람과 집단의 조작, 배제와 감금, 파괴를 위한 도구적·수단적 능력이다(Arendt 1990, 47면). 여기서 도구적 능력은 경제적 수단(생산수단, 생활수단, 재정수단 등)의 배타적 점유 및 소유에서 교육수단, 종교적 수행수단, 통신수단, 대중매체의 소유를 거쳐 무기, 행정수단, 기구적으로 수단화된 인간들(관료체제, 경찰, 군대, 정보기구 등)의 독점에까지 이르는 광범위한 의미로 이해되어야 한다. 따라서 이 강권의 강도는 이 수단의 규모와 효율성에 의해 좌우된다. 이 강권은 여느 수단과 마찬가지로 자신을 규제하고 자신의 사용을 정당화해줄 목적을 필요로 하고 또 실제로 그 사용이 정당화될(rechtfertigen) 수 있을지 모르지만, 결코 정통적

(legitim)일 수는 없는 것이다(같은 책, 52면 이하). 베버는 그의 권력이론에서 바로 이 정당성과 정통성을 구별하지 못하고 있다. 도구적 강권은 원칙적으로 상대자의 행위의 인과적 야기(kausale Bewirkung)를 겨냥하는 것이다.

이에 반해 권력은, 아렌트에 의하면 "행위하거나 무언가 행하는 것뿐만 아니라 다른 사람들과 결속하여 이들과 합의 속에서 행위할 인간적 능력"(같은 책, 45면)이다. 권력은 일단 이 간주체적 본질에서 도구적인 강권과 근본적으로 차별된다. 하지만 그녀는 권력의 실체를 규정하면서 "의견합치"(같은 책, 42면), "결속"(같은 책, 45면), "연대"(같은 책, 51면), 그리고 자연법에 근접한 의미에서의 "약속"="계약"(Arendt 1989, 240면) 등의 개념들 사이에서 방황하고 있다. 그녀의 권력개념은 한편으로 말로만의 연대, 관념적·무행위적 연대까지 포함하는 연대 일반과 전혀 구별되지 않을 모호성이 있을 뿐만 아니라, 다른 한편 감성적·실천적 공동행위를 결여해도 상관없는 단순한 언어적·소통적 의견합의, 심지어 김빠진 자연법적 계약개념으로까지 전락할 위험이 있는 것이다(이에 관한 하버마스의 비판은 Habermas 1976, 248면). 아렌트의 권력개념이 지닌 좀더 본질적인 취약점은 그가 공동(共動)하는 사람들의 개인적 능력의 산술적 합계를 능가하는 권력의 질적 측면을 전혀 포착하지 않고 있다는 것과, 강권과 이데올로기, 기타 지배기술에 의한 사회적 통합에 기초를 둔 공동을 통해 산출되어 이 공동하는 당사자들에게 행사되는 소외된 권력을 전혀 파악하지 못하고 있는 점이다. [18]

권력과 강권을 준별하려는 아렌트의 시도도 함께 고려할 수 있는, 권력개념의 정초를 위한 다른 이론적 단초를 차라리 맑스에게서 찾을 수 있다. 맑스의 협업이론을 응용하면 권력은 정치, 사회생활, 생산 등 인간들(복수)이 간주체적·연대적 통합체든 강제통합체든 아무튼 모종의 통합체 속에서 공동하거나 협업하는 도처에서 형성된다. 따라서 권력의 실체는 단순한 언어적 의견합치나 단순한 연대에 있는 것이 아니라 개별적 참여자들의 개인적 능력의 산술적 합계와 질적으로 다르고 양적으로 많은, 협업자들의 사회적 역량에 있다(23: 345면). "다른 사람들과의 계획적 공동 속에서 노동자는

---

18) 이에 관한 상세한 비판은 황태연(1992), 『환경정치학과 현대정치사상』의 제4장 '권력과 정치' 제2절을 참조하라.

자신의 개인적 한계를 탈피, 자신의 유적 능력(Gattungsvermögen)을 발전시
키는 것이다"(23: 349면).

　그러나 이 협업적 권력은 협업자들 자신이 "지배하는 결사", 즉 강제결사
나 신비적·이데올로기적 통합에 의해 창출되면 협업자들 자신의 권력이 아
니라 "낯선 의지의 권력"(23: 351면), 즉 "낯선 권력"(43: 253면 이하)이 된다.
이 소외권력은 도구적인 강권, 이데올로기, 지배기술 등에 의해 창출되어
보장되고 이 강권수단이나 지배기술적 권력장치의 소유권자나 점유자인 지
배자 또는 지배기구의 "권위"(23: 351면)로 인격화되거나 물신화되지만, 소외
권력 자체는 이것을 산출하는 도구적 강권이나 이데올로기와는 본질적으로
다른 것이다. 물론 소외권력은 항상 강권 및 권위와의 복합물로 현상한다.
자본과 국가는 강권, 소외권력, 권위의 대표적인 복합체들이다. (따라서
'자본의 권력' 또는 '국가권력'은 자본과 국가가 이미 소외물이기 때문에 항
상 '소외'권력을 뜻하는 것이다. 또한 '자본강권' 또는 '국가강권'〔공권력〕 등
의 표현은 소외권을 함의하는 또는 생략한 표현으로 읽혀야 할 것이다. 따
라서 맑스의 다음과 같은 구절도 권력과 강권 개념의 혼동을 표현하고 있는
것으로 볼 필요가 없다. "우리는 두 종류의 강권을 대하게 되는데, 한편으
로 소유권, 즉 소유권자의 강권과 다른 한편으로 정치적 강권, 즉 국가권력
이 그것이다"〔4: 337면〕.) 소외권력과 관련하여 마지막으로 강조할 것은 이것
이 강권이나 이데올로기에 의해서만 조성되는 것이 아니라 푸꼬가 탁월하게
분석·종합하고 있는 지배기술, 즉 '권력기술'에 의해서도 주로 창출된다는
점이다(Foucault 1976).

　이 소외권력과 반대로 손상되지 않은 실질적 연대, 즉 "상호적 결사"(43:
253면)에 의해 권력이 창출되면 '우리의' 권력, 소외되지 않은 해방적 자율권
력이 된다.

　하버마스는 아렌트의 권력개념을 비판적으로 재건하면서 이데올로기에 의
해 생겨나는 소외권력을 "구조적 강권"으로 규정하고 있다(Habermas 1976,
246면). 그러나 이 개념은 이데올로기에 의해서뿐만 아니라 강권·지배기술
에 의해서도 조성되는 맑스의 소외권력 개념을 협소화하고(그가 소외'권력'
을 구조적 '강권'으로 명명하고 있기 때문에) 자신에 의해 원칙적으로 수용
된, 강권과 권력의 구별을 무의식중에 다시 지워버리고 있다.

이런 까닭에 맑스에 의거해 소외권력과 해방적 자율권력의 차별성과, 아렌트에 의거해 이 두 권력형태의 강권과의 차별성이 고수되어야 할 것이다. 아렌트의 권력개념에 '인식적 기초'를 제공하려는 하버마스의 시도는 맑스와 아렌트의 권력개념을 보충할 수 있지만, 그는 이 권력개념을 아예 자신의 지식인주의적인 '소통적 권력개념'으로 대치해버리고 있다. 말하자면 그는 권력의 협업적 본질을 이해하지 못함으로써 소통에 의한 권력의 인식적 합리화를 권력 그 자체의 산출로 착각하여 권력개념을 소통이론적으로 회석화해버리고 있다. 하지만 자율권력은 언어적 표명의 문턱 아래 줄곧 머물러 있을 수도 있는, 자유로이 조직된 '무언적인' 이익연대 및 신뢰의 토대 위에서 이루어지는 그 어떤 협업적 사회행위 속에서도 조성되는 법이다. 자율권력 및 이것의 영향력은——'인식적 기초'를 결여한 경우——원시적인 씨족권력과 같은 소집단에 국한되기는 하지만, 자율권력은 의사 자발적인 의지나 실은 다양한 강권행사에 의해 야기되는 불안과 궁경 및 이를 통해 훼손된 병리적 주체성에 기초를 둔 이데올로기적·파시즘적 소외권력으로부터 '인식적 기초'의 도움 없이도 구별될 수 있는 것이다. 이 소외권력은 공동행위자들의 신뢰, 연대, 연대적 약속을 파기하며 행동할 수밖에 없기 때문이다. 이것은 진위의 인식수준의 문제가 아니라 무엇보다도 자명한 윤리적 선악의 문제이다. 따라서 자율권력은 언어적 소통을 통해서 비로소 "산출"되는 것(같은 책, 245면 이하)이 아니라, 진위비판적·이데올로기 비판적으로 '합리화'되는 것이다. 언어소통적으로 추진되는 권력의 인식적 합리화는 (오류, 거짓, 이데올로기, 무지 등에 제약된) 인식적 소외 경향의 저지와, 권력에 항구적인 '인식적 기초'를 보장하는 비판적 공론과 공론적 세계의 구성에만 기여할 뿐이다.

이 공론(소통적 공공성) 개념과 관련해서는 몇가지 측면이 상론될 필요가 있다. 사람들간의 간주체적 소통은 오감과 언어를 통해 매개된다. 그러나 촉각, 후각, 미각 등을 통해 매개되는 육체적 소통행위는 소통하는 사람들간의 공간적 거리를 거의 허용하지 않아서 아무런 공론공간(Öffentlichkeits-raum)을 창출하지 않는다. 반대로 이 육체적 소통은 사랑과 같은 '프라이버시'에 국한된다. 이에 반해 말하기, 듣기, 쓰기 등을 통해 매개되는 상징적 소통은 필연적으로 사람들간의 공간적 거리를 전제한다. 이 상징적 소통은 눈을 통한 면식(面識)의 범위 내에서 다측면적인 우정관계와 같은 제2차적 '프라이버시'를 창출하며, 소통수단의 투입을 통해 면식범위를 초월한 간접적 소통이 가능해지는 경우에는 동일한 공간에 처한 익명적 대중들간의 다양한 공론성(Öffentlichkeit)[19]이 발전한다.

바로 이 대목에서 사소한 것처럼 보이지만 근본적으로 중요한 사실이 부기될 필요가 있다. 이 공론성은 하버마스의 언어적 공공성(=공론)으로만 구성되는 것이 아니라 시선적 공론성(Blicksöffentlichkeit)으로도 구성된다는 것이다. 눈으로 보는 것(Sehen)도 수많은 사람들이 서로를 또는 한 사물을 공동으로 볼 수 있는 공간적 거리를 전제한다. 이 시선적 공공성의 권력을 우회하기 위해 자고로 범죄는 야밤이나 어둠 속에서 자행되었다. 가령 가로등은 거리의 조명을 위해서만이 아니라 야간에 사회적 시선공공성을 유지하는 데도 기여하는 것이다. 바로 이 점에서 통신위성을 통해 전지구적 시선공공성을 창출한 텔레비전은 라디오를 능가한 것이다. 조용한, 말없는 '시선'의 공론성은 때에 따라 주도면밀하게 이데올로기적으로 왜곡되고 사소화된 잡담의 공론성보다 더 위력적이기 때문이다.

지금까지의 비판적 논의를 종합할 때 자율권력은 이제 좀더 엄밀히 정의될 수 있다. 해방적 자율권력은 이해관계와 신뢰를 기초로 상호합치 속에서 자유로이 결속하여 간접적으로 또는 직접적으로 공동행위할 수 있는 사람들(복수!)의 실천적 연대의 간주체적인 유적 능력이다. 이것은 비판적 공론을 동반하는 자유롭고 공개적인 조직형태에서 완성을 기한다. 이 권력의 실행력은 집단의 소통능력과 소통적으로 형성되는 인식적 진리능력에 좌우되는 데 반해, 권력의 크기는 상호 연대하고 지지하는 사람들의 머릿수에 좌우된다. 권력은 이해관계의 객관적 "동일성"(Diesselbigkeit)을 넘어서는 "공동성"(Gemeinsamkeit),[20] 즉 집단적 정체성(正體性)을 기초로 하거나 적어

---

19) 독일어 Öffentlichkeit(영어로는 publicity)는 (침묵에 대한) 공론, (사적 영역에 대한) 공공성, (은폐, 비밀, 어둠에 대한) 공개성 등의 세 의미를 동시에 지니고 있다. Öffentlichkeit는 독일에서 19세기에 형성되었기 때문에 그 이전에는 영어와 프랑스어의 publicity의 번역어가 없었다(Öffentlichkeit 개념의 개념사적 연구에 관해서는 Hölscher 1979를 보라). 이것은 독일에서 여론정치와 언론의 자유의 도입이 늦어진 사실(史實)에 기인하는 것이다. 이 말에 대한 적절한 한글 번역어를 찾기가 어려운 것도 동일한 사정에 기인할 것이다.

도 이익과 유관한 연대(Solidarität)를 전제하고 오직 간주체적으로만 작동하여 인과적 작용이 아니라 '이유로 근거지어진'(vernünftig begründet) 영향력을 발휘한다.

자율권력은 강권 및 소외권력과 달리 일개인의 소유일 수 없고 항상 집단이나 단체에 속하는 것이다. 따라서 자율권력은 이 집단이 결속해 있는 동안만 실존한다(potestas in populo, 인민이 없으면 권력도 없다). 이에 입각하면 '권력자'란 집단에 의해 이 집단의 명의로 행위하도록 수권(授權)된 자를 뜻한다(Arendt 1990, 45면). 기껏 정당성 또는 정당화(Rechtfertigung, justification)만을 필요로 할 뿐인 강권과 달리 권력은 집단의 창설과 역사적 재생산의 기저에 있는 연대적 정체성과 합치되는 정통성(Legitimität)을 필요로 한다. 권력은 어떤 목적과 정황에 비추어 정당화될 필요가 전혀 없는 자기목적이다(같은 책, 52면 이하). 권력은 강권 못지않게 강력하다(같은 책, 43면). 연대적 결속(Zusammen*schluß*)의 (인식적 합리성이 아니라) 간주체적 합리성은 연대적 정체성의 내적 파기자를 배제하기(Aus*schließ*ung) 때문이다. 권력은 집단의 개별적인 구성원을 제재할 수 있고 이 제재는 배제, 축출로까지 첨예화할 수 있다.

권력과 강권은 현실 속에서도 종종 분리되어 등장한다. 통상적인 시민조직이나 원시적 무계급사회와 같은 강권 없는 권력구조 또는 아무런 권력 없는 순수한 강권지배체제 등이 그것이다. 순수한 강권지배는 물론 아무런 정통성이 없기 때문에 지속성이 없다. 따라서 강권은 흔히 권력과 결합하여 등장한다(가령 부르조아 헤게모니적 민주국가에서의 계급강권과 민주적 권력의 혼합구조 및 노동자 경영참가제가 도입된 자본기업). 권력과 강권의 순수한 대치도 강권 없는 평화적 인민의 가두(街頭)권력에 맞선 무권력의 국가강권의 경우처럼 충분히 가능하다.

권력과 강권의 구별에 입각하면 권력투쟁(Machtkampf)과 강권투쟁(Gewaltkampf)도 구별되지 않을 수 없다. 권력투쟁은 그 순수한 형태에 있어 적수집단의 권력기반(연대 및 지지 기반)을 침식할 전략적 목표를 가지고, 즉 적수집단의 신뢰 격하, 고립화, 사기 훼손과 궁극적으로는 해체를

---

20) 이익 '동일성'과 '공동성'의 차이에 관해서는 8: 198면을 보라.

전략적 목표로 하여 자신의 연대 및 지지 기반의 확장을 위해 수행되는 대내외적 공론에 지향된 간주체적 투쟁을 뜻한다. 아렌트에 가담하여 하버마스는 홉스에서 베버, 슘페터에 이르는 정치이론가들이 권력의 획득과 관철을 위한 권력투쟁의 정치적 현상에 유혹당해 권력을 강권과 혼동하였음을 올바르게 강조하고 있다(Habermas 1976, 241면 이하). 그러나 하버마스는 권력투쟁과 강권투쟁의 구별은커녕 이해관계에 제약된 투쟁을 결정적인 사회적 현상으로 확정하는 데도 실패하고 있다. 그는 "전략적 행위를 위한 역량"을 강권이나 조작(Manipulation)에만 국한하고 있기 때문이다(같은 책, 242면). 이런 협소한 전략적 행위의 개념은 본질상 공론의 조작이 아니라 공중의 이성능력과 이해관심의 활성화와 각성을 간주체적으로 겨냥하는 권력의 전략적 투입의 사례, 즉 권력투쟁을 배제해버린다. 하버마스에게는 따라서 권력투쟁의 개념이 없다. 그러나 이 권력투쟁의 개념 없이는 정당간 정쟁, 집회, 시위, 공개적 정치쟁론 등과 같은 무강권의 현대적 정치투쟁이 포착될 수 없다. [21]

이러한 권력투쟁과는 반대로 강권투쟁은 적수집단의 파괴, 추방, 굴복을 위한, 강권수단에 의존한 도구적 투쟁을 뜻한다. 강권투쟁은 신체에 직접 손실을 가하는 수단과 간접적으로 적수의 경제적 토대, 정신심리적 상태, 기술적 생활기반에 대해 작용을 가하는 수단을 가르는 강권수단의 성격을 기준으로 폭력적 형태와 비폭력적 형태로 구별된다. 시민사회에서의 강권투쟁은 원칙적으로 후자의 형태를 취한다(가령 자본주와 노동조합 간의 투쟁). 권력투쟁과 강권투쟁은 별개로 등장할 수 있지만, ("가족조직·직업신분조직"뿐만 아니라) "계급들의 조직"(Marx)이기도 한 부르조아적 시민사회에서 실제의 투쟁은 비폭력적 강권투쟁과 권력투쟁의 혼합형태를 취한다. 이 경우 투쟁집단들은 자기 구성원들의 내적 연대와, 이해관심 있는 주변의 공론적 지지에 의존하면서 동시에 강권적 투쟁수단의 효율성과 규모에 의존한다.

부르조아적 시민사회는 이념적으로 자유평등한 시민들의 조직이어야 하지

---

21) 이에 관한 상세한 논의는 황태연(1992), 『환경정치학과 현대정치사상』 제4장 제2절을 보라.

만, 국가적·경제적 계급강권에 의해 많건 적건 훼손되고 한정되고 침윤되고 때로는 공공연한 (종종 폭력을 수반하는) 강권투쟁을 겪는다. 가령 공론과 언론은 국가강권과, 대체로 자본강권하에 들어 있는 대중매체에 의해 직간접적으로 통제된다.

말하자면 계급강권과 감시장치에 의해 수시로 침윤되는 부르조아적 시민사회는 '자유평등한 시민들의 수평적 결사'(Isonomie)라는 이념적 자기원칙과 불가해한 내적 모순에 처해 있다. 집단들간의 순수한 다원주의적 권력투쟁에 의한 부르조아적 시민사회 구성원 전체의 연대의 산출은 빈번히 계급적으로 봉쇄되고 부분적으로 환상적이며 결함에 찬 것이다. 따라서 부르조아적 시민사회 개념의 문화주의적 축소(Gramsic) 또는 담화소통론적 희석화(Habermas)에 대항하기 위해 한편으로 부르조아적 시민사회의 강권적 침윤 및 강권투쟁적 계기들이 고려되어야 하고, 다른 한편으로는 문화나 도덕 또는 의사소통과 더불어 권력관계와 권력투쟁이 부르조아 사회의 내재적 계기로서 강조되어야 하는 것이다.

근대 부르조아 사회는 한편으로 정치적 주체개념으로서 '시민'개념을 선포하고 이 시민들의 다원적인 자율활동과 시민적 권력들의 투쟁장(場)으로서의 소통적 공론을 자기의 조직원리로 하고 있다. 부르조아적 의회 정체(政體)는 부르조아의 이념적 대변인들의 표현에 의할 것 같으면 쟁론 속에서, 그리고 쟁론을 통해서만 유지되는 정체이다. 맑스는 『루이 보나빠르뜨의 브뤼메르 18일』(Der achtzehnte Brumaire des Louis Bonaparte)에서 다음과 같이 말하고 있다.

의회 정체는 토론을 먹고 사는데 어떻게 토론을 금한단 말인가? 모든 이익, 모든 사회적 제도는 여기서 일반적 사상으로 바뀌어 사상으로 취급되는데 그 어떤 이익, 그 어떤 제도가 사상 위에서 처세하고 신앙조목인 양 뻐길 것인가? 연단 위의 연사들의 투쟁은 신문쟁이들의 투쟁을 불러 일으키고, 의회의 쟁론클럽은 필연적으로 살롱과 술집의 쟁론클럽에 의해 보충되고, 줄곧 인민여론에 호소하는 대의자들은 청원서로 자신들의 진짜 의사를 말할 권리를 인민여론에 부여한다. 의회 정체는 모든 것을 다수의 결정에 맡기는 것인데 의회 밖의 커다란 다수가 어떻게 결정권을 행사하지 않으려고 한단 말인가? 국가 꼭대기에서 바이올린을 켜대는데 저 밑에 있는 사람들이 춤추는 것말고 다른 무엇을 기대한단 말인가? (8: 153면 이하)

다른 한편 부르조아 사회는 이 사회가 올라서 있는 물적 생산체제의 계급규정성을 탈피할 수 없는 계급사회의 강권장치와 감시체제를 자신의 또다른 본질로 관철시키는 사회로서 야누스적 모순관계 속에서 요동한다. 이런 의미에서 맑스는 자유언론에 적대적인 부르조아 사회의 정치적인 내적 자기모순을 같은 책에서 다음과 같이 적절히 지적하고 있다.

즉시 인지할 수 있는바, 행정권력이 50만 명 이상의 관리대군(官吏大軍)을 장악하고, 따라서 엄청난 규모의 이익과 생존을 가장 극한적인 무조건적 종속 속에 붙들어두고 있고 국가가 시민사회(bürgerliche Gesell-schaft)를 가장 포괄적인 생명표현에서부터 지극히 사소한 움직임에 이르기까지, 즉 가장 일반적인 생활양식에서부터 개인들의 사생활에 이르기까지 휘감고 통제하고 감시하고 후견하는 프랑스와 같은 나라, 이 국가의 기생충적 신체(Parasitenkörper)가 비상한 중앙집권을 통해 오직 현실적 사회신체(Gesellschaftskörper)의 절망적인 비자율성, 파손된 기형성에 대비되는 편재성(遍在性), 전지성(全知性), 가속화된 기동력과 탄력을 얻는 프랑스와 같은 나라에서, 각료직에 대한 처분권을 가진 국회는 국가행정을 간소화하고 관리대군을 가능한 한 축소시키며, 동시에 최종적으로 시민사회와 공공여론으로 하여금 정부와 독립된 자신의 고유한 기관들을 창출하도록 하지 않았다면 그 어떤 실제적 영향력도 모두 상실한 셈이다. 그러나 프랑스 부르조아지의 물질적 이익은 바로 저 광범하고 다기화된 국가기구의 유지와 가장 내적으로 얽혀 있다. 이 국가기제에서 부르조아 계급은 자신의 초과인구를 먹여살리고 이윤, 이자, 지대, 사례급료 등의 형식으로 쓸어담을 수 없는 것을 국가봉급의 형식으로 보충한다. 다른 한편, 부르조아 계급의 정치적 이익은 이 계급으로 하여금 억압을, 즉 공권력의 수단과 인원을 날마다 늘리도록 강제하는 한편, 동시에 여론에 대한 쉴 새 없는 전쟁을 수행하고 사회의 자율적인 운동기관들을 불신에 차——이것을 성공적으로 절단내지 못한 곳에서는——불구화하고 절름발이로 만들어야 했다. 그리하여 프랑스 부르조아지는 그들의 계급지위에 의해 모든 권력의 생존조건, 따라서 자기 자신의 고유한 의회적 권력의 생존조건을 파괴하도록 내몰렸고, 다른 한편으로는 자신에게 적대적인 행정권력을 불가항력적인 것으로 만들도록 내몰렸다. (8: 150면 이하)

부르조아 계급은 민중이 시민적 자율조직과 공론기제를 활용하여 자신들의 지배체제를 위협하는 사태를 막기 위해 자신들이 내세우던 공론의 원리를 배신하고 역으로 공론을 질식시키는 국가적 감시통제체제를 더욱 완벽화하는 데 가담하는 계급속성을 지니고 있는 것이다. 시민사회의 사소한 움직임, 분진, 개인들의 사생활에 이르기까지 샅샅이 밝히고 조사하고 감시하는 감시통제의 원리와 의회제도의 전제조건인 여론정치의 원리는 근대적 정치기획의 자기모순성을 극적으로 표현하는 양 극단이다. 이 근대정치의 자기모순성은 가령 근대의 기획자인 벤덤(J. Bentham)이 『판옵티콘』(*Panopticon*, 1787)의 저자이면서 동시에 모순되게도 『정치산술론』(*An Essay on the Political Tactics*, 1816)의 저자라는 사실에서 잘 드러난다. 『판옵티콘』은 감화원, 감옥, 빈민원, 검역격리소, 산업가옥, 공장, 병원, 노역소, 정신병동, 학교 등 모든 종류의 감시시설에, 나아가 사회 전체의 국가적 통제체제에 공통적으로 적용되는 보편적 감시장치의 원리, 즉 가능한 한 소수의 감시자가 가능한 한 다수의 피감시자 대중을 수직적으로 "보여지지 않고 보는"(seeing without being seen) 효율적 감시원리를 설계하고 있는 논문이다(Bentham 1962b). 그러나 『정치산술론』에서는 거꾸로 다수의 인민이 소수의 위정자를 수평적으로 감시·통제하는 공론의 본질적 기능과 공론을 근대 의회정치의 사활적 조건으로 갈파하고 있다(Bentham 1962a).[22] 푸꼬는 일방적으로 벤덤의 이 판옵티콘 장치만을 근대의 근본원리로 격상시켜(Foucault 1976), 판옵티콘 안에서의 투쟁에만 시야를 고정시켜 근대정치의 본질을 "다른 수단에 의한 전쟁의 연속"(Foucault 1986; 1976, 38면; 1978, 71면 이하; 1983, 114면)으로 일면화하고 있다. 이에 반해 하버마스는 벤덤에 의해 기획되어 모든 건축물과 제도에 관철된 판옵티콘 원리를 소홀히 하고 벤덤의 공론원리만을 부각시켜(Habermas 1990, 174면 이하) 일면적으로 토론정치(deliberative Politik)

---

22) 하버마스(1990)는 『공론장의 구조변동』에서 벤덤의 이론을 그 반대자인 루쏘와 대
   비해 상세히 다루고 있다.

만을 정치개념으로 파악하는 경향을 보이고 있다(Habermas 1992). [23] 그러나 맑스가 지적하고 있듯이 근대정치는 투쟁으로서의 정치와 토론으로서의 정치 중, 어느 한쪽으로 일면화될 수 없는 모순의 기획으로서 이 모순성은 벤덤의 이론적 근대기획에서 극적으로 표현되고 있다.

(7) 공론정치와 '국가사멸'의 이념

권력과 강권의 개념적 구분과 모순 그 자체로서의 온전한 부르조아적 시민사회 개념의 토대 위에서 맑스의 유토피아적 정치기획인 '정치적 국가의 사멸'이 어떤 상태를 뜻하는지 다시 음미해볼 필요가 있다. 이것은 맑스·레닌주의자들이 의도했듯이 국가권력의 독재적인 노동자당으로의 이양을 뜻하는 것도 아니고 베버주의자, 파슨스주의자, 하버마스주의자들이 생각하듯이 국가 행정체계 자체의 해체를 뜻하는 것도 아니다. 이것은 국가가 억압적 강권을 상실하여 국가의 정치적 공권력(소외권력)이 시민사회로 이전·흡수되고 자립화됨으로써 시민사회를 지배하는 방대한 관료적 국가기제가 적절한 수준으로 축소되어 시민적 정치권력과 시민적 공론성의 통제하에 완전히 복(服)하게 되는 것을 뜻한다. 즉, 이것은 맑스에 의하면 "국가가 사회의 상위를 차지하던 기관에서 사회에 하복(下服)하는 기관으로 전환하는 것" 외에 다른 것을 뜻하지 않는다(19: 27면). 말하자면 국가가 자립성을 상실하고 시민사회의 공론권력과 소통적 공론성의 '뻗은 팔'이 되는 것이다.

이렇게 볼 때 '국가의 사멸'은 권력, 권력투쟁, 정치, 공공기능 등의 소멸을 뜻하는 것이 아니다. 자립화된 국가강권과 소유권적 강권이 사라지고 이것으로부터 해방된, 따라서 비로소 완전히 발전된 시민사회가 비적대적인 계급과 사회집단들 간의 다원주의적 권력투쟁과, 시민적 공론정치에 의해 자율적으로 운동하며 자본으로부터 자유로운 시민들의 여론과, 소통적·시

---

23) 벤덤의 『판옵티콘』 및 『정치산술론』의 분석을 중심으로 한 푸꼬, 하버마스, 루쏘, 베버, 맑스 등에 관한 논의는 황태연, 「포스트모더니즘적 근대비판의 비판적 고찰——Jeremy Bentham의 정치기획에 대한 Michel Foucault의 '계보학적' 분석을 중심으로」, 『한국정치학회보』 제26집 제2호(1992)를 보라.

선적 공론장(kommunikative und blickmäßige Öffentlichkeit)에 의해 자율통제되는 것을 뜻한다. 시민사회의 발전적 강화와 '국가의 사멸'은 따라서 자본주의적 소유관계를 해소하고 새로운 해방적 소유관계를 구축하는 것을 전제한다. 그러나 종래의 사회주의 프로젝트인 '국유화'는 매스컴, 출판기제 등의 모든 대중매체와 사회단체의 소유를 국가에 집중시킴으로써 (국가가 아니라) 시민사회를 사멸시킨다. 따라서 이 점에서도 소유권적 변혁의 올바른 방향은 공동'점유'에 기초를 둔 개인적 '소유'이다. 이런 소유제도의 토대 위에서 국가적 행정기관과 국가적 인민대표부는 인민을 소외시키는 자립성을 상실하고 사회의 공적 정치를 대변하는 시민사회의 소통적 공공성과 새로운 시민적 공권력에 굴복한다. 그리하여 정치의 개념과 공공성의 개념이 전면적으로 변혁되어 계급국가에 의한 정치와 공공성의 찬탈이 역사적 종말을 고하는 것이다.

맑스는 일찍이 국가관청으로 특수화되지 않고 상명하복관계로 위계화되지 않은 정치, 즉 시민적 공론의 정치를 꿈꾸었다. 자유로운 대중매체를 매개로 한 사회적 공동업무의 "숨김없는 공개적 공론화"에 의해 전개되는 "진정한 공론"(1: 192면)은 맑스에 의하면 국가관료의 정치가 아니라 새로운 시민적 정치이다.

통치관청과 피통치자는 난관을 해결하기 위해 관청적이지 않으면서 정치적인, 즉 관료체제적 전제로부터 출발하지 않는, 또한 직접 사적 이익과 이것의 절박성에 말려들지 않으면서 민간적인 제3의 요소를 필요로 한다. 시민적(staatsbürgerlich) 두뇌이고 민간적인(bürgerlich) 심장인 이 보충적 요소는 다름아닌 자유언론이다. 언론의 영역에서 통치관청과 피통치자는 동등하게 자신들의 원칙과 요구를 비판할 수 있되, 이제는 상명하복의 복종관계 속에서가 아니라 동등한 공민적 타당성 속에서, 인물로서가 아니라 지성적 권력, 이성적 근거(Verstandesgründe)로서 비판할 수 있다. '자유언론'은 자신이 여론의 산물인 것처럼 자신도 여론을 산출하고 유일하게 특수이익을 일반이익으로, 모젤지방(독일의 한 지방—인용자)의 곤경상황을 일반적 관심의 대상으로 만들 수 있고 유일하게 곤경의 느낌을 만인에게 나눔으로써 이 곤경을 경감시킬 수 있다. 언론은 지성으로서 민중상황과 관계하지만 동시에 정감으로서도 관계한다. 언론의 언어는 사실

관계 위를 맴도는 현명한 분별의 언어일 뿐만 아니라 동시에 사실관계 그
자체의 정감적 언어, 관청 보고서 속에서는 요구될 수도 없고 허용되지도
않는 언어이다. 자유언론은 결국 관료체제적 매체에 의해서 감지되지 않
는 민중 고유의 절박한 요구를 권력으로 통하는 권좌의 계단으로 끌어올리는
데, 이 권력 앞에서는 통치관청과 피통치자의 차이가 사라지고 오직 동등
하게 가까이 또는 멀리 서 있는 시민만이 존재하는 것이다. (1: 189면)

이런 의미에서 맑스는 자유언론 및 여론의 본질과 기능을 다음과 같은 정
열적인 언어로 밝혀 보이고 있다.

  자유언론은 민중정신의 활짝 열린 편재적(遍在的)인 시선, 인민의 자신
에 대한 체현된 신뢰, 개인들을 국가와 세상에 연결시키는 말하는 유대,
물질적 투쟁을 사상투쟁으로 변용시켜 그 조야한 소재적 형태를 이상화하
는 체화된 문화이다. 그것은 인민의 가차없는 자기속죄이다. 알다시피 속
죄의 힘은 구원적이다. 그것은 인민이 자신을 비춰보는 정신적 거울이다.
자기를 비춰보는 것은 지혜의 제1조건이다. 그것은 모든 오막살이 집에도
물질적 가스보다 더 저렴하게 유포되는 (진정한) 국가정신이다. 그것은
항상 현실세계로부터 솟구쳐나와 점점 풍요로워진 정신으로서 새로 감화
되어 현실세계로 다시 질풍처럼 되돌아들어가는 이상세계이다. (1: 61면)

계급적대적 소유관계와 국가의 억압기제가 사멸한 사회에서 국가공공성,
국가정치, 국가공권력 및 사이비 공론적인 자본권력('telecracy')은 시민사회
의 진정으로 간주체적인 시민적 공론성(공공성), 시민정치, 시민권력에 의
해 대체된다. 강권은 범죄나 이 범죄에 대한 시민사회의 대항행동으로서만
존속할 것이다.

이런 의미에서 엥겔스는 과거 원시공산사회를 미래지향적으로 상기시키고
있다. 공적 강권은 "계급대립이 전개되지 않는 사회에서 아주 사소한 것,
거의 사라질 듯한 것"이다(21: 166면). 동시에 그는 원시공산사회의 "자연발
생적 민주주의"도 "사형선고를 내릴" 정도로——"사형이 비겁, 인민배반,
비자연스런 쾌락 등의 경우에 국한"되었을지라도——강력한 공론적 권력과
공론적 공공성을 발전시켰음을 지적하고 있다(21: 138면). 최고로 발전된 원

시공산사회의 "공적 헌정체제"(21: 94면)와 관련하여 강세를 주어 강조해야 하는 것은 "진정한 권력이 인민집회에 있었다"(21: 138면)는 것뿐만 아니라 한걸음 더 나아가 유일하게 정통적인 "강제수단"은 씨족 또는 부족원들의 "여론"(die öffentliche Meinung)이었다는 사실이다(21: 164면).

이런 까닭에 동일한 헌정체제하에 사는 원시공산사회의 인구적 규모는 "오직 방언적 차이만을 보일 뿐인 공통된 언어"에 의해 제한되고 또 당시의 대중매체인 광장집회식 의사소통에 필수적인 고함소리의 크기에 의해 제한되었다. 이 집회광장의 크기와 이것에 제약된 집회참가자의 규모는 다시 육성적 고함소리(Stentorstimme)의 공간적 도달거리에 의해 제약되었던 것이다(Aristoteles 1971, 1326b). 이런 까닭에 태고대적 민주주의는 일면 이 고함소리가 큰 사람에 기술적으로 의존하였고 큰 목소리를 희구하였다. 고대의 일부 신들이 인간의 염원의 투영인 한에서 고대 그리스의 신(神)들 중에 고함소리의 신(Stentor)이 들어 있음은 우연이 아니다. 따라서 태고대적 민주주의는 집회광장의 공간적 제한성으로 인해 인구의 증가와 함께 보편적으로 몰락한다. 이때부터 사회의 공공업무를 관장하는 공인(귀족)과 이 업무로부터 배제된 평민 또는 천민의 일반적 차별이 등장하고 귀족으로 구성된 국가에 의한 공공성, 정치, 공권력의 불가피한 찬탈이 일어난다. 이것은 원시민주주의 사회에서 비민주적 계급사회로의 이행이 초래한 정치적 변동에 대한 소통기술적 조명이 된다.

현대적 대중매체는 어떤 공간적 경계도 뛰어넘어 일국적 또는 국제적 공공성을 가능케 하지만, 동시에 대부분 자본과 국가의 배타적 소유권에 포섭되어 있다. 이런 까닭에 현대적 대중매체는 토대에서의 "신용"제도와 마찬가지로 시민사회의 차원에서 진정한 공론과 시민적 자율권력의 새로운 치세(治世)의 "예고자"이면서 "사기꾼"이다(25: 457면).

(맑스적 의미에서의) '권위들', 즉 '낯선 권력'의 정치적 인간물신화에 의해 그리고 강권에 의해 측면 보조되는 이러한 권력관계의 기초 위에서 오늘날 부르조아의 시민사회적 지배는 부르조아의 국가적 지배와 경제적 지배를 보장하는 헤게모니의 형식을 취하고 있다. 헤게모니 개념과 관련하여 우리는 두 가지 계기, (우리의 의미에서의) 권력과 (적어도 법형식적인) '동등한 권력체들 중의 1인자'(primus inter pares)의 형식을 강조한다. 이 헤게모

니 개념은 흔히 자의적인 애매한 의미로 사용되고 있다. 헤게모니의 그리스 어적 의미는 명령권자라는 뜻이 아니라 전장에서 '이끄는 자'라는 의미를 지 닌 '헤게몬'(hegemon)에서 유래하였다. 이 헤게몬은 명령권을 가지지 않았 고 따라서 불복종하는 자에게 강권을 행사할 권한이 없었다. 그는 다만 이 탈자를 추종세력의 여론에 호소하여 제재할 수 있었을 뿐이다. 헤게몬을 따 르는 추종자들은 자발적으로 헤게몬의 지휘에 응하였고 이 헤게몬과 신분 상, 권리상 동등하였다. 가령 아가멤논(Agamemnon) 같은 인품과 용맹이 뛰어난 헤게몬에게 어떤 자가 대들거나 말대꾸를 하면 다른 추종자들에게 멸시는 받았으나 처벌받지는 않았다. 즉, 헤게몬은 수직적인 지배자가 아니 라 '동등한 자들 가운데 제1인자'였던 것이다. 헤게모니는 적어도 형식상 이 의미 이상으로 확대 사용되어서는 안될 것이다. 따라서 시민사회적 헤게모 니는 오해되는 의미와 달리 자유결사체들의 경쟁적 권력들의 '평화공존', 즉 다원주의——말하자면 열등한 권력집단들의 존재의 승인——를 전제한다. 다른 권력집단들이 없다면 주도권적 권력지위는 사회적으로 승인받지 못할 것이기 때문이다. 그러나 헤게모니 질서의 쟁취와 보장을 위해서는 종종 일 정한 권력집단과 강권집단의 폭력적 배제를 포함한 경제적 또는 경제외적 강권수단도 적용된다. 즉, 부르조아의 시민사회적 지배는 실은 강권으로 측 면 보조되는 헤게모니적 권력구조이다. 이에 반해 부르조아의 경제적·정치 적 지배는 헤게모니로 측면 보조되는 강권구조이다.

따라서 국가를 '강제권으로 철갑화된 헤게모니'로 규정하는 그람시의 국가 정의는 잘못된 것이다. 국가의 본질은 수평적 헤게모니가 아니라 수직적· 시설조직적 강권장치이기 때문이다. '강제권으로 철갑화된 헤게모니'는 국가 가 아니라 바로 부르조아의 시민사회적 지배를 가리킨다. 또한 우리는 헤게 모니 개념을 도덕론적으로 그리고 문화주의적으로 축소하는 것과 부르조아 의 항구적인 강권에 의해 밑받침되는 계급헤게모니(시민사회적 지배형식)를 '지배'와 다른 어떤 것으로 이해하는 것을 거부하지 않을 수 없다. 그람시는 다음과 같이 말한다. "한 사회집단의 주도권적 지위는 두 가지 방식으로, 즉 '지배'와 '정신적·도덕적 주도'로 표명된다. 이 사회집단이 '청소해'버리 고 싶거나 무력으로라도 굴복시키고자 하는 적수집단에 대해서는 지배적이 다. 이 집단과 친하거나 동맹한 집단들에 대해서는 주도권적이다." 강권과 도덕만을 이분법적으로 문제삼는 이 단순도식은 현대 서유럽의 정치관계를 이해하는 데 치명적인 오류를 초래한다. 서유럽의 부르조아 헤게모니 체제에서는 부르조아가 합법화된 체제전복적 정치집단들을 강권으로 '청소'해버릴 수 없고 '청소'하고자 하지도 않는다. (따라서 그람시의 위의 공식을 엄밀히 적용하면 오늘날 서유럽 부르조아는 '지배하지' 않는 것이 된다.) 서유럽의 부르조아는 자신의 헤게모니를 온갖 방식으로 확대재생산함으로써 이들을 왜소화시키고 대중으로부터 고립시키려고 노력한다. 즉, 서유럽 부르조아는 적수집단에 대한 직접적인 강권행사가 아니라 강권에 의해 측면 지원되는 온갖 권력투쟁을 통해 대중을 동원하여 조성되는 헤게모니적 권력으로 적수집단을 지배한다.

또한 가령 보수적 부르조아의 열등한 동맹세력(가령 자유당)조차 보수적 부르조아 집단(보수당)을 정신적·도덕적으로 전혀 존경하지 않는다. 즉, 동맹세력은 '정신적·도덕적' 고려에서가 아니라 차라리 엄밀한 정치적 이해타산에 따라 동맹하거나 동맹을 파기하는 것이다.

그람시의 헤게모니 개념은 이익개념뿐만 아니라 (연대적 실천에 대한 인간들의 유적 역량이라는 의미에서의) 권력개념이 결여되어 있다. 계급헤게모니가 이익기반도 없으며 (강권은커녕) 권력기반도 없는 단순한 '정신적·도덕적 주도'로 환원된다면, 헤게모니를 쟁취하기 위한 계급투쟁은 (강권투쟁은커녕) 권력투쟁도 없는 이데올로기투쟁 또는 문화투쟁으로 축소될 것이다. '정신적·도덕적 주도권'은 이것에 영향받은 사람들을 연대적인 행위로 동기지을 수 있을지라도 연대적 행위, 결속, 마침내 권력형성에 이르게 하는 여러 동기들 가운데 하나에 불과한 것이다. 그람시는 '정신적·도덕적 주도'보다 본질적으로 더 규정적으로 인간들을 연대적 행위로 추동시키는 주된 동력인 물질적 이익개념을 줄곧 망각한다. 그러나 현실 속에서는 다음과 같은 사실이 지배적이다. 부르조아는 지속적인 목적합리적 체제효율화에 의존, 무엇보다도 중간계층 및 노동대중 일부와의, 일시적으로 또는 사례별로 또는 분파적으로 또는 지역적으로 또는 인종적으로 또는 종파적으로 항상 존재하는 이익공동성의 토대 위에서 광범한 대중의 지지를 확보하는 것이다. 이를 통해 부르조아는 강권투쟁을 선호하고 권력투쟁에 상대적으로 무능한 해방사상의 '정신적·도덕적 주도'에 대해 자신들의 헤게모니적 권력을 방어해왔다.

자본주의체제의 핵심구조적 생산관계가 생산력의 지속적 혁신에 질곡으로 기능할 때마다 헤게모니체제는 동요하고 피지배계급에게 물적으로 양보할 것이 없는 부르조아는 (파시즘으로 대응하든가 아니면) 헤게모니를 상실한다. 즉, 지배계급과 일부 피지배계급 간의 단기적 이익연대가 자본체제의 근본모순의 첨예화로 인해 균열을 일으키면 부르조아의 헤게모니는 성공적으로 유지될 수 없고 이 균열국면에서 피지배계급들도, 비록 드물지라도 헤게모니를 쟁취할 수 있다.

그러나 이 경우에도 부르조아지가 다른 계급들이 기존 체제를 근본적으로 변혁하려는 것을 방해할 만큼 충분히 강력한 시민사회적·의회적 대항권력조직들(및 여타 평화적 강권수단들)을 아직 장악하고 있으면 기존의 소유관계와 국가헌정체제를 평화적으로 방어할 수 있다.

부르조아적 시민사회의 분화된 영역들과 계급적으로 특유하게 편파적인 시민적 공론구조를 여기서 상론할 수는 없다. 다만 여기서 다시 강조되어야 하는 것은 헤게모니는 오늘날 부르조아의 시민사회적 계급지배의 특유한 형식이라는 것이다. 헤게모니의 경제적·국가적인 위계적 지배형태와의 특유한 차이는 부르조아의 물질적·비물질적 이익에 기초를 둔 계급연대와 사회적으로 가까운 이웃집단들 및 일부 피지배계급 대중들의, 마찬가지로 이익타산을 기초로 한 동조에 의해 유지되는 '동등한 자들 가운데 제1인자'의 형식이다.

이 동조는 자기의 객관적 이익상황에 근거한 주관적 동기에서 나오는 것이지만 부르조아적 시민사회에서는 종종 형식적으로만 자발적인 것일 수 있다. 이익상황과 동기 사이의 매개는 참된 의식 또는 허위의식에 의해, '행복한' 의식 또는 '불행한' 의식에 의해, 불안하고 순응주의적인 (전통적 또는 습관적) 의식 또는 기만당한 의식에 의해, 착각과 우둔한 실수에 의해, 단순한 애착과 이미지적 호감에 의해, 현명한 전술적 타산 또는 절망적·자포자기적 의식에 의해, 부패한 의식 또는 매수된 의식에 의해 촉진되거나 왜곡되거나 방해될 수 있기 때문이다.

그럼에도 불구하고 부르조아적 시민사회의 헤게모니체제는 공론적 공공성과 시선적 공공성 및 권력투쟁에 의해 작동하는 부르조아체제의 가장 진보적인 단계이다. 이 단계에서 부르조아 국가란 좀더 정확한 의미에서 부르조아적 시민사회의 '공식적 표현'이기 때문이다. 즉, 국가의 모든 강권적 정책집행은 부르조아적 시민사회 내의 계급간 권력관계에 의해 직접 규제된다. 부르조아 헤게모니적 민주국가의 이러한 역사적 진보성은 부르조아 계급독재국가, 보나빠르뜨체제, 파시즘체제 등과 비교하면 선명히 드러난다.

(8) 파시즘국가와 국가의 경제개입의 한계

부르조아 국가형태의 구체적인 양상과 미세한 차이는 시민사회의 다양한 권력관계와 강권관계에 의해 좌우되고 이 관계에는 역사적·전통적 영향, 인종관계, 자연조건, 기타 무한히 많은 상황도 끼여든다. 이 시민사회적 권력조직, 세력관계, 계급과 집단들의 투쟁과 소통 등을 고려함이 없이 국가를 토대로부터 직접 '도출'하고자 한다면, 이것은 영락없는 경제주의적 국가관일 것이다. 맑스가 유산자와 무산생산자 간의 지배-종속관계에서 특유한 국가형태의 '가장 내밀한 비밀' 및 '은폐된' 토대를 발견한다고 말할 때 그는 적어도 두 가지 사실을 의미하고 있기 때문이다. ① 토대의 핵심구조적 관계, 즉 (토대의 표면적인 관계가 아니라) 지배-종속관계가 국가형태를 규정한다. ② 이 '규정'은 직접적인 규정이 아니라 시민사회 속에서 고유한 권력관계, 강권투쟁 및 권력투쟁, 소통관계, 문화 등에 의해 수정되고 복합적으로 매개되는, 그리하여 '은폐되는' 규정이다. 따라서 맑스주의적 국가론 안에서 끊임없이 다양한 모습으로 재생산되는 두 개의 경제주의에 대한 비판, 즉 부르조아 국가를 표면적인 관계(교환, 신용거래, 소득분배관계 등)로 축소된 경제주의적 토대관에서 설명하려는 시도에 대한 비판과, 시민사회의 특유한 매개기능의 역사적 작용을 고려하지 않고 사회가 토대와 국가의 두 차원으로만 구성되어 있는 양 토대로부터 국가형태를 직접 '도출'하려는 시도에 대한 비판은 올바른 시민사회론과 국가론을 위해 필수적이다.

따라서 국가가 경제체제와 '나란히' 그리고 '그 외곽에' 특수화되어 따로 실존한다는 것은 이중적인 사실, 국가적 계급강권과 자본의 경제적 착취강권의 분리와 국가와 시민사회의 분리를 뜻한다. 전자의 분리는 자본주의 사회와 자본주의 국가의 역사적 근본특징이며 따라서 온갖 변형과 수정 속에서도 유지되는 것이다. 그러나 후자의 시민소외적 분리는 그 현상형태에 있어서 계급적·사회적 투쟁의 성과에 따라 무한한 정도 차이를 보이며 국가가 시민사회의 무계급적인 발전에 따라 억압성과 전단성(專斷性)을 해소하고 시민사회하에 위치하는 비(非)소외적 분리(이른바 '국가의 사멸')의 해방적 방향으로 변혁될 수도 있지만, 반대로 이 시민소외적 분리는 대척적인 방향으로, 즉 국가가 시민사회를 관변화 및 관제화에 의해 완전히 흡수해버리는 파시즘적 방향으로 소멸할 수도 있는 것이다.

하지만 생산과정의 착취권력으로부터 국가의 분리는 국가가 가령 사회적 총자본의 장기적인 이익의 관점에서 '착취자료'(임금노동)를 육체적으로 보존하기 위해 개별자본들의 살인적으로 강력해진 착취강권을 제어하거나 자본관계 자체에 대한 적빈한 피지배계급들의 저항을 미연에 방지하거나 독점체들의 초과이윤을 확보하는 것 등을 위해 필요하다면 간헐적으로 또는 구조적으로 상품 및 자본 유통과정, 소득재분배, 전략산업의 계획적 육성 및 촉진, 생산력의 과학기술적 발전 등에 개입하는 것 등을 배제하지 않는다. 하지만 경제에 대한 이러한 온갖 개입행위에도 불구하고 부르조아 국가는 원칙적으로 생산영역 안에서 직접적인 착취강권으로 기능하지 않는다. 이것은 국영기업에서도 마찬가지다. 국영기업에서도 국가는 경제외적인 물리적 강권으로 잉여가치를 추출하는 것이 아니라 다른 민간자본들과 마찬가지로 자본관계를 매개로 착취하기 때문이다. 전쟁기간중에 과도한 징병으로 부족해진 농촌인력을 보충하기 위해 프러시아의 머슴장정(章程)을 본떠 점령지 외국인들과 포로들을 전시노예로 투입한 독일 파시즘을 세계사적 예외로 간주하면, 그것은 본질적으로 파시즘의 테러리즘적 독재체제에서도 마찬가지다. 통상적인 파시즘체제에서는 국가가 개별자본가들에게 노동자들을 기율할 법적·정치적 권한을 인정해주는 일이 없다. 파시즘체제는 다만 살인적으로 강화된 자본관계에 대해 과잉착취를 저지하는 시민사회의 계급조직과 계급운동을 폭력적으로 분쇄하여 이 자본관계의 고삐를 풀어줄 뿐이다.

파시즘국가는 부르조아적 시민사회의 '공식적 표현'이 아니다. 차라리 시민사회가 파시즘국가의 '비공식적 표현'으로 전도된다. 파시즘국가는 조직된 반대세력의 형성이 더이상 불가능해질 때까지 이 시민사회를 무력화시켜 이 시민사회를 역으로 자신의 '비공식적 표현', 즉 자신의 '뻗은 팔'로 전도시켜 자신 속으로 흡수한다. 국가는 테러를 일상화하여 가능하면 가족과 친우관계를 포함한 모든 자연발생적·자발적 연대와 소통관계를 분쇄하고, 만인의 만인에 대한 밀고와 스파이 노릇을 편재화(遍在化)——가령 가족에게도 적용되는 보안법적 불고지죄의 제정을 통해——한다. 일반적 관심사의 공개화 및 국가강권, 사적 강권의 일탈행위의 제제를 위해 (비록 결함에 찬 것일지라도) 그나마 작동하던 시민적 공론은 사멸한다. 무릇 공론과 유사한 형태가 잔존한다면 그것은 선전선동의 기능을 떠맡아 사회의 일반적 관심사 및 사회적·정치적 중요 사건으로부터 시민들의 관심을 따돌리고 공안(公安)에 위배되는 정보, 소식, 문화 및 전통 행사, 지식을 배제하는 사이비 공론이 존재할 뿐이다. 따라서 국가로부터의 시민사회의 분리 또는 자율성은 파시즘하에서 완전히 사라지든가 아니면 본질적으로 제한당한다.

이에 반해 국가강권과 착취강권의 분리는 파시즘하에서도 유지된다. 따라서 부르조아 국가의 파시즘적 변형태를 경제적 착취기능과 혼효된 전자본주의적 국가들과 구별해주는 것은 '국가강권과 착취강권의 분리'라는 부르조아 국가형태의 획기적인 근본특징이다. 부르조아 국가의 이 일반적·역사적 근본특징은 생산과정에서의 자본의 지배가 오직 자본관계에만 근거하는 한 재생산되는 것이다.

따라서 자본관계를 역사적으로 좀더 상세히 논의해봐야 할 것이다. 이 자본관계는 일격에 완성된 고형물이 아니라 (사회적 총자본의 성장과 더불어) 양적으로 강화되어왔고 (생산과정의 변혁과 더불어) 질적으로 (형식적 형태에서 실질적 형태로) 발전하였기 때문이다. 이에 조응하여 부르조아 국가형태도 '급속히 또는 완만하게' 자라나왔다. 유물론적 국가이론은 자본관계와 이것의 역사적 발전형태를 시야에서 상실한다면, '국가도출론'에서처럼 의도하지 않게 부르조아적 국가관을 맑스의 범주들로써 재생산할 수밖에 없게 될 것이다.

2. 경제주의적 국가론 비판——국가도출론의 경우

여기에서는 토대로부터의 국가의 형태적 분리 문제에 대한 독자적인 대답을 제시한 데 이어 경제주의적 국가론의 전형으로서 '국가도출론'의 이론적 시도를 비판적으로 조명함으로써 필자의 근본입장을 좀더 정치하게 전개하기 위해 한때 독일에서 유행해 마지않았던 이 '국가도출론'을 해부해들어가고자 한다.

필자의 관심은 이 '도출론자들'에게 국가의 기능과 한계 등의 더 높은 '도출'을 위한 출발점으로 기여한, "사회와 나란히 그리고 이것의 외곽에 위치한 국가의 특수한 실존"이라는 주제에 한정된다. [24]

뮐러(Müller)와 노이쮜쓰(Neusuß)는 1971년의 한 논문에서 자본주의 국가의 '특수한 실존'을 '도출하는' 이론적 단초를 제시하였다.

국가는 간단히 자본, 즉 사회적 생산의 이 특수한 형식과 동일하지 않다. 오히려 부르조아 국가는 바로 국가가 공동체의 근원적인 통일성으로부터 사적 소유로서의 소유의 탈피에 근거한다는 사실과 이 토대 위에서 국가가 '시민사회와 나란히 그리고 이것의 외곽에 위치하는 특수한 실존' 이 되었다는 사실에 의해 특징지어진다. …『자본론』의 독자에게 '시민사회와 나란히 그리고 이것의 외곽에 위치하는 특수한 실존'으로서의 국가의 이러한 발전은 상품 속에 정립된 가치와 교환가치의 모순으로부터 가치형식의, 나아가 화폐형식의 변증법적 발전을 상기하면 쉽사리 이해가 가능하다. 상품으로서의 노동생산물의 이중성격에 포함된 이 모순은 특수한 상품 안에 표현되고 이로써 이것을 화폐로 만듦으로써만 현상할 수 있는

---

24) 이 '국가도출론'에 대한 전반적 소개서로는 Esser 1975(135~61면); Rudel 1978 (97~137면); Butterwege 1981(95~151면)을 보라.

것이다. (Müller/Neusuβ 1971, 56면 이하)

밀러와 노이쮜쓰는 청년 맑스와 엥겔스로부터 나온 '특수한 실존'이라는 구절을 자본관계의 시각에서 재해석하거나 심화시키지 않고 단순히 반복한다. 나아가 이들은 **경제주의적으로** 이 구절의 의미를 **단순상품유통**의 차원으로 환원시키고 있다. 이들은 나머지 상품들로부터 화폐상품의 특수화를 자본으로부터 국가의 특수화와 **비유적으로** 등치시킨다. 그러나 이 비유는 치명적인 자기모순성을 내포한다. 화폐는 본질적으로 일종의 상품이지만, 국가는 결코 일종의 자본이 아니기 때문이다. 이런 한에서 밀러와 노이쮜쓰에 대한 더이상의 비판은 불필요하다.

이들에 의해 고무된 알트파터(E. Altvater)는 비유적이지 않은, 그러나 마찬가지로 경제주의적인 '도출'을 시도하고 있다.

경쟁 속에서 자본은 개별자본들이 진정으로 상호 관련되는 한에서만 총자본으로서 산출될 수 있을 뿐이다. 하지만 개별자본들은 이것을 오직 자본주의적으로 행위함으로써만, 즉 잉여가치를 생산하는 자본으로서만 행할 수 있다. **그러나 모든 사회적 기능이 이런 의미에서 자본주의적으로 수행될 수 없다. 특정 (물질적) 생산조건의 생산은 아무런 이윤을 가져다 주지 않는다거나 어떤 규제의 일반성 수준이 개개의 구체적인 상황하에서 자신의 특수이익에 사로잡혀 있는 개별자본들에 의한 관리범위에 비해 너무 크거나 하기 때문이다.** …따라서 자본은 자신의 기반 위에서 자본으로서의 자신의 한계에 굴복하지 않는, 자신의 행위에 있어서 잉여가치 생산의 필연성에 제약받지 않는, 이런 의미에서 '시민사회와 나란히 그리고 이것의 외곽에 위치한' 특별기구이며 동시에 자본의 불가침적 기초 위에서 자본이 소홀히 하는 내재적 필연성을 돌보는 특수한 기관을 필요로 한다. 따라서 국가 안에서는 시민사회가 자본의 평균이익을 표현하는 특수한 형식을 발전시키는 것이다. (Altvater 1972, 7면)

알트파터는 자본관계를 중심에 놓지도 않고 국가의 '특수한 실존'을 **착취강권과 일반적 계급강권의 분리**로 이해하지도 않는다. 이로 인해 그는 부르조아 국가(부르조아 사회의 필수적인 **계급억압기구**)를 자본의 결함과 한계를 보충하는 단순한 비폭력적 보조기관으로 만들고 있다. 이것은 맑스주의적 범주로 위장되어 있을 뿐, 실은 '자유주의적 백치들'의 경제주의적 국가관의 정확한 반복이다. 게다가 그는 마치 국가가 자본주의 사회에서야 비로소 생겨난 것인 양 국가**형태**뿐만 아니라 국가 **자체**를 '도출'하려고 하고 있다.

그러나 국가 자체의 존재 필연성은 자본의 기능적인 **한계성**에 있는 것이 아니라 자본관계가 필연적으로 초래하고 자본주의적 계급사회에 애당초 내재하는 **계급적대성**에서 기인한다. 우리는 특정한 계급사회를 논의의 출발점으로 삼는 한 국가의 실존을 이미 전제해야 한다. "부르조아 국가의 특유한 실존은 자본주의적 계급사회의 재생산을 위해 '필수적'이지만, 부르조아 사회가 '자신의' 국가를 산출한 것이 아니다. … 부르조아 국가는 일정한 사회구성체에 속하는 계급관계의 제도화로서 그 실존이 형태도출에 의해 정초될 수 있는 것이 아니다"(Hirsch 1976, 134면). 우리는 자본관계와 계급관계의 역사적 종차(種差)를 기반으로 기껏해야 자본주의 국가의 특이한 형식만을 설명할 수 있을 뿐이다.

고대 아테네의 민주적 노예제국가의 근본적인 역사적 특징이 노예주들간의 평등관계에 있는 것이 아니라 노예주와 노예 간의 착취-지배관계에 있듯이, 부르조아 국가의 근본적인 역사적 특징도 자본들간의 관계에 있는 것이 아니라 자본과 노동의 관계 즉 자본관계에 있다. 알트파터는 개별자본들간의 경쟁에 의해 총자본의 재생산에 내재하는 결함에만 주목하고 있다. 따라서 그의 사유과정은 맑스의 정치경제학 비판의 한 근본범주에 대한 왜곡으로 이어지고 있다. 그는 자본관계를 자본들간의 관계로 피상화한다. 그는 다음과 같이 말하고 있다. "사회적 기능들이 **개별자본들에 의해 감당되지 않는 경우 또는 감당될 수 없는 경우에야** 비로소 국가기능으로 성립한다는 것은 여기에서도 드러난다. **따라서** 국가의 특수화는 **자본관계**의 '본성'에 있다"(Altvater 1972, 17면). 알트파터는 여기서 자본관계를 사적 개별자본들간의 경쟁관계나 경쟁에 의한 사적 이윤 취득관계, 즉 자본들간의 관계 정도로 알고 있다. 자본주의의 운행을 위해 필수적인 사회적 기능이 개별자본의 경쟁에 의해 수행되지 않거나 개별자본들에게 이윤을 가져다 주지 않아 개별자본들이 사회적 기능을 방기할 때 이 사회적 기능을 국가가 대신 해준다는 것이다.

플라토프(S. Flatow)와 후이스켄(F. Huisken)은 알트파터의 이 경제주의적 오류를 일반화하고 있다. '자유주의적 백치' 또는 '속류경제학자'의 경제주의적·이데올로기적 경제관에 사로잡혀 이들은 **무산**(無産)노동자에게 '사적 소유권자'라는 칭호를 부여함으로써 부르조아 계급사회를 자본, 토지, 노동에 대한 상이한 사적 소유자들로 구성된 무계급사회로 둔갑시키고 있다. 그런데 이 사회에서도 일반적 사회이익(공익)은 제3자에 의해 보장되어야 한다는 것이다. 모든 경쟁하는 사적 소유권자들의 공통이익을 보장해야 하는 필연성은 사인(私人)들로부터 분리된 공통이익의 관리자로서 국가를 요구한다.

> 경쟁하는 사인들의 사회와 나란히 그리고 이것의 외곽에 위치한 국가의 특수한 현존은… 상이한 존재양식을 취하는 특수이익과 일반이익 간의 모순의 소산이다. 국가는 사인들의 영역으로부터 일반이익의 분리와 국가부문에서의 이것의 관리를 체현한다. 국가의 특수화와 함께 일반이익은 국가의 특수이익이 되고 이 이익의 관리는 오로지 국가만의 책무가 된다. (Flatow/Huisken 1973, 121면)

우리가 이들의 '도출' 시도를 알트파터의 피상적 방법의 일반화된 형식으로 고찰하는 한에서 알트파터에 대한 모든 비판은 이들에게도 그대로 타당하다. 하지만 필자는 이들의 근본적으로 잘못된 가정을 드러내 비판하고자 한다.

물론 (헤겔과 같은) 부르조아적 관점의 구현자에게 국가는 '일반이익'의 관리자로 **비칠** 수 있고 이 관리자의 존재는 (계급이익들간의 모순이 아니라) '특수이익'과 '일반이익' 간의 모순으로 인해 요구된다는 식으로 이해될 수 있다. 그러나 이것은 순전한 자유주의적 이데올로기이다. 플라토프와 후이스켄의 명제는 따라서, 국가의 '특수한 실존'의 이유는 사회의 표면(사인들의 경쟁의 영역)에 있고 부르조아 국가와 이 국가의 특수한 실존은 한낱 자본주의 사회의 표면(교환, 시장, 경쟁 등)만을 반영하는 **이데올로기적 의식의 산물**이라는 것을 전제한다. 즉, 국가는 억압자가 아니라 공동이익의 시혜적 관리자라는 것이다. 그러나 국가는 단순히 이데올로기적 의식의 소산일 뿐만 아니라, 최종적으로는 '심층적'인 경제적 토대와 계급이익에 의해 제약된 **시민사회적 계급투쟁**을 억압·규제하기 위해 발생했고 또 이러한 투쟁을 매개로 생산되고 갱신되는 산물이다. 부르조아들이 사회와 정치적 실천의 산물(국가)에 대해 어떻게 스스로를 기만하든 또는 이것에 대해 어떤 미담을 늘어놓든 국가형태는 계급경제적 구조의 심층(자본관계)의 모순에 제약된 계급투쟁에 의해 매개되어 '은밀히' 이 **심층**과 조응하는 것이다. "그들은 그것을 알지 못한다"——좀더 정확히는 그들은 그것을 잘못 알고 있다——"그러나 그들은 그것을 행한다"(23: 88면).

따라서 자본관계와 계급관계를 무계급적 시장관계로 피상화시키는 경제주의적 경제관으로부터 국가형태를 '도출'하는 것은 적절한 유물론적 방법일 수 없는 것이다. 이 '국가도출법'은 계급국가를 공산주의적인 '일반적 관리자'로 미화하는 것으로 귀착하고 만다. 생산과정에서의 자본의 경제적 착취강권으로부터 국가의 분리를 뜻하는, 사회와 나란히 그리고 이것의 외곽에 위치한 부르조아 국가의 특수한 실존을 가령 고대 노예제국가도 차지했던 **시장에서의 제3자의 중립적 위치**로 오해해서는 안된다. '자유주의적 백치들'은 국가의 특수화된 실존을 그렇게 해석할지 모르지만, "어떤 개인의 본질을 이 개인이 자신에 대해 생각하는 것에 따라 판단할 수 없듯이"(13: 9면) 부르조아 국가도 부르조아 변호론자의 경제주의적 사유로부터 설명할 수 없는 법이다.

다른 '도출론자들'의 비판으로 넘어가기 전에 이들에게 영향을 끼친 빠슈까니스(E. Paschukanis)를 간단히 언급하고자 한다. 빠슈까니스는 1929년 (부르조아 국가가 아니라) 국가 일반에 대해 다음과 같은 방법적 물음을 제기하였다. "계급지배는 왜 자기 자신의 본모습, 즉 인구의 일부분의 다른 부분에 대한 사실적 굴복의 형식을 취하지 않는가? 왜 계급지배는 공식적 국가지배의 형식을 취하는가? 또는 같은 말이지만 국가강제기구가 왜 지배계급의 사적 기구로서 창설되지 않는가? 왜 국가강제기구가 지배계급으로부터 분리되어 사회로부터 이격된 비개인적인 공권력기구의 형식을 취하는가?"(Paschukanis 1929, 독일어판 1969, 119면 이하) 종래 모든 사회구성체의 당파적 계급권력은 항상 비당파적, 즉 공공적 또는 일반적인 공동체적 형식을 취했다. "이데올로기적 안개 벽을 세워 자신의 계급지배를…은폐하는 것이 지배계급에게 유리하기"(같은 책, 120면) 때문이다. 그러나 국가의 이데올로기적 기능의 한 측면만을 보여주는 이 음모론적으로 들리는 답변은 빠슈까니스의 관심거리가 아니다. 그가 문제삼는 것은 그때그때의 계급국가가 취하는 중립적 허상의 차이진 역사적 특이성이다. 모든 전자본주의적 국가이데올로기는 단 한 조각의 현실도 반영하지 않았고, 다만 "현실의 이데올로기적 복제물"(같은 곳)이었다. 이에 반해 부르조아 법률적 국가이데올로기는 현실의 표피적 부분을 반영하여 현실의 심부를 은폐한다. "그것의 추상은 실제로 존재하는 주체, 즉 상품생산하는 사회의 한 측면의 표현이다"(같은 곳).

"시장교환의 보장자로서의 권력은 법의 영역에서만 표명되는 것이 아니라 법으로서, 그리고 오직 법으로서만 현상한다. 즉, 추상적·객관적 규범과 완전히 융합되는 것이다"(같은 책, 117면 이하). 국가권력은 **시장에서** 법률적으로뿐만 아니라 사실상으로도 중립적·비당파적이다. 따라서 자본가와 노동자의 관계를 상인들간의 교환관계로 피상화시키는 이데올로기가 먹혀들기만 한다면, 자본관계에서도 "정치적 계급권력은 **공공적** 권력의 형식을 취할 수 있다"(같은 책, 121면). 이것이 바로 오늘날에도 영향력을 미치고 있는 국가의 중립성 테제의 자유주의적 이데올로기이다.

이것이 바로 빠슈까니스가 말하고자 했던 전부다. 그가 여기서 취급하고 있는 것은 착취하는 자본가와 착취당하는 노동자 간의, 강권도 지배도 없는 단순한 교환이라는 이데올로기가 왜 가능하게 되었는가 하는 문제가 아니라, 다만 이데올로기적 국가중립성 문제이다. 이 이상의 것은 빠슈까니스 자신의 주제를 벗어나는 것이다. 그러나 몇몇 '도출론자들'은 부르조아 국가의 **사실적인** '특수한 실존'과 무관한 그의 설명에서 부르조아적 국가특수화의 '도출'을 위한 단초를 구했다. 이렇게 하여 그들은 국가특수화의 부르조아적 관념을 맑스의 범주들로 개편된 변종으로 재생산하지 않을 수 없었다. 그들은 심지어 빠슈까니스의 저 일반적 물음을 부르조아 국가에만 특징적인 물음으로 오해하고 있다(Blanke/Jürgens/Kastendick 1974, 68면; Esser 1975, 150면; Hirsch 1976, 106면).

우리는 여기서 비판을 블랑케(B. Blanke), 위르겐스(U. Jürgens), 카스텐디크(H. Kastendick)와 히르슈(J. Hirsch)에게만 한정한다.

블랑케, 위르겐스, 카스텐디크는 빠슈까니스가 부르조아 국가의 중립성 이데올로기를 설명하기 위해 법률적으로 말한 내용을 그대로 반복하고 있다.

> 사회적 노동의 특유한, 사물화된 연관형식으로서의 상품관계로부터 고립된 개인들간의 특유한, 마치 특화된 관계형식으로서의 법과 법관계의 형식이 생겨난다. … 기본적 필수조건으로서의 이 법의 보장은 **경제외적 강제**를 산출한다. … 이와같이 상품형식으로부터 물리적 강권의 기능(제재 ＝ 법 정립과 집행)이 도출될 수 있지만, 아직 구체적 구조물인 국가가 도출될 수는 없다. (Blanke/Jürgens/Kastendick 1974, 72면)

그럼에도 불구하고

> 우리는 상품 생산과 유통의 추상적 범주들이 본질적 근본관계로서의 자본의 형성과 함께 사라지는 것이 아니라 표면의 일반적 범주를 형성한다는 점을 견지한다. (같은 책, 73면)

따라서 교환관계의 안전을 보장하는 **특수한** 경제외적·물리적 강제는 **동시에** '특수한 실존'을 지닌 국가적 계급권력으로 기능할 수 있다는 것이다. 이에 대항하여 우리는 교환관계로부터 경제외적인 물리적 강권을 추방하여 교환 외곽의 특수화된 강권으로 만드는 것은 교환관계 자체의 논리가 아니라는 사실을 힘주어 강조한다. 가령 노동자의 인신을 굴종시킨 생산양식의 성격으로 말미암아 사람 자신이 상품이 된다면, 경제외적인 강권은 상품교환 안에도 필수적으로 내재해야 하는 것이다. "상품은 사물이고 따라서 인간에게 저항하지 않아야 한다. 상품이 말을 듣지 않고 고집을 피우면 **폭력**이 필요할 수 있다. 환원하면 상품을 **강탈할** 수 있는 것이다"(23: 99면). 이런 까닭에 고대와 근세의 모든 노예상인과 노예주는 이데올로기적·법기술적으로는 노예를 '말하는 도구'(instrumentum vocale)로, 즉 사물로 격하시켰을지라도 항상 무장을 하고 있었다. 말하자면 노예시장에는 시장논리와 무관하게 경제외적 강권이 내재하는 것이다.

시장의 본성적 논리로부터는 자본주의적 시장 밖의 경제외적인 강제의 특수한 실존도 노예시장에 내재하는 경제외적 강제도 '도출'할 수 없다. 상품소유자는 서로를 "인격체로 대하고" "서로를 교호적으로 사적 소유권자로서 인정한다"(같은 곳). 이런 이유에서 부르조아 이론가들은 노동시장과 생산과정에서 이루어지는 근대 임금노동자의 **인격** 보존이 상품교환의 본성으로부터 유래하는 것으로 **착각한다.** 그러나 교환행위로부터는 교환을 통해 매입된 노예의 인격의 부정도, 자신의 노동력을 판매하고 종속되어 노동하는 근대 임금노동자의 인격의 보존도 설명할 수 없는 것이다. 따라서 자본주의적 구성체의 경제외적인 강권의 특이한 실존형태는 "규모와 파급범위가 다를지라도 **지극히 상이한 생산양식**에 공통적으로 속하는 현상"인 상품생산과 상품유통(같은 책, 128면 각주)으로부터는 설명해낼 수 없다. 올바른 설명을 위해서는 반대로 자본주의적 생산양식의 핵심구조적 관계를 분석해들어가야 한다. 블랑케, 위르겐스, 카스텐디크는 먼저 국가의 특수화된 분리를 가능케 한 경제적 지배-종속관계의 자본주의적 형식——자본관계——의 역사적 특이성을 분석했어야 한다.

이것은 히르슈의 경우에도 분석되지 않은 채 단순한 '전제'로서 그의 설명 속으로 끼여들고 있다. "우리는 모든 계급지배가 한 계급에 의한 다른 계급의 경제적 착취를 보장하는 강권관계에 의해 특징지어진다는 사실을 논의의 출발점으로 삼아야 한다. 자본주의 사회의 강권관계는 노동력의 '점유자'가 이 노동력을 매각하도록 강제할 수 있는, 자본가의 생산수단 처분권에 기초를 두고 있다. 이것이 **전제되면** …"(Hirsch 1976, 104면 이하) 자본주의적 강권의 결정적인 역사적 형식——순수경제적인 형식의 강제——의 분석은 마치 전자본주의적 강권과 형태상 다르지 않는 양 소홀히 다루어지고 있다. 은밀한 노예제(가령 푀니지)도 마찬가지로 "노동력의 '점유자'가 이 노동력을 매각하도록 강제할 수 있는 생산수단 처분권"에 기초를 두고 있다. 노동력의 매매는 푀니지, 채무노예, '전자본주의적 임금노동자'(Marx, 여기저기 떠도는 날품팔이), 기업자본주의적 근대 임금노동자 등 매우 상이한 관계를 산출할 수 있는 것이다.

히르슈는 자본주의적 착취의 역사적 성격에 관심을 주고 있기는 하지만,

초역사적인 교환현상과 역사적으로 특이한 자본관계를 뒤섞고 있다. 이런 까닭에 그는 지배와 강제의 (경제외적·물리적 강제에서 경제적 강제로의) 형태 전환을 경제 속에서 지배와 강제의 소멸로 착각하고 있는 듯하다. 또한 그는 자본관계가 아니라 "자유로운 상품교환"과 "방해받지 않는 경쟁"이 생산과정으로부터 물리적 강권의 소멸을 초래한 것으로 생각하고 있다.

자본주의적 사회구성체에 결정적인 사실은 계급의 착취와 재생산이 직접적인 물리적 강권의 사용에 의해 벌어지는 것이 아니라 (그리고 벌어질 수 있는 것이 아니라) 가치법칙에 의해 규제되는 생산관계의 재생산을 매개로 벌어진다는 사실이다. …**자유로운 상품교환과 방해받지 않는 경쟁은 상품소지자들의 형식적 평등과 이들간의 물리적 강권관계의 부재를 전제한다.** 이런 까닭에 자본주의적 사회구성체는 물리적 억압수단에 집중된 부르조아의 강제력이 착취와 계급재생산의 사회적 양식으로 인해 개별 부르조아들로부터 분리된 제도화를 겪고 이런 이유에서 지배계급으로부터 분리된 형식을 취해야 한다는 사실에 의해 특징지어진다. 프롤레타리아와 부르조아에 대한 물리적 폭력기구의 '특수화'는 부르조아적 계급지배의 근본적 형태요소이다. (같은 책, 105면)

히르슈는 베버의 국가적 폭력독점 테제와 등치시키고 있는 국가의 특수화된 실존을 설명하고 있는 이 결정적인 대목에서 그가 논의의 출발점으로 삼았던 테제, 즉 '모든 계급지배가 한 계급에 의한 다른 계급의 경제적 착취를 보장하는 강권관계에 의해 특징지어진다는 사실'을 완전히 망각하고 위 인용문에서는 경제분야는 이제 경제외적인 물리적 강제만이 아니라 일체의 강제가 없는 곳으로, 오직 "자유로운 상품교환과 방해받지 않는 경쟁"만이 지배하는 곳으로 착각하고 있다. 히르슈는 물리적 폭력기구의 국가독점이 부르조아 계급의 손아귀 밖에 특수화된 형태로 실존하는 사실을 폭력의 국가독점 테제가 "현실 속에서 결코 완전히 관철된 적은 없을지라도"(같은 책, 106면) 부르조아 국가의 근본적인 역사적 특징으로 규정한다.

그러나 '결코 완전히 관철된 적이 없는' 물리적 폭력기구의 국가독점은 **부르조아적** 계급지배의 '근본적' 형태요소일 수 없다. 로마제국, 아시아 중세

국가, 절대주의 국가 등도 마찬가지로 "결코 완전히 관철된 적은 없을지라도" 물리적 폭력을 독점하고 있었기 때문이다. 게다가 물리적 강제권의 **"개별 부르조아들로부터 분리된** 제도화"라는 테제는 이제 견지될 수도 없고, 완화하는 방향으로 수정함으로써도 구제할 수 없다. 1960년대 이전 사설 기업경비대는 수적으로 미미해서 예외적 사례로 간주될 수 있었다. 그러나 오늘날 사설 기업경찰 병력은 **폭력독점의 이중화**라고 표현하는 것이 적절할 정도로 대규모화하였다. 근래 선진자본주의 나라들의 독점부르조아들은 대체로 **병력규모상 국가경찰을 무색케 하고 무기기술이나 정보기술적 장비에서 이것에 뒤지지 않는** 합법화된 상비적 기업경비기구(기업 청원경찰대 및 '안전'기업)를 설치하였기 때문이다(미국, 프랑스, 독일의 기업경비대 실태에 관해서는 제2장을 참조하라). 따라서 '폭력독점' 테제를 이용한 히르슈의 베버주의적 근대국가 정의는 이제 설득력이 약해졌다.

부르조아적 계급국가의 근본적인 역사적 특징은 실은 국가강권(및 모든 물리적 강권)이 경제적 착취를 위해 필요치 않고 따라서 경제적 착취강권으로부터 분리될 수 있다는 사실이다. 자본관계(인격적 종속 없는 순수경제적 강제관계) 단독으로도 경제적 착취를 위해 충분히 강력한 강제력을 보장하기 때문이다. 그러나 이 테제는 개별 부르조아들이 원칙적으로 아무런 폭력기구도 갖지 못한다는 식으로 과장되어서는 안될 것이다. 개별 부르조아들은 재정이 허용되기만 한다면 착취 목적 이외의 다른 목적(파괴행위, 절도, 강도 등에 대한 재산 보호와 파업, 시위의 진압 및 정보수집)을 위해 물리적 폭력기구를 완전히 합법적으로 설치할 수 있다. 하지만 이 사설경찰은 기업 내에 설치되어 있을지라도 생산과정 **안에서의** 착취를 위해 투입된 적은 없다. 전자본주의적 국가강권은 동시에 착취강권으로 기능했거나(고대아시아 또는 아시아 중세사회), 착취권력과 혼효되어 있었거나(유럽 봉건사회), 본래적인 착취관계 안으로 직접 개입해들어왔던(노예제국가 및 절대주의 국가) 데 반해, 부르조아적 국가강권과 이 사설 경찰기구는 착취강권(자본관계)으로부터 여전히 선명히 구별되어 있다. 부르조아 국가와 자본주의적 구성체의 이 근본적인 역사적 특징은 기업경비대의 강력한 성장으로 국가의 폭력독점 테제가 흔들리게 된 오늘날도 유지되고 있는 것이다.

다시 확인하자면 자본주의의 핵심구조적 생산관계로서의 자본관계는 직접적인 물리적 강권(또는 인신의 점취)을 **불필요하게** 하고, 다른 한편 인신적 예속의 재도입을 초래할 노동자의 종신적인 자기매각(푀니지나 그리스·로마 룸펜프롤레타리아의 채무노예제의 경우에서처럼 자기 자신을 몽땅 팔아버리는 것)을 **불가능하게** 만든다. 자본주의적 구성체를 이전의 구성체와 구별해주는 자본관계의 이 특이한 역사적 성격은 자본주의 국가의 '특수한 실존'의 유물론적 설명의 중심에 놓여야 하는 것이다. 동시에 자본관계의 **역사적** 발전이 면밀히 고찰되어야 한다. 부르조아 국가형태는 자본관계의 역사적 발전과 상호작용 속에서 형성되었기 때문이다.

3. 근대국가의 역사적 형성 ── 자본관계의 발전과 국가의 형태변동

베버에 의하면 지속적인 행정을 필요로 하는 모든 지배경영은 한편으로 인간행위를 정통적 지배자에 대해 복종하도록 만들 것을 필요로 하고, 다른 한편으로는 이 복종을 매개로 물리적 강권의 사용을 실행하는 데 필요한 물적 수단에 대한 처분권, 즉 인적 행정참모기구와 물적 행정수단에 대한 처분권을 필요로 한다.

그런데 정치적 지배경영 및 모든 경영에 공통되는 인적 행정기구는 단지 정통성의 관념에 의해서만 복종에 묶여 있는 것이 아니다. 그것은 개인적 이익에 호소하는 두 가지 수단, 즉 물적 보상과 사회적 명예의 부여에 의해 참모들의 복종을 확보한다. 봉신의 봉토(封土), 봉록관의 봉록(俸祿), 근대적인 국가공무원의 봉급(俸給), 그리고 기사의 영예, 신분적 특권, 공무원의 명예 및 "이것들을 잃을 것이라는 불안"은 행정참모기구가 권력자에 복종하는 "최후의 결정적 근거"이다. 이것은 카리스마적 지배체제에 대해서도 그대로 적용된다. 즉, 전사적 수행집단에게는 "전쟁영예"와 "전리품", 데마고기적 수행집단에게는 "관직독점에 의한 피지배자의 착취" "정치적으로 산출되는 이익”과 “허영보너스”, 게다가 모든 폭력적 지배의 유지를 위해서는 “경제적 기업경영의 경우와 전적으로 동일하게” 일정한 물적 재화가 필요하다. 모든 국가체제는 참모요원들이 금전, 건물, 군수물자, 마차, 군마 등의 정치수단을 자신의 **소유물**로 가지고 있는 원리에 따라 조직될 수도 있고 또는 행정참모기구가 “오늘날 자본주의 기업 내에서 사무직원과 프롤레타리아가 물적 생산수단으로부터 ‘분리되어’ 있는 것과 동일한 의미에서” 행정수단으로부터 “분리되어” 있는 소유원리에 따라 조직될 수도 있다. (Weber 1985, 823면)

베버는 물적 행정수단의 전부 또는 일부가 종속적인 행정참모에 속하는 정치조직을 ‘신분적’ 조직이라 부르고 있다. 이 신분적 정치조직에서 가령 봉신은 자신에게 하사된 봉토지역의 행정과 사법 기구의 운영비를 자신의 주머니에서 조달해야 하고 출전시에는 자신의 경비로 무장하고 자신의 군량을 지참해야 한다. 그의 각종 부신(副臣)들도 마찬가지다. 이것은 봉신의 봉토와 영예의 정통성이 지배자에게서 유래했다는 역사적 사실과 개인적 충성동맹에 근거한 지배자의 권력지위에 중요한 의미를 지니는 것이다. 이 “신분적” 정치조직에서는 지배자가 자립적인 ‘귀족층’의 도움으로 지배하고 따라서 이 귀족층과 지배권을 “나눌” 수밖에 없기 때문이다(같은 책, 824면).

이에 반해 특히 근대 관료국가는 행정참모와 행정수단의 소유권적 분리라는 근본원리에 근거하는 것이다. “근대국가의 발전은 도처에서 군주가 그와 나란히 서 있는 독립적인 ‘사적’ 행정권력의 담당자들, 즉 행정수단, 전쟁수단, 재정수단 등 모든 종류의 정치적으로 이용 가능한 재화의 소유자들의 **수탈**을 개시하면서 본격적인 궤도에 오르게 된다. **이 과정 전체는 자영생산자들의 점진적인 수탈에 의한 자본주의적 기업의 발전과 완전한 평행선을 이룬다.** 종국에 가서 우리는 근대국가에서 정치적 경영수단에 대한 처분권이 사실상 유일한 정상에 집중되고 단 한 명의 관리도 그가 지출하는 금전 또는 그가 관리하는 건물, 비축물자, 도구, 전쟁기구의 개인적 소유권자가 아니라는 사실을 발견하게 된다. 말하자면 오늘날의 국가에서 행정참모기구, 즉 행정관리와 행정노동자의 물적 경영수단으로부터의 ‘분리’가 완벽하게 관철되어 있는데, 이것은 근대국가의 개념적 본질을 이룬다”(같은 곳).[25]

베버는 주지하다시피 이 소유권적 분리의 원칙을 근대국가의 개념적 정의에 적용하여 근대국가를 "일정한 영역 내에서 지배수단으로서의 정통적인 물리적 폭력을 독점하는 것을 성공적으로 도모했고 이 목적을 위해 물적 경영수단을 자신의 지도자의 손아귀에 통합, 이전에 물적 경영수단을 자율적으로 처분하던 일체의 자율적인 신분적 행위자들을 수탈하고 이들 대신 자신의 정점에 자기 자신을 올려놓은 시설조직적(anstaltmäßig) 지배조직"(같은 곳; 같은 책, 30면도 참조)으로 정의한다.

일체의 정치, 행정, 군사 수단을 소유권적으로 독점하는 이 근대국가의 본질적인 특징은 푸꼬가 강조하듯이 한편으로 "전쟁의 국가화"(Foucault 1986, 9면)를 관철시켜 근대국가에 군사국가의 특징을 부여하고, 다른 한편으로는 방대한 관료체제의 정보위계적 감시시선에 기초를 둔 관료주의 국가의 특징 및 "지식의 지배"(Herrschaft kraft Wissen)에 기초를 둔 관료적·합리적 지배의 본질(Weber 1985, 129면)에서 파생하는 공공기밀, 공공지식, 공식통계의 생산기구를 정통적으로 독점하는 "지식국가"(최정운 1992)의 특징을 부여하기도 한다.

그러나 베버의 개념적인 근대국가 정의로 수렴될 수 있는 다양한 유형의 국가이론에 입각할 때, 절대주의 국가형태와 근대 자유주의적 국가형태 간의 역사적 차이가 절대주의 시대에 생성된 일련의 특징들이 일직선적·점진적으로 강화·누적되는 양적 변화로 해체되어 두 국가형태간의 질적 단절의 측면이 경시되기 쉽다. 하지만 일견 절대주의 국가와 대혁명 이후의 근대 자유주의 국가는 국가구성의 본질적인 측면에서 경제적 생산현장의 지배조직에 대한 국가강권의 개입 유무 및 이에 따른 국정에 대한 경제적 피지배집단의 참정 유무 등으로 일단 간단히 지적될 수 있는 일련의 질적인 차이를 보여준다.

이런 질적 차이는 정통적 폭력의 독점현상에 집중된 베버적 국가정의로써

---

25) 이 소유권적 분리의 원칙은 베버에 의하면 국가와 기업 이외에도 시민사회 내의 모든 비경제적 시설조직 및 결사체의 자산에 대해서도 관철된다. 양로원, 고아원, 구빈원, 노역소, 정신병동, 병원, 수도원, 학교, 각종 자선단체 사무실, 정당 등 모든 조직의 관리요원들과 회원, 구금자, 고용원, 입원자, 학생 들은 시설조직적 판옵티콘 기제나 사무실 및 행정수단의 소유권자들이 아니다. 이것에 대한, 따라서 해당 요원들 및 구성원들에 대한 지배권은 이 판옵티콘 및 사무실의 소유권자나 이 소유권자로부터 권한을 위임받은 자들에 의해 장악된다.

는 포착되기 어렵다. 이 정의에 따르면 절대주의 국가나 근대국가나 정통적 폭력의 독점이라는 측면에서는 차이가 없기 때문이다. 따라서 이 측면의 해명을 위해서는 완전히 다른 이론적 접근이 필요하다. 그런데 베버는 이 국가정의와 관련하여 다른 시각에서의 접근을 위한 단서도 남겨두고 있다. 그는 위 인용문에서 근대국가 형성의 전체 과정이 **"자영생산자들의 점진적인 수탈에 의한 자본주의적 기업의 발전과 완전한 평행선을 이룬다"**고 함으로써 근대국가의 조직형태가 근대 공장제와 일정한 조응관계에 있음을 시사한다. 그는 심지어 다음과 같이 말한다.

> 기업사무실(Kontor)의 정신노동이 국가사무실의 정신노동과 조금이라도 구별된다고 생각하는 것은 잘못된 생각이다. 양자는 근본적 본질에서 전적으로 동일한 것이다. 근대국가는 사회과학적으로 고찰하면 공장과 꼭 같이 '기업'이다. 이것은 근대국가의 특유한 측면이다. (Weber 1985, 825면)

베버에 의해서 거듭 강조되는 근대국가와 공장 간의 이러한 조응성은 맑스에 의해서도 여기저기서 시사되고 있다(8: 197면).

그러나 국가 상부구조와 경제토대의 조직형태 간의 조응성에 대한 이러한 추상적 지적만으로써는 위에서 언급된 근대국가의 질적 차별성이 부각되어 나올 수 없다. 왜냐하면 이 지적은 경제적 토대의 단계적 발전을 고려치 않고 있기 때문이다. 따라서 절대주의 국가와 근대국가의 형태적 차별성은 이 경제토대, 특히 기업형태의 단계적 발전경로를 **적절한 개념도구로** 추적함으로써만 해명될 수 있을 것이다.

여기서는 이 자본관계의 역사적인 단계 발전을 추적함으로써 경제적 토대에서의 경제적 지배관계의 이러한 발전과 함께 어떻게 하여 절대주의 국가가 근대 자유주의 국가형태로 변혁되었는지를 이론화하고자 한다. (서유럽 각국 국가형태의 특수한 측면을 주조한 시민사회의 제각기 특유한 발전과 국제관계의 개입작용은 여기서 방법상 추상한다.)

(1) 형식적 자본관계와 실질적 자본관계

자본관계, 즉 노동이 자본 아래로 종속되는 관계는 맑스에 의하면 **형식적 포섭**(formelle Subsumtion)과 **실질적 포섭**(reelle Subsumtion)의 두 단계를 거쳐 발전하였다.

> 노동과정은 가치증식과정의 수단, … 즉 잉여가치 제조의 수단이 된다. 노동과정이 자본 아래로 포섭되고 … 자본가는 경영자, 관리자로서 이 과정 속에 등장하는 것이다. 이것을 나는 **노동의 자본 아래로의 형식적 포섭**으로 명명한다. 이것은 **모든 자본주의적 생산과정의 일반적** 형식이다. (*Resultate*, 45면)

이 형식적 포섭을 기점으로 하여 이전에 자영업자로서 일했던 수공업자들이 상인자본가의 간접적인 통제하에 들어 있는 선대제(Verlagssystem)하의 수공업자와 달리 "이제 **임금노동자로서** 자본가의 **직접적인 통제** 아래로 들어감으로써"(23: 533면) 다수의 노동자들을 한 장소에 모아 자본가의 감독시선하에서 작업시키는 매뉴팩처 기업이 출현한다.

이러한 변동의 사회적 의미를 규명하기 위해서는 자본주의적 매뉴팩처에 직접 선행하는 생산형태인 선대제를 먼저 살펴봐야 할 것이다. 선대제는 상인 고리대자본이 일정수의 수공업자들에게 생산위탁을 한 다음 생산물을 다시 사모아 소비자에게 판매하는 일을 맡고, 생산위탁을 받은 수공업자는 자기의 가내작업장에서 상인자본가가 제공한 원자재를 가공하여 제품을 제작하는 일을 분담하는 생산형태이다. 수공업자는 작업 후 완제품을 다시 상인자본가에게 판매한다. 따라서 상인자본가와 수공업자의 관계는 노무관계가 아니라 거래관계에 의해 규제되었다. 선대주(先貸主)는 "재래식으로 진행되는 생산과정에 간여하지 않았고 … 직접생산자는 상품판매자이면서 동시에 자기 자신의 노동의 사용자의 지위를 아직 유지했다"(*Resultate*, 49면). 앞선 생산형태인 길드체제하의 수공업구조에 대비되는 선대제의 본질적인 특이성은 시장메커니즘과 선대주로서의 상인자본의 기능양식에서의 판매자율성과 생산자율성의 특유한 변위에 있다. 수공업자길드는 생산물의 종류, 양, 질 및 수공기능의 재생산관계(직장職長—장인匠人—도제徒弟)를 통제함으로써 시장과 봉건체제의 지배구조에 맞서서 상대적 안정성을 갖도록 경제과정을 제한하는 정치적·이데올로기적 구조였다. 그러나 이 길드체제는 시장메커니즘이 강화되자 구조적 동요에 빠져든다. 이 길드체제의 해체과정은 일단 생산과 판매의 분리를 제도화한 선대제로 표현된다. 수공업자는 선대주가 자신에게 공급한 원자재나 반제품을 가공하는 제품의 생산과정을 맡고, 선대주는 수공업자에 의해 생산된 완제품을 다시 사들여 소비자에게 파는 판매과정을 분담하였다.

이 선대제의 발전과정은 특수한 방식으로 이 구조의 과도적 성격을 드러내주는 권력전략들을 보여준다. 생산자 쪽에서 구사하는 전략은 일단 원자재의 횡령, 조악한 재료의 삽입 등이었고, 선대주 쪽에서 주로 구사하는 전략은 가격조작, 선불금 지급 등으로 생산자에 대한 통제권을 강화하려는 시도들이었다. 선대주의 전략적 문제점은 자신의 권한이 상품판매 기능에 제한되어 있다는 점인 데 반해, 전래적인 생산자율성의 유지에 따르는 수공업자의 약점은 생산물 처분권의 상실에 있었다.

선대제의 이러한 구조적 제한성은 권력관계의 양측에 매우 협소한 행동공간만을 허용하였다. 가령 수공업자는 가족 전체 또는 실직한 장인 및 도제의 고용을 통해 선대주의 압박을 생산 속으로 전이시키고 수공업자적 구습, 비합리적인 시간관, 노동수행과 생산물에 대한 윤리적 의식 등을 버리거나 또는 범죄적 횡령에 기초를 둔 상대적인 판매자율성을 재획득하는 방향으로 암시장을 조직하고 자결운동 속에서 협동조합을 결성하기도 하였다. 선대주는 폭력과 외적 통제(경찰의 일제단속) 및 경제적 착취와 종속의 특이한 수단들의 활용을 넘어 극단적인 경우에 지역을 바꾸는 수밖에, 즉 순종적인 수공업자들을 찾아 다른 지역으로 떠나는 수밖에 없었다(Blume 1981, 53면 이하). 이러한 선대제의 긴장된 구조는 권력관계의 기축선인 생산권한과 판매권한의 엄격한 분리라는 적대구조 속에서 선대제의 분화 가능성의 특이한 제한성으로 인해 경제적·정치적·이데올로기적으로 안정화될 수 없었다.

그러나 수공업자 작업장의 성장에 의한 선대주의 경제적 권력의 대체 및 종획운동으로 인한 땅 잃은 부랑자대중의 발생은 선대제를 극복하고 매뉴팩처의 설치로 귀착되었다. 가내작업장과 가내수공업의 해체와 가난한 수공업자들의 공간적 집합, 노동수단과 노동대상의 공간적 집중은 자본주 쪽의 행동반경을 결정적으로 높여준, 기율공간의 창출과 상설적 감시시선의 설치를 포함한 역사적 권력전략이었다(같은 책, 54면).

개별적인 수공업자에 대한 선대주의 통제가 생산장소의 지역적 분산으로 인해 그리고 가내작업장의 프라이버시 방벽의 극복이 어려웠기 때문에 한낱 산발적으로만 가능했던 데 반해, 매뉴팩처의 기율공간은 상시적 감독의 가능성을 열어주었다. 그리하여 이제 수공업자 작업단체를 미분화된 전체로 취급하지 않고 이 단체를 세세히 분류·조작하고 '시간의 경제'를 주입할 기회가 마련된 것이다. 생산자들의 공간적 집중과 기율공간의 창설은 수공업자들이 구사하던, 선대제하에서 유포된 생존전략과 자율성회복 전략의 박멸을 가져왔다(같은 책, 55면). 밀폐실(Klausur)의 원리, 즉 "다른 장소로부터 한 장소의 건축적 폐쇄의 원리"가 여기서는 핵심적인 권력기술이 된다(Foucault 1976, 181면). 생산조건의 사적 소유와 결부된 폐쇄공간은 가용재화의 창고 관리 및 불법행위를 밑받침하는 하부문화의——수공업자의 장소적 집중을 통한——해체 등을 매개로 원자재 및 생산물의 절취와 횡령을 막아주었다(Blume 1981, 55면).

그러나 자본은 자신의 직접적인 감시시선 아래 수공업자들을 한 건축공간에 집합시켜 임금노동자로 전환시켰음에도 불구하고, 일단 "주어진, 현존하는 노동과정"을 그대로 포섭할 뿐 "노동과정 자체, 즉 실제적인 노동양식의 성격은 조금도 변경시키지 않는다"(*Resultate*, 47면). 노동의 기능과 노동수단의 소재적 측면은 전혀 영향받지 않는 것이다. 노동은 다만 **임금노동**으로의 사회적 **형태전환**만을 겪고 노동수단은 자본의 생산수단의 **형식**을 취할 뿐이다.

노동수단은 자본에 의해 직접, 역사적으로 자본의 가치증식과정 속으로 끌어들여질 때도 단어의 본래적인 의미에서 노동수단으로 남아 있는 한에서 **소재적** 측면에 따라 노동수단으로 현상할 뿐만 아니라 동시에 자본의 전체 과정에 의해 규정된, 자본의 **특수한 현존태**, 즉 **고정자본**으로 현상함으로써 **형식적** 변화만을 겪는 것이다. (42: 592면)

노동력의 상품으로서의 성격은 노동 자체의, 사용가치의 특정 형식에 구속된 특수한 숙련기능의 방해로 말미암아 아직 완전히 발전하지 않는다. 따라서 모든 생산영역을 감싸는 통일적 노동시장은 아직 발전하지 못한다. 이런 상태에서 자본가는 노동자로부터 대체로 절대적 잉여가치만을 추출하고 자신의 자본액수가 허용하는 규모의 일정한 수공업적 노동자들을 한 장소에 모아 자신의 시선 아래 **단순히 협업하도록** 할 뿐이다. 여기서 개인적 노동자들은 자영수공업, 소농가, 선대제 등에서 향유하던 이전의 생산적 **경영자율성**(Betriebsautonomie)을 상실하기는 하지만, 자신의 **노동과정 안에서는** 아직 완전히 **자율적인 노동주체**로 남아 있다. 따라서 자본의 지배권력은 이 형식적 포섭 단계에서도 상대적으로 취약하다.

그러나 노동의 형식적 포섭의 토대 위에서 점차 전래적인 노동과정——자본이 간단히 자신의 지휘권 아래 몰아넣은——의 일정한 기술적·사회적 변동이 일어난다. 이 과정은 맑스가 '상대적 잉여가치의 생산'과 관련하여 고전적으로 분석한 특유한 자본주의적 생산양식이 발전해나오는 것을 뜻한다. 노동자들은 점차 노동과정 **안에서의** 자율성마저 상실하게 된다. 우리는 '경영자율성'에 대비되는 이 '노동과정 **안에서의** 자율성'을 간단히 '노동자율성'(Arbeitsautonomie)이라 부르고자 한다. 자본은 **매뉴팩처** 단계에서 수공업적 노동을 분할하고 이 부분노동을 상이한 노동자들에게 배분한다. 나아가 **기계제 대공업** 속에서 노동은 더욱 분할되고 기능적으로 단순화된다. 단순화된 노동은 쉽사리 교체될 수 있고, 따라서 생산물의 사용가치 성격 및 노동과정의 소재적·기술적 성격에 의해 제약된 개별 생산부문의 특수성에 대해 무관하다.

특정한 노동에 대한 무관성은 **개인들이 쉽사리 이 노동에서 저 노동으로 이동하고**, 특정한 종류의 노동을 자신에게 우연적인 것으로, 무차별적인 것으로 대하는 사회형태에 조응하는 것이다. 여기서 노동은 사유범주에서가 아니라 현실 속에서 부 일반의 창출을 위한 수단이 되었고, 이제 그 규정상 그 특수성에 있어 개인들과 합체되는 것을 그쳤다. 말하자면 여기서 범주 '노동', '노동 일반', 노동 그 자체(Arbeit sans phrase)의 **추**

상, 즉 **근대**경제학의 출발점이 **실천적으로 실현되었다.** (42: 38면 이하)

노동은 단순화되어감에 따라 '추상적 노동'의 형태규정적 요구에 소재적으로 접근해감으로써 자신의 상품성을 더욱 발전시킨다. 동시에 노동은 평가절하되고 이것과 평행하여 사회적으로 무력화된다. 그리하여 노동의 모든 측면은 기업경영층에 의해 사전에 정해지고 통제된다. 이럼으로써 자본은 일단 **유기적 생산공정**[26]에서만 관철된 고전적인 공장레짐(Fabrikregime)을 "가장 완벽한 형태로" 조직한다(23: 441면).

형식적 포섭의 토대 위에서 개시되고 이것과 혼효되는 이 심화된 포섭을 맑스는 **실질적 포섭**으로 명명하였다.

형식적 포섭의 일반적 특징은 어떤 기술적 형식을 갖든 어디까지나 노동과정의 자본 아래로의 직접적 종속이란 것이다. 그러나 이 토대 위에서 노동과정의 실제적 성질과 실제적인 조건을 변혁하는 기술공학적인, 그밖에 특유한 생산양식, 말하자면 자본주의적 생산양식이 올라선다. 이것이 들어서자마자 노동의 자본 아래로의 **실질적 포섭**이 벌어진다. … 노동의 이 실질적 포섭에서 노동과정 자체의 … 모든 변동이 개시된다. 노동의 사회적 생산력이 발전하고 대규모 노동과 함께 직접적 생산에 대한 과학과 기계의 적용이 전개된다. 한편으로 **자기완결적인 생산양식**으로 형성되는 자본주의적 생산양식은 물적 생산의 변화된 형식을 창출하고, 다른 한편으로 이 물적 형태의 변화는 **자본관계의 발전**을 위한 토대를 형성한다. 따라서 자본관계의 적합한 형식은 노동생산력의 특정한 발전정도에 상응하는 것이다. (*Resultate*, 60면 이하)

---

26) 맑스는 "생산물 자체의 성격에 의해" 제약된, 생산과정의 "두 가지 근본형태", 즉 "유기적" 형태와 "이종적" 형태를 구분하고 있다. 이 차이는 "때로 혼효될 때도 있지만 두 가지 본질적으로 상이한 종류를 이루고, 말하자면 … 매뉴팩처가 기계경영의 대공업으로 전환될 때도 완전히 상이한 역할을 수행한다"(23: 362면). 이에 따라 생산물(가령 섬유, 철, 밀가루, 종이 등)을 "일련의 연관적인 과정과 동작을 통해", 말하자면 연속되는 제작방식으로 제조하는 과정은 **유기적 생산과정**으로 명명한다. 이에 반해 완제품(가령 시계, 기차, 마차, 자동차 등)을 "자립적인 부분생산물들의 단순한 역학적인 조립"을 통해 생산하는 과정은 **이종적 생산과정**으로 명명한다.

실질적 포섭과 함께 "자본과 노동자의 관계", 즉 자본관계에 "완전한 (그리고 지속적으로 계속되고 반복되는) 혁명이 일어난다"(같은 곳). 노동과정의 주체적인 구성부분과 객체적인 구성부분(노동기능과 노동수단)의 소재적인 성격은 자본의 **역사적 형식**에 적합하게 변모되고 이 형식에 의해 각인된다. 이것은 다시 자본관계에 역작용을 가하여 자본의 형식은 ① 질적으로 철저해지고, ② 양적으로 강화된다. 따라서 이 사실관계가 좀더 상론되어야 한다.

형식적 포섭을 기초로 한 자본의 노동에 대한 지배관계를 맑스는 **형식적 자본관계**라고 부르기도 한다(*MEGA* Ⅱ/3, 2155면).[27] 이에 맞춰 실질적 포섭과 함께 질적으로 발전하는 자본관계를 **실질적 자본관계**로 부를 수 있다. 그러나 자본관계의 이 두 형태를 경직시켜서는 안될 것이다. 이 두 기본형태 사이에는 다른 것과 비교하여 좀더 형식적이거나 또는 좀더 실질적인 것으로 나타나는 여러 이행형태들이 끼여 있기 때문이다. 가령 매뉴팩처와 함께 발전한 자본관계는 순수히 형식적인 자본관계에 비해 좀더 실질적이지만, 순수히 실질적인 자본관계에 비하면 좀더 형식적이다.

다른 한편 형식적 자본관계는 "자본주의적 생산과정의 일반적 형식"이지만, "동시에 발전한, 특유하게 자본주의적인 생산양식과 **나란히** 존재하는 **특수한** 형식이기도 하다. 후자는 전자를 포함하지만, 전자는 후자를 포함하지 않기 때문이다"(*Resultate*, 46면). 이 말은 **복합적 의미에서** 이해해야 할 것이다.

첫째, 형식적 자본관계는 **역사적으로** 실질적 자본관계에 앞서는 것이다. 말하자면 자본관계는 형식적 자본관계에서 실질적 자본관계로 단계적으로 발전한다.

둘째, 형식적 자본관계는 특수한 형태로서 외적으로 실질적 자본관계와 나란히 **동시에** 존재한다. 형식적 자본관계는 본래 "**소규모의** 형식적·자본주의적 기업"(같은 책, 62면)에서 생성된다. 소기업의 소유권자는 이제 겨우

---

27) 『자본론』 1권에서는 다음과 같이 표현하기도 한다. "일정수의 착취당하는 노동자들이…노동사용인을 손노동으로부터 방면시키기에, 말하자면 소주인(小主人)을 자본가로 만들어 자본관계를 **형식적으로** 산출하기에 충분하도록 하기 위해 원래 개인자본의 최소액이 필연적인 것으로 나타났다"(23: 349면; *Resultate*, 52면을 보라).

직접적인 육체노동으로부터 방면된 **소자본가들**이다. 말하자면 "자본주의적 생산이 **형식적 관계**를 더 적게 넘어서면 넘어설수록 저 상명하복관계도 더 적게 발전한다. 형식적 관계는 교육정도와 직무내용이 노동자들과 거의 구별되지 않는 **소자본가들**만을 전제하기 때문이다"(같은 책, 52면). 그러나 상당한 자본가집단이 형식적 자본관계를 넘어 실질적 자본관계로 발전하여 대자본가 또는 독점자본가가 되더라도, 중소자본들은 끊임없이 재생산된다. 맑스가 자본의 집중과정에 의한 중소자본의 완전한 소멸을 예단하였다고 하는 소문과는 반대로 맑스는 명시적으로 다음과 같이 말하고 있다. "이 생산양식이 발전시키는 바로 노동의 생산성, 생산의 물량, 인구의 규모, 과잉인구의 규모는 방출된 자본과 노동으로써 자본이 다시 **소규모로** 활동하여 새로운 생산부문이 사회적 규모로 운용되기까지 다시 여러 발전단계를 거치게 되는 **새로운 생산부문들을 끊임없이** 산출한다. 이 과정은 **항구적이다**"(같은 책, 61면). 따라서 대기업의 실질적 자본관계와 중소기업의 형식적 자본관계는 **동시대적으로** 서로 **외적으로** 나란히 존재하지 않을 수 없다(자본관계의 외적 이중구조).

셋째, 형식적(또는 좀더 형식적인) 자본관계와 실질적(또는 좀더 실질적인) 자본관계는 동일한 자본 **내부에** 나란히 공존할 수 있다.

　　노동의 자본 아래로의 실질적 포섭 또는 특유한 자본주의적 생산양식과 함께 개별노동자가 아니라 사회적으로 조합된 노동력이 전체 노동과정의 기능자가 되고 경쟁하는 동시에, 전체 생산기제를 이루는 여러 노동력들이 아주 상이한 방식으로 상품생산, 아니 생산물 형성의 직접적인 과정에 참여하여, 어떤 부류는 비교적 더 많이 **손으로** 일하고 다른 부류는 좀더 **머리로** 일하고 또다른 부류는 매니저, 엔지니어, 기술자 등으로 일하고 또다른 부류는 감독으로서, 또다른 부류는 손노동자, 아니 아예 막노동꾼으로 일하기 때문에, 노동력의 더 많은 기능들이 점점 직접적인 생산적 노동 개념에 …포함되게 된다. (같은 책, 65면 이하)

　　이런 이유에서 모든 노동은 기계에 의해 모조리 단순화되는 것이 아니라, "부분적으로는 과학적으로 교육되고 부분적으로는 수공업적으로 교육된",

말하자면 **자본관계 저편의** 교육과정에서 미리 기능교육을 받거나 **전자본주의적인** 수공업적 생산양식으로부터 전래된 복잡노동들(23: 443면)은 실질적 포섭이 이미 관철된 '완벽한 형태'의 공장레짐 내부에서도 (기계제 대공업이 요구하는) 엔지니어, 기계수선공, 감독 등의 형식으로 재생산되는 것이다. 자본은 이런 종류의 노동을 자신에게 적합한 형식으로 변모시키지 못하고, 자신의 외곽에서 마련된 전제로서 거의 아무런 변경 없이 단순히 고용하여 다른 방식으로(더 높은 직책 부여, 더 나은 급여, 특전 등의 기업조직적·임금정책적·사회정책적 조작을 통해) 소화하지 않을 수 없다. 이 복잡노동들은 따라서 다른, 실질적으로 포섭된 단순노동들에 비해 **좀더 형식적으로** 포섭된 채 남아 있다. 말하자면 자본주의적 대기업의 임금노동자들은 두 그룹으로 분화되어 있다. **동일한** 자본 아래 한 부류는 좀더 실질적으로, 다른 부류는 좀더 형식적으로 포섭되어 있는 것이다(자본관계의 내적 이중구조).

  형식적 자본관계의 사회적 의미——즉, 노동과정의 변하지 않은 소재 측면과 자본형식의 **외적 통일로서의 사회적 내용**[28]——는 아직 자본가와 노동자 간에 그렇게 가혹한 계급차별성을 담고 있지 있다. 따라서 이 역사적 단계에서는 "농촌과 도시에서 주인인 직장과 노동자들이 **사회적으로 가까운 지위**에 있었다. 노동의 자본 아래로의 포섭은 오직 **형식적**이었기 때문이다. 즉, 생산양식은 아직 아무런 **특유의 자본주의적 성격**을 지니지 못하고 있었다"(23: 766면). 따라서 이 당시에는 자본가와 노동자가 공동으로 봉건귀족과 투쟁할 수 있는 진정한 공동이익의 사회적 토대가 존재하였다.

  그러나 노동의 형식적 포섭은 양적 정도의 측면도 지닌다. 형식적 포섭은 실질적 포섭으로 발전하지 않고도 강화될 수 있기 때문이다. "노동조건이 노동자에게 남의 낯선 소유로서 더 완벽하게 대립하면 대립할수록 자본과 노동의 형식적 관계도 좀더 완벽하게 발전한다"(*Resultate*, 52면). 노동조건이 남의 소유물로서 노동자에게 완벽하게 대립하는 것은 한편으로 노동자들이 생산수단에 대한 자신의 소유의 마지막 잔재까지도 상실하게 되는 것을 뜻하는 것이다. "16세기에서 18세기까지의 매뉴팩처 노동자들은 거의 **도처에**

---

28) 여기서 헤겔의 변증법적 내용개념, 즉 '형식'과 '소재'(아리스토텔레스에 의하면 '에이도스'와 '힐레')의 통일로서의 내용개념을 염두에 둘 필요가 있다.

서 아직 생산도구들을, 가령 자신의 방직기, 방적기, 자신이 남는 시간에 경작하는 작은 땅뙈기 등을 자기 가족을 위해 소유하고 있었다. 이에 반해 프롤레타리아트는 이 모든 것이 하나도 없다"(4: 367면). 노동자의 생계가 임금에 더 많이 의존하게 되면 될수록 노동자의 형식적 포섭은 강화되는 것이다. 어떤 노동자의 생계가 오직 임금에만 종속되면, 이 노동자는 완전히 프롤레타리아트가 된다. "프롤레타리아트는 자신의 생계를 자본의 이윤에서가 아니라 오직 유일하게 자신의 노동의 판매에서 구하는 사회계급이다"(4: 363면).

다른 한편 노동의 종속은 **자본이 커지는 만큼** 강화된다. 그러나 대자본의 형성은 오직 노동의 실질적 포섭과 더불어서만 가능하다. 말하자면 자본의 **질적** 발전과 **양적** 강화는 상호 작용한다. (이 측면은 아래에서 상론한다.) 이런 까닭에 대자본 아래로의 실질적 포섭과 **나란히** 공존하는 노동의 형식적 포섭 또는 학력 높은 두뇌노동자들의 대자본 또는 독점자본 아래로의 좀 더 형식적인 포섭은 초기자본주의적 노동자들의 소자본 아래로의 형식적 포섭보다 더 강력한 것이다.

(2) 절대주의 국가와 매뉴팩처의 리버럴한 자본관계

자본의 증식은 (단순협업에서의) **형식적** 자본관계 또는 (매뉴팩처의) **비교적 형식적인** 포섭의 단계에서 끊임없이 자신의 역사적 한계와 충돌한다. 수공업적 노동자들의 노동자율성이 자본의 가차없는 착취를 저지하고, 수공업적 노동의 6년 내지 15년에 달하는 긴 교육기간으로 인해 노동력의 공급이 급속히 확대되는 노동력 수요에 미치지 못하기 때문이다. 이 단계에서 노동에 대한 자본의 지배권은 생산과정 및 노동시장에서의 노동의 자율적 대항권력을 **가까스로** 능가하는 상태에 있었다. 자본권력과 노동 간의 이런 위태로운 사회경제적 세력관계는 매뉴팩처 시대가 끝날 때까지, 즉 18세기 말까지 본질적으로 변동이 없었다. 매뉴팩처의 기술적 토대가 수공업적으로 남아 있는 한, 자본은 자부심에 가득 찬 수공업적 노동자들의 작업장 내 자율권력을 분쇄할 수도 없었고 사회의 전체 생산을 정복할 수도 없었다.

수공업적 기량이 매뉴팩처의 토대이고 매뉴팩처 안에서 작동하는 전체 기제가 노동자와 독립된 객체적 구조를 갖추지 못했기 때문에 자본은 끊임없이 노동자들의 불복종과 싸우지 않으면 안되었다. (23: 389면)

이로 인해 매뉴팩처 시대 전기간 내내 노동자들이 노동기율이 없다는 규탄소리가 요란하였다. 또한 자본은 이로 인해 노동자들의 전 노동시간을 장악할 수도 없었다. 그리하여 당시 노동자들은 **주당 3일의 휴일**을 즐겼다(23: 290면). 노동이 모두 수공업적 노동이었고 따라서 노동의 교육기간이 여전히 매우 긴 한에서 노동의 공급이 급속히 확대되는 수요에 항상 훨씬 못 미쳤기 때문에 자본은 노동임금을 최저가격으로 인하시킬 수도 없었다. 그리하여 "임금등귀가 계속되었고", 이런 까닭에 (화폐임금은 올랐지만 식민지로부터 엄청난 양의 금은이 유입된 뒤 금화와 은화가 평가절하되거나 임금이 물가의 등귀와 비례하여 오르지 않은 16세기를 제외하고는) "15세기의 전기간과 18세기 전반에 걸쳐 영국에서는 임금등귀에 관한 장탄식이 울려퍼졌다"(23: 640면). 그리하여 "후에 자본의 축적기금으로 둔갑하는 국민총생산물의 대부분이 당시 노동자들의 소비기금으로 들어갔다"(23: 766면). 따라서 당시의 매뉴팩처 소자본가와 노동자 간의 사회경제적 격차는 그렇게 크지 않았던 것이다.

노동자에게 지극히 유리한 축적조건 아래서 노동자의 자본에 대한 종속관계는 **견딜 만한**, 또는 이든(Eden)의 말대로 '**편안하고 리버럴한** (liberal)' 형식을 취하고 있었다. (23: 645면)

게다가 '리버럴하게' 종속된 노동자들의 빈번한 계급투쟁은 자본의 '자유로운' 착취를 저지하고 있었다. "자본가와 노동자의 투쟁은 자본관계 자체와 더불어 개시된다. 이 투쟁은 전 매뉴팩처 기간에 걸쳐 광포히 날뛰었다" (23: 451면). 이로 인해 개별자본의 취약한 착취권력은 극소의 경제외적 대항행동만으로도 전복되곤 하였다. 이런 까닭에 매뉴팩처 기업은 단명했고 심지어 "노동자들이 이입하거나 이주해나가면 이 지방에서 저 지방으로 노동자들을 따라 옮겨다녀야 했다"(23: 390면).

따라서 취약하기 이를 데 없는 이 매뉴팩처 자본의 경제적 권력은 경제외적인 국가권력에 의해 지원받지 않으면 안되었다. 국가가 자본의 권력을 강화시키는 방향으로 자본관계에 직접 개입하지 않고는 이 매뉴팩처 자본은 증식하고 축적할 수 없었던 것이다. 그리하여 **매뉴팩처 시대에 국가권력은 생산과정 및 노동시장에서 자본을 위한 직접적인 경제외적 착취강권으로서 작용하게 된 것이다.** 예를 들면 영국에서 국가는 국법으로 노동시간을 연장하고(이 법은 14세기 후반 노동일의 강제연장을 위해 도입된 이래 무려 450년 이상 존속하였다), 임금을 인하하고(이 최고임금법은 400년 이상 존속하였다), 노동자들을 임금체계에 밀어넣어 복종시키기 위한 강제노동법을 시행하였다. 부랑자 및 배회자를 노예화하는 각종 그로테스크한 법률들은 15세기 이래 17세기 초까지 존속하였고, 노동자들의 노동계약 파기를 범죄로 규정한 법률은 19세기 대공업시대 한복판까지 유지되었으며, 노조활동 및 파업을 대역죄로 다스리는 노조금지법도 대공업시대까지 존속하였다. 사정은 프랑스에서도 유사하였다(23: 741면 이하).[29]

독일에서도 국가는 형식적·자본주의적 매뉴팩처 자본과 농업자본을 위한 경제외적인 착취권력으로 기능했다. 독일에서 이런 사회적 관계는 그간 잘 알려지지 않았으나 최근에야 새로운 역사연구를 통해 밝혀지고 있는 까닭에 상세히 취급할 필요가 있다. 독일 관헌국가는 임금노동자를 신분적 머슴[30]과 유사한 지위에 묶어두는 머슴관계(Gesindeverhältnis)를 관철시키는 경제외적인 권한을 기업주와 농장주에게 부여한 것이다. 따라서 매뉴팩처 시대에는 매뉴팩처 기업주들이 융커적인 기업설립 특권 및 기업특권 이외에 자신의 노동자들을 경제외적인 물리력으로 통제하는 것을 추가적으로 허용하는 권한을 획득하는 일이 빈번했던 것이다. 그리하여 가령 기업주들은 봉건적 융커들이 자신의 신민들에 대해 행사하던 재판관할권과 동일한 유형의

---

29) 이에 관해서는 맑스에 의해 『자본론』 1권에서 고전적으로 분석되었기 때문에 여기서는 간략히 예시하는 것으로 그친다.

30) 독일에 특유한 '신분적 머슴', Gesinde는 농노(Leibeigne)보다는 자유로운 지위에 있었지만 특정 주인에 여전히 신분적으로 구속되어 있는 피지배자 부류로서, 남자는 Knecht로, 여자는 Magd로 불렸다.

재판관할권을 임금노동자들에게 행사할 권한을 국가로부터 획득하였고, 따라서 기업주가 직접 경범죄의 경우 노동자들을 처벌하고 매뉴팩처 내에서 일어난 노동자들간의 싸움질을 규제하였다. 말하자면 매뉴팩처 기업주들은 국가로부터 관헌적 기능을 넘겨받은 것이다. 게다가 국가는 노동력 획득과 노동자 이주 및 거주를 위한 조치, 군역 면제, 세금특혜, 여행편의, 방직학교 설립 등 여러가지 방법으로 노동력 확보를 지원하였다. 그리하여 국가가 노동자들이 다른 곳으로 이주하는 것을 금하는 법령을 반포하거나 기업주들에게 진귀한 숙련노동자들이 기업주의 명시적인 허가 없이 일자리를 바꾸는 것을 금지할 권한을 부여하였다(Kocka 1990a, 156면). 게다가 귀족 출신 기업주가 '농노적' 노동자를 부리는 '봉건적' 매뉴팩처 및 국영기업이라는 특이한 중유럽 및 동유럽적 현상도, 수적으로 지배적이지는 않았지만 간간이 나타났다.

이에 더하여 농업분야, 가사용역, 상공업분야에 적용되는 국법적 차원의 '머슴장정'(Gesindeordnung)도 초기자본주의적 자본가 '신분'을 지원해주었다. 농업분야의 농사일 머슴 및 가내 머슴만도 1882년경 약 200만 명에 달했다. 독일제국에서 상품생산하는 형식적·자본주의적인 대농장(및 중간규모의 농장)에 신분적으로 구속된 머슴은 전체 노동자대중——"Insten", "Heueringen",[31] 자유일용노동자, 부정기적으로 임금노동하는 소농 및 빈농('Häusler')[32]까지 합하면——의 47%나 되었다(Kocka 1990b, 152면). 게다가 농업분야의 전 종속적 노동자의 16%에 달하는 Insten에 대해서도 머슴장정이 규정하고 있는 "모든 권한"을 사실상 적용하였다(같은 책, 173면).

머슴은 19세기 전기간 동안 머슴의 노동과 개인생활을 국법적으로 규제하는 머슴장정의 대상이었다. 지방적으로 약간의 편차를 보이고 점차 변화해 나간 이 특별법은 러시아 10월혁명에 영향받은 1918년 독일혁명에 의해서야 비로소 폐기되었지만(같은 책, 125면), 엘베강 동쪽 지방에서는 1945년까지도

---

31) Insten과 Heueringen은 임금을 받고 고용되는 점에서 임금노동자와 유사하지만 일단 고용되면 머슴과 마찬가지로 특정 주인에게 구속되었다.

32) 빈농(Häusler)은 자유로운 자영농민이지만, 땅뙈기가 적었기 때문에 유휴노동력을 대농장주에게 제공하는 대가로 이 농장주가 제공한 집에서 거주하였다. 이런 종속관계로 인해 머슴이나 다름없이 취급되었다.

사실상 잔존하였다(*Wörterbuch der Geschichte* 1984, 'Gesindeordnung' 항목). 19세기의 이 머슴장정은 18세기에 머슴관계를 규제하던 법원리를 그대로 답습한 것이다. 이전의 머슴장정에 비교해서 조심스럽게 개정된 1794년의 프러시아 일반국법(Das Allgemeine Landrecht)의 원리가 1814년에 제정된 프러시아 머슴장정의 모델이 되었기 때문이다. 이 프러시아 머슴장정은 다시 1800년과 1850년 사이에 반포된 다른 독일제국의 머슴장정에 본질적인 영향을 미쳤다. 1918년 이전 독일에는 무려 60여 종의 소국적 또는 지방적 머슴장정이 있었다.

이 머슴장정은 봉건적 자유제한의 핵심적 요소와 경제외적·물리적 기율권력의 요소들을 담고 있었다. 이 장정은 특히 농업분야 및 가사용역 부문에서 우려되는 노동력 부족, 저렴하고 순종적인 노동력의 부족현상 및 노동자들의 사회적·정치적 소요를 미연에 방지하기 위한 것이다(같은 곳). 국법적으로 규정된 머슴은 모든 자질구레한 가사일을 수행해야 했을 뿐만 아니라 머슴장정의 법규상 "지배자가 규정한 가정질서에 복해야" 했다. 가정지배자의 허가 없이 머슴은 "자기 용무로 집을 떠나서는 안되고", 이를 어기는 것을 제재하기 위해 가부장은 "자신의 임금과 빵을 먹고 사는 사람들에 대해 가정경찰의 권한을 지니고" 있었다. 여기에 특히 베서강 동부지방에서는 1882년까지 가부장이 머슴에 대한 '징벌권'을 지니고 있었던 사실이 첨가되어야 한다. 이 징벌권 규정은 프러시아에서 1832년 일정하게 개정되어 1849년까지 유지되었고 동부의 시골지방에서는 이후에도 사실상 계속 시행되었으며 다른 곳에서는 공식적으로도 오래 잔존하였다. 가령 오스트리아에서는 무려 1911년까지 공식적으로 잔존하였다. (같은 책, 127면)

게다가 독일제국의 관헌국가들은 18세기에서 1860년대까지 직장과 도제 간의 위계관계에 직접 개입하여 직장의 권력과 권위를 강화하고 법적으로 공식화하였다. "길드신분제적인 전통은 독일에서 오래 잔존하기는 하였지만, 반드시 비대칭적으로 변형된 형태로 잔존하였음은 명백하다. 이런 변형은 직장이 도제를 기율화하고 사회적 불안의 원천으로서의 이 도제집단을 통제하기 위해 직장의 특권과 권한, 그리고 이들의 동직조직을 보호하는 관헌국가적 간섭에 의존, 직장을 유리하게 하고 도제를 불리하게 만드는 방향을 취했다"(같은 책, 358면). 국법으로 불평등하게 수정된 소작업장의 이 직업신분제적 기율과 위계는 공장의 대작업장에도 자동적으로 적용되었다. 매뉴팩처 또는 매뉴팩처와 유사한 단계의 공장 **내부에서의** 직장과 도제 간의 위계를 조직하기 위해 국가는 도처에서 생산과정에 간섭한 것이다. 바덴지방의 1837년 노무장정은 다음과 같이 규정하고 있다. "노동자는 직장을 존경하고 직장에 복종할 의무가 있다"(Kocka 1981, 30면). 1845년의 프러시아 상공장정은, 직장과 기업주 간의 관계는 사적 계약에 맡겨두고 있는 데 반해 도제와 공장노동자의 권리와 의무는 국법으로 규제함으로써 직장의 특별지위를 법적으로 공식화하고 있다(같은 곳).

말하자면 유럽에서 국가권력은 16세기에서 19세기 깊숙이까지 자본주의적 토대의 "본질적 계기"로 기능했다(23: 766면). 형식적 또는 비교적 형식적인 자본관계에 기초를 둔 매뉴팩처 자본은 국가로부터 분리된 것이 아니라 오히려 국가에 의존한 것이다. 봉건적 대지주와 유사봉건적 금융귀족(상인 고리대자본가 신분)의 역사적 동맹체의 손아귀에 있었던 절대주의적 국가는 모든 사적 생산영역을 무소불위로 규제·개입하였고 이런 의미에서 글자 그대로 **절대주의적**이었다. 절대주의 국가는 대지주의 금융귀족이 기생하고 있는 취약한 중소매뉴팩처 자본을 위한 경제외적 착취권력으로 지속적으로 기능한 것이다. 한마디로 요약하면 절대주의 국가의 직접적인 물리적 폭력은 근대자본주의의 '산파'였다.

(3) 근대 자유주의 국가와 기계제 공장의 전제주의적 자본관계

기계제 산업화 과정에서 실질적 자본관계가 발전해나옴에 따라 자본의 국가적 보장책은 질곡으로 전도되게 된다. 자본은 기계를 경제투쟁적으로 적용함으로써 자신의 전일적인 지배를 가로막고 있는 노동의 수공업기술적 보루를 분쇄하기 시작한 것이다. 생산과정의 이러한 심층적 변동은 일단 앞에서 시사했듯이 유기적 생산과정에만 관철된다. 그러나 이러한 부분적 변동만으로도 자본과 노동 간의 경제적 세력관계를 결정적으로 변모시키기에 충분했다. 산업혁명으로 인한 사회경제적 변동으로는 다음과 같은 것들이 열거될 수 있다. ①노동의 단순화에 의한 남성 수공노동의 무력화 및 평가절하, ②남성노동의 평가절하로 인한 노동자 가계의 악화와 노동시장에서의 여성과 유년아동의 대중적 출현, ③남성노동의 무력화, 순종적인 여성과 유년아동의 투입, 넘치는 노동시장에서의 노동자들간의 경쟁의 첨예화(과잉인구의 항구적 생산), 자본의 양적 축적 등에 의한 자본권력의 강화. 유기적 생산과정에서 노동의 실질적 포섭의 발전으로 야기된 세력관계의 이런 변동은 노동시장을 매개로 20세기 테일러-포드주의가 보급되기까지 자신들의 높은 수공업적 기능을 보존할 수 있어서 여전히 비교적 형식적인 포섭상태에 있었던 이종적 생산과정의 노동자들의 사회적 지위도 상대적으로 악화시켰다.

산업자본은 이러한 경제적 권력을 바탕으로 모든 자본분파의 패권자로서 국가권력을 장악하고 의회주의적으로 개편하기에 이른다. 산업자본가들은 그들의 정치적 대변자들인 자유주의자들로 하여금 발전된 생산력에 기초를 둔 가치생산과 가치증식을 가로막는 봉건주의적·절대주의적 잔재를 국권으로 불식시키게 한 것이다. 그러나 산업자본가들은 동시에 프롤레타리아트에 의한 의회민주주의의 활용과 심화를 저지하기 위해 국가강권기제를 강화하였다. 이런 까닭에 산업자본의 첫 단계 국가형태는 서유럽에서 예외없이 노동자대중이 국가주권에 참여하는 것을 막기 위한 **부르조아 계급독재체제**로 나타난다(노동자대중의 선거권, 정치권, 결사권 등의 배제, 제거, 제한).

그러나 이 자기모순적인 부르조아 독재체제는 가일층 발전하는 실질적 자본관계 및 자본의 비약적인 축적, 그리고 노동자대중의 부단한 투쟁에 힘입어 보나빠르뜨 국가유형 및 파시즘 반동과 양차 대전을 겪으며 점차 부르조아 계급의 시민사회적 헤게모니에 근거한 근대적인 자유주의적·보통민주주의적 국가로 변혁되었다. 그리하여 유통관계 및 신용관계에 대한 국가개입은 다른 형태로 유지되거나 심지어 강화되어갔을지라도 자본의 착취권력을 강화하기 위한 (자본주의의 핵심구조적인 생산관계로서의) **자본관계에 대한 국가의 경제외적 개입**은 소멸하였다.

말하자면 실질적 자본관계의 발전 덕택에 국가권력이 개별자본의 경제적 착취권력을 지원하는 것은 불필요해지고 국가의 역할은 일반적 억압업무와 여타 경제기능으로 국한되게 된다. 즉, 국가는 경제로부터, 더 엄밀히 말하면 자본의 생산과정으로부터 분리되게 된 것이다. 노동자들을 자본의 증식에 적절한 복종수준으로 유지하는 문제는 이제 "생산조건 그 자체로부터 생겨나 이 조건에 의해 보장되고 영구화되는 종속"(23: 765면)만으로도 해결되기 때문이다. 자본을 강화하고 노동을 자본에 굳게 구속하기 위한 모든 국가적 강제법규들은 "생산관계 그 자체에 의해 제거되었고"(23: 286면) 모든 그로테스크한 국가적 강제법규는 "자본가가 독자적인 사적 입법을 통해 공장을 규제하고" 일찍이 노동임금을 최저수준으로 깎아내린 이후 "우스꽝스런 비정상물"이 된 것이다(23: 768면).

그러나 실질적 자본관계에 기초를 둔 산업자본의 순수경제적 강권력은 국가의 공권력으로 보강된 매뉴팩처 자본의 권력보다 훨씬 강력한 것이었다. 이것은 "자본이 14세기 중반에서 17세기 말에 걸쳐 국가강권을 빌려 성년노동자들에게 강제하고자 노력하였던 노동일의 연장이 19세기 후반에 국가가 유년아동들의 고혈이 자본으로 변하는 것을 막기 위해 여기저기 그어놓은 노동시간의 상한선과 거의 일치한다"(23: 287면)는 사실에 의해 입증된다. 주당 4일밖에 일하지 않는 노동자들에게 주당 6일 노동이라는 "신(神)의 제도"(23: 291면)[33]를 강제하려는 자본의 꿈이 마침내 실현된 것이다.

공장자본의 이러한 발전에는 (근대적 자본의 발전과 함께 탄생한) 프로테스탄티즘도 다시 촉진적 요소로서 역작용하였다. 그러나 이 역작용과 관련해서는 무엇보다 **노자(勞資) 대립적인 측면**이 부각되어야 할 것이다. 이 점은 막스 베버의 프로테스탄티즘 테제와 상반되는 의미를 지닌다. 프로테스탄티즘이 자본의 생성과 관련하여 수행한 핵심역할은 이윤에 대한 자본가의 "비합리적 충동"을 "합리적으로 규제하고 완화하는" 문화윤리적 보장(Weber 1984, 12면)이라기보다는 **노동시간의 권력전략적 연장**의 문화이데올로기적 보장이기 때문이다. 베버에 의하면 금욕적 프로테스탄티즘의 합리적 윤리는 "심혼적(心魂的) 유형"의 전통적인 "질곡"과 "무거운 내면적 저항감"을 없애주고 자본의 축적을 심리적으로 정당화하고 촉진함으로써 근대적인 경제에토스를 산출한다(같은 책, 21면). 말하자면 베버는 그가 맑스주의적 경제주의에 대항하여 올바로 강조하고 있는 프로테스탄티즘의 '역작용적' 중요성을

---

33) 노동자들이 주당 6일을 일해야 하는 것이 지당하다고 성경을 빌려 주장하였던 매뉴팩처 시대의 한 익명필자(1770)로부터 맑스의 인용.

일면적으로 **금욕적인 중소자본가**의 '실천적·합리적 생활양식'의 윤리적 형성의 시각에서만 고찰하고 있다. 이로 인해 그의 프로테스탄티즘 테제는 자본주의의 유례없는 변호론으로 즐겨 인용되었다. 이에 반해 맑스는 프로테스탄티즘의 역할과 관련하여 다음과 같이 말하고 있다. "프로테스탄티즘은 **거의 모든 전통적 휴일들을 근무일로 탈바꿈시킴으로써** 자본의 생성과정에서 중요한 역할을 수행한다"(23: 292면 각주).

노동자에게 불리한 방향으로 물질적 이익상황 및 사회경제적 세력관계의 급진적인 변혁은 공장의 제도적인 **상부구조**의 혁명적 변혁에 의해서도 보강된다. 푸꼬가 근대의 일반적인 특징으로 부각시키고 있듯이 공장의 이 제도적인 상부구조는 이미 감화원, 노역소, 병영, 감옥, 학교, 병원, 요양소, 수용소 등의 예외적 시설조직들에 관철된 위계적, 건축기술적·판옵티콘적, 기율적·미시사법적 권력장치와 점점 유사해져갔다. 같은 의미에서 맑스는 매뉴팩처 자본가들의 꿈, 즉 작업장이 강력한 기율을 가진 노역소로 변하기를 바라는 소망이 공장제와 함께 전사회가 "거대한 노역소"가 됨으로써 마침내 실현되었다고 말하고 있다(23: 293면). 그러나 공장토대와 공장 상부구조의 차이를 의식한 적이 없는 푸꼬에 맞서 강조되어야 하는 점은 다음과 같은 사실이다. 예외사례로서의 폐쇄적 시설조직의 감금적 건물유형이 공장 상부구조의 정상유형으로 일반화되는 획기적인 사태를 가능케 한 일차적인 역사적 기초는 건축기술적·신체기술적 변혁이 아니라 자본과 노동의 세력관계의 산업혁명적, 즉 토대적인 변혁에 따라 자본관계가 형식적 자본관계에서 실질적 자본관계로 발전하게 된 사실이다. 또한 공장, 감옥, 노역소 등 제도적 장치들간에는 "단절 없는" 제도적 연속성이 있다는 푸꼬의 과장(Foucault 1976, 214면)에 대해서는 맑스가 부르조아 사회의 급진적인, 그러나 복고주의적인 비판가인 링게(S.-N.-H. Linguet)에 대해서 정식화했던 테제가 고수되어야 할 것이다. "그는 노동자들이 (노예와 달리) 형식적으로 인격체로 정립되어 있어서 자신의 노동 **외부에서는** 자주적으로 활동한다는 사실을 망각하고 있다"(42: 214면). 푸꼬는 공장이 개인적 노동자들의 인격을 원칙적으로 침해하지 않음으로써 (수인囚人의 인격이 원칙적으로 부인되는) 감옥의 **경제외적** 물리적 강권과 근본적 차이를 보이는 **경제적** 강권을 기초로 한다는 사실에 주목한 적이 없다. 게다가 공장제도는 노동자가 적어도 매일

일과 후에는 그리고 주말과 휴일에는 시민사회의 공사(公私) 영역에서 자유롭게 활동할 수 있는 임금노동자의 역사적 지위를 전제한다. 이에 반해 감옥은 수인의 모든 자유권을 박탈한다. 말하자면 공장과 감옥 사이에는 양적일 뿐만 아니라 질적인 제도적 단절이 있다. 따라서 공장의 감시기술적·규범화기술적 상부구조와 감옥구조 간의 지배기술적인 유사성의 분석은 유사성의 한계를 명확히 주목함으로써만 일정한 이론적 의미를 지닐 수 있다. "자본이 노동자들에 대한 자신의 독재정권을 다른 경우와는 달리 부르조아들이 그렇게 애호하는 권력분립이나 이보다 더 애호하는 대의제도도 없이 사적 법에 의해 독재적으로 수립한" 공장레짐의 전제적인 위계체제(23: 447면)는 감옥이나 노역소와 달리 오로지 실질적으로 발전된 그리고 (양적으로) 강화된 자본·소유관계의 토대 위에서 조직된 것이기 때문이다.

요약하자면 자본의 경제적 착취권력과 분리된 리버럴한 국가는 실질적 자본관계와 **병영전제주의적인** 공장레짐에 조응하는 데 반해, 전제주의적인 **절대주의 국가**는 역으로 매뉴팩처의 견딜 만한, '리버럴한' 형식적 자본관계에 조응하는 것이다. 임금노동자의 정치적 자유는 실은 (일단 유기적 생산공장에서 관철된) 노동과정 내의 노동자율성의 완전한 상실을 전제한다. 근대적 프롤레타리아는 봉건농민과 반대로 인신적으로 자유롭지만 생산행위와 관련해서는 이중적으로 부자유스러운 데 반해 봉건농민은 인신적으로 부자유스럽지만 생산 속에서는 이중적으로 자율적이었다.

직접생산자는 봉건제도에서 전제에 따라 생산수단, 즉 자신의 노동을 구현하고 자신의 생계를 생산하기 위해 필수적인 대상적 노동조건의 **점유자**이다. 그는 농경과 이와 연결된 농촌가내적인 제조업을 **자율적으로 경영한다.** 이 **자율성**은 가령 인도에서처럼 이 소농들이 자기들끼리 다소 자연발생적인 생산공동체를 형성하고 있는 경우에도 폐기되지 않는다. 여기서 의미하는 **자율성**은 명목적 지주(地主)에 대한 것이기 때문이다. (23: 798면 이하)

한걸음 더 나아가 자영농민 또는 수공업자는 아무리 소규모였을망정 "뭔가 온전한 것을 만들 수 있는 지식, 통찰, 의지"를 개발하였다(23: 382면).

따라서 전자본주의적 농민과 수공업자는 무엇이 언제 어떻게 생산되어 어떻게 얼마만큼 처분되어야 하는가를 자신의 머리로 결정하는, 생산수단의 **점유**에 기초를 둔 자율성을 향유하였을 뿐만 아니라 생산물을 **독자적으로 구상하여** 자신의 **전노동과정**을 처음부터 끝까지 장악할 수 있는 능력이 있었다. 앞에서 후자를 노동자율성이라고 명명하였고 전자는 **경영자율성**으로 명명한 바 있다. 자신의 노동의 실질적 포섭을 경험한 근대적 노동자대중은 이 양자, 즉 경영자율성과 노동자율성을 차례로 상실한다. 경영자율성은 노동이 자본 아래로 형식적으로 포섭되자마자, 즉 노동이 자본의 직접적 지휘 아래 수행되자마자 상실하고, 노동자율성은 실질적 자본관계의 관철과 함께 점진적으로 상실한다. 그리하여 노동과정은 "기업주의 권위에 의해 미세한 구석까지 규제받기에 이른다"(4: 151면). 노동자율성의 파괴는 노동자와 생산수단의 소유권적 분리를 거듭거듭 더욱 적대적으로 재생산하는 결정적인 동력이 된다. 말하자면 근대 노동자의 정치적 자유는 (적어도 대부분의 노동자들에게 있어) 두 가지 생산자율성의 완전한 상실이라는 대가를 치른 것이다.

결론적으로 우리는 매뉴팩처의 리버럴한 노무관계가 무소불위로 경제에 개입하던 절대주의 국가형태의 은폐된 기초라면, 역으로 전제주의적인 공장은 이것이 근대국가 형태를 '자동적으로' 산출하지는 않았을지라도 근대 자유주의 국가형태의 은폐된 토대라고 말할 수 있다. 전제주의적인 공장제도의 출현과 함께 국가권력은 생산영역에서 인퇴할 수 있고 또 인퇴할 수밖에 없는 역사적 변동을 경험하였다. 이러한 변동은 다시 생산과정에서 이중적으로 부자유스런, 그러나 신분적으로 완전히 자유로운, 따라서 정치적 주체로 등장할 수 있는 근대 노동자대중을 시민사회에 출현시켜 이들의 투쟁에 의해 추동된 국가의 자유주의적 형태전환의 역사적 전제로 기능하였던 것이다. 국가형태의 변화를 경제적 토대의 변동으로부터 설명하려는 시도는 경제주의적으로 축소되지 않는 한 절대주의 국가와 근대국가의 결정적인 역사적 차이를 부각시키는 나름의 방법론적 강점을 발휘한다.

물론 이러한 근대적 국가형태는 공장제 생산과정이 가일층 변동해나가는 것과 함께 더욱 변화해나가지만, 자본의 경제적 착취강권으로부터 국가권력의 분리 또는 특수화라는 근대국가의——절대주의 국가에 대비한——일반적 특징을 상실하지 않는다. 이에 관해서는 뒤에서 다시 살펴볼 것이다.

현실 속에서 실질적 자본관계는 유일하게 지배하는 관계도 아니고 고정된 관계도 아니다. 위에서 시사했듯이 기계씨스템의 **역학적** 자동화에 기초를 둔 고전적인 실질적 자본관계는 오직 '유기적' 생산공정에서만 관철되었다. 기술원리상 역학적 기계는 '이종적' 생산과정을 자동화하고 이곳의 반(半)수공업적 복잡노동을 단순화하는 데 미치지 못하였다. 바로 이런 이유에서 자본에 형식적으로만 종속된 반수공업적 복잡노동자들은 '이종적' 생산과정에서 **주력노동자**로 보존되었다. 실질적 포섭이 이미 관철된 '유기적' 생산과정의 소수의 예외적인 복잡노동자들의 경우에도 이 실질적 포섭이 관철될 수 없었다. '유기적' 공정에서도 "주력노동자 부류와 별도로 전체 기계체계의 통제와 수선을 맡는 수적으로 미미한 인원, 즉 엔지니어, 기계공, 수리공 등이 등장한다. 이들은 일부는 과학적으로 교육되고, 일부는 수공업적으로 교육된 노동자 부류로서 공장노동자 범위에 속하지 않으면서 다만 이 공장노동자 범위에 통합되어 있을 뿐이다"(23: 443면). '유기적' 생산부문의 수적으로 미미한 주변적인 복잡노동자 분파와 '이종적' 생산부문의 수적으로 큰 주력노동자 분파는 자신들의 좀더 높은 노동숙련도의 보호하에 자본에 형식적으로만 포섭된 관계로 "노동자계급의 최고임금 수령층, 즉 이 계급의 귀족층"을 이룬다(23: 697면). 이 노동귀족층의 계급행위는 실질적으로 포섭된 노동자대중에 대해 항상 **지도적**이었다. 이 지도적 영향력은 대체로 진보적으로 기능했지만, '부패'되는 경우에는 보수적으로 기능했다. (이에 관해서는 나중에 상론한다.)

따라서 소자본에 다만 형식적으로 종속된 주변적 노동자 부류를 도외시하더라도 대자본의 경우 노동의 포섭상태는 프롤레타리아가 단순노동자 대중과 노동귀족층으로 분할, **이중구조화**되어 있다. 그러나 자본관계의 **예속 측면**의 이러한 이중구조는 기업 상부구조의 지배기술적(조직기술적·감시기술적·건축기술적·기율기술적·심리기술적) 발전을 동반하는 테일러화, 포드화, 극소전자화 과정에서 가일층 변모를 겪어나가는 한편, 자본관계의 **지배 측면**은 자본소유와 자본기능의 신용매개적 이중화를 겪게 된다. 다음 장에서는 이에 관해 상론하고자 한다.

제 2 장
독점자본과 지배구조의 변동

제 2 장

독점자본과 지배구조의 변동

1. 소유·지배관계의 이중화와 독점적 자본관계의 중첩된 이중구조

    지금까지 고전적 자본관계하에서 자본주의적 임금예속성이 어떻게 (비교적) 형식적인 종속과 (비교적) 실질적인 종속으로 이중화되고 이것이 국가의 형태전환에 어떠한 영향을 미치는지를 살펴보았다. 그러나 자본관계의 역사적 발전은 임금노동 측면, 즉 예속 측면의 이중화로 끝나지 않는다. 자본관계의 다른 측면, 즉 지배 측면도 (유사한) 이중화를 겪는다. 지금까지 지배 측면, 말하자면 지배계급의 변동은 학술적 논의에서 묘하게도 제외되어왔다. [1]

---

1) 이와 관련, 테슈너는 우리가 지배계급에 대한 정보를 "사회과학 연구에서보다 『슈피겔』 잡지로부터 더 많이 얻고 있다"(Teschner 1989, 98면 이하)고 탄식하고 있다.

(1) 자본소유와 자본기능의 분리 —— '새로운 금융귀족층'으로서의 최고경영자에 대한 맑스의 신용이론적 규정

맑스는 자본지배의 이중화의 초창기적 형태를 유심히 관찰하고 이 현상의 분석에 충분한 개념적 도구들을 남겨놓고 있는데, 그간 연구서들은 이것을 전혀 인지하지 못했거나 또는 오해·오용해왔다. 자본의 이러한 이중화의 싹은 맑스에 의하면 실제 생산분야에서 기능하는 실무자본가와 화폐대부자본가(사채업자) 간의 개인적 신용관계로부터 자라난다. "대부자본은 **기능**으로서의 자본에 대해 **소유**로서의 자본이다"(25: 392면). 사채(私債)의 개인적인 신용교환관계[2]에 따른 자본의 이러한 이중화 현상에서는 '기능하는 자본가'와 '게으른 소유'(사채자본)가 적어도 아직은 형식적으로 동등한 교환관계를 맺고 있다. 그러나 자본기능인은 '게으른' 소유와 달리 계급대립 속에서 운동하는 자본주의적 생산의 기술적·사회적·재무적 측면들과 씨름하는 '노고'를 쏟아야 한다. "기능하는 자본의 행위자라는 것은 결코 이자놀이 자본의 행위와 같이 무위도식적 용관(冗官, Sinekure)이 아니다. … 생산적 노동의 착취는 그가 이 착취를 몸소 수행하든 또는 자신의 명의로 타인에게 수행하도록 시키든 안간힘의 노력을 요하는 것이다"(25: 393면). 그러나 기능하는 자본가가 노동착취 기능을 "자신의 명의로 타인에게 수행하도록 시키고" 자신의 명의로 생산을 지휘하는 이 타인들에 대한 통제업무나 보다 큰 재무관리 업무 등만을 맡게 되는 경우에, 그의 기능은 생산의 물질적·소재적(素材的), 말하자면 기술적 측면과 인간소재적 측면(사회적 측면)으로부터 본질적으로 해방된다.

이 기능적 자본가는 이제 생산과정의 아무런 실제적·소재적 기능들을 관장하지 않고 자본증식을 위한 초소재적(超素材的)인 기능만을 수행하는데, 이 초소재적 자본기능은 자본주의 기업의 운행을 위해 필수적인 위력적 기능이지만 이미 진정한 생산과정에 역기능적이라서 역사적으로 불필요해진

---

2) 맑스는 신용대부자본가를 자본의 "법적 소유권자"라고 부르고 신용차용자를 "자본의 경제적 소유권자"라고 부르기도 한다(26.3: 498면).

기능이다. 그러나 모든 소재적 기능을 타인에게 위탁한 이 기능적 자본가도 맑스가 "생산적 노동의 착취는 그가…이 착취를 자신의 명의로 타인에게 수행하도록 시키더라도 안간힘의 노력을 요하는 것이다"라고 말하고 있듯이 물론 '게으른' 대부자본가나 다름없는 의미에서의 용관은 아니다. 전사회적 계급대립과 동요가 심한 자본주의적 경제세계는 소재적 생산기능으로부터 방면된 이 기능적 자본가에게도 억압적·조직적·재무정책적 결정업무 등 자본 고유의 기능을 부과하기 때문이다.

직접적 생산과정의 모든 소재적인 부담으로부터 해방된 이 초소재적인, 따라서 불필요해진, 그러나 아직 위력적인 자본기능을 **순수한 자본기능**이라고 부르고자 한다. 이 특수화된 순수한 자본기능의 형성은 **이중적인** 분리과정, 즉 자본소유로부터 자본기능의 분리과정과 생산과정의 소재적·실제적 관리기능으로부터 순수한 자본기능의 분리과정을 통과하는 것이다. 또한 이것은 자본의 신용적·주식제적 집중과 함께 조직적 표현도 얻게 된다. 기능적 자본가와 자본소유권자 간의 비조직적인, 형식상 대등한 신용수수관계는 이 주식회사제를 통해 공식적·조직적인 **상하관계**로 발전하는데, 이 상하관계의 **실질적인** 세력관계는 오늘날 사정에 따라 매우 다양하다.

맑스는 신용관계의 확대와 주식회사의 확산에 따라 발전하는 자본소유와 실제적 관리자 기능으로부터 순수한 자본기능의 이중적 분리과정을 추상적으로 서술해놓고 있다.

신용제도와 더불어 발전된 주식기업은 이 관리노동을 조직기능으로서 점점 자기자본이든 차용한 자본이든 자본의 소유로부터 분리시키는 경향을 가진다. 이것은 부르조아 사회의 발전과 더불어 기사(騎士)적 기능과 행정기능이 봉건시대에 이 기능들을 자신의 부속물로 지니던 토지소유로부터 분리되는 것과 완전 유사하다. 그러나 **한편으로** 기능적 자본가가 자본의 단순한 소유자, 즉 화폐자본가에 대해 대립하고 신용의 발전과 더불어 이 화폐자본 자체가 사회적 성격을 띠고 은행에 집중되어 이제 화폐자본의 직접적 소유권자로부터가 아니라 이 은행으로부터 대여됨으로써, 그리고 **다른 한편으로** 자본을 어떤 명목으로도, 차용을 통하든 또는 그밖의 어떤 방식으로든 소유하지 않는 단순한 관리자가 기능적 자본가 자체가 수행하던 모든 **실무적 기능**을 관장함으로써 이제 기능대행인(Funktionär)만 남고 자본가는 불필요한 사람으로서 생산과정으로부터 사라진다. (25: 401면)

여기서 일단 '모든 실무적 기능'으로부터 순수한 자본기능의 분리에 주목하면, 이 '관리자' 또는 '기능대행인'의 임금은 "기업가이윤으로부터 완전히 분리되어"(25: 401면) "나머지 노동자들의 임금과 마찬가지로 지출된 가변자본의 한 부분을 이룬다"(25: 402면). 그는 자본 아래 형식적·실질적으로 포섭된 프롤레타리아보다 높은 관료적 지위를 차지하고 있는 점에서만 프롤레타리아와 구별될 뿐인 "특수한 임금노동자"(Marx)이다. 그는 가령 연대한 프롤레타리아적 노동자들에 의해 협동조합의 관리직에 임용되면 자신의 관리기능에서 억압적인 성격을 벗어던지고 생산적인 지도기능만을 수행하는 순수한 관리자가 될 수 있는 것이다. "협동조합공장에서는 관리자가 노동자들에 대해 자본의 이익을 대변하는 것이 아니라 노동자들로부터 급여를 지급받음으로써 감독노동의 대립적 성격이 탈각된다"(25: 401면).

이 실제적 관리자는 자본을 소유하지 않은 채 **순수한** 자본기능만을 관장하는 오늘날 독점대기업의 이사(理事)나 감사(監事)들과 혼동해서도 안되고 이들의 아직 순진무구했던 선조로 오해해서도 안된다. 관리자임금과 관련된 독점자본주의적 '신종 사기극'에 의해 혼란당한 1940~50년대의 적잖은 이론가들(가령 렌너 K. Renner, 슘페터 J. A. Schumpeter, 벌 2세 A. A. Berle Jr., 민스 G. C. Means 등. 이에 관해서는 Pross 1965, 33면 이하)은 맑스의 위 구절을 오늘날의 최고경영자(이사 및 감사)에 관한 설명으로 오해했다. 또다른 일군의 이론가들은 맑스의 실제적 관리자 범주를 오늘날의 이사, 감사 등의 아직 때묻지 않은 선조로 잘못 해석하여 맑스의 매니저이론을 오늘날에는 적용될 수 없는 낡은 것으로 역사화시켰다(가령 Pross). 오늘날 부장, 차장, 과장(Geschäftsführer) 등으로 불리는 '실제적 관리자'의 후손은 독점콘쩨른의 이사나 감사, 즉 중역진에 속하는 것이 아니라 이들 아래 배치된 **고위관료층**을 형성하고 있다.

금융자본주의적 '신종 사기극'을 꿰뚫고 맑스는 당시 산발적인 독점화 경향과 함께 **최고경영자층**이 "인퇴하는 자본가"(25: 527면)와 분리·형성되는 현상을 지적해주고 있다.

이것(주식회사의 형성—인용자)은 자본주의적 생산양식 자체 내에서의 자본주의적 생산양식의 지양이요, 일견에도 새로운 생산형태로의 단순한 이행점으로 드러나는 자기지양적 모순이다. 이 모순은 일정 영역에서 독점을 산출하고 따라서 국가개입을 초래한다. 그것은 **금융귀족층**, 즉 프로젝트 메이커, 발기인, **단순히 명목적인 이사**(理事, Direktor) 등의 형상을 한 새로운 유형의 기생충들을 재생산한다. (25: 454면)

맑스가 여기서 '새로운 금융귀족층'에 넣고 있는 마지막 범주 '단순히 명목적인 이사'는 위에서 시사되었듯이 기업관료층에 속하는 '실제적 관리자'와 선명히 구별되는 것이다. 이사는 법적으로 아무런 자본을 소유하지 않아 공식적 조직위계상 '인퇴하는' 주식자본가들 아래 위치해 있는, 따라서 **자기 명의의 차용자본을 소유하는** 단순한 기능적 자본가와 형태상 선명히 구별되는 **순수한** 자본기능인이다. 맑스는 자본소유로부터 순수한 자본기능의 조직적 자립화를 언급하고 있다.

자본주의적 생산의 토대 위에서 주식회사의 경우 관리자임금과 관련된 신종 시기극이 벌어진다. **진정한 관리자와 별도로 그리고 이들 위에** 일군의 **이사와 감사**(Verwaltungs-und Aufsichtsräte)가 등장하는데, 이들에게 있어 관리(Verwaltung)와 감독(Aufsicht)은 실은 **주주(株主)의 약탈**과 **자기치부**를 위한 단순한 핑계일 뿐이다. (25: 403면)

이 '이사와 감사'를 맑스는 바로 다음 문장에서 다시 "명목적 이사"(25: 403면)로 바꿔쓰고 있다. 이 명목적 이사가 법적으로 자본소유권이 없는 경영자였지만 순수한 자본기능을 수행한다는 사실, 또는 이들이 단순히 기업정상에 위치하여 품위만 유지해줌으로써 자본의 증식에 기여한다는 사실을 맑스는 커티스(Timothy Abraham Curtis) 사건에 대한 지적을 통해 증명하고 있다. 커티스는 그가 자기자본이든 차용자본이든 자기 명의로 그 어떤 자본을 소유하고 있었기 때문이 아니라 "커티스씨가 과거에 잉글랜드은행과 동인도회사의 이사였기 때문에” “8, 9개소의 상이한 회사들”의 이사로 초빙되었던 것이다. “모든 주식회사들은 그를 이사로 초빙하는 것을 행운으로 생각하였다. ”[3]

엥겔스도 ①‘진정한’ 관리자, ②‘명목적’ 관리자, ③주주를 상호 구별하고 두 범주를 역사적으로 불필요한 것으로 규정하고 있다.

> 철도와 대양증기선의 대부분은 업무를 자신이 직접 관리하는 개인자본가들의 소유가 아니라 주식회사의 소유인데, 이 주식회사는 고용된 **사무직원들**에 의해, 즉 어떤 관점에서 보아도 조금 높은 자리를 차지하고 조금 나은 봉급을 받을 뿐인 **노동자**의 지위를 차지하는 직무자들에 의해 운영·관리되고 있다. **이사들**과 **주주들**에 관한 한, 이 양자는 전자가 관리(Leitung)에, 후자가 통제(Kontrolle)에 덜 간섭하면 덜 간섭할수록 업무에 더 이롭다는 것을 잘 알고 있다. (19: 288면 이하)

이 명목적 이사의 이른바 ‘감독임금’은 ‘진정한’ 관리자의 임금과 아무런 유사성이 없다. 이 관리자임금은, 이 관리자 노동시장 (중견간부 인력시장)의 발전이 부진할지라도 “수많은 산업적 또는 상업적 관리자 부류의 형성과 더불어 여느 다른 노동임금과 마찬가지로 시장가격을 갖고 있기”(25: 402면) 때문이다. 이에 반해 “파산법정에서의 재판은 이 감독임금이 보통 이 명목적 이사가 진짜로 수행하는 감독과 반비례관계에 있다는 것을 보여준다”(25: 403면).

맑스와 엥겔스는 금융자본주의적 관리임금 ‘사기극’에 말려들지 않고 포괄적인 의미에서의 생산과정에 대한 관리의 ‘모든 실무적 기능들’을 관장하는 ‘진정한 관리자’와 단지 순수한 자본기능만을 관장하는 ‘명목적 이사’를 선명히 구별하고 있다. 오늘날의 최고경영자를 ‘자본주의체제의 매장자’로 보는 관점 (가령 K. 렌너, A. A. 벌 2세, G. C. 민스 등)을 올바로 비판하고 있는 프로쓰는 명목적 이사에 관한 맑스의 이론적 서술의 존재 자체를 인지하지 못하고 진정한 관리자에 의한 그의 언급을 그가 ‘금융귀족층’에 귀속시킨 오늘

---

3) “The City or Physiology of London Bussiness; with Sketches on Change and the Coffee Houses” (London 1845)로부터 맑스의 인용 (25: 403면).

날의 최고경영자에 관한 언급으로 오해하고 있다. 그녀는 다음과 같이 말하고 있다. "그래도 여전히 맑스의 이론적 기본구도로부터 도출할 수 있는 것은 그가 미래에 최고경영자에게서 자본주의의 거부 및 프롤레타리아 진영에의 가담을 기대하고 있다는 것이다. 이러한 가정은 경영자도 그에게 속하지 않는 생산수단을 가지고 일하기 때문이다. 다른 노동자들과 마찬가지로 그들도 임금을, 즉 '수많은 산업적·상업적 관리자 부류의 형성과 더불어' 노동시장에 의해 가격수준이 결정되는 '숙련노동에 대한 노동임금'을 받는다"(Pross 1965, 32면). 프로쓰는 이와같이 '명목적 이사' 범주를 '진정한 관리자' 범주와 혼동하여 불가피하게 맑스의 매니저이론을 암묵적으로 역사화하고 있다. 동일한 혼동은 풀란차스에게서도 발견된다(Poulantzas 1975, 156면). 이 문제에 대해서는 심지어 전문적 맑스 연구가인 페처도 맑스를 잘못 이해하고 있는 것처럼 보인다. "다만 생산수단(자본과 토지)에 대한 소유, 비소유의 여부만을 계급귀속성의 기준으로 삼는, 맑스에 의해 사용된 계급개념은 현대사회의 분석에 충분치 않다. 맑스의 관점에서 보면 최고의 봉급을 수령하는 대표이사는 엄격히 이해할 때 프롤레타리아적 임금노동자 계급에 속하고, 소자영업의 채소장수 아줌마는 유급 보조인력들을 고용하고 있기만 하면 남의 노동력을 착취하는 자본가가 되는 것이다"(Fetscher 1981, 42면). 필자가 이미 입증했듯이 맑스의 관점에서 보면 '최고의 봉급을 수령하는 대표이사'와 같은 명목적 이사는 착취자 중의 착취자인 새로운 금융귀족층에 속한다.

우리의 논의맥락에서는 부차적인 문제이지만 페처의 이 맑스 비판이 깔고 있는 또다른 오류를 지적해야 할 것 같다. 두서너 명의 보조인력을 데리고 있는 채소장수 아줌마는 맑스에 의하면 결코 자본가가 아니라 자본가와 노동자 사이의 '중간자', 즉 쁘띠부르조아이다. 약간 명의 임금노동자를 고용하고 있지만 아직 "노동사용자 자신을 손노동으로부터 방면시켜 소기업주를 자본가로 만듦으로써 자본관계를 형식적으로 산출하기"(23: 350면)에 충분하지 않은 '가상적'·'명목적 자본'만을 가진 소상인, 소생산자는 아직 자본가가 아니다. 이런 까닭에 맑스는 개인적 화폐소유자가 자본가로 부화(孵化)되기 위해 마련해야 하는 "가치총액의 최소한"에 관해 거듭 언급하고 있는 것이다(23: 326면 이하, 349면. 또 20: 116면 이하의 엥겔스의 뒤링에 대한 비판도 참조). 자본가와 소기업주 사이에는, 개인적 화폐소유주가 투자해야 하는 가치총액의 단순한 양적 증대가 '일정한 계선(界線)에서' 초래하는 '질적 차이'가 있다. "물론 이 화폐소유주 자신이 자기 노동자와 동일하게 생산과정에 직접 손을 댈 수 있지만, 이럴 경우 그는 자본가와 노동자 사이의 중간자, 즉 '소기업주'일 뿐이다. 자본주의적 생산의 일정한 발전수준은 자본가가 자본가로서, 즉 의인화된 자본으로서 기능하는 전시간을 몽땅 타인노동의 수취와 통제 및 이 노동의 생산물의 판매를 위해 사용할 수 있을 것을 요구한다. 중세 길드체제는 개인 직장(職長)이 고용해도 되는 노동자 수를 매우 근소한 최대치로 제한함으로써 수공업주가 자본가로 변하는 것을 강압적으로 저지하려고 노력하였다. 화폐소유주 및 상품소유주는 생산에 투하된 최소금액이 중세적 최대치를 훨씬 넘어서는 경우에야 비로소 현실적으로 자본가로 둔갑한다"(23: 326면 이하). 화폐소유주를 자본가로 탈바꿈시키는 것은 그가 약간의 임금노동자들을 고용하고 있다는 사실이 아니라 화폐총액 및 이 화폐로 고용된 노동자의 수가 화폐소유주가 생산과정의 직접적인 손노동으로부터 완전히 방면되는 지점까지 증가하는 것이다. 이 지점 이전에는 그가 약간 명의 노동자를 고용하여 착취한다 하더라도 아직은 자본가가 아닌 것이다.

한걸음 더 나아가 이 지점을 넘어 자본가로 둔갑한, 따라서 신수가 중간자적 소기업주보다 질적으로 나아진 중소자본가도 다시 독점자본주의적 대자본주와 최고경영자들, 즉 '타인노동의 점취와 통제'를 위한 기능과 '생산물의 판매'에 따르는 모든 실무기능들로부터도 완전히 해방된 금융귀족층과 질적으로 차별지어 파악해야 한다. 맑스에 의하면 생산과정에서 불필요해진 금융귀족층과 달리 "중소자본가는 아직 생산자에 속한다. 이 중소자본가들에게서는 여전히 자기노동이 일정한 역할을 하고 있기 때문이다"(25: 256면). 관리기능('타인노동의 통제')으로서의 중소자본가의 '자기노동'은 아직 "이중적 성질의 것"(25: 397면), 즉 모든 협업에 필수적인 **생산적** 관리노동과 착취적 지배기능의 혼합물인 것이다.

각설하고 수많은 맑스 연구가와 맑스주의자들은 아무튼 맑스가 명목적 이사에 관해 언급하고 있는 구절들을 알지 못했다. 그러나 맑스에게도 최고경영자는 진정한 관리자도 아니고 프롤레타리아적 노동자도 아니며 다만 자본주의적 소유의 '자기지양적 모순'의 소극적 현상태 외에 다름 아닌 새로운 착취자일 뿐이다. 진정한 관리자, 즉 오늘날의 부장, 차장, 과장 등의 기업 관료들은 맑스가 암시하고 있듯이 상황에 따라 자신들의 관료체제적 코르셋을 벗어던지고 공장노동자, 하급 사무노동자, "지식프롤레타리아"(Engels) 등과 손을 맞잡고 금융귀족층 없는 새로운 사회로 전진할 수 있다. 자본주의적 생산수단은 "관리자로부터 마지막 날품노동자에까지 이르는, 생산 속에서 실제로 활동하는 모든 개인들에 대해", 즉 형식적으로, 실질적으로 포섭된 임금노동자와 기업관료 등의 전직원에 대해 "낯선 소유로서 현상하기" 때문이다(25: 453면). 그러나 금융귀족층에 속하는 명목적 이사는 엥겔스가 시사하고 있듯이 '인퇴하는 자본가들'과 더불어 역사적으로 불필요한 잉여집단들인 것이다. 맑스의 매니저이론은 그것이 '명목적' 매니저에 관한 내용이든 '실제적' 매니저에 관한 내용이든 (프로쓰가 암암리에 전제하고 있듯이) 낡아빠진 것이 아니라 반대로 여전히 현대적인 의의를 지니고 있다.

맑스의 매니저이론의 강세는 물론 자본주의체제에 대한 매니저들의 개인적 태도에 있는 것이 아니라 지배계급으로서의 법률적 대자본주와 최고경영자 집단의 역사적 불필요성의 이론적 논증에 있다. 자본소유, 대자본가, 명목적 이사 없이 관리자, 노동자, 기타 사무직원들만으로도 사회적 생산은 더 저렴하게 운행될 수 있는 것이다. 바로 자본주의적 소유의 역사적 폐기의 무르익은 객관적 **가능성**, 즉 자본주의적 주식회사를 "자본주의적 생산양식에서 연대적 생산양식으로의 이행형태"(25: 456면)로서 부각시키는 것이 맑스가 강조하고자 한 매니저이론의 요체이다.

따라서 자본소유로부터 자본기능의 분리와 실제적 관리(지도)기능으로부터 순수한 자본기능의 분리는 자본주의적 소유의 **이미** 완결된 또는 미래에 **자동적으로** 진행될 지양을 뜻하는 것이 아니라 다만 "사적 소유의 통제 없는 사적 생산"(25: 454면)의 단계만을 뜻할 뿐이다. 말하자면 "자본소유의 잠재적 지양"(25: 457면)이란 실은 이 소유의 명시적인 역사적 불필요성에도 불구하고 이 자본소유가 아직 지양되지 않았음을 뜻한다. 차라리 그것은 자본주의적 사적 소유의 낡은 사적(私的) 형태의 지양만을 뜻하고 이 소유에 새로운 형태를 부여한다. "주식제도에는 사회적 생산수단이 개인의 사적 소유로 현상하는 낡은 형태에 대한 대립성이 존재한다. 그러나 주식형태로의 전환은 그 자체가 아직 자본주의적 한계에 사로잡혀 있다. 따라서 이 전환은 사회적 부(富)로서의 부와 사적 부로서의 부 간의 대립을 극복한 것이 아니라 다만 새로운 형태의 대립을 형성한다"(25: 456면).

노동하는 대중에 대한 새로운 형태의 대립을 형성하는 주식제적 자본소유는 주식자본가를 "업무상의 일상적 긴장"으로부터 방면해주고 무위도식하는 "이자생활자 대중"을 증대시킨다(25: 918면). 그럼에도 불구하고 일선에서 인퇴한 이 주식자본가들도 대부분 글자 그대로의 의미에서 아무런 자본기능도 수행하지 않는 무위도식의 용관이 아니라 '보다 느슨하고 나긋나긋한 업무'의 형태로 연말결산이나 중요한 인사정책 등, 순수한 자본기능들 가운데 핵심기능을 독점하는 위력적인 지배자들로서 보통 '명예회장'(Ehrenvorsitzender) 등의 명칭을 달고 있다. 그밖의 모든 자본기능들은 조직형식적으로 주식자본가에 하복(下服)하는 '명목적' 이사들에게 넘겨진다. 그러나 이 '하복한다'는 표현은 실질적인 의미를 지니지 않을 수도 있다. 왜냐하면 명목적 이사들은 주식소유자에게 '붙어사는' 부수인(附隨人)이 아니라 자신의 직책을 '주주의 약탈과 자기치부의 단순한 핑계'로 활용하는 상대적으로 **자립적인** 자본기능인일 수도 있기 때문이고 나아가 주식소유자에 대한 이사들의 '하복'이란 실제적 세력관계가 전도되어 한낱 형식적·의전적(儀典的)인 것에 지나지 않는 것일 수 있기 때문이다. 우리는 이 명목적 이사, 즉 최고경영자의 오늘날 더욱 강화된 사회경제적 지위를 아래에서 상론하고자 한다. 이 논의에서는 부르조아 법률적 소유권 개념에 교란되지 않고 일관되게 맑스의 경제적 소유권 범주를 적용하고자 한다.

몇몇 맑스주의 이론가들은 현재의 상황을 과소평가한 채 자립화된 최고경영자 집단을 부르조아 법률적 소유범주 속에 강압적으로 몰아넣어 이 자립화된 최고경영자들을 아무런 독자적인 인물역(人物役)일 수 없는, 자본소유권자의 '위임권자' 또는 이 소유권자에 기능적으로 붙어사는 '부속물'쯤으로 규정하고 있다. 가령 융은 이전에 다음과 같이 말한 바 있다. "콘쩨른의 대표이사는 실제로는 드물지라도 한 주의 주식도 소유하지 않을 수 있다. 잉여수취과정에서의 그의 지위는 하지만 생산수단을 처분할 수 있고 사람을 지휘, 착취과정을 관리하는 것이다. 이 지위는 소득 및 장기적으로는 축적되는 자산으로도 표현된다. 그러나 이 지위는 생산수단의 소유관계로 확정될 수 없다"(Jung 1973, 45면). 그는 여기에 다음과 같이 덧붙이고 있다. "따라서 소유, 비소유는 너무 협애한 정식이다"(같은 곳). 그는 여기서 그가 비판해 마지않을 자유주의적 사회이론가인 다렌도르프와 동일한 주장을 하고 있다. 그러나 우리가 맑스의 경제적 소유개념을 상기할 때 융 자신이 오히려 소유개념을 '너무 협애하게' 법률주의적으로만 이해하여 최고경영자의 지위규정에 있어서 소유개념을 말소하고 있다고 말해야 할 것이다(소유를 법률적으로만 파악하는 것은 실은 부르조아 이론가들에게서 유행이다). 적어도 '맑스주의' 사회이론은 '금융귀족적' 독점부르조아로서의 최고경영자의 계급지위를 정의하면서도 소유범주를 간단히 내던질 수 없는 것이다. 왜냐하면 "모든 운동 속에서…공산주의자들은 소유권문제를 이것이 어떤 다소 발전된 형식을 취하고 있을지언정 운동의 근본문제로 강조해야" 하기 때문이다(『공산당선언』, 4: 493면). 융은 이전에 이와같이 맑스의 경제적 범주로서의 소유개념을 망각하고 부르조아적 맑스비판의 고함소리에 움츠러들어 법률적으로 협애화된 소유권 개념의 관점에서 맑스의 계급이론을 잘못 방어하고 잘못된 방향으로 '유연화'했다. 그러나 최근 융은 이 입장을 완전히 바꿔 최고경영자의 기능을 "포괄적인 의미에서의 소유관계의 한 측면"으로 파악, 경영자를 소유권자의 '위임권자'로 이해함으로써 경영자의 지위를 법률주의적 소유개념 속에 강압적으로 몰아넣고 있다(Jung 1986, 175면). 따라서 그는 이 새로운 정식에서도 여전히 최고경영자와 주식자본가 간의 특유한 경제적 신용관계를, 따라서 매니저의 특유한 독점자본주의적인, 경우에 따라 자립화된 신용점유권자적 지위를 도외시하고 저 위력적인 자립적 최고경영자들(가령 다이믈러-벤쯔 Daimler-Benz의 에드쯔바르트 로이터 Edzward Reuter, 드레스덴은행 Dresdener Bank의 뢸러 W. Röller, BASF의 알베르스 H. Albers, 셰링 Schering의 비첼 H. Witzel 등)의 실존을 관념으로 철폐해버리고 있다. '위임'이라는 범주는 본래적인 소유권자의 단순한 조직적 연장 이상의 지위를 뜻하지 않고 따라서 필연적으로 이 소유권자가 자신의 '위임권자'를 임의로 해임할 수 있다는 것을 함의한다. 이런 까닭에 이 범주는 상호 완전히 익명화되고 모래알처럼 흩어져 있는 소액주주들이 온갖 조직적 수단을 다 동원하더라도 해임하지 못하는 저 자립화된 막강한 경영자들의 자립적 실존을 설명할 수 없는 것이다.

‘맑스주의적’ 경영자이론의 이러한 취약점을 체제변호적인 이론가들은 정열적으로 비판한다. 그러나 이 비판가들도 법률주의적 소유개념에 사로잡혀 있다. 이런 까닭에 맑스를 비판하는 체제이론가들에게 다음과 같은 다렌도르프의 테제는 대변적 의미로 통용된다. 즉, 생산수단의 소유, 비소유에 근거한 계급규정은 법률적으로 포착 가능한 생산수단에 대한 소유권을 전혀 가지지 않는 자립화된 위력적 경영자의 등장과 함께 그 타당성을 상실한다는 것이다(Dahrendorf 1957, 138면).

맑스를 오해하면서 인용하는, 따라서 악용하는 점에서만 두번째 입장과 구별될 뿐인 제3의 이론가집단은 자립화된 경영자의 실존을 자본주의적 소유 일반에 대한 정언적 **대척물**로 과장하여 자본주의적 소유의 **자동적** 소멸에 관해 입론한다(가령 앞에서 이미 언급한 렌너, 슘페터, 벌 2세, 민스, 프로쓰 등).

서로 대립하는 이 세 입장에 공통된 것은 이들이 모두 법률주의적 소유개념에 사로잡혀 있다는 점이다. 그러나 맑스의 소유개념은 본래 법률적 구속을 모른다. 필자는 이 책 제1장의 서두에서부터 이에 관해 상세히 취급했다. 이 점을 확실히 해두기 위해 여기서 맑스를 다시 한번 인용해보고자 한다.

　　모든 역사적 시대에 소유는 달리 그리고 완전히 상이한 사회적 관계 속에서 발전했다. 따라서 부르조아적 소유를 정의한다는 것은 부르조아적 생산의 모든 사회적 관계를 서술한다는 것 이외의 다른 것을 뜻할 수 없다. (4: 165면)

　　사적 소유는 단순한 관계나 추상적 개념, 원리가 아니라 부르조아적 생산관계의 총체에 있다. (4: 356면)

　　실제 세계에서 분업과 여타 모든 범주들은 사회적 관계들이고 이 관계의 총체는 오늘날 소유라고 부르는 것을 구성한다. 이 관계 밖에서 부르조아적 소유란 형이상학적 또는 법률적 환상 외에 다른 것이 아니다. 다른 시대의 소유는… 완전히 다른 사회적 관계 속에서 발전한다. (4: 551면)

따라서 부르조아적 소유는 일단 "경제적 범주"(Römer 1978, 8면 이하)로 이해되어야 한다. 이 경제적 범주가 표현하는 관계는 실물 생산수단, 화폐자본, 신용(!) 등의 경제적 물건의 독점을 통해 보장되고 이 물건을 매개로 개인적으로 조종 가능한 잉여와 강권의 경제적 수취관계를 표현한다. 또한 이 수취관계는 동일한 시대 안에서도 단계적 발전을 보여준다. 따라서 부르조아적 소유는 해소 가능한 또는 경우에 따라 해소 불가능한 경제적 신용관계를 매개로 소유권과 자본기능("법적 소유권자와 경제적 소유권자"—Marx)의 이중화에 이르기까지 발전하여 지배권과 잉여를 이들간에 분배한다고 해서 부르조아적 성격을 탈각하는 것이 아니다.

(2) 신용관계와 자립적 최고경영자의 신용자본

신용은 자본주의적 생산과 함께 형성되어 "자본집중의 가장 강력한 지렛대"가 된 "완전히 새로운 권력"이다(23: 655면). 그러나 신용자본은 재산은 없지만 자본기능에 능력있는 인물에게도 주어질 수 있다. 예나 지금이나 이 사실을 두고 체제변호론자들은 자본주의의 우수성을 찬양하는 법석을 떨 때가 많다. 이에 대해 맑스는 일침을 놓고 있다. "아무 재산도 없는 사람이 산업가로서 또는 상인으로서 신용을 얻는 경우는 그가 자본가로서 기능하여 빌린 자본으로 무지불노동을 수취할 것이라는 **신뢰** 속에서 이루어지는 것이다. 말하자면 **잠재적인 자본가**로서의 그에게 신용이 주어진 것이다. 경제적 체제변호론자들이 그렇게도 경탄해 마지않는 이 사실, 즉 재산은 없지만 정력적이고 끊고 맺음이 분명하고 능력과 사업적 식견이 있는 사람이 이런 방식으로 자본가로 변신할 수 있다는 것은…자본의 지배 자체를 공고히 하고 이 지배의 토대를 확장하고 사회적 기층으로부터 끊임없이 새로운 힘들을 충원하는 것을 허용하는 것이다"(25: 614면). 그런데 "재산은 없지만 정력적이고 끊고 맺음이 분명하고 능력과 사업적 식견이 있는 사람"에 대한 신용 부여는 전혀 경탄할 만한 가치가 없는 매우 평범한 자본주의적 사건이다. 신용관계는 "역사적으로…오직 자본 또는 임금노동에 근거한 유통 속에서만" 형성되는 "본질적인, 발전된 생산관계"(42: 441면), 즉 '노아의 방주 이

전에도 있던' 현상인 단순히 빌리고 빌려주는 임차관계와 본질적으로 구별되는 특유한 **자본주의적 생산관계**이기 때문이다. 궁극적으로 신용관계는 특유한 자본주의적 신뢰관계 또는 "자기증식하는 자본의 단순한 인격화로서의 개별적 생산행위자에 대한 믿음"(25: 606면)이다. 재산 없는 사람의 자본기능적 능력에 대한 신뢰 속에서 맺어지는 신용관계는 주식제적 독점형성과 함께 조직적으로 제도화된 형태로 수정된 대중적 현상으로 발전한다. 주주와 경영자 간의 조직적 관계의 기저에 놓여 있는 관계는 모든 사회구성체들에서 발견되는 단순한 위탁 및 위임 관계나 '빌리고 빌려주는' 단순임차관계가 아니라 특유한 자본주의적 생산관계, 즉 신용관계(Kreditverhältnis)이다.

이 주식조직적 유형의 신용관계의 독점자본주의적 필연성은 하층계급, 특히 중산층 출신의 "최선의 두뇌들"(Marx)이 개인적인 능력에 근거하여 금융귀족층으로 계급상승할 수 있는 유일하게 현실적인, 그러나 지극히 제한된 가능성이다. 이 가능성은 부르조아적이면서 동시에 쁘띠부르조아적인 능력이데올로기의 실제적 토대를 이룬다. 따라서 경영자의 등장은 경영자를 '자본주의체제의 매장자'로 오해한 저 이론가들이 주장하듯이 자본주의체제를 매장하는 것이 아니라 맑스가 위 인용문에서 분명히 하고 있듯이 실은 이 체제를 공고화하는 것이다.

최고경영자와 그 밑에 배치된 실무관리자 간의 계급적 천양지차(天壤之差)의 기저에는 능력상의 천양지차가 아니라 신용**자본**의 인격화로서의 최고경영자의 금융귀족적 인물역과 "어떤 관점에서 보아도 좀 높은 자리를 차지하고 좀더 나은 임금을 수령할 뿐인 노동자"(Engels)에 불과한 '실제적 관리자'라는 인물역 간의 특유하게 자본주의적인 성격의 계급차이가 놓여 있는 것이다. 따라서 최고경영자의 주식자본가와의 신용관계를 실제적 관리자의 자본가와의 관계와 같은 임금노동관계로 파악하는 것은 허용될 수 없는 것이다. 경영자와 주식자본가 간의 주식조직적 신용관계는 노동시장의 임금법칙에 의해 전혀 영향받지 않는다.

이런 까닭에 가령 독일에서는 이른바 '인사자문업소'(Personalberater, 간부 및 전문인력, 즉 '실제적 관리자' 중개업소)가 최고경영자의 소개에 간여하는 것은 공공협정에 의해 '금지'되어 있고 최고경영자의 콘쩨른간 자리바꿈은 늘 흑막 속에서 벌어진다. 수많은 직업소개업소들이 현재 모든 속임수를 다 동원하여 중견간부들을 빼내 소개하는 일에 몰두하고 있지만 최고경영자는 법적으로 소개할 수 없고 오직 중견간부 인력만을 소개한다. "'헤드헌팅' (headhunting), 즉 최고경영자에 대한 두뇌사냥은 제외되어 있다. 오직 극소수의 특수기관만이 완전히 큰 두뇌를 취급하도록 허가되어 있다."이것은 소개업소와 연방노동국 및 독점기업 간의 협정이다. (*Der Spiegel*, Nr. 7/1988, 75면 이하) 따라서 최고경영자의 인력은 전혀 상품이 아니다. 이에 반해 '간부인력' 대중, 즉 "자본소유로부터 완전히 분리되어 거리를 배회하는 수많은 산업적·상업적 관리자 부류"(25: 400면)는 매일 보고 듣고 있다. 직업소개소들은 온갖 속임수를 다 동원하여 이 간부인력들을 시장(신문 직업소개란)으로 실어나르고 있다(*Der Spiegel*, Nr. 7/1988, 75면; *Capital*, 8/1988, 194면). 물론 직업소개소의 개입은 간부인력 시장 및 이 인력의 상품화가 산업노동자나 일반 사무직원 및 기술인력 시장만큼 전면적으로 발전하지 못했고 또 완벽하지 않다는 것을 보여주고 있을지라도 중견간부 인력은 최고경영자의 자본기능과 달리 자본주의적 상품이라는 것을 뜻한다. 이와같이 최고경영자와 관리자 간의 자본주의적 계급차이는 맑스 시대나 지금이나 현실에 의해 확증되고 있다.

　사회경제적으로 볼 때 최고경영자는 잉여와 지배권을 장악하는 신용자본의 **점유권자**로서 부분적 자본소유권자이다. 이 경영자적 신용소유는 주식자본 소유권으로부터 파생되어야 하는 한에서 엥겔스에 의하면 **하급소유**(Unter-eigentum)로 규정될 수 있는 한편, 주식소유는 **상급소유**(Obereigentum)로 파악될 수 있다. (여기서 상급소유와 하급소유는 반드시 양자간의 실제적 우열관계를 표현하는 것이 아니라 다만 파생 및 귀착 관계, 즉 화폐'토대'와 '신용상부구조' 간의 선후관계를 뜻한다.) 1894년 엥겔스는 다음과 같이 말하고 있다.

　1865년만 하더라도 증권거래소는 자본주의체제의 부차적인 요소였다. …그러나 지금은 다르다. 1866년 위기 이래 자본축적은 가속도로 진행되어 어떤 산업국가에서도, 특히 영국에서 생산의 확대는 자본축적에 필적할 수 없었고 개별자본가들의 축적은 사업확장 속에서 온전한 투자의 기회를 찾을 수 없었다. …이에 따라 산업은 점차 주식회사로 전환되었다.

산업부문들이 차례차례 동일한 운명에 빠져들었다. … 상업부문도 마찬가지였다. … 영국에서도 은행과 여타 신용기관에서 동일한 사태가 진행되었다. … 농업부문도 마찬가지였다. 특히 독일에서 현저히 확장된 은행들은 (온갖 관료체제적 명칭하에) 점점 저당의 담당자가 되어 토지에 대한 **상급소유권**은 이 은행의 주식과 함께 증권거래소에 넘겨지고 있는데 농장이 부채로 인해 채권자에게 이전되는 경우에는 이 말이 더욱 타당하다. (25: 917면)

엥겔스는 같은 해에 쓴 「프랑스와 독일의 농민문제」(Bauerfrage in Frankreich und Deutschland)에서 일찍이 봉건농민을 '종획'함으로써 농민의 세습적 하급소유권을 자신에게 집중시킨 독일 대토지소유는 "노골적인 자본주의적 경영"에 들어 있었다고 말하고 있다(22: 503면). 따라서 자본주의적 농장기업들의 소유권이 부채로 인해 은행으로 넘어가 은행의 주식소유가 '현실적인 상급소유'가 되는 경우 우리는 농장의 이사급 경영자들이 넘겨받은 '명목적' 이사권력을 새로운, 자본주의적 하급소유로 규정할 수 있다. 물론 상급소유권과 경영권적 하급소유권 간의 실제적 세력관계는 위에서 시사했듯이 완전히 별개의 사정에 좌우된다. 일단 여기서 우리의 관심사는 사회경제적 관점에서 독점자본주의적 경영자를 '하급소유권자'로서의 일종의 부분소유권자, 즉 신용자본의 '점유권자'로 규정하는 것이다.

신용관계를 매개로 주식소유자에 대해 보장된 경영자의 착취 및 지배권은 상속할 수는 없을지라도 보통 종신적이다. 또한 경영자는 경우에 따라 주식소유권자로부터 주도권을 빼앗을 수도 있다. 한 명의 대주주가 주도권을 행사하는 주식회사에서 수많은 소액주주들의 치부(致富)와 지배 기회가 이 대주주에 의해 제한당하는 경우 소액주주들은 통상 "좀더 우아한, 겉보기에 좀더 부드러운 수탈"(Römer 1978, 190면)을 당한 것으로 묘사된다. 그런데 이 '우아하고 부드러운' 수탈은 주식이 무수히 많은 소액주주들에게 분산되어 한 명의 대주주도 존재하지 않게 되는 일정 지점에서부터 경영자들에 의해서도 관철되는 것이다. 무수한, 서로에 대해 익명적인 소액주주들이 경영진에 넘겨줄 수밖에 없는 소액신용들의 단순한 양적 집중을 통해 상대적 자립성을 갖는 막강한 신용자본이 경영자의 손아귀에서 형성되는 것이다. 개별적으로는 너무 작아서 남의 노동을 착취할 수 없는 화폐액들의 단순한 집중을 통해 막강한 신용자본이 형성된다는 것, 즉 소액신용들을 수집한 최대의 빚쟁이가 막강한 자본가로 전환된다는 것은 유별난 사건이기는 하지만, 자본주의 안에서는 그리 새로운 것이 못된다. 최대의 빚쟁이가 최대의 자본가로 탈바꿈하는 자본주의적 코미디는 은행제도와 함께 예로부터 있어왔기 때문이다. 은행제도에서는 최대의 빚쟁이(은행)가 개별채권자(저축자)들보다 수백만배 더 크게 성장하게 마련이다. 저축된 화폐를 기초로 성장하는 '신용상부구조'는 저축된 화폐'토대'보다 훨씬 더 크게 부풀려질 수 있기 때문이다. 이런 이유에서 저축액으로서의 채무들의 단순한 은행적 누적은 막강한 화폐자본의 축적으로 전환되는 것이다. "제각기 독자적으로는 화폐자본으로 기능할 능력이 없는 작은 금액들이 대규모로 통합됨으로써 **화폐권력**을 낳는 것이다. 이러한 작은 금액들의 수집은 은행제도의 **특별한** 기능으로서 본래적인 화폐자본가와 차용자 간의 중개자 기능과 구별되어야 한다"(25: 416면). 신용의 '전혀 새로운 권력'(Marx)이 가공적(架空的) 자본의 화폐토대로부터 이렇게 일정하게 독립하는 것은 달팽이가 달팽이집으로부터 벗어나는 것만큼이나 조건부적인 것이긴 하지만 우리가 주목해야 할 만큼 미래지향성을 지닌 것이다.

물론 주주는 경영자의 법적·공식적 임명권자이고 대부분의 경우 사실상으로도 그렇다. 주식이 가장 폭넓게 분산된 주식회사의 경우조차도 경영자가 주주를 완전히 수탈할 수 없는 것이다. (만약 완전히 수탈해버린다면 신용자본 점유자로서의 경영자의 경제적 인물역이 통상적인 자본소유권자로 변하여 소멸해버릴 것이고 우리의 이 골치 아픈 논의도 불필요해질 것이다.) 제아무리 자립화된 경영자도 오직 익명적인 소액주주들의 화폐토대 위에서 부풀어오르는 신용상부구조만을 수탈할 수 있을 뿐이다. 바로 이런 까닭에 자본주의적 소유의 **이중화**, 즉 화폐자본(주식)에 대한 상급소유권과 신용자본에 대한 하급소유권으로의 이중화에 관해서만 입론할 수 있을 뿐이다.

주식제적 소유형태를 이와같이 독점자본주의적 상·하급 소유의 신용관계적 이중구조로 정식화하는 것은 주식제도로 인한 자본주의적 소유의 자동적 '사멸'이라는 새로운 체제변호론적 명제를 기각하는 데 기여할 뿐만 아니라,

동시에 적잖은 맑스주의자들이 독점자본을 오늘날 중심적인 경제적 범주로 일관되게 이론화하고 있을지라도 독점자본의 주요 인물역인 경영자의 상대적으로 **독립된** 신용점유권자적 권력지위를 과소평가하여 이 경영자를 자본소유권자에 단순히 기능적으로 붙어 있는 부수물, 즉 '위탁자'나 '위임자'로 격하시키는 이론적 모순을 제거하는 데도 기여한다. 이 경영자의 권력을 과소평가하는 것은 실은 독점자본의 존재논리에 정면으로 상치되는 것이다. 막강한 신용자본의 점유권자로서 헤게모니를 휘두르는 경영자가 등장하게 된 것은 독점자본주의의 특유한 현상이기 때문이다. (독일경제를 주무르는 경영자였던 로이터나 헤어하우젠 Herrhausen 등을 떠올려보라 !)

필자의 경영자이론은 그 기초가 신용을 매개로 **이중화된 자본소유**이고 따라서 경영자의 신용자본적 자립성은 이 경영자가 오직 가공적 자본 상급소유의 화폐토대 위에서만 존재할 수 있는 자본주의적 신용점유권자이기 때문에 자본주의적 소유 자체에 대한 범주적 대척물도 아니고 또 경영자의 권력은 소액주식적 신용대여자들보다 **더 크게 자라나는** 신용자본이기 때문에 가공적 주식자본 소유의 단순한 부수물도 아니다. 게다가 화폐'토대'보다 몇곱절 부풀어오르는 '신용상부구조'는 **해소할 수 없는** 구조로 공고화될 수도 있는 것이다. 이것은 신용경제적 운동논리의 침해를 통해 일어나는 것이 아니라 주식의 대중적 분산, 주식기탁제, 경영자의 주주대리제(proxy system) 등 무수한 방식으로 촉진되는 신용논리의 관철을 통해 일어난다. 동시에 저 이중화의 경제적 기초를 신용관계로 파악하는 것은 신용점유권자인 경영자와 신용대여자인 주식소유자들이 서로 크고 작은 갈등을 벌이더라도 **매개적인 이익공동성**을 지니고 있음을 잘 드러내준다.

(3) 자본주의적 소유의 이중화 유형들

독점자본주의적 소유의 이중화는 다양한 단계를 갖는다. 첫째, **전통적인 가족콘쩨른**에서 경영자의 권력지위는 임시적 성격을 지닌다. 이 가족콘쩨른 안에서 소유자와 경영자의 관계는 흔히 절대군주와 재상(Kanzler)의 관계와 비교되곤 한다. 전체 콘쩨른에 구속력을 갖는 중요한 결정은 오직 소유권자의 승인을 얻음으로써만 효력을 얻는다. 그러나 여러가지 이유에서 이 경영자들도 단순한 하수인은 아니다. [4] 절대군주와 재상이 둘 다 귀족으로서 지배계급에 속하듯이 콘쩨른 소유권자와 그의 경영자도 독점부르조아지에 속한다. 소유권자와 이 사람에 의해 비록 원칙적으로 해약될 수 있을지라도 보통 종신적인 신용관계에 서 있는 가족콘쩨른의 경영자도 단순한 명령집행인이 아니라 의사(擬似) 동업자로서 종신적으로 확립된 권력자인바, 이들의 높은 소득은 추출된 거대한 순수 잉여가치로 구성된다. [5] 따라서 여기에도 비록 맹아적이긴 하지만 명백한, 지배의 조직적 이중화에 관하여 입론할 수 있는 충분한 근거가 있다 할 것이다.

둘째, 대독점적 **주식회사**의 경우 이중화는 좀더 뚜렷한 형태를 얻는다. 그러나 주식소유자와 경영자의 세력관계는 주식의 분산도 및 주식예금 등의 정도에 따라 변화무쌍하다. 따라서 이러한 세력관계를 규정하는 외적인 객관적 조건들은 오직 주식분산 및 주식예금 등의 대비를 통해서만 확정될 수 있다. 한 명의 **대주주**(또는 중간규모 주주들의 대연합집단)가 전체 주식의 50% 이상을 장악한 경우 **모든** 영역에서 **패권적** 권력을 행사한다. 이 경우 주주와 경영자 간의 권한분립은 가족회사의 경우보다 조직형태상 분명하게 규정되어 있을지라도, 매니저가 지니는 권한의 구체적 내용과 규모는 전적으로 주주의 의사에 의해 좌우된다. 이런 까닭에 여기에서의 전체 권력구조는 본질적으로 가족콘쩨른의 그것과 유사하다. (단독적 대주주 통제 및 집

---

4) 소유권자의 최고명령권은 특히 개인능력을 넘어가는 업무량에 있어서 그 한계를 갖는다(Pross 1965, 106면). 한걸음 더 나아가 소유권자는 매니저의 업무활동의 효율을 높이기 위해 이들을 흡사 '손아래 동업자'로 대우하고 이들에게 일정한 신용(자본주의적 신뢰)을 주지 않을 수 없다. 게다가 소유권자는 이 최고경영자의 노동시장이 부재하기 때문에 갈등이 생기는 경우에도 기존의 경영자를 다른 사람으로 교체할 여유가 많지 않다.

5) 서독 100대 재벌에 속하는 한 가족콘쩨른의 최고경영자의 연간 평균소득은 '공식적' 발표에 따르더라도 50~150만 독일마르크(1993년 현재 환율로 계산할 때 약 2억 5000만 원~7억 5000만 원)에 달한다. 이것은 도이체 방크(Deutsche Bank)의 자립화된 이사들의 1인당 평균소득보다 결코 적은 것이 아니다(Liedke 1988). 여기에 동기업에 봉직한 전(前) 최고경영자 및 이들의 유족들에게까지 지급되는 거액의 연금이 추가된다. 가족콘쩨른에서의 최고경영자의 이러한 지위도 소유와 무관한 것이 아니라, 본질적으로 자본소유권자와의 신용관계에 기초를 두고 있다.

단적 주주 통제. 이것은 우리나라에 가장 흔한 형태이다.)

셋째, 한 명의 상당히 강력한 중간주주 또는 몇 명의 주주집단이 50% 이하, 25% 이상의 주식을 소유하고 있는 경우 주주들은 패권적 권력을 상실하지만 모든 문제에서 경영자의 결정에 **거부권**(Vetomacht)을 행사할 수 있다. 이 경우 의사형성의 주도권은 경영자의 손아귀로 넘어가지만, 궁극적인 결정은 경영자들과 주주들의 공동작품일 수밖에 없다. 경영자도 주주들도 패권을 주장할 수 없기 때문이다(경영자와 주주의 균형적 공동통제). 하지만 경영자의 권력지위는 조직적으로 규정되어 있을 뿐만 아니라, 이미 **구성체적으로도** 뿌리를 박고 객관적인 생산 및 소유 관계의 일부가 되었다. 즉 주주가 경영자에게 준 신용은 여기서 이 경영자에 의해 일정 정도 **수탈되었다**. 즉 해약할 수 없는(unkündbar) 관계로 화한 것이다.

여기서 '구성체'는 맑스의 '경제적 사회구성체'(ökonomische Gesellschafts-formation)의 약어이다. 맑스도 편의상 이 약어를 즐겨 사용하고 있다. 우리의 연구에서 '경제적 사회구성체'는 물론 생산력을 포함한 **생산제관계의 구조적 총체**를 의미하는바, 일단 **방법상** 모든 경제적·사회적·정치적 및 종교적 조직요소, 규범요소, 의식요소 등을 배제하는 토대의 전체를 규정한다. 따라서 경제적 구성체는 최종적으로 그 어떤 의지력이나 규범력과 무관하게 모든 비매개적인 또는 최고로 매개적인 상부구조적 제조직들의 기저에 놓여 있는 내적인 실제적 구조이다. 그리고 여기서 우리가 의미하는 **조직**(Organisation)은 "가장 일반적인 의미"에서의 조직(Ritsert 1988a, 13면)이 아니라 상부구조의 현상으로서의, 인간관계의 "규범으로 결속된 모든 제도적 형성물"(Ritsert 1988b, 82면)을 가리키는바, 이것이 어떤 영역에서 구성되든, 즉 경제적 영역에서 구성되든 경제외적 영역에서 구성되든 개의치 않고 적용되는 개념이다. 몇몇 생산관계들은 물론 의식작용과 매개되어 규범적 철갑화, 말하자면 공장, 콘쩨른, 트러스트, 씬디케이트, 카르텔 등으로의 조직화를 겪는다. 이 형성물들은 따라서 이중적 시각에서 고찰되어야 할 것이다. 일단 구성체적 시각에서 보면 "공장은 하나의 사회적 생산관계, 하나의 경제적 범주이다"(4: 149면). 즉 생산관계로서의 공장은 기계사용에 기초한, 특유하게 자본주의적인 작업장 분업관계를 뜻한다. 그러나 조직적 시각에서 보면 공장은 동시에 전제주의적인 사(私)법규적 공장수칙과 국법에 의해 철 갑화되어 있는 **규범적** 결성체이기도 하다. 그리고 콘쩨른, 씬디케이트, 트 러스트 등은 구성체적 요소, 즉 생산관계로서의 독점자본의 **조직**형태들이 다. 여기에서 토대와 상부구조의 관계를 이층건물로 이해하는 모든 비유적 관념은 그 설명력을 완전히 상실하고 만다.

따라서 토대와 상부구조의 관계는 '변증법적' 대립관계로, 즉 대립물들의 대립적 상호포함관계(gegensetzliches Sich-Einander-Enthaltensein)로 이해해 야 할 것이다(Adorno). 왜냐하면 여기에서 토대의 일부가 직접 조직규범적 인, 즉 상부구조적인 내용을 포함하고 있기 때문이다. 거꾸로 규범적으로 조직된 순수한 상부구조적 기관들도 토대적 요소들, 즉 구성체와의 관계를 포함하지 않고는 몰락하든지, 몰락하지 않기 위해서는 다시 토대로 내려가 (zu Grunde gehen) 뿌리내려야 할 것이다(예를 들면 국가, 정당, 가족, 교회 등의 물적 토대).

그럼에도 불구하고 국가 또는 심지어 상부구조 전체가 '경제적 사회구성 체' 개념에 속한다고 얘기하는 것은 잘못일 것이다. 예를 들면 동독 『역사사 전』(1984)에서는 "경제적 사회구성체 개념은 인간의 사회적 생(生)을, 사회 적 생의 모든 본질적 측면들(생산제력, 경제적 토대로서의 생산제관계, 사 회적 제관계 및 상부구조)을 이것들의 법칙적인 질서와 상호작용으로 내포 하고 그리하여 이것을 사회의 한 역사적 유형으로 파악하며, 사회적 유기체 로서의 일정한 구조를 지닌 사회적 제관계의 체계로서 일반화된 형식으로 반영한다"고 한다.

구성체가 상부구조까지 포함하는 것이라면 구성체란 '사회'의 단순한 이명 (異名)에 지나지 않을 것이다. 그러나 '경제적 사회구성체'라는 표현에서 '경제적'이라는 형용사는 그저 붙인 것이라고 볼 수 없다. 우리는 맑스가 사 회와 구별되는 이 특유한 범주를 필요로 했던 것은 주어진 사회의 생산제관 계의 총체(포괄적인 의미에서의 생산양식)를 이 사회의 나머지 요소들로부 터 추상하여 조직관계, 의지력 및 규범력 등으로부터 최종적으로 독립된, 사회의 **객관적인 근본구조**를 부각시키기 위한 것이라고 추정하지 않을 수 없다. 이러한 추정은 맑스의 다음과 같은 표현방식이 뒷받침해준다. "커다 란 개략으로서 아시아적, 고대적, 봉건적 그리고 근대 부르조아적 생산양식은 경제적 사회구성체의 계열적 시대들로서(als) 규정될 수 있다"(13: 9면). 여기서 특정 생산양식이 경제적 사회구성체의 특정형태와 'als'로서 등치되고 있다. 구성체를 토대와 상부구조의 통합체로 파악하는 이론가들은 보통 청년 레닌을 인용하면서 자신들의 잘못된 주장을 정당화하기 위하여 레닌에 의존하는데(앞의 사전 또는 Sereni 1981, 92면 이하), 레닌은 명백한 정의로써 그 반대의 내용을 말하고 있다. "맑스는 경제적 사회구성체의 개념을 주어진 **생산관계의 총체**로서 못박고, 이러한 구성체의 발전이 자연사적 과정이라는 사실을 확정함으로써 사회학을 최초로 과학적 토대 위에 올려놓았다"(*LW*, 1, 13면).

또한 일군의 맑스주의자들은 맑스가 사회구성체(Formation) 개념을 도입한 것은 사회형태(Form)라는 술어의 정태적 성격을 극복하고 사회의 동태적인 과정의 성격을 강조하기 위한 것이라고 주장한다(Sereni 1981, 79면 이하 참조). 그러나 이러한 추정적 해석은 아무런 원리적 근거도 없이 너무 멀리 나갔다고 생각한다. 우리는 일관되게 추측하는바, 구성체 범주는 일단 인식방법상 토대에 대한, 주체의지적 그리고 규범의식적인 요소들의 변동유발적인 온갖 역작용들을 도외시하고 자기발전하는 생산양식의, 자연과정과 유사하게 객관적인 성격을 방법상 부각시키는 목적을 지녔다고 본다. 맑스의 이러한 인식방법상의 추상이 지니는 역사존재론적 타당성은, 저 주체적 역작용들이란 실은 장기적인 역사 시각에서 볼 때 객관적으로 자기발전하는 생산양식이 그때그때 잉태하게 되는 온갖 **객관적 가능태**들의 주체적 실현행위로——물론 창조적일 수도 있고 우매할 수도 있는——이해될 수 있다는 데 있다. 오직 이런 근거에서만 "자연사적 과정으로서의 경제적 사회구성체의 발전"이라는 맑스의 이 입장이 행태주의적 생물학주의(Biologismus)나 이전의 부르조아적 사회다원주의, 즉 '자연과학적인 추상적 유물론'(사회의 발전과 운동을 자연과학적 작용법칙과 등치시켜 설명하려는 시도) 등과 하등 구별이 없는 것으로 왜곡, 오해되지 않을 수 있는 것이다.

물론 사회현상을 설명하는 데 편의상 기존의 자연과학적 술어 등을 사회과학에 도입, 재정의함으로써 사용하는 것은 언제나 가능한 것이다. 이런 까닭에 사회과학 안에도 'system'이니 'power'니 꽤 많은 자연과학적 술어들이 보이는데, 맑스도 실은 '구성체'란 술어를 자연과학으로부터 차용하였다

(물론 그 이전에는 군사상의 용어인 '편제'를 뜻하는 것으로 먼저 사용되었다).

　이러한 사실은 맑스의 다음과 같은 언급이 잘 보여준다. "지질학적 구성체들(Formationen, 지층의 성층—인용자)에서와 마찬가지로 역사적 구성체에서도 일련의 1차적, 2차적, 3차적 유형 등이 존재한다"(19: 336면). 그러나 이러한 차용이 생산제관계의 총체(생산양식)의 발전법칙을 자연과학적으로 설명하려는 것이 아님은 『자본론』의 제반 법칙을 일견함으로써도 곧 깨달을 수 있다. 맑스는 이러한 차용을 통해서 다만 생산양식의 발전이 지닌 엄정한 객관성을 강조하려 했을 뿐이다.

　따라서 우리는 사회적 인간관계의 상부구조적 성격——주어진 시대 내에서도 인간의 의지작용에 의해 일정 범위에서 여러 형태로 재구성될 수 있는——을 강조하는 '조직적'이라는 표현에 대한 대립개념으로서, 물질적 이해타산에 따른 인간관계의 토대적·생산관계적 성격——주어진 시대 내에서 본질적으로 반복적이고 객관적으로 재생산되는——을 부각시키기 위하여 '구성체적'이라는 표현을 일관되게 사용할 것이다. 물론 '구성체'와 '조직' 간에는 상호작용이 벌어진다.

　구성체와 조직은 구성체의 우위성(Primat) 속에서, 그러나 동시에 제각기 독자적인 내적 규정력을 갖고서 상호 영향을 가한다. 따라서 조직적인 형태요소들도 생산력의 발전에 상응하여 또는 행동하는 주체들의 조직적인 노력 등에 의해 구성체적 요소로 침전해들어올 수 있다. 예를 들면 '공동결정제'(노동자의 경영참여제도)는 자본관계의 일정한 수정을 뜻한다. 또는 주식이 광범위하게 분산되었을 경우 경영진이 확보하는 상대적 자립성은 가공적인 자본소유주로부터 자라나오는, 몇곱절 부풀어오른 '신용상부구조'의 부분적 수탈을 뜻하고 따라서 자본관계의 지배 측면의 구성체적 변동을 함의한다. 그리하여 이사회는 단순히 조직적인, 언제든 취소할 수 있는 신용종속적 기관에서, 기존의 제도적 관계에 근거하는 온갖 가능한 역기도에 의해서는 폐지될 수 없는 구성체적 심급으로 뿌리내리게 된다. 자립적인 최고경영진은 따라서 이제 오직 사회의 구성체적 전환을 통해서만 소거할 수 있을 뿐이다.

　넷째, 전체 주식에서 어느정도 영향력있는 비율을 차지하고 있지만 25%

의 거부권 행사 가능선을 넘지 못하는 주식을 소유한 중간주주(단독 또는 집단)가 존재하는 회사에서는 통제의 패권이 **조건부적으로** 경영자의 손아귀로 이전된다(조건부 경영자 통제). 이런 회사에서 경영자 통제가 조건부적으로만 관철되는 이유는 중간주주(들)가 경영자의 패권을 전복할 수는 없으나 불만이 있는 경우 주주총회에서 성토하고 사회 매스컴을 이용하여 경영진을 비난하여 회사 경영진의 사회적 이미지를 훼손할 수 있기 때문에 경영자들이 이 중간주주의 이익에 정면으로 반하는 경영정책을 사전에 회피하게 되기 때문이다. 하지만 회사정책의 수립과 집행에 관련된 모든 권력은 경영자의 손아귀에 있기 때문에 이런 회사의 경우 경영자들은 주주의 극단적 저항과 소란이 없는 한 거의 방해받지 않고 자신들의 후계자들까지 결정, 임명할 수 있다.

마지막으로 경영자의 권력지위는 소위 '공영회사'(우리나라에서는 소위 '국민주회사')에서 그 정점에 달한다. 여기에서 주식은 가장 광범위하게, 보통 수십만 명의 소주주들에게 분산되어 있다. 이 소주주들은 단지 1% 미만의 주식을 지니고 있을 뿐이므로 대부분 경영자들을 자본주의식으로 신뢰하고(신용!) 배당금의 정기적인 취득에 만족한다. 또한 주주총회에도 참여하는 일이 드물다. 따라서 이 경우 경영자들은 완전히 방해받지 않고 스스로 통제하여 독자적으로 모든 문제를 결정하고 그들의 후계자들을 완전히 자율적으로 임명한다. 그리고 엄청나게 부풀어오른 '신용상부구조'가 보통 자본의 화폐'토대'보다 훨씬 더 크게 성장하기 때문에, 조직화된 경영자들의 신용자본은 비조직적인 소주식의 산술적 합계로서의 가공적 자본보다 논란의 여지 없이 더 위력적이다(표준적 경영자 통제). 하지만 이 표준적인 경영자 통제하에 있는 회사들도 결코 소위 '공영회사'(Publikumsgesellschaft)가 아니라, 주주와 경영자의 이중화된 **자본소유**에 지나지 않는다. 즉 그것들은 **종신적** 신용자본가들인 경영자들의 집단적 점유(집단적 하급소유)와 자신의 이익을 배당금에만 국한시킨 소주주들의 사적인 자본상급소유로 동시에 표현되는 자본주의 기업들이다.

물론 이 패권적으로 자립화된 경영자들도 앞에서 암시했듯이 저 소주주들을 완전히 수탈해버릴 수는 없다. "공영회사의 주주들이 그렇게 분산적이고 그렇게 취약하고 그렇게 비조직적이라 하더라도 이 회사의 이사진이 주식회사를 복지재단으로 둔갑시키는 것을 허용하지는 않을 것이다"(Römer 1978, 189면). 경영자들은 가공적인 주식자본의 화폐'토대'로부터 자라나는 신용상부구조만을 수탈할 수 있을 뿐이다. 따라서 소주주들의 잔여 착취·지배권력은 '공영회사'의 경우에도 극도로 취약화될 수는 있을지언정 폐지될 수는 없다. 소유·지배관계는 이 경우에도 경영자의 신용자본의 하급소유와 소주주들의 잔존하는 가공적 상급소유로 이중화되어 있을 따름이다.

　지금까지 우리의 분석에 따르면, 최고경영자가 항상 자본소유권자의 조직적인 **부속집단**으로만 나타나는 것이 아니라 종종 가공적 자본소유자들과 나란히 독자적인 분장인물(Charaktermaske)로 현상하고 있다는 사실은 명백하다. 경영자 분파는 따라서 두 계열로 구성되어 있는 셈이다. 그들의 조직적 권력지위가 주로 '절대주의적' 자본소유권자(가족소유 독점기업에서)나 대주주의 개인적 신용부여에 의해 보장되고 이런 까닭에 정당하게 자본소유권자의 붙이로 간주될 수 있는 계열과 그들의 권력지위가 다수의 중간규모 주주들의 다원적 신용부여나 소주주 대중의 대중적 신용부여에 의해 보장된 계열이 그것이다. 후자의 경우 신용부여는 다시 해소할 수 없다. 여기에서 경영자의 신용점유권은 부분적으로 또는 완전히 자립화되어 있다. 따라서 이 경영자들은 자본소유권자의 '붙이'로 간주될 수 없다. 따라서 이들은 거꾸로 소(小)상급소유자들(소주주들)을 자기 아래 부속시키고 종종 (도이체 방크, 다이믈러-벤쯔 등의 경영자들처럼) 전 국민경제의 중심적 조정기관들을 장악하고 있는 완전히 발전된 위력적인 신용자본가들, 금융귀족들이다. 나중에 자세히 살펴보겠지만 이 두번째 계열의 경영자들이 서독 제국주의의 100대 독점콘쩨른 중 21개를 지배하고 있다(1988년 현재). 이러한 사실을 맑스주의적으로 사유한다면, 아니 차라리 맑스주의적으로 사유하기 때문에 관념으로 지워버리려고 시도해서는 안될 것이다.

　그러나 이러한 사실을 인정하자마자, 즉각 다른 편향적 극단이 부상해온다. 즉 표준적인 경영자 통제하에 있는 회사들이 시간이 감에 따라 수적으로 늘어날 것이라는 억측이 그것이다. 프로쓰는 30여 년 전, 말하자면 1959년 수집된 110대 독일 콘쩨른에 대한 그녀의 경험적 연구와 관련하여 다음과 같이 결론짓고 있다.

이러한 사실은 자본주의적 산업경제 안에 소유와 처분권력의 지속적인 분리의 경향이 존재한다는 사실을 지시해준다. 이것은 또한 소유와 처분의 계속적인 분열, 보다 엄밀히 말하자면 기능적 사적 소유자가 미국 대기업 전체에 미치는 근소한 영향력도 확증해준다. 이러한 경향이 유산 분배, 병합 등으로 말미암아 그리고 한 기업의 이윤이 거대한 프로젝트의 재정조달에 역부족인 경우, 또한 자본수요 등으로 말미암아 미래에도 더욱 확대될 것이라는 것은 개연성이 있다. 따라서 경영자 통제가 점점 더 많은 기업에 확대되고 자본 없는 기능인들에 의한 이러한 통제가 유일하게 전형적인 통제관계가 될 가능성이 부각된다. (Pross 1965, 172면)

자본주의적 소유의 이중화의 경향으로부터 그녀는 독일 경제구조의 특별한 전후(戰後) 개조라는 사실을 전혀 숙고하지 않은 채 부당하게도 점점 더 많은 기업으로의 표준적 경영자 통제의 확대를 역사적 경향으로 추론해내고 있다.

그러나 소유의 이중화의 독점자본주의적 경향은 반드시 경영자 통제의 확대경향을 초래하는 것이 아니다. 왜냐하면 소유의 이중화는 표준적 경영자 통제의 확대 없이도 진행될 수 있기 때문이다. (우리는 이미 앞에서 표준적 경영자 통제가 아닌 다른 이중화 형태들을 살펴보았다.) 자본주의적 소유권 질서의 테두리 안에서는 경영자 통제의 확대란 오직 경제외적인 우연(예를 들면 자본가 집안 식구들간의 유산분배, 서독 '플리크'(Flick) 콘쩨른의 세금포탈과 같은 스캔들 등)이나 특별한 정치적 비상조치들(예를 들면 일본 가족독점체들에 대한 맥아더의 해체조치 등)이나 또는 자본주의적으로 수익성이 없는 대프로젝트의 실현(예를 들면 미국 등의 사회간접시설, 통신·교통시설 등의 기업)을 위해서만, 그것도 전체 독점자본의 이익을 위해서만 벌어진다. 그러나 이러한 우연적 또는 특별한 경향도 자본주의적 이익의 끈질긴 근본경향에 의해 상쇄되거나 억제된다(예를 들면 비독점적 가족기업의 성장, 독점형성, 우대주식제, 기명주식제의 도입 및 가족자산을 분할하지 않고 공동관리할 재단의 설립 등으로 나타나는 대주주의 지위를 계속 유지하기 위한 각종 역기도 등). 그리고 사회간접시설을 위한 수익 없는 '공영회사'의 창립은 총자본의 보통 예외적인 마지막 교지(狡智)에 지나지 않으며, 이것조차도 기술발전이나 수요의 증대로 수익성을 얻자마자 곧 자본왕들의 손아귀로 '민영화'되어버리는 것이 통례다. 따라서 독일의 경우 경영자에 의해 표준적으로 통제되는 독점기업의 수는 30년 전이나 지금이나 전체적으로 불변이다.

위에서 확정한 통제유형의 범주들을 적용하여 프로쓰가 서독 110대 독점콘쩨른에 대해 1959년에 수집한 자료를 재분류하면 다음과 같다. 그 옆에 나란히 제시된 1988년 수치는 리트케(R. Liedke)가 1988년에 수집한 서독 100대 독점콘쩨른 자료를 근거로 필자가 분류·산출한 것이다.

통 제 유 형	기 업 수	
	1959년	1988년
패권적 소유권자 통제	28	35
전통적 가족소유 통제	5	18
단독적 대주주 통제	23	11
집단적 주주 통제	-*	6
균형적 공동통제	7	5
패권적 경영자 통제	15	16
조건부 경영자 통제	4	5
표준적 경영자 통제	11	11
타기업에 의한 통제	40	31
단독소유자로서	0	10
대주주 또는 합자자로서	25	6
다수 주식분담자로서	15	15
국가 통제	19	11
분류불가(조합기업 및 유사형태)	1	2
합 　계	110	100

* 수치 제시 없음.

몇가지 변화가 눈에 띈다. 궁극적인 통계유형이 불명확한 '타기업에 의한 통제'를 일단 배제하면 '전통적인 가족소유 통제'는 오히려 13개 콘쩨른이나 늘어났고 '패권적 소유권자 통제'도 7개 기업이나 확대되었다. 이에 반해 '균형적 공동통제'는 2개 기업이 줄었고 패권적 경영자 통제는 오직 1개 기업이 늘었을 뿐이다. 게다가 표준적 경영자 통제하에 있는 기업의 수는 불변이다. 1988년 표준적 경영자 통제(11%)가 1959년(10%)에 비해 1% 이상 확대된 것으로 현상했다면, 이것은 순수히 통계적인 허상에 불과한 것이다. 왜냐하면 이것은 조사된 전체 기업 수의 차이(100:110)를 반영할 뿐이기 때문이다. 그런데 부분적으로든 전적으로든 구성체적으로 자립화된 경영자에 의해 통제되는(균형적 공동통제+패권적 경영자 통제) 주식회사의 전체 수는 오히려 22개에서 21개 회사로 감소하였다. 이것을 고려한다면, 모든 점이 프로쓰의 추측에 반(反)한다. 경영자 통제의 확대는 총독점자본이 필요로 하는 정도를 넘어 확대될 수 없다.

프로쓰는 자신의 억측을 정당화하기 위하여 미국을 예로 들고 있다. 미국의 현재는 다른 제국주의 국가의 미래라는 것이다. 그러나 미국의 '예'는 통계적으로 과장된 것일 뿐만 아니라, 잘못 해독되고 있다.[6] 이 점을 주목한다면, 미국의 현재는 서독의 현재와 거의 유사하다.

---

6) 일찍이 1932년 벌 2세(A. A. Berle Jr.)와 민스(G. G. Means)는 경영자의 권력을 과대평가하여 (은행업을 제외한) 미국 200대 회사 중 88개사(즉 44%)가 경영자의 손에 들어 있다고 주장한 바 있다(이에 관해서는 Pross 1965, 25면; Galbraith 1974, 106면). 30년 뒤 라너(R. Larner)는 이러한 과대평가를 극단으로 몰아붙였다. 그는 (은행업을 제외한) 200대 회사 중 적어도 169개사가 논란의 여지 없이 경영자들에 의해 통제된다고 주장하고 있다(Pross 1965, 25면). 그러나 프랑스 경제학자 슈발리에(Chevalier)는 60년대 말 미국 200대 산업기업을 조사한 후 135개사(67.5%)가 소유권자에 의해 통제되고 있고 48개사(24%)만이 표준적인 경영자 통제하에 있다고 보고하고 있다. 또한 미국 경제학자 버치(Ph. Burch)는 좀더 상세한 정보를 주고 있는데, 이에 따르면 70년대 초 300대 기업 중 60%가 명백한 또는 객관적으로 가능한 소유권자의 통제하에 들어 있다고 한다(슈발리에와 버치에 관해서는 Fritsch/Stiebritz 1981, 71면). 그리고 미국 이외의 다른 나라에서는 대부분 국유화되어 있는 사회간접자본 기업들이 미국에서는 모두 민간자본회사로서 경영자들에 의해 통제되고 있다. 다른 나라들의 국영기업의 등가물에 지나지 않는 이 기업군을 제외하면 미국에서 경영자 통제의 비율은 서독의 그것과 유사하다.

우리들의 일관된 주장은, 소유권자 통제가 경영자 통제에 의해 아직 추방되지 않았다는 것이 아니라, 경영자 통제란 어떤 경제외적인 대규모 경제개혁(맥아더의 일본 경제개혁과 같은)의 개입 없이는 더이상 현재의 수준을 넘어서지 않을 것이라는 것이다. 왜냐하면 그것의 확대경향은 전통적인 사적 이익의 집요한 자기관철력에 의해 상쇄될 것이기 때문이다. 따라서 경영자 통제는 미래에도 일정한 특정 영역에 국한된 채 남아 있을 것이다. 거의 모든 비독점적 대기업 및 중간기업들이 전체 경제의 밑받침으로서 전통적인 가족적 소유권자의 손아귀에 남아 있고 사적 소유로서의 주식의 명백한 실존 그리고 주식의 무제한적 소유와 교환이 사적 대주주가 새로이 탄생하고 기존의 가족적 독점대주주가 파산하는 '공영회사'를 인수할 수 있는 구성체적 기초로 남아 있는 한, 경영자 통제는 경제의 전체 국면을 수적으로 정복할 수 없다. 그리고 경영자의 '신용상부구조'가 기초하고 있는 주식의 사적 소유제는 제아무리 완전무결한 표준적 경영자 통제에 의해서도 폐지될 수 없다. 이것은 자본주의 세계 안에서 자연스러울 뿐이고 따라서 '신성하다'. 결국 오늘날은 결코 '경영자의 시대'가 아니고 또 이런 시대는 미래에도 도래하지 않을 것이다. 앞으로도 현상은 자본지배의 독점적 이중화의 시대가 변함없이 유지될 것이다.

이중화된 자본지배에 있어서 (개인적이라는 의미에서가 아니라) 노동에 대한 박탈성(Privativität)이라는 의미에서 사적(privat) 성격은 불변이다. 그러나 프로쓰는 다음과 같이 혹세무민하고 있다.

개인소유의 사적인 집단소유로의 탈바꿈은 소유가 국유화된 것은 아닐지라도 탈(脫)사유화되었다는(entprivatisiert) 것을 뜻한다. 동일한 효과는 공영회사에 특징적인, 소유에 대한 처분권력의 분리로부터 생겨난다. 소유권자 자신이나 이 사람에 의해서 효과적으로 통제당하는 위탁자가 아니라 독립적인 피용자(unabhängige Angestellte, 독립적인 예속인? 이것은 '뜨거운 얼음'이나 다름없는 헛소리이다—인용자)에 의해서 처분되는 경우, 사적 소유의 본질을 구성하는 처분권은 사실상 존재하지 않게 된다. 이것의 소거와 함께 사실상의 순이윤에 대한 소유권자의 권리도 사실상 제거된다. (Pross 1965, 160면)

공영회사 안에서도 사유재산으로서의 주식의 연례적인 배당금에 대한 사적 권리는 극단적으로 약화될지언정 결코 '제거되지'는 않는다. 거듭 말하지만 경영자에 의해 수탈되는 것은 신용상부구조이지 결코 이것의 주식적 '토대'가 아니다. 프로쓰의 괴이한 결론은 그녀의 부르조아 법률적 자본주의 소유관에 기인한 것이다. 그녀에 의하면 사적 소유는 "여러 권리의 통일체"를 뜻한다. '소유의 사성'(私性, Privatheit)은 따라서 "①법의 테두리 내에서의 물건의 용익에 대한 소유권자의 권리, ②처분에 대한 권리, ③그의 소유로서 그 자신 또는 타인에 의해 획득된 순이익에 대한 권리"를 포함한다(같은 책, 159면). 그러나 첫번째 계기는 계급규정인 생산수단의 투자에 대한 사적 권리, 소생산자에 의한 노동수단의 생산적 이용에 대한 순진무구한 권리와 개인적 소비수단(음식, 의류, 주택, 기타 소지품 및 개인소비품목 등)의 개인적 이용에 대한 당연한 권리를 마구 뒤섞어놓고 있다. 특히 소비수단의 개인적 이용은 사상(事象)의 본성에 따라(예를 들면 너는 나 대신 먹어줄 수 없고 입어줄 수 없고 향유해줄 수 없다) '개인적 소유권'에 속하는 것으로서 이 개인적 소유는 지금까지 모든 소유제도하에서도 존재하였고 또 공산주의 소유제도하에서도 소멸할 수 없을 것이다(그것은 심지어 로마의 공공연한 노예에게도 인정되었는데, 페쿨리움이 바로 그것이다). 두번째 계기 '처분'은 인간, 즉 노동자에 대한 지배의 시각을 소홀히 하고 또한 자기노동에 의해 획득된 생산수단에 대한 생산자의 처분과 남의 잉여노동에 의해 획득된 생산수단에 대한 비(非)생산자의 처분 간에 놓인 엄청난 차이를 지워버리고 있다. 세번째 계기 '순이익'은 남의 잉여노동의 점취를 미사여구로 은폐하고 있다. 소유의 자본주의적 '사성'은 항상 노동자로부터 잉여와 자립성을 박탈하는 데 본질을 두는 박탈성을 뜻한다. 자본주의적 소유의 이러한 박탈성은 독점자본주의적 소유의 이중화된 형태 속에서도 불변적으로 남아 있을 뿐만 아니라, 확대된 규모로 재생산된다. 그러나 프로쓰는 "자본을 수많은 소주주들로부터 끌어모은 대규모 주식회사는 사적 소유의 본질을 구성하는 제계기의 통일성을 파괴해버렸다"(같은 곳)고 말한다. 여기서 '파괴'는 무엇을 뜻하는가? 소주주의 배당권이 '제거'되고 그리하여 경영자와 주주가 적대적 모순에 빠져든다면 '파괴'에 대해 운위할 수 있을 법하다. 그러나 경영자와 주주의 이익은 개별적인 경우 비본질적으로 대립되고 모순되기도 하지만, 적대적이지는 않다. 양자는 온갖 비본질적인 갈등관계 속에서도 신용을 매개로 한 이익공동체를 형성한다. 프로쓰는 모순 일반을 적대적 모순으로 혼동하고 있다. 그녀는 자신의 경험적 연구의 결과에 따르더라도 "출가시켜야 하는 과년한 딸 셋을 가진 과부"가 아니라 거의 모두 중소 부르조아지에 속하는(같은 책, 133면) 독점대기업의 소주주들과 패권적인 경영자 간의 대립관계를 거듭 "적대관계"로 규정하고 있다(같은 책, 122, 124면 등). 그러나 부르조아지 내부의 비본질적인 모순들은 적대성으로 첨예화될 수 없다. 오직 객관적으로 구조화된 정면적 배척관계의 근거를 이루는 모순만이 적대성으로 규정될 수 있다. [7] 경영자와 주주는 비적대적으로 모순적인 이중화 속에서도, 노동자들에 대해 적대적인 공동체로서의 양자간의 형제적 통일성을 이룬다. 주식회사는 자본주의적인 사적 소유를 이중화하고, 그리하여 자본주의적 사적 소유의 본질을 구성하는 계기들의 '통일성'의 개인적 형식을 폐기하지만 이 통일성 자체는 조직적인 신용형식으로 재생산된다. 즉 '통일성'은 '파괴되는' 것이 아니라 **발전된다**. 프로쓰의 결론은 그녀 자신의 다른 주장, 즉 "사적 소유는 경영자들을 보호하고 그들은 사적 소유를 보호한다"(같은 책, 179면)는 주장과도 모순된다. 게다가 "서독 역사의 그 어떤 단계에서도 경영자집단과 자본주의적 소유권자 집단 간의 심각한, 아니 맹아적으로나마 부각되어나온 대립이 확인된 적이 없다"(Jung 1986, 180면).

결국 우리는 다음과 같이 결론지을 수밖에 없다. 오늘날 부르조아적 소유는 오직 자본끼리의 관계에서만 '탈사유화'되었을 뿐, 노동자와의 관계에서까지 그러한 것이 아니다. 그것도 부분적으로만. 왜냐하면 셀 수 없이 많은 비독점적인 개인적 자본가들이 잔존하기 때문이다. 경영자들은 '순이익'에 대한 주식의 권리를 '제거'하거나, 주기적인 배당금 분배의 의무로부터 해방

---

7) 부하린의 저작에 대한 난외 주석에서 레닌은 다음과 같이 말하고 있다. "적대성과 모순은 결코 동일한 것이 아니다"(Lenin 1981, 34면). 모순 일반과 적대적 모순의 이러한 구별은 계급사회의 주요모순을 판별하고 또 사회주의 사회에서의 주요모순과 자본주의적 주요모순 간의 차이를 인식하는 데 필수적이다. J. 리체르트는 간결하게 다음과 같이 말하고 있다. "모든 모순이 적대성인 것은 아니다"(Ritsert 1988, 202면).

될 수 없다. 경영자가 차용하고 있는 '본질적으로 프로테스탄트적인' 신용, 즉 "자기증식하는 자본의 단순한 인격화로서의 생산의 개별적 대행인들에 대한 신앙"은 "프로테스탄트 교리가 가톨릭 교리의 기초로부터 해방될" 수 없듯이 주식의 "본질적으로 가톨릭적인" 화폐토대로부터 "해방될 수 없다"(25: 606면). 게다가 주식배당금의 제거는 주식을 휴지조각으로 만드는 것으로서 곧 주식회사의 제거를 뜻한다. 따라서 경영자에 의한 주식배당금의 제거는 자살행위나 다름없다. 뿐만 아니라 경영자들은 보통 그 자신이 주식소유자들이다.[8] 기업의 성장과 더 많은 주식배당금에 대한 주주의 요구 간의 이익대립은 '기업가이윤'(Unternehmergewinn)과 이자 간의 대립보다 더 사소한 것이다.

(4) 최고경영자와 '테크노스트럭처'──갤브레이스에 대한 비판

경영자의 소득이 기업이윤처럼 착취된 잉여가치의 일부이기 때문에, 그것은 '경영자이윤'이라고 부를 수 있을 것이다. 따라서 이 경영자이윤은 "이 착취가 그에게 요구하고 또 적절한 급여를 주어 지배인에게 떠넘길 수 있는 노고의 정도에 비례하는 것이 아니라"(25: 401면), 대체로 노동의 착취도 및 동시에 착취당하는 노동자의 수에 정비례한다. 그러므로 일정한 착취율이 주어져 있으면 경영자이윤과 경영자권력은 일반적으로 그가 지배하는 노동자들의 수와 더불어 증대하게 된다. 이 노동자 수는 기업의 크기로 표현된

---

8) 가령 독일 경영자의 소득은 봉급(Gehalt)뿐만 아니라 정기적인 이익배당금(Tantiemen)과 주식(Aktie) 및 주식배당금(Dividende)으로 이루어진다. 경영자들은 오래 전부터 누진세의 적용을 우회하기 위하여 봉급인상이나 이익배당금의 인상보다 시세 이하의 액면가격으로 수년마다 주기적으로 배분되는 주식을 더 선호해왔다. 따라서 경영자도 경영자 직책을 얻은 후 수년 내에 예외 없이 주주가 된다. 경영자의 주식소유가 법률로 금지되더라도 가족 명의로 취득한다. 경영자의 주식보유량은 '국민주회사'의 경우 전체 주식의 1.5% 이하에 지나지 않지만, 그 시가는 수백만 마르크에 달한다. 이런 까닭에 경영자도 주식배당금의 증대에 관심을 쏟을 수밖에 없다. 여기에서 경영자로 대변되는 기업성장(이윤의 확대재투자)과 주주로 대변되는 배당률의 증대(이윤의 개인적 소비) 간의 대립은 그 고유한 한계를 발견한다.

다. 이런 까닭에 경영자들은 주주들이나 실질적 지배인들보다도 회사자본의 집중과 집적에 더 큰 관심을 갖게 되어 기업성장의 직접적인 주요 수익자요 주요 추동자로 나타난다.

그러나 갤브레이스는 다음과 같이 반대로 말하고 있다. "회사의 성장은 테크노스트럭처(technostructure)의 직접적인 금전적 이익에 전형적인 방식으로 봉사한다"(Galbraith 1974, 124면). 그에 의하면 최고경영자 집단은 '테크노스트럭처'에 속하지 않는다(같은 책, 115면). 따라서 그의 기업의 성장이 '전형적인 방식으로' 경영자집단의 이익이 아니라 기업의 관료(즉, 실질적 경영자층) 및 테크노크라트층의 금전적 이익에 '전형적인 방식으로' 복무한다고 주장하는 셈이다. 그러나 이같은 주장은 그가 이 주장을 정당화하기 위하여 모리스(R. Morris)로부터 인용하고 있는 바로 그 인용문에 의해서도 즉각 부정되고 있다.

사업정책이 집단에 의해서 정해지는 과두적 회사들 안에서 합의되기에 가장 가능성 높은 결의들은 각 개인의 시장가격을 가장 빠른 기간에 등귀시키는 종류의 결의일 것이다. 우리가 시장가격을 봉급, 권력, 위신의 총화로 간주한다면, 성장은 증대된 이익의 일부가 필경 아래에 있는 젊은 인력들에게로 분배될 것임에 틀림없지만 정상에 있는 사람들에게 가장 선차적인 의미를 갖는 것이 되지 않을 수 없을 것이다. [9]

최고경영자 집단이 기업성장의 주요 수익자라는 사실은 갤브레이스의 이 인용문에서도 논란의 여지가 없다.

1941년 번햄(J. Burnham)은 자본가의 권력이 자본주의 발전의 필연성에 따라 중하급 관리자에게로 이전된다는 '경영자혁명'(managerial revolution)을 예언한 바 있다. [10] 이 빗나간 번햄의 예언을 슬쩍 훔쳐 쓰고 있는 갤브레이

---

9) Robin Morris, "A model of the 'managerial Enterprise'," in: *The Quarterly Journal of Economics*, Bd. 77, Nr. 2/1963, Galbraith 1974, 123면 각주에서 재인용.

10) 예전의 뜨로쯔끼주의자 번햄의 매니저 개념은 물론 우리가 정의한 최고경영자(이사와 감사)도 갤브레이스의 '테크노스트럭처'도 뜻하지 않는다. 번햄의 매니저는 맑스의 '실질적 관리자'(중하급 간부)만을 뜻하고 따라서 과학기술적 연구, 개발, 디자인을 담

스의 서툰 표절은 실은 번햄과 마찬가지로 맑스 이론의 역사화를 겨냥하고 있다. "일견에 회사 병합을 통한 현대적인 거대콘쩨른들의 성장과 맑스가 흑판에 그린, 소자본들이 더 큰 자본들에 의해 지속적으로 잡아먹혀가는 자본주의적 집적과정(sic!) 간에는 피상적인 유사성이 인지된다. 그러나 이 비교는 하자가 있다. 맑스의 동기는 착취와 이윤이었다. 현대적 과정에서의 선차적인 동기는 관료적 이익——즉 테크노스트럭처의 보다 많은 위신과 보다 많은 돈이다"(같은 책, 129면). 그러나 갤브레이스의 이러한 오판은 '테크노스트럭처', 즉 전문관료층에 의한 소유권자와 경영자의 권력의 사실상의 찬탈이라는 그의 다른 잘못된 테제에 근거하고 있다.

> 조직은 결정을 위한 전문가 지식의 종합제도이다. …이 일은 집단적 결정에 참여하지 않지만, 그럼에도 불구하고 이 결정을 변경시키고 이것에 영향력을 행사하려는 자는 업무관계의 불충분한 지식으로부터 출발한다. …개인의 그러한 간섭이 필연적으로 지식정보의 결함을 안고 있기 때문에 그러한 간섭은 손해를 끼치게 된다. 따라서 권력은 소유권자나 이들을 대표하는 이사회로부터 자본회사의 지배인층으로 이전되게 된다. 또 동일한 이유에서 회사 내의 권력은 다시 더 아래로, 지식을 가지고 결정에 능동적으로 참여하는 인물에 이전된다. (같은 책, 104면 이하)

갤브레이스는 이제 임금예속적인 전문바보들(Fachidioten)을 집단적 지배자로 등극시키고 있다.

전문지식과 직책비밀로부터 생겨나는 전문적인 관료층과 테크노크라트의 권력지위는 주지의 사실이다. 그러나 생산과정 및 유통과정의 실질적 기능들에 필수적으로 요구되는, '테크노스트럭처'의 소재적(素材的)인 전문지식이란 전체 사업의 전반적 조감을 독점하고 기업정책 전반을 구상·입안하며 정부와도 '정치'하는 금융귀족층적 최고경영자들의 눈에는 꼬장꼬장한 하찮은(pedantisch) 지식으로밖에 보이지 않는다. 그리고 그들의 업무비밀도 일

당하는 기술전문인력(테크노크라트)를 명시적으로 배제하기 때문이다(Burnham 1948, 영어판 1941, 100면 이하). 이에 반해 갤브레이스의 '테크노스트럭처'는 중하급 기업관료와 테크노크라트 양자를 다 포함한다.

급비밀(top-secret)을 독점하고 있는 경영자들에게는 분업에 의해 제약된 전문바보들의 곰상떨이 비밀에 불과한 것으로 나타난다. 즉, 최고경영자들만이 순수한 자본기능에 필수적인, 사업 전체에 대한 '전반적 조감'과 '일급비밀'을 독점하고 있는 것이다. 이 전반적 조감과 일급비밀은 거대하게 확장된 독점기업에서 필수불가결한 특별 업무사항인데, 이것들은 분업적으로 확고히 상호 차단당해 있고 또 최고경영자층의 '글라스노스트'에 대한 어떠한 요구도 제기할 수 없는 임금예속적 '테크노스트럭처'에 의해서는 결코 입수될 수 없다. 막스 베버는 이전에 관료적인 '전문지식 지배'의 '불가피성'을 갤브레이스보다 훨씬 더 과장했지만, 그는 비록 그의 근거제시가 완전히 옳은 것은 아닐지라도 자본소유주와 최고경영자를 관료체체에 의한 권력찬탈에 '방역된' 예외심급으로 규정하고 있다.[11]

자본이 사용가치와 교환가치의 매개자로서 모든 소재적인 사용가치들(사물적 사용가치와 육체적·정신적 능력으로서의 인간적 노동)을 주재하는 과정으로서의 자립화된 교환가치인 한에서, 그것은 사물적 유용물을 취급하는

---

11) 베버는 다음과 같이 말한다. "모든 다른 지배자들은 대중조직 안에서 대량생산이 냉혹한 정밀기계의 지배에 빠져들듯 관료체제적 지배에 불가피하게 빠져든다." 그러나 지식에 있어서, 즉 **전문지식**(Fachwissen)과 **사실정보**(Tatsachenkenntnisse)에서 관료층보다 우세한 존재는 통상 자신의 이익영역 내에서 **사적 영리추구자**뿐이다. 즉, 자본주의적 소유권자뿐이다. 이는 관료체제적인 합리적 지식지배(Wissens-Herrschaft)의 불가피성에 대해 (적어도 상대적으로나마) 현실적으로 **방역된** 유일한 심급이다."(Weber 1985, 129면) "그 까닭은 기업가들에게 그들의 영역에서의 정확한 사실정보는 직접 경제적인 존망의 문제이기 때문이다"(같은 책, 57면). 그러나 관료층의 권력찬탈에 대한 자본가의 이 '방역성'은 약간 교정될 필요가 있다. 맑스에 의하면 "생산지식의 자본주의적 점취와 개인적 점취는 완전 별개의 문제"라서 대부분의 자본가들은 공학, 화학 등에 관해 "까막눈일 만큼, 그리고 소름끼치게 무식하고"(23: 407면 이하), 따라서 소재적 전문지식과 사실정보에서 기업관료들에 비해 형편없이 열등하기 때문이다. 이것은 오늘날의 재벌경제시대에 더욱 적중하는 것이다. 전문관료와 기술관료들에 대한 자본가와 최고경영자의 권력우위는 전문지식과 사실정보에 근거하는 것이 아니라 자본 소유권 및 점유권에 근거한 초(超)소재적인 업무 전반의 조감(총괄정보)과 일급비밀에 기초를 두고 있다. 따라서 베버의 다음 테제에 등장하는 '비밀'도 일급비밀과 업무비밀로 분화되어야 할 것이다. "권력수단으로서의 '비밀'도 관료분과의 서류에서보다 기업가의 주요 치부책 안에서 훨씬 안전하게 비장되어 있다"(Weber 1985, 57면).

모든 육체적·지적 능력과 사용가치의 생산과 생산적 소비에 필수적인 노동자의 모든 소재적 지식을 지배한다. 즉 자본은 모든 소재들을 자신의 자기매개(Selbstvermittlung)의 단순한 계기들로 격하시켜 이 모든 소재들을 초월한다. 따라서 사회적 재생산의 교환가치적 형식 측면을 이 생산의 소재적 측면으로부터 가장 멀리 떨어진 위치에서 통제하는 금융자본은 소재적 측면과 가장 무관하고 바로 이런 이유로 가장 광범한 소재세계를 지배하는 자본 그 자체(Kapital san phrase)로 필연적으로 올라서는 것이다. 이런 까닭에 '새로운 금융귀족'이 모든 다른 자본가들과 테크노스트럭처를 공히 지배하는 최고로 격상된 자본가라는 것은 당연하다. 이런 의미에서 맑스는 다음과 같이 말하고 있다.

부(富) 그 자체, 즉 부르조아적 부가 그 자신이 매개자로서, 즉 교환가치와 사용가치의 극단들의 매개로서 확립되는 교환가치 안에서 항상 그 최고의 위력으로 표현된다는 것은 언급할 만한 중요한 측면이다. 이 매개 중심은 항상 완전무결한 경제적 관계로 현상하는바, 그것은 이 관계가 대립들을 종합하기 때문이며, 또한 그것은 항상 이 극단들에 대해서 일방적으로 고차적인 위력으로 현상한다. 왜냐하면 운동 또는 극단을 매개하는 것으로 근원적으로 현상하는 관계는 변증법적 필연성으로서 그 관계가 자기매개(Vermittlung mit sich selbst)로, 즉 그 극단들의 지양을 통해 자신을 홀로 자립적인 것으로 정립하기 위하여 그 극단들의 자립적인 전체를 지양하는 한에서 그 극단들을 자신의 계기들로 격하시킨 주체로서 현상하기에 이른다. …그 자체 극단들에 대해 일방적인 전체적(total) 경제적 표현은, 교환가치가 중간지절로 확립된 곳에서는 어디에서나 교환가치이다. 예를 들면 단순유통 안에서 화폐, 생산과 유통의 매개자로서의 자본 그 자체, 자본 그 자체 안에서 자본의 한 형태는 다시 교환가치로서의 다른 형태의 자본에 대하여 사용가치의 지위를 점한다. 그리하여 예를 들면 산업자본은 유통으로 현상하는 상인에 대하여 생산자로 현상한다. 따라서 전자는 소재적 측면을, 후자는 형식 측면을 부(富)로서의 부로 표현하게 된다. …그 다음 산업가와 상인에 대한 은행가, 단순한 생산에 대한 주식회사, 최고 수준에서의 국가와 부르조아 사회의 매개자로서의 금융가가 나타난다. 부 그 자체는 그것이 직접적 생산으로부터 멀리 떨어지면 떨어질수록 그리고 제각기 그 자체로 보면 이미 경제적 형식관계로 확립될 측면들을 더 멀리 매개하면 매개할수록 가장 판명(判明)하고 광범위한 것으로 표현한다. 가장 끝내주는 형태는 금융가(Financier)이다. (42: 250면 이하)

유일하게 최고경영자들의 기업정책적 계획과 조정 과정에 참여할 수 있는 특권을 향유하였던 중하위급의 상업부서들도 심화된 분업과 컴퓨터 정보기술의 복합적인 투입으로 기업정책적 영향력 주입의 기회를 상실해가고 있다(Baethge/Oberbeck 1986, 17면 이하). 이전에는 상업부서들의 공동작용 없이는 단 한 건의 중간결산도 이루어질 수 없었다. 왜냐하면 오직 이 상업부서의 직원들만이 자료와 서류의 정돈상황에 정통하였기 때문이다. 기업전략 수립에 관한 진정한 결정권은 물론 기업 중역진에 있었지만 기업정책적 기조와 세부 결정은 협업의 형태로 최고경영진과 중간단계의 상업부서에 의해 공동으로 입안되었다. 그러나 이 상업부서의 지금까지 비교적 강력했던 기업 내 권력지위는 이제 '통일적인 자료은행'의 설치 및 '조종기능들의 노동조직적 세분화'로 인해 점차 약화되었다.

전문부서들은 그들에 의해 수집된 자료와 목록들의 기업정책적 정보들을 데이터뱅크로 이전시킴과 동시에 시장동향, 고객구조 등에 관한, 지금까지 본질적으로 그들에 의해서만 장악되었던 노하우를 상실하지 않을 수 없고, 그것은 이제 기업중역 차원이 직접 장악하게 된다. 따라서 이 과정은 전통적인 전문부서들에 대한 기업 및 경영정상(頂上)의 자립화를 가능케 해주는바, 이것은 결국 전략적·구상적 분석 및 기획 과정으로부터 전문부서들이 거의 전반적으로 배제되는 사태를 초래하게 된다. (같은 책, 175면)

자본의 가치증식과정 아래로의 노동과정의 포섭이 자본주의적 기업과정의 형태규정적인 토대로 남아 있는 한, 생산 및 유통 과정의 사물소재적(기술적) 그리고 인간소재적(사회적) 측면만을 관장하는 관료적·테크노크라트적 전문인들은 원칙적으로, 자본소유자나 최고경영자만이 독점하는 초소재적인 순수 자본기능에 대한 수단에 불과하다. 따라서 기업적 포섭구조의 이러한,

개개 기업에는 선험적인 것으로 현상하는 구성체적 형태규정성이 여전히 존속하는 한, '테크노스트럭처로의 권력의 이전'에 대해 운위할 하등의 근거도 없다. 그간의 자본주의의 역사적 발전경향은 이것의 반대만을 증거해왔을 뿐이다. (이에 관해서는 뒤에서 더욱 상세히 취급하겠다.) 테크노스트럭처의 소재적 전문지식은 노동자와 하급사무원들에게는 일정한 의미를 가지지만, 최고경영자들에 대해서는 사소한 것이요 하찮은 것이다. 차라리 독점자본주의적 금융세계 속에서는 소재적 전문지식을 가졌다는 것 자체가 곧 일정한 종속성의 한 징표일 따름이다.

'테크노스트럭처', 즉 대기업의 관료층과 테크노크라트층은 따라서 전혀 또는 거의 지배하지 못한다. 그들은 기업전략적 결정에도 영향을 미치지 못하며 갈수록 더욱 그렇다. 그들의 활동은 거의 독점적 최고경영진의 지시를 수행하는 데 국한되어 있다. 최고경영자들은 관료와 테크노크라트들을 자신과 기업에 묶어두기 위하여 이들의 복무에 대해 후한 보수로 보답하고 또 기꺼이 각종 소비특권에의 접근통로를 마련해준다. 그러나 최고경영자들의 이러한 조치들은 실은 타인의 이익을 위해서가 아니라 바로 자신들의 이익을 위한 것들이다. 따라서 그들은 관료와 테크노크라트들의 이익을 대변하는 것이 아니라, 이들을 매수할 뿐이다.

정당하게 우리는 다음과 같이 결론지을 수 있다. 착취한 잉여가치 및 지배권력의 분배는 오직 가공적인 주식자본에 대한 상급소유권자들(또는 전통적인 가족소유권자)과 신용자본에 대한 하급소유권자들(즉, 가족콘쩨른의 단순히 조직적으로 설치된 경영자들이나 구성체적으로 확립된 자립적 경영자들) 간에만 벌어진다. 오늘날 독점기업의 권력구조를 법률적 소유범주로써, 즉 경제적 소유범주 없이 설명하려는 일체의 시도들에 반하여, 신용관계에 기초한, 화폐자본적 상급소유와 신용자본적 하급소유로의 독점자본주의적 사적 소유의 조직적인 또는 경우에 따라 구성체적인 이중화라는 우리의 테제가 자본관계의 현실적인 발전변증법을 더 충실히 그리고 더 일관되게 해명해준다 할 것이다. 이 변증법은 일차적으로 생산력과 생산관계의 근본적 변증법에 의해 추동되는 경제적 사회제관계의 구성체적 발전('전적으로 새로운 권력'으로서의 신용의 그물망 형성, 독점형성 등)이 조직적 발전(주식제도, 트러스트, 콘쩨른 등의 '조직' 형성)을 근본적으로 규정하면서 동시에 이 '조직'형태의 발전이 다시 '구성체적' 발전에 역작용하고 가끔은 이것을 변경시키면서 '구성체적' 구조 속으로 침전되어들어갈 수 있다는(최고경영자의 신용자본적 자립화) 복합적 변증법을 일컫는다.

지금까지 우리는 지배 측면의 이중화, 말하자면 자본관계의 두 측면(자본 또는 지배 측면과 임노동 또는 예속 측면) 중 하나만을 고찰하였다. 그러나 이 책의 서두에서 다시 확인하였듯이 임노동의 예속상태도 형식적 종속과 실질적 종속으로 이중화되어 있다. 이 이중화된 예속성은 곧 살펴보게 될 것이지만 다각적으로 수정되고 심화되고 일반화된다 하더라도 독점적 자본관계 안에서 오히려 가장 선명한 형태로 재생산된다. 비독점적 자본관계와 나란히 그리고 이것을 억누르면서 발전하는 특별한 생산관계로서의 독점적 자본관계는 이것의 지배 측면에 있어서든 예속 측면에 있어서든 이중화되어 있다. 즉 그것은 중복적으로 이중화되어 있다.

독점적 자본관계의 이러한 중복적 이중구조는 수만 또는 수십만 명의 노동자와 사무직원들을 하나의 통일적인 지배권력 아래 포섭하는 모든 거대 콘쩨른의 위계조직에 의해 은폐된 계급적 상명하복관계의 기저에 놓여 있다. 따라서 이 콘쩨른에 참여하는 모든 참가자들의 이익 및 계급 구조는 이 중복적 이중구조 및 이것의 변혁·발전에 의해 부정적으로 또는 긍정적으로 구성당하고 규제당하고 재생산된다. 그러나 노동자와 사무노동자들은 착취와 억압의 단순한 대상이 아니라, 자주적으로 항거하는 행동적 주체들이기도 하다. 그리고 "동시에 고용된 노동자들이 대중화됨에 따라 그들의 저항도 증가하고 따라서 필연적으로 이 저항을 처리하기 위한 자본의 억압도 증가한다"(23: 350면).

물론 독점자본의 경제적 억압과 착취는 "경제외적인 직접적 폭력"에 의해 보장되는 것이 아니라 예나 다름없이 "경제적 관계들의 소리없는 강제"(stummer Zwang der ökonomischen Verhältnisse, 23: 765면)에 의해 보장된다. 하지만 중간규모 및 소규모의 자본들이 주로 지배하였던 경쟁자본주의 시대에는 자본의 기업적 지배가 자의적이고 무규칙적인 병영전제체제(Kasernendespotie)의 형태를 취했는바, 이 병영전제체제는 자본가와 족벌체제적으로(vetternwirtschaftlich) 임명된 '산업장교들'에 의해 구성되고 직접적인 호령·호통과 질타, 인격적인 험담과 모독, 심지어 폭행 및 폭력의——'예외적'이었지만

(Marx)──사용도 배제하지 않은 군대식 통제조직이었다. 그러나 엄청난 수의 노동자와 사무원을 유일한 지휘중심 아래 복속시키고 따라서 노동자들의 엄청난 저항잠재력을 안고 있는 독점콘쩨른에서는, 이전에 안성맞춤이었던 저 병영적 전제체제는 그 최적의 기능을 상실하고 만다.

지휘중심과 노동자들 간의 직접적인 접촉은 일찍이 증대된 위계적 서열단계들에 의해 단절되었고 또 익명화된 노동자대중과 이들의 저항은 증가되어 저 자의적인 병영적 전제체제가 저항을 처리하는 것이 아니라 오히려 계급적 분격을 부채질하게 되었다. 기업지배의 새로운 보장 및 확대된 계급저항의 가능한 한 마찰 없는 처리와 지휘중심 아래로의 다단계적 위계질서 및 대기업적 업무분업의 빈틈없는 통합을 위한 과업은 이제 새로운, 전적으로 기계적·전제적인 행정관리기구, 즉 **관료체제**를 요구하게 된다.

이에 관해 리체르트(Jürgen Ritsert)는 다음과 같이 말하고 있다. "근대의 고전적 계급이론은 자본주의적 발전과 사회주의적 발전의 현저한 특징으로서 기업(Marx)과 국가기구(Weber) 안에서의 관료체제적으로 조직되는 지배행사의 추세를 강조해왔다"(Ritsert 1988b, 113면). 이 테제로써 리체르트는 맑스가 '사회주의적' 기업관료체제를 '사회주의적' 발전의 '현저한 특징'으로 예언하였다고 주장하는 것은 아닐 것이다. 그러나 맑스가 자본주의 기업의 관료화 경향을 강조하였다는 그의 테제는 문제가 있다. 기업의 관료체제는 맑스가 아니라 베버가 강조하였기 때문이다(Weber 1985, 552면). 맑스는 기업의 '관료체제'와 '관료'에 관해 언급하고 있는 것이 아니라 거듭 '산업장교', '산업하사관', '산업병졸', '병영적 기율', '산업예비군', 자본의 (통치권이 아니라) 군사적 '통수권'(Kommando)에 관해서만 기술하고 있다. 이 표현들은 맑스 시대의 기업들이 군사편제로부터 조직형태를 차용하였기 때문에 단순한 비유적 표현들은 아니다. 물론 이것이 관료화 이전의 기업조직이 오직 군사적 위계만을 닮고 있었다는 것을 뜻하는 것은 아니다. 가령 경리실행정은 가부장제적 상인주-조수관계(Prinzipal-Gehilfe Verhältnis)의 몇몇 요소도 넘겨받고 있는 반면, 생산현장의 하위 생산조직에서는 수공업적인 직장─장인─도제 관계도 변형된 형태로 오래 잔존하였다. 여기에 트라이버와 슈타이네르트가 공장조직에 대한 군대조직의 모델 역할을 부정하지 않으면서 "또다른, 덜 명시적인 모델"로 입증하고 있는, 노동자들의 "영혼"을 기율화하여 "질서바른 생활"로 인도하는 데 기여한 수도원 모델도 "선택적 친화성" 속에서 일정한 역할을 하였음이 첨가되어야 한다(Treiber/Steinert 1980, 124면). 아무튼 맑스는 기업의 관료화를 관찰하지 못하고 군사적·병영적·전제적인 기업위계체제와 기율만을 목도하였다. 기업의 관료체제는 그가 사망할 무렵에야 파악 가능한 형태로 선보인다. 물론 엥겔스는 경제영역의 관료화가 개시되는 것을 목도할 수 있었다. "주식회사는 전체 행정을 봉급받는 관리(官吏)들로 하여금 수행케 함으로써 부르조아가 얼마나 불필요한 것인가에 대한 증거를 제공하였다"(1882년 5월 16일자 베벨에게 보낸 서신). 1884년에는 다음과 같이 말하고 있다. "특히 독일에서 엄청나게 확장된 은행들이 온갖 **관료체제적** 명칭을 달고 점점 저당권 담당자가 되어가고 있다"(25: 918면).

2. 관료체제의 정치이론

(1) 관료체제의 개념——지배기술적 합리성과 노동기술적 합리성의 모순

관료체제 일반은 지배자의 조직적 **수단**이다. 따라서 관료체제의 조직형태와 기능방식에는 우선 지배이익이 반영되어 있고 지배기술적인 합리성 기준에 따른 지배효율을 지향한다. 그러나 자본주의 국가와 기업의 관료체제적 행정·지도 과정은 전(前)관료체제적인 자본주의 기업행정과 마찬가지로 억압적 **지배기능**과 (모든 협업노동에 공통적으로 필수적인 생산적 특수노동이라는 의미에서의) 순수한 **지도기능**의 모순적 통일이다. 따라서 관료체제의 형식적 요소들은 본질적으로 이질적·모순적인 두 종류의 합리성, 즉 **지배기술적 합리성**과 **노동기술적 합리성**에 의해 규정되어 있고 따라서 항상 이 "이중적 본성"(25: 397면)에 따라 고찰되어야 한다.

이 두 가지 합리성은 관료체제 안에서 물론 비중이 동일한 것은 아니다. 지배기술적 합리성이 관료체제에 본질구성적인 것이고 따라서 노동기술적 합리성에 대해 우위를 점한다. 왜냐하면 관료체제는 본질적으로 **지배의 수단**이고 지배이익과 착취이익은 모든 이익에 우선하는 것이기 때문이다.

여기서 합리성 개념은 막스 베버의 '서구에만 고유한' 합리성 개념으로 편협하게 이해되어서는 안될 것이다. 베버가 서구 합리주의의 '특수한 고유성'을 소위 프로테스탄티즘의 윤리와 연관시키고 있는 점에서 그의 개념은 '비합리적' 세계를 '합리화'시키고 '문명화'해야 한다는 제국주의적 '백인의 책무'(white men's burden)의 비밀스러운 여운을 담고 있다. 이 거만한 합리주의 개념은 '백인들'간에만 통용될 수 있는 유럽중심주의적인 동양관에 근거하고 있다. 이 유럽중심주의적 가설은 **오직** 유럽에서만 합리적 기업자본주의가 탄생했다는 가정을 말한다. 그러나 18세기 이래 동아시아(중국, 한국, 일본, 베트남 등)에서도, 베버가 서구 밖의 "지구 어디에서도 발전한 적이 없는"(Weber 1984, 15면) 서구의 독특한 산물로 거만하게 거듭거듭 강조하고 있는 형식적으로 **자유로운 임금노동**의 합리적 조직을 가진 '기업자본주의'가 자생적으로 생성되었다. 예를 들면 조선에서는 당시 생산적 자본을 '물력(物力)'이라고 부르고 자본가를 '물주(物主)'라고 부름으로써 유통수단으로서의 단순한 화폐, 특권적 상인자본 또는 단순한 장사치와 구별하였다. 동아시아의 매뉴팩처적 자본주의는 단지 동아시아의 도시나 도시 주변에서만 체류하였던 서양 선교사들의 '서구적' 벽안으로는 관측될 수 없었다. 동아시아의 자본주의는 벽촌이나 산골 등 도시로부터 가능한 한 멀리 떨어진 오지(奧地)에서만 번창하였기 때문이다. 이런 산골과 농촌 벽지는 전아시아 역사를 관통하여 항상 "지방관의 진영"(Marx)이었고 경제적으로는 기껏 특권상인들의 거래소로 기능하였던 **도시**의 봉건적 권력이 가장 적게 미치는 곳으로서 동아시아 자본주의의 탄생지인 셈인데, 이 점은 서구 근대자본주의가 거꾸로 농촌토지의 봉건권력으로부터 가장 멀리 떨어졌고 그리하여 "전 중세에 걸쳐 농노가 도망가던"(3: 51면) 피난처로 기능했던 중세도시에서 시작된 사실과 큰 대조를 이룬다. 동서양의 자본주의 출발조건상의 이 본질적인 차이는 서구의 중세가 농촌을 역사의 거소(居所)로 하여 출발한 반면,

동양 봉건권력의 본래적인 소재지는 항상 도시였다는 상반된 사실에 기인한다. 이런 까닭에 18세기 중엽 중국을 방문한 최초의 서양 선교사들은 **오로지** "대규모의" 전(前)프롤레타리아적, 즉 전자본주의적 임금노동자들, 말하자면 "아침부터 해질녘까지 손님을 찾기 위해 거리를 뛰어다니는 수공업자들"(R. Jones로부터 맑스의 인용, 26.3: 425면)만을 보았을 뿐이다. 농촌 벽지와 산간에서 18세기부터 시작된 동아시아의 자본주의(중국에서는 한지 및 비단 제조업 분야에서 이미 17세기에 시작된다〔Töpfer u.a. 1985, 155면 이하〕)는 16~17세기 이래 진흥된 일반적인 상업화에 기초하였는데, 18세기 중엽을 넘어서면서부터는 종이, 비단, 광업, 금속가공, 놋그릇, 도자기 제조업과 인삼 재배업을 차례차례 정복하였다.

이러한 경제적 변혁과정은 자신에 적합한 이데올로기, 즉 당시 전 동아시아를 지배하게 되었던 '저항하는'(protestierend) 유교도 낳았는데, 소위 자본주의 '정신'의 이론가 베버는 이에 관해서는 전혀 감잡지 못하고 있다. 새로운 자본주의적 생산양식의 철학적·이론적 정당화와 자연연구에 전력투구하였던 이 '저항적' 개혁 유교는 바로 **실학**(특히 후기 실학)이었다. 이 실학이 동아시아 전체의 근대정신을 얼마나 위력적으로 지배하였는가는 동아시아의 모든 부르조아적 개화파들이 평생, 그리고 마오쩌뚱(毛澤東)과 호찌민(胡志明)을 포함한 거의 모든 사회주의 및 공산주의 혁명가들이 그들의 청년기에 실학의 확고한 추종자들이었다는 사실에 의해 입증된다. 이 실학의 좌우익 스펙트럼에 관해서는 여기서 상세히 취급할 수 없겠다. 하지만 다음과 같은 점만은 간과할 수 없다. 서구의 초기 공상적 사회주의처럼 매뉴팩처기에 임노동자와 유민(流民)의 편을 들었던 공상적인 실학 사회주의도 꽤 만발했었다는 사실이다. 이런 까닭에 베버의 다음과 같은 언명도 '서구' 이론가들끼리만 은밀히 즐길 수 있는 단견에 지나지 않는다. "그리하여——또한 그런 이유로——근대 서구 밖의 세계는 어떤 합리적 사회주의도 알지 못했다"(Weber 1985, 17면).

근대자본주의, 합리주의, 사회주의는 결코 서구의 독특한 현상이 아니다. 자본은 어디서 성장하든 자신의 적절한 이데올로기와 동시에 그 '매장자'의 사상도 산출해낸다. 이 이데올로기가 프로테스탄티즘인지 실학인지, 또는 가치증식의 합리성 원리가 직선적인지 곡선적인지는 필경 자본주의의 역사적 출발조건과 제각각의 전통에 좌우될 것이다. 그러나 이것은 사상(事象)의 본질이 아니다. 그리고 서구 자본주의는 극동아시아 자본주의의 산모도 산파도 아니었다. 오히려 서구 제국주의적 **공장자본주의**는 동아시아의 흥기하는 **자생적인 매뉴팩처** 자본주의를 다만 짓뭉개버렸을 뿐이다. 아무튼 동아시아의 여러 나라가 이전에 자생적으로 자본주의, 합리주의, 사회주의를 어느정도 발전시켰기 때문에만 서구 자본주의, 합리주의, 맑스주의를 다른 **어느 지역보다 더 신속히** 수입하고 소화하고 종국에는 **부분적으로 능가할 수** 있었을 것이라는 사실은 논란의 여지가 없을 것이다.

지배기술적 합리성과 노동기술적 합리성의 관료체제적 모순으로 인해 관료행정의 모든 조직형식적 요소들을 관료체제에 본질구성적인지 우연적인 것인지 가리지 않고 지배기술적 합리성과 노동기술적 합리성을 등치시켜 동일한 차원에서 나열하는 것은 이론적으로 부적절한 것이다. 막스 베버는 관료체제의 여섯 가지 형식적 요소들을 바로 그와같이 부적절한 방식으로 나열하고 있다.

① 확연한, 법령화된 관청적 권한의 원리
② 독임제(獨任制)적으로 제도화된 관직위계체제의 원리
③ 관직수행의 문서성
④ 관료의 전문교육
⑤ 전업(專業)으로서의 관직
⑥ 관직수행의 법규구속성(같은 책, 551면 이하)

관료체제를 고찰하면서 베버는 부르조아 경제학자들이 "자본주의적 생산양식을 고찰할 때…사회적인 노동과정의 본성에서 나오는 지도의 기능을 이 과정의 자본주의적인, 따라서 적대적인 성격에 의해 생겨나는 기능과 동일시하듯이"(23: 352면) 지배기술적인 기능요소들을 대충 노동기술적인 기능요소들과 뒤섞고 있다.[12] 베버에 의해 나열된 위 요소들 중 관청적 권한의

---

12) 베버주의자들은 베버의 "매우 애매모호한 관료체제 개념"으로 인해 고통받고 있다 (Bosetzky 1978, 63면). 그런데 베버가 이 신비적 관료체제 개념 때문에 일종의 궤변

수직적 분업으로 구현되는, 위의 지배자와 아래의 피지배자 양편으로부터 분리되고 오직 위에 의해서만 일방적으로 통제되는 독특한 **관직위계의 원리**만이 관료체제에 본질구성적인 것이다. 다른 원리들은 전(前)관료체제적 또는 비(非)관료체제적, 나아가 민주적인 행정 및 지도 체제 안에서도 도처에서 발견되는 것들이다. 이것들은 그 자체만으로 볼 때 오직 노동기술적인 것이다.

베버는 그의 혼돈스런 관료체제 개념으로 말미암아 관료체제의 지배기술적 합리성과 노동기술적 합리성 간의 내적인 모순을 간파하지 못했고 그리하여 관료체제를 기술적으로 가장 효율적인 행정으로 과장하고 있다. "관료조직의 우세한 관철의 결정적인 이유는 예로부터 다른 모든 형태에 대한 그것의 순수한 **기술적 우위성**이다. 전면적으로 발전된 관료기구는 다른 조직형태에 대해 마치 기계가 비기계적인 방식의 재화생산에 대해 가지는 관계

에 빠져들고 있다는 것은 교조적 베버주의자들도 가끔 느끼고 있다. 우디 2세(S. H. Udy Jr.)는 예를 들면 베버의 관료체제이론 안에서의 순수히 '관료체제적인' 요소와 '합리적' 요소의 갈등을 인식하고 있다. "공식적 조직 안에서의 관료체제적 요소와 합리적 요소의 대립에 관한 명시적인 가설은… 베버의 저작 안에서 찾아볼 수 없다." 그는 또한 "관료체계적 특징들이 합리성의 제도화에 대해 역기능적인 경향을 갖는다는 사실도 간과하고 있다."(Udy Jr. 1968, 64면 이하) 또한 H.P. 바르트도 "협업적 노동의 고유한 경향이 관료체제적 지휘체계의 고유한 경향과 충돌할 수 있고 또 사실 그렇게 된다"(Bahrdt 1968, 130면)는 점을 지적하고 있다. 그러나 N.루만은 우디나 바르트에 훨씬 못 미치는 소리를 하고 있는데, 그는 지배기술적인 것, 즉 특유하게 관료체제적인 것과 노동기술적인 것을 혼동한 채 관료체제의 '싸잡은' 비판을 한탄하고 있다. "내 눈에는 관료체제가 그렇게 나쁘지 않다. 내 논문의 강세는 따라서 차라리 우리가 아주 성공적인 업무구조를 가능성의 한계에까지 완성했고 지금은 이 한계를 느끼고 있을 뿐이라는 것이다. 너무 싸잡아 몰아치는 관료체제 비판은 복지국가에 적절하게 정식화하자면 애기를 목욕물과 함께 밖으로 내던질 위험에 빠지기 쉽다"(Luhmann 1978, 112면). 또는 에치오니-헤일비(Eva Etzioni-Halevy)는 맑스주의적 관료체제 비판의 '일면성'을 나무라고 있다. 최종적으로 맑스주의자들은 민주주의에 대한 관료체제의 위험을 지적할 때 (다른 많은 이론가들과 마찬가지로) 관료체제의 긍정적인 기여를 부각시키는 데 실패하고 있다. 즉 그들은 민주주의를 위한 관료체제의 필수불가결성을 드러내는 데 실패하고 있는 것이다"(Etzioni-Halevy 1983, 84면). 그녀도 베버류의 신비적으로 혼돈된 관료체제 개념의 테두리를 넘지 못하고 있다. 루만과 에치오니-헤일비는 "오귀스뜨 꽁뜨와 그 학파가 자본주의를 위해 했던 방식과 동일한 방식으로"(23: 352면 각주) 관료체제의 '영원한 필연성'을 증명한 셈이다.

와 유사한 관계가 있다. 정밀성, 신속성, 명확성, 문서에 대한 정통성, 지속성, 분별성, 통일성, 엄격한 상명하복관계, 마찰과 물적·인적 비용의 절약은 엄격히 관료적인, 특히 교육된 개별 관리에 의한 독임제적 행정에서 모든 집단지도체제적 또는 명예관직적, 기타 부직적(副職的) 행정형태에 대해 **최상으로** 증대된다"(Weber 1985, 561면 이하). 여기에서 관료체제에서 '최상으로' 발전한다는 '기술적 우위성'이 미분화된 채, 즉 지배기술적 합리성과 노동기술적 합리성의 신비적 혼돈상태로 현상하고 있다. 그러나 '전면적으로 발전된 관료기구'가 지배기술적으로 '다른 모든 형태'에 대해 우월할지 몰라도, 경제기술적으로 완벽하고 동시에 엄격히 민주적인 행정에 대해서는 노동기술적으로 열등한 것이다. 왜냐하면 수평적 커뮤니케이션과 하부의 이니셔티브를 원리적으로 배제하는 관료기구의 특유한 관직위계는 노동기술적 합리성의 전면적 발전을 억압하기 때문이다. 노동기술적 효율과 민주적 행정은 관료체제에 본질적으로 낯선 것이다. 관료체제란 너무 많은 불필요한 명령과 보고문서를 양산하고 시민을 마치 귀찮게 구는 걸인처럼 대우하며 어떤 관청이 무엇을 하는지를 또다른 관청이 알지 못하게 만드는 부조리의 체계이기 때문이다.

관료체제의 이러한 비효율적이고 전제적인 본질은 베버보다 저널리스트들이 더 잘 알고 있다. "서독 시민들은 관리와 관청의 거드름과 늑장부림에 분개한다. 경제활동은 수십만 개의 종종 불필요한 법령들에 의해 방해받고 있다. 행정은 법령의 수풀 속에서 질식당한다. 이러한 관료적 불합리성으로 인해 국가와 기업은 매년 수십억 마르크를 소모하고 있다"(*Stern*, Nr. 40/1989, 40면). 관료행정의 '기술적' 효율성에 대한 베버의 '거만하고' 동시에 잘못된 과장은 관료체제의 필수불가결성에 관한 모든 잡소리와 관료체제의 모든 자포자기적 정당화의 원천이었다.

이런 이유에서 킨은 베버를 비판하고 있다. "베버는 관료적 지배에 관한 더 많은 물음의 불필요성을 거만하게 전제하고서, 거꾸로 자율적인 공공생활의 억압이 더욱더 필요하다는 것을 정당한 것으로 간주한다. 이와같은 가정들은 모두 베버의 관료체제관, 즉 모든 관료체제의 권위적·자기모순적, 따라서 우연적인 특성에 관한 더이상의 토론을 침묵시키는 방향으로 기능하는 그의 평가에서 유래하고 있다. 그리고 명백히 베버는 공적 관료조직과 사적 관료조직 양자의 기술적 효율성을 과대평가했다. 그가 관료조직의 부단한 확산이 기술적 효율성으로 말미암은 것이라고 생각했다는 사실이 상기되어야 할 것이다"(Keane 1984, 60면). 베버는 "관료체제적 형식의 만성적으로 비효율적인, 즉 **기술적으로 불합리한** 측면"을 완전히 간과하고 있다는 것이다(같은 책, 16면). 그러나 킨도 관료체제의 이 '기술적 불합리성'이 관료행정 속의 완전히 상이한 두 종류의 **기술적 합리성**간의 갈등으로 말미암은 것이라는 사실은 깨닫지 못하고 있다.

자신의 신비적 관료체제관으로 인하여 베버는 노동기술적·임금노동제적 또는 직업신분적인 원리들, 가령 "화폐봉급" "문서행정" "시험" "고참순에 의한 승진" 등의 원리를 확인함으로써 한편으로 모든 대중조직을 관료화된 것으로 규정하고 있다. 그러다 갑자기 그는 관료적 위계의 지배기술적 원리를 상기하면서 전면 관료화될 미래사회를 "미래의 저 예종의 가막소"로 규정하는 이론적 모순을 드러낸다(Weber 1985, 835면). 그러나 '화폐봉급'은 임노동제 구성체 안에서는 도처에서 발견되고 왕도 왕실재정을 화폐로 받아야 할 정도로 보편화되는 형식적 요소이다. 또한 '문서행정'은 중세의 직업신분적 도시행정과 가부장제적 상업경리실(Kontor)에서 이미 관철되었다 (Isenmann 1988, 166면 이하, 358면 이하). '시험'과 '고참순에 의한 승진'은 오히려 중세 길드조직에서 더 규칙적으로 준수되었다(Meister 시험 및 고참서열).

베버는 "보편적 관료화라는 이 냉정한 사실은 듣기 좋게 '미래의 사회주의'라고 불리는 것의 배후에도 은닉되어 있다"(Weber 1985, 834면)고 말하면서 미래의 국유제 사회주의체제에서 노동자의 지위를 "국유기업의 노동자와 사무원들이 더 부자유스러울 것이다"라는 말로써 예시하고 있다. 왜냐하면 사경제까지도 국유화한 일석주적(一石柱的) 국가관료체제에 대한 모든 투쟁은 "승산 없는 것이고 사경제체제에 대해서는 가능한, 관료체제와 이것의 권력에 대항할 원칙적 이해관계를 갖는 어떤 기구도 동원될 수 없기 때문이다"(같은 책, 835면).

자본주의 안에는 관료체제에 맞서는 이해관계를 갖는 유력한 기구가 있는데, 관료체제에 '방역된' 이 유별난 심급은 자본주의적 기업가라는 것이다 (같은 책, 129, 574, 836, 837면). 베버가 여기서 자본주의적 관료체제에 대해서는 효율성을 강조하고 사회주의적 관료체제에 대해서는 지배기술적 성격을 강조하고 있는 관계로 그의 이 테제는 일종의 신비스런 궤변처럼 들리고 있다.

관료체제에 본질구성적인 지배기술적 요소와 관료체제에 우연적인 노동기술적 요소를 혼동하는 베버의 이론적 혼란은 베버주의적인 관료체제이론들이 보여주는 모든 이론적 혼돈과 신비화의 원인이다. 이것은 동시에 베버에 의해 영향받은 몇몇 맑스주의 이론가들에게서도 흔히 발견된다. 가령 에드워즈는 관료체제를 직책범주, 법규성, 물상성(物象性), 승진방법, 임금차별, 책임성 등의 노동기술적·임금정책적 요소들을 기초로 정의하고 있다(Edwards 1981, 144면 이하. 이에 대한 비판으로서는 Clawson 1980, 248면). 관료체제가 실로 이런 요소들로만 구성되어 있다면, 이 체제는 별 어려움 없이 견딜 수 있을 법하다. 왜냐하면 가령 법규적이고 사무적인 권력행사는 자의적이고 인신적인 권력행사보다 더 진보적인 것이기 때문이다. 베버가 관료체제의 본질구성적인 특징으로 간주하고 있는 권력행사의 비인격성과 물상성은 관료체제에만 특유한 것이 아니라, 노동자가 자신의 인신에 대한 소유권자로 등장하는 임금노동관계에 보편적으로 적용되는 것이다. 심지어 존·레텔은 자본주의에서나 사회주의에서 두루 발견되는 행정상의 분업을 관료체제 그 자체와 등치시키고 있다. "애당초 '기능적 경영'에 의한 노동의 사회화 기능들의 점취는 구매, 판매, 기획, 일정수립, 개발, 급여, 인사부서 등으로의 경영의 세분화로 귀착되었는데, 여기에서 각 부서와 이 부서 내의 각 관료들은 엄밀히 구획된 부과된 과업과 책임을 갖고 있다. … 경영의 기능화와 현대적 생산의 관료기구화는 동일한 과정이다"(Sohn-Rethel 1972a, 216면). 관리기능의 분업화와 관료기구화는 가끔 '동시적'으로 벌어지기는 하지만 결코 '동일한 과정'이 아니다. 존·레텔은 관료체제의 본질, 즉 특유한 관료체제적 관직위계를 간과하고 있다.

(2) 관료체제적 관직위계의 특징

논의를 진전시키기 위해서는 관료행정의 지배기술적인 특징으로서의 관직

위계의 개념정의가 불가피해진다. 여기에서도 관료체제이론만큼이나 많은 이론들이 있을 수 있을 것이다. 그러나 필자는 기업행정의 분석에 필요한 관료주의적 관직위계의 몇몇 결정적인 특징들을 베버와 맑스의 관료체제 분석의 이론적 강점에 주목하여 고찰하고자 한다.

1) 관료체제는 노동자와 노동수단, 군인과 군사수단, 행정관리와 행정수단, 기자와 보도수단, 학자와 학술수단 등을 분리시키는, 요약하면 사회적 행위자와 물적 행위수단을 보편적으로 분리시키는 **근대적 소유제도**를 전제하고 이 소유권적 분리에 의해 무산자(無産者)가 된 **무산대중을 무산관리(官吏)에 의해 통제하는** 지배조직이다. 즉, 관료체제는 이 소유권적 분리, 말하자면 '물적 경영수단의 중앙집중'에 의해 불가피하게 야기된 조직 또는 바로 이 집중의 조직'형식'이다(Weber 1985, 825면). 따라서 이 조직형태는 필연적으로 지배자, 봉급관리, 피지배대중의 3단계 구조를 핵심적 위계로 하여 구조화된다. 관료체제의 한 특징이 무산관리에 의한 무산대중의 통제원리이기 때문에 지배기구의 요원으로서 관리는 무산자여야만, 즉 관청의 행정수단으로부터 완전히 분리되어 관직을 자신의 사적 소유나 사적 점유물로 보유하지 않고 생계를 오직 봉급(Gehalt)에 의존하는 경우에만 근대적 '관료'의 특징을 획득하게 된다(같은 책, 127면). 이에 반해 관리가 행정수단이나 관직을 종신적 수익권으로 '점유'한 경우 그것은 관료체제가 아니라 '봉록적'(俸祿的, präbendal) 관직조직이고, 관직을 아예 상속 가능한 것으로 '소유'한 경우는 '신분적' 또는 '봉건적' 관직체제이다(같은 책, 558면, 823면 이하). 또한 **근대적** 관료체제는 관리를 피지배대중으로서의 자유임금노동자와 마찬가지로 자유계약 및 자유선발의 원칙에 따라 무산의 자유인에서 충원한다. 형식적으로 관료체제적 형태를 갖추고 있지만 관리를 부자유인(노예나 행정가신)에서 충원하는 경우에는 '가신제적 관료체제'(Patrimonialbürokratie)로 변질된다(같은 책, 127면).

2) 관료체제적 위계는 지배자에 대하여 도구적인 것이고 따라서 지배자와 분리되어 있는바, 관료들은 보통 지배자로 승진할 수 없다. 따라서 지배자가 관료 출신인 경우는 극히 드물다. 이에 반해 중세 수공업적 기업의 직업 신분적 위계에서는 장인과 도제가 직장으로 승진하는 것이 개별적 사례에 있어서 또는 일시적으로 지켜지지 않는 경우가 있을지라도 일반적으로 타당

한 규칙이었다.

중세 장인이 직장으로 승진하는 일이 노동력의 정체된 수요와 과잉공급의 관계로 인해 그리고 이른바 길드 폐쇄 및 직장의 아들이나 직장의 딸과 결혼한 사위를 우대하는 풍조의 출현으로 말미암아 사실상 어려웠다고 종종 얘기된다. 따라서 생산수단을 평생 자립화된 남의 것으로 대해야 하는 '영원한' 장인의 수가 줄곧 증가했다는 것이다. 베버도 마찬가지로, 도시자치 행정의 전성기 동안 길드들이 다음과 같은 방향으로 움직였다고 말한다. "소시민적 의식주 공급체제의 유지, 즉 도제와 장인, 경우에 따라서는 직장의 수의 제한, 그리고 의식주 확보공간이 더 협소해지자 **직장** 자리를 토착인들, 특히 **직장의 아들들**에게만 **독점적으로 전수하는 일**이 늘어났다"(같은 책, 792면). 또한 이 가상적인 사회경제적 사정을 장인소요와 장인운동의 발발 원인으로 설명하는 시도도 꽤 유포되었다(가령 Schanz 1973). 그러나 좀더 엄밀한 새로운 역사연구들은 이러한 관념들을 부정하고 있다. 그들은 "장인단체가 주로 조직되고 새로운 장인들의 폭동이 벌어졌던 1350년경에서 1410년에 이르는 기간이 극심한 인구감소와 이로 인한 도시와 농촌의 노동력 부족으로 특징지어진다"(Isenmann 1988, 328면)는 사실을 망각하고 있고, "**비로소** 중세 후기에 가서야 길드들이 신규가입자에 대해 '폐쇄'되는 일이 알려졌지만"(Radant u.a. (Hg.) 1981, 576면), 이 "길드 폐쇄와 이로 말미암은 영원한 장인의 출현도 일반적 경향으로 입증될 수 없고 차라리 시골지역에서는 이것도 부인될 수 있다"(Isenmann 1988, 328면)는 사실을 고려하지 않고 있다. 장인운동과 장인소요의 참된 이유는 길드 폐쇄와 '영원한' 장인의 출현에 있는 것이 아니라, 그때까지 장인(Geselle)이 아니라 머슴(Knecht)으로 불리고 또 그렇게 취급되었던 "자각한 장인들"이 (페스트와 각종 역병의 유린으로 인한) "인구 손실로 말미암은 노동력 시장의 공백들을 그들의 이익을 공동으로 관철시킬 수 있는 유리한 기회로 간파했다"(같은 책, 326면 이하)는 데 있다. 또한 18세기에도 길드 폐쇄로 인한 장인들의 소요는 거의 없었다. 가끔 있었던 당시의 소요의 원인들은 여느 때처럼 보통 임금인상과 여타 경제적 요구, 직장에 대한 장인들의 탄핵재판권의 방어, 수공업자적 명예관에 입각한 자신들의 판결의 집행 등이었다(Lenger 1988, 16면 이하). 따라서 우리는 다음과 같이 요약할 수 있다. 개별적인 사례로서 길드 폐쇄의 사례는 물론 확인되지만, "길드 폐쇄의 개별적 사례들은 중세 후기에 길드 폐쇄가 일반적 경향이었다고 가정할 만한 아무런 권리도 제공하지 않는다"는 것이다. 그러기에는 "개개 경제구역들, 즉 도시와 직종마다 경기동향과 노동시장의 사정이 너무 상이했다. 그리고 거듭거듭 파멸적인 전염병들이 대량사망을 가져와 인구구성에 틈을 냈다."(Isenmann 1988, 314면) 따라서 길드 폐쇄와 '영원한' 장인이 일반적 현상이었다고 주장할 수 없다. 이것은 1800년경까지 그대로 타당하다. 특히 1800년경의 '영원한 장인' 문제를 취급하고 있는 프리드리히 렝거는 다음과 같이 결론짓고 있다. "직장 딸과 결혼한 장인과 직장 아들의 특권을 규정한 길드의 규정에만 의존하는 것은 결국 왜곡된 상(像)을 낳고 만다. 이 집단의 우대는 분명 있었지만 길드의 폐쇄는 단지 개별적 사례였을 뿐이다"(Lenger 1988, 35면). 요약하면 중세 수공업 작업장의 직업신분적 위계에서 장인과 도제는 대체로 시간이 감에 따라 차례로 직장으로 승진했고 따라서 그들에 대한 생산수단의 자립화, 즉 그들의 무산성(無産性)은 자립적인 직장의 지위로 가는 일시적 과도단계에 지나지 않았다. 따라서 새로운 역사연구들은 맑스의 다음과 같은 명제를 다시 뒷받침해 준 셈이다. "길드조직들은 그들의 분화, 특수화, 새 직종의 형성 등이 매뉴팩처 시기의 물직적 존재조건에 속하는만큼 매뉴팩처적 노동분업을 배제하였다. **대체로 노동자와 그의 생산수단은 마치 달팽이가 달팽이집과 결합되어 있는 것처럼 상호 결합되어 있었고**, 따라서 매뉴팩처의 첫번째 기초, 즉 **노동자에 대한 자본으로서의 생산수단의 자립화가 결여되었다**"(23: 380면).

그리고 19세기 2/3분기까지의 자본주의적 공장의 전(前)관료체제적인, 즉 족벌체제적으로 충원되고 거의 직업신분적으로 조직된 경리실 위계체제 안에서도 경리실 사환으로 입사하여 시간이 감에 따라 최고위 경리로 승진하고 그 이후 자동적으로 이들이 종종 어떤 자본가의 아들이거나 친척이었기 때문에 또는 자본가의 딸과 결혼하거나 자본지분을 얻어 자본가로 승진하였다. 왜냐하면 최고참 경리는 보통 "커미션, 이익배당" 등의 "이윤할당의 형태로" 이윤배당에 참여하였기 때문이다(25: 301면). (이에 관해서는 뒤에서 다시 상술한다.) 오늘날의 최고경영자 제도는 부장급의 최고관료층에서 몇몇 관료들이 최고경영자로 승진할 수 있음으로써 자본소유권자와 그의 관료층 간의 계급차별을 완화하는 것처럼 보이지만, 지배자와 관료층의 본질적인 차이는 여전하다. 왜냐하면 최고경영자들은 대부분의 경우 박사, 전체 기업정책의 기획에 관여하는 '머리 큰' 테크노크라트, 교수, 퇴역장군, 전현직의 은행가, 전직 정치가 또는 전직 고위 국가관료, 그리고 서구에서는 노조 지도자 등으로 구성되어 있기 때문이다.[13] 관료층이 최고경영진에 대해 지니는 이러한 조직적·출신성분적 차별성은 기업정상에서의 지배자의 교체에 대한 그들의 무관(심)성의 근거를 이룬다.

3) 관료적 상명하복관계의 엄정한 권위구조는 복수의 참모들을 가진 독임제적(獨任制的) 지도의 피라미드적 위계체제를 이루고 지배자가 관료들을 배타적으로 임명하고 해임함으로써, 즉 관직부여와 승진에서 일체의 민주적 선임제를 배제함으로써 보장된다. 이러한 전제적(專制的)인 임명·해임 권력은 한 상사가 다수의 참모를 갖는 피라미드식 위계체제 안에서야 실질적인 것이 된다. 이 경우에만 지배자가 재량에 따라 선택할 수 있는 다수의 경쟁자들이 하나의 관직을 둘러싸고 다투기 때문이다. 즉, 가령 수공업 작업장의 일직선적 단순위계체제에서 좀더 규칙적이었던, 시간이 감에 따라 차례로 벌어지던 자동적 승진의 기회는 관료체제의 피라미드식 위계의 전면적 발전과 함께 협소해져 지배자의 임명권력은 그만큼 더 실질화된다. 배타적으로 위로부터 임명되고 해임되는 관료와 대비되는 행정요원으로서 예를 들면 아래로부터 민주적으로 선출되고 소환되는 요원은 결코 관료가 아니다. 왜냐하면 관리로서의 그의 개인적 운명이 지배자의 의지가 아니라 자신에 의해서 관리되는 대중의 의지에 달려 있기 때문이다(Lenin, Weber).[14] 이

---

13) 가령 다이믈러 벤쯔의 12명의 이사들 중 반은 박사 5명과 교수 1명으로 되어 있다. 9명의 데구싸(Degussa) 이사진은 4명이 박사이고 2명이 교수다. 6명의 프로이싸크(Preussag) 이사진은 아예 전부가 박사이다. 모든 독점콘쩨른에서 사정은 유사하다(Liedke 1988). 보통 박사학위를 가진 사원들은 '낙하산 인사'를 통해 입사 즉시 과장 이상의 직위에 임명되어 빠른 속도로 승진하여 그들의 일부는 장년기에 이사진(신용자본가)으로 승진된다. 따라서 이들은 비록 그들이 초창기에 관료체제적 직책명을 달고 있다 하더라도 관료가 아니라 테크노크라트들이다. 물론 이 테크노크라트들이 모두 이사로 승진할 수 있는 것은 아니고 대부분은 기획실, 조사실 등에 테크노크라트로 머물러 있다.

에 반하여 각개 관료의 개인적 운명이 지배자의 의사, 위계체제의 엄정성, 견고성 그리고 위계체제 내에서의 그의 서열에만 달려 있기 때문에, 관료는 통치되는 대중의 이익을 주목할 필요가 없고 배타적으로 지배자의 이익을 위하여, 즉 지배기술적으로 가장 합리적인 방식으로 기능할 수 있다.

4) 관료적 위계체제는 통치되는 대중의 이해관계로부터뿐만 아니라 그것이 지배자와 조직적·계급적·출신적으로 분리되어 있는만큼 지배자의 이해관계로부터도 자립화되는 필연적인 경향을 갖는다. 상부의 모든 명령은 특히 자기 자신의 이익을 위하여 그리고 그들의 편견과 타성에 의하여 매 관직단계마다 여과되고 번역되고 찌그러뜨려지고 외부의 간여는 단순한 딜레땅뜨적 간섭으로 취급되어 무시되는 경향이 있다. 왜냐하면 관료들은 법령으로 정해진 관직권한을 부여받고 있을 뿐만 아니라 형식적으로 예속되어 있어서 오직 외적으로만 통제할 수 있을 뿐인 모든 전문노동자들이 공유하는 고유한 업무자율성을 향유하고 있기 때문이다. 이것은 일상적인 사무실 업무과정 안에서의 위계적 상명하복관계가 엄격할 것을 요구한다.

따라서 책임은 위로 이전되고 매 단계에서의 상사(上司)의 엄정한 권위는

---

14) 레닌은 선거에 의해 관직에 오른 인물들이 관료가 아님을 전제하고 있는데, 가령 그는 맑스의 빠리꼬뮌 분석과 관련하여, 그것도 **관직에 있는** 모든 사람들을 관료와 등치시키는 카우츠키에 반대하여 다음과 같이 말하고 있다. "바로 꼬뮌의 예에서 맑스는 사회주의 안에서 관직에 오른 사람들이 '관료'이기를, '관리'(官吏)이기를 그친다는 것, 선임제와 더불어 항시적 소환제가 도입되는 정도에 비례하여 관료이기를 그친다는 것을 보여주었다"(*LAW* Ⅱ, 415면 이하). 모든 행정요원을 관료로 보려는 경향이 있는 베버도 다음과 같이 말하고 있다. "관료적 관리의 순수유형은 상부기관에 의해 임명된다. 피지배자에 의해 선출되는 관리는 순수한 관료적 인물이 아니다"(Weber 1985, 554면). 또는 "'선거'원리가 행정참모에게도 적용될 수 있다. 피지배자들의 신임에 의해 정당화되고 따라서 이들의 불신임 선언에 의해 소환되는 선임관리는 일정 유형의 '민주제도'에서, 가령 미국에서 전형적이다. 이들은 전혀 관료적 인물들이 아니다"(같은 책, 158면). 이 전제적 임명과 해임을 본질적인 관료체제 원리로 이해하지 못하는 경우 모든 관직기능들을 이들이 상부에 의해 임명되었든 아래로부터 선출되었든 관계없이 관직을 가지고 있다는 단순한 이유만으로 '관리'로 보는 카우츠키식의 개념혼돈에 빠져든다. 호이써만(H. Häußermann)은 얼마간 이러한 혼돈에 말려들고 있는 것 같다. 그는 레닌의 제안, 즉 관직수행자들의 선출, 순번제, 낮은 급여 등을 관료체제의 철폐를 위한 조치가 아니라 다만 대중에 대한 관료층의 자립화를 막는 조치 정도로 해석하고 있다(Häußermann 1977, 28면).

일상 속에서 불가피하게 더욱 자기만족적·개인숭배적인 것으로 되어가고 부하직원의 복종은 업무과정으로부터 더욱 이탈되어 의식적(儀式的)·의전적(儀典的)이 된다.

　권위와 기율이 더욱 개인숭배적이고 업무로부터 분리된 의식(儀式)이 될수록, 중하위 관료층은 매 단계의 업무처리과정에서 책임지지 않는 행동의 자유를 더 많이 확보한다. 권위의 작용과정과 업무수행과정 간의 관료체제적 모순은 일상 속에서 자기동력을 얻게 된다. 관료층에 의한 권력남용은 따라서 관료적 위계의 자기운동의 필연적인 산물이다(관료들의 비공식적 권력형성).[15] 이런 의미에서 맑스는 다음과 같이 말하고 있다. "위계체제는 그 자체가 권력의 최대 남용이고 관료체제의 이 필연적인 위계체제적 죄악은 관리들의 몇몇 개인적 죄악과 비교할 바가 아니다." 왜냐하면 "위계체제는 위계체제에 대해 죄짓거나 위계체제에 불필요한 죄를 범한 관리는 처벌하지만, **위계체제가 그로 하여금 죄를 짓도록 한 경우는 그를 보호한다. 게다가 위계체제가 그 구성원들의 죄악을 확신하기란 어려운 법이다.**"(1: 255면) 관료체제적 위계는 따라서 개별 관료들이 상급기관의 암시에 따라 또는 위계에 대한 충성에서 권력남용을 범하거나 권력남용시에도 위계체제에 충성스런 자세를 버리지 않는 한, 경향상 개별 관료의 불법적인 권력남용을

---

15) 그러나 관료층의 이러한 자립화 경향 또는 권력형성은 (부패한 행정구조가 아니라) 임면권력이 지배자의 손아귀에 실질적으로 남아 있는 정상적인 관료적 행정구조에 관한 한 **수세적**이고 **비공식적**인 것으로 남아 있다. 지배자는 유사시에 거역하는 관료를 해임할 수 있기 때문이다. 그런데 필자의 개인적 경험에 의하면 관료층이 이 수세적인 자립화 경향 또는 비공식적 권력형성이 보통 베버를 본떠 거듭 얘기되듯이(가령 H. Häußermann 1977) 관료적인 전문지식과 사실정보에단 근거하는 것으로 보는 것은 그럴듯해 보이지 않는다. 분과화된 지식정보에 의한 전문백치 같은 관료들의 권력형성은 지배자의 임면권력과 전반적 조망 및 일급비밀의 독점권에서 명백한 한계에 부딪힌다. 자립화 경향은 차라리 자신들의 위계적 이익의 방어 또는 새로운 혁신적 조치로 인한 위계체제 및 개인적 지위상황의 불안정화와 업무변동에 대한 불안에서 나오는 것 같다. 그리고 일정한 한계 내에서의 관료층의 비공식적 권력형성은 단순히 전문지식이나 사실정보에만 근거하는 것이 아니라 형식적으로 종속된, 즉 업무상 자율적이고 독임제적인 전문관료층의 위임된 권한위계의 자기논리에 기인하는 것으로 생각된다. 이 위계가 통치되는 이해당사자 대중의 민주적 통제로부터 지배기술적으로 벗어나 있는 한 그러한 현상은 필연적이다.

숨겨주고 이 관료를 보호한다.

5) 관료적 위계체제는 관직수행시 보통 **피지배자의 참여**를 배제한다. 관료는 다만 수동적으로 명령을 따르기만 하는 것이 아니다. 대중에 대해서는 관료도 **능동적**이다. 즉 관료는 상부의 추상적인 명령을 구체화하고 구체적으로 집행해야 한다. 그러나 관료적 위계는 이러한 업무처리에서 공중을 배제하고 피지배대중으로부터 자립화한다. 따라서 명령은 자신의 이익과 자신의 고유한 편견의 관점에서만 구체화되고 그리하여 결국 이그러진다. 관료는 관료적 위계의 보장하에 그리고 '상부의 명령'이라는 구실하에 대중을 단순한 대상으로 취급하여 **능동적으로** 지시하며 **권위주의적으로** 통치한다. 그리하여 자신을 찾는 시민의 이익에 대한 관료들의 진실된 고려조차도 불가피하게 가부장적이다(Burnheim 1987, 72면). 따라서 맑스는 다음과 같이 비판하고 있다. "첫째, 관료는 현실적인 생을 물적 재료로 간주한다. 왜냐하면 이 현실적 생의 정신은 자신의 자립적으로 분리된 실존을 관료체제 속에 두고 있기 때문이다. 관료체제는 따라서 생을 가능한 한 물적 재료로 만들지 않을 수 없다. 둘째, 생은 관료적 취급의 대상으로, 즉 물적으로 되어야 하는 한에서 관료를 위해 존재한다. …관료는 세계를 그가 취급할 대상으로 간주하는 것이다"(1: 249면 이하). 따라서 관료를 명령의 단순한 집행자로 특정짓는 빈번한 시도는 너무 일면적인 것이 아닐 수 없다.

6) 관료체제적 위계 안에서의 수직적 교류는 지시와 보고를 서면화하고 서식을 표준화함으로써 구두지시와 구두보고시에 불가피하게 일어나는 감정충돌이나 부정확성 또는 부주의 및 고의에 의한 망각 가능성(따라서 하위부서가 지시를 듣지 않은 것으로 하고 업무를 회피할 가능성)을 배제한다. 이것은 업무성과의 통제와 지시사항의 명료화를 용이하게 한다. 서면교류 일반은 사회적 관계들 안에서 두루 발견된다. 예를 들면 중세 상업에서 수평적 관계, 즉 계약, 서신교환, 어음, 부기 등도 문서로 이루어졌다. 그러나 이러한 문서사용은 순수히 노동기술적인 것이었다. 상인주(商人主, Prinzipal)는 문서규칙을 그의 조수들(Handlungsgehilfen)에 대한 지시와 통제에 적용한 것이 아니다. 이것이 만약 여기에 적용되었더라면 이것은 당시 소(小)상업경리실 안에서의 가부장적 지배행사를 오히려 번잡스럽고 불합리한 것으로 만들었을 것이다. 반대로 이 문서사용의 원칙은 근대국가와 자본

주의적 거대기업에서 지시와 보고의 명확성을, 따라서 통제권력을 높여준다. **수직적** 교류에 서면규칙을 지배기술적으로 적용하고 이것을 원칙적으로 만든 것은 근대 관료체제의 한 특징이다.

7) 관료체제적 위계의 정상은 보통 서로 다른 직책자들간의 자율적인 수평적 협력을 배제함으로써 모든 중요한 정보를 독점하고 통제한다. 정보와 기밀의 유출을 가능한 성공적으로 막고 이것을 오직 위계질서의 지휘계통을 따라서만 흐르도록 하는 것은 지배기술적으로 존망의 사항이기 때문이다. 근대 관료행정은 이를 위해 엄청난 양의 '대외비' 문서를 지속적으로 생산하고 축적한다. 이런 의미에서 관료행정의 한 본질적 특징은 "지식에 의한 지배"(Herrschaft kraft Wissen)이다. 이것은 관료체제의 합리적 근본성격이다. 관료체제 또는 이 관료체제를 이용하는 지배자는 "전문지식"(Fachwissen)에 근거한 권력지위뿐만 아니라 "업무지식", 즉 "업무활동 속에서 획득한 또는 문서에 관한 사실정보(Tatsachenkenntnisse)"를 통해 자신의 권력을 가일층 증대시킨다. 관료체제에만 특유한 것은 아니지만 그래도 관료체제에 특징적인 "직무기밀(Amtgeheimnis) 개념"은 "전문지식"과의 관계에서 "기술적 비밀"에 대비되는 "상업적 기업비밀"에 해당하는 셈인데, 그것은 이러한 권력 증대욕에서 생겨나는 것이다.(Weber 1985, 129면) 부서의 피라미드적 세분화는 이러한 기밀의 유지와 (정상에서의) 독점적 종합의 지식권력적 관점에서도 불가피하다. 이로 인해 관료체제에 특유한 노동기술적 불합리성이 조성된다. A 부서의 참모들이 B 부서의 참모들과 동일한 수준에서 협력해야 하는 경우 그의 상사에게 허가를 구해야 하고, 이 상사는 그와 B 부서의 상사를 공히 지휘하는 더 높은 상사에게 다시 허가를 구해야 하는 노동기술적으로 그리고 사회적으로 불합리한 지휘구조가 생겨난다. 이것은 노동기술적 합리성에 정면으로 모순될 뿐만 아니라 모든 관료들을 예전의 매뉴팩처적 전문백치들보다 더 강한 의미에서 부서(部署) 이기주의적인(ressortegoistisch) 전문백치로 만들게 된다. 그리하여 "이 관료층의 곰팡내 나고 저열한 정신"(9: 186면)에게는 "오로지 양심과 대의의 원대함에 의해 규정되는" 전체의 이익에 관한 폭넓은 사유가 딜레땅뜨적 착상이나 또는 "그들의 이해능력을 넘어서는" 불합리한 "낭만"으로 비친다(Edmund Burke로부터 재인용, 9: 187면). 관료층은 새로운 사상, 새로운 대안, 새로운 행동양식을 본능적으로

거부한다. 즉, 타성적으로 단견에 빠져드는 관료층은 본성상 보수적이며, 혁신에 적대적이고 부서에 국한된 구투(舊套)를 견지한다. 따라서 명령위계가 더 길면 길수록, 훈령은 더 많이 왜곡된다. 왜냐하면 지배자의 훈령이 매 단계마다 번역되고 새로 구체화되고 그리하여 매 단계마다 지배하는 편견과 타성, 단견성에 의해 여과되기 때문이다. 또한 위계가 더 분화되면 될수록, 원래의 훈령은 관료들끼리만 일관성을 지니는 특유한 관리형태들로 침몰되고 만다(Burnheim 1987, 68면 이하). 게다가 서로 다른 부서들간의 긴밀하고 지속적인 협력을 요하는 정책의 집행에는 커다란 어려움이 따를 뿐만 아니라, 이 정책이 실패할 경우 그 책임을 묻기도 거의 불가능하다(같은 책, 69면 이하).

8) 관료들은 일체의 생산수단 및 행정수단뿐만 아니라 인신적인 종속으로부터 해방되어 있다. 게다가 그들의 관직 장악은 형식원리상 신분, 탄생, 자산에 관계없이 자격과 체제이데올로기적 충성심에 입각해서만 이루어진다.[16] 그들의 개인적 복종의무는 직무수행에 한정되어 있고 그것도 본질적인 인격성의 불가침성의 테두리 내에서만 요구된다. 관료들의 이러한 사회경제적 지위가 근대 임노동자의 사회적 상황의 일반적 반영인 한에서 근대 관료층의 성립은 자본주의적 생산양식을 전제한다. 따라서 관료들은 단순한 형식의 측면에서 볼 때 '이중적으로 자유로운' 봉급을 유일한 생산원천으로 생각하는 임노동자들이다. **그러나** 그들의 고용조건은 지배기술적인 **특전부여**를 통해 본래적인 임노동자보다 더 낮게 보장되어 있다. 그들의 노동기능은 또한 자본가의 사회적 안전과 권력의 증대에 기여하는, 일정한 지시권한을 위임받은 지도기능을 포함하고 있다.[17] 그들의 고용은 보통 종신적이고

---

16) 체제이데올로기적인 충성심이 관료들의 중요한 임용조건의 하나라는 사실은 종종 망각되어왔다. 흔히 관료층의 체제중립성에 대해서만 이야기되고 있는 형편이다. 그러나 필자의 생각으로는 이것은 그릇된 생각이다. 엥겔스는 프랑스혁명 당시 절대주의적 구(舊)관료체제의 저항과 사보따주를 지적하고 있다. 여기에서 우리는 러시아혁명 당시 구군주정 관료체제의 저항을 상기할 수 있다. 그리고 관료 지원자에 대한 엄격한 면접시험과 사상불순자의 임용금지 등 오늘날 더욱 철저한 이데올로기 테스트를 떠올려야 할 것이다. 이런 까닭에 부르조아 관료층은 사회주의가 넘겨받아도 되는 중립적 소재(素材)가 결코 아니다.

17) 거대콘쩨른에는 관료적 특권이나 부하직원에 대한 명백한 지시권 또는 엄밀히 규정

그들의 해고는 법적 또는 위계적 규율에 대한 위반의 경우를 제외하면 보통 배제된다. 그들의 급여는 노동시간이 아니라 직무연한과 서열에 따라 측정되고 자본가의 수입에서 지출되는 이른바 **충성수당**(Loyalitätesprämie)을 포함하기 때문에 언제나 그의 노동력의 가치를 상회한다. 이러한 종신적 신분보장, 충성수당, 특수한 급여방식 등은 관료를 정상적인 임노동자와 특유하게 차별짓는 임노동관계의 **조직적** 한정을 뜻한다. 즉 그들은 **관료체제적으로 매수된, 부패한 임노동자들**이다. 따라서 법규로 규정되어 있는 그들의 지위는 임노동관계로 정의되어 있는 것이 아니라 보통 "보호 및 부양 의무"를 져야 하는 "고용주"에 대한 유사 신분적인 "충성관계"(서독기본법 제33조 제4항)로 정의된다(Jung 1986, 204면). 이런 이유에서 정당하게, **기업관료에게 있어서는 자본 아래로의 형식적 포섭도 완결되지 않아 불완전하다**고 얘기할 수 있다. 관료적 특권은 기업에 대한 충성적 결속을 보장할 뿐만 아니라, 관료적 위계 내부에서의 '질서'를 공고히 한다. 왜냐하면 봉급, 권한 및 기타 특권은 관료위계 안에서의 서열에 따라 차등화되어 있기 때문이다. 이것은 고분고분한 업적성취욕과 동시에 관료세계의 특유한 사회적 정신병리를 촉진시킨다. 즉, 광적인 "관직사냥"과 "승진노력" 등이 그것이다(Engels). 더 많은 권한과 명예가 이에 대한 사회적 근거라면, 봉급관계는 이 광적인 '관직사냥'에 대한 금전적 이유이다. 왜냐하면 조직적으로 한정되고 완화되는 관료들의 자본주의적 임노동 성격은 관료의 지위가 기업의 최고관료층에 접근할수록 약화되다가 결국 소멸해버리기 때문이다. 소수의 **고위관료**의 봉

된 업무권한이 없는 전문가들(가령 콘쩨른 이미지 관리자, 기업심리학자, 기획가, 개발가 등)이 있는데, 이들도 자본가의 지배·착취 이익을 위한 각종 계획수립에 참여하고 관료와는 다른 유형의 여러가지 특전과 업무권능을 향유한다. 이들은 관료가 아니라 테크노크라트이다. 호이써만은 테크노크라트층을 관료층과 혼동하고 있는 것 같다. "과학적 교육을 전제하는 (엔지니어, 농업가 등의—인용자) 복잡한 활동들은 (레닌에게 있어서—인용자) '구'(舊)관료들에 의해 '새로운' 지도하에서 수행된다"(Häußermann 1977, 27면). "그리하여 레닌은 우리가 '기획'이라고 부르는 기능들에 있어 관료층에 대한 전통적인 정치적 통제 모델로 되돌아가지 않을 수 없었다"(같은 책, 28면). 이와는 달리 레닌은 구관료를 교육된 프롤레타리아로 차근차근 대치하고 선임제와 낮은 급여제를 적용하여 관료체제를 철폐하려는 유토피아적 정책을 기획한 반면, 전문가(테크노크라트)들은 한편으로 프롤레타리아의 총검으로 위협하고 다른 한편으로는 후한 보수로 대우하여 '매수'하려고 하였다.

급은 그의 노동력 가치를 크게 상회하고, 따라서 그의 전봉급이 남의 잉여가치로 되어 있지는 않을지라도 항상 상당한 크기의 남의 잉여가치를 포함하고(충성수당), 그리하여 소득상으로 볼 때 그에게 부르조아적인 생활을 보장한다. 이에 반해 대부분의, 즉 **중급관료 대중**은 사회적으로 볼 때 중간 정도의 봉급을 받는다. 관료대중은 사회적 생산력이 발전함에 따라 그리고 자본의 집적과 독점적인 집중이 강화됨에 따라, 말하자면 단위기업 내의 억압해야 할 노동자의 수가 증가함에 따라 끊임없이 수적으로 증대한다. 그들은 그들의 사회적 상황에 비추어볼 때 자본과 노동 사이에 위치한다. 왜냐하면 그들은 자본가진영에 들어 있지만 자본가계급에는 속하지 않는 데 반하여 그렇다고 노동자진영에 들어 있는 것이 아니라 자본가의 수입에 의해 부양받으며 오히려 노동계급에 대항하여 기능하기 때문이다. 맑스는 '중간계급' 또는 중간계층의 특징을 다음과 같이 규정하고 있다. ①그들의 "끊임없는 증가"의 **역사적 경향**, ②"한편으로는 노동자들과 다른 한편으로는 자본가 및 지주 사이, 한중간에 서 있는" 그들의 **사회적 상황**, ③"점점 더 큰 규모로, 대부분 수입에 의해 부양되는" 그들의 **경제적 실존**, ④"노동하는 기층에 대해 짐으로서 부담을 주는" 그들의 **부분적인 착취자적 성격**, ⑤"상류계급의 사회적 안전과 권력을 증대시켜주는" 그들의 **사회적 기능** 등이 그것이다(26.2: 576면). 그러한 특징들은 관료무리들에게도 그대로 적용된다. 즉, 관료들은 중간계층의 대표적 사례이다. 관료들은 자본주의 기업가단체와도 또한 관료적 통제의 객체인 통치당하는 임금노동자들의 노동조합과도 구별되는 각종 **직업단체 또는 이익단체**(Korporation)를 통해 자신들의 특수이익을 추구한다. 물론 사무실 안의 모든 업무수행자들이 관료인 것은 아니다. 오늘날 **대공간사무실**의 사무원대중은 특권적인 고용보장도 봉급상의 특권도 없다. 그들은 "자본씨(氏)의 가치증식욕에 불필요해지자마자 아스팔트 길로 내던져지는" 임금노동자들이다. 그들은 그들의 실업률이나 계급의식이 얼마나 높든간에 관계없이 사무실 안의 프롤레타리아이다. 이 사무실 인력대중에 대해서는 임금노동자로서의 그들의 **구성체적** 규정이 궁극적으로 관철되어 있다. 즉, 일체의 관료적 권한과 특권이 없는 대졸평사원들, 즉 "지식프롤레타리아"(Engels)에 대해서는 형식적 포섭이, 단순사무직원들에 대해서는 실질적 포섭이 완료되었다. 이들은 둘 다 완전히 탈(脫)관료화되었

고, 산업프롤레타리아와 마찬가지로 관료체제의 대상인 프롤레타리아의 별
도 분파를 구성한다.

(3) 관료체제와 봉록체제의 차이

대중행정으로서의 자본주의적 지배행사는 지배수단으로서의 관료체제, 특
히 관료적 관직위계체제를 요한다. 그러나 자본주의적 지배의 모든 형태가
관료기구를 필요로 하는 것은 아니다. 자본주의적 지배는 네 가지 형태로
현상한다. 전체 경제적 차원에서 자본주의적 지배는 전체 자본가계급과 전
체 노동자계급 간의 '말없는 강제관계'로, **자본관계**로 나타난다. 이에 관해
서는 이 책 제1장에서 상론했었다. 정치적 상부구조에서 지배는 프롤레타리
아와 개별 부르조아들의 온갖 경제외적 공략에 대해 자본관계의 재생산을
외적으로 보장하기 위한 **정치적으로 조직된** 영역적 계급지배, **국가**로 표현
된다. **시민사회적 상부구조**에서 지배는 부르조아가 자본관계와 국가를 배경
으로 하여 자신의 **사회적 권력**을 정치권력으로 전환시키기 위하여 '대등한
자들 가운데 1인자'로서 관철·유지하는 것, 즉 **헤게모니**로 현상한다. 마지
막으로 지배는 물상적인 자본관계의 일반적 토대 위에서 개별자본가가 개별
노동자들과 맺는 **조직된** 권위적 지배관계, 즉 **기업**으로 나타난다. 따라서
여기에서는 "저 물상적 종속이…다시 모든 환상을 떨쳐버린 특정한 인격적
종속관계로 탈바꿈된다"(42: 98면).

본질적으로 행정**조직**으로 이해되는 관료체제는 **조직화되지 않은** 말없는
지배관계로서의 물상적 자본관계 안에서는 현상할 수 없다. 또한 그것이 **적
대적**·지배기술적 행정인 한에서 관료체제는 가령 자본가연합회 같은 곳에
서는 생겨날 수 없다. 자본가연합체는 노동계급과 이들의 조합에 적대적으
로 맞서 있는 명백한 계급조직이지만, 연합체 내의 자본가 회원들간에는 원
칙적으로 적대성이 없다. 이 연합체의 과업은 지배행사가 아니라 행위조정
적 '지도'이다. 여기에서 행정은 지배기술적인 수단이 아니라, **노동기술적인**
수단이다. 이런 까닭에 자본가연합체들은 대부분 대중조직일지라도 관료체
제적 행정을 모른다. 우리는 자본가연합체의 행정에 고용된 행정요원들이

연합체의 회원인 자본가들을 권위적으로 '지시하고 관리한다'는 소리를 들어 본 적이 없다.

근대 관료체제의 탄생지는 주지하다시피 부르조아 국가이다. 하지만 줄곧 계급의식적인 프롤레타리아가 분노하는, 노동자당과 노조의 관료화에 관해서도 많이 얘기된다. 이런 의미에서 레닌은 이미 다음과 같이 말하고 있다. "이런 이유에서, 그리고 바로 이런 이유에서만 우리의 정치조직과 조합조직 속의 관직을 지닌 인물들이 자본주의의 제관계에 의해 기강이 문란해지고 (또는 좀더 정확히 말하자면 그들의 기강이 문란해지는 경향이 존재하고) 관료로, 즉 대중들을 소외시키고 대중 위에 올라서는 특권화된 인물들로 탈바꿈하는 성향을 보인다"(*LAW* II, 415면).

프롤레타리아적 정치조직과 노조의 지도부가 자본주의체제에 더 많이 적응하면 할수록, 그리고 평균적인 조합원이나 당원들의 해방적 이해관심으로부터 멀어지면 멀어질수록, 이 조직들은 해방적 기구에서 부르조아와의 조정 및 프롤레타리아의 중도화(中途化)의 기능을 떠맡아 이들의 혁명적 요소들을 고립시키고 적대적으로 억압하는 부르조아와 외양상 대립적일 뿐인 파트너로 변질되고 이와 비례하여 관료화 과정에 빠져든다.

한걸음 더 나아가 자본주의에 의한 기강문란 없이도 동구의 '사회주의 사회들'은 관료화되어 있었다. '사회주의 사회' 안에 관료체제가 존재한다는 것은 관료체제가 무엇보다도 지배의 수단인 한에서 지배이익과 지배집단이 생성되었음을 입증한다.

이러한 사태는 동구의 모든 나라에 의해 자기비판적으로 자각되게 되었다. 고르바초프는 정상급 간부들이 "그들의 관직을 봉토로 간주한다"고 말한 바 있고 소련공산당 제19차 전국당대표자대회에서도 "지방당 영주와 관료층의 세습장원"에 관해 아주 빈번히 성토했다(Guha 1988, 13면). 그러나 여기에서 '봉토'니 '세습장원'이니 '영주' 등의 술어는 개념적 표현이 아니라 과장된 감정적 표현들일 것이다. 이런 표현들은 소련·동구의 고위 당간부, 노조간부, 국가관리, 기업관리, 기타 사회단체의 고위간부들이 지금까지 관직을 너무 빈번히 종신적으로 점유하기는 했지만 적어도 그 관직을 자신의 자식에게 세습시킨 관리는 단 한 명도 없었기 때문에 그리고 관직의 **종신적** 점유, 즉 **봉록화**(Präbendalisierung)를 관직의 **세습적** 소유, 즉 관직의 **봉토**

화(Feudalisierung)와 구별해야 하기 때문에 이론적으로 부정확하다. 소련에
서의 관직의 봉록화 현상은 제19차 전국당대표자대회를 위한 소련공산당 중
앙위원회의 '5월 테제'에서 좀더 정확하게 포착되고 있다. "…지도 간부들
은 부분적으로 그들의 기능을 **종신적으로** 보장된 것으로 그리고 자기 자신
을 무오류의 인물로 간주하고 자신의 권력을 남용하기 시작했다"(Gorba-
tschow u.a. 1988, 468면). 소련·동구의 지배는 성직자들의 지배와 마찬가지로
봉록적인 것이고 또한 성직자들의 지배체제가 구성체인 것, 즉 경제적 소유
관계에 뿌리박은 것이 아니듯이 결코 구성체적인 것이 아니다.

　교회, 근대국가, 국영기업, 당, 노동조합, 노조기업 및 협동조합의 소유
는 그것이 성물(聖物)이든 문화재든 행정수단, 전쟁수단 또는 생산수단이든
공금이든 고위관직자에 의해 관리되는 **공유재산**이다. 그런데 여기서 공유재
산은 **추상적**이다. 왜냐하면 이것에 대한 처분을 위한 관직활동이 "정신적으
로든 물질적으로든 스스로 아무것도 생산하는 것이 아니고 다만 결함에 찬
사회적 관계 때문에만 유용하고 필요한——즉, 자신의 존재를 사회악 덕택
에 유지하는"(26.1: 261면) 권력자들에 의해 독점되어 있기 때문이다. 오직 고
위권력자들만이 처분할 수 있는 이 추상적인 공유재산은 따라서 이 권력자
들의 특이한 봉록적 **점유** 속에 들어 있다. 이 봉록적 점유권이 여기에서 보
다 엄밀히 정의되어야 할 것이다. 그들의 지배는 다음과 같은 특유한 조건
을 기초로 한다.

　1) 그들의 권력은 그들이 공유재산을 사적으로 점취하거나 그들의 관직을
자신의 자식들에게 상속시킬 수 없다는 점에서만 구현되는 공유재산의 추상
적 규정에 한정되어 있다. [18]

---

18) 베버는 다음과 같이 말한다. "관직에 대한 권리의 강화 노력 및 관리의 직업신분적
　　발전과 경제적 보장의 점증하는 추세와 함께 사태는 관직이 교육특허증에 의해 자격을
　　획득한 자들의 '봉록'으로 간주되는 방향으로 발전한다"(Weber 1985, 556면). 나아가
　　"어떤 식으로든 물적으로 고정된 지대수취 또는 본질적으로 경제적인 토지의 수익권이
　　나 다른 지대소득원을 실질적 또는 가공적 관직의무의 수행에——이것의 경제적 보장
　　을 위해 저 재화들은 **항구적으로** 지배자에 의해 규정된다——대한 보상으로 **종신적으**
　　로 배분하는 경우에 우리는 '봉록'과 '봉록적' 관직조직이라 부르고자 한다. 고대와 중
　　세에, 또한 근대까지도 사제직(司祭職)의 경제적 보상은 아주 빈번히 '봉록적'
　　(präbendal)이지만, **동일한 형태는 거의 모든 시대에 다른 부문에서도 발견된다**"(같

2) 그들은 보통 공유재산을 처분할 수 있는 최고 관직을 **종신적**으로 점유한다. 이것은 개개 권력자들이 서로 관직을 바꾸거나 승진하는 경우에도 본질적으로 변함이 없다. [19] 아무튼 그들이 일단 고위관직 차원으로 승진한 후 그들이 사망하기 전에는 이 관직 수준에서 물러나는 경우는 아주 드물다. 즉, 그들은 최고 수준에서 자리바꿈만 할 뿐이다(예를 들면 장관에서 수상으로, 수상에서 당수로 또는 명예당수로, 주지사에서 아데나워재단 이사장으로, 국영기업 사장 또는 사재벌기업의 이사로 등등). 그들은 모두 히드라 같은 '권력 진드기'(Kleber)들이다.

3) 그들은 보통 법적으로 또는 사실상으로 "제2의 착취"(17: 540면)를 위한 제도화된 **수입원**(국영기업·노조기업·통일교 등의 세속적 자본, 주식, 지대, 부동산 등)을 완전히 또는 부분적으로 점유한다.

① 그들은 상부에 의해 지불되는 것이 아니라 그들 자신에 의해 통제되는 수입원(관할 영역이나 관할 군사단위체에 따른 국가예산 요구, 관할구·기업·부동산 등에 따른 소득 등)으로부터 **자율조달되는** 공식적 또는 비공식적인 엄청난 수입을 점취한다. 따라서 그들은 자신의 하위에 배치된 관료들과 구별된다. 그들은 맑스에 의하면 "국가봉록관, 교회봉록관"(Staats-und Kirchenpfründer) 등으로서 사적 자본가와는 "다른 잉여가치 참여자들"(23: 622면)이다. 또는 "교회 및 국가 안의 봉록관, 용관(冗官)들"(26.1: 253면)이다. 다양한 관료적 또는 사제적(司祭的) 제도의 정상에 서 있는 이 국가, 정당, 노조, 교회 등의 봉록관들은 따라서 그 자신에 의해 통제되는 수입원

은 책, 558면). 그런데 근대적 봉록관들의 지배자는 거의 예외 없이 '인민' 또는 '집단'이다. 이런 까닭에 저 재화들은 오늘날 '인민소유' '국가소유' '교회재산', 법인 및 결사체의 '단체소유' 등의 (공동'점유'가 아니라!) 공동소유의 형태를 취하고 있다.

19) 베버는 다음과 같이 정밀하게 규정하고 있다. "b에서 d(b: 재화비축물과 현금비축분에서 나오는 현물급여, c: 근무지, d: 자기 것으로 사유한 지대수취권, 수수료수취권, 세금징수권—인용자)에 이르는 생계취득형태는 규모에 따른(b에서 c) 또는 관할구역에 따른(d) 전통적인 수준으로 항상 새로이 부여되고 개인적으로 사유화되되, **세습적으로** 사유화되지 **않는** 경우 '봉록'(Pfründe)이라 부르고 원칙적으로 이런 형태의 행정 참모 보상의 실존태는 봉록주의(Präbendalismus)라고 부른다. 여기에서 연령이나 일정한, 객관적으로 측정 가능한 능력에 따른 **승진**은 있을 수 있고 신분적 자격과 신분적 영예는 촉진될 수 있다"(같은 책, 136면).

으로부터 자신의 공식적·비공식적 **봉록**(Pfründe)을 챙기는 **지배자들**이다. 이에 반해 관료들은 상부에서, 즉 지배자에 의해 지불받는 **정액봉급**을 '특수한' 임금의 형태로 받는다.

②봉록, 특히 이것의 비공식적 부분은 **고정적이지도 예측 가능하지도 않다**. 왜냐하면 봉록의 크기는 주민, 회원, 신도, 군인 또는 임노동자의 변동하는 수나——관직, 지역, 시기에 따라——행정수단, 생산수단, 공금(예산 등)의 규모 등 수없는 요인들에 의해 좌우되기 때문이다.

③저 봉록의 사회적 **잉여성격**은 봉록관들의 실질적 또는 가공적 관직활동이 오직 '사회악' 때문에만 필요하고 따라서 완전히 '비생산적, 차라리 파괴적'이고 동시에 그 크기가 봉록관의 노동시간과 무관하고 자본가의 평균소득과 맞먹기 때문에 곧 찰지(察知)된다. 따라서 목사노동의 비생산적·혹세무민적 성격에도 불구하고 그 금액상 적대적인 잉여성격을 갖지 않는 하급목사(또는 신부)들의 종종 보잘것없는 수입은——소득원이 자립적이더라도——아직 봉록이 아니다. 봉록관의 수입의 잉여성격과 관직기능의 계급억압적 성격은 관직을 둘러싼, 적어도 정치영역의 최상단 직책에 대해서는 제도화된 민주적 경쟁을 허구적인 것으로 만들어버린다. 물론 이 민주적 경쟁은 다른 조건에서라면 저 추상적 공유재산을 구체화하고 진정으로 사회화하는 본질적 효과를 가져올 수도 있지만, 이것이 수천, 수만 개의 최고 관직에 일반화되지도 않았고 또 성과급이 적용되지도 않고 있기 때문에, 봉록의 사회적 적대성을 철폐할 수 없다.

4) 그들은 자신들의 **후계자**나 (민주주의 선임의 경우에는) **후보자**를 사실상 또는 법적 권한으로써 독자적으로 (즉, 종종 보스에 의한 독임제적 임명 또는 경쟁하는 파벌의 보스들간의 배후협약에 의해 또는 최고봉록관 협의체의 집단적 결정에 의해 또는 보스와 지방 최고협의체 간의 반半민주적인 공동작용에 의해) 임명한다.

5) 잉여원천에 대한 봉록관들의 종신적 점유는 **상부구조적인** 요소들에만 근거하고 있다. 즉, 그것은 관료적·사제적 **조직**과, 그것이 순수히 법적인 것이든 종교적인 것이든 계급협조주의적인 것이든 일정한 **이데올로기**의 공식적 독점권과 때로는 '성스러운' 서적의 일정한 해석에 대한 독점권에 의거한다. 따라서 그들의 지배는 구성체적 요소에 근거한 것이 아니다. 즉, 그

것은 경제적 **물건**에 대한 **사적 소유권**에도 **인신**에 대한 가부장적·노예제
적·봉건신분제적 **소유**에 의거한 것이 아니다. 반대로 이 봉록적 지배는 항
상 추상적 공유재산 위에 **떠올라** 중세 사제들의 지배체계처럼 "그들의 위계
를 **신분, 출생, 재산**을 고려치 않고 민중 속의 최선의 두뇌들로 충원한다"
(25: 614면). 이 점에서 근대 봉록관은 아시아적 봉건제의 **탄생신분적** 봉록관
리와 명백히 구별된다.

 우리는 여기서 개념적으로 엄밀히 구획된 의미에서 이 근대 봉록관의 지
배를 **봉록적 지배**로, 그리고 추상적 공유재산에 대한 그들의 관직매개적인,
따라서 상부구조에 근거한 점유를 **봉록적 점유**로 명명한다. 이것은 이들의
관직획득의 매질(媒質)이 정치적 신조든 종교적 신앙이든 '연줄'이든 관계없
이 적용된다. 추상적인 공유재산 위에 올라앉은 과거 동구의 정치적·경제
적 지배자들도 마찬가지로 봉록과 특권에 이해관계를 가진, 공유재산의 봉
록적 점유자들이었다. 종신적으로 남의 잉여생산물을 **먹어치우는** 이 봉록적
점유는 반대로 잉여생산물을 **납부하였던**, 인신적 예속상태에 있던 봉건농민
의 세습적인 사적 점유와 다를 뿐만 아니라, 사회주의적 공유재산의 자주관
리를 위해 **민주적으로 선출되는** 관리자의 관직활동과도 다른 것이다. 왜냐
하면 참된 민주적·사회주의적 공인(公人)의 임금은 그의 고도로 숙련된 노
동시간만을 반영할 것이고 그의 임금이 고도숙련된 노동자의 평균임금을 상
회하는 경우에도 그 **자신**의 고도숙련노동의 잉여보다 많지 않아야 할 것이
기 때문이다. 그러나 과거 소련·동구의 인민으로부터 자립화된 정상급 간
부들은 참된 사회주의적 공인이라기보다는 봉록관과 더 유사했다. 한편 사
적 자본회사의 자립화된 매니저의 지위도 근대 봉록관과 유사한 일면을 지
닌다. 하지만 그의 패권적 지위는 ① 단순히 관료체제적 조직뿐만 아니라 **신
용자본의 수탈**(따라서 경제적 '물건' 자체의, 비록 비세습적일지라도 구성체
적으로 안정된 사적 점취)에도 기초하고 있다는 점에서 근대 봉록관의 지위
와 다르다. 따라서 이 수탈관계는 **조직적으로** 제도화되어 있는 온갖 대항전
략으로는――그것이 외부로부터 가해지는 것이든 내부로부터 가해지는 것
이든――해소될 수 없다. 이 관계를 해체하기 위해서는 자본주의적 소유
그 자체의 철폐, 즉 구성체 전환이 필요하다. ② 사적 매니저는 명목상의 주
인(主人)이며 동시에 잉여가치의 공동수취인인 **사적** 주식소유자 집단과 운

명적인 공생관계 속에 들어 있다. ③매니저가 처분할 수 있는 회사자본은 **공유재산**이 아니다. 왜냐하면 회사자본은 **사적** 주식소유자의 **분할 가능한** 소유로서 생각되고, 드물게 일어나는 일이긴 하지만 회사를 청산할 때는 실천적으로도 그렇게 취급되어야 하며 따라서 개인들에게 분배되어야 하기 때문이다.

봉록적 지배는 **관료적 조직**과 **이데올로기**에만 의존한다. 따라서 근대 봉록적 지배라는 술어로써 우리는 소유관계에 뿌리내리고 있는 것이 아닌, 즉 고대아시아적·가부장적으로 은폐된 또는 로마식으로 노골적인 '노예제'나 봉건적 "농노제에서처럼 직접생산자의 인신에 대한 일정한 사람들의 소유"에도 또 자연이나 자본, 신용 또는 생산수단에 대한 "비생산자의 순수한 사적 소유"에도 뿌리박지 않은, 말하자면 관료적 행정**조직**에 의거하여 공직의 종신적 장악을 통해 **추상적 공유재산**을 처분하는 지배를 뜻한다.[20] 그러나 이 봉록적 지배에서 관료체제는 봉록관과의 차이가 아무리 유동적이라 할지라도 정상의 봉록적 지배층과 엄격히 구별되어야 한다. (베버는 관직에 대한 사적 소유제를 봉건제로, 관직에 대한 사적 점유제를 봉록제로, 관직에 대한 아무런 소유권적·점유권적 권리가 없는 참모제도를 관료제로 나열한다.) 자본주의적 근대관료층이든 반(半)사회주의적 관료층이든 이들은 '지배계급'이 아니라 봉록적 지배층의 **수단**일 뿐이다.[21] 인민의 민주주의적 자

---

20) 동구의 관료주의적 사회주의를 맑스와 엥겔스의 아시아적 생산양식의 개념으로써 비판해보려는 빈번한 시도들은 설득력이 없다. 왜냐하면 이 '사회주의' 안에는 고대아시아적 생산양식의 기저에 놓여 있던 가부장제(가족성원과 가족재산에 대한 가부장의 은폐된 소유제)가 존재하지 않았기 때문이다. 즉, **추상적** 공유재산에 의해 한정당하고 동시에 정당구조적인 요소, 즉 관료적 **조직**과 (네오)스딸린주의적 **이데올로기**에만 의존하였기 때문이다. 그러나 이 지배형태는 앞에서 살펴보았듯이 그렇게 새로운 것이 아니다. 본질적으로 동일한 지배형태는 자본주의 안에서도 현실의 명백한 일부이기 때문이다. 일부 정상급 노조간부, 노조 및 협동조합 콘쩨른의 최고경영진, 정당지도자, 국가 및 종교단체의 고위지도자 등은 가부장적·신분적 또는 소유권적, 말하자면 구성체적 권력 없이 **순수히** 조합관료체제, 기업관료체제, 국가관료체제, 사제관료체제 등의 **조직경력**과 **이데올로기**에만 의존하여 추상적인 **공유재산**에 대한 처분권력을 독점하고 있다. 이것도 **봉록적 지배** 외에 다른 것이 아니다.

21) 동구의 관료층을 '지배계급'으로 파악하고 최고간부들을 관료층의 한 '분파'로 파악하려는 '베버주의적' 시도가 있다(가령 Ahlberg 1978을 보라). 그러나 봉록관을 관료와

치의 이러한 침탈자들은 관료체제를 창출하여 완벽화하였고 이 관료체제는 다시 인민자치가 최고간부들의 봉록적 지배로 완벽하게 둔갑하도록 해주었다. 그러나 이 봉록적 지배와 이것의 수단인 **일석주적인** 관료체제는 이 지배체제가 구성체적 토대에 뿌리박지 못했기 때문에 그리고 그 관료체제가 일석주적이기 때문에 바로 베버와 베버주의자들의 주장과는 정반대로 구성체적으로 굳게 뿌리박은 부르조아적 지배와 도처에서 경쟁적으로 히드라처럼 무성히 뻗어오르는 이것의 관료체제보다 훨씬 더 취약하다.

(4) 자본주의, 사회주의, 관료체제

관료체제는 조직개념상 무산자를 특수한 행정요원으로 고용하여 무산대중을 관리하는 제도로서 임금노동에 기초를 둔 근대자본주의를 전제한다. 또한 "자본주의만은 아니지만 그래도 특히 자본주의가 역사적으로 창출했고

명백히 구별하고 있는 베버의 봉록제 개념을 무시하는 '베버주의자들'의 시도는 중요한 사실을 간과하고 있다. 즉 **봉록적 지배집단**과 수단으로서의 **관료층** 간의 격차를 못 보고 있다. 한걸음 더 나아가 그들은 소련 국가관료의 수만 해도 2000만 명에 달했다는 사실을 망각하고 있다. 여기에 당, 노조, 경제분야의 기관원들을 더하면 소위 '지배계급'의 비중은 노인네와 어린이, 청소년까지 포함한 소련인구의 약 25%가 될 것이다. 주민의 1/4이 노동하지 않고 남의 잉여물을 점취하는 지배계급일 수 있는가? 말도 안 되는 소리이다. 게다가 소련의 봉록관적 최고간부들은 뻬레스뜨로이까 이전에 결코 의전적인 허수아비들이 아니라, 지배권력이 관료층으로 이전되는 것을 용인하지 않을 정도로 **실질적인** 권력을 장악한 **종신적 봉록관**들이었다. 관료층은 지배력의 그늘 아래서 특유한 관료적 특권과 불법적 특권을 향유하고 평범한 인민들에게 견딜 수 없는 존재들이었으면서도 여전히 봉록관들의 지배기술적인 **수단**으로 남아 있었다. 마지막으로 봉록적 지배자들도 아직 지배'계급'이 아니다. 왜냐하면 맑스주의적인 그리고 비(非)맑스주의적인 계급개념은 "경제적 기능에 중심적인 역할을 부여하기"(Ritsert 1988b, 24면) 때문이다. 이에 반해 봉록관들은 보통 **경제외적** 기능과 '연줄'을 기초로 한 관직점유자들이기 때문이다. 이들이 물론 경제적 기능을 넘겨받을 수도 있지만, 경제적 관직의 임용에서도 이데올로기적 또는 기타 경제외적인 판정기준(예를 들면 당적·정치적 '연줄', 충성심 등)이 결정적 역할을 하였다. 따라서 봉록관층이란 아직 역사적·사회적으로 말안장에 굳게 올라앉지 못한 지배계급으로의 불확실한 **이행집단**으로 규정하는 것이 더 정확할 듯하다. 아무튼 '계급'개념을 너무 인플레이션시키면 안될 것이다.

(자본주의는 관료체제 없이 존재할 수 없다) 어떤 **합리적** 사회주의든 단순히 넘겨받아 증대시키게 될 지속적이고 엄정하고 집약적이고 계산 가능한 행정의 필요성은 모든 대중행정의 핵으로서의 관료체제의 숙명성을 낳는다. 오직 (정치적·성직적·단체적·경제적) 군소경영체만이 이 숙명성을 크게 벗어나 있을 수 있을 것이다. 자본주의는 오늘날의 발전단계에서 관료체제를 요구하듯이⋯관료체제가 가장 합리적인 형태로 존재할 수 있는——필요한 화폐수단을 재정적으로 활용하기 때문에——가장 합리적인 기초이기도 하다"(Weber 1985, 129면). 또한 관료체제는 전국민을 물적 행위수단으로부터 100% 분리시키는 '국유화'사회주의에서 전면적 완벽화에 도달한다. 이것은 베버의 지론이고 이 점을 우리도 이론적으로 전제한다.

그런데 앞에서 살펴보았듯이 베버는 사회주의적인 '국가관료체제'에 대한 인민의 투쟁은 승산이 없고 이 관료체제는 좀더 견고하다고 진단하고 있다. 여기서는 좀 길게 인용해볼 필요가 있다.

> 그러나 사적 소유의 점점 더 광범한 제거가 일단 성공한다고 전제한다면, 그것은 근대 산업노동의 강철 같은 가막소의 분쇄를 의미하는 것이 아닐 것이다. 오히려 그것은 국유화된 또는 그밖의 '공공경영체'로 넘겨진 기업들의 관리도 관료적으로 된다는 것을 뜻한다. 프러시아 국영 광산기업과 철도기업의 사무원과 노동자들의 생활형태가 커다란 사(私)자본주의적 기업의 직원들의 생활형태와 결코 다른 것으로 느껴지지 않는다. 그런데 그들은 더 부자유스럽다. 왜냐하면 국가관료체제에 대한 모든 투쟁은 승산이 없고 또 사(私)경제단위체에는 가능했던, 원칙적으로 국가관료체제와 이것의 권력에 대항하는 이해관계를 갖는 그 어떤 기구도 동원될 수 없기 때문이다. 이것은 전적인 차이일 것이다. 사(私)자본주의가 제거된다면 국가관료체제만 단독으로 지배할 것이다. 지금 나란히 그리고 가능성에 따라 서로에 대립하여 기능하는, 따라서 줄곧 어느정도 상호적으로 견제하는 사적 그리고 공적 관료체제들이 하나의 유일한 위계체제로 통합될 것이다. 가령 고대 이집트에서처럼 비교할 바 없이 합리적인, 이런 까닭에 피할 수 없는 형태로. (Weber 1985, 835면)

그러나 맑스의 소유권 정책을 염두에 두고 있는 베버의 이 단정은 부정확한 것이거나 빗나간 것으로 입증되고 있다. 첫째, 엥겔스조차도 모두 프러시아 국영기업들을 단 한번도 사회주의적인 것으로 간주한 적이 없다. 오히려 그 정반대이다.

비스마르크가 그 어떤 경제적 필연성 없이 프러시아의 주요 철도를 국유화한 것은 단순히 … **철도관리들을 정부의 순종적 충견으로 육성하기 위한 것에 지나지 않는다.** 따라서 그것은 **결코 직접적이든 간접적이든 의식적이든 무의식적이든 사회주의적 조치가 아니다.** (19: 220면)

게다가 우리가 이미 고찰하였듯이 맑스에 의하면 단순한 사적 자본소유의 국유화가 아니라 공동'점유' 상태의 생산수단에 대한 자유로이 연합한 노동자들의 개인적 '소유' 및 기업민주주의적 자주관리를 수반하는 소유권 변혁만이 사회주의적인 것이다.

둘째, 베버적인, 따라서 본질적으로 스딸린주의적인 의미에서의 '관료주의적 사회주의' 안에서도 일석주적 관료체제에 대한 투쟁은 승산 없는 싸움이 아니다. 이 체제에서는, 부르조아체제 안에서 사회적 차원에서 해소될 수 있는 사회적 갈등이 모두 쉽게 마무리될 수 없는 정치적 갈등으로 즉각 전환되어버리기 때문이다. 따라서 **한** 국영기업에서의 **단 한번의** 소란도 일석주적 관료체제와 국가 및 당의 최고지도층을 덮치면서 직접 **체제위기로** 확대되어버린다. 이것은 동구에서 기존의 일석주적 관료체제를 와해시킨 20세기 말의 투쟁이 입증해주고 있다. 이에 반해 서구 제국주의 국가들 안에서 전후에 벌어진 셀 수 없는 파업과 사회투쟁들 가운데 단 한 건의 싸움도 부르조아체제와 이것의 관료체제를 뿌리째 뒤흔든 적이 없었다.

셋째, 스딸린주의적인, 따라서 베버적인 변형태로 환원되어서는 안되는 진정한 사회주의 안에서라면 모든 경제적 지도와 행정이 유일한 국가행정체제로 통합되지 않을 것이다. 전체 경제를 위한 민주적 국가계획은 개별기업들의 **자율성**을 간단히 흡수해버리지도, 시장을 완전히 배제해버리지도 않을 것이다. 문제가 되는 것은 계획의 절대성이 아니라 시장에 대한 민주적 계획의 **우위성**이고, **다양한** 소유형태에 기초를 둔 기업들, 예를 들면 셀 수 없이 많은 사회주의적 주식회사, 중소조합기업, 중소자본기업, 국영기업 등이 자기경리로 거시적으로 통제되는 시장에서 자유로이 경쟁할 것이다.

넷째, '서로 대립하여 기능하는 사적·공적 관료체제들'의 경쟁은 '상호적으로 견제하는 것'으로 반드시 귀착되는 것은 아니다. 관료체제에 대한 경쟁의 영향은 모순적이다. 자본주의적 사적 소유자들의 무정부적 경쟁은 소비자들과 고객들 대중에 대한 관료적 대응을 약화시키는 명백한 요소이긴 하다. 왜냐하면 협력이 부족하거나 경직되거나 수요의 기회에 대한 대응이 불완전하거나 게으르면, 이것은 즉각 판매고의 하락을 야기할 것이기 때문이다. 하지만 이것으로부터 지배적인 독점콘쩨른의 거대한 상비적 관료체제들에 대한 변호론을 도출할 수는 없다. 정반대로 기업이 크면 클수록 그만큼 시장의 요구에 의해 더 적게 조종되고 그만큼 더 많이 관료주의적 경직상태로 빠져든다. 동시에 무정부적 경쟁은 관료체제적 위계를 **기업 내의 노동자들에 대해서** 결코 완화시키는 것이 아니라 공고화하고 완벽화하는 요소이다. 맑스는 다음과 같이 말하고 있다. "사회적 분업의 **무정부성**과 매뉴팩처적 공장 내 분업의 **전제성**(專制性)은 자본주의적 생산양식의 사회 안에서 **상호 조건짓는다**"(23: 377면). 따라서 "생산의 사회적 성격이 **엄격히 규제하는 권위와 노동과정의 완벽한 위계체제로서 조직된 사회적 메커니즘의 형태로 직접생산자 대중에 맞서는 데 반하여, 이 권위의 담지자들, 즉 상품소유자들간에는 완벽한 무정부성**이 지배한다"(25: 888면).

다섯째, 관료체제적 행정은 지배기술적으로 '비교할 바 없이 합리적이고' 이런 까닭에 '피할 수 없는' 것일지 몰라도, 노동기술적으로는 최고로 불합리하고 따라서 무조건적으로 회피해야 할 행정이다. 이것은 소련 등이 관료체제를 더욱 첨예화하는 것이 아니라 이제 철폐하려고 했던 사실에 의해 입증된다. 관료체제의 노동기술적 불합리성과 비효율성은 평범한 시민들을 경제적 궁핍 속에 밀어넣었고 결국 큰소리로 헛된 약속만 떠벌리는 권력자들에게 등을 돌리도록 하고 저항하도록 하기 때문이다. 또한 관료체제의 불합리성은 노동자의 진취성과 생산적 이니셔티브를 억압하고 그리하여 사회적 생산력의 발전을 둔화시키며 게다가 관료들의 권력남용과 부패를 만연시키기 때문이다. 그러나 전면적 관료주의의 이러한 비효율성과 취약성에도 불구하고 일석주적 관료체제의 사회주의적 지배가 서구의 관료주의적 지배보다 더 효율적이고 더 견고하다고 우기는 '베버주의적' 주장은 오늘날에도 여

전히 유행이다. [22]

　동구의 사회주의적 봉록지배가 일정한 정도까지 공고화할 수 있었던 것은 맑스에 의거할 때 달리 설명되어야 할 것이다. 그것은 봉록체제의 한 근본적인 특징, 즉 "항상 새로운 세력이 사회 기층으로부터 상승할 수 있는" 서구에서보다 더 높은 가능성이었다. 이것은 "중세 가톨릭 교회가 민중 속의 최선의 두뇌들로서 신분, 출생, 재산 등을 가리지 않고 그들의 위계체제를 구성한 사정이 승려지배체제와 속인의 억압의 주된 강화수단이었다"는 것과 전적으로 유사하다. 그러나 "지배계급이 피지배계급의 가장 뛰어난 인물들을 등용할 능력이 더 많으면 많을수록, 그들의 지배는 더 견고해지고 또한 위태롭다". (25: 614면) 사회체제 안에서의 좀더 높은 상승 가능성은 루터와 깔뱅의 부르조아적 종교개혁과 오늘날 동구의 뻬레스뜨로이까처럼 **위로부터의 개혁**의 가능성과 체제위기를 초래할 수 있기 때문이다.

　자본주의 안에서 국가 외에 관료체제의 아성은 자본주의적 **대기업**이다. 그러나 절대주의적 국가관료체제의 강력한 전통을 가진 나라들에서 사람들은 보통 **기업관료체제**라는 단어를 이상하게 생각한다. [23] 가령 위르겐 코카는 기업의 "사관리(私官吏)"란 "불합리한 개념"이라고 말하고 있다(Kocka 1981, 75면). 이러한 관념으로부터 카우츠키도 벗어날 수 없었다. "기업의 극히 다양한 형태들, 즉 관료체제적 기업, 노동조합기업, 협동조합기업, 개인 단독기업 등이 사회주의 사회에서 나란히 존재할 수 있다. 예를 들면 철도와 같이 관료조직 없이는 유지될 수 없는 기업도 있다. "[24] 여기서 카우츠키

---

22) 가령 알베르크는 동구의 관료체제가 서구의 관료체제보다 더 공고하다고 말하고 있다(Ahlberg 1978, 193면). 그리고 그는 다음과 같이 결론짓는다. "사회주의적 관료층의 지배계급으로의 승진은 동구의 많은 맑스주의적 반체제세력에 의해 국가소유제의 도입 및 사유재산의 부재에 기인한 것으로 이해되고 있다. 그럼에도 불구하고 맑스주의적 사상가들도 사회주의적 기능과 부딪히게 되었다. 즉, 사유재산이 사회적 자율성의 방어를 위한──비록 완벽한 것은 아닐지라도──효과적인 수단이라는 사실을 깨닫게 되었다. 서구 민주체제 안에서의 국가관료체제에 내맡긴 사회주의 사회는 지금까지 사명의식에 가득 찬 관료체제의 권력횡포에 대해 방어할 수 있는 어떤 대비될 만한 수단도 강구하지 못했다"(같은 책, 193면).

23) 1920년경 베버는 다음과 같이 말하고 있다. "국가사무활동과 사경제적 경리활동이 뭔가 내적으로 본질적으로 다른 것이라는 관념은 유럽대륙적인 것이고 이에 반해 미국인들에게는 전혀 낯선 것이다"(Weber 1985, 552면).

는 철도기업처럼 **오직 국유화된** 기업만이 관료화된 것인 양 착각하고 있다. 이에 대하여 레닌은 다음과 같이 말하고 있다. "현재 우체국은 국가자본주의적 독점체의 유형에 따라 조직된 기업이다. 제국주의는 점차 **모든 트러스트**를 유사한 유형의 조직으로 탈바꿈시키고 있다. 악착같이 일하고도 굶주리는 '단순한' 근로자들 위에 여기에도 **동일한** 부르조아적 **관료체제**가 서 있다"(*LAW* Ⅱ, 359면). 나아가 "소위 필연적이라는 '관료조직'에 관한 한, 철도는 기계화된 대산업의 모든 기업, 임의의 공장, 대사업체, 대자본주의적 농업기업 등과 결코 조금도 다르지 않다"(같은 책, 409면).

그러나 카우츠키 같은 관념은 오늘날에도 여전히 억세게 잔존한다. 좌익 비판정신이 통속적으로 유포된 오늘날 서구에서는 대부분의 기업관료들이 자신이 '관료'가 아니라는 것에서 자기만족을 얻고 있다. 가끔 "공공행정에만은 취업하지 말아라!"는 슬로건이 직업선택을 규정한다(Bosetzky 1978, 56면). 이러한 관념의 끈질긴 잔존은 바르트(H. Bahrdt)의 저서 『산업관료체제』(1958)가 독일의 학술무대에서조차 '산업관료체제'라는 단어를 비로소 정착시킨 것을 상기할 때 그렇게 놀랄 일이 아니다(같은 책, 57면). 하지만 산업관료조직은 여전히 '블랙박스'인 채 남아 있다. 산업관료조직의 연구를 막는 이러한 '터부화'는 오늘날 '자유경제'가 모든 사회주의 경제에 대해 갖는 우월성을 주장하고 사적 기업을 공유재산으로 이전하거나 국가기구에 의해 조종하는 것을 방어할 목적의 '지배적인 기업이데올로기'에 의해 강화되고 있다. 따라서 관료체제 개념을 자본주의적 기업에 적용하는 것은 '본질적 위협'으로 간주된다. 오직 과거 소련·동구의 계획경제를 분석할 때만 관료체제 개념으로 작업할 수 있다는 것이다(같은 책, 55면). 그러나 실은 서독에서 매년 수만개의 기업이 관료체제적 경직화로 말미암아 도산하고 있다(같은 책, 57면).

자본주의적 기업, 특히 이것의 작업장은 오래 전부터 이미 분업적으로 조직되어 있었다. 그러나 자본주의적 대기업의 관료체제화는 작업장이 아니라 경리실, 즉 사업적 행정기구로부터 출발하였다. **경리부기**(簿記)는 **문서정보에 의한 과정의 통제**, 즉 "과정의 관념적 종합과 통제"(24: 137면)를 뜻하기

---

24) K. Kautsky, *Die soziale Revolution*(*LAW* Ⅱ, 409면에서 재인용).

때문이다. "자본은 자신의 순환단계들의 통일로서⋯오직 계산화폐의 형태로 관념적으로만, 일단은 자본주의적 상품생산자의 두뇌 속에서만 존재한다. **부기**를 통해⋯이 운동은 고정되고 **통제된다.** 생산 및 가치증식의 운동은⋯이리하여 관념 속에서 상징적인 반영상을 얻는다"(24: 135면). 따라서 경리실에서는 오래 전부터 문서절차와 서식체계가 발전하였다. 이럼으로써 문서정보들은 쉽사리 기업수뇌에게로 집중될 수 있었다. 이런 까닭에 관료조직이 생산현장이 아니라 경리실에서 시작된 것은 지극히 자연스런 과정이다.

3. 기업의 행정관료체제

(1) 관료화 이전의 가부장제적 경리실

경쟁자본주의 시대에 기업행정분과인 "경리실(Kontor)은 개별 작업장에 비해 사라질 듯 작았다"(25: 310면). 대개 10명 이하의 직원을 가진 이 전 (前)관료체제적 소(小)경리실은 '좀더 잘 지불받는 임노동자 부류', 즉 '평균적 노동보다 높은 능력을 지닌 노동'을 수행하는 노동자들로 구성되었다. 그러나 이 경리실은 중세 상업회사에서 물려받은 **가부장적ㆍ가족공동체적** 조직을 답습하고 있었다. 이 조직요소는 나중에 경리실이 관료화되는 과도기에도 잔존하며 계속 영향을 미치게 된다. 경리실의 확대 및 경리실 직원의 수적 증대와 함께 이 가부장적 경리실 안에서도 위계와 기능의 분화가 진행된다. **상인주**(Prinzipal)＝자본가와 **조수**(Handlungsgehilfe)의 위계를 기본구조로 하던 경리실 위계체제는 상인주, 지점장, 대리(Disponent), 제1경리와 제2경리, 출납계, 서기 등으로 분화된 위계로 바뀌어갔다. 이 위계질서는 엄격한 가부장적 성격의 것이어서 경리실 안에서뿐만 아니라 식탁의 자리순서 및 기타 경리실 밖의 모든 사회생활에서도 일반적으로 지켜져야 했다.

경리실 직원의 지위분화와 이와 결부된 소득 및 권한의 불균등성은 경리실 안에서의 **공간과 비품 체계의 위계화**를 통해서도 모든 사람에게 명시적인 것으로 대상화되어 있었다. 책상의 크고 작음, 사무공간의 크고 작음, 창가에 인접해 있느냐 구석진 자리냐의 여부, 여타 사무용품들에 대한 차별적인 사용권 등은 경리실 내의 위계구조를 그대로 반영해주었다. 공간적 특전은 가령 가능한 모든 소음과 잡무로부터 공간적으로 분리된 자리를 차지하는 것이다. "사무공간이 더 많이 외부로부터 차단되고 눈에 띄지 않을수록, 직원의 지위는 그만큼 더 높다"(Fritz 1982, 69면).

바르트는 전(前)관료체제적·가족공동체적 공장경리실을 그 조직적 관점에서 일종의 "수공업 경영"이라고 기술하고 있다.

> 개별적인 기능들은 상호 분리되었고, 각 기능은 최고의 단계에서 가장 낮은 단계까지 엄격히 지켜지는 특전들과 결부된 서열단계를 형성했다. 경리실 직원들 전체는 경리직원이 작업장의 고참 도제와 유사한 지위를 점하는 엄격한 위계질서를 형성하고 있었다. (Bahrdt 1958, 40면)

그러나 경리실 공동체 내의 기능분화와 위계분화는 특유한 한계에 갇혀 있었다. 이 가부장제적 위계는 문서로 고정된 약정에 의해 규제되는 것이 아니라 상인주의 비교적 자의적인 처분권력에 의해 좌우되었기 때문이다. 따라서 권한구획도 기능분화도 넘지 못할 장벽을 뜻하는 것이 아니었다. 필요하다면 하급 판매원이 더 높은 직원의 업무를 넘겨받거나 협업적으로 처리하였다. 즉 상호지원이 통례였다. 가부장적으로 운영되는 가족공동체 안에서의 경리실 노동의 조직구조는 따라서 커다란 조직상의 즉흥성을 지니고 있었다(Fritz 1982, 71면).

또한 일정 서열단계에서의 업무활동 기간은 일종의 교육 및 대기 기간을 뜻했다.

> 사무업무의 온갖 차이성에도 불구하고 이것을 수행하는 자가 종신적으로 이것에 묶여 있어야 하는 식으로 전문화되지는 않았다. 즉, 일면적인

교육밖에 거치지 않았거나 특별한 방식으로 전문화된 이유에서 모든 사무
원의 승진이 좌절되지 않으면 안되는 식의 원칙적인 장벽은 존재하지 않
았다. (Bahrdt 1958, 40면)

이런 까닭에 모든 경리실 직원은 일정한 시간이 지나고 나면 모든 상업업
무를 통달할 수 있었고 또 통달하지 않으면 안되었다. 가장 오래된, 따라서
가장 높은 경리는 모든 업무를 익혔기 때문에 종종 기업 전체에 대한 **전반
적 조감**을 할 수 있었고 따라서 쉽게 독자적인 기업을 차릴 수 있었다(같은
책, 43면). 말하자면 경리실 사환에서 경리로, 다시 경리에서 자본가로 승진
하는 것이 정상적인 행로였다. 이 경우 "가장 흔한 자영화 형태는 상인주의
딸과 결혼하는 것이었다"(같은 책, 42면).

이것 외에 보통의 공장노동자들에 대한 경리실 직원들의 특권적 지위는
"상업적 급료가 상승함에 따라" 경리직원에게 "가끔 그 급료의 일부를 이윤
에 대한 일정 비율의 지분으로 지불하는"(25: 311면) 것에서도 드러난다. 즉
높은 경리직원은 일부 급료를 "그의 상인주가 이 경우 산업이윤과 상업이윤
을 모두 챙기게" 되더라도 "매 경우의 판매에 대해 적용되는 이윤할당(커미
션, 이익배당)의 형태로" 받는다(25: 301면). 이 수입은 종종 최고참 경리가
자영사업을 차릴 때 기본자본 노릇을 하였다. '경리실소유자'(Prinzipal)는
게다가 대개 그의 '조수들'을 그의 자식, 친인척, 친구 또는 그와 연줄이 닿
는 다른 자본가들의 아들, 친인척, 친구들로부터 충원하였다(정실체제의 원
칙). 따라서 이 '조수들'은 수업을 다 마치면 부친의 경리실을 떠맡거나 친
척관계 또는 연줄관계에 있는 자본가의 재정지원으로 스스로 자본가로 독립
하였다.

따라서 초기자본주의적 경리실은 '자유의 나라'로 통하는 길이 전혀 없는
종속적 노동의 폐색된 세계가 아니라 일종의 **자본가 훈육소**였다. 엥겔스도
섬유 공장주의 장남으로서 자기 의사에 반하여 부친의 친구인 브레멘 대상
인의 점포에서 이 '훈육소'를 졸업하였다. [25] "이런 까닭에 가장 오래된, 따
라서 가장 존경받는 직원이 경리실을 떠나는 순간 일반적인 승진사태가 벌

---

25) L. F. Ilijtschow u. a. 1973, 17면 이하 또는 H. Gemkow u. a. 1984. 21면 이하 참
조.

어질 수" 있었다(Bahrdt 1958, 43면). 이런 한에서 현직의 자본가로서의 상인주와 미래의 자본가로서의 조수들 간에는 원칙적인 계급차이가 없는 셈이다. 따라서 이 경리실 조수들과 관련해서는 임금노동자로서의 **형식적 포섭**조차도 입론할 수 있다. 이 상태는 19세기 후반 깊숙이까지도 잔존하였다. 1872년 엥겔스는 한 스페인 동지에게 다음과 같이 쓰고 있다.

> 당신 나라에서 상업직원들이 프롤레타리아의 전진에 대해 거부자세로 대립해 있다는 당신의 말은 다른 나라에도 그대로 적용된다. 이 계층은 일반적으로, **조만간 자신이 부르조아가 되기**를 기다리고 있는 부르조아 계급의 충복들로 구성되어 있다. (33: 394면, 1872년 1월 26일자 편지 초안)

따라서 전(前)관료체제적인 경리실의 가부장제적 상인주-조수관계에서 벌어지는 협업은, 맑스가 **단순협업**의 **'가장 단순한'** 형태에 대해 그리고 동시에 본래적인 기업 내 분업에 대해 차별짓고 있는 단순협업의 '가장 완성된 형태'로 규정될 수 있다.

"공동노동의 가장 단순한 형태"(23: 346면)는 복수의 노동자들이 **동일한** 또는 **유사한** 기능을 "단지 **공간적으로 함께**", 즉 서로 나란히 "수행하는 형태이다"(23: 344면). 이에 반해 공동작업자들이 조합된 노동과정 안에서 "**상이한** 동작들을 **상이한** 손들에 분배하여 동시에 수행하는" 협업 형태를 맑스는 "협업의 가장 완성된 형태"(23: 347면 이하)라고 부르고 있다. 가령 "복잡한 노동의 수행이 필요한 경우 상이한 일들이 동시에 수행되어야 한다. 한 사람이 다른 것을 하는 동안 다른 사람은 또다른 일을 하게 되는데, 모두는 개인적으로는 생산할 수 없는 결과에 기여한다. 한 사람은 노를 젓고 다른 사람은 키를 잡고 제3의 사람은 그물을 던지거나 작살을 던지는 고기잡이 경우는 이 협업이 없었더라면 불가능한 성과를 낳는다"(드 트라시 Destutt de Tracy로부터 맑스의 인용, 23: 347면 각주). "여기에서는 노동의 조합(Kombina-tion)이 벌어지고 있다"(23: 346면). 이런 까닭에 맑스는 협업을 미리 앞질러 "동일한 생산과정 또는 **상이한**, 그러나 상호 연관된 생산과정들 안에서 계획적으로 나란히 그리고 **서로 협력하여** 노동하는 복수의 사람들의 노동형태"(23: 344면)로 정의해두고 있다. 이 단순협업의 가장 완성된 형태는 물론 나중에 각기 상이한 기능이 배타적인, 종신적으로 바꿀 수 없는 활동, 즉 개개 노동자의 직업적 활동으로 자립화하는 분업으로 고착화될 수 있다. 그러나 노동의 조합은 분업과 범주적으로 명백히 구별된다. 전자는 **단순협업**의 한 형태이기 때문이다.

단순협업의 가장 완성된 형태를 **분업**과 의식적으로 분명히 구별해내기 위해 간단히 **협업적 조합**으로 부를 수 있겠다. 이 조합은 너무도 자주 분업과 혼돈되고 있다. 그러나 협업적 조합 안에서는 노동자들이 그들의 상이한 기능들을 서로 직접 바꾸거나 시간이 지남에 따라 거쳐나갈 수 있는 데 반해, 분업의 경우 이것은 전혀 불가능하거나 또는 한정된 테두리 안에서만 가능할 뿐이다. 이런 까닭에 분업의 극복이라는 '공산주의적' 목표는 항상 분업의 협업적 조합으로의 질적 변환으로 이해되어야 할 것이다. 그러나 저 흔한 개념혼동 속에서는 이 목표가 순수히 공상적인 것으로 들리거나 심지어 기만적인 것으로 들릴 수 있다. 왜냐하면 필경 더욱 복잡다단할 미래사회의 노동조직은 좀더 복잡한 협업적 조합 없이 유지될 수 없을 것이기 때문이다. 그런데 이 협업적 조합은 공장경리실의 위계체제처럼 모든 최하급 노동자들이 원칙적으로 최고 지위의 기능에까지 점차 올라갈 수 있는 경우 수직적으로도 벌어진다. 시간이 감에 따라 자동적으로 승진할 가능성이 진정으로 존재하는 곳에서는 수직적 분업에 대해 운위할 수 없다. 그러나 바르트는 그의 개념적 노력에도 불구하고 전(前)관료적 경리실과 관련하여 "죄 없는 분업"(Bahrdt 1958, 43면)이라는 묘한 표현을 사용하고 있다. 이리하여 그는 자본관계의 발전을 망각하고 경리실 직원들이 자본가로 승진하는 메커니즘의 파괴를 모조리 "죄 많은" 분업의 책임으로 돌리고 이 분업을 즉각 관료화와 등치시키고 있다(같은 곳).

그러나 경리실 안에 분업이 정착된 후에도 경리실 직원의 상위집단은 일정 기간 동안 전통적인 방식으로 자본주로 승진할 수 있었다. 왜냐하면 자본가계급의 형성과정이 아직 완료되지 않았기 때문이다. 따라서 경리실 직원의 자본가로의 '자동적 승진 메커니즘'이 완전히 파괴된 것은 자본관계의 독점자본주의적 경직화와 이로 인한 사회적 상승이동성의 사실상의 소진으로 말미암은 것이다.

한편 분업은 관료화와 혼동되어서는 안된다. 분업의 전제 없이는 관료화가 불가능하기는 하지만, 분업은 구성체적 생산관계를 표현하는 **경제학적** 범주인 데 반해 관료체제는 주어진 분업을 지배기술적인 관점에서 인위적으로 이용·왜곡하는 규범규정적인, 따라서 상부구조적인 조직형식을 뜻하는 순수한 **사회학적** 범주이기 때문이다. 이런 까닭에 기업관료체제는 작업장 분업이 확립되고 난 후 오랫동안 경제부문에서 찾아볼 수 없었고, 오직 가부장제적 노동조직 또는 병영조직만이 지배하였던 것이다. 아무튼 관료체제 그 자체는 지배기술인 데 반해, 분업은 이것이 동시에 자본에 의해 착취·지배방식으로 활용될지라도 본래 경제적 노동방식을 뜻한다.

1970년 몇몇 극렬 맑스주의자들은, 기업 내의 분업은 이것이 수평적인 것이든 수직적인 것이든 관계없이 본래 순수한 위계적 지배·착취기술로 생겨났다고 주장한다. 가령 마글린은 자본주의적 위계 일반을 '분할통치'의 **단순한** 권력전략으로 규정한다(Marglin 1977). 이같은 주장은, 분업의 의의는 착취·지배와 전혀 무관하고 **오직** 노동기술적인 합리성과 관계한다는 부르조아 이론가들의 상반된 주장과 마찬가지로 잘못된 일면적 주장이다.

맑스는 기업 내 분업을 주지하다시피 이중적인 관점에서 고찰하였다. "분업은 한편으로 사회의 경제적 형성과정 안에서 역사적인 진보와 필연적인 발전계기로 현상한다면, 다른 한편 문명화되고 세련된 착취의 수단으로 현상한다"(23: 386면). 자본주의적 위계에 대한 마글린의 비판은 애석하게도 맑스의 분업론을 왜곡시키고 있다. 물론 마글린의 주장은 이 점에서만 잘못된 것이 아니다. 그는 다음과 같이 말하고 있다. "조직적 변혁들은 동일한 투자에 의해 좀더 큰 수익을 획득하는 의미를 갖기보다는 노동자를 희생하여 좀더 큰 수확의 몫을 자본가에게 안겨줄 것을 겨냥했다. 혁신으로 인해 전체 산출량이 커졌다는 사실을 통해 이 혁신의 기저에 놓여 있는 계급이익은 은폐되었다. 위계화된 노동의 사회적 의미는 기술적 합리성이 아니라 자본의 축적이익에 있다"(Marglin 1977, 150면).

바로 이어서 그는 아담 스미스가 나열한 기업 내 분업의 생산적 측면들을 부정하고 있다. 스미스는 주지하다시피 분업의 경제적 이점을 ①능란성 상승, ②시간의 절약, ③기계의 발명으로 나열하고 있다(Smith 1928, 10면). 마글린은 첫번째 이점을 분업적 전문화로 인한 노동기능의 하락이라는 역사적 사실을 시사하면서 반박하고 있다(Marglin 1977, 156면 이하). 그러나 그는 스미스의 발언을 근본적으로 오해하고 있다. 분업으로 인한 노동기능의 온 갖 단순화에도 불구하고 부분노동의 능란성과 정확도는 상승한다. 양자는 모순되는 것이 아니라 나란히 진행되는 것이다. "매뉴팩처는 사회 안에 이미 존재하는 업종의 자연발생적 **전문화**를 작업장 안에서 재생산, 체계적으로 **그 극단으로까지 몰아붙임**으로써 부분노동자들의 **명장성**(名匠性)을 낳는다"(23: 359면). 왜냐하면 "분업이 일반화되면 될수록 노동자의 능란도는 기능적 동작을 통해 그만큼 발전하기"(25: 311면) 때문이다.

마글린은 스미스의 두번째 이점도 반박하고 있다. "전문화 없이도 노동시간의 절감을 달성하는 것은 기술적으로 가능하다. 가령 한 노동자는 그의 아내와 자식들과 함께 한 노동과정을 한 과정 한 과정 해나갈 수 있을 것이다. 먼저 그는 2~3백 개 또는 2~3천 개의 바늘을 만들 철선을 뽑고, 다음은 그것을 펴고 자르고 하는 등, 이런 방식으로 그는 전체 노동과정을 여러 노동관계로 분해했을 때 얻어지는 동일한 이점을 향유할 수 있을 것이다"(Marglin 1977, 157면). 그러나 이 경우 "각 노동단계마다 노동도구를 노동자의 수(여기서는 노동자＋아내＋자식들―인용자)에 맞춰 마련해야 할 것이다. 그런데 전문화의 경우에는 각 노동단계마다 한 개의 도구만 있으면 된다"(Blume 1981, 67면). 즉, 마글린의 주장은 **생산수단의 경제**에 정면으로 반한다. 동시에 "모든 노동자(여기서는 한 노동자, 아내, 자식들―인용자)는 동일하게 포괄적인 방식으로 숙련되어야 할 것이다. 그런데 이것은 부분노동자들에게는 불필요한 비용이다"(같은 곳). 마글린은 매 노동단계를 고루 해낼 수 있는 포괄적인 숙련에 따르는 **교육시간과 교육비용**을 망각하고 있는 것이다.

그는 스미스의 세번째 이점도 부정한다. 단순화된 부분노동자는 발명할 능력을 상실했기 때문이라 한다(Marglin 1977, 155면). 작업장 분업이 심화됨에 따라 개개 노동자들이 일면화되고 능력을 잃어간다는 사실은 부정할 수 없다. 따라서 맑스도 다음과 같이 말하고 있다. "기계발명에서…역할을… 보인 자들은 매뉴팩처 노동자들이 아니라 학자, 수공업자, 심지어 농부(Brindley) 등이다"(23: 369면 각주). 아담 스미스가 여기서 실언을 하고 있음은 그가 매뉴팩처의 부분노동자들도, 두각을 나타낸 도구들의 분화까지도 기계발명으로 착각하고 있는 점에서(23: 369면) 의심할 바 없다. 그러나 마글린도 마찬가지로 실언을 하고 있다. 그는 작업장 분업이 기계 발명에 대해 지니는 객관적 연관도 부정하고 있기 때문이다. 이 객관적 연관은 기계 발명의 주체가 매뉴팩처의 부분화된 노동자들이 아니라 학자, 수공업자, 농부 등이었다 할지라도 논란의 여지가 없다. "매뉴팩처 시대는 부분노동자들의 배타적 특수기능에 도구를 적응시켜가는 과정에서 이 도구들을 단순화하고 개선하고 다양화하게 된다. 이리하여 이 시대는 동시에 단순한 도구의 조합으로부터 생겨나는 기계의 물적 조건의 하나를 창출한다"(23: 361면 이하). 그리고 "매뉴팩처 시대의 가장 완벽한 형성물 중의 하나는 노동도구들의 생산 및 이미 적용된 좀더 복잡한 공학적 기제들의 생산을 위한 작업장이다. … 매뉴팩처 분업의 이 산물은 그쪽에서 기계를 생산하게 된다"(23: 390면). 아무런 경제적 이점이 없는, 단순한 지배수단으로서의 분업이라는 마글린의 테제는 따라서 아무런 과학적 논증성이 없다.

(2) 기업행정의 관료체제화

초기자본주의적·가부장제적 경리실 안에서 직원들이 종종 자동적으로 자본주로 승진하고 또 때로 약정에 따라 '이윤할당'을 받을 수 있었다면, 여기에서는 분업 및 관료적 위계에 대해 운위할 수 없다. 여기에는 관료적 관직위계의 한 근본원리, 즉 지배자로부터의 관료의 조직상, 출신상, 이익관계상의 분리성이 결여되어 있다. 게다가 가부장적 위계에서 직원의 직책 임명권자는 **형식적으로** 자본주이지만, 사실상의 임명권자는 **세월**이다. 즉, 이 일직선인 가부장적 위계의 수직적인 **조합** 안에서는 **배타적으로** 위에서 명령되는 직책임면의 원리가 온전하지 못하기 때문이다.

그러나 독점자본주의적 대기업 및 주식회사의 급속한 확산, 기업 내의 조직적·상업적·행정적 업무의 상대적 급증의 추세에 따라 사무부문이 급속히 확대되었다. 이와 함께 사무활동은 한 부문에서 다른 부문으로 자리바꿈을 하는 것이 점차 어려워질 만큼 전문화되어갔다. 이 과정 속에서 경리실 노동자들의 임금도 하락하기 시작한다.[26] 공장경리실은 주로 사관리(私官吏)의 특유한 관료적 관직위계의 형태로 개편된다. 복종의무는 이제 고용주

의 개인적 권위뿐만 아니라 점차 규정된 규칙에도 근거하게 되었다. 공식적
으로 제도화된 권위관계의 좀더 강력한 적용은 또한 명령권의 공식화와 위
계적 분배도 요구하였다. 지금까지 상인주 개인에 집중된 지시기능, 조정기
능, 감독기능은 점차 관료적인 관할관계 및 상명하복관계 속에서 제각기 다
른 사람과 다른 심급에 위임되어갔다. 그리하여 경리실은 정상(頂上)의 순
수히 자본기능적인 지배심급으로부터 분리된 조직이 되었다.

　　결국 경리실 노동자들은 자본가 후보의 지위에서 자본가 및 최고 매니저
와 계급적으로 차별되는 임금노동을 하는 관료로 바뀌었다. 따라서 독점의
시대는 동시에 대자본주의적 기업의 관료화 시대였다. [27] 자본관계의 독점적

---

26) 1865년 맑스는 이미 이런 추세를 내다보고 있다. "그럼에도 (경리실 노동자들의—
　　인용자) 임금은 평균적 노동과 비교할 때도 자본주의적 생산양식의 발전 속에서 하락
　　하지 않을 수 없다. 한편으로는 경리실 내의 분업에 의하여 생산능력의 단지 일면적인
　　발전이 이루어지는바, 이것의 생산비용은 자본가에게 아무런 부담을 초래하지 않고 도
　　리어 노동자의 능란성이 기능 자체를 통해 발전되며 그것도 분업이 더 일면화되면 될
　　수록 급속히 발전한다. 둘째, 예비교육, 상업지식 및 언어지식 등이 과학과 국민교육
　　의 진보에 따라 자본주의적 생산이 학습방법 등을 실용에 맞추도록 하면 할수록 점점
　　급속히, 쉽사리, 일반적으로, 저렴하게 재생산된다. 국민교육의 일반화는 이전에 이곳
　　으로부터 배제되어 좀더 열악한 생활양식에 길든 계급들로부터 이 부류를 충원하는 것
　　을 허용한다. 그것은 사람들의 쇄도와 이로 인해 경쟁을 증대시킨다. 따라서 약간의
　　예외를 빼놓을 때 자본주의적 생산양식의 발전 속에서 이 사람들의 노동력은 평가절하
　　된다. 이들의 노동능력은 올라가는 데 반해 이들의 임금은 하락한다"(25: 311~12면).
　　이와 관련하여 엥겔스는 다음과 같이 주석을 가하고 있다. "1865년에 씌어진, **상업프
　　롤레타리아의** 운명에 대한 이 예측이 그 이후 어떻게 확증되었는가에 관해서는, 모든
　　상업기능과 3~4개의 언어에 통달했으면서도 그들의 용역을 숙련 기계제작공의 임금에
　　훨씬 못 미치는 주당 25실링에 런던 시티(금융가—인용자)에서 헛되이 팔려는 수백명
　　의 독일 상업노동자들이 한 곡조 뽑을 수 있다"(25: 311~12면, 각주). 엥겔스는 자신
　　의 노동력 외에 아무런 생산조건을 갖지 못해 생존하기 위해 노동력을 자본에 팔아야
　　하는 임금노동자라는 본래적 의미에서 '상업프롤레타리아'라는 술어를 시의적절히 도입
　　하고 있다.

27) H. P. 바르트는 1890년과 1911년 사이에 관철된 독점자본주의적 관료화 과정 속에
　　서야 비로소 사회학적으로 포착 가능한 사무노동자층이 출현하게 되었다고 말하고 있
　　다. "1890년과 1911년간의 시기에 산업의 사무부문에 거대한 변동이 일어나게 된다.
　　유사한 사태전개는 동시에 상업의 광범한 영역에서도 벌어진다. 비로소 이때야 국가
　　안에서뿐만 아니라 경제 안에서도 관료체제가 존재하게 된다. 비로소 이 시대에야 사
　　무직원층이라 부르는, 사회학적으로 파악 가능한 집단이 존재하게 된다"(Bahrdt,

경직화 및 사회적 상승이동의 가능성의 약화는 공장경리실 직원이 자본주의로 승진하는 자동적 메커니즘을 파괴하는 것으로 그친 것이 아니다. 경리실은 사무업무의 증대에 밀려 독임제적(獨任制的) 상사와 수명의 참모로 구성된 분과들의 피라미드식 위계로 개편된다. 그리하여 자동적 승진의 메커니즘은 행정조직 내부에서도 파괴된다. 이제 하나의 관직을 두고 여러 명의 참모들이 경쟁하기 때문이다(내부 노동시장의 형성). 결국 일직선적 위계로 조직되었던 **협업적 조합**이 수직적 **분업**으로 개편된다. 이 분업은 다시 지배기술적 동기에서 조직적·사(私)법령적인 공고화와 관료적 위계로의 왜곡을 겪게 된다. 이러한 관료화는 자본소유주를 기업행정으로부터 완전히 분리시키고 더 높은 객관적 기대 가능성과 더 정확한 결산을 위해 빈틈없고 규칙적이며 기계적으로 기능하는 견고한 행정기구를 요하는 대주식회사를 특정짓는다. 엥겔스는 1882년 다음과 같이 말하고 있다. "주식회사들은 **전행정**이 급료를 받는 **관리**들에 의해 수행됨으로써 부르조아 자체가 얼마나 불필요한 것인지를 이미 증명하였다"(35: 324면, 강조는 인용자). 복수의 경쟁자들이 한 관직을 두고 다투는 내부 노동시장의 형성과 함께 정상(頂上)의 종래 형식적이었던 임명권력은 실질적인 것으로 공고화된다. 지배자는 이제 여러 경쟁자들 가운데서 **선택할** 수 있기 때문이다.

자동적 승진 메커니즘의 파괴와 함께 개개 사무직원의 승진은 배타적으로 자본가의 의지에 좌우되고 소수의 순종적이고 '뛰어난' 두뇌들만 승진의 행운을 누릴 수 있게 된다. 대부분의 사무직원들은 이제 종신토록 동일한 서열이나 중간급의 서열에 주저앉아 있게 된다.

상인주-조수관계의 가부장제적·신분제적 근본요소(일정한 근무연한 후의 자영화와 자동적 승진 메커니즘)는 따라서 완전히 폐기되었다. 그러나 다른 가부장제적 요소들은 기존 행정체계가 관료체제로 개편되는 이행단계에 지배기술적 고려 및 노동시장의 강제로 인해 유지된다. 기업관료들은 대개 노동자들에게는 막혀 있는 **기업정보**에의 접근통로를 갖고 있었고 가끔 경험과 업무지식을 전제하는, 쉽사리 통제할 수 없고 또 대체할 수 없는 기능을 행사했다. 그들의 노동력은 일반 교육의 한정된 확산과 전문학교의 부족으로

―――――――――――――――

1958, 43면).

여전히 **진귀**한 상품이었다(Kocka 1981, 55면 이하). 이런 까닭에 1857년 지멘스(W. Simens, 현 지멘스 재벌그룹의 창업주)는 1848년 창설된 그의 회사(Telegraphenanstalt Simens & Halske)와 관련하여 다음과 같이 확인하고 있다. "관리(官吏)직원은 우리의 아킬레스 건이다"(같은 책, 55면에서 재인용).

바로 이런 이유에서 간부인력과 전문인력을 냉정한 자본주의적 비용타산에 따라 취급하거나 해고하는 것은 자본주에게 일종의 커다란 위험을 초래할 수 있었다. 따라서 회사는 이 사(私)관리들에게 일정한 특전을 부여하면서 강력한 충성심을 요구하였고 이 충성을 보장하기 위해 가부장제적 충성관계의 잔재를 유지하였다. "사무직원들은 어떤 독자적 요구권도 없었지만 회사는 이들에게 병치료 비용을 대주었고 가정적 지원금, 주거비용 및——때에 따라——선불금과 보너스를 제공하였다"(같은 책, 40면). 충성관계가 그 이후보다 더 강하게 관료적 통제를 보충하고 이것은 1880년 이후에도 계속 잔존한다(같은 책, 56면). 따라서 기업관료들에게는 자본 아래로의 형식적 포섭조차 완결된 것이 아니었다. 따라서 당대 기업관료들의 '중산층적' 관념은 고유한 사회적 현실성을 지니고 있었다.

물론 이 가부장제적 특권의 잔재들은 시간이 감에 따라 폐기되거나 부분적으로 근대 관료체제적인 특권으로 형태전환되어 전승되었다. 관료들은 이 관료체제적 특권의 보장을 직업단체적 조직운동을 통해 요구하였고 회사는 "사회정치적인 고려와 기업통합적 목표에서"(같은 책, 40면) 촉진하였다. 관료와 평노동자의 차별은 "경제적·기능적 필연성을 일반적으로 상실하였"지만 "사회문제의 폭발위험을 진압하기" 위해 지배기술적 관점에서 여전히 필수적이었다(같은 곳). 즉, 자본가들은 지배기술적 이유에서 프롤레타리아의 두뇌노동자 부류를 이들의 노동력 가치보다 높은 가격으로 "매수"했고(37: 447면), 이들을 인위적으로 '중산층'으로 만든 것이다(관료들의, 자본 아래로의 불완전한 포섭에 관해서는 앞 절을 참조하라). 특히 흥미로운 것은 이 시기에 지배기술적으로 인위적 승진기회를 창출함으로써 분업의 심화로 생겨난 단순사무직원——여러가지 점에서 이미 프롤레타리아화된——대중조차도 의사(擬似) 관료화한 것이다. 이들은 기록, 문서수발, 계산, 속기, 필경, 타자, 창구 업무 등 단순반복적인 기능에 구속되어 있었고 숙련도의 관점에서는 이미 자본 아래로의 **실질적** 포섭이 완료되었다.

말하자면 노동계급이 사회인구층의 절대다수를 차지하게 된 고전적 독점자본주의 안에서 기업 내 관료화 과정에는 반동적 지향을 갖는 반(反)사회주의적 '중산층'의 인위적 창설과정이 대응한다(Kocka 1981, 85면 이하). 세기전환기와 그 이후의 경기후퇴로 인해 해고와 봉급하락에 직면하여 이 관료들의 '신중산층적' 자동성(自同性)이 위기에 봉착했을 때 대부분의 관료들이 그러한 자동성을 포기한 것이 아니라 이것을 구호화하여 강조하였으며 기업 내의 이 사회적으로 불안정화된 관료층이 결국 파시즘의 사회적 아성으로 화했다는 사실은 자세히 다룰 필요가 없겠다(Speier 1989; Kocka 1981, 158면 이하).

그러나 전후에는 관료적 특권이 훨씬 더 축소되어갔고 사무직원층을 한발짝 더, 나름대로 경제적으로 나아진 산업프롤레타리아에 근접시켰다. 이 과정은 이제 사무직원들의 의식 속에도 반영되기 시작하였다. 이들은 더이상 반(反)사회주의적 자세를 취할 수 없었다. 사무직원 전체를 '관료'로 유지하는 데 드는 지배기술적 비용은 사무인력이 가일층 증대되어 너무 엄청나게 늘어남으로써 이제 더이상 감당할 수 없게 되었다. 그리하여 관료적 특권들은 대부분의 사무직원들에게서 점차 박탈되었고 고위 또는 중간급 관료들에게 국한되어갔다. 게다가 사무노동은 더욱 '합리화'되어갔다. 실무적 사무노동은 더욱 분해되고 일상화되었으며 단순반복적 노동은 두뇌기능적 실무노동으로부터 더욱 뚜렷이 분리되어 일정 부류의 사무직원들에게 종신적으로 결합되었다.

이를 통해 (맑스적 의미에서의) 본격적인 **분업**, 즉 실무노동을 수행하는 두뇌기능적 핵심부류와 단순노동의 주변집단 간의 분업이 궁극적으로 관철되었다. 여기에는 타자기, 전화, 계산기 등 단순한 사무도구들도 기여하였다. 이 도구들은 여성 사무노동자들의 수적 폭증을 가져왔다. 다른 한편 전문적 실무노동의 가일층의 분해는 **직업**(Beruf)을 파괴, 직업명 없는 **자리**(Stelle)로 만들었고, 결국 중급·하급 직원들은 불가피하게 탈(脫)관료화되었다. 결국 이들의 '중산층적' 관념과 소망, '중산층적' 관료지위를 회복하려는 절망적인 반동적 노력도 퇴색하고 쇠퇴하였다(Kocka 1981, 222면 이하).

이 과정은 종종 '테일러화'로 묘사되곤 한다. 하지만 이런 식으로 '테일러화' 개념을 인플레이션시키기로 하면 자본주의 안에서 진행된 지금까지의 전반적인 분업화 과정을 '테일러화 과정'이라고 해야 할 것이다. 이러한 관념은 나중에 살펴보겠지만 테일러주의에 대한 부정확한 이해에 기인한다. 테일러주의적 노동구성의 특징은 분업의 단순한 심화가 아니라, 특히 두뇌와 손의 분리를 통해 최선의 노동지식을 독점한 **테크노크라트적 두뇌노동자**에 의한 (타자수 등과 같은 보조노동자가 아니라) **중심적인 육체노동자**의 **관료적·기술적 통제**에 있다. 즉, 그것은 주요 손노동자 **대중을 소수의 테크노크라트** 아래로 복속시킬 목표에서 관철된, 생산적 노동과정의 특유한 **관료화**이다. 이에 반해 사무실 안에서의 가일층의 분업은 실무노동자(주요노동자) **대중과** 상대적으로 **적은 보조노동자** 집단 간의 대립을 산출한다. 여기에서는 문서정리, 타자, 기록, 필경 등과 같은 귀찮은 단순보조노동에 대한 실무노동자들의 **내적·기술적** 통제에 관해서는 입론할 수 없다. 사무실 안의 '합리화'는 테일러화와는 전혀 다른 것이다. 전통적인 분업의 심화, 반복적 단순노동으로부터 주요 실무노동자들의 '해방', 문서 서식의 표준화 및 분화, 업무의 일상화 등이 사무실의 '합리화'에서 중심을 차지한다. 사무 분야에서 탈관료화된 중하급 노동자들의 점진적 성립은 테일러주의적 비유로부터 해방될 때에만 이해될 수 있다(Baethge/Oberbeck 1986, 28면).

테일러주의의 몇가지 방법(가령, 동작과 책상의 표준화) 및 포드주의적 방법(흐름식 작업의 원리)은 세기 전환기 이래 하급직원의 보조노동에 적용되기도 하였다(Fritz 1982, 102면 이하, 123면 이하). 그러나 두 방법 모두 사무실에서는 단명했다. 엄격한 작업흐름의 포드주의적 요청은 복수의 소공간 사무실의 해체, 대공간적 사무실 형성을 초래하였다. 그러나 사무실의 테일러주의나 포드주의는 단순사무원 계층을 창출한 것이 아니라, 산업분야에서의 흐름식 작업의 원리를 사무실 안에서 사회적·공간적으로 위치짓기 위해서는 오히려 점증하는 무력한 하급사무원 계층을 전제하였다. 그러나 이 단순사무원들을 어셈블리 라인 식으로 개조된 대량작업홀(Massensaal)에 집중시키자 곧 다각적인 보건상의 문제(소음, 공기오염, 시력장애 등)가 야기되었고 결국 격렬한 노동조합적 저항이 일어났다(같은 책, 129면 이하). 그리하여 단순사무노동의 테일러화 및 포드화는 전쟁 직후 곧 좌초하고 만다(같은 책, 131면).

(3) 대공간사무실과 새로운 통제기술들

그런데 이 대량작업홀의 위기는 사무노동의 소공간적 체계 쪽으로 복귀운동을 초래한 것이 아니라 반대로 작업공간을 더욱 크게 확대하는 쪽으로 운동시켰다. 1960년대와 1970년대에는 지금까지 선보인 작업홀을 그 크기와 넓이에서 훨씬 능가하는 사무실들이 생겨났다. 이것은 부분적으로 소음을 분산시키고 밀폐된 공기의 오염도를 낮춰줄 수 있었다. 그러나 여러가지 다른 전체 사회적인 영향요인들이 사무공간의 지속적 확대를 촉진시켰다.

이 시기에 경제발전의 가장 괄목할 만한 특징은 써비스분야의 유별난 비중증가와 이로 말미암은 취업인구의 구조변화이다. 사무직원과 국가관리를 합한 수가 이 시기에는 산업노동자의 수를 훨씬 능가하게 된다(Ruppert 1983, 96면). 거대한 자본 축적과 집중, 병합과정의 토대 위에서 사무직원, 특히 은행·상업·보험업 등의 사무직원이 급증한 것이다. 이로 인해 합리화 압박도 비상하게 증대하였다. 바로 이때 새로운 극소전자적 자료처리기술(EDPS)이 급속히 투입되기 시작한다.

극소전자적 사무자동화는 기업지도부를 실무노동자로부터 더 독립할 수 있도록 해주었다(개별 실무노동자간의 수평적 연관의 해체 및 실무정보의 중앙자료은행에의 집중). 그리하여 중급의 간부와 실무노동자 차원에서 결정적인 변화, 즉 기능상실 무력화 과정이 개시된다. 기능의 가일층의 분화는 사무분야에서 여전히 '합리화'의 주요 무기지만, 이번에는 새로운 기술의 도움에 의해 더욱 첨예화한 형태를 띠게 된다. 기능의 계속적인 분해로 인해 수평적 커뮤니케이션은 그렇지 않아도 더욱 어려워진다. 직원들이 자율적으로 '외교관계'를 벌이는 것을 금하는 관료체제와, 이것을 불필요하게 만드는 새로운 기술은 분업의 심화로 인하여 그렇지 않아도 점점 어려워지는 수평적 커뮤니케이션을 거의 완전히 배제한다. 새로운 기술에 기초한 관료체제는 궁극적으로 사무노동자들을, 자신의 과업과 전체 업무에 대한 전반적인 감별력을 완전히 상실하게 된 '전문바보'(Fachidiot)로 각인시키게 되는바, 이로 인해 사무공간 내에서는 "관료주의적 결의론(決疑論, Kasuistik)의 물결을 불러일으키는 업무한계 시비"가 일어난다(Bahrdt 1968, 132면).

이 추세는 중급관료들도 강타한다. 특히 1960년대 중급관료, 즉 중간간부들의 처지 악화가 강행되었다(G. Diligenski u.a. 1987, 228면). 대부분의 지도 및 행정간부들은 정책결정 중앙으로부터 점차 멀어지고 중급관료들의 권한 영역은 상급기관을 유리하게 하는 방향으로 협소해졌고 관리기능은 가일층 세분화되었다. 오늘날 이러한 관료주의적 경직화 과정은 이전에 중급간부들을 회사에 긴밀히 결합시킨 '기업가윤리'를 궁극적으로 해소시켰다. 이 방향으로의 발전에는 국제적 독점체들의 성장도 큰 몫을 하였다(같은 책, 229면; G. G. Diligenski u.a. 1978, 22면; Köhler/Speer 1978, 107면 이하). 최고경영자층과 관료층을 가르는 분리장벽과 관료층 내의 고위 중앙관료층과 중급관료층을 가르는 분리장벽은 이제 뛰어넘을 수도, 투시할 수도 없을 뿐만 아니라 점차 억압적으로 변하게 된다. 중급 관리직원들은 그들의 노동이 단순한 집행기능에 국한되기 때문에 하수인적 역할로 내몰린다.

사무실 내에서의 근무조건의 이러한 악화는 관료조직적 시각에서 볼 때 소위 '참모'로 나타나는, 그러나 관료적 권능이 전혀 없는 지식적 또는 준지식적인 전문 실무노동자들을 특히 강타한다. 이들은 이제 관료적 '참모'가 아니라 관료체제의 **대상** 또는 광범한 **기층**으로 화했다. 따라서 이들은 궁극적으로 탈관료화되었고 완전히 **자본 아래로의 형식적 포섭**이 관철되었다. 한편으로는 이들의 상업·행정적 그룹들(엥겔스적 의미에서의 '지식프롤레타리아'의 비생산적 분파)이 상업·행정 업무의 폭발적 증가로 인해 관료적 관리자들보다 더 빠른 속도로 급증하였고, 다른 한편으로는 과학기술적 집단들(지식프롤레타리아의 생산적 분파)이 직접적 생산과정의 테일러화, 포드화, 극소전자적 기술혁명과정에서 폭증하였다. (이에 관해서는 다시 상론한다.)

이러한 사태진전은 평사무원들의 노동조합관을 변화시키고 장년 사무노동자들, 특히 평범한 실무노동자들의 노조가입 의사를 보여주었다. 따라서 자동화 사무기술의 도입과 대공간사무실의 관철은 사무노동자층의 점증하는 저항에 대해 좀더 많은 주의를 기울이도록 했으며, 이 저항을 무마하기 위한 조치들을 강구하도록 강제하였다.

대량작업홀의 위기와 중간관료 및 실무노동자들의 기능약화는 사무관리적 지배관계의 일반적인 정당성의 위기로 발전하였기 때문이다. 이러한 첨예화된 정당성 위기의 강압하에서는 긴장감이 감도는 사무공간의 경우 지배의도를 드러내기가 더욱 힘들었다. 지배를 은폐하게끔 내모는 이러한 사회적 강제는 대공간적 지배기술의 변화와 세련화 쪽으로 사무공간적 발전을 방향짓게 된다.

그러나 어깨를 나란히 하고 근무하는 실무직원들과 단순사무직원의 수가 급속히 증가하면 할수록 사무공간의 확대는 필연적이게 되었다. 사무실에서 "강요하는 시선의 공간질서"(Foucault 1976, 221면; Treiber/Steinert 1980, 23면 이하) 또는 폐쇄건물적 "기율공간"(Blume 1981, 54면 이하)은 공장과 마찬가지로 사무실에서도 건축으로 폐쇄된 공간의 확대 및 등질화와 함께 확대되기 때문이다. "효율적인 인간통제를 위한 **시야의 확장**은 사무공간의 역사적 확대경향에 숨겨진 핵심요소인 것이다"(Fritz 1982, 136면). 그러나 엥겔스가 말한 대로 "'주인의 눈'과 주인의 눈이 수행하는 기적에 관한 모든 잡담"은 한편으로 "기업이 일정한 규모에 도달하자 순전한 헛소리가 되었다"(19: 290면). '주인의 강요하는 눈'의 이데올로기적 '정당성'은 이미 기업의 증가에 의해 부정된 지 오래인 반면, 관료적 상사의 '강요하는 시선'의 정당성도 사무노동자들의 저항과 '자유경제' 이데올로기의 점차 더 명증적인 자기모순성과 함께 위기에 처한 것이다. 가령 사무실을 상사가 돌아다닌다든가 여기저기 훑어보는 시선통제의 방법과 같은 직접적인 감시형태는 이제 거의 정당화될 수 없다.

따라서 대공간적 통제기술은 좀더 간접적인 지배행사를 위해 수정될 필요가 생긴 것이다. 이리하여 오늘날 완전 냉방된 작업홀이라고 불리는 **대공간사무실**(Großraumbüro)이 전체 사회적 변동 및 사무경영적 지배관계 안의 강제와 저항의 변위의 테두리 내에서 장기적인 발전과정을 통해 점차 확산된다. 대공간사무실 안에서는 이제 공간성원들간의 **상호강제**가 더 큰 비중을 차지한다. 동료들에 의한 상호 규율화는 대공간의 개념 속에 숨겨진 결정적인 목표이다. 이제 무엇보다도 먼저 위계적 감시가 아니라 대공간사무실 내의 **공중적 시선**(Blicköffentlichkeit)의 빈틈없는 관계망이 노동행태의 표준화를 관철시킨다(Fritz 1982, 136면).

동시에 1920년대 및 50년대의 대량작업홀과의 어떠한 유사성도 회피된다. 대공간사무실의 관철은 과거의 대량작업홀과의 유사성이 기술적으로 은

폐되면 은폐될수록 용이하기 때문이다. 20년대 대중빈곤의 시대에 합리화
강박과 사무직원의 상대적 무기력상태가 테일러주의와 포드주의의 주도이념
에 따른 대량작업홀의 목적합리적 관철로 귀착되었다면, 60년대의 대공간
사무실의 조직자들은 **심리기술**과 **사회보건학**의 원리에 의존하였다. 사무공
간의 전반적인 발전과정의 중심에는 생리학적·심리기술적 강박의 극히 다
양한 수단이 놓여 있게 된다. 사무실의 고도청결성 유지(청결한 사무실은
불결하고 어수선한 사무실에 비해 더 강한 기율화 효과를 가져온다), 소음
기술적 조치(조용한 사무공간은 시끄러운 사무공간에 비해 업무기율을 높여
준다), 공간 인테리어 조치, 공간 미학적 조치(가령 아름답고 값비싼 사무
비품과 작업공간은 암암리에 그 사용자들에게 규율 잡힌 행태를 강제한다)
등이 전통적인 작업공간의 변경과 질적 개편의 방법으로 투입되는데, 이것
들은 모두 관료적 대사무관리체제 안에서의 불평등한 권력관계의 현상방식
을 변경시키고 은폐하면서 좀더 강력한 통제를 관철시키기 위한 것들이다
(같은 책, 135면).

(4) 체계적 합리화와 기업지도부의 지배권 강화

대공간사무실에서는 이제 한 상사 밑에 2~3명의 '참모'가 아니라 수십명,
아니 백여 명의 실무직원들과 단순사무원들이 일한다. 권한 없는 상업적·
행정적·과학기술적 대졸사원들은 단순히 관료적 위계체제의 강박에 내맡겨
진 채 **익명화된** 대중이 되었다. 이들은 아직 노동 안에서 자율적이고 자기
책임적이지만, 분업적으로 분단된 자신들의 업무의 의미연관을 모른다. 한
사무직원은 다음과 같이 하소연하고 있다. "우리들의 일이 재미있다면 그래
도 봐줄 만하다. 그러나 대부분은 실행되어야 하되 나로서는 그 유용성을
거의 납득할 수 없는 잡일이다"(Aumeier 1976, 53면).

당연히 관리직에 있지 않은 사무원들의 소외감도 증가한다. 그들은 자신
의 노동 속에서 편안하지 못하고 진행되는 과정을 이해할 수 없다. 그들은
자신의 무력감에 시달리고 사무실 안에서의 그의 일생이 자기실현에 기여하
는 것이 아니라 '낭비된 일생'이라는 느낌에 싸여 있다. 그러나 "산업행정

안에서의 점증하는 소외는 좀더 강화돼온 이러한 행정의 관료화의 결과일 뿐만 아니라 이것의 **전제**이기도 하다. 왜냐하면 자기의 기업과 노동으로부터 소외된 직원들도 좀더 단순하고 일상화된 부분노동, 기계적인 결정 등에만 활용되는 재료일 뿐이고 좀더 강력하게 통제되지 않으면 안되기 때문이다"(Bosetzky 1978, 67면).

한편 극소전자적 자료처리기술에 기초를 둔 '합리화' 과정 속에서 자본 아래로의 사무노동의 새로운, 미래지향적인 포섭형태들이 생겨나고 있다. 이것은 "사무직원 계층 안에서의 사회적 변동의 일차원적이지 않은, 특히 복합적인 과정"(Deppe u.a. 1988, 149면)을 가리킨다. 이것의 기술적 토대를 바에트게(M. Baethge)와 오버베크(H. Oberbeck)는 "체계적 합리화"(systemische Rationalisierung)라고 부르고 있다. 일차적으로 사무와 행정에 특유한 보조기능에 관계하였던 전통적인 분업에 대해 이 '체계적 합리화'는 "극소전자기술에 근거한 새로운 자료처리기술과 커뮤니케이션 기술의 활용하에 기업 내적 그리고 기업 초월적인 정보유통, 자료를 통한 커뮤니케이션, 자료들의 조합, 기업과정들의 조직화, 상이한 기능영역들의 조종이 단일행정 및 단위기업 안에서 단일과정으로 개편되는 것"(Baethge/Oberbeck 1986, 20면 이하)을 뜻한다. '체계적 합리화'의 신화적 결과는 수적으로 적은, 전자정보처리씨스템(EDPS)에 능란한 고도노동자 집단과 단순한 보조인력의 대집단으로의 직접적 양극화에 있는 것이 아니다. '체계적 합리화'하에서도 탈기능화의 요소는 계속 작용하지만 일반적인 경향은 차라리 다른 방향을 취하고 있다. 이 신축성 있는 새로운 체계는 단순노동자들이 구속되어 있던 수많은 일상기능을 처리하기 때문이다.

그리하여 단순한 비서직, 필경인력 등의 수가 현저히 감소하고(Semmler 1984, 167면) 이에 반해 상업, 재무행정, 광고, 판촉, 시장조사 등을 맡은 대졸인력의 수가 급증한다. [28] 게다가 해리 브레이버만이 어셈블리 라인을 연

---

28) 가령 지멘스사의 전체 직원은 1973년 200,700명에서 82년 169,800명으로 감소하였다. 그러나 "상업실무자들" 집단은 이에 반해 32,500명에 33,700명으로 증가하였다. 이 중 단순사무인력은 약 7,500명에서 5,300명으로 감소한 데 반해, 대졸사원은 약 1,950명에서 5,300명으로 강력히 성장했고 대학을 나오지 않은 사회경력의 상업전문인력은 불변의 크기(23,050명에서 23,100명으로)를 보이고 있다(Semmler 1984, 167면).

상시키면서 분석했던 "데이터 타이피스트와 카드펀처 여성들"의——초창기 EDPS 단계에 특유한——중앙화된 작업홀(Braverman 1977, 250면 이하)도 사라진다. "오히려 통합적 데이터 처리의 새로운 형태들은 컴퓨터 관리와 컴퓨터 활용 간의 종전의 분업을 해소하는 듯하다. 탈중앙화된 데이터 처리체계의 완비와 함께 데이터 입력과 데이터 관리를 데이터가 떨어지는 바로 그곳, 가령 창구에서, 상황에 따라서는 심지어 고객 앞에서 수행하도록 하는 것이 기업에 이익이 된다. 이러한 노동조직은 단조로운 데이터 입력 및 데이터 관리를 맡던 사무원집단을 현저히 축소시키고 중하급 수준에서의 분업의 부분적 탈(脫)위계화를 초래하고 있다"(Baethge/Oberbeck 1986, 31면). 따라서 노동기능(Qualifikation)은 '현대화'되거나(같은 책, 34면) 차라리 전체적으로 볼 때 상승한다.

기업 전체의 행정을 '위로부터' 장악하는 EDPS 씨스템은 사무노동과정을 **투명하게** 만든다. 가령 기업지도부는 EDPS 기술의 도움으로 노동성과를 극단적으로 정밀하게 측정할 수 있다. 따라서 이 체계는 사무직원의 노동형태의 좀더 효과적인 통제를 가능케 해준다. 바에트게와 오버베크는 '체계적 합리화'에 의한 기업권력구조 변동의 '두 가지 핵심적 영향'을 다음과 같이 요약하고 있다.

① **정상(頂上)과 중앙관료층의 통제권력의 강화와 중하급 차원의 사무직원의 무력화**: 기업지도부 차원의 중앙조정권력의 강화와 이에 상응하는 주변적 기업단위들의 약화가 나타난다. "기술투입은 따라서 지금까지 종종 전제해왔듯이 결정과정의 유연화와 자동화를 고도화시키는 것으로 귀착되는 것이 아니라, 중앙지도권력의 자립화와 강화의 경향을 뚜렷이 드러내준다"(같은 책, 174면).

② **위계적 기업구조의 첨예화**: "통상적 기술활용 형태들은 여기에서도 위계체제의 완화 및 기업 내 경영구조와 커뮤니케이션 형태의 민주화 등의 종종 정식화돼온 기대에 부응하는 것이 아니라, 본질적으로 기업 업무과정의 흐름에 대한 더 큰 투명성 및 데이터은행에 정보를 보관하는 좀더 신속하고 동시에 일반적으로 접근 가능한 형태에 입각한" 위계구조의 첨예화를 낳는다(같은 책, 175면). 따라서 **숙련도의 양극화**(탈숙련화) **없이, 아니 차라리 장기적인 시각에서 볼 때 노동숙련도의 탈양극화를 수반하면서,** 관료체제

안에서 **권력의 양극화**(상부의 위력화와 하부의 무력화)가 벌어진다. 그리하여 더 높은 노동기능이 직접노동 안에서의 더 높은 자율성 및 기업정책 수립과정에 대한 중급 전문분과의 영향력 강화를 가져오는 것이 아니라, 거꾸로 이들의 권력상실을 초래하는 새로운 기묘한 상황이 생겨난다. 더 높아진 노동기능이 궁극적으로 주체성 매개의 차원에서 경영진의 강화된 관료주의적 통제에 고집스럽게 대항하도록 하여 '개체의 주체화'에 기여하게 될지 모르지만, 현재 목도되는 상황은 아무튼 그와 같다. 이와같이 중급 차원의 사무직원의 관료주의적 권한은 전통적인 분업과 '체계적 합리화' 과정 속에서 점차 공동화(空洞化)되고 있다. 그러나 EDPS 기술이 **중하급 차원에서의 탈위계화**를 가능케 한다 할지라도 관료체제적 위계는 일상적으로부터 자취를 감추는 것이 아니다. 한 상사에 복종하는 참모들의 수가 불어났지만, 이것은 **고위관료층**과 중하급 직원 간의 관계를 조금도 완화하지 않고 오히려 고위 상사관료의 특유하게 관료주의적인 물신화, 개인숭배를 강요한다. 대부분의 사무노동자들은 관료체제적 위계를 단지 벌거벗은 강권관계로 간주하고 따라서 '견뎌내거나 변혁시켜야 할' 그 무엇으로 느끼지 않을 수 없다. 그들은 자신들의 무력한 지위를 스스로 통감하고 있다.

하지만 **중급관료**의 지위가 아무리 악화되었다 할지라도 이 중급관료들을 완전히 **탈관료화**되어 자본 아래로 완전히 **형식적으로 포섭된 지식노동자**(및 사회적 경력을 통해 고도화된 기능을 획득한 상업적 전문인력과 산업적 기술자)와 등치시키는 계급이론적 입장에 대해서는 거리를 취하지 않을 수 없다. 자본 아래로 완전히 포섭되지 않은 관료와 완전히 포섭된 지식노동자가 이 입장에 의하면 몽땅 '신쁘띠부르조아'나 '중간계급'으로 현상한다.

아직도 상당한 권한과 특권을 **지닌** 사무관리자들은 이런 권한과 특권이 전혀 **없는** 사무노동자들과 선명히 구별되어야 한다. 물론 대기업 안에는 관료 외에도 고위 또는 중급 차원의 테크노크라트들도 존재한다. 이 테크노크라트들은 고도의 추상적 이론지식을 갖고서(보통 박사 등의 타이틀을 달고 있다) 비관료주의적, **특별한 테크노크라시적 권능**을 위임받아 기획, 시장조사, 조직, 개발, 연구 등을 책임지는 전문가들인데, 이들은 보통 형식적 임금관계 속에 들어 있는 것이 아니라 대개 회사와 유사(類似) 파트너식으로 개인적 노동계약을 체결한다. 이들은 사(私)법령으로 제도화된 관료적 권위체계가 아니라 **과학이론적**으로 정초된 **개인적 능력**으로써 권위를 획득하여 자본의 이익을 위해 투입하는 사무직원층이다. 따라서 중급의 관료층과 테크노크라트층은 **중간계층**을 이룬다.

이에 반해 **고위관료층과 테크노크라트층**——대기업의 이사진 바로 밑에 위치하고 이익배당 그룹에 속하는 고위대리인, 부장급 관료, 자본의 이익에 따라 대프로젝트를 준비하고 수립하는 **임금관계 밖의**(AT, außertarifflich) 과학자들——은 기업 내의 **관료부르조아지** 및 **테크노크라트 부르조아지**로 분류될 수 있을 것이다.

이 관료층 및 테크노크라트 집단과는 반대로 이들보다 더 신속히 증가하고 있는 기술 및 상업행정 지식노동자, 준지식 전문인력(전문대, 기업 내 교육과정, 기타 사립기술 교육과정을 졸업하고 사회경력을 쌓은 전문인력) 등은 일체의 관료적 서명권도 특권도 지시권한도 없다. 이들은 관료가 아니라 **관료체제와 테크노크라시의 단순한 객체**일 뿐이다. 이들은 결코 **산업노동자들에게 짐으로 부담을 주거나 지배계급의 사회적 안전과 권력을 증대시키기 위해 기능하는** 중간계층에 속하는 것이 아니라 **지식프롤레타리아들**(Engels)일 따름이다.

그러나 이 지식프롤레타리아도, '후기산업사회' 이론가들이나 '써비스 사회' 이론가들이 그렇듯이 사무실에서 **가장 하위에 있는 단순사무노동자들**과 등치시켜서는 안된다. 비관료적인, 그러나 고도숙련화된 실무노동자 집단들은 이 사무보조원들과 마찬가지로 임금예속상태에 있기는 하다. 또한 체계적 EDPS 기술의 투입은 장차 실무노동자와 사무보조원들 간의 기능격차를 해소할 듯하다. 그러나 좀더 높은 추상 수준에서 동질적인 것으로 파악된 이 임금노동자들을 상호 분리시키는 **객관적인** 분계선이 아직도 엄존한다. (이 분계선에 관해서는 뒤에서 자세히 다루겠다.) 단순사무직원들은 '노동계급'의 한 분파이다.

한편 중간관료들의 처지의 보편적인 악화는 그들의 의식적 표현도 얻고 있다. 그들의 형태규정적인 임금예속적 규정이 관료적 특권집단으로서의 그들의 조직적 규정에 대해 점차 강력하게 관철되어가자 그들은 자기동일성의 위기에 빠져들고 있다. 중간 지도간부와 테크노크라트들은 노동자 및 지식프롤레타리아와 연대하든지 아니면 독자적 직업단체를 결성하여 사회의 권력체계 안에서 자신의 자리를 마련하든지 선택해야 하는 갈림길에 서 있다. 이들의 노조가입률은 간접적으로 노동자적 의식이 이 중급관료들 사이에 얼마나 유포되었는지에 관한 정보를 제공한다. **모든** 선진산업국가에서 그들의 노조가입률은 증가하고 있다(G. Diligenski u.a. 1987, 236면 이하).

이런 경향은 대공간사무실 안에 우글거리는 지식프롤레타리아들에게서 더욱 뚜렷하다. "사무직원의 특별 역할에 관한 엘리뜨적 의식은 대공간사무실의 현실 속에서 해체되기 시작한다. 연대와 노동조합활동은 이 사무직원들 사이에 명백히 증가하고 있다"(Aumeier 1976, 56면). 하이테크(첨단산업) 콘쩨른의 연구·개발 등의 분과에 근무하는 새로운 하이테크 지식노동자들은, 대부분 다른 지식노동자들에 비해 특혜를 받기 때문에 대개 그들의 직업적 확신 속에서 노조적 연대에는 관심이 없지만 이들도 '자기실현'에 대한 관심, '기업 내의 민주주의, 더 많은 민주주의와 정의'에 대한 관심은 그들의 의식에서 전면으로 부각되고 있다(R. Ullrich 1988, 53면).

따라서 사무실 안에서 관료주의적 전제(專制)에 대한 저항의 잠재력과 기업민주화에 대한 관심은 날로 고조되고 있다. "공동결정에 대한 노조의 요구가 지식노동자층 안에서 일으킨 강력한 반향은 이러한 배경에서도 이해되어야 할 것이다"(Köhler/Speer 1978, 108면; G. Diligenski u.a. 1987, 239면 이하).

4. 생산현장의 관료체제

(1) 전(前)관료주의적 병영전제체제와 가부장제적
직장(職長)체제

작업장의 관료체제는 파란만장한 전사(前史)를 갖는다. 기계류의 자본주의적 적용의 직접적 결과로서 취급된, 자본 아래로의 노동의 실질적 포섭은 섬유산업과 이와 유사한 산업분야에만 고전적으로 관철되었다. 맑스도 주로 당시의 섬유산업을 그의 분석의 대상으로 삼았고 따라서 병영전제주의적 공장체제를 "이것의 **가장 완성된** 형태에서"(23: 441면) 서술할 수 있었다.

그러나 기계화의 기술적 원리를 기초로 한 실질적 포섭은 모든 생산영역에 관철될 수 없었다. 단순한 기계화는 섬유생산, 제분, 철강제련, 핀, 종이 등의 생산과 같은 **유기적** 생산과정과 원칙적으로 구별되는 **이종적** 생산과정(의류, 기계제조, 시계, 선박, 기관차, 주택 등의 생산)을 자동화하기에는 기술적으로 너무 역부족이었다. 따라서 공학적으로 자동화된 공장체제와 나란히 **저발전된** 형태의 공장체제가 존재하였다. 이 저발전된 형태는 '가장 완성된' 자동화 공장씨스템과 동일한 기계화 수준에 서 있었지만 자동화를 전혀 경험할 수 없었다. 따라서 이종적 생산과정의 노동자들은 옛 매뉴팩처 노동자들과 유사하게 본격적인 실질적 포섭이나 병영적 전제세계에 빠져들지 않았다. [29]

이 저발전된 공장형태, 즉 '공장경영으로의 이행단계'에 있는 근대적 매뉴팩처(23: 484면)에 관해 맑스는 여기저기서 언급하고 있다. 그는 '본질적으로 상이한' 이 두 생산형태, 매뉴팩처의 유기적 형태와 이종적 형태에 관련하여 다음과 같이 말하고 있다. "이중적 성격은 제작물 자체의 본성으로 말미암아 생겨난다. 제작물은 **자립적인 부분생산물**들의 단순히 공학적인 **조립**에 의해 형성되든가 자신의 완성된 형태가 **일련의 연관적인** 과정들과 조작들에 의해 이루어진다"(23: 362면). 맑스는 첫번째 형태의 예로서 기관차를 들고 있다. 그러나 그는 기관차를 곧 시계로 대치한다. 왜냐하면 "기관차는 본래

---

29) 필자는 19세기 말의 대침체기 이래 시작된 산업구조의 변동 시기까지 자본주의적 생산양식의 두 발전단계, 즉 형식적 포섭만이 관철된 초기자본주의적 매뉴팩처 단계와 기계경영에 기초한 실질적 포섭의 대공업 단계가 동시대적으로 관찰될 수 있었다는 R. 슈미데의 견해에 동조한다. 즉, 실질적 포섭의 제1단계는 "반쯤 성공한다"(Schmiede 1989, 23면). 그러나 필자는 이 실질적 포섭이 "아직 체계적인 경영 및 노동조직에 의해 동반되지 않았기"(같은 곳) 때문에 "반쯤 성공"했다고 보는 것이 아니라, **그것이 단지 유기적 생산과정에서만 관철되었기** 때문에 그렇다고 본다. 실직적 포섭이라는 생산관계적 **토대구성체적** 근본특징을 상부구조적인 기업**조직**의 **체계적 발전** 속에서 찾아보려는 그의 혼동된 시도는 그가 대부분 다른 이론가들처럼 원칙적으로 상이한 두 생산형태(유기적과 이종적)를 구분하지 못하고 있기 때문에 발생하였다(이에 관한 비판으로는 Bergmann 1989, 41면을 참조하라).

적인 매뉴팩처의 첫번째 유형의 예로서 간주될 수 없기 때문이다"(같은 곳). 맑스가 기관차 제작을 **이종적** 생산형태에 대한 예로서 제시했다가 매뉴팩처 시대에 적절한 예가 아니라고 하면서 다시 취소한 의도는 '이종적'과 '유기적'이라는 범주가 대공업에도 그대로 타당하다는 것을 암시한다.

따라서 맑스는 "두 근본형태는 때때로 얽히고설킬지라도 본질적으로 상이한 유형들이고 가령 매뉴팩처가 **나중에** 기계경영의 **대공업**으로 탈바꿈할 때도 **전적으로 상이한** 역할을 수행한다"(같은 곳)고 말한다. 왜냐하면 기계경영으로의 이행, "이 형태변환은 제작물의 매뉴팩처 생산이 제작과정의 단계적 연쇄가 아니라 **분리된** 여러 과정들을 포괄하는 곳에서 **가장 어려운** 것으로 남아 있기" 때문이다(23: 484면).

노동이 '일련의 연관적 과정'으로 수행되는 **유기적** 생산과정에서는 공작기계가 **질적으로 새로운** 도구로 현상된다. 왜냐하면 "한 공작기계가 동시에 놀리는 도구의 수는 한 노동자의 손도구를 가두는 유기체적 한계로부터 애당초 해방하기"(23: 394면) 때문이다. 여기서는 개별 생산과정의 연속성이 보장되고 궁극적으로 공학적 기계체계의 토대 위에서 공장 전체의 생산과정이 자동화될 수 있고 **흐름식 생산**이 확보된다. 여기에서 "기계가 직접적으로 사회화된 또는 공동적 노동의 손 안에서만 기능한다"(23: 407면). 이에 반해 자립적인 부분생산물이 사전에 선행적 생산공정에 제작되고 그 뒤에 조립되어야 하는 **이종적** 생산과정 안에서는 기계가 질적으로 새로운 도구의 성격을 전혀 가질 수 없었다.[30] 제작물의 성격이 단순히 개개 기계들의 도입만을 허용하는 이종적 과정에서는 결국 **매뉴팩처**의 "기계류를 기초로 한 **재생산**"(23: 484면)이 벌어진다. 가령 기계제작의 경우 "개별적인 기계부품에 필요한 엄격히 기하학적인 형태들, 즉 선, 평면, 원(圓), 실린더, 원추, 구(球) 등"의 기계적 생산은 활대(slide-rest)의 발명으로 해결되었지만(23: 405

---

30) R. 파렌캄프는 이러한 두 가지 근본적 생산형태에 관한 맑스의 구별을 알지 못하고 있지만, 맑스와 본질적으로 동일한 의미에서 생산을 두 가지 형태, "과정지향적 산업"과 "조립지향적 산업"으로 구분하고 있다(Vahrenkamp 1977, LXI면). 하지만 우리는 맑스의 범주를 고수한다. 이 범주가 더 간소할 뿐만 아니라, '이종적' 생산의 범주는 나중에 조합되어야 할 부품들의 선행적 생산공정을 분명히 해주고 주택건설, 선박 및 비행기의 건조 등도 환기시켜주기 때문이다. 보통 주택건설이나 선박건조에 '조립'(Montage)이라는 표현은 부적절하다.

면), "이 공학적 장치는 그 어떤 특별한 도구를 대체한 것이 아니라" 다만 그것의 **크기**를 키웠을 뿐이다(23 : 406면 참조). "그리하여 수공업적 도구는" 다만 "거대한 규모로" 크기만 바뀌었을 뿐 "다시 나타났다." "보링 기계의 작동기는 가령 엄청나게 큰 보링 기구이고…기계선반은 평범한 발선반의 거대한 재현이다."(23 : 405면) 이 기계적 공구는 따라서 특유하게 **수공업적** 기능으로 단련된 기계공에 의해 **조종되어야** 했고, 이런 식으로 제작된 부품들의 **조립**을 위한 노동도 다면적으로 숙련된 기계제작공에 의해 수행되어야 했다. 유기적 생산부문에서는 노동자들을 자본 아래로 실질적으로 포섭시킨 '가장 완성된 형태'의 공장체계에 기초를 둔 병영적 전제체제가 구축된다. 이와는 달리 이종적 분야의 산발적 기계화는 노동자들의 수공업적 기능을 건드리지 못했다. 여기에서 수공업적 기계공, 기계제작공, 기계수선공, 건축수공업자, 목수 등은 그들의 노동기능을 유지하고 있었다. 경우에 따라서는 공장기계의 도입이 그들의 노동력 가치를 심지어 높여주기까지 했다. 그들의 교육기간이 **기계조종기술**을 연마하는 기간만큼 길어졌기 때문이다. 그들의 길드식 직업신분적 단체들(초기 노동조합 Trade Union)은 이런 이유에서 20세기 초까지도 잔존할 수 있었다. 자본 아래 거의 형식적으로만 포섭된 이 노동자집단들은 그들의 직업신분적으로 조직된 권력으로써 낯선 기계의 투입, 노동과정에 대한 자본의 과도한 간섭 등을 저지할 수 있었다. 이들은 "노동자계급의 가장 잘 지불받는 부분, 즉 귀족층(Aristokratie)"(23 : 697면)이었다. 이들에 관하여 엥겔스는 1885년 다음과 같이 쓰고 있다. "여기에서는 지금까지도 여성노동자들의 경쟁도 아동노동자들의 경쟁도 또 기계도 그들의 **조직적** 강력성을 분쇄할 수 없었다. 기계제작공, 목수와 수선공, 건축노동자 등은 제각기 하나의 **권력체**이고 그들 자신이——건축노동자들이 그러듯이——기계의 도입에 성공적으로 저항할 수 있을 정도이다. 그들의 처지는 1848년 이래 분명 이상하리만치 **향상되었다.** …그들은 노동계급 안의 **귀족층**을 이루고 있다"(21 : 194면).

이 노동자귀족층의 역사적 역할은 하층 노동자대중에 대해 항상 지도적이고 영향력이 컸다. 하지만 이들의 역할이 갖는 정치적 의미는 매우 다르다. 가령 영국에서 그들은 초기 혁명주의적 차티스트 운동을 주도하였지만,

1848년 이래로는 세계시장에서 영국이 장악한 공업독점에서 생기는 "이익에의 참여"로 인해 **부패되었다**(21: 197면; 36: 58면). [31] 그리하여 이 영국 노동귀족층은 "부분적으로 반동화되려는 지경까지"(21: 511면) 보이는가 하면 "부르조아의 꼬리"(36: 58면)로서 "자유부르조아와 협력하고 이들보다 더 앞으로 나가지 않았다"(21: 512면). 이런 까닭에 이 시기에 영국에서 사회주의적 노동운동은 완전히 자취를 감추었다. 하지만 영국의 공업독점에 시달리던 나머지 유럽 나라들에서는 노동귀족층이 여전히 혁명적 또는 진보적 노동운동을 이끌었다. 여기에서는 나중에 이 나라들이 제국주의적 독점자본주의로 이행하면서야 노동귀족층이 부분적으로 부패하게 되고 체제통합적 지도요소로 기능했다. 곧 이어 이 옛 노동귀족층은 테일러-포드씨스템에 의해 궁극적으로 분쇄되었고 손노동하는 '노동자계급' 안에서 소멸하였다. (우리는 뒤에 이 과정을 상세히 분석한다.) 따라서 전후 제국주의적 선진자본주의 국가들에서 노동운동의 혁명적 성격이 소멸한 사실을——이미 소멸한——옛 노동귀족층의 부패에 대한 지적으로 설명하려는 교조적 시도는 이제 전혀 근거가 없는 것이다.

당시의 기업가들은 새로운 기계를 투입하려면 노동자들의 동의를 구해야만 투입할 수 있었고 또 이것을 자연스런 것으로 인정하였다. 이 이종적 생산영역에서는 보통 **특수한** 형태의 도급제가 실시되었는데, **계약제**(Kontraktsystem) 또는 **내부계약제**(Subkontraktsystem)가 그것이다(Vahrenkamp 1977, LIX면; Schmiede 1989, 23면). 우두머리 노동자로서의 기계제작공이, 예를 들면 기업과 계약을 체결하여 그의 보조노동자들의 고용과 임금지급권을 넘겨받는 것이다. 이에 관해 맑스는 다음과 같이 말하고 있다. "자본에 의한 노동의 착취가 노동자에 의한 노동자의 착취를 매개로 실현된다"

---

31) 부르조아지에 매수된 이 노동귀족층은 영국 노동계급을 1890년대까지 지속된 부패 시기로 이끌었다. 1878년 맑스는 다음과 같이 쓰고 있다. "영국 노동자계급은 1848년 이래의 부패 시기를 통과하면서 깊이 깊이 기강이 문란해졌고 결국 거대 자유당의 꼬리, 즉 이들의 종복, 자본가들의 종이 되는 지경에 이르게 되었다. 그들의 지휘권은 매수되기 쉬운 노동조합(Trade Union) 지도자들과 수공업 선동가들의 손아귀로 완전히 넘어갔다"(Wilhelm Liebknecht에게 보내는 1878년 2월 11일자 편지, 34: 30면).

(23: 577면).

이 계약제는 완성된 병영적 공장제도와 나란히 무대를 지배한다. 이 계약제는 영국에서는 'peice mastering'(23: 577면 각주; Clawson 1980, 75면)으로, 미국에서는 'inside contracting'(Clawson 1980, 71면 이하)으로, 독일에서는 당시 문헌에서 'Werkmeistersystem'(Schmiede 1989, 23면)으로 나타난다. 이 계약제는 매뉴팩처 시대의 유제로서 가끔 유기적 생산부문에도 남아 있었으나, 이종적 생산공정에서도 특징적인 것이었다.

그런데 이 계약제는 기업 위주의 관점에서 볼 때 두 가지 심각한 문제를 안고 있었다. 첫째, 계약자들이 그의 보조노동자들로부터 추출한 잉여가치의 일부를 점취하였다. 따라서 계약자들의 소득은 이 계약자들과 거의 동일한 기능을 수행하는 평범한 직장(職長)들의 고정급보다 훨씬 더 많았고 (Clawson 1980, 119면), 계약자들은 절대적 잉여가치의 이 부분 외에 기술혁신 초기에 생겨나는 별도 잉여가치의 대부분도 점취하였다. 둘째, 이 제도는 사회위계적 문제를 야기하였다. 고정되지 않은 소득은 **소(小)계약자들**로 하여금 그의 보조노동자들에게 부정기적이고 자의적인 임금을 지불하도록 하였다. 이로 인해 생겨나는 갈등은 가끔 기업지도부 자체를 덮쳤다. 한편 **보다 큰** 계약자들은 가끔 기업의 고위 행정요원보다 많이 벌었다. 이것은 기업 입장에서 볼 때 행정요원들의 충성심과 상명하복관계를 확보하는 것을 어렵게 하였다. "다른 모든 행정요원들이 걸어서 직장에 오는데, 몇몇 계약자들은 연미복을 입고 당당한 다이아몬드 옷핀, 각반, 장갑 등을 차려입고 호화마차를 타고 일터로 왔다"(같은 책, 122면). "물론 회사 사무원들은 이 계약자들에 분개하였고 이들을 대등한 사람들로 수락하는 것을 거부하였다" (같은 책, 123면). 이런 이유들 때문에 자본은 차츰 계약자를 고정급의 직장으로 대체해나간다.

그런데 이 직장은 고정급의 임금노동자였지만, 그래도 여전히 유력한 권력을 지니고 있었다. 그는 노동자를 고용하고 해고하고, 이들의 임금을 결정하고, 도제를 기르고, 노동과정의 모든 측면을 통제할 수 있었다. 오늘날 경리과, 인사과, 개발부서, 기타 기술분과에서 행사하는 모든 결정권력이 직장의 손에 집중되어 있었다. 그러나 그의 이 권력은 부분적으로 명목적이었다. 직장이 관리하는 노동자들의 생산지식을 모두 합해볼 때 이 지식은 시간이 감에 따라 낡아진 직장의 개인적 지식보다 더 많고 구체적이고 현대적이었기 때문이다(같은 책, 130면 이하). 따라서 생산권력은 실은 직장과 그의 노동자들의 집단적 수중에 있는 셈이었다. 따라서 이종적 생산과정의 노동자들이 지닌 이 잔여권력은 자본의 가치증식의 최대 장애물이었다.

이런 까닭에 기업 경영진은 '위로부터의' 통제를 강화하고 휴식시간을 단축하고 노동행태를 더 철저히 감시하고 기율화하는 외적 질서확립 방법들에 더 강하게 매달렸다. 하지만 노동자들은 이러한 기율화 시도에 대항하여 전통적인 행동방식을 오랫동안 끈질기게 고수하였다. 부정확한 출퇴근시간, '구습'과 '날림일'(Schludrigkeit)은 광범하게 확산되어 있었다. 게다가 많은 노동자들은 여전히 독자적인 노동중지, 적은 휴식시간, 대공업 안에서도 사라지지 않은 '월요일 공치기'(blauer Montag)에 대한 권리를 슬그머니 또는 공공연하게 주장하고 행사하였다. 기업주측의 엄한 시간규제는 종종 속으로 침식되었다. 남녀노동자들은 작업시간중에 음식을 끓여먹고 뜨개질을 하고 (오늘날 사무노동자들처럼) **일하면서 커피를 마셨다.** 또한 이따금 규정에 반해 노동자들 자체의 주도하에 술이 배분되기도 하였다. 노동자들은 교대시간 준비동작을 미리 시작했다. 게다가 작업시간에 잠자는 짓이 공식적으로 금지되어야 할 정도였다.

늘 새로 짜여지고 세밀화되는 작업수칙은 한마디로 이것과 끈질기게 맞서 있던 현실을 반증하는 것이다. 기계제조업, 전신통신 분야 등의 이종적 생산부문의 반(半)수공업적인 숙련인력의 고집과 결근습관에 관한 기업가들의 만연된 하소연도 그와같은 사정을 드러내준다(Kocka 1990b, 482면 이하). 크룹(Krupp)씨는 1876년에도 다음과 같이 불평하고 있다.

지금까지 시간의 가치와 근면의 가치가 이해된 적이 없다. 노동자들은 규칙적으로 일터에 오는 일이 없고 몸을 씻는다거나 파이프를 피운다는 등 유사한 핑계로 일과 종료 이전에 미리 짐을 꾸렸다. 종종 나는 노동자들이 각기 5분씩 더 적게 일한다면 얼마나 손실을 입는지를 미리 계산해 보곤 했다. 직장(職長)은…작업장과 그 주변에서 큰 주인인 양 장쳐대고 잡담을 늘어놓고 정치하고 또 자신에게 그런 권리가 있는 것으로 생각한다. (같은 책, 483면에서 재인용)

가령 기계제조업에서 교체하기 어려운 고도숙련된 노동자들은 자본주의적 공장기율의 침투를 기계방적 분야의 쉽사리 교체할 수 있는 반숙련인력보다 더 효과적으로 막아내고 월요일을 마음대로 '공칠' 수 있었다. 노동자들의 시간자율성, 자유로운 행동공간은 초기 공장에서도 한정당하고 감소한 것이 사실이지만 오랫동안 사라지지는 않은 것이다. 이 노동자율성의 범위는 너무 과장되게 이해되어서는 안되겠지만, "공장 및 노동규정의 문안과 현실적인 노무관계 사이에는 수십년 동안 특히 깊은 간격이 존재했던 것이다"(같은 책, 483면).

19세기 말까지 '이종적' 생산분야의 숙련노동자들의 이 자율권력을 분쇄하기 위한 자본의 모든 시도는 좌초하였고 따라서 기업지도부는 "오직 노동자들만이 현장의 기본결정을 내릴 수 있고 따라서 노동자들에게는 상당한 자율성과 통제권이 허용되어야 한다"(Clawson 1980, 163면)는 사실을 대체로 묵인하였다. 그러나 **직장제도**의 역사적 제약으로 인한 자본의 이 불완전한 전제체제는 새로운 생산구조 및 소비구조의 변동 속에서 자본의 증식법칙과 심각한 갈등에 빠져들었다.

> 조립지향적 산업 (이종적 생산과정—인용자)에서 고도로 분화된 생산물의 판매, 유행의 변화, 급속한 기술변동은 상담, 고객써비스, 대체부품 조달 등을 맡는 분화된 조직의 일이 되었다. 이것은 대량생산이라는 슬로건으로 바뀔 수 있는 새로운 산업들의 특징적 생산방법인데, 이 중 가장 중요한 것만 나열해보자면 의류, 프롤레타리아 일반의 첫번째 내구 산업 소비재인 재봉틀로 시작되는 내구소비재 생산영역들이다. 이 생산의 확대와 더불어 조립지향적 산업들 안에서의 노동조직은 점차 자본증식의 법칙과 모순에 빠지게 되었다. (Vahrenkamp 1977, LIX면 이하)

이종적 생산과정 안의, 자본에 형식적으로 종속된 고전적 노동귀족층의 잔존하는 노동자율성과 대항권력이 자본의 행동공간을 제약하고 있었기 때문이다. 그리하여 19세기 마지막 4분기에 닥친 대침체기에 이 생산과정에서 노동의 투입 및 조직에 하나의 획기적인 구조변동이 시작된다(Schmiede

1989, 23면).

(2) 포드주의와 테일러주의──작업장의 관료화

이종적 생산과정 내의 이 형식적 자본관계의 증식난관을 분쇄한 것은 테일러주의와 포드주의다. 이것과 함께 아직도 손노동을 수행하는 구(舊)노동귀족층도 점차 해체된다. 동시에 엔지니어, 기술자 등 손노동으로부터 방면된, 지식에 근거하여 또는 그밖에 정신적으로 활동하는 **새로운 노동귀족층**이 노동계급 **외곽에** 통계적으로 포착 가능한 규모로 생겨나기 시작한다.

테일러주의와 포드주의의 해석은 긴 논쟁의 역사를 갖고 있다. 한편은 테일러주의란 오래 전에 포드주의와 여타 노동방법들에 의해 극복되었고 다만 객관적 능률측정 방법들을 싸잡는 애매한 명칭으로만 남아 있을 뿐이라고 주장한다. [32] 다른 한편에서는 포드주의나 그밖의 방법들은 테일러주의의 현실화된 실천 또는 이것의 일관된 관철이라고 주장한다. 따라서 테일러주의는 아직도 현실의 일부라는 것이다. [33]

---

32) R. Vahrenkamp 1977, LXXX~LXXI면; R. Edwards 1981, 110면 이하 등 참조.

33) A. Sohn-Rethel 1972, 44면 또는 1973, 27면; W. Volpert 1977, IX면; D. Clawson 1980, 203면 이하; W. Hofmann 1988, 78면 등 참조. 해리 브레이버만은 테일러주의가 아직도 현실을 지배하고 모든 다른 방법들은 이것의 연속이거나 보충물이라고 주장한다(Braverman 1977, 74면 이하). 그러나 그는 테일러주의와 포드주의의 관계에 대해서 분명한 말을 하지 않고 있다. 이에 반해 뷘니히, 프로베, 회프케스와 히르슈, 로트는 포드주의를 장기적인 '축적체제'로 이해하고 테일러주의를 포드주의의 한 요소로 규정한다. 전자는 "그것(포드주의─인용자)은 테일러씨스템에 기초한다"(Bünnig/Frobbe/Höfkes 1984, 289면)고 말한다. 후자는 "포드주의의 결정적 기초"는 "테일러주의적 노동조직과 소비재의 대량생산에 의존한 '집약적' 축적전략으로의 이행"(Hirsch/Roth 1986, 48면)이라고 말한다. 이들은 모두 (노동구성방법이라는 좁은 의미에서의) 포드주의와 테일러주의 간의 원칙적인 차이를 인식하지 못하고 있다. 이것은 이들의 "**어쎔블리 라인**(포드주의의 한 요소─인용자)의 기술적 경직성이 테일러주의의 일반적 관철에 대한 중요한 경제적 장애로 입증되었다"(같은 책, 107면)고 말하고 있는 것을 보면 분명하다. 그러나 포드주의와 테일러주의는 곧 밝혀지듯이 **이종적** 생산과정의 완전한 **상이한** 두 측면과 관련된 **완전히 상이한** 방법들이다. 게다가 보

테일러주의적 이론들이 기업의 현실적 구조로 전환된 것을 테일러주의의 극복으로 파악하는 것은 분명 잘못된 것이다. 테일러주의는 간과할 수 없는 현실의 일부이다. 하지만 포드주의를 테일러주의의 단순한 연속으로 규정하는 것도 마찬가지로 오류이다. 테일러주의와 포드주의는 급여정책 및 사회보장책 등을 도외시하면 **이종적 생산과정**의 전공정 안에서 본질적으로 상이한 두 단계인 부품의 **제작단계**와 이 부품을 완제품으로 만드는 **조립단계**에 대응하는, 본질적으로 상이한 방법들이기 때문이다. [34] 따라서 포드주의와 테일러주의는 상호 전제하지만, 원칙적으로 상이한 이유에서 확산된다.

테일러주의는 본래 부품들의 조립 **이전에** 제작되어야 하는 **부품들의 생산**을 위한 능란한 수공노동 또는 기계조종노동을, 이 노동의 능란한 손기능의 본질적인 세분화의 불가능성으로 말미암아 두뇌기능과 인위적으로, **조직적으로** 분리시킴으로써 가속화시킬 것을 목표로 하고 따라서 자본 아래로의 노동의 실질적인, 즉 구성체적인 포섭을 주로 **관료체제적으로 선취하는** 것이다. 이에 반해 포드주의는 이미 제작된 부품들의 **조립**을 위한 다면적으로 고도화된 노동기능을 **세분화된** 노동으로 **분해하여 흐름식으로** 만드는 것을 목표로 한다. 따라서 조립과정은 **구성체적으로** 자본 아래로 실질적으로 포섭되고 컨베이어벨트에 입각한 어쎔블리 라인에 의해 **기계적으로** 통제될 수 있게 된다.

'유기적' 생산과정에서는 **공학적인 자동기계 씨스템**이 모든 제작과정을 떠넘겨 받아 노동자들을 이 과정으로부터 그리고 노동의 내용으로부터 '해방'시킴으로써 이들의 기능을 재료투입 기능이나 기계보조 기능으로 격하시킨다. 이와는 반대로 공학적 기계의 아무리 약삭빠른 적용을 통해서도 노동의 단순화가 가능하지 않은 '이종적' 산업부문들에서 노동속도의 가속화를 위한 **유일한** 방법은 분업을 근본적으로 심화시키는 데 있었다. 공학적 기계를 뛰어넘는 질적으로 새로운 기술, 즉 가령 **극소전자적인**, 컴퓨터에 의해 조종되는 자동화가 발명되어 확산되기 전에는 이종적 과정에서 어떤 다른 대안

　　다 포괄적인 것은 포드주의가 아닌 테일러주의이다.

34) 테일러주의와 포드주의의 빈번한 혼동은 모두 생산과정의 "본질적으로 상이한 유형"
　　(유기적 과정과 이종적 과정─Marx)에 대한 무지와, 이종적 과정 내의 두 단계의 근
　　본적 차이에 대한 무지에서 비롯된다.

이 없었다. 분업의 인위적 심화는 테일러주의와 포드주의에 공통된 요소이
다. 하지만 이것들은 분업의 심화방향, 정도, 노동통제방법 등에서 본질적
으로 다른 것이다. 나중에 조립되어야 할 **부품들의 제작**은 재료를 공작기계
로 **꼴짓는**(verformen) 것이다. 이때 노동주체는 가령 재봉틀 부품들의 기계
적 제작의 경우 공작기계를 홀로 일하도록 놔두고 옆에서 뒷바라지만 할 수
없고 이 공작기계를 끊임없이 노련한 손기능으로 **조종해야** 한다. 물론 이
조종기능은 몇개의 요소로 분할되어, 불필요한 손동작을 배제하게끔 표준화
할 수 있다. 그러나 이 조종노동의 어떤 근본적 표준화 이후에도 기계제작,
의류생산, 제빵업 등 셀 수 없이 많은 생산영역은 더이상 분할될 수 없는
손기능을 수행하는 4~5년 가량 교육되어야 하는 전문 숙련노동자(Fach-
arbeiter)들의 활동영역으로 남아 있었다. 즉 기계조종, 금속가공 기능, 기
타 재료가공 기능 등은 이 기능의 수행에 몇십초밖에 소요되지 않는 식으로
분할될 수 없었고 따라서 흐름식으로 만들어질 수 있도록 근본적 차원으로
까지 분해될 수 없었던 것이다. 이 노동의 성과는 따라서 여전히 이 조종노
동자들 또는 가공노동자들의 잔여 수공기능과 주도권에 좌우되었다. 이런
까닭에 **새로운 조직적 통계체계**의 수립 없이는 분업과 노동 및 노동수단의
표준화만으로 생산성의 향상에 이를 수 없다. 따라서 테일러주의의 주공(主
攻)방향은 손기능을 두뇌기능과 '깨끗이'(clearcut) 분리시키고 이 두뇌기능
을 전담하는 두뇌노동자에 의한 손노동자의 **관료적** 통제를 조직하는 것이
다. 이렇게 볼 때 테일러가 그의 '과학적 경영'(scientific management)을 미
디벌 철강회사(Midivale Steel Co.)에서 개발하게 된 것은 결코 우연이 아니
다. 이 기업은 기계제작을 위한 **부품**을 생산하여 다른 대기계제작소에 납품
하는, 따라서 **조립공정을 거의** 포함하지 **않는** 하청업체였기 때문이다.

 나중에 조립되어야 할 부품을 제작하는 공정과는 반대로 부품들의 **조합**은
이전에 다른 공정에서 제작된 부품들을 가끔 공작기계로, 그러나 대부분 공
구로 **조립하는**(montieren) **것**이다. 이 조립은 원래 "가장 고도의 기능을 요
구하는 노동"(Braverman 1977, 118면)이었다. 그러나 여기에서는 분업이 조립
노동의 단계에 따라 극단적으로 관철될 수 있었다. 노동동작을 조립해야 할
부품마다 낱낱이 분해할 수 있었기 때문이다. 이로써 모든 조립단계를 상대
하기 때문에 원래 다측면적으로 고도화된 조립노동은 완전히 단순한 노동부

분으로 분해될 수 있다. 따라서 조립과정은 분업의 극단적 관철만으로, 즉 특별한 노동기구적 기술진보 없이도 유기적 생산과정에서와 유사하게 "연관적 과정들 및 조작들의 연속"(Marx)으로 수행될 수 있게 된다. 이것은 부품제작공정에 대해 지니는 본질적 차별성이다. 따라서 어쎔블리 라인 씨스템을 핵심으로 하는 포드씨스템이 포드자동차회사(Ford Motor Company)에서 생겨난 것은 결코 우연이 아니다. 이 포드사는 자동차부품 제작과정을 중소 하청업체에 떠넘기고 주로 조립공정만을 담당한 회사였기 때문이다.

그러나 이종적 생산부문의 전체 시각에서 테일러주의와 포드주의는 사회적 분업 또는 공장 내 분업 속에서 상호 연관된 것으로 고찰되어야 한다. 완제품(가령 자동차, 재봉틀 등)은 두 공정, 즉 부품제작과정과 조립과정을 다 통과해야 하기 때문이다. 동시에 양자는 서로 얽히고설킨다. 포드씨스템은 부품제작이 일정한 조립과정을 포함하는 한 이 부품제작공정에도 적용될 수 있기 때문이다. 게다가 작업장의 관료화의 테일러주의적 원리는 노동이 완전히 분해된, 즉 포드화된 곳에서 가장 잘 적용될 수 있기 때문이다. [35] 한걸음 나아가 이 테일러주의적 **작업장관료화**는 **완전히 새로운** 노동통제방법으로서 유기적 공업에도 도입되었다. 이곳에서는 이미 오래 전에 수공노동들이 기계체계에 의해 분해되었기 때문이다. 이런 까닭에 파렌캄프의 다음과 같은 말은 오해의 소지가 있는 것이다. "테일러는 기술적 현상유지의 이론가이다. … 한마디로 테일러는 자본주의적 기계화 대신 **낡아빠진** 관료화를 도입하였다"(Vahrenkamp 1977, LXIX면; 1976, 18면 이하).

테일러주의가 확산되기 전 대기업의 관료체제는 오직 경리분야에만 관철되어 있었고 자본은 **작업홀**을 '합리적으로' 통제할 체계적 방법을 전혀 모르고 있었다. 노동자들이 상세한 생산지식을 거의 독점하고 생산과정과 노동속도를 사실상 통제하고 있었기 때문이다. 이것은 병영전제체제적 통제방법밖에 모르던 기계적 자동화체제의 유기적 과정에서도 마찬가지였는데, 이 병영적 통제의 강화는 항상 노동의 가속화로 이어진 것이 아니라 종종 사보따주와 스트라이크를 초래하였다. 이런 까닭에 테일러적 관료화는 **전체** 산

---

35) 포드주의와 테일러주의가 이렇게 '얽히고설켜 있는' 관계로 양자의 원리에 대한 그 흔한 이론적 혼동도 야기된 것이다.

업의 관점에서도 결코 '낡아빠진' 것이 아니라 완전히 새로운 것이다. [36] 이 것은 모든 산업분야의 모든 자본가들에게 직장제도의 분쇄를 위한, 즉 이미 확립된 기업행정 관료체제 아래로 작업장을 조직론적으로 포섭하는 강력한 무기로 나타났던 것이다.

그런데 에드워즈는 테일러주의가 생산세계를 지배하고 있다는 견해가 "과학적 경영의 영향범위를 과대평가하는 것"(Edwards 1981, 110면)이라고 비판하면서도, 모순되게도 "관료체제가 장(場)을 지배하고 있다"(같은 책, 144면)고 주장한다. 그는 테일러주의가 작업장관료화의 최초의 체계적 이론이고 그가 지배적이라고 느끼고 있는 오늘날의 관료체제란 테일러주의의 체현 외에 다른 것이 아니라는 사실을 이해하지 못하고 있다(Clawson 1980, 209면).

테일러주의는 두뇌기능을 직접적인 생산노동으로부터 '깨끗이' 분리시켜 이 생산노동을 관료적으로 위계화된 두뇌노동자의 관료적 통제 아래 완전히 굴복시키는 것이다. 물론 작업장의 관료체제도 사무실 관료체제와 마찬가지로 본질적으로 모순적인 두 측면, 지배기술적인 측면과 노동기술적인 측면을 포함한다. 말하자면 테일러주의도 '이중적' 성격을 갖고 있다. 두뇌노동과 손노동 분업의 '깨끗한' 관철, 노동의 표준화 등은 테일러주의의 노동기술적 측면인바, 작업장 분업 일반과 마찬가지로 "사회의 경제적 형성과정 안에서 역사적 진보의 필연적인 발전계기"(Marx)를 이룬다. 이런 까닭에 테일러주의의 이 측면은 모든 '사회주의' 사회도 넘겨받을 수밖에 없었다. [37] 하지만 필자의 테일러주의 분석의 중점은 '착취의 세련된 야만성', 즉 노동자의 작업장권력의 관료체제적 분쇄에 있다. 테일러는 당시 자본증식의 장

---

36) 또한 테일러를 간단히 '기술적 현상유지의 이론가'로 몰아붙일 수도 없다. 테일러적 원리는 '노동기구의 개혁', 즉 '기계의 개선' 등도 포함하기 때문이다(Taylor 1913, 106면). 그는 직접 강철절단을 위한 '계산척'도 고안하였다(같은 책, 111면 이하).

37) 이런 의미에서 레닌은 다음과 같이 말하고 있다. "이런 관점에서 자본주의의 마지막 말, 즉 테일러체계는——자본주의의 모든 진보가 그렇듯이——부르조아적 착취의 세련된 야만성과 기계적 동작의 분석, 계산과 통제의 최선의 체계 등 일련의 귀중한 과학적 성과들을 통합해 지니고 있다. 사회주의의 실현 가능성은 쏘비에뜨 권력과 쏘비에뜨 행정조직을 자본주의의 최근의 진보와 결합시키는 데 성공하느냐 여부에 달려 있다. 우리는 러시아에서 테일러씨스템의 연구, 이것의 교육, 체계적 실험, 평가를 시도해야 한다"(*LAW* Ⅱ, 735~54면).

애의 객관적 분석에서 출발하여 이 장애를 극복할 수 없는 것으로 받아들인 자본가들을 설득, 이것의 극복 가능성을 확신시키려고 시도한다.

테일러는 당시 노동자들의 '늑장부리기'(Drückebergerei)의 원인과 정도를 정확히 분석하고 있다. 그는 다음과 같이 말한다. "노동자들은 구전(口傳)을 통해 그들의 기능과 지식을 원시적인 태초로부터 수십년, 아니 수백년 동안 산업발전의 산물로서 전수받았다"(Taylor 1913, 33면). 이런 까닭에 동일한 제품생산 분야의 동일한 기능에도 '통일적인 방법'이 전혀 존재하지 않는다. 노동방법은 각 작업장마다 다종다양했던 것이다. 테일러가 '주먹구구'라고 부른 이 상이한 작업방법들은 국외자들이 이해할 수 없고 수년의 직접적인 노동을 통해서만 '내밀하게 습득될' 수 있는 것들이다. "이 혼란스런 주먹구구 방법들과 전수된 지식들의 뭉치"는 "당연히 각 수공업자들의 최대의 자산"이었다. 심지어 자본가들도 노동자들이 "이 전수된 지식덩어리를 기업지도부에게 낯선 지식, 노동자들에게 고유한 지식이라고 얘기하는 것"을 기꺼이 인정했다. (같은 곳) 이런 까닭에 자본가와 그의 사무실관료들은 이 노동자들을 **기술적으로** 지도하고 통제하거나 작업속도를 재량에 따라 가속화시킬 수 없었다. 이 소재적 생산지식에서 당시 노동자들은 자본가와 기업행정관료층을 비교할 바 없이 능가하고 있었기 때문이다. 자본가들은 물론 노동자들이 하루에 얼마만한 성과를 낼 수 있는지에 관한 정보를 '자신의 경험을 통해서' 알 수 있었지만, 이 경험조차도 시간이 지남에 따라 얼마간 낡게 마련이었다. 또는 노동자들의 작업과정의 관찰이나 가장 유리한 상황에서 특정 노동자들이 한두 번 도달한 기록통계에서 정보를 획득할 수 있을 뿐이었다(같은 책, 21면 이하). 물론 기업 경영진은 직장(職長)과 작업반장을 활용할 수도 있지만, 이들의 개인적 지식과 기능은 "모든 노동자들의 지식과 기능의 총화에 비교할 때 거의 견줄 수 없는"(같은 책, 34면) 것이다.

이런 이유에서 경영진은 노동자들에게 문제해결의 권한을 떠맡길 수밖에 없었다. 따라서 노동자들은 노동 **안에서** 일정한 자립성을 간직하고 있었다. 당시 기업지도부는 오늘날은 보편적으로 관철된 **기술지도**에 관해 꿈도 꿀 수 없었다. 지도부는 스스로를 **일반적·추상적** 지시에 국한시키고 생산물이 얼마나 빨리 그리고 어떤 방식으로 제작되어야 하는가의 문제는 노동자들의 재량에 맡기고 각 노동자의 '이니셔티브'를 '꾀어내는' 외적 방법들(가령 좀더 나은 승진 전망, 노동조건의 개선, 노동시간 단축 등)로써 작업속도를 가속화하고자 했다. 테일러는 이 방법들을 '이니셔티브 씨스템' 또는 '유인체계'라고 부르고 있다(같은 책, 36면). 그러나 온갖 유인방법으로도 기업지도부는 작업을 일부러 천천히 하는 '늑장부리기'를 제거하지 못했다.

테일러는 '늑장부리기'를 둘로 구분한다. "이 늑장부리기는 두 가지 원인에서 생긴다. 첫째는 불가피하게 필요한 것 이상으로 일하지 않으려는 인간의 타고난 본능과 성벽에서 나오고, 둘째는 다른 노동자의 선례의 영향이나 자신의 심사숙고에 의해 형성된, 자신의 이익에 맞는 합목적성의 견지에서 나온다. 이 후자는 체계적 늑장부리기라고 부를 수 있을 것이다"(같은 책, 20면). 그는 이 '체계적 늑장부리기'를 분석하고 이 체계적인, 즉 경제투쟁적인 늑장부리기가 노동자의 계급이익임을 인정한다. "종래보다 더 빨리 작업이 진행되지 않아야 하는 것은 당연히 노동자들의 이익에 부합된다. 경험이 없는 젊은이들은 나이 먹은 사람들에 의해 이것을 주입받고, 일시적으로 벌이를 높일 수 있지만 이 젊은이들 뒤에 입사하는 모든 이들이 옛 임금에 더 많이 그리고 더 힘들게 일하도록 강제할 새로운 기록을 세우지 못하도록 모든 허영꾼들을 자중시키기 위해 모든 설득기술과 사회적 영향력이 동원된다"(같은 책, 22면). 그러나 노동자들의 당연한 권리에 대한 테일러의 이 짧은 시사는 자본가에 대한 투쟁의 관점에서 얘기한 것이 아니다. 이것은 **그의** 새로운 노동체계의 도입이 "모든 행태의 이 늑장부림을 박멸할 것"(같은 책, 12면)이고 동시에 이윤을 증대시킬 것임을 자본가들에게 설득하기 위한 것이다.

테일러에 의하면 '체계적인', 즉 계급투쟁적인 늑장부리기는 도급제로 오히려 "현저히 강화된다"(같은 책, 18면). 도급제는 늑장부리기에 대한 효과적인 대응책으로 보이지만, 실은 이것은 완전히 잘못된 추리라는 것이다. "다만 도급제에서는 되레 '늑장부리기'가 전면적으로 발전할 뿐이다. 어떤 노동자가 단위당 임금이 그가 더 열심히 일하여 하루생산량을 높인 결과 두세 번 인하되는 것을 경험하면, 그는 고용주의 견지에 대한 그 어떤 이해심도 잃고, 어떤 식으로든 작업지연을 통해 임금인하를 저지할 수 있다면 더이상 어떤 임금인하도 좌시하지 않을 굳은 각오를 하게 된다." 그리하여 "얼마 지나지 않아 노동자들은 고용주를 적대자로 간주하게 되는 것이다."(같은

책, 23면)

테일러에 의하면 **본능적** '늑장부리기'와 **체계적** '늑장부리기' 외에 또다른 **의도적이지 않은** 지연노동이 있다. 이런 유형의 늑장노동은 전통적인 노동지식, 주먹구구, 표준화되지 않은 노동기구 등의 작업방법상의 비합리성으로 야기된다. 테일러에 의하면 이런 비합리성은 "모든 작업방법과 도구의 체계적 연구와 실험을 통해"(같은 책, 25면) 제거될 수 있다. 테일러는 그의 노동체계의 이 노동기술적인 합리성으로써 노동자들의 '즐거운 자율성'의 자발적 포기와 작업장에서의 자본의 관료주의적 독재의 수립을 달성하려는 순진한 테크노크라트적 꿈을 피력한다. 그러나 현실적 역사 속에서 테일러주의는 작업장에 언제나 강제적으로 도입되었다. 왜냐하면 노동자들은 그들의 마지막 자율성을 박탈당하려고 하지 않았기 때문이다. 그리하여 테일러주의의 확산단계는 항상 파업물결을 동반하였다.

테일러체계는 4개의 원리와 이 원리들을 구현하는, 따라서 테일러에 의하면 부차적인 의미를 지니는 수많은 방법들로 구성되어 있다. 그에 의하면 이 '방법들'은 상대적인 것이고 항용 변할 수 있는 것이다. 따라서 '원리들'을 '방법들'(가령 '스톱워치'를 이용한 작업표준화, '과제 아이디어', 도구의 표준화 방법 등)과 혼동하여 테일러체계를 이미 지나간 과거의 유물로 본다면 이것은 근본적으로 잘못된 테일러 해석이다. 그러나 작업동작의 연구를 테일러주의의 본질로 간주하는 관념은 애석하게도 유행하고 있다. 이에 대해 테일러 스스로 경고하고 있다. "불행히도 대부분의 독자들은 이 외적 형식을 본질로 간주해왔다. 새로운 인력절약체계는 여러가지 방식으로 응용될 수 있는 일정한, 보편타당한 원리들을 기초로 한다. 이 일반적 원칙들의 최선의 실천적 응용형태들의 서술을 원칙 그 자체로 혼동하면 안될 것이다"(같은 책, 29면).

제1원리—"관리자들은 하나의 체계, 옛 주먹구구 방법을 대신할 각개 작업요소에 대한 하나의 과학을 발전시킨다." 이 원칙의 실현방법은 "이전에 개개 노동자들의 독점물이었던 전승된 모든 지식을 수집, 분류·도식화하는 것", 그리하여 이 중 가장 나은 작업 방법과 도구를 철두철미한 "동작연구 및 시간연구"를 통해 찾아내 "이 지식에서 규칙과 법칙, 공식들을 만들어내는 것"이다. (같은 곳) 여러 방법과 도구 중에는 "언제나 나머지보다 더 빨리 그리고 더 잘 작업할 수 있는 단 하나의 방법과 도구만이 존재한다"(같은 책, 25면). 이 노동동작의 분석적 **규범화**와 **최적**(Optimum) 1일능률(최대 Maximum 능률이 아니다. 그는 이것을 강조하고 있다. 같은 책, 58면)의 확정, 작업지식의 **표준화**와 **일반화**를 그는 '과학'이라고 부르고 있다. 이 '과학'은 주어진 시점에서, 좀더 나은 '과학'이 발전할 때까지 모델로 기능한다. 맑스는 자본주의에 내재적인 이 분석경향을 1868년 이미 간파하고 있었다. "기술공학은 역학이 기계체계의 극심한 복잡성에도 불구하고 단순한 역학적 힘들의 지속적인 반복을 놓치지 않았듯이 인간적 신체의 모든 생산적 동작이 적용된 도구들의 온갖 다양성에도 불구하고 필연적으로 수렴되는 소수의 기본적 동작형태들을 밝혀냈다"(23: 510면). 맑스가 공학적으로 자동화된 유기적 생산과정과 관련하여 관찰한 자본주의적 노동구성의 이 근본경향은 이종적 산업 안에서도 테일러에 의해 의식적으로 현실화된다. 그런데 일견 아무런 문제가 없는 것처럼 보이는 테일러의 제1원리도 살상의 독기(毒氣)를 머금고 있다. 이른바 이 '과학'을 담당하는 사람은 노동자가 아니라 두뇌노동하는 관리자인 것이다. 이로써 적어도 노동 **안**에서는 **주체**였던 노동자가 **'과학'의 단순한 객체**의 지위로 격하된다.

제2원리—"과학적 연구의 토대 위에서 관리자들은 이전처럼 노동자들에게 활동의 선택권과 보습(補習)교육을 내맡기는 것이 아니라, 가장 적합한 사람들을 선발, 훈련·교육하고 보습교육한다"(Taylor 1913, 38면). 관리자들은 적절한 노동자들을 '체계적으로' 선택하여 이들에게 '과학적' 작업방법을 가르치는 것이다.

그리하여 노동자들의 모든 전통적 지식은 최선의 작업방법에 관한 '과학'의 투입으로 '도덕적으로' 마모되고 만다. 노련한 고참노동자들은 젊은 노동자들을 선발하여 교육할 전통적 권리를 박탈당하게 되고 결국 직업신분적 직장-도제관계와 노동자들간의 가부장제적 연대성의 잔재도 분쇄된다. 따라서 계약체제를 대치한 직장체제도 철폐되게 된다. 종전의 위력적인 직장(職長)의 기능들은 사무실 관리자에게 분배된다(같은 책, 126, 132면). 직장의 지위는 현격히 격하된다. 교사는 이제 사무실에 앉아 지시하는 기술관료, **테크노크라트**이다. 그리하여 "테일러주의는 부상하는 기업 '테크노크라시'의 공약이 되었다"(W. Hofmann 1988, 76면). 테일러는 다음과 같이 못박고 있다. "한 사람 한 사람을 상대하여 통달한 교사의 지도하에 새로운 작업방식을, 이들이 다른 사람에 의해 발견된 과학적 법칙에 따라 지속적으로 그리고 몸에 익어 작업할 수 있게 될 때까지 가르치는 아이디어는 각 노동자들이 제각기 '자신의 방식대로' 가장 잘 노동하도록 놓아두는 옛 아이디어에 **정면으로** 대립된다"(Taylor 1913, 66면). 이리하여 기술관료적인 위계체제가 종래의 가부장제적 위계체제를 대치하게 된다. 이 테크노크라트적 교사권위는 전(前)자본주의적인 가부장적 권위와 본질적으로 다른 것인바, 전자는 **작업과정에서** 결코 전수될 수 없는 **과학적·이론적 지식**에 근거하고 후자는 어떻게든 작업과정에서 아래로 전수되는 **전통적인** 그리고 **경험적인** 수공기능에 근거하기 때문이다. 따라서 평범한 노동자들이 고참교사로 승진할 수 있는 모든 통로를 분쇄해버린 이 새로운 테크노크라트적 위계체제는 고참교사로부터 경험지식과 기능을 전수받아 모든 도제들이 고참으로 승진할 수 있었던 종래의 가부장제적 위계체제보다 더 숨막히는 것이다.

제1원리와 제2원리는 그래도 노동기술적 관점에서 볼 때 상당히 합리적이다. 하지만 이 원리들은 근본적으로 지배기술적인 제4원리에 복무하도록 편제되고 그리하여 '착취의 세련된 야만성'으로 현상한다.

제4원리의 투입에 대한 저항을 완화시키려는 단순한 이데올로기적 사탕발림을 담고 있는 제3원리를 뛰어넘으면[38] **제4원리**는 다음과 같다. "노동과 책임은 관리자층과 노동자들에게 거의 균등하게 배분된다. 관리자층은 노동자보다 자신들에게 더 적합한 모든 노동을 떠맡게 된다. 이에 반해 종전에는 거의 모든 노동과 최대의 책임부분이 노동자들에게 전가되었다"(같은 책, 39면). 이 미사여구로 포장된 문장들은 노동자들의 정신적 기획노동 및 구상(構想)노동을 박탈하여 이것을 사무실에 집중시키고 모든 노동자들을 사무실의 전문지식과 업무지식 아래 굴복시킬 것을 목표로 하고 있다. "과학적 문서들의 할당을 위해서는 서적, 통계 등이 보관될 **공간과 지시하는 두뇌노동자**가 일할 책상이 필요하다"(같은 책, 40면). 이렇게 하여 책상에 앉아 오직 '과학적 합리성'만을 믿고 **과학의 이름으로 지시하는** 상사와 참모로 구성

---

38) **제3원리**—"관리자들은 노동자들과 충심의 합의 속에서 일한다. 이럼으로써 그들은 모든 노동이 그들이 세운 과학의 원칙 등에 따라 수행되는 것을 확고히 할 수 있다"(Taylor 1913, 39면).

된 관료체제적 테크노크라트들의 **사무관청**이 작업장에 **붙어** 설치된다. 이 관리자와 이 자의 아카데믹한 보조원들은 이제 맑스가 말하는바, "전체 기계체제의 점검 및 끊임없는 수선을 맡는" 옛 엔지니어와 기술자가 아니라 과학의 이름으로 노동대중을 행정적으로 **지시하는, 권력**을 위임받은 엔지니어들, 즉 관료적 **테크노크라트들**이다. [39] 이들은 노동과정의 기술적 지도를 위한 관료전제주의적 권력을 행사한다. "새로운 씨스템하에서 노동을 두뇌 속에서 미리 구상하고 미리 어느정도 수행하는 것을 전문으로 하는 노무사무실의 직원은 노동의 전문화를 통해 더 잘, 더 경제적으로 수행될 수 있음을 거듭 느끼게 되는 것이다"(같은 책, 40면 이하).

여기서 두뇌노동자와 육체노동자의 수직적 분업이 명백히 표현되고 있다. "한 수공업자의 매 손기능마다 타인의 상이한 준비행동이 선행되어야 한다." 따라서 종래의 일반적·추상적 지시 대신 "무엇뿐만 아니라 **어떻게** 수행되어야 하는지"를 상세히 규정하고 "노동을 완수하는 데 허용되는 **시간을**

---

39) J.번햄의 '매니저' 개념은 테일러의 이 테크노크라트만을 뜻한다(Burnham 1948, 100면). 따라서 그의 '매니저혁명'은 본래 불가능한 것이었다. '과학의 기적'만을 믿는 저 전문바보들이 어떻게 혁명할 수 있단 말인가? 테일러는 심지어 "과학적 경영은 고용주와 피고용인 쌍방에게…다툼과 불협화음의 모든 원인의 제거를 뜻한다"(Taylor 1913, 154면)고 주장하고 있다. 말하자면 테일러 자신이 확신에 찬 테크노크라트 이데올로그인데, 그는 기업지배구조의 완전한 무시 속에서 기업 안의 모든 사람들은 지위고하간에 과학자들이 제시하는 과학적 법칙에 따라 움직일 것을 요구하고 있다. 나아가 그는 다음과 같이 말한다. "1일 성과가 얼마나 되어야 하느냐는 흥정하고 다툴 대상이 아니라 과학적 탐구의 문제이다"(같은 곳). 그러나 테일러는 현존하는 권력구조를 단 한번도 문제삼은 적이 없고 항상 이것을 전제하고 있을 따름이다. 이런 한에서 그는 기업의 '과학주의적' 계급타협체계의 '과학적' 창출을 통해 기존의 권력구조를 공고화하려고 한 셈이다. 이런 까닭에 자본주의 기업 내의 모든 테크노크라트들은 과학의 이름으로 **자본가의 이익**을 위하여 **그리고 자신들의 이익**을 위하여 육체노동자 대중과 지식프롤레타리아(테일러씨스템 안에서는 맹아적 형태로서 사무관리자 밑에 배치된 보조원들로서의 '젊은 대학생들')들을 억압하는, 과학주의적으로 위장한 자본가의 내밀한 하수인들로 규정되어야 할 것이다. 그들 자신은 비당파적인 '과학적' 제3자라는 테크노크라트의 망상은 따라서 순수한 자기기만인 셈이다. 테일러의 테크노크라트는 자본가의 권력기반을 허물지도 자본가와 투쟁하지도 않는다. 오히려 테크노크라트는 자본가의 권력을 새로운 토대에서 강화시킬 뿐이다. 테크노크라트는 실은 반(半)수공업자적인 옛 노동귀족층의 작업장권력을 분쇄하기 때문이다. 이러는 한 번햄의 '매니저혁명'도 애당초 빗나간 이론이었다.

정확히 규정하는” 세밀한 지시가 내려진다. 또한 모든 지시는 **문서**로 이루어져야 한다. (같은 곳)

테일러는 이 문서지시를 ‘과제’라고 부르고 있다. “노동자는 그의 과업, 도구, 동작을 세밀히 설명하는 상세한 문서지시를 통상적으로 받게 된다”(같은 곳). 이 ‘과제’의 분배는 노동자들을 **개인적으로 취급하는** 아이디어와도 관련되어 있다. 이전에 노동자들은 집단적으로 취급되었고 각 집단의 정상에는 통상 집단의 우두머리가 서 있었다. 그러나 “이 집단적 취급은 폐기되고 각 노동자는 개인적으로 취급되어야 한다”(같은 책, 73면)는 것이다. “이 과업을 위임받은 관리(官吏)들과 보조원들”을 위한 “특별사무실”은 “각 노동자를 개별적으로 다루기 위해서”도 “필수적”이다(같은 책, 72면). 테일러는 이와같이 인위적으로 개별화된 노동자들을 자본의 권력체제 안에서 다시 관료체제적으로 종합할 것을 의도하고 있다.

노무사무실은 동시에 **테크노크라트적 ‘학교교사’**가 된다. 모든 성년노동자들은 지식을 박탈당한 학동(學童)으로 **미성년화된다**. “과제 아이디어는 전혀 새로운 것이 아니다. 우리들 각자는 학생시절 동일한 구상이 좋은 성과를 수반하면서 적용되었음을 상기할 것이다. 어떤 유능한 교사도 한 반(班)에 무규정적인 학습과제를 내줄 생각은 하지 않을 것이다. … 우리 모두는 성년이 된 어린이들이고 동일한 것은 우리들에게도 적용된다”(같은 책, 129면). 테일러는 여기서 순전한 궤변을 구사하고 있다. 학교의 과제는 어린이를 어른으로 만드는 교습방법인 반면, 테일러의 과제 아이디어는 거꾸로 어른노동자를 미성년화하는 방법이기 때문이다.

작업장의 옛 가부장제적 위계체제는 이리하여 테크노크라트적 교사권위를 지닌 관료적 관직위계체제로 개편된다. 이전에는 경리실의 경리사원이나 ‘작업장사무소’(Werkstatt-Comptoir, Kocka 1981, 33면)의 공장장이 직장(職長)에게 아무런 기술적 지시를 담지 않은 일반적 업무를 지시하였다. 그러면 이 직장은 다시 아무런 기술적 지도 없이 그의 노동자들에게 이 과업을 전달하였다. 그러나 생산물의 종류와 양을 지시하고 배분하던 경리실 **안**의 경리직원 대신 이제 작업장에 **붙은** 노무사무실이 들어선 것이다. 이 사무실 관리자는 반복적인 두뇌노동(가령 노동과정의 작업도구의 기초적 규범화 또는 매일 ‘과제’의 준비) 등으로부터 면해진다. “그는 기업 내의 업무진행과정에 대한 비교 가능한 조망만을 담당해야 한다"(Taylor 1913, 129면). 저 기초적이고 일상적인 두뇌노동은 "제각기 전문 영역이나 기능을 나누어 가진" 보조원들에 의해 수행된다(같은 책, 131면). '과제'는 노동과 도구를 표준화하고 보통 노동자의 최적의 1일 성과를 밝혀내고 확정짓는 사무실 보조원들의 "통합된 활동의 결과"이다. 테일러는 젊은 **대학생들**을 조수로 투입하였다. (같은 책, 58면) 이 대학생 보조원들 위에 "기업 내의 업무진행과정에 대한 비교 가능한 조망만을 담당하는" 저 관료적인 그리고 **동시에** 테크노크라트적인 관리자가 앉아 있다. 테일러는 이것을 관리구조 안에서 준수되어야 할 '예외원리'라 하고 있다. "이렇게 하여 관리자는 거의 어떤 순간도 한곳에 몰두하지 않고 있어서 새로운 구상의 시간을 갖는다"(같은 책, 139면). 이에 반해 대학생 보조원들은 '사무실에서' 보낸다. "왜냐하면 이들은 자신의 업무에 계속적으로 필요한 통계와 설계 기록을 항상 장악하고 있어야 하기 때문이다"(같은 책, 132면). 이 대학생 보조직원들, 즉 **새로운 지적** 노동귀족층의 **맹아형태**는 나중에 개발분과, 연구분과, 구상분과, 노동표준화 분과, 노무분과 등으로 분화된다. 이들은 오늘날 탈관료화하고 탈테크노크라트화한, 아무런 지시권한 없이 지시받기만 하는 지식프롤레타리아 대중으로 부풀어 올랐다.

테일러씨스템 안에서 직장(職長, boss)의 기능은 분업을 통해 약화된다. 작업장의 이 분업적 감독을 테일러는 "기능적 지도"(같은 곳)라고 부른다. "이런 '기능적' 지도체계에서 옛 직장을 8명의 상이한 직장이 대치하는데, 이들 각자는 자신의 전문과업을 갖게 된다"(같은 곳). 따라서 이 새로운 왜소화된 직장들은 이제 전혀 업무매개 기능을 수행하지 않게 된다. 업무의 지시와 분배는 '과제'의 형태로 직접 개개 노동자들에게 내려간다. 이제 각 직장은 한두 개의 기능에 국한되게 된다. '감독 직장'은 "노동자들이 설계도와 지시카드의 내용을 이해하는지 감독하고"(같은 곳), '통로담당 직장'은 노동자에게 "일감을 기계에 어떻게 고정시키는지 등을 보여주고"(같은 책, 133면), '속도담당 직장'은 작업속도를 감독하고, '수선 직장'은 기계의 설치·청결·관리 등을 맡고, '노동시간 기록서기'(time clerk)는 노동시간카드의 급여와 올바른 기입을 맡고, '작업담당 서기'(route clerk)는 "노동의 순서와 재료의 수송"을, 마지막 '기도'(disciplinarian)는 말 안 듣는 노동자를 맡는

다. 이 '전문직장'들은 노동자들의 '교사'인데, 그들 자신은 다시 노무사무실 기술관료의 '제자'이다. 그리하여 직장들도 노동자들에 대한 사무실 통제체제의 톱니바퀴로 격하된다. 노동자를 재량에 따라 고용하고 투입하고 이들의 임금을 결정하고 노동과정에 전측면적인 책임을 지던 위력적인 직장들은 사라지게 된다.

요약하면 사무실의 지식독점과 조망의 독점은 노동과정의 매 단계와 작업방식의 관료주의적 통제를 테크노크라트적 교사권위로 조직하는 데 활용된 셈이다. 작업장 안에서의 노동자들의 단 한 톨의 재량적 자율성도 분쇄된다. 노동자들에게 착취적 침략에 대한 경제적 계급투쟁으로서의 다양한 '늑장부리기'를 가능케 하였던 작업장의 **이중권력상태**는 자본의 **독재체제**로 개편된 것이다.

잔존하는 수공적인 기능공의 노동자율성에 대한 테일러주의의 조직적·테크노크라트적 공격은 물론 기계체계로 자동화된 유기적 생산공정에서처럼 숙련기능공들의 숙련노동의 **본질적** 분쇄와 **궁극적** 저렴화에 도달하지는 못하였다(이것은 나중의 극소전자적 **부분**자동화에 의해서야 관철된다). 그러나 테일러주의는 수공적 기능공들의 사회적 무력화와 미성년화, 그리하여 착취의 첨예화에 도달하였다. 자본 아래로의 노동의 실질적 포섭은 본래 두 가지 효과를 가져온다. 그 효과란 노동의 단순화를 통한 노동의 **경제적** 평가절하와 **사회적** 무력화이다. 따라서 테일러화란 무엇보다도 실질적 자본관계의 **구성체적** 발전의 **한** 효과──숙련노동의 사회적 무력화──의 **조직론적** 선취를 뜻한다. 이에 반해 포드화는 숙련기능의 완전한 분쇄를 통해 완전한 실질적 포섭을 달성한다. 이것은 노동의 궁극적 저렴화와 사회적 무력화를 동시에 가져온다. 포드주의가 이로 인해 내적으로 분노한, 복수심에 불타는 노동자들을 교활한 임금조작과 기업 내 사회정책들을 통해 온정주의적으로 통합하고자 시도했다는 것은 여기서 상론할 필요가 없겠다.

한편 관료체제적 노동조직의 이론으로서 테일러주의는 당연히, 실질적 포섭이 오래 전에 관철되었으나 **테크노크라트적 관료체제도** 발전되지 않은 '유기적' 노동과정의 적절한 조직형태로도 활용된다. 관료적 노동통제의 테일러주의적 개념은 생산지식과 조망을 독점한 두뇌노동자가 **사무실 안에서** 구체적으로 노동과정을 **미리 구상한**(vorauskonzipieren) 다음, **상세한** 지시와 **기술지도**를 통해 탈(脫)정신화된 전문기능공을 **테크노·관료주의적으로** 지휘한다는 점에서 수공업적·가부장제적 통제와도 구별되고 병영전제적 통제와도 구별된다. 테일러주의는 기율을 높이는 데 있지 않고 다만 기존의 굶주림의 기율을 활용할 뿐이다.[40] 테일러주의는 다만 통제의 조직론적 형태변환만을 달성하였다. 유기적 생산과정에 관철된 종래의 병영체제적 통제체제의 본질은 노동자들을 한 작업장에 결집시켜 과업을 일반적으로 분담시키고 (부지런한, 집약적인, 부단한 노동투입을 확보하기 위해) 노동과정을 감독하는 것과 일탈(가령 흡연, 음주, 잡담, 작업장 이탈 등)을 막는 규정을 강제하는 것이다. 노동과정에 대해 완전히 **외적인** 이 통제는 군대식으로 되어 있었다. 이 군대식 통제는 통제가 외적으로 남아 있는 한 불가피했고 또 파업의 한 요인이었다. 따라서 유기적 생산공정의 이 외적·병영전제적 통제도 점차 테일러화·관료체제화된다.

　물론 서구에서 테일러주의의 관철은 그렇게 간단하지 않았다. 이것의 성공은 부르조아 진영에 유리한 기업 내적 그리고 전체 사회적 계급간 세력관계를 전제한다. 그리하여 이것의 관철에 두 번의 세계대전과 십수년의 파시즘이 '산파'로 기능한 것이다(Hirsch/Roth 1986, 50, 240면). 서구에서의 테일러주의적 변혁의 성공을 위해서는 적어도 30여 년이 소요되었다. 따라서 테일러주의의 역사적 영향은 제2차 세계대전의 종결과 더불어서야 가시적인 것이 되었다. 이 변혁은 아무튼 포드주의의 측면지원하에서 기본생계 지향적인 고전적 자본주의 유형을 새로운, **소비지향적인** 그리고 생활영역 전체를 파고든 자본주의 유형으로 탈바꿈시켰다. 이 테일러-포드주의적 유형의 자본주의는 2차대전 후 한동안 계속된 서구경제의 장기성장을 특징짓는다. (같은 책, 50~52면)

　이것은 결코 테일러주의가 조직기술상 그리고 경제적·사회적으로 자본에

---

40) 베버는 관료체제의 불가피성을 그렇게 극단으로 과장하였으면서도 테일러주의가 작업장의 관료화를 위한 한 방법임을 간파하지 못하고 테일러씨스템을 '기계화'와 '기율화'의 정점으로 규정하는 오류를 범하고 있다. "그 위에 구축된 노동관리의 합리적 조련과 주입은 주지하다시피 기업의 기계화와 기율화의 마지막 귀착점에 도달한 미국의 '과학적 경영'(scientific management) 체계에서 최고의 승리를 경축한다"(Weber 1988, 686면). 테일러주의는 기계화와 기율화에 본질을 두는 것이 아니라 통제와 기율의 **조직적 형태변환**이다.

완벽한 것이라는 것을 뜻하지 않는다. 이것도 자신의 고유한 한계를 안고 있다.

첫째, **표준모델**의 형식으로 정보를 **일반화하는** 것이 노동의 극단적 특수성 또는 유행의 흐름의 너무 급속한 교체로 말미암아 불가능하거나 너무 빨리 낡은 것으로 변해버리는 특정 분야에는 테일러주의도 역부족인 것으로 드러났다. 둘째, 테일러주의적 관료체제의 수립에 드는 한계비용(가령 고도 기능화된 지식노동자의 필요한 한계인원의 봉급 등 기타 비용)이 테일러씨스템의 구축에 의한 비용절감 효과를 상쇄해버리거나, 이 효과를 능가하는 중소기업들에는 테일러씨스템이 너무 비싼 것이었다. 셋째, 테일러주의는 한편으로 노동기술자들의 극단적인 소외감(노동강도의 제고, 탈기능화, 단조로움)을, 따라서 완벽하게 작동하는 관료체제의 저변에서 전개되는 노동자들의 새로운 비조직적인 은폐된 수동적 저항(업무상의 방종, 무단결근, 무단이직, 태업, 작업거부 등)을 초래하고 다른 한편 노동과정의 증가된 조직성은 비교적 소수의 반항주체들에게 강력한 전술적 무기가 된다. 증가된 조직성은 소수의 인원으로 기업의 '취약고리'를 강타할 수 있는 기회를 제공하기 때문이다(Edwards 1981, 142면; Blume 1981, 9면 이하; Leisewitz 1984, 192면; Hirsch/Roth 1986, 80면). 테일러화된 작업씨스템은 테르보른이 '초급적 계급행동'이라고 부른(Therborn 1987, 140면) 소집단의 간단한 대항행동으로도 작동을 멈추는 일이 허다하였다. 이것은 마치 분쇄된 '숨은 주체들'이 테일러주의에 가하는 보복과 흡사한 것이었다.

게다가 테일러주의는 앞에서 말했듯이 이종적 산업의 선행적 제작과정 안의 노동력을 본질적으로 단순화시킬 수 없었다. 기계조종 등에 필수적인, 오로지 경험적으로만 습득 가능한 손기능 및 기교는 가일층 분할할 수는 있었지만 분쇄될 수는 없었던 것이다. 이런 까닭에 '이종적' 산업부문의 선행적 부품제작공정은 테일러주의가 관철된 후에도, 즉 최근까지도 숙련노동자들의 활동영역으로 남아 있었다.

(3) 극소전자적 자동화와 유연생산조직

작업기계를 수치정보로 조종하는 극소전자기술의 등장은 이종적 생산과정의 선행적 부품제작공정에서 일종의 혁명을 일으켰는데, 가령 이 기술은 기계제조업에 필요한 노동자의 교육기간을 4년에서 4개월로 단축시키는 변혁을 초래하였다(Braverman 1977, 159면). 이 **부분자동화**는 1950~60년대에 테일러씨스템에 의해서도 분쇄되지 않고 잔존하는, 두뇌기능을 박탈당했지만 육체적으로는 아직 숙련된 기능공들의 마지막 손기능을 질풍처럼 파괴하였다. 그리하여 극소전자적 부분자동화의 적용은 관리사무실과 노동자 간의 지식격차를 극대화하고 개발분과, 연구분과, 구상설계분과, 노동표준화 분과 등을 부풀려올림으로써 작업장 관료체제를 더욱 공고화하였다. 이리하여 이 영역에서도 마침내, 테일러화만으로는 완결될 수 없었던 자본 아래로의 노동의 **실질적** 포섭이 **완수되었다.** 즉, 초기의 부분자동화는 **테일러주의의 보충물**로 기능한 것이다.

이 정보통신기술적 부분자동화는 이종적 생산과정만 덮친 것이 아니라 유기적 생산과정에도 파급되어나갔다. 극소전자적 자동화의 이 초기 단계는 새로운 자동기술의 숙련도에 대한 영향을 둘러싼 지리한 논쟁을 불러일으켰다. 자본관계의 존재를 망각하고 기술만을 숭배하는 기술낙관주의자들은 이 자동화가 노동자들의 기능을 직접 높여주고 급격한 노동시간 단축과 자유시간의 확대를 '자동적으로' 가져올 것이라고 주장하였다. 비관론자들은 물론 이러한 낙관론에 반기를 들고 경험자료에 의존, '양극화' 테제를 제시하였다. 한 극에는 고도숙련화된 **소수의** 전문인력이 대두하고 다른 극에는 미숙련 또는 반숙련의 '단추 누르는 노동자' **대중**이 폭증하고 있다는 것이다. 말하자면 '양극화' 테제는 곧 '탈(脫)숙련화' 테제였다.[41] 극렬 좌익이론가들,

---

41) H. 케른과 M. 슈만이 1964년에서 1968년에 걸쳐 수행한 유명한 자동화 연구는 서독의 지체된 극소전자적 자동화 과정의 초기단계를 반영하고 있다. 이런 까닭에 이들은 다음과 같이 말하고 있다. "그와 나란히 우리 시대의 한 특징인 자동화 과정이 목도되는데, 이로 인해 자유재량권이 축소되고 기능이 하락하며 노동의 부담이 증가하고 기존의 집단간 연관이 해체되고 있다"(Kern/Schumann 1977, 문고본 1985, 187면).

기술비관주의자들, 그리고 몇몇 교조적 맑스주의자들이 이 '양극화' 테제에 종종 가담하였다. [42] 그러나 낙관론자들이건 비관론자들이건 모두 단계적으로 완벽해지고 있는 극소전자적 자동화기술과 지배적인 자본관계의 **연관성**을 간과하거나 과소평가했다. 자본관계는 급격한 노동시간 단축의 기술적 가능성을 항구적으로 증대되는 **대량실업**의 사회경제적 현실로 전도시켰는데, 이 대량실업은 선진적 생산부문에서 자동화의 완벽한 **관철**을 **저지**하고 후진영역에 새 자동기술의 **도입**을 **지연**시키고 있다. 이로 인해 일정 정도 자동화된 영역에서도 차별적인 기능 상승과 **동시**에 부문적·일시적인 탈숙련 현상이 나타나면서 기술주의적인 자동화낙관론은 유지될 수 없게 되었다.

극소전자적 자동기술의 가일층적 발전, 특히 몇몇 영역에서의 초기의 부분자동화에서 신축적인 완전자동화로의 이행은 그 사이 자동화의 사회경제적 영향에 대해 좀더 정확한 조명을 가능케 해주었다. 일반적 컴퓨터화 및 로보트화, 보다 높은 세대의 로보트의 투입, 컴퓨터에 밑받침된 설계구상과 제작의 결합(CAD/CAM) 및 이와 결합된 기술(가령 CNC, 공작기계)은 노동현장을 다각적으로 변혁시켰다. 기술변동의 영향에서의 이러한 다양성과 차별성이 현재 전형적인 것으로 지배한다. 자동화의 상이한 형태들은 노동

즉, 이들은 당시 기술변동(즉, 복합적 **기계화**까지 포함한)의 전체상(像)을, "드러나는 상은 복잡하다. 아니 부분적으로는 모순적이고 따라서 기술과 산업노동의 관계에 대한 단일한 특정 규정을 배제한다"(같은 책, 186면)고 요약하고 있을지라도 **극소전자적 자동화에** 관련해서는 명백한 양극화 테제를 내세우고 있다.

42) Braverman 1977, 169면 이하; Ullrich 1979, 280면 이하; Strasser/Traube 1982, 268면 이하; Winzer u. a. 1980, 31면 이하 등. 당시 상황의 불확실성은 고르즈 (André Gorz)의 다음 오류들이 특히 잘 보여준다. "궁극적으로 맑스는 다기능적 노동자 안에서 프롤레타리아 계급과 화해한 프롤레타리아적 개별노동자의 형상을 찾았다고 생각하였다. …하지만 여기서 맑스는 오류를 범했다. 그리고 그를 추종하여 생산기술의 완벽화와 자동화가 단순노동을 극복할 것이라고 생각했던 사람들도 마찬가지로 오류를 범했다." 바로 이 구절에다 고르즈는 "나 자신도" 오류를 범했다고 삽입하고 있다. "사람들이 알고 있듯이 그것과 정반대의 상황이 나타났다. 자동화, 정보화는 직업과 발전 가능성을 파괴하고 잔존하는 고도기능의 노동자와 사무원들을 새로운 유형의 반(半)숙련노동자로 대체하였다."(Gorz 1988, 개정판, 21면) 그는 불행히도 이와같이 양극화 테제에 가담함으로써, 우리가 위에서 곧 알게 되듯이 **두번째** 오류를 범하고 있다.

자들의 기능구조에 상이한 영향을 미친다. 인간을 생산과정으로부터 완전히 제외시키고 작업흘 전체를 **무인생산공정**(menschenleere Prozesse)으로 전변시키는 최고의 완전자동화와 반대로 저급한 부분자동화 단계에서는 **반(半)숙련**노동자의 직접적 참여를 요구하는 일련의 조작동작이 남게 된다. 당연히 가장 저급한 수준의 자동화는 노동내용의 극단적 빈곤화와 가장 고통스런 노동조건을 초래한다(Afanasiew 1974, 42면). 저 비관론적인 양극화 테제는 1950~60년대의 경험사실에 근거하고 있는 한에서 1950~60년 미국(또는 70년대 서독)에서 특히 돌풍처럼 투입된 가장 저급한 부분자동화 과정을 반영한 것이다(Inosemzew u.a. 1985, 177면). 오늘날은 균형 잡힌 평가가 지배적이다. 차별적인 숙련도 상승, 단지 부분적이고 일시적일 **뿐인** 양극화, 대량실업이 나란히 전개된다(Stollberg 1988, 238면 이하; Leisewitz 1988; Karl 1988 등). 따라서 양극화 테제[43]도 비교적 낙후한 서독 자동화 과정의 연구[44]에 의존한 이론가들의 의심이 아직 잔존함에도 불구하고 붕괴되었다.

새로운 극소전자적 생산력이 자본관계 안에서 펼치고 있는 극히 모순적인 운동에도 불구하고 **취업한** 노동자의 교육수준과 기능수준은 전체적으로 볼 때 항구적 대량실업을 대가로 점차 높아지고 있다. 숙련노동자, 대졸노동자, 실무 및 사회적 직업교육과정 속에서 기능이 높아진 노동자들의 수가 끊임없이 증가하는 데 반해(Bergmann 1989, 44면 이하), 비숙련노동자의 수는 계속 감소하고 있기 때문이다. 항구적 대량실업을 일단 추상하면 취업자들의 기능구조의 상(像)은 고위 또는 중급의 기업관료층과 테크노크라트층에

---

43) 케른과 슈만은 자신의 새로운 연구를 통해 『산업노동과 노동자 의식』(*Industrie-arbeit und Arbeiterbewußtsein*, 1977) 시대의 양극화 테제를 수정하여 자동화에 의해 영향받는 노동자 집단을 세 부류——자동화 승자, 자동화 용인자, 자동화 패자——로 구분하고 있다(Kern/Schumann 1984). 그러나 그들은 애석하게도 그들의 종전 연구가 너무 부족한 것이었다는 사실을 인정하지 않고 있다. 그들은 자신들의 새로운 연구의 결과를 "양극화의 현재적 변형태" 또는 "우리들의 단초의 최신화(最新化, Aktualisierung)"로 해석하고 있다(같은 책, 319면 참조). 그들은 따라서 그들의 새로운 연구의 성과를 스스로 무효화해버린 셈이다.

44) 생산에 투입된 일본의 산업로보트는 **전세계**에 투입된 산업로보트의 총화를 수적으로 **훨씬** 넘어서고 있다(*Der Spiegel*, 1987. 7. 8, 58면 또는 *Neue Zeit*, Nr. 9/1988, 30면 참조). 1980년대 중반 일본은 약 10만 대——1988년에는 12만 대——의 산업로보트를 보유한 데 반해 미국은 2만 대 미만, 서독은 12,000대를 보유하고 있었다.

대해 탈(脫)지식화된 비숙련 또는 반숙련의 '단추 누르는 노동자'가 맞서고 있는 것이 아니라, (사무실 안 또는 작업장과 나란히 또는 작업장에 붙은 공간에 근무하는) 탈(脫)관료화되고 탈테크노크라트화된 지식 또는 준지식 프롤레타리아가 급증하고 두뇌기능도 높아지는 손기능공 대중이 완만히 증가하며, 비숙련·반숙련 노동자대중은 점차 감소하고 있다.[45] 이것은 프롤레타리아의 전면적 **현대화, 구조변혁, 재숙련화** 및 **형식적 자본관계와 실질적 자본관계의 비례적 이중구조가 다시 형식적 자본관계의 비중이 강화되는 쪽으로 변위되는 것을** 뜻한다.[46] 이 극소전자적 **재산업화** 또는 **초산업화 과정**(Re- od. Hyperindustrialisierungsprozeß)은 새로운 엄청난 생산력을 방출하면서 물질적 생산영역의 지식프롤레타리아를 수적으로 급증시키고 은행, 상업, 보험업 분야와 비물질 생산과정(여가산업, 정보산업, 문화산업 등)의 상업프롤레타리아 또는 기타 지식프롤레타리아를 급증시키고 있다.[47] 따라

---

45) 2000년에는 서독 전체 피고용자 안에서 대졸 이상 노동자(서독에서 대졸자는 미국식 학제의 석사에 해당하고 전문대학 졸업자는 학사 졸업 후 1년 더 수학한 학력에 해당한다)는 13~15%(1976년 6.5%)에 달할 것으로 전망된다. 한편 전문학교 졸업자(미국식 학제에서 고교 졸업 후 2~3년 더 수학한 자에 해당)는 6.6%(1976년에도 6.6%), 기업 내 교육과정 졸업자 및 실업학교 졸업자(미국식 학제에서 실업고교 졸업 후 1~2년 더 수학한 자 또는 실업고교 졸업 해당자)는 58~60%(1976년 50%), 비숙련 노동자(중졸자)는 20%(1976년 37%)에 달할 것으로 전망된다(Deppe u. a. 1988, 142면 이하).

46) 따라서 테일러화 및 포드화, 극소전자화 이래 일직선적으로 줄곧 실질적 포섭이 **심화되어가는** 고정된 인식틀로만 사태진전을 파악하여 자본관계의 (형식·실질적 형태의) **이중구조** 및 이것이 오늘날 종전과 반대방향으로, 즉 형식적 포섭 쪽으로 변위되고 있음을 몰각하는 포섭이론적 입장은 이제 동조를 얻을 수 없는 상황이다(Schmiede 1989). '포섭'이론은 오늘날 '변형'이 필요하다(Bergmann 1989).

47) 새로운 기술에 힘입어 새로운 가내노동, 이른바 재택근무제가 일반화되리라고 주장된다(Alvin Tofler). 이것은 자본관계의 해체를 초래하는 현대적 선대제로 복귀하는 것을 뜻한다. 그러나 이 새로운 선대제의 **확산**은 기대할 수 없을 것 같다. 선대제나 가내노동이 상당한 거래교섭비용(Duda 1987, 127면 이하)과 통제의 문제(Blume 1981, 127면 이하)를 야기했고, 또 이런 이유에서 자본주의적 기업체제가 선대제를 몰아냈음을 상기해볼 필요가 있다. 한편, 포스트산업적 '써비스사회'의 테제가 근거가 희박한 것이라면, 써비스노동이 자꾸 쎌프 써비스로 바뀌어가 축소될 것(Hirsch/Roth 1986)이라는 테제도 별 설득력이 없는 것 같다. 새로운 엄청난 생산력이 자본과 노동자를 써비스산업 쪽으로 뿜어내고 있고 부르조아, 중산층 및 노동자대중들의 증대되는

서 이 재산업화 과정은 사회 전체의 차원에서 맑스와 엥겔스의 본래적 의미에서의 **프롤레타리아**[48]의 가일층의 **일반화**를 초래하고 있다. 따라서 비숙련 **손노동자**의 수적 감소를 '프롤레타리아의 소멸'로 오해하거나 또한 비물질적 생산의 확대를 산업적 제조업의 전사회적 의미의 퇴색으로 착각하거나 오늘날의 **철두철미한 자본주의화 과정**(Durchkapitalisierung)을 '포스트산업사회' 또는 '포스트모던' 등의 개념으로써 관념적으로 폐지하려고 하는 것은 허용될 수 없을 것이다. 비숙련노동자들은 물론 급속히 소멸하지 않을 것이다. 이들은 수적으로 계속 감소하겠지만, 저급한 자동화 단계의 '틈메우기 노동자'(Lückenbüßer)로서 미래에도 계속 재생산될 것이다. 하지만 비숙련노동자의 소멸이 지연되는 것은 극소전자적 자동화의 기술적 성격이 아니라 자본주의적 비용타산에 기인한다. 부분 또는 반(牛)자동화 체계에서 '틈메우기 노동자'로서 비숙련노동자들을 투입하는 것이 상황에 따라 기업 전체의 완전한 자동체계화보다, 대량실업이 비숙련노동자의 임금상승을 억제하는 한 더 저렴하기 때문이다. 이런 까닭에 노동시간 단축과 임금인상을 위한 **경제적** 계급투쟁은 오늘날 사회진보를 위한 투쟁이면서 무엇보다도 생산기술의 진보, 그리하여 미숙련 손노동자의 소멸을 가속화시키는 투쟁이 된다. 자동화는 그것이 계속 발전할 때 기술적·객관적으로, 파편적 동작으로 노동과정을 분할하는 경향이 극복되는 방향으로 운동하기 때문이다. "디지털화한 정보처리기술은 기업 안의 노동과정들을 **이것의 구체적 형태를 가리지 않고** 상호 결합시키는 것을 가능케 한다"(Leisewitz 1988, 12면). 따라서 순수기술적 관점에서 볼 때 극소전자적 자동화는 유기적 생산과정과 이종적 생산과정의 구분을 무의미하게 만든다. 그러나 맑스의 이 범주는 **경제적** 비

써비스 수요를 충족시키고 있기 때문이다. 즉, 써비스의 **자본주의적** 생산이 전통적 써비스가 새로운 기술에 의해 축소되거나 쎌프 써비스로 바뀌는 속도보다 더 급속히 확대되고 있다. 자본에 고용되어 써비스를 행하는 **임금노동자**는 생산력 발전과 더불어 더욱 늘어날 것이다.

48) 맑스와 엥겔스는 프롤레타리아 개념을 결코 육체노동자로 국한시키지 않았다. 그런데 맑스의 프롤레타리아 개념은 오직 손노동자라는 소문이 항상 횡행한다(가령 Speier 1989, 21면). A. W. 굴드너는 맑스주의를 다음과 같이 무고하고 있다. "맑스주의는 화폐소유와 노동의 정치경제학적 구분을 넘겨받아 노동을 단순한 육체노동으로 계산하려는 경향을 보였다"(Gouldner 1980, 50면).

용타산의 관점에서 볼 때 여전히 유의미하다. 이종적 생산과정의 자동화는 유기적 생산과정의 극소전자적 자동화보다 훨씬 더 큰 비용을 요구하고 따라서 아직도 부분적이고 산발적인 상태에 있다.

완전자동화 시대에는 하나의 직업을 가진 노동자(즉, 활동범위가 협소한 '전문가')가 아니라 **튼튼한 이론적 일반교육**의 토대 위에서 끊임없는 **보습교육**을 통해서만 낡아빠지는 것으로부터 보호될 수 있는 폭넓은 역동적 기능을 지닌 전문가가 요구될 것이다(Inosemzew u.a. 1985, 177면 이하). 가일층의 극소전자적 자동화와 이로 인한 지식프롤레타리아의 절대적·상대적 증대를 통한 프롤레타리아의 사회적 최신화(Aktualisierung)와, 구조개편과정 속에서 관철되는 노동자들의, 특히 두뇌기능적 숙련도의 점진적 고도화와 사회적 요구의 증대는 자본의 관료주의적 전제체제와의 잠재적 정면대립에 빠져들지 않을 수 없다. 경영진의 '유리처럼 투명한 주머니'(gläserne Tasche), 그리고 노동현장과 전기업 내에서의 민주주의에 대한 노동자들의 새로운 요구는 이제야 비로소 의미있게 투쟁일정에 올려질 수 있을 것이다. 지식프롤레타리아와 새로운 현대적 기능공들은 더이상 피동적·수세적인 것이 아니라 능동적·공세적이기 때문이다. "이 계층의 행위잠재력은 노동과정 안에서의 핵심적 기능에만 근거하는 것이 아니라, 그들이 자신들의 직업적 정체성(正體性)에 입각하여 새로운 기술에 대한 **공세적** 태도를 펼칠 수 있다는 데도 근거한다. 합리화에 위협받는 단순노동자들, 즉 잔여 일자리의 자동기계 '틈메우기 노동자'나 주변적인 일용부(日傭夫)들의 노동보수주의 및 기술보수주의와 달리 합리화의 '핵심집단들'은 노동에 대한 자세에서 심지어 노동과정의 변화에 능동적으로 영향력을 행사하려는 적극적 동기마저 지니고 있다"(Peter 1988, 34면). 나아가 테일러체제는 미래에도 자본의 가치증식논리의 관철에 의해 주변영역에서 끈질기게 재생산되겠지만(같은 책, 35면) 핵심관계에서 이미 해체되고 있는 듯하다(Kern/Schumann 1984; Bergmann 1989, 42면 이하).

따라서 신기술과 결부된 이 새로운 노동자들을 기업에 통합하는 자본의 조직전략도 새로워지지 않으면 안될 것이다. 이것은 일본의 토요따 생산조직 또는 린(lean)생산방식이 신기술로 장비된 생산과정을 재조직하는 개편전략으로 현재 미국뿐만 아니라 독일을 위시한 유럽(Deppe 1993)에서도 각광받는 이유이다. 여기서는 매사추세츠 공과대학(MIT)의 연구에 입각하여 토요따 생산방식의 조직적 핵심내용을 요약해보자.

린생산방식은 일본에서 패전 후 극도의 물자난, 거세진 사회주의적 노동운동에 의해 추진되는 연공서열제, 평생사원제 및 임금압박의 확산 등에 떠밀린 수세적 일본자본들이 이 상황을 돌파하기 위해 발전시킨 것으로서, 원래는 첨단기술적 자동화와 무관하게 창안되었다. 그러나 곧 1960년대 말 노동력 고갈을 타파하기 위해 투입되기 시작한 자동화체계와 산업로보트씨스템을 효율적으로 운용하는 조직적 전제로 활용되어 일본 경제를 최선진 산업체계로 도약시키는 기반이 되었다. 이 린생산방식은 여러가지 면에서 테일러-포드씨스템과 대척적인 원리로 구성된 이른바 '다품종 소량생산 체제'이다. 이 방식은 특정 모델의 반복생산기간을 소비자의 취향변화에 맞춰 저렴한 개발비로 단축시킬 수 있는 까닭에 상대적으로 짧은 모델기간을 갖는 다양한 모델들을 생산, 생산량의 규모에서는 동일한 대량생산의 효과를 달성한다. 이런 이유에서 서유럽에서는 이 방식을 "유연적 대량생산"(flexible Massenproduktion)이라고도 부른다(J. Hoffmann 1992, 141면).

이 조직이 지니는, 테일러-포드씨스템과의 혁명적 차별성은 첫째 테일러-포드씨스템에 의해 관철된 극단적인 작업장 노동분업을 해체하고 단위공정의 노동자들을 팀('분임조')으로 조직, 테일러-포드체계에서 분쇄된 노동자간 수평적 의사소통구조를 재건하는 한편, 감독 및 직장(職長)을 폐지, 팀장을 팀구성원들로 하여금 선임하도록 한다. 그리하여 적절한 작업책임과 자율권한을 이 팀에 하방(下放)한다. 이것은 테일러-포드씨스템하에서 일반적이었던 노동자들의 작업장 내 노동소외 및 격리상태를 현격히 완화, 노동주체성을 제고하여 노동자들의 구체적인 현장감각과 두뇌를 활용하는 것을 핵심으로 한다(Womack et al. 1990, 140면 이하). 이것은 현장의 문제를 현장에서 해결할 수 있게 하고 새로운 노하우를 축적시키며 미세한 기술혁신을 항구화할 뿐만 아니라 노동자들의 업무만족도, 육체적·심리적 건강, 노동과정에 대한 주체적 관심도를 제고하여 공작기계 및 민감한 첨단기술체계를 정성들여 사용하도록 하고 제품의 결점 수를 급속히 줄여준다. 이에 반해 테일러-포드화된 노동자들은 단순 반복동작에 지쳐 있기 때문에 테일러-포드체제에서는 '무단결근'과 '무단이직'이 빈발, 항상 결근율이 두 자리 수에 달했다. 따라서 이를 보충하여 생산을 진행시키기 위해서는 항상 결근에 대비한 소위 '예비노동자'를 그만큼 더 고용하여 대기실에 대기시켜놓아야 한다. 또한 지치고 소외된 노동으로 인해 빈번히 양산되는 결점부품이 계속 흐르는 일괄조립라인을 정지시키지 않기 위해 최종라인까지 이송되어 그대로 조립되었다. 이것은 연쇄적으로 세 가지 심각한 낭비를 초래한다. 제품이 완성된 후 완제품을 검사, 깊숙이 숨어 있는 결점을 찾는 데 상당한 인력이 투입되었고 이것을 찾은 후 제품을 다시 분해시켜 수리하는 데에는 더 많은 인력이 소요된다. 이런 까닭에 어떤 공장에는 품질검사와 완제품 수리에만 무려 전노동력의 1/3이 투입되었다. 동시에 찾아낸 무수한 결점부품들은 마구 쓰레기통에 내던져져 산업폐기물로 변한다(같은 책, 111면 이하).

둘째, '초장인적' 기능을 소지한 노련한 지도자('主査')에 의해 지도되는 제품개발 팀워크와 제작기계 개발 간의 밀접한 의사소통 및 노동자 주체성에 기반을 둔 다양한 제품과 이에 맞는 제작기계의 동시개발이다. 이것은 제작기계 및 금형 개발과 수리를 외부의 다른 기업에 의존, 설계제품과 제작기계 (및 금형) 간의 치수 등의 불일치로 많은 시간과 물자를 낭비하는 테일러-포드주의와 달리 신제품 개발시간을 현저히 단축시켜주고 물자낭비를 막아준다. 이것은 쉽게 변화하는 유행과 수요에 신속히 적응할 수 있게 해주어 엄청난 물자절약 효과를 가져온다. 이에 반해 테일러-포드씨스템은 수요가 이미 저조해지기 시작한 뒤에도 작업조직과 개발설계조직의 관료주의적 경직성으로 인해 신품종 개발 및 생산·출하가 더딘 까닭에 한동안 계속 때 지난 상품을 제조, 재고품으로 누적시키지 않을 수 없었다. (같은 책, 147면 이하)

셋째, 수천개의 부품을 생산·공급하는 수많은 하청업체들을 그 소유권적 독립성은 그대로 유지한 채 완제품을 최종 생산하는 중심기업으로 조직적으로 통합, 중심기업과 하청기업 간의 교류소통 및 협력체제를 확고히 하여 부품의 '적시(just-in-time)공급'을 달성한다. 이 경향은 기존 대기업이나 중소기업의 내부로 침투하여 단위생산라인을 공정책임자에게 떼어주어 독립시키는 '소사장제'(小社長制, Subunternehmer) 및 단위공정의 독립채산제로 발전하기도 한다. 이것은 간접적으로 물자 및 인력의 절약을 가져다준다. 중심기업에서 조립해야 하는 부품이 적시에만 공급되면 조립과정의 차질 없는 지속적 운영을 위해서는 불과 몇시간분의 부품만 예비하면 된다. 따라서 이것은 부품예비창고를 현격히 줄여주고 창고관리 인력을 절감한다. 이에 반해 테일러-포드체계에서는 단위작업당 독립성이 없는 일괄체계화된 전체 공정이라, 만일 단 하나의 부품이라도 창고에서 바닥나면 중지되어버리기 때문에 만일에 대비해 수주일, 수개월분의 부품들을 창고에 예비해두어야 했다. 이것은——가령 자동차의 1만여 개 이상의 부품을 염두에 두자—— 예비창고의 면적과 수, 따라서 중심공장의 규모를 폭발적으로 확대시켰다. 이 테일러-포드주의적 창고의 운용비에 대한 이자만도 재고품창고 운영비의 이자와 합할 때 노동자 전체의 임금에 달했다(같은 책, 189면 이하).

넷째, 린생산방식은 판매유통체계를 혁신하였다. 이것은 시장 및 고객 구조의 면밀한 연구뿐만 아니라 구입자를 고객으로 확보, 직접적이고 지속적인 소통체계의 구축, 고객의 취향변화의 사전 체크 등을 통해 유사 주문생산을 조직함으로써 적절한 제품생산량과 장차 개발해야 될 제품품종 결정의 정확성을 높인다. 이것은 거의 과거의 주문생산체계와 같은 효과를 가져와 시장의 부단한 수요변동에 대비하기 위해 누적되는 재고품의 양을 절감시킨다. 이것은 다시 물자와 인력의 절감으로 귀착된다(같은 책, 228면).

여기서 간단히 서술된 대공장의 '군살빼기'를 추진시키는 린생산방식은 자동화 물결과 함께 일본 밖의 여러 선진산업국가에 점차 파급되고 있다. 테일러-포드씨스템이 종국에는 자동화기술과 결합된 이 린생산방식으로 대체될 것임은 포드씨스템을 탄생시킨 포드기업이 1980년대 초 기업위기를 타개하기 위해 이 린생산방식을 도입한 것에서도 상징적으로 보여진다. (같은 책, 125면)

독일 산업계는 사민당 집권 당시의 정부 프로그램인 '노동세계인간화' 정책이 좌초한 이후 노동과정의 어떠한 '인간적' 개혁시도도 비웃으며 테일러-포드체계를 고수해왔으나 국제적 경쟁압박에 내몰려 일본과 스웨덴에 폭넓게 관철된 '분임조노동제'를 시험하고 있다(*Der Spiegel*, 1992. 8. 5, 92면). 사무실에서 근무하는 지식노동자들에 대한 '합의적 경영제'(프로젝트그룹, 분석팀, 품질관리그룹 등, Mahnkopf 1989, 34면 이하)와 유사한 작업장의 '분임조노동제'는 작업장 관료체제의 최하위 위계에서의 근본적 탈관료화, 집단적 의사소통의 재건, 노동현장에서의 노동자의 자율화와 주도권 인정, 현장노동자들의 '휴경된' 사유기능과 상황지식의 활용 등을 핵심으로 한다. 현재 메르체데스 벤쯔(Mercedes-Benz), 아우디(Audi), 폴크스바겐(VW) 등 초거대기업들이 실험프로젝트로 도입하였고, 오펠(Opel)사는 전공정에 도입중인 이 '분임조노동'에서 8~15명의 분임조 노동자들이 '분임조대변인'을 선출한다. 이들은 의사소통과 토론을 통해 직장 없이 스스로 어떻게 일하고 노동을 어떻게 조직할 것인가를 결정한다. 그들은 사무실에서 구성된 '이론'을 공정에 적용할 때 생겨나는 실천적 마찰을 엔지니어들과의 의견과 경험 교환을 통해 극복하고 자신들의 경험으로부터 가장 간편한 노동방법을 찾아내고 엔지니어들에게 '생각해봄직한 체험'을 제공한다. 오펠사의 공장개혁 총책은 다음과 같이 말한다. "우리는 노동자들에게 그들이 무엇을 해야 하는지를 초단위와 밀리미터까지 정확하게 지시하곤 하는데, 실은 아무도 현장노동자들만큼 그 노동이 어떻게 하면 더 잘, 그리고 더 빨리 수행될 수 있는지를 모르고 있다"(같은 책, 93면). 테일러-포드씨스템하에서는 "생각하는 것"은 "불필요"했고 나아가 "숙고하는 것"은 "바람직스럽지 않았다." 바로 여기에 "엄청난 잠재력이 휴경상태에 놓여 있는 것이다."(같은 책, 95면) 오펠사의 잠정적 성과는 1991년 8월 현재 다음과 같다. "생산성은 향상되고 병가율은 떨어지고 혁신방법의 제안은 곱절, 아니 세 곱절로 늘고 있다"(같은 곳). "인간에게만 배타적으로 속하고" 따라서 "최악의 건축기사도 최고의 꿀벌보다 나은 것으로 특징지어주는" 두뇌기능을 중심으로 한 맑스의 노동 개념(23: 193면)이 테일러-포드주의적 노동의 자본에 대한 보복의 형태로 부분적으로 복권되고 있다.

또한 독일에서 부품조달체계의 린방식으로의 개혁은 더 빨리 뿌리내렸다. 기존의 하청기업들이나 동계열의 중소기업들이 그들의 소유권적 독립성은 포기하지 않으면서, 즉 병합되지 않으면서 조직적·기술적으로 초거대 독점자본의 단일 거대공장의 지붕 아래 통합된 생산과정이나 생산연합체 안으로 포섭되고 있다. '총체적 병참개념'(ganzheitliche Logistikkonzepte)으로 불리는 이 새로운 부품조달체계는 그간 독일 자동차제조업 분야뿐만 아니라 기계제조, 전자산업, 목재 및 합성소재 가공업, 강철산업 분야 등에 도입되었거나 시험되고 있다. 이 생산형태는 수송, 판매, 창고 등의 비용을 절감시키고 수많은 부품과 상품의 적시생산, 적시공급, 적시 창고유지, 적시 판매과정의 총체적 국면에 대한 통제를 포괄적인 차원으로 옮겨놓는다. "모든 복합적 병참체계의 조종을 위한 전제는 관련분야들 전체의 정보기술적 침투이다. 이 흐름지향적 조직개념의 목표는 측면보조하는 모든 정보유통, 물자유통, 노동수단 및 경영수단의 흐름을 포함한 모든 작업과정을 포괄적인 통제에 복속시키는 '유리처럼 투명한 공장'이다"(Mahnkopf 1989, 34면 이하).

선진산업국가의 대기업들에서 일어나고 있는 여러 징후들은 자동화기술과 결부된 린생산방식이 테일러-포드씨스템을 완전 대치, 미래의 주도적인 생산방식이 될 것이라는 예측(Womack et. al. 1990, 291면 이하; J. Hoffmann 1992, 137면 이하)을 가능케 하고 있다. 이 새로운 생산방식의 혁명은 물론 대기술과 첨단기술로부터 벗어나는 울리히의 '탈산업화'(Entindustrialisierung)도 아니고 '정보써비스 사회'로 단절적인 패러다임 전환을 초래하는 '탈산업화'(Post-Industrialisierung)도 아니다. 써비스와 정보 산업은 이 생산방식의 혁명과 더불어 크게 팽창해나가겠지만, 이 써비스와 정보 생산도 물적 자재를 소모하는 까닭에 물질적 생산과정은 간단히 주변화되는 것이 아니라 자연과 인간 간의 영원한 물질대사로서 인간의 모든 경제활동의 재생산 순환이 시작되고 종료되는 알파요 오메가, 즉 헤겔적 의미에서의 '근거'(Grund)로 영원히 기능할 것이다. 그것은 다만 그간 기형적으로 비대해진 생산수단의 적용과 유통의 규모를 감축시키는 **재산업화**의 새로운 산업혁명으로 규정되어야 마땅하다.

그러나 이 정보·통신기술적 자동화씨스템과 린생산방식에 기초를 둔 자본주의적 내포화는 일정한 역사적 한계 내에서 진행될 것이다. 정밀하고 민감한 자동화기술이 요구하는 노동자가 과학기술적 교육을 통해 훈육된 고도기능의 주체적 노동자라면 린생산조직이 이 조직의 핵심적 원칙으로서 전제하는 노동자상(像)도 주체적인 숙련공이다. 그러나 노동의 주체성을 본질적으로 부정하는 **자본주의적 소유·지배구조**는 새로운 생산력 혁명이 전제하고 요구하는 노동자 주체성에 대한 구조적인 질곡으로 남아 있다. 린생산방식으로 노동자에게 양보된 이 상대적으로 자유로운 활동공간도 이런 구성체적 질곡으로 말미암아 이미 도처에서 실질적으로 형해화·이데올로기화되는 경향이 나타나고 있다. 따라서 재산업화는 자본주의적 소유구조의 변혁 없이는 불완전하거나 완성을 기하지 못할 수 있다. **자본주의적** 재산업화 과정에 따르는 일반적 우려는 대량소비나 복지쓰레기가 아니라 자본이 (그리고 국가도) 새로운 첨단적 정보·통신·자동화기술과 새로운 생산조직을 착취와 지배를 강화하기 위해 더 많이 사용할 수 있다는 실제적 위험이다. 첨단기술의 경제적 투입과 관련된 서유럽 기업가들의——자술된——동기를 보면 물자·에너지·인력의 절약, 통제와 노동강도의 강화, 산재방지, 위생조치, 환경세의 절감 등 아주 다양하지만(Hickel 1987, 169면), 여기서 통제와 노동강도의 강화를 위한 첨단기술의 지배기술적 적용은 주목되어야 한다. 린생산방식의 도입도 지배목적 없는 순수경제적인 이유에서만은 아니다. 가령 노동현장의 분임조별로 분할된 수평적 의사소통구조를 조직한 것은 기업에 취업한 전체 노동자들간의 자유로운 의사소통과 기업 내 여론정치를 가능케 하기 위한 것만이 아니라, 경직된 기업관료체제에 의해 감춰지는 저변의 어두운 사회적 공간을 '투명화'하여 기업정상에서 수직적으로 직접 투시하기 위한 통제기술적 측면도 내포한다. 근대의 특징적인 지배기술은 권력자가 자신을 '빛' 속에 명료히 드러내고 피지배자를 어둠 속에 밀어넣는 전근대적 권력메커니즘과 반대로 권력자를 어둠 속에 들어 있게 하고 피지배자를 지식, 정보, 시선의 '빛' 속에 선명히 드러나게 하는, 즉 '보여지지 않고 보는' 감시적 기율권력과 판옵티콘(panopticon) 기제로 규정한 푸꼬의 탁절한 미시적 권력 분석(Foucault 1976)을 상기할 때 첨단기술적 기제와 새로운 노동조직은 결코 간과할 수 없는 지배기술적 권력장치(Machtdispositiv)이기도 하다. 특히 새로운 정보·통신산업 분야의 '안전기술' 제조업체들은 1970년대 말 이미 감시용 비디오, 감시 모니터, 첨단도청장치 등 이른바 각종 '안전기술장비'의 판매로 매상고를 20~40% 끌어올렸고(Blume 1981, 56면), 1980년대를 가로질러 경제 전체의 불황에도 아랑곳없이 고도성장을 구가해왔다.

　따라서 우리가 테일러주의를 ①노동 동작과 도구의 표준모델적 규범화, ②노동자의 기업 내적 교육 및 보습교육, ③고도 두뇌노동자들에 의한 탈지식화된 손노동자의 관료주의적·테크노크라트적 관리통제로 이해하는 한, 테일러주의적 관료체제의 급격하고 완전한 해체를 기대하는 것은 성급한 것이다.

　극소전자적 자동화는 장기적으로 볼 때 손노동과 두뇌노동의 '깨끗한' 분업 및 노동자들의 정신적 탈숙련화(및 숙련도의 양극화)를 지양해나갈 것이다. 그러나 그것은 기능적 지식격차 일반, 따라서 좀더 높은 기능을 가진 노동자와, 단순기능은 아니지만 상대적으로 열등한 기능을 가진 노동자 간의 수직적 분업과, 이에 근거한 관료체제적·테크노크라트적 통제체제를 제거하지는 못할 것이다. 오히려 정반대의 현상이 일어나고 있다. "새로운 기술을 적용한 신축화 전략의 가장 두드러진, 그리고 갈등을 잉태하고 있는 계기 중의 하나는 생산흐름과 노동과정에 대한 정보기술적 침투의 강력한 확산과 이를 통해 얻어지는 정보자료의 중앙집중의 가능성이다"(Leisewitz 1988, 189면). 그리하여 새로운 기술의 적용에 의해 중·하급 차원의 관료체제와 위계는 거의 사라져갈 듯하지만 좀더 높은 차원의 관료체제는 더욱 강화된다.

극소전자적·정보기술적 방법의 적용은 수많은 영역에서 **비로소** 노동 분해와 통제의 테일러주의적 형태들의 체계적 투입을 위한 전제들을 창출하고 있다. 새로운 기술은 정보자료의 밀도를 높여주고 그리하여 정보파악 및 정보가공을 항상 체계화시켜주며 기업 내적 정보흐름를 가속화시켜준다. 그리하여 새로운 기술은 노동을 **표준모델로** 일반화하는 테일러주의적 방법의 ——앞에서 언급한 바 있는——기술적 경직성을 보충한다.

과학적 경영은 이 통제를 강제하기 위해, 항상 기술적·노동조직적·인적 통제의 결합으로 나타나는 수단과 방법들의 일관적 병기창을 개발했다. 그런데 임금노동력의 자본주의적 점취와 착취에서 나타나는 노동에 대한 이러한 통제형태의 한계는 특히 이것이 광범한 영역에서 임금노동력의 '자발적 보고'나 **표준모델**의 도출에 의한 노동동작의 세밀한, 그러나 일시적인 그리고 사례에 따른 파악(가령 REFA-System)에 근거한다는 데 있다. 그런데 새로운 극소전자적 기술은 관심있는 성과자료와 노동흐름 자료의 지속적인 파악이 **직접적** 채록에 의해 그리고 **어느 때든** 기계와 시설에 관한 정보자료의 가능한 평가를 마련해주는 한에서 '보족물'을 만들어준다. 그리하여 기업자료파악(BDE, betriebliche Datenerfassung) 씨스템은 이전에 자본이 할 수 있었던 것보다 **더 깊은 노동과정 침투**를 가능케 해준다. (Leisewitz 1988, 190면)

그리고 새로운 기술은 동시에 테일러-포드주의가 오래 전에 정착한 곳, 즉 직접적 생산과정 안에서 **새로운,** 좀더 완벽한 통제형태들을 가능케 해준다. BDE 씨스템은 "기계적 노동과정의 **모든** 본질적 국면들을 기계 그 자체에 기록하여 작업장 또는 분과 차원에서 그리고 중앙 제작조종간에서의 **중앙집중적** 정보평가로 이전시키는 것"(같은 책, 191면; Bergmann 1989, 43면)을 가능케 해준다. 그것은 기계공들의 직접적 성과통제와 행동통제를 "거의 언제든 가능케 하고 상응한 표준모델을 통해 노동과정의 편성에 있어 자유재량공간(노동순서, 성과편차의 사후적 보충 등)을 대폭 축소시킬 수 있는 것이다"(Leisewitz 1988, 191면).

이런 형태의 새 기술은 본래 그 자체로 볼 때 자의적인 것도 또 지배기술적인 것도 아니다. 그것은 불변자본과 가변자본의 경제화 경향으로부터 불가피하게 생겨난다. 그러나 이것의 적용은 항상 이중적 성격을 갖는다(지배기술적 성격과 노동기술적 성격의 이중성). 극소전자적 자동화는 여러번 언급했듯이 사무과정에서와 마찬가지로 생산과정에서도 노동의 탈기능화를 초래하는 것이 아니라, 노동자들의 전반적 기능의 향상과 더불어 중급관료층과 프롤레타리아 대중에게 불리한 방향으로의 중앙관료층의 권력강화를 초래한다. 그리하여 사무실의 '체계적 합리화'와 동일하게 묘한 현상이 나타난다. 기능의 양극화가 아니라 기능격차의 완화 속에서의 **권력의 양극화**가 벌어진다. 기업 안에서의 이러한 실제적 과정은 극소전자적 사회개혁에 관한 자본의 다음과 같은 선전을 반박하는 셈이다. "정보시대는 훨씬 더 많은 탈중앙화를 특히 기업 안에서 가능케 한다. 이 시대는 중심업체(profit centers)에서든 상당히 자율적으로 돌아가는 중소기업단위체 안에서든, **복잡한 위계체제의 해체**를 향한 기회를 열어놓고 있다. 극단적인 경우 개개 노동자가 준기업가가 된다."[49]

그러나 자본주의적 현실의 발전추세는 토플러(A. Tofler)의 '권력이동'을 본뜬 이런 선전과 크게 어긋나고 있다. 자본의 관료체제와 테크노크라트체제는 여전히 강력하고 그것도 노동자들의 '깨끗한' 탈정신화 및 탈지식화의

---

49) Herbert Giersch, "Direktor des Kieler Institutes für Wettwirtschaft," in *Wirtschftswoche*, Nr. 10/1985, 38면, Nr. 36/1985, 8면.

점진적인 완화라는 의미에서만 탈테일러화된, BDE 씨스템에 의존한 통제형태로 **더욱 공고화되고** 있다. 게다가 다른 테일러주의적 원리들(노동자의 기업 내 교육과 보습교육 등)은 그대로 시행되거나 새로운 기술의 도움으로 더 효과적으로 관철된다(표준모델로의 노동의 일반적 규범화). 요약해서 우리는 다음과 같이 말할 수 있다. 새로운 기술들은 착취과정의 차원에서 보면 테일러-포드주의적 구조가, 새로운 기술의 테두리 내에서 그리고 이것의 도움으로 계속 중요한 역할을 수행하되, 다른 한편으로는 이제 더이상 노동과정의 단계규정적인 과정을 표현하지 않음을 시사하는 **새로운** 차원을 열고 있다(같은 책, 189면). 몇몇 증거들은 산업과정의 변혁이 테일러주의의 갑작스런 종말이 아니라 사회적 평균의 차원에서 차라리 테일러주의적 생산구조와 새로운 구조의 **혼합** 단계로 유입하고 있음을 시사하고 있다(Hirsch/Roth 1986, 112면 이하; Bier/Möll 1989, 81면).

그러나 좀더 높은 사회성을 가진 이 새로운 구조물도 전능한 착취·지배의 자동기제는 아니다. 노동자들이 전적으로 주체성 없는 대상이 아닌 한, 잠재적 주체성이 "자본의 모든 사회화 형태에 고유한 변증법"(Leisewitz 1988, 192면)을 작동시킬 것이라는 점은 의심할 바 없다. 개별노동의 객관화된 메커니즘을 그들의 최소한의 대항행동에 의해 정지시킬 수 있는 가능성을 제공한다. 즉, 행동하는 주체들이 수세적·공세적 대항권력을 행사할 수 있는 계기들이 불가피하게 부상하게 되는 것이다.

기업지도부는 다만 전술적인 사소한 양보정책, 점점 능력이 고도화되는 노동자들의 '버려진' 능력들의 자발적 발휘를 위한 교활한 노동구성, 기만적 민주화 제스처 또는 직접적 계급대치선에서의 관료적 위계의 은폐 및 해체 등을 통해 대처하고 있다. 특히 노동현장에서 위계가 보이지 않게 된 것은 직장(職長)이 기술발전과 더불어 일찍이 점차 단순한 기술자로 탈바꿈하여 '동류 중의 일인자'(primus inter pares)로서 노동하게 됨으로써 개시되었고 (Inosemzew u.a. 1985, 174면) 린생산방식이 직장제를 완전 폐지함으로써 완결되었다.

물론 이로 인해 자본지배와 이것의 관료체제가 침해받는 것은 아니다. 지배와 관료 체제는 보이지 않게 부단히 작동하고 있다. 뭔가 일이 잘못되면, 관료적 위계가 즉각 부상하여 가차없이 지시한다.

하지만 저 전술적 양보와 탈관료적·민주적 제스처들은 자본지배와 이것의 관료체제가 이미 오래 전에 '고루한' 시대착오적 유제이자 생산성의 가일층의 발전에 대한 장애물이 되었음을, 따라서 자본주의적 기업체제와 관료체제적 '보아뱀'(Marx)의 제거가 기업의 집단적 주체로서의 노동자들의 창조적·주체적 **자발성**을 비약적으로 상승시키고(Schumm-Garling 1972, 95면 이하) 이 주인의식적 노동자들에 의한 고도기술화된 생산수단의 정성스런 **경제적** 이용과 **감독비용**의 본질적 **절감**을 가져올 것이라는 사실(Duda 1987, 127면)을 의도하지 않게 자백한 셈인 한 몇몇 진리요소들도 내포하고 있음이 틀림없다.

5. 대기업의 폭력기구와 현대국가
——국가 폭력독점의 침식

여기서는 좌우 산업사회학과 정치학이 이상하게도 완전히 침묵하고 있거나 망각한 최근의 새로운 현상, 즉 **기업경비대** 및 **기업사법작용**(企業司法作用)을 취급한다. 슬그머니 정착하여 합법화된 기업의 이 새로운 기능은 그간 한두 잡지들에 의해(가령 『칠리프』CILIP 지에서 가끔, 또는 『슈피겔』지나 『슈테른』Stern 지에서 아주 드물게) 취급되었고 극소수의 정치학 또는 법학 논문에서 지나가는 식으로나마 비판적으로 취급된 적이 있다. 그러나 이 작은 비판마저도 곧 퇴조하고 말았다. 지금은 기업경비대를 변호하거나 이 기업경비대의 창설 및 운영에 필요한 정보를 제공하고 이윤을 챙기는 잡지들만이 무대를 지배하고 있다.

(1) 오늘날 사적 기업경찰의 병력규모와 기능

영미 제국에서 **사적 기업경비대**는 어떤 곳보다도 그 역사가 오래 되었을 뿐만 아니라(Ocqueteau 1987, 37면) 규모가 더 크다. 1970년대 중반 미국의 사(私)경찰은 45만여 명의 국가경찰 규모를 능가하는 80만 명에 달했다(Gelhausen/Spitzner 1978, 1127면 각주). 임시방편의 사기업 경비대의 병력이 국가경찰을 능가하는 규모로 팽창하기 시작한 것은 양차 세계대전간의 공황기에 이르러서이다. 1930년대 자본가들의 사경찰과 사병(私兵)들은 노조지도자들의 암살, 염탐, 파업대중 및 노조건물에 대한 군사작전을 자행했다(Dobb 1966, 116면 이하). 이 임시 폭력조직들은 그간 병력규모상 국가경찰을 무색케 하고 무기 및 정보기술장비 면에서 국가경찰에 뒤지지 않는 **합법적·상비적** 기업경비대로 정착하였다. 사정은 짐작컨대 영국에서도 유사하다. 1986년 우리는 한 영국 인쇄회사의 기업경비대가 신기술 투입으로 쫓겨난 노동자들의 저항을 분쇄하는 데 주역을 담당했다는 보도를 자주 읽었다.

독일에서도 임시 기업경비대는 오래 되었다. 이것의 흔적은 19세기 중반까지 거슬러올라간다. 이것은 역사적 선구로는 지역적 기업군에 의해 창설된 지역적 ‘공장절도방지협회’를 들 수 있다. 이것의 계급투쟁적 기능은 1872년 크루프(Krupp)사의 안전수칙에서도 분명하다. “아무리 비용이 많이 들더라도 모든 노동자들은 정력적이고 노련한 사람들에 의해 끊임없이 감시되어야 하고 이 사람들은 사보따주 선동자, 게으름뱅이 또는 스파이를 적발하는 족족 이에 대한 포상을 받을 것이다”(Gelhausen/Spitzner 1978, 1125면 이하에서 재인용). ‘사회주의자 진압법’이 시행되는 가운데 이 ‘공장절도방지협회’들은 사민당(SPD)의 당원 및 지지자들과 노조조직의 적발, 감시, 추적에서 효율적인 기구로 입증되었다. 제1차 세계대전 및 파시즘 치하에서는 이 기업경비대에 아예 국가보조경찰의 지위가 부여되기까지 하였다. 하지만 오늘날 정착된 합법적 형태로 기업경비대가 발전한 것은 전후 아데나우어(K. Adenauer)의 정식촉구에 의해 이루어졌다. “대내전선의 창설은 대외전선의 창설만큼이나 중요하다”(Pusch 1975, 152면에서 재인용). 독일산업전국협회(BDI)는 이 촉구를 받아들여 독일고용주전국연합회(BDA) 및 독일상공업회의(DIHT)와 공동으로 1951년 ‘독일경제 보위를 위한 협력위원회’(GSW)를 창설하였다. 이것의 기능은 경비원의 병기취급 훈련 및 기업경비대의 국가정보기구, 경찰, 연방국경수비대, 연방군대 등과의 접촉을 매개하고 적어도 경비대 간부들의 정치·이데올로기적 훈련을 주관하는 것이다(같은 책, 153

면). 긴급조치법이 통과된 후 이 GSW는 1968년 해체되어 1969년 '경제안보
문제조정국'으로 바뀌는데, 이것도 여전히 BDI, BDA 그리고 DIHT에 의해
지휘되는 것은 마찬가지이다(Gelhausen/Spitzner 1978, 1125면).

 기업 내에 설치된 이 경비대와 나란히 병기 및 기타 장비로 무장한 안전
용역회사도 꾸준히 증가하였다. 이 용역회사는 개개 기업경비대에 대한 일
종의 보조병력 또는 기동대인 셈이다. 오늘날은 이 안전용역회사들이 점차
기업경비대를 대신하는 경향을 보이고 있다(*Sicherheitsberater*, Nr. 6/1988, 85
면). 너무 규모가 방대해진 상비적 기업경비대가 가하는 비생산적 임금압박
으로 인해 독일 자본은 "외국 경쟁자들에 대한 상당한 경쟁상의 불리함"(같
은 책 참조)을 안게 되었기 때문이다. 그리하여 기업들이 기업경비대의 과업
을 독립적인 안전용역회사에 맡기는 일이 빈번해지게 되었다. 서독의 대량
실업에도 불구하고 안전용역회사의 일자리는 1987년 10%포인트 증가하였
다. 고정적으로 고용되고 기능훈련을 마친 **보험가입 상태**의 안전요원만 해
도 이 안전용역 분야에서 59,802명에 달한다(1986년 54,473명, *Wirtschafts-
schutz + Sicherheitstechnik*, 7/1988, 389면).

 기업경비대의 무장실태에 관해서는 기업에서 설왕설래되는 적이 거의 없
다. 그러나 기업경비대 및 안전용역회사 요원들의 무장상태에 대해서는 이
미 여러 경로를 통해 알려진 바 있다. 이들의 무장은 포승, 곤봉, 수갑, 채
찍, 도검, (군용 08권총과 같은) 총기뿐만 아니라 최루탄, 케미컬 메이스
(chemical mace) 등의 시위대응용 화공무기, 심지어 자동화기까지 다양하다
(Gelhausen/Spitzner 1978, 1125면; Blau 1977, 70면; Bühl 1982, 186면). 여기에 온
갖 최신 기구들, 가령 자동신분확인기계, 통신장비, 감시장치, 최신식의 통
신중계소 등이 첨가된다(*Wirtschaftsschutz + Sicherheitstechnik*, 7/1988, 189면).
이와 나란히 이른바 '안전기술'(Sicherheitstechniken)을 생산하는 기업들이
붐을 만났다.

 안전용역회사를 포함한 기업경비대 전체 병력은 서독의 경우 평가에 따라
들쭉날쭉하다. 다만 이 병력이 그간 꾸준히 증가하였다는 것만은 분명하다.
『칠리프』지는 1979년 다음과 같이 보도한 바 있다. "경비대 병력 수는 오늘
날 모두 합해 10만 명이 넘는 것으로 추산된다. 50만의 연방군대와 비교할
때 그것은 이미 강력한 군대가 되었다. 서독 안전용역회사들은 1990년이면

25만 명의 경비요원이 필요할 것이라고 내다보고 있다”(*CILIP*, Nr. 4/1979, 17면). 브레멘 주 고위공무원 셰퍼(H. Schäfer)는 1977년 모든 경비요원들 중 약 20%, 즉 2만여 명만이 보험에 든 자격증 전문인력으로 보아야 한다고 말한 바 있다(같은 책, 18면). 이 비율을 용역회사에만 고용된 보험든 경비요원들(1987년 59,802명)에 대입하면, 오늘날의 경비대 총인원이 1979년에 예상한 25만의 예상수치를 이미 넘어섰고 따라서 국가경찰의 정예병력 수(1980년 약 16만 명)를 훨씬 능가했음을 쉽게 알 수 있다. 이런 이유에서 기업경비대를 일시적인 파쇼적 비정상상태에나 존재했던 유물로 간주한다면 이것은 눈먼, 심지어 우스꽝스런 사변이 될 것이다.

사경찰의 기능은 국가경찰의 기능과 마찬가지로 ‘이중적 성격’을 지닌다. 즉, 파괴행위(Vandalismus)에 대한 소유의 방어, 절도·강도 등의 범죄에 대한 **사회일반적** 진압기능과 동시에 파업 및 항의 대중과 시민의 **계급투쟁적** 억압기능이 그것이다. 사경찰의 기능은 단순한 ‘재산보호’만이 아니라 기업 내 ‘치안유지’, ‘살쾡이파업’(wild cat strike)의 방지, 시위의 예방, “기업 내 전복세력의 영향력에 대한 방어” 등도 포함한다(Blau 1977, 33면). 특히 중요한 기능은 소위 ‘좌익 극단주의자’(공산주의자 및 공산주의자의 영향력 하에 있는 집단들)에 관한 정보의 수집·분석·평가, 정치적으로 달갑지 않은 인물들의 염탐·감시, (기업 내 국가 정보요원과 인사과의 협력에 의한) 신원조회, 이미 드러난 ‘소란분자들’의 고립화, 블랙리스트 작성 등이다.

기업경비대는 국가 정치경찰 및 정보기구와 협력하고 있다. 이 상호 긴밀히 결합된 감시기구의 전모는 국가정보기구가 이 사경비대의 지원을 받고 있는 사실에 의해 더욱 가공스러운 것으로 드러난다(같은 책, 34면; Bühl 1982, 186면). 라인란트-팔츠 주 내무장관 가일(R. Geil)은 다음과 같이 공개적으로 언급한 바 있다. “사(私)안전용역과 기업경비대는 치안문제를 선봉에서 떠맡고 있다.” 그리고 그는 ‘경제안전협회’(VSW, 경비요원 및 안전용역요원들의 직업단체)를 “안전문제에서 신뢰할 만한 파트너”로 칭찬하고 있다. (*Wirtschafts-schutz + Sicherheitstechnik*, 4/1989) K.D. 둥켈은 그의 논문에서 아예 사경찰과 국가경찰 간의 협력을 범죄진압 분야까지 확대하고 심지어 국가경찰을 경비대 지휘계통 아래 투입할 것을 요구하고 있다. “경찰이 광역의 위험지대를 에워싼 봉쇄의 강화를 위해 사경비대 지휘자의 지휘권 아래 들어가는 사태를 왜 상상할 수 없단 말인가?"(Dunkel 1988, 749면) 게다가 기업경비대는 소위 '대내전선'에서의 북대서양조약기구(NATO)의 유기적 작전전망의 합법적 고리이기도 하다(Pusch 1975, 152면 이하).

지금까지 약술한 직접적 국가 억압기능의 '민영화' 외에 국가 사법기능의 침식도 벌어지고 있다. 즉 **기업사법**(企業司法, Betriebsjustiz)이다. 이 개념은 서독에서 1960년대 초에 나타났다. 기업사법이란 노동규범 **그리고** 국가 형법에 대한 위반을 기업 내에서 국가재판소의 절차와 유사한 절차를 거쳐 처벌하는 것을 가리킨다(Gelhausen/Spitzner 1978, 1123면). 경제분야에서 오래 전부터 기업의 형벌권력은 벌금부과의 방식 및 그 규모가 상세히 규정되는 식으로 제도화를 겪었다. 현재 주류법학은 이것을 단초적으로 문제삼지 않은 채, "피고용인을 규제하는 것"은 "법적으로 뒷받침될 필요가 없는 고용주의 권리"로 보고 있다(같은 책, 1124면). 즉 기업사법 및 기업경비대의 옹호자들은 형법 위반에 대한 처벌을 포함한 기업사법작용을 기업체제법 및 연방노동재판소의 판결에 의해 이미 합법화된 기업가의 권한으로 간주하고 있다. "필요한 법적 기초는 기업의 질서 및 피고용인의 행태에 관한 규범을 포고할 수 있는 파트너(기업주를 이렇게 부르고 있다—인용자)의 권리를 규정하고 있는 기업체제법 제87조와 이에 기초하여 내려진 1967년 9월 12일 연방노동재판소의 판결이 제공하고 있다. 이 판결에 의하면 기업질서권은 이에 상응하는 처벌권을 포함한다. 연방법원은 이 판결 안에서 기업 파트너의 **자율적 권력**에 관해 언급하고 있다"(Dunkel 1988, 747면). 이리하여 형법 위반에 대한 기업의 처벌권(대부분 폭행·폭력 사건, 절도사건의 처벌)이 국가의 형벌권에 우선하게 되었다. 그리하여 자본주의 기업들은 자신의 기업부지 위에서 범죄자의 체포, 수사에서 처벌에까지 이르는 일종의 기업적 영토고권을 획득하였다. 알려진 범죄의 22%만이 국가수사기관으로 넘겨지고 있는 실정이다. 기업사법권이 가장 발전되어 있는 대기업의 경우 이 기업들의 사법기능은 빈번히 경찰기능, 검찰기능, 증언기능 등을 한 몸에 통합하고 있는 기업경비대의 활동과 불가분적으로 결합되어 있다(Gelhausen/ Spitzner 1978, 1124면).

기업경비대에 의한 이른바 '예방적 인원통제', 즉 회사 노동자들에 대한 지속적인 신분증 검사와 '소지품 검사'의 법적 근거는 기업경비대 지침서에

의하면 계약권, 즉 자본주의적 소유권에 있는 데 반해, 방문객에 대한 통제
는 주거침입을 막는 가택권(Hausrecht)에 근거한다(Fernstädt/Ehses 1984, 29
면 이하). 한편 구체적인 혐의사실이 나타날 경우 경제외적인 물리적 강제권
력으로 수행되는 '억압적 인원통제'의 법적 근거는 만인의 권리로서 관념되
는 소위 자조권(自助權, Selfhilferecht)에 기초를 두고 있다. 기업경비대는
모든 혐의자들을 강제력으로 잠정적으로 체포할 수 있다. "누군가 현장에서
발견되거나 추적당할 경우, 그리고 이 자가 도주의 염려가 있거나 신분이
즉각 확인될 수 없는 경우, 누구든지 이 자를 법관의 명령 없이 잠정적으로
체포할 권한을 갖는다"(독일 형사소송법 제127조). 이에 준하여 기업경비대에는
다음과 같은 사항이 타당한 것으로 적용된다는 것이다. "이 법규정에서의
'누구든'이란 모든 시민, 따라서 기업의 직원 또는 경비인원일 수 있다"
(Fernstädt/Ehses 1984, 34면). H.페른슈테트와 H.에제스는 연방내무장관이
1979년 "야간에 자기 집을 방어하는 집주인과 동일한 식으로 사적 안전요원
들이 정당방위권과 긴급피난권을 이용해서는 안된다"(CILIP, Nr. 4/1979, 17
면)고 경고했을지라도 정당방위권 및 긴급피난권도 기업경비대의 활동에 원
용될 수 있다고 얘기하고 있다(Fernstädt/Ehses 1984, 37면). 국가 영토고권이
법률적으로 원시적인 가택권, 긴급권 등에서 자라나온 것임을 상기한다면,
상대적으로 자율적인 기업의 영토고권이 동일한 원시적 권리들에서 여반장
으로 도출될 수 있다는 것은 설명을 요하지 않는다. 이리하여 자본주의 기
업은 자본이 크면 클수록 그만큼 더 위력적인 경제적, 동시에 경제외적인
권력체가 되어가고 있다. 이에 대한 합법적인 법근거는 자본의 증대만큼 확
장되고 강화될 수 있기 때문이다. 따라서 이른바 원시적인 **만인의** 권리(가
택권, 긴급피난권, 정당방위권)는 경향적으로 대자본 및 독점자본들의 **배타
적인** 합법적 권력으로 둔갑하고 있다.

　지금까지 주지하다시피 중앙집권화된 국가경찰체계의 모델을 특징으로 하
는 프랑스에서도 서독에서와 마찬가지로 1970년대 이래 사적인 안전용역업
이 촉망받는 분야가 되었다. 사경찰의 출현은 물론 프랑스에서도 오래 되었
다. 19세기와 20세기 초에도 사적 안전용역의 허가를 요구한 흔적들이 보인
다(Ocqueteau 1987, 37면, 이하 프랑스에 관한 부분은 이 논문에 의존한다). 하지만
중앙집권적 국가경찰체계를 가진 프랑스에서 이 맹아적인 단초들과 사안전

용역업의 허가요구 등은 종종 국가경찰을 늘리고 더 잘 무장하는 것으로 귀
착하곤 했다. 이런 까닭에 특정한 빠리의 건물들을 지키는 단순업무를 맡는
단 하나의 안전용역회사를 정식 허가했을 뿐이다(1926년). 이 회사는 오랫
동안 독점적 지위를 향유하였다. 그러나 이 지위는 1970년대에 들어 무너지
고 여러 회사들이 대규모로 등장하기 시작하였다. 이것은 부분적으로 안전
기술 및 감시기술의 발전에도 힘입은 바 크다. 1979년 당시 프랑스에는 안
전용역회사가 539개사로 집계되었다(1978년 438개사).

프랑스의 1970년대는 안전용역업의 국가방임주의 시대이면서 동시에 '고
용주 군대'(milices patronales), 즉 기업경비대에 대한 대규모 항의운동의 시
대였다. 그러나 이 격렬한 항의에 대하여 국가당국은 못 들은 체했다. 당국
은 공공영역에 대한 사경비대의 침범을 자제케 하고 대외적 활동이나 경계
의 모호성을 줄여 이들의 업무수행이 국가경찰과 혼동되지 않도록 요구하는
회람을 경찰관서에 하달하는 정도에 그쳤다.

프랑스 안전용역 부문의 병력 수에 대한 통계는 대단히 부정확하다. 주도
적인 안전용역회사들은 국가승인을 얻으려고 발악해왔기 때문에 이 부문의
다른 전통적 범주(예를 들면 흥신소나 사설탐정)까지 포괄하는 명칭으로 분
류되는 것에 강력히 저항해왔다. 통계의 부정확성은 주로 이로 말미암은 것
이다. 하지만 이러한 통계의 부정확성에도 불구하고 사적 안전용역 부문의
병력 수는 국가경찰(police nationale)의 규모에 달하는 것으로 나타나고 있
다(1982년 약 11만 명).

프랑스에 사회당·공산당 연립정부가 들어서면서 안전용역 부문을 국가권
력으로 통제해야 할 필요성에 대한 국민의식이 현격히 제고되었다. 오랜 야
당생활로 인해 사회당과 공산당은 안전용역업에 극히 민감한 반감을 갖고
있는데다, 1981년과 1982년에 상당한 항의를 일으킨 사건들(가령 빠리 시
청 부근에서 사경비요원이 한 부랑자를 살해한 사건이나 지방파업에 대한
까망베르 디시니 Camemberts d'Isigny 용역회사의 폭력투입 등)이 보도되기
시작했기 때문이다. 그리하여 연립정부는 사경비대의 무법공간을 법으로 규
제하고자 했다.

이에 따라 1983년 7월 사설경찰의 통제에 관한 법률이 제정되기에 이른
다. 이 법률은 사설 안전용역과 기업경비대 및 개인경호원의 활동을 허가제

로 묶었다. 게다가 이 법률은 공적 영역에서 이 사경비대가 활동할 수 있는 제한조건, 무기휴대조건, 기업의 공식적 보고 의무 등을 규정하였다. 한걸음 더 나아가 법률은 사경비대의 노사문제에 대한 간여, 정치동향에 대한 감시, 이와 관련된 문서생산 등을 금하였다.

자본의 사설경찰에 대한 이와같은 법적 규제는 일시적으로 일견 민주주의의 승리로 비쳤지만, 사실상 자립화된 지방호족에 대한 법규제를 시행한 칼 대제(Karl der Große)의 딜레마[50]와 유사한 패러독스에 빠지고 만다. 이 법규제는 불가피하게, 자본이 오랫동안 갈구해온 사설경찰에 대한 국가의 승인 및 자본의 경제외적 권력기구의 법적 인정을 내포하게 되었기 때문이다. 그리하여 "승리는 차라리 안전용역회사 쪽이 쟁취한 셈이다"(Ocqueteau 1987, 42면).

한걸음 더 나아가 사회당 정부는 법 선포 이후 사설경찰의 통제를 효과적으로 집행할 수 있는 상응한 수단을 활용할 처지에 있지 못했다. 사설 안전용역의 법적 승인은 일종의 특권회사의 창설이나 다름없는 것이 되고 만 것이다. 사회당 정부는 이 사설경찰의 통제에 대한 책임을 떠맡으려고 시도하지도 않았다. 결국 1986년 이후 사회당 정부는 독일 정부와 동일한 입장으로 돌아서고 만다. 프랑스 사회당 정부는 역설적으로 1987년 사설경찰의 허가를 '최선의 협력'이라는 구호 아래 시행할 것을 요구하기에 이른다. 이러한 입장선회는 역사상 유례없는 정치테러가 극성을 부리면서 쉽사리 이루어졌다. 그리하여 프랑스의 사설경찰도 다른 서구 국가의 사설경비대와 동일한 지위를 쟁취한 셈이다. 자신들의 신분을 격상시킨 이 프랑스 사설경찰이 국가경찰과 협력관계에 들어가게 된 것은 의심할 바 없다. 이 사설경찰은 계급투쟁적 작전행위가 법적으로 금지되어 있다 할지라도 예전처럼 유사시에 노동자와 시민들의 파업이나 시위에도 투입될 것이다. 이른바 재산 및

---

50) 과거 프랑크 왕국의 시한부 봉토를 받은 지방호족들은 봉건 초기에 이 호족들의 권력을 업고 종종 법정출두나 병역을 거부하는 자유소작인들을 보호하였는데, 칼 대제는 이 자유소작인에 대한 통제를 더욱 공고히 하고 호족들의 권력강화를 막기 위해 호족들에게 자유소작인의 법정출두, 병역소집, 기타 국무를 위한 호출에 소작인들을 데리고 나올 법적 책임을 부과하였다. 그러나 칼 대제의 이 대항조치는 도리어 호족의 영토적 자립화와 그의 소작인에 대한 호족의 정치적·법적 통치권을 공식 승인하는 것으로 둔갑해버린다(19: 185면 이하).

인명 보호와 계급억압 기능 간의 경계는 으레 모호하기 때문이다.

선진자본주의 국가가 아니라 브라질, 에이레, 그리스, 멕시코, 한국, 터키 등의 중위자본주의 국가에서 기업경비대(가령 '구사대')는 아직 임시방편적 성격을 벗어나지 못한 지위에서 반(半)합법성을 띠고 있다. 법적으로 승인된 사설경찰(가령 '청원경찰')은 아직 규모가 그리 크지 못하다. 따라서 중위자본주의 나라의 사설경비대는 법적 회색지대나 파업시기, 내전상황(가령 필리핀의 경우)에서 일시적으로 국가에 의해 묵인된다. 이 나라들의 자본의 기업적 지배구조는 아직 병영전제체제에서 관료전제체제로의 이행단계에 있거나 이런 이행을 이제 막 마감한, 어떤 기업민주주의적 요소도 결여된 관료전제체제 단계에 처해 있다. 즉 자본의 권력은 자본이 유사시에 자신을 자신의 물리력으로 방어하기 위해 상비적 사설경찰을 대규모로 필요로 할 만큼 제약당해 있지 않다. 이에 반해 모든 선진자본주의 국가들은 **상비적** 기업경비대와 기업사법이 대규모로 발전되고 합법화되었다.

역사적으로 고찰할 때, 자본주의 기업의 경제외적인 상비적 폭력기구의 정착과 증편 과정은 형식적인 공동결정제 등과 관련된 자본의 강요된 전술적 양보와 나란히 벌어진다. 자본은 강제적으로 '계몽된' 그의 관료주의적 전제체제를 다시 물리적 폭력기구의 기업 내 창설을 통해 보충한 셈이다. 이와 함께 자본은 경제적이면서 동시에 경제외적인 폭력기구가 되었다.

(2) 물리적 폭력독점의 합법적 이중구조

오늘날 사설경비대의 상시적 고용상태, 합법성, 극소전자기술로 보강된 무기 및 장비, 그리고 병력규모는 이제 더이상 국가의 원칙적인 폭력독점에 대한 예외현상으로 파악할 수 없다. 자본관계가 아니라 개별자본들간의 관계를 중심에 놓은 경제주의적 '국가도출론'을 주창하다시피 한 알트파터도 사설경찰의 존재를 '국가특수화'의 '수정'으로 언급하고 있다. "여기에서 중요한 수정이 고려되어야 한다. 대자본들도 명백히 기업 차원에서 계급투쟁의 진압과 관련된 기능을 수행하는 기업경비대 등의 억압기구를 정기적으로 설치해놓고 있기 때문이다"(Altvater 1972, 14면 각주). 그는 스스로 오늘날 독점자본주의의 후기 단계에서 경제로부터 국가의 뚜렷한 분리에 관해 입론하는 것이 만추(晚秋)에 춘화(春花)를 꿈꾸는 것만큼이나 어렵다는 것을 시인하고 있다. "여기에서 국가영역과 자본의 사적 영역 사이에 간단히 그리고 예리하게 경계가 그어지는 것이 아니라 많은 부문에서 상호 침투하고 있음이 드러난다"(같은 책, 14면). 이런 까닭에 히르슈는 경제로부터의 물리적 폭력의 분리라는 테제를 완화하면서 다음과 같이 지나가는 말로 기업경비대와 기업사법에 관해 괄호 속에서 언급하고 있다. "부르조아 사회 안에서의 '경제'와 '정치'의 관계는 물리적 강제기구가 한편으로 이 지배계급으로부터 형식적으로 분리된 형태를 취하고 생산과정 안에서의 자본가와 노동자의 직접적 관계에서는 관계의 '말없는 강제'가 항상 작용하고 있다는 사실로부터 그의 특수한 성격을 얻는다. 한걸음 더 나아가 '경제기구들'**도** 항상 지배기구인데, 이것은 자본주의 기업 **안에서** 직접적인 물리적 억압도 벌어진다는 점(기업경비대, 소위 '기업재판권' 등)에서 드러난다. 따라서 정치적 지배기구('국가')는 결코 지배 없는, 오직 객관적인 운동법칙을 따르는 경제영역에 맞서 있는 것이 아니다. '정치'와 '경제'의 관계를 일단 일반적으로 규정하는 것은 물리적 폭력 사용에 의존한, 모든 사회영역에 존재하는 부르조아 계급권력의 안전보장이 한 특수한 기구로 이전되어야 한다는 점이다(베버가 말하는 '정당한 물리적 폭력의 독점'——실은 결코 완전한 적이 없는——)" (Hirsch 1976, 106면). 히르슈가 여기서 경제적 기구들이 직접적인 물리적 억압기구를 갖추면서야 비로소 지배기구가 되는 것처럼 말하고 있는 부분은 말할 것도 없이 빗나간 소리다. 경제기구들은 기업경비대나 기업사법 없이도 이미 '경제적 관계의 말없는 강제'에 기초한 지배기구로 기능한다. 아무튼 히르슈는 여기서 물리적 폭력수단의 합법적 독점의 관념에 의존하여 근대국가를 정의하려는 베버적 시도 및 이것에 의해 무의식적으로 영향받은 맑스주의적 '국가도출론'의 본질적 난점을 무의식적으로 인정하고 있다.

어떤 계급사회든 피지배계급들 및 지배계급의 **개별성원들**의 침범에 대해 **일반적** 생산조건을 보위하기 위한 일반적 계급투쟁에 복무하는 특수한 기구를 필요로 한다. 노예제사회 이후의 모든 국가는 구체적인 역사적 형태를 추상할 때 차라리 **착취계급들의 일반적** 계급투쟁을 위한 영토적 조직이라는 데 본질을 둔다. 이 조직은 **개별적인** 착취자들로부터도 형식적으로 분리되어 있고 따라서 마치 사회 일반으로부터 분리된 것인 양 사회 **위에** 있는 것으로 현상한다. 또 이 조직은 물리적 폭력기구로만 장비되어 있는 것이 아니라 **경제적 수단, 정보수단, 통신소통수단, 이데올로기적·문화적 기제** 등으로도 장비되어 있다. 이것은 개별착취자들의 경제단위들이 (전자본주의 시대처럼 경제적 착취를 위하여 또는 오늘날처럼 개별기업 차원에서의 개별적 계급투쟁을 위하여) 합법적 또는 불법적인 물리적 폭력수단으로 무장하는 것을 금하지 않았다. 정확히 말하자면 부르조아 국가의 **역사적인 형태적 특징**은 '국가도출론자들'이 주장하듯이 물리적 강제수단에 집중된 강제력이 개별착취자들로부터 분리된 국가적 제도화를 겪는다는 데 있는 것이 아니다. 이것은 역사상 나타난 모든 국가형태의 특징이다. 부르조아 국가와 사회의 특징은 차라리 폭력이 생산과정 안의 **착취**를 위해서는 투입되지 않는다는 데 있다. 이 점은 개별자본가들이 (직접적인 착취를 위해서가 아니라) 개별기업 차원에서의 **개별적인 계급투쟁**을 위해서 어떤 물리적 폭력기구도 설치할 수 없다는 식으로 과장되면 안될 것이다. (오늘날 기업 내의 사설경비대도 기업 밖의, 그리고 기업 위의 부르조아 국가기구도 생산과정 안의 직접적 착취에는 봉사하지 않는다. 양자는 다 계급투쟁의 기구일 뿐이다. 전자는 개별적 계급투쟁을 위한 것이고 후자는 **일반적** 계급투쟁을 위한 것이다.) 그와 같은 과장은 노동계급을 병영전제체제 식으로, 즉 절대주의 방식으로 굴복시키는 데 성공하여 이제 노동자를 적절한 복종상태로 유지하는 데 국가권력의 도움을 더이상 필요로 하지 않게 된 옛 자유주의자들의 위선적인 사회관 이외에 다른 것이 아니다. 이 자유방임주의적 자본가들은 이전의 원시적 축적기에 필수적이었던 국가권력의 모든 절대주의적 간섭과 후견을 오히려 커다란 장애로 느끼기 시작하였고, 이리하여 "부르조아 사회의 업무에 대한 정부의 모든 간섭을 내동댕이치고" 국가를 "에피쿠로스(Epicouros)가 그의 신(神)들을 세계의 기공(氣空)에서만 살도록 했듯이 이 사회의 기공에서만 존속하게끔"(26.1: 37면) 하고자 했다. '자유주의적 천치들'의 이 위선적 사회관이 실은 소위 '맑스주의적' 국가도출론의 베버적 가정의 기초를 이루고 있다. 하지만 경제적 착취에 물리적 폭력을 사용하지 않는다는 부르조아 사회의 역사적인 형태적 특징은 개별적 계급투쟁을 위한 사설경비대의 수적 증대와 무장의 엄청난 강화에도 불구하고 이 경비대가 생산과정 **안**에서의 **착취**를 위한 직접적인 감독권력으로 투입되지 않는 한 소멸하지 않는다는 것이다.

동일한 이유에서 부르조아 국가는 합법화된 사설경찰이 국가경찰의 규모를 능가하고 그리하여 경제주의적으로 절름거리는 '국가도출론'을 분쇄해버리는 경우에도 부르조아적인 것으로 남아 있다. 국가도 사설경찰도 오늘날 생산과정 **안**의 직접적인 **착취권력**으로 기능하지 **않기** 때문이다.

자본의 원시적 축적기에 해당하는 초기자본주의적 또는 "형식적 자본주의적 생산양식"(Marx) 단계에서 국가권력은(이 책 제1장 참조) 물론 생산과정 안에서 직접 착취를 위해서도 기능하였다. 전제적인 착취권력을 아직 갖추지 못한 취약한 **형식적** 자본관계는 국가권력을 자신의 정상적 증식의 전제로서 필요로 했다. "흥기하는 부르조아지는 임금을 규제하고, 즉 증식을 허용하는 테두리 안에 가두고 노동일을 연장하며 노동자 자신을 정상적인 종속수준으로 유지하기 위해 국가권력을 필요로 하고 활용한다. 이것은 이른바 시원적 축적의 한 본질적 계기이다"(23: 766면). 바로 이 점이 당시 국가에 절대주의적 성격을 부여하였다. 말하자면 자본 아래로 형식적으로 포섭된 매뉴팩처 노동자들의 견딜 만한, 즉 **'리버럴한'** 종속관계(23: 644면 이하)에는 자본을 위해 자본관계 속으로 직접 간섭해들어온 절대주의 국가가 대응한다. 이에 반해 고전적인 경쟁자본주의의 **실질적** 자본관계에 기초를 둔 공장체제의 **절대적** 병영전제체제에는 역사적으로 생산 및 유통 과정에 대한 직접적 간섭을 그만둔 **리버럴 부르조아** 국가가 대응했다. 이때 자본관계는 국가권력을 더이상 필요로 하지 않을 만큼 실질적이고 절대적인 것으로 발전되어 있었다. 오직 여기에서만 경제외적인 물리적 폭력의 상대적으로 순수한 분리, 국가에의 집중, 말하자면 물리적 폭력의 국가독점에 관해 입론할 수 있을 뿐이다.

그러나 지금 독점자본주의의 오늘날 단계에서 국가는 물리적 폭력의 독점권을 개별자본과 나누었다. 물리적 폭력의 국가독점은 개별자본들의 물리적 폭력이 직접생산과정 안에서 기능하지 않으면서도 **국가적 폭력독점과 사기업적 폭력독점의 공식적 이중구조**로 변모하였다. 폭력독점의 이러한 이중화는 결코 일과적인 비정상적 상태가 아니라 '정당한' 물리적 폭력의 합법적 실존형태이면서 동시에 그 적용형태이다. 거대콘쩨른들은 자력의 사설경찰

과 감시조직으로 노동자와 시민들의 합법화된 저항권을 적절한 테두리 안에
서 유지한다. 말하자면 폭력독점의 이러한 이중화는 생산과정의 '계몽당한'
관료주의적 전제체제에——노조의 합법적 정착과 몇몇 공동결정체적 요소
의 강제에 의해——대응한다. 동시에 모든 비판에 대해 방역된 사설경찰의
합법화는 독점체들의 '안보'욕구의 폭증에도 불구하고 계속되는 만성적인 국
가재정난 및 전세계를 착취하고 따라서 종종 개별국가보다 키가 커진 독점
체들의 여유만만한 재정상태를 특징으로 하는 오늘날 독점자본주의적 관계
의 자연스런 산물이기도 하다. (물론 이러한 '대내안보의 민영화'가 국가억
압기구의 강력한 확장과 나란히 진행됐음을 망각하지 말아야 할 것이다.)
사설경찰과 국가경찰의 업무협조를 변호하는 둥켈은 다음과 같이 승리의 환
호성을 지르고 있다. "이런 관련 속에서, 전문적으로 수행되는 기업경비의
출현으로 국가의 폭력독점권이 위험에 빠졌다고 하면서 전문 경비요원들의
'만인의 권리' 등을 박탈하거나 제한하려는 자들이 벙어리가 되었음을 알 수
있다. 비판의 퇴조는 물론 국가재정의 뚜렷해진 적자 및 국가가 기업의 필
수적인 경비를 인적으로도 물적으로도 보장할 수 없다는 통찰과도 유관하
다"(Dunkel 1988, 747면). 국가가 상대적으로 너무 가난해서 독점체들의 경비
를 서줄 수 없는 것이다. 게다가 국가기구조차도 여러가지 이유에서 기능하
지 못할 수 있다는 불확실성도 사설경찰의 폭증에 기여한다. 한걸음 더 나
아가 종종 국가중립성의 자기최면에 빠지는 불성실한 국가경찰을 더이상 신
뢰할 수 없는 상황이기도 하다. 그리하여 독점부르조아들은 매일 노동자와
사무직원들을 위축시키기 위한 '제2안보체제'를 구축한 것이다(Bühl 1982, 186
면).

(3) 기업경찰 및 사설 '안전요원'의 계급귀속성

사설 경비요원들은 그의 노동력을 자본과 교환하는 양 보인다. 따라서 이
들은 이들의 관료적 간부인력을 제외하면 마치 프롤레타리아인 양 나타난
다. 특히 안전용역회사에 고용된 경비요원들은 심지어 잉여노동을 수행하는
'생산적' 노동자의 모습을 취하고 있다. 이들은 써비스 '안전'을 상품으로 생

산하고 동시에 안전용역회사의 자본을 증식시켜주기 때문이다. 여기에서 우리는 맑스주의적 계급분석의 가장 어려운 지점과 만나고 있다.

그래도 기업 내에 설치된 기업경비대의 계급귀속성은 비교적 쉽사리 해명될 수 있다. 우리는 기업관료층이 자신들의 노동의 생산적 부분을 가변자본과 교환하고 동시에 자신들의 노동의 비생산적 억압적 기능 부분을, 그들의 봉급이 회계방법상 몽땅 가변자본의 일부인 양 현상한다 할지라도 자본가의 **이윤수입**과 교환한다는 것을 알고 있다. 이것은 관료층이 충성수당을 받는다는 사실(Marx)에 의해 확인된다. 이에 반해 경비요원들은 심지어 자본주의적인 의미에서도 아무런 **경제적 노동**을 수행하지 않는다. 이들의 용역은 완전히 **경제외적인** 기능이다. 더 정확히 규정하자면 그것은 자본주의적 생산과정 및 유통과정 **밖의** "부분적으로 비생산적 활동일 뿐만 아니라 본질적으로 **파괴적인**"(26.1: 145면) 활동이다. 따라서 기업 내의 경비요원들이 전적으로 경제외적인 그의 활동에 대한 대가로 받는 봉급은 그들의 기업 **내적** 위치에도 불구하고 기업 간부인력들의 관료주의적 충성수당과 마찬가지로 기업주의 수입에서 지출된다. 따라서 경비요원들은 일견 그들의 용역을 직접 산업, 은행, 상업자본들과 교환하는 **양 보일지라도** 실은 그의 **전용역**을 자본가의 수입과 교환하는 것이다. 경비요원은 노동계급에 속하는 것이 아니라 노동계급에 **대항하여** 파괴적으로 활동하는 **임금예속자**이다. 따라서 그들은 **사회적으로** 자본가와 프롤레타리아의 중간에 위치한다. 그들의 파괴적 기능은 자본가의 사회적 안전과 권력을 공고히 해준다.

맑스의 중간계급 규정을 상기해보자. ①중간계급들은 "노동자를 한편으로 하고 자본가와 지주를 다른 한편으로 하는 중간"(26.2: 536면)에 서 있다. 여기서 '중간'이란 물론 반드시 소득, 권력 또는 특권 등의 크기가 중간이라는 것이 아니라 "사회적 기능연관 안에서"의 사회적 처지(soziale Lage)의 "중간"을 뜻한다(Ritsert 1988b, 81면). "이런 까닭에 중간계급들의 문제를 이들이 마치 본래적인 생산자라는 **땅바닥**과 지배계급의 **천장** 사이의 간층(間層)인 양 취급할 필요가 없는 것이다"(같은 책, 81면). 프롤레타리아의 일정한 계층(가령 지식프롤레타리아)보다 훨씬 낮은 임금을 받는 중간계급의 성원들도 얼마든지 있을 수 있다(가령 하급 직업군인, 하급장교, 하급 국가경찰 등). ②중간계급은 "점차 큰 규모로 대부분 수입에 의해 부양되는" 계급이다. ③그들은 "노동하는 기층에 짐으로 부담을 주고 상류계급의 사회적 안전과 권력을 증대시켜준다." ④그들은 부르조아 사회의 발전과 함께 "꾸준히 증가한다"(26.2: 536면). 맑스의 이 규정에 입각할 때 사설기업 경비요원은 그의 지위나 봉급의 고하를 막론하고 '중간계급'에 속하는 것이다.

그러나 그들은 마찬가지로 기업주의 수입에 의해 부양되지만 "노동계급의 일부", 즉 상대적 과잉인구의 한 잠재적 형태인 "하인부류"(dienende Klasse)와 선명히 구별되어야 한다(23: 469면). "개인집에 근무하는" 모든 인력은 "자본가의 사치지출의 일부"를 하인적 써비스의 대가로 수령하는 "퇴역한 비생산적 노동자들"이기 때문이다(24: 409면). 따라서 근대적 개인시종들은 사설경찰과 마찬가지로 자본가의 수입을 먹고 살지만, 결코 자본가의 '사회적 안전'과 '권력'을 증대시켜주지 않는다. 개인종복들은 단지 "주인의 부(富)와 고귀성의 증거물"일 뿐이다(같은 곳). 이 잠재적 실업층은 자본의 가일층의 축적, 즉 '부르조아 사회의 진행과정'과 더불어 노동하는 프롤레타리아가 절대적으로 증가하고 사회가 철저히 자본주의화되자마자 사라지게 된다. 개인적 종속상태에서 어떤 개인에게 시중을 들어 먹고 산다는 것은 근대 임금노동자의 신분적 자유라는 역사적으로 형태규정적인 '영예'와 모순되기 때문이다. 오늘날 일자리를 잃은 노동자들은 창피스런 개인시중보다는 차라리 위협적인 실업상태를 택하고 있다. 즉 하인부류는 "꾸준히 증가하는 것"이 아니라 제국주의 국가에서는 오늘날 거론할 가치가 없을 만큼 (Bischoff u.a. 1982, 93면) **소멸**하였다. (물론 중위자본주의 국가 및 제3세계에서는 하인범주가 아직 대량으로 나타나고 있다. 이런 까닭에 '하인부류'를 여기서 취급하는 것은 아직도 유의미하다.) 따라서 하인부류를 중간계급에 집어넣는 것을 금하는 두 가지 조건이 부각된다. 하인부류에는 '사회적 안전과 권력을 증대시키는' 기능과 또 부르조아 사회의 발전과 더불어 계속되는 '꾸준한 증가'의 경향이 결여되어 있다. 이런 이유에서 비쇼프 등이 개인시종 무리를 이들이 주인의 수입에서 봉급을 받는다는 단 한 가지 이유에서 '중간계급'에 집어넣고 거꾸로 **기업관료층**을 노동계급에 속하는 것으로 규정하고 **사설경찰**을 시야에서 완전히 놓치는 것 (Bischoff (Hg.) 1980, 45면 이하; 1982, 88면 이하, 96면 이하)은 극히 부정확한 계급분석이다. 맑스의 입장에 입각할 때 사설 기업경찰은 중하급 수준의 국가경찰과 마찬가지로 '중간계급'

에 속하는 데 반해 사택 시종, 식모, 사택 경비 등의 하인부류는 비생산적
이며 '사회적으로 파괴적' 기능을 위해 투입된 노동자가 아니고 따라서 명백
히 노동계급에 속한다.

한편 독립적인 **안전용역회사**에 고용된 인력(사무원 제외)의 계급규정은
간단하지 않다. 용병군대의 이 근대적 유형은 예전에는 도시룸펜 집단으로
부터 충원되었다. 오늘날은 주로 국가경찰 및 군대의 '허섭쓰레기'로부터 충
원되고 있다(여기서 야경인원은 제외한다. 이들은 보통 일용부들이고 거의
아무런 계급억압적 기능을 수행하지 않기 때문이다). 안전용역기업에 상근
직으로 고용된 '안전요원'은 아무리 현대적인 무기조작기술과 안전기술로 숙
련되어 있다 할지라도 계급투쟁적인 자본보위 기능 때문에 공식적으로 인정
되어 자본가들에게 고용된 '인간쓰레기들'에 지나지 않는다. 그들의 파괴적
용역이 안전용역회사의 '룸펜자본'의 증식에 생산적이라면, 이 생산성은 "매
춘사업가"의 치부(致富)를 위해 근무하는 "창녀의 노동력"의 넝마 같은 "생
산성"(26.1: 136면)이라는 의미와 동일한 차원일 것이다. 매춘기업의 공식적
승인이 창녀노동과 섹스숍 자본의 '룸펜'성(性)을 조금도 변화시키지 않듯
이, '안전용역기업'의 공식적 승인은 안전용역자본과 경비요원의 사회파괴적
노동의 '룸펜성'에 아무런 변화를 초래하지 않는다. 오히려 안전기업은 '사
랑기업'보다도 사회적으로 해로운 것이다. 전자는 노동대중의 "보편적 불안
전"(Marx)을 생산하는 데 반해, 후자는 다만 '넝마 사랑'만을 생산하기 때
문이다. 안전용역업의 룸펜자본주의적 기능인들은 그들의 개인적 성격에서
볼 때 **탈계급화된 영락자들**(Deklassierte)로 규정된다. 즉, 그들은 **사회적
무(無)**이다.

하지만 전체 독점자본과 대자본의 시각에서 볼 때 안전용역회사의 자본과
임금예속적인 인력의 기능적 성격은 맑스가 매춘기업의 '창녀노동'이나 룸펜
자본과 관련하여 언급한 것과 완전히 다른 것으로 나타난다. 안전용역요원
과 안전용역회사는 독점 및 대자본에게 국가경찰, 군대, 국가기구 등과 마
찬가지로 "흠결에 가득찬 사회적 관계로 인해 유익하고 필수적인 것"(26.1:
261면)인 데 반해, 매춘자본과 창녀노동은 정상적 독점 및 대자본에 대해 본
질적으로 무관한 것이기 때문이다. 안전용역요원과 창녀의 유사성은 적어도
이 지점에서 종식된다. 부르조아 사회의 기능적 시각에서 국가경찰의 사회

적 기능과 안전용역요원의 사회적 기능은 아무런 차이를 보이지 않는다. 양자 모두 "사적 이익과 국민이익의 갈등으로 인해 필요하고 또 스스로를 필요하게끔 만든다"(26.1: 154면). 기업 내에 설치된 사설경찰이 과거 **가신단적 폭력기구**가 개별 봉건영주에게 했던 기능과 유사한 기능을 **개별자본가**를 위해서 수행한다면, 안전용역회사는 과거 **기업적인 용병군대**가 봉건지배집단 전체에게 했던 기능과 유사한 기능을 대자본가 **전체**에게 수행해주는 셈이다. 즉, 안전용역회사는 이 회사에 고용된 요원들의 개인적 성격이 어떤 것이든 관계없이 전체 대자본가의 용병군대 또는 용병경찰로 규정되어야 할 것이다.

요약하자면 안전용역회사에 고용된 요원들이 생산적 노동자로 파악되는 경우, 이들은 부르조아 사회의 재생산연관 안에서 아무런 지위를 부여받지 못한 룸펜, 탈계급화된 영락자, 사회적 무(無)이다. 이런 한에서 이들의 계급귀속성은 언급할 가치가 없다. 다른 한편 이들이 비생산적인 것, 즉 국가경찰과 마찬가지로 적대적 생산메커니즘의 '불필요비용'으로 파악되는 경우, 이들은 대중에 대해 '차라리 파괴적인' 자본의 이익을 위한 불안조성자들이다. 이 경우는 반대로 사회적 무가 아니라 일정한 사회적 기능을 지닌 무언가(Etwas)가 된다. 우리는 전체 자본을 위한 안전요원의 파괴적 기능을 사회적으로 비본질적인 것이라고 규정한다. 왜냐하면 그들의 룸펜자본을 위한 생산적 기능은 언급할 가치가 없기 때문이다. 안전용역요원들은 간접적으로 (즉 안전용역업 자본가를 매개로) 전체 대부르조아들에 의해 이들의 수입에서 지출된 봉급을 받고 고용된 '특수한 임노동자들'이다. 그들은 프롤레타리아의 분파가 아니라 프롤레타리아에 대해 파괴적·적대적이다. 그들은 이를 통해 **전체** 대부르조아의 '사회적 안전과 권력'을 증대시키고 자본의 축적과 함께 '꾸준히' 증가한다. 따라서 **전체** 자본과 관련된 사회적 기능 면에서 볼 때, 그들은 기업 내의 상비적인 사설경찰과 마찬가지로 '**중간계급**'에 집어넣어야 할 것이다. 이것은 그들의 계급행동에서도 확증된다. 그들은 자신들의 계급이익을 노동조합운동이 아니라 국가관료, 기업관료, 테크노크라트, 의사, 직업군인, 변호사 등의 중간계급과 마찬가지로 **직업단체적** 이익단체(가령 서독의 경우 '경제안전협회' VSW)를 통해 추구한다.

6. 계급관계의 역사적 변동

(1) 계급개념——계급의 객관성과 대자적 계급의 의사소통적 차원

이 책 제1장에서 살펴보았듯이 맑스는 시민사회를 "가족, 신분 또는 계급들의 조직"이라고 정의하고 있다. 이 정의는 지극히 단순화된 정의이다. 가령 대표적인 사적 조직으로서 가족은 아무리 광의로 파악하더라도 친족관계, 종친회 조직까지만 확장될 수 있을 뿐, 예를 들면 사적 차원의 무정형의 친우관계, 각종 친목단체들, 친목적 스포츠단체 등의 또다른 사적 영역은 포함할 수 없기 때문이다. 이 사적 조직들이 맑스의 시민사회 개념에서 생략된 것으로 이해되어야 할 것이다. 또한 신분들의 조직은——이 '신분들'(Stände)을 탄생신분만이 아니라 베버처럼 각종 직업신분들을 포함하는 것으로 이해할 때——침술회, 의사회, 약사회, 안경사회, 안마사회, 변호사회, 이발사회, 재향군인회, 공무원회 등의 각종 중산층적 이익단체들을 뜻하는 것으로 해석되어야 한다. 그러나 여기에는 선뜻 중간층적 '직업인들'의 이익단체로 분류될 수 없는 소비자협회, 학술단체, 종교단체(사원, 교회 및 기타 종교조직) 등 각종 비신분적·비계급적 사회단체들이 첨가되어야 한다. '계급들'의 조직도 노동조합, 기업가단체, 상공회의소, 정당 및 각종 부속단체, 각종 편향의 부속언론사, 잡지사 등 무한히 복잡하다. 따라서 맑스가 시민사회를 "가족, 신분, 계급의 조직"으로 정의한 것은 의당 주요 골격만을 적시한 것으로 이해해야 할 것이다. 계급조직 외의 여타 조직들에 관해서는 정치학적·사회학적 연구의 대상이 되어왔다. 여기에서는 시민사회의 근본골격을 이루는 계급과 계급조직만을 취급하고자 한다. 가족이든 중산층들의 조직이든——가족은 계급의 한 중요한 구성요소이고 직업신분들의 조직은 중산층들의 계급조직이므로——계급규정에 의해 근본적으로 조건지어지기 때문이다.

계급과 계급조직의 문제는 계급의 존재를 부인하거나 계급운동의 의미를 상대화시키는 각종 '포스트'이론의 등장으로 인해 고전적 계급논의로부터 다시 면밀히 고찰해보아야 하는 상황이다. 고전적 이론의 재고찰은 물론 과거의 비생산적이고 지루한 교조적 논의의 재탕일 수 없을 것이다.

맑스의 계급이론적 특징은 무엇보다도 ① **잉여이론적** 계급규정, ② "핵심구조"(Marx)로서의 **소유관계**의 위치규정 ("가장 기초적인 경제적 사실" 또는 "모든 계급상황의 근본범주", Weber 1985, 532면), ③ **객관적인 이익상황**에 기초를 둔 **반(反)명목론적** 계급실재론, ④ '계급행위'('대자적 계급')의 **반(反)경제주의적·의사소통적** 접근에 있다. 이 고전적 계급이론에 대한 간략한, 그러나 면밀한 고찰은 포스트모더니즘적·'언어유희제국주의적' 계급명목론의 대두와 관련하여 다시 현재성을 얻는다.

맑스의 계급개념은, 베버 이론에서 전적으로 결여되어 있는 **일반적 (재)생산 및 노동 이론**을 전제한다. 생산 또는 노동은 가장 추상적으로 포착하면 경제적인 목적활동이다. 이 추상적 생산 또는 노동의 개념은 모든 역사적 생산구성체들에 공통된 "이해를 위한 추상"(verständige Abstraktion)이다. 이 생산의 "추상적" 개념은 "공통된 것을 실제로 강조하고 고정하고 그리하여 반복을 덜어준다"(42: 20면 이하). 맑스는 생산을 이와같은 추상적 차원에서 다음과 같이 정의하고 있다.

모든 생산은 **일정한 사회 안에서 그리고 일정한 사회를 매개로 한** 개인 쪽에서의 **자연의 점취**(Aneignung)이다. (42: 23면)

"사회 속에서 생산하는 개인들, 따라서 개인들의 사회적으로 규정된 생산"이 생산이론의 "출발점"인 것이다. "따라서 생산에 관해 거론되면 항상 일정한 사회적 발전단계에서의 생산, 즉 사회적 개인들의 생산이다."(42: 19면) 이 일반적 생산개념에서 "점취" 또는 "소유"가 생산의 내적인 "조건" 또는는 내적 계기라는 것은 "동어반복적" 자명성을 가진 것이다(42: 23면).

요는 추상적 생산의 차원에서 또는 시원에 있어 소유권자와 생산자는 동일하다. 그러나 구체적인 생산과정에서 소유권자와 생산자는 **분업** 및 생산기능의 **사회적** 분화에 따라 '외적으로' 분리된다. 한걸음 더 나아가 이들은 분업에 제약된 생산기능들의 **위계화**(Hierarchisierung) 및 **양극화**(Dichotomisierung)에 따라 상호대립에 들어간다. "생산물"의 "주체"로의 "귀환"은 "이 **주체의 다른 개인과의 사회적 관계**에 좌우되기" 때문이다(42: 29면). 이 사회적 관계는 자연발생적으로 이해관계에 매개되어 말없이 발전, 분화·위계화·양극화되어 나중에는 의식적·언어적으로(법적 소유관계로서도) 고정된다. 이 양극성(적대성)은 여기에서 다양한 도구적(물리적·경제적) **강권**의 행사를 기초로 한 배척전략의 구조를 가리키는데, 이 강권관계는 다시 노동주체 또는 (이 주체와 불가분적인) 산 노동에 대한 소유권을 보장하는 특유한 **소유제도**에서 **가장 확고한** 물적 형식을 얻는다. 그리하여 양극적 이해관계와 적대적 소유관계는 서로를 재생산한다.

동시에 이 적대적인 소유관계는 "생산도구의 분배"와 "사회구성원들의 다양한 생산분야로의 분배"를 규제한다. 소유관계는 이를 통해 개인들이 생산 속에서 맺지 않으면 안되는 "일정한 생산관계 아래로의 개인들의 포섭"을 규제하고 거꾸로 생산력의 수준에 상응하여 발전하는 이 생산관계에 의해 구현되고 재생산된다. "명백히" 소비재의 분배는 "생산과정 자체 안에 포함되고 생산의 구조를 규정하는" 생산도구와 생산행위자들의 이 시대창설적인 **핵심구조적** "분배"의 "결과"이다. (42: 31면) 이 핵심구조는 고대의 **노예관계**(Sklaverei), 중세의 **봉건관계**(Feudalverhältnis), 자본주의의 **자본관계**(Kapitalverhältnis)로 현상한다.

이 생산 및 소유 구조('경제적 사회구성체')의 토대 위에서 소유권자 집단은 생산력 발전의 성과의 초과분에 대한 **항구적인**——이 구조가 한 시대를 이루며 재생될 정도로——착취 또는 강탈을 조건짓는다. '착취' 또는 '강탈'을 강권에 의존한 배타적 점취로 이해하면, 강탈된 초과분은 잉여노동, 잉여생산물 또는 잉여가치 등의 특유한 역사적 형식으로 현상하는 **잉여**(Surplus)를 구성한다. 그러나 맑스에 있어 잉여의 **최종적인 원천**은 항상 **노동**이다. 이 잉여에 대한 경제적 이해관계는 사회구성체를 보수(保守)·재생산·방어하는 소유권자 집단의 정치적인 이해관계의 근본을 이룬다. 소유권자(들)과 소유 없는 생산자(들) 간의 사회투쟁도 이 잉여를 둘러싸고 불타

오르는데, 잉여의 양은 사회적으로 인정된 생산자들의 생활수준, 생산력 수준 및 계급간 세력관계에 따라 변화를 보인다. 잉여를 강탈하는 소유권자 집단과, 생산수단에 대한 소유권이 없다는 의미에서의 무산(無産)의 생산자 대중은 자신들의 이익상황의 기초 위에서 상호 배척하는 **계급들**을 형성한다.

그러나 이것은 이 핵심구조적 생산관계 속에 편제되지 않은 다른 사회집단들이 계속 존속할 가능성을 부정하지 않는다. 하지만 이론구성의 편의상 이것을 도외시하면, **생산관계**는 항상 **계급관계**의 기저에 놓여 있는, 기능적·사회적으로 위계적인, 동시에 적대적인 **소유관계**를 함의한다. 소유의 (무소유상태에 이르기까지의) 분화, 위계화, 양극화는 소유의 종류와 크기에 따라 한 계급 내에서 그리고 계급들간의 기능적·사회적 분화와 위계화를 조건짓는다. 이 소유와 경제적 기능의 분화 및 위계화는 다시 보통 한 계급 내에서 그리고 계급간에 계급소속인들의 **이익**(객관적인 이익상황의 특유한 체험유형 및 행위전략적 기대유형), **교양**(기술적·문화적 도야)과 **생활양식**(생활풍속, 생활취향, 생활스타일)의 차이, 나아가 **영예**(명망)의 위계적 구조를 규정한다. 즉, 맑스에 있어 계급이익, 교양, 생활양식, 영예는 즉자적 계급의 구성요소들이다.

한걸음 더 나아가 소유는 지배계급의 간(間)세대적인 동일성을 재생산한다. 소유제도는 가족성원들에 대한 생산수단 및 자산의 상속 및 가족성원의 계급정체성(正體性)의 세대간 재생산을 보장한다. 따라서 계급사회는 **세습적** 소유권 없이, 즉 (경제적 등가관계에 의해 매개되는 것이 아니라) **가족관계**에 의해 매개되는 상속 가능한 소유권 없이 재생산될 수 없다. 따라서 계급성원은 단순한 '개인'도, 추상적 '인간'도 아닌 **가족**이다. 계급적 개인들은 항상 가족관계에 의해 매개되기 때문이다.

따라서 맑스의 계급이론에서 ①**소유와 가족**, ②객관적인 **이익상황과 이익**(객관적 이익상황의——행위자에 특유한, 행위전략적으로 정향된——체험 및 기대 유형), ③**교양**(기술적 기능능력＋인격적 도야의 정도와 양식), ④**생활양식**, ⑤**이익적대성** 등은 근본범주를 이룬다. 따라서 맑스는 '즉자적 계급'(객관적으로 실존하는 계급)을 경제적 조건 및 이익뿐만 아니라 다음과 같이 애당초 가족, 생활양식, 교양을 기초로 정의하고 있다.

수백만의 **가족들**이 이들의 **생활양식**(Lebensweise), **이익**(Interesse), **교양**(Bildung)을 다른 계급들과 분리시키고 이들에 **적대적으로** 대립시키는 **경제적 생존조건** 아래 살고 있다면, 그들은 하나의 계급을 이룬다. (8: 198면)

맑스의 이 계급정의는 소유권, 가족, 이익 등의 개념을 사소한 범주로 전락시키는 모든 포스트모더니스트들에 대항하여 그리고 ‘생활양식’과 ‘교양’의 개념을 **즉자적** 계급의 정의에서 망각하는 많은 ‘맑스주의자들’에 대항하여 새삼 강조되어야 한다.

따라서 ‘즉자적’ 계급은 관찰하는 이론가에 의해 임의의 특성(가령 특정 드라마의 시청 여부)에 따라 추출된, 임의로 분류될 수 있는 ‘노트 종이 위의’ 임의적 집단이 아니다. 즉, 그것은 **명목적인** ‘범주’가 아닌 것이다. 맑스의 ‘계급’은 **동일한(또는 유사한)** 경제적 생존조건(＝객관적인 물적 이익상황)에 근거한 **동일한(또는 유사한)** 생활양식, 동일한 이익 및 이익대립, **동일한** 교양수준을 갖고 **살고 있는** 객관적으로 **실존하는** 사회적 집단이기 때문이다. 이것은 한 계급의 적대계급과의 사회적 교류(가령 결혼 및 우정관계 등)의 결여 또는 이 교류의 거부, 회피, 배척, 계급차이에 의한 소싯적 우정관계 및 형제자매관계의 소원화 및 붕괴, 심지어 상이한 몸가짐 및 의상, 음식 먹는 방식, 즐기는 음식, 음식점의 종류, 스포츠, 즐겨 타는 차종(車種) 등 무수히 많은 ‘생활양식’에서 일상적으로 확증되고 통속적인 드라마 속에서 매일매일 확인되고 공감된다. 즉, 일정한 계급에 속하는 성원들은 일상적 생활실천 속에서 타계급의 성원들을 배제하고 분류함으로써 자신을 실천적으로 일정한 계급으로 분류한다. 사회구성원이 이와같이 무의식적인 사회적 행위를 통해 자신과 타인을 일정한 계급으로 분류, 차별하기 때문에만 관찰자의 위치에 있는 이론가들이 사회성원들을 계급으로 분류할 수 있는 것이다. 말하자면 **사회과학자들의 이론적 계급분류는 개인들 자신의 일상실천적 계급분류를 재현하는 것 외에 다른 것이 아니다.**

따라서 맑스의 계급범주는 **실재론적**이다. 그러나 ‘계급’은 직접적으로, 즉 개인에 앞서 존재하는 것이 아니라 동일한 이익상황에 처한 동일한 생활양식의 개인들에 의해 **가족적·개인적으로 매개되어 구성된다.** 맑스의 계급론은 정확히 규정하자면 **개인매개적 실재론**이다. 따라서 맑스는 개인들의 실존에 앞서는 '계급의 사전적(事前的) 실존'(Präexistenz der Klasse)을 주장하는 **소박실재론**(naiver Realismus)을 다음과 같이 비판하고 있다. "부르조아 개인이 부르조아류(類)의 한 견본이라는" 명제는 "부르조아 **계급**이 이미 부르조아 계급을 구성하는 **개인들에 앞서** 실존한다는" 말이나 다름없는 빈말이다(3: 75면 난외 주). 따라서 개인은 자신의 이익을 잘못 인지할 수 있지만 계급 전체는 자신의 이익에 대해 '불가오류'라는 카우츠키 및 과거 맑스·레닌주의자들의 믿음은 개인들 이전에 사유하고 행위하는 '계급'이 이 계급을 구성하는 개인이나 가족에 앞서 존재한다고 전제하는 한에서 전형적인 소박실재론적 궤변인 것이다.

개인들의 계급적 이익의 **동일성**(Dieselbigkeit)은 '즉자적' 계급의 실존을 조건짓지만, **자신들간의 공동성**(Gemeinsamkeit), **즉 연대성**은 아직 **아니다** (이익동일성과 이익공동성의 엄격한 구분). 즉, 계급이익의 객관적 동일성은 개인들간의 특유한 사회적 교류행위 없이 공동성, 즉 '대자적(對自的) 계급'(계급조직)을 창출할 수 없다. 말하자면 동일한 이익상황은 결코 공동의식을 **인과적으로** 야기하는 것이 아니다. 이런 의미에서 맑스는 다음과 같이 말하고 있다.

소농들간에 단지 국지적인 연관만이 존재할 뿐이고 그리하여 그들의 **이익동일성**이 그들간의 아무런 **공동성**도 아무런 전국적 접촉연관도 아무런 정치적 조직도 창출하지 못하는 한에서, 이 소농들은 전혀 (대자적—인용자) 계급을 형성하지 못한 것이다. (8: 198면)

따라서 이 즉자적인 소농계급은 제아무리 수적으로 많을지라도 그리고 아무리 유사한 경제적 조건과 생활양식(풍습) 속에서 대규모로 살고 있을지라도 계급적 연대행위(='계급행위')를 통해 자신의 이익을 관철할 정치적 능력이 결여되어 있다. 이것은 초기 계급형성과정에서 프롤레타리아에게도 적용된다. 자본의 지배하에서 동일한 상황에 처하고 동일한 이익을 지니게 된 "대중은 이미 자본에 대해 하나의 계급이지만, 대자적으로는(=자기 자신을 위해서는 für sich selbst) 아직 계급이 아니다"(4: 181면).

한걸음 더 나아가 모든 개인적 계급주체들의 계급이익에 대한 **인식적·의식적 각성**, 즉 **계급의식**(주체-객체 인식관계)도, 또 일정한 경제적·사회적 현상 및 사건에 대한 **대중적인** 동일한 인과적 반응행위(주체-객체 행위관계)도 아직 계급주체들간의 공동성 및 연대적인 공동행위를 산출할 수 없다. 이것은 소비자대중이 물가인상에 대해 대중적으로 보이는 동일한 반응과 같은 비연대적인 인과적 반응에 지나지 않기 때문이다. 게다가 동일한 계급적 상황에 있는 개인들이 서로간의 의사소통과 연대 없이 적대계급의 개인주체들과 개별적인 투쟁을 전개한다 하더라도 이 투쟁은 계급행위가 아니라 직접적으로 이익에 제약된 방어적 습성('생활양식', 즉 즉자적 계급의 한 계기)을 넘어서지 않는 것이다.

개인적인 계급주체들의 **이익연대**(Interessensolidarität)의 토대 위에서만 공동의 의지적·의도적인 (intentional) 이익추구, 동일한 상징, 도덕, 윤리, 세계관이 산출되고 발전된다. 그런데 이 연대는 맑스에 의하면 상호적 **소통**과 공동적 **투쟁**의 변증법(주체-주체관계)에 의해서 비로소 창출될 수 있다. 맑스에게 '대자적 계급'의 개념은 한편으로 항상 개인들간의 의사소통(과 소통적 공론) 및 기술적·경제적·사회적·정치적 소통조건을 전제한다. 따라서 맑스는 계급적 단결을 위해서는 개인들을 좁은 공간에 밀집시키는 "산업도시"와 "저렴하고 신속한 **소통**"이 필요하다고 말하고 있다. 하지만 이런 조건하에서도 "모든 조직된 권력"은 "장구한 투쟁" 후에야 창설된다. (3: 61면 난외 주)

이 관점에서 보면 농민은 대자적 계급으로의 구성이 가장 어려운 계급이다. 농민의 소농적 생산양식은 "그들을 상호적 교류 속에 집어넣는 것이 아니라" 상호 "고립시킨다." 이 고립성은 농민들의 "조악한 **소통수단**"과 "빈곤"에 의해 더욱 강화된다. (8: 198면) 소통이 없으면 계급적 연대(대자적 계급)도 없는 것이다.

이에 반해 부르조아지와 프롤레타리아트는 계급적 소통에 상대적으로 유리한 조건을 갖는다. "상업"의 확장, 이에 촉진된 도시간 "소통의 산출"은 맑스에 의하면 개별적으로 고립된 "시민도시들"로 하여금 동일한 적수인 봉건세력과의 "투쟁" 속에 들어 있는 동일한 이해관심을 지닌 "다른 도시들을

사귀게(kennenlernen) 만들었다.”이 소통과 사귐을 통해 수많은 국지적 시민집단으로부터 아주 점진적으로 시민“계급”이 성립했다. 동일한 이익과 동일한 적대방향은 소통에 의해 도처에서 동일한 윤리와 세계관을 창출한 것이다. (3: 53면) 물론 봉건주의와 절대왕정하에서의 부르조아 계급의 사회적 발전의 첫 단계는 장구한 것이었고 “상대적으로 큰 노력”을 요하였다(4: 181면).

임금노동자들은 밀집된 지역에서 거주하고 노동한다. “대공업이 서로 모르는 수많은 사람들을 한 장소에 집합시키기”(4: 180면) 때문이다. 이것은 노동자들의 결속을 위한 좋은 소통조건을 이룬다. 그러나 기업권력과 국가권력을 돌파하는 실제로 성공적인 의사소통만이 비로소 동일한 이해관심을 가진 노동자들을 사귐과 연대적인 행위로 이끌 수 있다. 간단히 줄이자면 동일한 이익상황과 이익대립은 계급개인들의 개인적 **행위습성**을 등질화시키는 **원인**(Ursache)일 수 있지만, **공동의 의지적 행위의 이유** 또는 **근거**(Grund)는 아니다. 공동의 의지적 행위 **일반**은 인과적으로 벌어지는 것이 아니라, 이유에 의해 근거지어짐으로써만 수행되기 때문이다. 이 연대적 공동행위의 이유 또는 근거는 오직 도덕적·윤리적·문화적 가치관의 기초 위에서 **소통적으로만** 산출되고 몇몇 기존의 가치관념이 분쇄될 필요가 있는 경우에도 이 낡은 가치의 분쇄와 새로운 가치의 도입은 **오직 소통적으로만** 수행될 수 있기 때문이다. **대자적 계급형성에 있어 이 수평적인 소통의 계기는 맑스의 대자적 계급개념에 있어 본질적 계기이다.** 이 점에서 맑스를 개인들간의 소통적 행위를 배제한 **소박한** ‘생산패러다임론자’로 잘못 비난하는 하버마스는 의도하지 않게 그의 『소통적 행위의 이론』(*Theorie des kommunikativen Handelns*, 1981)으로써 맑스의 이 대자적 계급의 소통적 개념에 정교한 이론적·방법적 토대를 보충해주고 있는 셈이다. 이 소통의 계기는 지금까지 대부분의 ‘맑스주의적인’, 특히 ‘맑스·레닌주의적인’ 계급이론들에서 철저히 배제되었던 점이다. 이 계급이론들은 계급의 대자적 조직화 이론에서 일차적으로 중요한 것을 객관적인 계급이익에 대한 계급주체의 올바른 인식(계급의식), 그 최고의 올바른 인식형태로서 이론적·과학적 인식(이론적 계급의식)으로 규정하였다. 이 ‘인식주의적’ 주객(主客)관계 모델의 정치실천적 적용은 개인들간의 수평적 소통(주체–주체관계)을 배제하고 객관적 상황에 대한 인식을 촉진시키는 **교육**을 절대화함으로써 노동자대중을 교육·계몽하는 인식독점적·진리독점적 전위집단과 피교육자로서의 노동자대중을 실천적으로 양극화하는 **수직적 교육독재체제**로 귀착했다. 그리하여 전위들은 부지불식간에 노동자대중을 조직되어야 하는 대상으로 취급하여 이들과의 관계에서 진정한 '소통적' 행위를 배제, 노동자대중에 대해 '소통적' 행위로 위장된 '전략적 행위'만을 수행한 것이다. 이런 이론적·정치실천적 오류에 대항하여 맑스의 이론에서 본질구성적인 계기인 수평적 소통을 강조하는 것은 따라서 절대적으로 필수적인 것이다.

물론 이 간주체적인 소통의 계기에 대한 강조는 객관적인 계급이익(상황), 즉 이해관계의 개념을 소멸시키는 차원으로 절대화되어서는 안될 것이다. 소통만을 절대화하는 이 '소통주의적'·'문화주의적' 시각에서는 이해관계의 개념을 소홀히 하여 서로 대립적인, 나아가 적대적인 이해관계에 서 있는 사람들간에도 문화적 소통만 잘하면 계급이 구성될 수 있는 양 생각할 수 있는 이론적 애매성에 빠질 수 있다. 이해관계를 망각하는 이 소통적 계급'구성주의'는 소통이론적·담화론적으로 변형된 관념론적 계급명목론으로서 포스트모더니즘의 담화적 실천개념에서 정점에 도달한다. 이것은 '맑스·레닌주의적' 오류의 정반대 쪽에 있는 또다른 오류인 셈이다. 그러나 다시 강조하자면 **동일한 경제적 이익(상황)**은 인과적으로 개인들의 행위에너지, 계급적 개인들의 동일한 생활양식, 교양, 생활습성을, 말하자면 계급적 교류와 소통을 위한 **자연스런** 사회적 조건을 산출한다. 이 사회적 조건은 계급구성원들간의 소통을 촉진시키고 계급 밖에 있는 사람들과의 사회적 소통과 교류는 희소화하거나 배제한다. 따라서 이해관계에 대한 고려는 '대자적 계급'의 소통이론적 규정에서도 제거될 수 없는 것이다.

다른 한편 **공동투쟁**은 소통을 전제할 뿐만 아니라 계급주체들로 하여금 내적 소통과 연대를 활성화·긴밀화하고, 나아가 적수집단에 대항하는 선명한 당파적 연대를 촉진시킨다. 공동투쟁은 이익단체의 단순한 실리주의적 자세를 넘어서는, 말하자면 일탈자들을 도덕적으로 '배신자'로 제재할 수 있는 계급의 **연대적 정체성**(正體性)――선명한 구획과 행위능력 있는――과 **연대권력**――필자가 이 책 제1장에서 정의한 의미에서의――의 창설을 조건짓는다. 즉, 공동투쟁은 소통적 행위와 더불어 '대자적 계급'의 형성을 위한 한 근본요소이다. 말하자면 "개별적 개인들은 다른 계급에 대해 공동투쟁을 수행해야 하는 한에서만 하나의 계급을 이룬다"(3: 54면). 또는 "투쟁 속에서 이 대중은 함께 모여 자신들을 대자적 계급으로 구성한다"(4: 181면).

요약하면 맑스의 계급이론은 객관적 이해관계와 이익대립의 개념을 망각하고 '언어유희제국주의적인' 구성주의('the making of class')로 전락하는 계급명목론의 피안에 있을 뿐만 아니라, 간주체적인 소통을 망각하고 한낱 주객관계적일 뿐인 인식주의적 계급의식의 섬광 같은 형성을 기대하는 경제주의(소박실재론)의 피안에 있으며, 개인들간의 수평적 소통을 억압하고 『자본론』을 읽은 전위들로 하여금 계급의식을 외부로부터 가르치려고 하는 '과학주의적' 교육독재의 피안에 있다.

(2) 맑스의 중간계급 정의와 올바른 예측

여기서 우리는 최고경영자, 사무실 및 생산현장 관료체제, 사적 기업경찰 등의 분석에서 얻어진 계급이론적 결과들을 총괄해보고자 한다. 기업의 계급관계는 날로 복잡다단하게 분화와 통합을 거듭하고 있다. 심지어 기업관료층의 지위조차도 극소전자기술에 밑받침된 **권력의 양극화 경향**으로 인해 악화되는 경향을 보이고 있다. 그러나 이들의 금전적·사회적 특권과 권한은 아직 뚜렷이 잔존하기 때문에 우리는 자본 아래로의 형식적 포섭조차 마감하지 않은 관료층을 **탈관료화되어** 자본 아래로의 **형식적 포섭**을 완료한 **지식노동자층**(및 기타 사회적으로 숙련된 상업적 기술의 전문인력)과 간단히 등치시키는 계급이론적 입장들에 대해 거리를 취하지 않을 수 없다. 이 계급이론들의 시각에서는 형식적 포섭의 궁극적 관철에 대해 **조직체계적으로**(종신고용 등) 보호되고 좀더 높은 지위를 점하며 후한 보수를 받는 관료층이 형식적 포섭의 완결로 인해 탈관료화된 지식노동자층과 나란히 "신쁘띠부르조아"(Poulantzas 1975) 또는 "신중간계급"(Wright 1978)으로 현상한다.

애당초 관료적 권한과 특권을 갖는 관료층은 이것이 전혀 **없는** 지식노동자들과 선명히 구별되어야 한다. 왜냐하면 "지도의 노동의 일부는 자본과 노동의 적대적 대립, … 자본주의적 생산의 적대적 성격으로 말미암은 것"이고 이런 까닭에 관료의 봉급의 일부는 "유통과정"이 야기하는 "노동의 90%가 그렇듯이" 항상 "생산의 불필요비용에 속하기" 때문이다(26.3: 495면). 거대기업 안에는 관료 외에 물론 고급 및 중급 차원의 **테크노크라트**도 근무한다. 이들은 (관료적 특권이 아니라) 기획, 개발, 시장조사, 조직 등과 관련된 **테크노크라트적 권한**을 위임받고 있어서 관료층과 마찬가지로 형식적 포섭상태에도 있지 않고 보통 회사와 유사 동업자적인 개인적 노무계약을 체결한다(즉 임금협약 밖의 지위 AT-Status, Haupt/Kolbe 1978, 59면). 테크노크라트는 말하자면 **업무능력의 권위**에 기초한 특별한 권한과 특권을 부여받고 자본의 이익을 위해 기능하는 자들이다.

따라서 관료층과 테크노크라트층의 노동에는 그들이 "노동자들에 대해 자본을 대변함"으로 인해 "대립적 성격"이 달라붙어 있다(25: 401면). 이런 이유에서만 그들은 관료적·테크노크라트적으로 '부패한' 특별지위를 향유할 따름이다. 그들은 이런 특권 이외에 그들의 생산적 노동기능의 가치보다 많은 "특별한 노임"(25: 391면)을 받는다. 즉, 그것은 항상 자본이 "자기 계급의 이익에 대항하여 고용주의 이익에 따라 기능하는 개별감독자 등을 매입할 때" 지급하는 "특수한 수당"을 포함하고 있는 것이다(42: 213면). 이 **충성수당**은 본래적인 임금과 무관하고 자본가의 이윤수입으로부터 지출된다. 말하자면 관료층과 테크노크라트층은 그들의 간부능력과 전문능력을 부분적으로 법률적 또는 신용적 자본소유자의 수입과 교환하는 셈이다. 따라서 그들의 충성수당이 이윤과 완전히 분리되어 숙련노동에 대한 임금의 형태를 취하고 있는 것은 순전히 경리기술상의 허상일 뿐이다. 관료층과 테크노크라트층은 따라서 부분적으로 남의 잉여노동을 점취한다. 따라서 그들의 존재는 노동자에게 부담이 된다. "임노동자들은 자기 자신의 임금에 더하여 감독임금, 자신에 대한 지배와 감독에 대한 보수도 생산하도록 강요하기"(25: 399면) 때문이다. 그들은 종종 그들의 특수이익을 확대하여 '별을 따려는' 목적에서 **직업단체적** 이익집단을 형성한다. 한걸음 더 나아가 앞에서 언급했듯이 관료적 간부인력과 테크노크라트의 임노동자적 성격은 불완전하다. 그들에게 형식적 포섭은 아직 완결되지 않았고 그들의 노동시장은 완전히 발전해 있지도 않고 자기동력적인 것도 아니라서 중개업소(가령 Personalberater)가 이 인력의 기업간 이동에 개입해야 할 정도이다. 관료층적·테크노크라트적 간부인력과 전문인력은 여전히 '희소한 상품'이다. 그들은 **"특수한 부류의 임노동자들"**(23: 351면)이기 때문이다. 따라서 그들의 대부분은 **중간계층**(또는 '중간계급')에 속한다. 한편, 대독점기업의 이사진 바로 밑에 위치하고 재수가 좋으면 이익배당에도 가끔 참가하는 고위관료층과, 자본의 이익을 위해 대프로젝트를 준비하고 평가하는 AT-Status에 있는 과학자들인 **고위 테크노크라트층**은 기업 내의 **관료적·테크노크라트적 부르조아**로 분류될 수 있을 것이다. 이들에게는 종종 신용자본가적 최고경영자(이사)로 승진할 수 있는 기회가 열려 있다.

고위 또는 중급의 관료층 및 테크노크라트층은 기업 밖의 중간층들(국가관료, 기타 이데올로그층, 문필가, 예술가, 성직자, 의사 등)과 더불어 절대적으로 증가하는 데 반해 **생산적** 프롤레타리아는 절대적으로 증대하지만 상대적으로 줄어든다. **쁘띠부르조아**(소상인과 소생산자)는 이에 반해 대공업과 대상업의 성장과 함께 절대적·상대적으로 감소한다. 맑스는 이런 방향으로의 진행을 부르조아 사회의 정상적인 진행과정으로 강조하고 있다. 그는 많든 적든 부르조아의 수입에서 지출되는 충성수당 등에 의해 부양되고 부르조아지의 지배권력을 강화시키기 위해 기능하는 새로운 중간계층의 꾸준한 역사적 증가 경향과 옛 쁘띠부르조아의 점진적인 역사적 몰락 추세를 대립시키고 있다. 맑스가 전체 사회가 두 계급으로 단순히 양극화될 것으로 예단했다는 소문과는 정반대로[51] 그는 다음과 같이 말하고 있다. "스스로 얼마간 **공상적인** 것으로 간주하고 있는 맬서스의 최고의 소망은 **중간계급 대중이 성장하는 데 반해 (노동하는) 프롤레타리아는 (절대적으로는 성장할지라도) 전체 인구에서 점차 상대적으로 감소하는 부분을 이루는 것이다. 그런데 이것은 실은 부르조아 사회의 진행상황이다"**(26.3: 57면). 위에

---

51) 맑스와 엥겔스는 "두 개의 커다란 적대적 진영, 즉 두 개의 커다란, 상호 직접 대립하는 계급들, 부르조아지와 프롤레타리아트"(4: 463면)로의 사회의 점진적 분열에 관해 언급하는 『공산당선언』에서조차도 특수한 임금노동자들로서의 새로운 중간계층의 생성을 시야에서 놓치지 않고 있다. 그는 곧 공장의 "하사관과 장교의 완전한 위계체계"(4: 469면)에 관해 언급하고 있기 때문이다. 이 산업하사관과 산업장교들이 중간계층이 아니고 무엇이란 말인가?

서 인용된 리카도에 대한 반박과 관련된 맑스의 언표는 이 과정을 더욱 선
명히 보여준다.

리카도가 강조하는 것을 잊은 것은 한편으로는 노동자들과 다른 한편으
로는 자본가 및 지주 사이에, **중간에 서 있으면서** 점차 큰 규모로, 대부
분 소득에 의해 직접 부양되며 노동하는 기층민(基層民)에 짐으로 부담을
주는 **중간계급들의 꾸준한 증대**이다. (26. 2: 576면)

맑스 자신의 이 분명한 언표들은 "맑스가 경직된 '양극화 교리'를 예언했
다고 무고함으로써 정치적으로 귀찮은 맑스로부터 계급이론적으로 가능한
한 신속히 해방되고자 하는 맑스 킬러들(Marx-Killers)"(Ritsert 1988b, 79면)
을 괴롭히지 않을 수 없을 것이다. [52]

(3) 지식프롤레타리아와 '중간계급'의 차이

관료층 및 테크노크라트층과 반대로 그 어떤 서명권도 지시권도 **없이** 다
만 전문적 수행기능만을 맡고 있는 사무실 지식노동자층 및 준지식인력층은
훨씬 더 급속히 증가하고 있다. 이들이 점차 손노동자화하여 '노동계급'으로
하강할 것으로 파악하는 과거 일부의 교조적 계급론은 극소전자기술의 투입
으로 야기되는 기업 정상(頂上)과 기업 기층(基層) 간의 **심화되는 권력의
양극화를 숙련기능의 양극화(탈숙련화)로 착각한** 이론적 혼란이거나, 이미
국면규정적이지 않은 부분적인 탈숙련화 경향을, 정반대의 더 큰 경향에 의
해 압도되고 있는 점을 주목하지 않은 채 전체적 경향으로 과장한 사고의
산물일 뿐이다.

비관료적·비테크노크라트적 지식노동자층은 이미 오래 전에 자본에 완전
히 형식적으로 포섭되었고 관료체제와 테크노크라시 체제의 단순한 **통제대**

---

52) 이런 경우에는 리체르트가 정당하게 과거 서독 맑스주의 그룹들간의 문헌교조적인
   비생산적 상호비판의 관례를 비꼬면서 이름붙인 "인용문 성전(聖戰)"도 무의미한 것이
   아니다.

상이 되었다. 이들은 관료체제와 테크노크라트 체제에 고통받고 차라리 이 것과 투쟁관계에 들어서 있다. 따라서 지식노동자층의 두뇌노동은 이제 손노동자와 아무런 "대립적 성격"을 지니지 않고 자신의 "개인적 재능과 성취능력"에 근거한 "자연적 특권"(19: 21면) 외에 아무런 특별한 특권을 향유하지 않는다. 따라서 그들은 결코 손노동자에 짐으로 부담을 주며 지배계급의 사회적 안전과 권력을 증대시키는 중간계층에 속하는 것이 아니라 **지식프롤레타리아** 및 준지식프롤레타리아에 속하는데, 이들은 사회변혁과정에서 "그들의 **형제들인 손노동자들**과 나란히 그리고 이들의 한복판에서 중요한 역할을 수행할 사명을 띠고 있는"(22: 45면) 셈이다. 기업 내의 전체 대졸인력에서 지식프롤레타리아가 차지하는 몫은 서구에서 이미 1960년대 후반에 관료층 및 테크노크라트의 인텔리 숫자의 2배 이상에 달했다(Haupt/Kolbe 1978, 58면). 오늘날은 지식프롤레타리아 비율이 자본가 및 최고경영자 인텔리까지 포함한 사(私)경제 속의 전 지식인력의 2/3를 넘어섰다(Winter 1989, 240면). 엔지니어층에서 지식프롤레타리아 및 여타 두뇌노동하는 전문인력은 무려 4/5에 달한다.

그러나 '포스트산업사회론자'들이 그러듯이 이들을 최하층의 **단순사무인력** 및 판매, 발송, 보관 노동자들과 동류로 취급해서는 안될 것이다. 이런 분류는 "이 구성원들의 무한한 분개"(Ritsert 1988b, 110면)를 초래할 것이다. 탈관료화된, 그러나 높은 기능을 지닌 사무실 주요 노동자들은 물론 이 단순사무인력과 마찬가지로 임금종속적 처지에 있긴 하다. 또 체계적 자료처리기술의 투입은 장래 주노동자와 단순인력 간의 기능구분을 점차 지양할 것처럼 보이기도 한다. 이것은 주노동자들에게 단순 컴퓨터 조작이 강요되고 이로 인해 단순인력의 수가 점차 줄어드는 식으로 진행되고 있다. 그러나 저 '무한한 분개'를 뒷받침하는 **객관적** 분계선이 아직도 엄존하고 이로 인해 보다 높은 추상수준에서 등질적인 것으로 파악된 이 임노동자들을 지금도 선명히 갈라놓고 있다. 즉 지식프롤레타리아는 손노동으로부터 해방된 두뇌노동자이지만 단순사무인력은 실은 **사무실 손노동자**(büromäßige Handarbeiter)이기 때문이다.

수적으로 완만하게 **감소하고** 있는 이 사무실 단순인력은 그 단순 손노동으로 인해 자본에 **실질적으로** 포섭되어 있고 따라서 '노동계급'으로 분류되어야 할 것이다. [53] 물론 이것은 이 단순사무인력이 그들의 의식 속에서 산업노동자들과 즉각 스스로를 동일시할 것이라는 것을 의미하지 않는다. 그들의 대부분은 전전(戰前)만 하더라도 보통 일시적으로만(가령 결혼 전에만) 직업활동을 하였다. 그리고 그들의 의식은 허위의식으로 말미암아 왜곡된다. 그들은 심지어 사무실 안에서, 산업프롤레타리아로 전락하지는 않았다는 일종의 안도감을 느끼고 있기까지 하다. 이것은 오늘날도 부분적으로 타당하다. 하지만 이러한 그들의 '콧대 높은' 의식은 단순한 허위의식에만 근거하는 것이 아니라, 전노동계급 내에서 **생산적** 노동자 분파에 대한 그들의 **객관적** 차이에도 뿌리박고 있다. 그들은 생산과정으로부터 공간적·조직적으로 분리된 좀더 나은 일자리에서 일하고 따라서 이 생산과정으로부터 필연적으로 발생하는 소음, 악취, 먼지, 해로운 광선, 열, 생명의 위험 등을 그리고 생산현장의 좀더 엄격하고 까다로운 노동수칙 등을 면제받고 있다. 즉, 그들은 생산적 노동자에 대해 독자적인 **분파**를 형성하는 **비생산적** 노동자들인 것이다. [54] 오늘날 단순사무인력의 더 나은 노동조건은 이들의 임금이 종종 산업노동자들의 평균임금보다 낮아졌을지라도 노동자들이 이

---

53) 몇몇 맑스주의 이론가들은 단순사무인력의 노동계급성을 부인하고 있다. 가령 J. 쿠친스키는 다음과 같이 말하고 있다. "나의 견해에 의하면 이들은 노동계급에 속하지 않는다"(Kuczynski 1986, 93면). 왜냐하면 그들은 "일관되게 혁명적이지" 않기 때문이다(같은 책, 96면). 혁명적 일관성은 그러나 의식요소로서 객관적 계급 그 자체를 판별하는 기준일 수 없다. 이를 기준으로 할 때 오늘날 전혀 혁명적이지 않은, 제국주의 국가의 산업노동자들도 노동계급 범주에서 빼내야 할 것이다. 한편 이에 정면으로 맞서 전통적인 산업노동자보다 새로운 기술발전에 대응하는 더 높은 기능을 지닌 '신노동계급'이 '더 혁명적'이라고 주장하는 말레(S. Mallet) 등의 테제와 쿠친스키류의 전통적 주장 간의 논쟁은 그 자체가 이미 낡은, 문제의 핵심을 호도하는 가상(假像)의 대안들간의 논쟁이다. 오늘날 현실의 올바른 상은 실질적으로 포섭된 노동자 부류든 형식적으로 포섭된, 더 높은 기능의 두뇌노동자 부류든 개혁의 잠재력을 지니고 있되 **결코 혁명적이지 않다**는 데 있기 때문이다. 따라서 과제는 이 중 어느 노동자 부류가 '더 혁명적이냐'를 가리기 위해 때지난 논쟁을 하는 데 있는 것이 아니라, 각 부류가 처한 특유한 상황에 객관적으로 근거하는 개혁의 잠재력을 각각의 부류가 동시에 지니고 있는 객관적 단점들에 의해 상쇄당하지 않도록 동원하는 전략의 수립이다.

54) 따라서 '생산적' 노동과 '비생산적' 노동이라는 맑스의 범주는, 지배계급과 피지배계급 간의 계급구분에 유효한 것은 아니지만 "계급연구를 계급성원들의 특유한 문제 및 이익 상황에 이르기까지 구체화시키기 위해 필수불가결하다"(Ritsert 1988, 254면).

단순사무직을 더 선호하는 근본이유이다. 그러나 이것은 사무실의 단순인력이 공장노동자들과 마찬가지로 자본에 실질적으로 포섭되었다는 사실을 바꾸지 못한다. [55]

이에 반해 수적으로 급속히 성장하고 있는, **대학과정을 통해 이론적으로** 교육된 지식인력과, 부분적으로 이론학습을 통해 그러나 무엇보다 **사회경험 과정을 통해** 높은 기능을 획득한 공장과 상업부문의 준지식프롤레타리아[56]는 단순사무인력보다 나은 처지에 있다. 이들의 급성장은 사회 전체의 통계에 의해 거듭 확인되고 있다. 이 경향은 독점대기업의 경우 더욱 뚜렷하다.

(준)지식프롤레타리아는 극소전자적 '체계적 합리화' 속에서 권력지위로부터 완전히 배제되어 더욱 무력화되었다(**권력의 양극화 경향**). 그러나 그들의 **기능**은 여전히 보존되고 재생산된다. 이들의 수가 증가하는 것을 감안하면 기능의 양극화(=탈숙련화) 테제란 전혀 추세를 잘못 이해한 것이다. 한편 (준)지식프롤레타리아가 상부에서 위임되는 권력으로부터 배제되었지만, 그들은 노동수행 **동안** 또는 노동 **안에서** 공장노동자나 사무실 손노동자들처럼 비자립적 위치로 내몰리지는 않고 있다. 두뇌노동의 특유한 소재적 성격은 여전히 실질적 포섭의 장애물이기 때문이다(Lange 1984, 246면 이하). 따라서 그들은 아직도 자본 아래 비교적 형식적으로만 포섭된 셈이고 이것은 보

---

55) SOST그룹은 단순사무인력을 망각하고 다음과 같이 주장하고 있다. "노동자와 사무직원 간의 경계선은 **숙련노동과 비숙련노동**의 분파형성에 따라 그리고 노동의 경제적 형태규정에 따른 구조에 관계없이 그어진다"(Bischoff (Hg). 1980, 67면). 그들은 사무직원을 다 숙련노동자인 것으로 생각하고 있다.

56) 여기서 준지식프롤레타리아(sub-intellektuelle Proletarier)란 공립 또는 사립 전문직업학교에서 **어느정도 이론적으로** 교육되었으나 **튼튼한 추상적·이론적 대학교육을 거치지 않은** 상업 및 행정 요원들을 가리킨다. 이들은 자신들이 암기하여 단순히 적용할 뿐인 과학적 공식이나 도식을 내용적으로 이해하지 못한다. 오늘날은 기술의 너무 빠른 도덕적 마모로 인해 끊임없는 보습교육이 필수적이다. 그러나 이 준지식프롤레타리아층에게는 이 끊임없는 보습교육의 기본지식으로 기능하는 튼튼한 이론적 일반교육이 결여되어 있다. 이런 까닭에 그들은 기존의 기술수준에 구속된 비이론적 경험지식에 의존하는 경향이 더 강하다. 튼튼한 이론적 추상지식의 결여 및 그들 기능의 경험지식 구속성은 따라서 본래적인 지식프롤레타리아와 차이진 그들의 사회경제적 상황을 규정한다. 그들은 더 낮은 임금을 지급받고 그들의 노동력은 본래적 지식프롤레타리아와 비교해볼 때 더 빨리 마모되고 따라서 그들의 고용관계는 더 불안정하다. 이런 한에서 그들은 전체 지식프롤레타리아 안에서 하층을 이루고 있다.

다 실질적으로 포섭된 이른바 노동계급과의 객관적 차이를 이룬다. 그들의 기능은 단순노동자보다 높고 이것은 그들의 더 나은 노동조건, 더 높은 임금, 더 높은 생활수준으로도 표현된다. 역사적 비유를 써본다면, 이 지식프롤레타리아는 고대 로마의 '해방노예'(Freigelassene)와 유사하다. 이 해방노예는 대부분 하급 국가관리, 하급 농장관리자, 가정서기, 가정교사, 가정의사 등으로 투입되어 주로 비생산적 기능에 고용되었다. 그러나 이들은 노예출신 성분이란 이유 때문에 본래적인 로마 자유시민들에 의해 사회적으로 그리고 정치적·법률적으로 크게 차별을 받았다. 또한 이 비생산적 해방노예 인력들도 일종의 특권적 지위에 있는 부류로서 스스로를 분파적으로 본래적 '노예'와 구별하였다.[57]

이 (준)지식적 프롤레타리아는 프롤레타리아 안에서 매수된 층이라는 의미에서가 아니라 객관적인 의미에서 새로운 **노동귀족층**을 이룬다.[58] 그들의 특수한 계급상황은 자본 아래 형식적으로 포섭되어 있고 따라서 노동자대중 안에서 "가장 나은 급여를 받는 부분"(23: 697면; 21: 194, 512면; 22: 274, 276면 이하 등)[59]이라는 데 있다. 그들의 좀더 나은 사회경제적 사정은 그들의 높은

---

57) 베버가——추측컨대 맑스의 '노동귀족층' 개념을 연상하면서——해방노예를 포함한 고대 숙련노예를 "노예귀족층"(Sklavenaristokratie)이라고 부르고 있는 것은 흥미로운 사실이다(Weber 1988a, 22면).

58) 노동귀족층을 자신의 노동력 가치 이상의 임금을 수령하는 '매수된' 노동자층으로 이해하는 잘못된 시각이 한때 동구권에서 일반적이었다. 이에 대해 새로이 H. 융과 L. 빈터는 노동귀족층의 상대적으로 높은 임금을 이들의 기능 높은 노동력의 가치에 대응하는 것으로 강조한다(Jung 1986, 170면; Winter 1989, 131면). 그러나 이들도 노동귀족층의 본질적 특징이 단순노동자 대중과의 생활세계적, 가령 사적 친교, 결혼 등을 꺼리는, **형식적으로** 포섭된 노동자들의 **소수성임**을 밝혀내는 데 실패하고 있다. 오늘날 이러한 특징은 결코 '숙련된' 손노동자층이 아니라 (준)지식프롤레타리아에게서 발견된다. 그러나 극소전자적 재산업화 과정이 계속되어 지식프롤레타리아가 단순노동자 계급보다 더 대중화되면 이들의 소수자적 지위, 따라서 귀족적 성격도 상실될 것이라고 예견할 수 있다. 이미 이러한 경향은 뚜렷해지고 있다. 한편 노동귀족층은 '매수될' 수 **있지만**, 반드시 또는 항상 그런 것은 아니다. 맑스, 엥겔스, 레닌은 노동귀족층을 형식적으로 포섭된 복잡노동의 좀더 나은 지위를 반영하는 좀더 나은 사회경제적 지위와 임금을 향유하는 소수의 프롤레타리아 상층 이외의 다른 것을 의미하지 않았다. 따라서 노동귀족층은 매수된 '탈영병들'과 일단 다른 부류이다.

59) 비쇼프는 억압기능을 수행하는 관료들과 다른 노동자층의 차이를 무시하고 **기업 내**

기능적 숙련도와 형식적 포섭성에서 유래하는 것이다.

그러나 맑스, 엥겔스, 레닌 시대의 **옛** 노동귀족층은 기계공, 기계제작공, 대목, 소목, 건축공, 기계수선공, 식자공, 금속세공노동자 등 본질적으로 **수공업적인** 임노동자들로 구성되어 있었다. [60] 따라서 이들은 두뇌노동으로서의 잔여 구상(構想)노동과 더불어 직접적인 손노동을 수행하였고 따라서 여전히 "노동계급의 '**일부**'(23: 697면) 또는 노동계급 **안의** 귀족층(21: 194면)"을 이루었다. 이것은 전통적으로 노동계급과 등치된 프롤레타리아트의 이중화였다(형식적 포섭의 수공업자적 노동귀족층과 실질적으로 포섭된 단순손노동 대중). 요는 옛 노동귀족층은 노동계급 **안에** 위치하였다는 것이다. 그러나 **손노동으로부터 방면된**, 두뇌노동하는 오늘날의 새로운 노동귀족층은

의 **중간계층** 개념을 제거하는 한편, 신용자본가적 최고경영자층(법적 자본소유권자와 **신용관계**에 들어 있는 독점기업의 이사진, 즉 금융귀족층)과 고위 기업관료(신용자본가적 최고경영자 또는 법적 소유권자와 적어도 아직 **임금관계**에 있는 부장 등, 즉 관료, 테크노크라트 부르조아지)를 가리지 않고 몽땅 **자본가계급**에 집어넣고 있다. 이들은 이에 그치지 않고 새로운 노동귀족층의 추상적인 형태규정적 측면, 즉 임금예속적 측면을 절대화하여 '노동계급'에 귀속시키고 있다(Bischoff (Hg.) 1980, 63면 이하). 그의 계급분석에는 형식적 포섭의 범주도, 따라서 프롤레타리아 상층으로서의 '노동귀족층' 개념도 결여되어 있다. 자본주의적 형태규정성(예금예속성)은 근본적인 것이긴 하되, 결코 절대적인 것은 아니다. 이 형태규정성의 **인간소재적인** 각인의 정도는 심화되거나 완화될 수 있는 것이라서, 노동귀족층과 일반 노동자대중 간에 차이를 보이는 것이다. 이 차이가 바로 이 두 부류의 노동자들의 계급상황을 다르게 규정짓고 있다.

60) 엥겔스가 특히 주목한 "노동계급 안"의 이 옛 "귀족층"은 "기계공, 목수, 수선공, 건축노동자" 등의 숙련된, 따라서 좀더 지위가 높고 처지가 좋은, 이종적 생산과정 안의 **주요 노동자 분파**(21: 194)와 유기적 생산과정 안의 **주변적** 노동자집단——맑스에 의하면 "엔지니어, 기계공, 수선공 등같이 전체 기계체계의 검사와 지속적인 수선을 맡는 수적으로 미미한 인원", 즉 "주요노동자 부류와 별도로 공장노동자 범주 외곽에 위치하고 다만 이들에 부속되어 있는, 부분적으로 과학적으로 교육되고 부분적으로는 수공업적인 노동자 부류"(23: 443)——으로 구성되어 있었다. 엥겔스는 오래 전에 정착하여 신참 이주자들에게 군림하는 미국 임금노동자 부류도 노동귀족층으로 규정하고 있다. "당시 주로 두뇌로만 일했고"(26.1: 386) 수적으로 미미했으며 또한 거의 예외없이 특별보수를 받는 경영진에 속했던(Kocka 1981, 34면 이하) '과학적으로 교육된' 엔지니어를 빼면, 맑스 시대의 노동귀족층은 수공업적 손노동을 수행하였다. 따라서 이들은 자신들의 사회경제적 특별지위에도 불구하고 의심할 바 없이 노동계급의 일부였던 것이다.

옛 노동귀족층과 마찬가지로 형식적 포섭상태에 있지만, 그들의 면모가 완전히 일신되어 많든 적든 지식화되는 방향으로 현대화되었다. 말하자면 지난 세기 전환기 이래의 자본주의 발전과정은 사무노동과정의 좀더 근본적인 분업과 생산과정의 테일러-포드적·극소전자적 변혁과정이 관철시킨 새로운 (준)지식적 노동귀족층의 생성과정인 셈이다.

이런 변혁과정은 이종적 생산과정의 수공업적 노동자를 단순노동자로 전락시키고 직장(職長)을 '동류 중의 1인자'로 격하시켜 옛 수공업적 노동귀족층을 '노동계급' 안에서 소멸시켰다. 새로운 노동귀족층의 노동의 공통된 본질은 ①이들이 거의 또는 전혀 손노동을 수행하지 않으며, ②거의 높은 기능의 두뇌노동만을 수행한다는 것이다. 따라서 새로운 노동귀족층은 공장, 사무실, 매장, 창고 등에서 근무하는 손노동자들로 구성된 노동계급으로부터 **빠져나왔다. 이런 이유에서 오늘날의 지식적 노동귀족층을, 이들이 맑스와 엥겔스의 본래적 의미에서 프롤레타리아트에 속한다는 것은 부인하지 않으면서, 노동계급 밖의** 자립화된 계층으로 규정하는 것은 정당하고 불가피한 것으로 생각된다. 이것은 **프롤레타리아의 이중화**의 오늘날의 변형태인 셈이다.

따라서 여기서 맑스와 엥겔스의 프롤레타리아 정의를 상론해볼 필요가 있다. 엥겔스는 프롤레타리아를 "자신의 생산수단을 전혀 소유하고 있지 못하기 때문에 생존하기 위해 자신의 노동력을 팔도록 내던져진 근대 임금노동자"(4: 462면 각주)로 이해하였고, 맑스는 "자본을 생산하고 증식시키되 자본씨(氏)의 증식욕에 불필요하자마자 아스팔트로 내동댕이쳐지는 임노동자들"(23: 642면 각주)로 이해하였다. 즉, 프롤레타리아 개념은 정의상 본래 반드시 손노동에 국한되어 있는 것도 아니고 궁핍에 근거하는 것도 아니다. 이런 까닭에 맑스는 "서적상의 지휘 아래 서적(가령 '경제학 개요')을 제작하는 문필프롤레타리아"(26.1: 377면; *MEGA* Ⅱ. 4. 1. , 113면)에 관해 언급하거나, 엥겔스는 "지식프롤레타리아"(25: 312면 각주)에 관해 언급하고 있다. 물론 손노동의 개념은 맑스와 엥겔스에게는 자본가를 소(小)주인과 임노동자로부터 구획하는 경계선을 설정할 때 꽤 중요한 역할을 하고 있다. 자본가가 손노동으로부터 방면된 측면은 이 자본가에 예속된 노동자에 대한 한가지 본질적 특징이다(23: 326면 이하, 350, 351면). 이 측면을 계승하여 노동계급의 개념은 전통적으로 기계와 분업에 의해 단순화되어 자본 아래 실질적으로 종속된 **손노동자**를 염두에 두었다. 자연스럽게 실천 속에서도 노동계급의 개념은, 직업신분적 생활영위나 직업단체적 이익단체로부터 벗어나 손노동자와 '나란히 그리고 그 한복판에서' 싸운 **두뇌노동자**들이 당시 그리고 그 이후 오랫동안에도 거의 없었기 때문에 프롤레타리아트 개념과 등치되었다. 하지만 개념적 정의를 엄격히 적용하자면 다음과 같은 사실이 고수되어야 할 것이다. 부르조아지 개념이 자본가계급보다 넓은 개념이듯이 프롤레타리아트 개념은 **손노동하는** 프롤레타리아트(전통적 '노동계급' 개념)보다 넓은 개념인 것이다. 맑스와 엥겔스의 정의에 입각할 때 프롤레타리아트는 노동숙련도가 높은 두뇌노동자 및 대졸 지식노동자도 포함한다.[61] 이런 까닭에 1893년 엥겔스는 프롤레타리아트 개념을 노동계급보다 더 넓은 개념으로 사용하고 있다.[62] 이런 용례는 독점자본주의 단계에 **이미** 도달하여 대학교육이 급속히 확산되던 새로운 역사적 전기를 반영하는 것이다. 지배계급의 교육독점이 당시 비로소 침식을 겪기 시작하였고, 대졸 엔지니어의 일부가 실업상태에 빠지기 시작하였을 뿐만 아니라[63] 이들 사이에도 사회주의 이념이 급

---

61) 거의 모든 딜레땅뜨적 맑스 전문가들은 프롤레타리아 개념이 손노동자라고 무고한
  다. 맑스와 엥겔스가 '문필프롤레타리아', '지식프롤레타리아', '상업프롤레타리아' 등
  에 관해 언급하고 있음을 전혀 모르는 H.슈파이어는 다음과 같이 말하고 있다. "임노
  동자층이 전근로자 안에서 차지하는 몫은 1895년에서 1925년까지 56.8%에서 45.1%
  로, 즉 절대다수선 아래로 하락하였다. 이러한 사태진전은 **프롤레타리아 개념을 맑스
  보다 넓게 파악하는 경우에만** 맑스주의 사회학에 불안한 문제가 아닐 수 있었다"
  (Speier 1989, 21면). 정확히 모르면 침묵하는 편이 나을 것이다.
62) 엥겔스는 1893년 다음과 같이 말하고 있다. "대학생들의 대오로부터, 자신들의 **형
  제인 손노동자**들과 나란히 그리고 그 한복판에서 다가오는 혁명에 중요한 역할을 수행
  할 소명을 띤 **지식프롤레타리아**가 생성되어나올 것이다. … **노동계급**의 해방은…의사,
  엔지니어, 화공전문가, 농업전문가, 기타 여러 전문가들을 필요로 한다"(22: 415면).
  엥겔스는 **노동계급**의 해방이 **지식프롤레타리아**를 필요로 한다고 말하고 있다. 여기에
  서 '지식프롤레타리아'는 '노동계급' 개념과 달리 사용되고 있다. 이것은 그가 노동계급
  과 지식프롤레타리아를 포괄하는 상위개념으로서의 프롤레타리아트 개념을 전제하고
  있음을 보여준다. 이것은 그가 대졸 기사(技士)들의 객관적 상황과 의식이 변함에 따
  라 기사들에 대한 그의 본래 입장을 상응하게 수정하였음을 뜻한다. 왜냐하면 그는
  1891년에도 "기사들이란 할 수 있는 한 우리를 기만하고 배반할 우리의 **원칙적** 적수
  들"(38: 189면)이라고 말하기 때문이다.

속히 유포되기 시작하였다. [64] 전인구 대비 대학생 비율이 19세기의 70년대에 비해 약 **30배** 높은 오늘날(Winter 1989, 229면) 손노동자 개념을 프롤레타리아 개념과 등치시킨다면 **30배** 불합리한 것이 될 것이다. 따라서 우리는 엥겔스 시대보다 더 많은 정당성에서 '프롤레타리아트'를 손노동자 '노동계급'보다 **더 폭넓은** 개념으로 사용할 수 있을 것이다. 이러한 개념적 정식화는 탈관료화되고 탈테크노크라트화된 (준)지식적 두뇌노동자가 노동계급에 속하는지 또는 '임금예속적 중간층' 및 '신중간계급'에 속하는지를 둘러싸고 끝없이 계속돼온 이론적 논란을 종식시킬 수 있을 것이다. 이들을 노동계급에 귀속시키는 것(Bischoff (Hg.) 1980; Bischoff u.a. 1982; G.G. Diligenski u.a. 1978; G. Diligenski u.a. 1987; Winter 1989 등)은 노동계급과 지식프롤레타리아 사이에 너무 강하게 각인된 차이를 무시하는 것이다. 오늘날의 지식화된 노동귀족층은 옛 손노동하던 노동귀족층에 비해 그 모습과 기능을 전면적으로 일신하였다. 이 점이 항상 고려되지 않으면 안될 것이다. 이러한 계급구분은 노동계급과 지식프롤레타리아 간의 역사적으로 규정된 **프롤레타리아적 동일성**을 소홀히 하여 관료층 및 테크노크라트층과 함께 임금예속적 중간층 또는 중간계급에 집어넣는 것(Jung 1973, 1986; Poulantzas 1975; Wright 1978 등) 만큼이나 잘못된 것이고 이 두 입장간의 논쟁은 해결될 수 없다.

오해를 피하기 위해 종합하자면, 맑스 시대에 그리고 그 이후에도 오랫동안 고전적 프롤레타리아트는 정당하게 노동계급과 실천적으로 등치되고 실질적으로 포섭된 단순 손노동자층과 형식적으로 포섭된 수공업적 노동귀족층의 계층적 이중구조 속에 들어 있었다면, 오늘날의 프롤레타리아트는 노동계급보다 더 많은 것을 포괄한다. 오늘날의 프롤레타리아트는 실질적으로 포섭된 노동계급과 노동계급 **밖의**, 형식적으로 포섭된 (준)지식프롤레타리

---

63) 독일공과대학 학생 수는 주식회사 창립 붐이 한창이던 1860년대에 증가하기 시작하여 1875년 경기후퇴와 이로 인한 실업으로 인해 감소하였다. 이 시기에 기사 및 엔지니어 일부가 실업에 빠진다. 그러나 학생 수는 1885년부터 다시 점차 증가했고 특히 **1890년에서 1902년 사이에** 급증한다. 독일제국 건국에서 세기 전환기까지 공과대학생 수는 4배로 증가하였고 종합대학생 수도 2배로 증가하였다(Kocka 1981, 101면). 기사와 엔지니어의 최초의 노동조합(Butib)은 1904년 조직된다(Speier 1989, 39면).

64) 엥겔스의 1890년 5월 인터뷰(22: 543면) 및 베벨에게 보낸 1891년 11월 8, 9일자 서한(38: 212면)을 참조하라.

아의 이중구조 속에 처해 있다. 오늘날의 프롤레타리아트는 '노동계급'과 (준)지식프롤레타리아를 모두 포괄한다. 프롤레타리아트 개념의 이러한 엄밀화와 새로운 정식화는 프롤레타리아의 고전적 정의와 노동계급의 전통적 의미를 둘 다 고수하기 위해서 이론적으로 필연적일 뿐만 아니라, 현실을 가장 충실히 반영하는 것이라고 생각한다. 한때 유행하던 교조적 중간계층론과 노동계급 개념이 극소전자적 신산업화 과정 속에서 프롤레타리아트의 현대화와 가일층의 일반화를 '프롤레타리아의 소멸'로 규정하는 '포스트사회론'과 피상적 대결관계 속에서 실은 내용적으로 이러한 이론적 시도를 돕는 것이었다면, 우리들의 프롤레타리아트 개념의 재정립은 이러한 시도를 기각시킬 수 있다.

상하좌우로 강력히 분화되고 관료체제, 테크노크라트 체제에 의해 철갑화되고 사설 기업경비대에 의해 보호되는 중복된 이중구조의 독점자본관계에 기초한 오늘날의 부르조아 사회구성체는 다시 엄청나게 확대된 사회정치적 상부구조를 지니고 있다. 우리는 **상부구조의 봉록적** 요소들에 관한 맑스의 언급들(가령 '잉여가치에의 다른 참여자들로서 국가봉록관 및 교회봉록관들' 〔23: 622면〕이나 '교회, 국가 안의 봉록관, 용관冗官들'〔26: 253면〕)을 참조하면서 지금까지의 우리 논의를 총괄하여 오늘날의 계급구조를 다음과 같이 도식화할 수 있을 것이다.

부르조아지

① 국가독점적 과두층

금융귀족층

—독점자본가로서의 법적 자본소유자 분파

—독점자본의 신용관계적 점유자로서의 최고경영자 분파

상부구조 조직체 정상에 위치한 정치·이데올로기적, 사회·경제단체적 봉록층

—국가 및 대정당의 봉록집단

—교회 및 사회대중단체의 봉록집단

—독점자본가협회 및 독점자본주의적 경제이익에 유관한 경제단체의 봉록집단

② 비독점적 대부르조아지
　비독점 대자본가
　—생산적 대자본가 분파
　—비생산적 대자본가 분파
　관료적·테크노크라트적 대부르조아지
　—고위 국가관료층 및 당관료층
　—교회, 자본가단체 및 기타 사회단체의 고위관리층 및 고위 테크노크
　　라트층
③ 중소부르조아지
　중소자본가
　—하청 중소자본가
　—비교적 독립적인 중소자본가
　관료적·테크노크라트적 중소 부르조아지
　—독점콘쩨른의 고위 기업관료 및 테크노크라트층
　—비독점 대기업의 최고경영진
　—중소자본가의 소득수준에 상응하는 기타 국가관료층 및 당관료층
④ 교양 부르조아지
　—자유직업(법률가, 유명 예술인, 유명 문필가, 유명 의사 등)
　—반자유직(유명 교수, 유명 종합병원 의사 등)

중간계층
① 쁘띠부르조아지
　—하층(단독 또는 가족성원만으로 노동하는 소상공인)
　—상층(약간의 임노동자를 고용한 소상공인＋무명 자유직 지식층, 예
　　술가 등)
② 부르조아 진영에 속하는 중간계층
　—중간급 기업관료층
　—중간급 기업 테크노크라트층
　—사설 기업경찰 및 안전용역회사 요원
　—중간급 기업의 전통적 소지배인층

　—중간급 국가 및 당관료와 테크노크라트층
　—자본가연합회, 교회, 기타 비중립적 대중조직의 중간관료층
③ 부르조아에 대항하는 중간계층[65]
　—노동조합, 농민조합, 소상공인조합, 기타 저항단체, 노동자정당 등
　　의 상근직 간부

프롤레타리아트

① 지식프롤레타리아트
　—대학기관 및 준기관에서 교육된 사영 및 국영 기업의 지식노동자
　—전문학교 또는 이에 준하는 사설 및 기업 내 교육과정을 마치거나 사
　　회경험과정에서 기능을 획득한 준지식 전문인력
② 노동계급
　—생산적 분파(산업노동자, 수송노동자, 연구·개발·디자인 분과 등
　　의 단순보조인력)
　—비생산적 분파(단순사무인력, 포장·발송·보관·판매 노동자 등)
③ 프롤레타리아적 상부구조 조직의 비간부직 노동자들
　—노조, 노동자당 등의 유급 단순활동가 및 사무인력
④ 비억압적·중립적 상부구조 조직의 노동자들
　—국가 및 교회의 계급중립적·일반공동체적 기능에 근무하는 단순인
　　력(사회보장기구 근무인력, 자선사업 인원, 기타 기술직 단순인력)
　—계급중립적·인간일반적 사회단체 고용원(적십자사, 소비자협회 등)

---

65) 노조 및 노동자당의 거의 모든 간부들은 계급분석에서 자기 자신을 빼놓기 일쑤다.
그러나 노조 및 노동자당의 모든 간부는, 그들이 얼마나 열심히 그리고 진실되게 프롤
레타리아의 이익을 대변하는가에 관계없이 프롤레타리아의 **수입**에 의해 부양되고 이
미래적 지배자의 사회적 **안전**과 **권력**을 자본에 대항하여 증대시키는 중간계층에 속한
다. 이것은 사회주의 사회의 간부층이 바로 그 간부 지위로 말미암아 프롤레타리아에
속하지 않는다는 사실로부터 도출되는 자연스런 귀결이다. 그러나 자본주의 사회 안에
서는 크게 두 종류의 중간계층이 있게 마련인데, 하나는 부르조아의 안전과 권력을 증
대시키기 위해 프롤레타리아에 대항하는 중간계층이고 다른 하나는 프롤레타리아의 안
전과 권력을 증대시키기 위해 부르조아에 대항하는 중간계층, 즉 노조, 노동자당, 타
저항단체의 간부층이다.

(4) 노동계급과 지식프롤레타리아의 계급적 통일성

분파적으로 복잡다단한 지식프롤레타리아와 마찬가지로 내부분화된 노동계급 양자에 공통된 운명은 그들이 모두 임금예속자들이고 그들의 노동력의 상품성격이 완전히 발전되었다는 사실이다. 그들은 둘 다 자본에 의해 착취당하고 통치당한다. 이것은 양자의 일반적·형태규정적 이익공동성을 이룬다. 극소전자기술의 지속적인 투입에 의해 야기되는 지식프롤레타리아의 종속성의 상승, 직업적 불안정성, 실업 등은 이들의 실업률과 종속성이 노동계급의 그것보다 낮을지라도 오늘날 노동계급과의 이익공동성을 강화시키고 있다.

따라서 노동계급과 지식프롤레타리아 간에는 단순히 '우당적(友黨的)' **동맹**의 객관적 토대만이 존재하는 것이 아니라, 양자의 '형제적' **통일**의 기초가 마련되었다. [66] 따라서 여타 모든 중간계층들에 대해서는 전통적인 단순 동맹정책이 여전히 유효한 반면, 지식프롤레타리아에 대해서는 조직적 통일정책과 동맹정책을 동시에 펴야 할 것이다.

여기서 중요한 것은 지식프롤레타리아와 노동계급 간의 **동일성 속의 차이**를 완전히 무시하고 양자에 구체적으로 적절한 전략의 개발을 방해할 만큼 양자를 형식적·추상적으로 등치시켜서도 안되고 지식프롤레타리아 내의 선진적·적극적인 요소들까지 소홀히 할 만큼 그 차이성을 과장해서도 안된다는 점이다. 따라서 현시점에서 적절한 것은 지식프롤레타리아의 적극적 요소들을 위해서 조직적 **통일정책**을 추진함과 **동시에** 지식프롤레타리아의 수동적 요소들을 위해서 **동맹정책을** 신축성있게 펼치는 것이다. 이 동시적인 신축정책을 통해 형태규정적 동일성 **속의** 차이성을, 말하자면 분야에 따라 들쭉날쭉한 지식프롤레타리아의 의식을 올바로 반영하고 이들을 또한 '형제'로 대할 수 있을 것이다. 이런 까닭에 (준)지식노동자들을 '임금예속적 중

---

66) 동맹은 **유사하지만 다른** 정치적 이해관계를 가진 **상이한** 조직들간의 조직적 우당관계를 뜻하고, 형제적 통일은 **근본적으로 동일한** 이해관계를 갖는 **단일조직 내**의 분파적 관계를 뜻한다.

간층'으로 규정하고 형제적이지 않은, **우당적** 동맹정책**만**을 추구하는 것 (Jung 1973, 159면 이하; 1986, 186면 이하)은 이론적으로 문제가 있을 뿐만 아니라 부분적으로 현실과 동떨어진 것이라고 느껴진다. (준)지식노동자들은 이들이 지식**프롤레타리아**인 한에서 프롤레타리아적 현실변혁의 **기본주체**이기 때문인 것이다.

이 동시적 신축정책과 '근로인텔리'[67]에 대한 전통적인 단순동맹정책 간의 작은 차이는 역사적으로 대단히 중요한 변화를 함축하고 있다. 이 작은 차이는 지금까지 얼마나 빗나간 계급정책에 의해 주입되고 조장된 프롤레타리아적 지식노동자층이 노동조합에 대한 불안한 의심을 제거하고, 지식프롤레타리아와 노동계급 간의 역사규정적인 '형제적 혈연관계'를 좀더 강력히 일깨워내며 이로써 지식프롤레타리아가 프롤레타리아적 변혁운동에 다양한 형태로 대량 가담할 수 있는 조건을 창출해줄 수 있다. 이 신축정책은 동시에 손노동자들 안에 종종 잠복해 있는 지식인 증오심을 완화시키고, 일면적으로 빈곤으로부터의 대중의 경제적 해방에만 매달리는 것이 아니라 온갖 조직적(관료적·테크노크라트적·봉록적) 그리고 이데올로기적 억압으로부터의 사회적·정치적 해방에도 상응하는 강세를 주는 **온전한** 프롤레타리아의 좀더 자기완결적인 미래적 사회상(像)을 촉진시킬 것이다.

정치적 민주주의의 완결만으로 완전히 만족하는 중간계층 및 쁘띠부르조아와 반대로 노동계급과 지식프롤레타리아는 **사회토대적·기업 내적 민주화**를 위한 투쟁에도 간절한 이해관계를 갖고 있다. 물론 객관적인 측면에서

---

67) 공산당의 '근로인텔리' 개념은 이론적으로 무책임한 개념이다. 이 개념은 지식프롤레타리아, 관료층, 테크노크라트층, 세계적으로 유명한 예술가, 과학자, 무명 예술가, '섬마을 선생', '대학교수', 대졸 학력의 독점기업 최고경영자들을 싸잡고 있다. 즉 이 개념은 단지 이들의 기능의 주관적 측면만을 드러내줄 뿐 이들의 객관적인 사회적 지위에 대해서는 아무것도 보여주는 바가 없다. 그러나 그들의 개인적 운명을 최종적으로 결정짓는 것은 그들의 객관적 처지이다. 자본주의 사회에서 각개 경제주체의 계급 처지를 규정짓는 것은 '포월적(包越的) 주체'로서의 자본이다. 따라서 지식노동자의 자본주의적으로 형태규정적인 프롤레타리아적 인텔리의 기능에 대해 지니는 주관적 유사성에 선행하는 것이다. 이런 까닭에 지식프롤레타리아를 '근로인텔리' 개념으로 싸잡는 이해방식에 대해 단호히 거리를 취한다. 지금 우리가 문제삼고 있는 집단은 수적으로 적고 사회적으로 애매한 구인텔리계층이 아니라, 수적으로 대중화되고 있고 또 자본에 임노동자로 묶여 있는 지식노동자로서의 **프롤레타리아**이다.

보면 노동계급이 이 투쟁에 지식프롤레타리아보다 더 절박한 이해관계를 갖지만, 주체적 측면에서 보면 그 요구의 수준이 높지 않다. 이에 반해 이미 **극심한** 적빈(赤貧)에서 벗어나 있고 좀더 높은 지식을 갖고 있는 '청빈한' 지식프롤레타리아는 그 객관적 절박성이 노동계급보다 덜하지만, 반대로 그 주체적 요구의 수준과 이 요구를 관철할 능력은 더 높다. 이들은 여러가지 점에서 더 유능하고 민감하며 사상적으로 열렬한 내면성을 갖기 때문이다. 주객관적 측면을 다 고려할 때 노동계급과 지식프롤레타리아는 대등한 '형제'일 수 있다. 지식프롤레타리아가 쁘띠부르조아적 정치행태만을 보인다면, 이것은 많은 경우 노동자당들이 잘못된 계급정책을 통해 이들을 쁘띠부르조아로 **만드는** 데에도 커다란 원인이 있다. 따라서 옛 노동귀족층과 관련된 다음과 같은 레닌의 고찰은 교조적인 시각에서가 아니라, 역사적 현주소를 오늘에 옮겨놓는 응용적인 현대적 시각에서 음미해볼 필요가 있다.

사회주의 이념은 가장 일찍이 그리고 가장 용이하게 **가장 처지가 좋은** 노동자계층들에 의해 수용된다. 주로 이 계층들의 한복판에서 **모든** 노동운동을 일으키는 저 지도적 노동자들, 노동대중의 완전한 신뢰를 획득할 줄 아는 노동자들, 프롤레타리아의 계몽과 조직에 전적으로 헌신하는 노동자들, 사회주의를 완전히 의식적으로 수용하고 심지어 자발적으로 사회주의 이론들을 만들어내기까지 하는 노동자들이 생겨난다. (*LW* 4, 275면)

프롤레타리아화가 임노동자대중의 정치화에 필수적인 전제이긴 하지만 충분조건은 아니라는 것은 논란의 여지가 없다. 노동자대중의 정치화에는 좀더 높은 유자격 숙련도, 좀더 높은 생활지위, **자본과 독립된** 사회문화적 전통, 자본에 의해 침해될 때 즉각적 투쟁태세로 이끄는 결속력과 긍지 등이 필요하다. 따라서 옛 노동자귀족층이 예전의 모든 노동운동을 **이끌고 지도하였다**는 것은 당연한 것이다. 이에 관해 코카는 다음과 같이 말한다.

집단행동을 촉진하는 그밖의 요소들에는 분명 높은 숙련자격, 노동시장에서의 좋은 위치, 고용주 및 일반 시민들을 동시에 차단하면서 자기들끼리의 의사소통과 결속을 용이하게 하는 일자리와 거주공간의 특이성, 특히 한편으로 각 집단의 비교적 높은 요구수준을 근거지어주고 다른 한편으로 해당 노동자 부류의 내적 결속 및 집단적 행위능력을 강화해주는 일정한 직업문화적 전통——침해될 경우 곧 노동자들의 불만과 항의태세를 유발하는——등이 속한다. 따라서 충분히 완화된, 직업신분적 전통을 간직한 많은 부분 프롤레타리아화된(?) 수공업 장인들이 대부분의 완전 프롤레타리아화된(?) 면방직 노동자와 여공보다 더 쉽사리 획득될 수 있었다는 것은 저절로 설명된다. (Kocka 1990b, 523면. 두 개의 의문부호는 형식적 포섭과 실질적 포섭, 유기적 생산과정과 이종적 생산과정, 노동귀족층 등의 맑스 범주를 모르고 있는 듯한 코카의 술어적 난점을 보여주기 위해 인용자가 삽입한 것이다.)

이 반(半)수공업적인 구(舊) 노동귀족층(반프롤레타리아화된 수공업 장인들)은, 우리가 이미 입증했듯이 테일러화, 포드화, 극소전자화 과정에서 분쇄되고 이 과정에서 새로 생겨난 두뇌노동하는 신(新) 노동귀족층에 의해 교체되었다. 새 노동귀족층과 옛 노동귀족층 간의, 결코 과소평가될 수 없는 차이에도 불구하고 양자간에는 일정한 유사성이 부각되고 있다. 지식프롤레타리아는 자신의 높은 지적 숙련도, 긴 교육기간 및 따지는 토론문화, 자본에 의해 완전히 몰수되지 않은 **자본관계 외곽에서** 형성된 문화적 집단 정체성, 자본이 결코 존중할 수 없는 개인적 긍지와 자존심 등으로 특징지어지기 때문이다.

물론 새로운 노동귀족층의 계급행동은 옛 노동귀족층만큼이나 모순적일 수 있다. 옛 노동귀족층은 '노동계급'의 두뇌 노릇만 한 것이 아니라 종종 부르조아의 '꼬리' 노릇을 하여 노동자대중을 체제에 통합하도록 이끌기도 하였다. 새로운 노동귀족층도 분파 또는 상황에 따라 '소비욕에 사로잡힌 여피(Yuppie)', 즉 오늘날의 독점부르조아와 대부르조아의 심지(心志) 없이 실리주의적이고 사상 없이 쾌락주의적인 '꼬리'가 되고 있다. 그러나 결코 '중간계급'(Hirsch)이나 '신중산층'(Habermas)이 아니라 지식프롤레타리아가 주력이 되고 있는 '새로운 사회운동'은 자본이 모든 지식프롤레타리아를 '여피화'할 수 없었다는 것을 방증한다. (우리는 뒤에 이 주제를 다시 다룰 것이다.)

7. 순수지도의 권력이론적 개념과 자주관리적 기업경영의 권력구조

주지하다시피 맑스는 국가의 관리기능의 이중적 성격과 마찬가지로 자본주의적 기업관리를 "사회적 노동과정의 본성에서 생겨나고 이 과정에 고유한 특수기능"과 "착취자와 자본의 착취재료(노동자—인용자) 간의 불가피한 적대성에 의해 생겨나는 착취기능"의 "상극적(相剋的)" 혼효물(23: 350면), 즉 **순수한 생산적 관리기능**과 **지배기능**의 모순적 통일로 고찰하고 있다. 맑스의 이 명제에서 자본관계로부터 해방된 사회주의적 기업관리란 곧 '순수한 관리'라는 명제가 손쉽게 도출된다. 이 명제로써 과거 소련·동유럽의 공식적 사회주의자들은 경솔하게 그곳의 철저한 관료주의적 기업행정기구를 맑스의 '순수한 지도'개념으로 미화한 바 있다(가령 Graichen u.a. 1980, 185면; Aßmann/Stollberg (Hg.) 1979, 210면을 보라). 이에 대해 서유럽의 좌익 이론가들은 '소련·동구의 관료적 기업관리는 원칙적으로 노동자들의 자주관리가 아니고 **따라서** 결코 순수한 관리가 아니다'라고 맞서왔다. 서유럽 좌파들은 사회주의적 관리가 이미 순수한 지도, 즉 아무런 **권력도 강권도 없는** 지도[68]라고 생각하는 점에서 자신들이 비판하는 과거 소련·동유럽의 레닌주

---

68) 여기에서도 필자는 이 책 제1장에서——한나 아렌트의 권력 및 강권 이론과 관련하여——확정했던 권력과 강권의 구분론을 견지한다. 권력은 집단의 구성원들의 상호합치와 결속 속에서 수행되는 행위에 대한 연대적 능력이고 이에 반해 강권은 수단의 소유, 사용, 위협에 기초한 타인들의 (감금적 또는 배제적) 폐쇄 또는 파괴의 도구적 능력이다. 권력은 일탈자를 경고, 신임철회, 견책, 나아가 (연대원칙의 간주체적 합리성을 파기할 시는) 배척을 통해 집단과의 재결합이 경우에 따라 종신적 시간을 요하거나 심지어 불가능할 만큼 '숙명적으로 보복할' 수 있다. 권력은 따라서 강권만큼이나 강력한 것이지만, 강제**수단**의 사용이나 위협에 의존하지 않는다. 즉, 권력은 순수히 간주체적이다. 맑스(와 엥겔스)는 (연대적으로 공유하는 확신, 연대적으로 일치된 통

의자들과 동일한 이론적 토대에서 출발하고 있다. 이들보다 더 낙담하고 분격한 서유럽 이론가들은 맑스의 '순수지도'의 개념 자체를 의심하거나 배격하는 선까지 나아가고 있다(가령 Ortmann 1987, 25면 이하; Blume 1981, 129면 이하). 이 개념은 기껏해야 소련·동유럽의 관료적 전제체제를 정당화하는 좋은 구실밖에 하지 못했다는 것이다.

(1) 맑스의 순수지도 이론

자본주의적 기업관리의 보장을 위한 자본의 강권과 자본가의 '낯선 권위'(Marx)는 '착취자와 착취재료 간의 불가피한 적대성에 의해 생겨나는' 한에서 그 자체가 불가피하게 적대적이다. 물론 자본주의적 경영강권·소외권력은 물리적·정치적·신정적(神政的) 강권, 즉 일체의 **경제외적** 강권을 포기함으로써 이전의 전자본주의적 착취권력과 본질적인 역사적 형태차이를 보인다.

자본가가 자본의 인격화로서 직접적 생산과정에서 장악하는 **권위**, 자본가가 생산의 관리자 및 지배자로서 맡고 있는 사회적 기능은 노예제적·농노제적 생산에 기초를 둔 **권위**와 본질적으로 다르다. … 자본주의적 생산의 기초 위에서는 생산의 사회적 성격이 노동과정의 **엄격한 통제적 권위와 완벽한 위계체제**로 조직된 사회적 메커니즘의 형식으로 직접적 생산자대중과 대립하여 등장하는데, 이 권위는 이전의 생산형태에서 정치적 또는 신정적 지배자로서의 그 담지자에게 귀속되는 것과 달리 오직 노동

찰의 산물로서의) 권력과 (가령 생산**수단**의 소유 또는 점유를 기초로 한) 자본의 강권을 구별하지 않고 있다. 맑스는 '권력'(Macht)과 '강권'(Gewalt) 범주의 혼효된 사용을 통해 본질적으로 상이한 두 가지 사실관계를 표현하고 있다. 가령 "그것은 오직 **사회적 통찰**을 사회적 강권으로 바꿈으로써만…즉 국가강권을 통해서만 달성될 수 있다. 노동계급은 그러한 법률을 관철시킴으로써 결코 정부의 권력을 강화시키게 되는 것이 아니다"(16: 194면)라고 하였으며, 또 다른 곳에서는, "자본은 집중된 사회적 **권력**이다. …노동자들의 유일한 사회적 **권력**은 그들의 머리 수이다. 이 수의 권력은 하지만 불합치로 인해 붕괴될 수 있다"(16: 196면)고 하였다. 그러나 여기에서도 두 사실관계(권력과 강권)간의 내용적 차이가 불가피하게 부각되고 있다.

에 대립적인 노동조건의 인격화로서의 담지자에게 귀속될 뿐이다. (25: 888면)

자본가의 '권위'는 여기에서 전자본주의적 물리적 강권을 포기한 자본의 **경제적** 강권에 의해 제도화된 강제조직의 '낯선 권위', 즉 **소외권력**의 개인 물신적 **의지형태**를 뜻한다. 하지만 자본주의적 기업 권위·강권은 전자본주의적 **경제외적** 착취강권과 형태상 다르지만 내용상 동일한 **생사여탈권** (Gewalt über Leben und Tod)을 전제한다. 이 점은 푸꼬가 『성의 역사 I: 지식에의 의지』에서 근대에 들어 생사여탈권이 소멸한 것을 뜻하는 이른바 "권력메커니즘의 심층적 전환"(Foucault 1983, 161면 이하) 명제에 대항하여 강조되어야 한다. 이윤타산에서 노동자를 배제(해고)하는 것은 실은 노동자의 생활기회를 박탈하는 것, 즉 겉보기에 좀 부드러운 형태의 노동자의 **살해**를 뜻하는 것이다("너희들이 내가 먹고 사는 수단을 빼앗으면 너희는 나의 생명을 빼앗는 것이다"—Shakespeare). 이 자본주의적 생사여탈의 구체적 현상형태는 물론 **육체적인 죽음**(굶어죽는 것)에서부터 **인간다운 문화생활의 상실**(사회적 인간정체성의 파괴)에까지 다양할 수 있다. 임금노동의 사물성과 상품성은 해고에 대한 일상화된 불안 및 현실적인 실직상태에서 가장 극단적인 부정적 표현을 얻는다면, 해고강권은 "내용상 상극적이고 형태상 전제적인"(23: 351면) 자본주의적 기업위계의 궁극적 기초이다. 이 전제성(專制性)은, 이미 상세히 분석했듯이 오늘날 자주관리의 모든 본질적 요소를 배제한 테크노크라시, 린방식, 극소전자기술 등 현대적인 지배기술로 개편된 관료기구의 '완전무결한 위계체제'로 공고화되어 있다.

자주관리의 본질적 요소를 전면적으로 배제한 형태의 관료적 기업관리는 필경 '순수관리', '순수지도'가 아닐 것이다. 그러나 자주관리의 조직적 형태 요소는, 소련·동유럽에 대해 비판적이었던 서유럽의 좌파들이 생각하듯이, 어떤 관리형태가 '순수관리'인지를 판가름하는 유일한 기준일 수 없다. 순수관리의 사례로서 맑스는 즐겨 오케스트라 지휘자의 지도기능을 들고 있다.

비교적 대규모의 모든 직접적인 사회적 또는 공동적 노동은 **개인적인 활동들의 조화**(調和)를 매개하고, 생산조직의 자립적인 기관들의 개별적 기능들과 다른 생산조직 전체의 운행에서 생겨나는 **일반적 기능**을 수행하는 지도를 많건 적건 필요로 한다. 개별적인 바이올린 연주자는 자기 자신을 지도할 수 있지만 오케스트라는 지휘자를 필요로 하는 법이다. (23: 350면; 25: 397, 400면)

그러나 대체로 오케스트라는 자주관리의 형태로 조직되어 있지 않다. 따라서 우리는 이 오케스트라의 예를 순수지도의 **조직적 형태요소**에 대한 사례가 아니라 순수지도의 본질에 대한 예시로 이해해야 할 것이다. "음악 지휘자는 전혀 오케스트라의 **악기의 소유권자**일 필요가 없고 또 나머지 음악인들의 '임금'에 간여하는 것이 관리자로서의 그의 업무기능에 속하는 것도 아니다"(25: 400면). 이것은 오케스트라 지휘자가 수단, 즉 여기서는 악기의 독점적 소유에 기초한 **도구적 강권**을 전혀 필요로 하지 않는다는 것을 뜻한다. 말하자면 지휘자는 모든 악단(樂團) 구성원들의 연대적 행위능력(권력)의 대변(수권)만으로 오케스트라를 충분히 관리할 수 있는 것이다. 그는 악단을 구성하는 음악인들이 거부하는 경우 자기이익이든 낯선 이익이든 추구해서는 안되기 때문에 이 거부를 분쇄하는 데 필요한 강권이 필요없다. 오케스트라의 이 음악적 지도는 착취와 적대로부터 자유로운 '순수지도'인 것이다. 정상적인 오케스트라의 구성원들의 음악활동은 **물질적 생산의 피안에** 위치한 (작곡, 미술 등과 같은) **자발적** 활동이고 따라서 **강권으로 강제될 필요가 없다**. 음악인들은 자발적 연대의 원칙에 따라 지휘자의 지휘와 악단관리에 따르는 것이다. 따라서 지휘자는 음악인들의 명시적·묵시적 동조 없이 자신의 의지를 관철시킬 수 없다.

결론적으로 말하면 '순수지도'는, 본질적 시각에서 일단 **강권과 권위가 없는** 지도로 정의되어야 할 것이다. 그것은 해당 집단에 의한 지도자의 간주체적으로 결정된 **권력부여**(Ermächtigung)에만 근거하고 이 지도자에 대한 복종은 지도되는 '동지들'(Genossen)의 연대감, 의사일치, 신뢰, 동조 등에 기초를 두고 있다. 따라서 최종적으로 맑스적 의미에서의 순수지도는 강권과 권위 없는 **권력**의 지도를 뜻한다. 즉, 순수지도도 결코 아렌트적 의미의 권력 없이는 수행될 수 없다. 순수지도에 대한 지도자의 권한은 집단의 항구적인 연대적 행위의지의 대변을 뜻하는 한에서 필자의 개념정의상 **권력**

외에 다른 것이 아니기 때문이다. 그는 집단의 이름으로 행위하고 이 집단의 개별 구성원을 지도하도록 **수권(授權)된** 것이다. 따라서 순수한 관리자는 개인들의 일탈과 위반에 대해 제재할 수 있되, 이 제재는 오직 **간주체적인** 것이어야 한다(신뢰박탈, 구두견책, 서면견책 및 경고, 회의참가권의 일시적 박탈, 직무중지, 연대파기, 즉 배신의 경우에는 구성원 자격의 박탈, 즉 추방 등).

모든 권력은 수권하는 연대집단이 내적 이익대립으로 분열하면 사라진다. 하지만 권력은 이 집단이 연대적으로 결속해 있는 한 항상 이 집단에 내재하는 것이다. 순수히 권력에만 입각한 '순수지도'는 따라서 집단 안에 아무런 이익적대가 존재하지 않으면 언제나 가능하다. 아무런 이익대립이 없는 진정한 연대가 전제되면 권력은 모든 방해요소에 대해 이 연대를 보존하고 연대행위를 지도하기에 충분할 만큼 강력한 것이다. 이 집단 또는 이 집단에 의해 수권된 지도자는 동지들의 우연적 또는 실책적 일탈과 연대원칙의 간주체적 합리성의 중대한 파기나 오용을 위에서 예시한 간주체적 방법으로 효과있게 제재할 수 있기 때문이다. 간주체적 합리성의 극단적 침파 또는 오용(배신)의 경우에 제재는 (이윤이나 물질적 이익을 위해서가 아니라) 집단연대의 보존을 위해 동지의 추방에까지 첨예화될 수 있는 것이다. 구성원들이 아무런 본질적인 이익대립 없이 진정한 연대의 기초 위에서 결속해 있는 조직에서 지도자는 권력과 연대의식만으로 해결할 수 없는 심각한 이익대립 문제와 씨름할 필요도 없고 연대를 더욱 어렵게 만들 뿐인 도구적 강권을 적용할 필요도 없다. 요약하면 맑스의 **'순수지도'란 하등의 물리적 또는 경제적인, 물질적 또는 비물질적인(이데올로기적으로, 심리적으로 파괴하거나 심리를 조작하는) 도구적 강권을 배제한, 순수히 간주체적 권력에만 의존한 지도, 관리이다.**

(2) 엥겔스의 사회주의적 기업관리론의 오류

자본주의적 착취기능으로부터 해방된 진정한 의미에서의 사회주의적 기업경영은 저 오케스트라 지휘자의 순수한 지도처럼 강권을 배제하고 순수히 권력만으로 진행될 수 있을 것인가? 바로 이것이 이 절의 핵심주제이다.

이 물음에 엥겔스는 단연코 부정으로 대답하고 있다. 이딸리아의 무정부주의적 '반권위주의자들'을 겨냥한 작은 논박서인 『권위에 관하여』(*Von der Autorität*)에서 엥겔스는 사회주의적 기업관리에서의 '권위', 강권에 의해 사물화된 의지관계로서의 소외권력의 필연성을 강조하고 있다. 그러나 엥겔스가 거기에서 '권위'의 필연성을 가공적(架空的)인 기술적 사실강제로부터 도출하고 있기 때문에 이 글은 이전에 모든 조직에서 강권과 지배의 필연성을 역설하는 부르조아 이론가들에 의해, 오늘날은 좌우의 기술비관주의자 및 기술물신주의자들(가령 Strasser/Traube 1982, 246면)에 의해 이용당해왔고, 이에 반해 맑스주의자들은 이 문건을 간단한 비판과 함께 치워버리거나 회피해왔다(Braverman 1977, 23면 각주; Marglin 1977, 148면 이하; Blume 1981, 129면). 하지만 엥겔스의 이 글은 회피되어서는 안된다. 맑스주의적 지도 및 경영이론을 재구성하기 위해서는 이 글을 면밀히 비판적으로 분석해야 할 것이다. 소련·동유럽의 공식적 레닌주의자들은 이 글을 종종 맑스의 순수지도개념과 얼버무려 소련·동구의 국가, 당, 기업, 기타 사회단체의 그 전제주의적인 권위구조와 관료적 강권체계를 정당화하는 데 줄곧 이용해왔기 때문이며(가령 Aßmann/Stollberg (Hg.) 1979, 207면 이하) 또한 이 글이 명백한 이론적 결함에도 불구하고 맑스와 엥겔스의 전저작을 관통하여 사회주의 **기업**의 민주적 **자주관리**에 관해 유일하게 선명한 언급을 담고 있기 때문이다.

이 문건에서 엥겔스는 권위를 "복종(Unterordnung)을 전제하는 **우리의** 의지에 대한 **낯선** 의지의 상위체제(Überordnung)"(18: 305면)라고 정의하고 있다. 말하자면 그는 권위를 (베버와 마찬가지로) 연대집단 내부에서(즉 '우리들'끼리)가 아니라 '낯선 자'와 '우리들' 간의 조직적 상명하복관계(지배)로 이해하고 있는 것이다. 그의 권위개념은 결국 강권에 의존하여 **소외권력의 개인물신적 의지형태**로서의 상술한 권위개념과 일치한다.

하지만 그는 자신에 의해 선명히 구획된 이 권위개념을 거듭 잘못 적용하거나 비유적으로 사용하고 있다. 그는 사회주의적 기업에서 권위가 사라지는 것이 아니라 "오직 그 형태만 바꿀 것"(18: 306면)이라고 말한다.

남녀노소의 모든 노동자들은 개인적 자율성을 눈곱만큼도 봐주지 않는

증기의 권위에 의해 정해진 시간에 일을 시작하고 끝내도록 강요된다. 일
단 노동자들이 노동시간에 대해 합의하는 것이 필요한데, 이를 통해 시간
이 한번 정해지면 누구든 예외 없이 정해진 시간에 복종해야 한다. (18:
306면)

그런데 엥겔스 말대로 권위가 우리의 '의지'에 대한 남의 '의지'의 상위체
제를 뜻한다면, '증기의 권위' 따위에 관해서는 거론할 수 없는 것이다. 증
기는 아무런 의지를 갖지 않기 때문이다. "의지가 없는 것(사물이나 동식
물)은 (사람에게—인용자) 봉사할 수는 있어도 봉사한다는 이 사실이 이 의
지 없는 것의 소유권자를 지배자로 만들지 않는다"(42: 408면)는 맑스의 정치
한 개념적 정식을 상기하면 동일한 근거에서 의지 없는 증기는 이용될 수는
있되, 이 증기를 이용하는 인간을 피지배자로 만드는 것은 아니다. 따라서
'증기의 권위'라는 표현은 개념적 의미를 결여한 비유적 의인화법(擬人化法)
에 지나지 않는 것이라고 말할 수 있다.

한편, 노동자들이 자신들의 노동시간에 관해 서로 '합의한다면', 복종할
당사자들의 합의에 의해 정해진 시간규칙에 복종하는 것은 '권위' 아래 복종
하는 것이 아니다. 권위는 엥겔스의 말대로 '남의' 의지에 대한 복종을 뜻하
기 때문이다. 엥겔스는 여기서 자신의 권위개념을 잘못 적용하고 있다. '우
리의' 의지에 대한 '우리'의 복종 또는 '우리의' 의지에 대한 '나의' 복종은
자주관리적 권력관계이지, 결코 엥겔스가 정의한 의미의 권위관계가 아니
다. 따라서 엥겔스 말대로 사회주의적 기업에서는 기업규칙과 관리제도를
모두 상호합의에 의해 세운다면, 권위는 '단순히 형태만 바꾸는 것'이 아니
라 완전히 사라져야 하고 지휘구조는 낯선 강권 및 권위 구조에서 자주관리
적 **권력구조**로 **내용상** 변화되어야 할 것이다.

위 인용문의 바로 다음 문장들에서도 엥겔스는 유사한 비개념적 표현과
논리를 반복하고 있다.

각 작업실의 매 순간마다 생산방식, 물자배분 등에 관한 세부문제들,
말하자면 전체 생산이 그 순간에 정지하지 않도록 하기 위해서 **즉시** 해결
되어야 하는 문제들이 생겨나고, 이 문제들이 각 작업부문의 정상에 위치

한 대표위임자의 결정에 의해서 해결되든 다수결이 가능한 경우에는 다수결에 의해서 해결되든 각 개인의 의지는 하복해야 한다. 이것은 문제가 권위적으로 해결되어야 하는 것을 뜻한다. 대공장의 기계적 **자동장치**는 노동자들을 고용한 예전의 **소자본가들**보다 훨씬 더 **폭군적**이다. (18: 306면)

기업의 내부문제가 피지도자들이 선임한 지도자에 의해 해결되거나 작업장 총회의 다수결에 의해 해결된다면 이것은 우리의 의지를 남의 의지에 굴복시키는 식으로 폭군적이거나 권위적인 것이 아니라 노동자들이 민주적으로 자주관리한다는 것을 뜻한다. 또한 상술한 이유에서 이 사회주의적 기업의 의지 없는 '기계적 자동장치'의 폭군성에 관해 운위해서는 안될 것이다. 심지어 엥겔스는 비유적 화법을 곧잘 써먹는 비관주의적 기술물신주의자들이 즐겨 악용하는 이른바 '자연의 보복'도 입에 담고 있다. "인간이 과학과 발명가의 천재로써 자연력을 자신에게 굴복시키면 굴복시킬수록 이 자연력은 인간이 이것을 이용하는 것만큼 모든 사회조직과 무관하게 기능하는 참된 전제주의에 인간을 굴복시킴으로써 인간에게 보복한다"(18: 306면). 그러나 엥겔스의 이 사유과정은 뒤링에 대한 그의 과학적 논박의 입장과 배치된다.

자유는 자연법칙으로부터의 독립이라는 몽상에 있는 것이 아니라 이 법칙의 인식과 이것을 계획적으로 일정한 목적을 위해 작용하도록 하는 객관적 가능성에 있다. …수많은, 그리고 모순적인 결정가능성들 사이에서 외관상 자의적으로 선택하는, 무지로 말미암은 불확실성은 이로써 자신의 부자유를, 자기가 바로 지배해야 하는 대상에 의해 지배당하고 있음을 입증하는 것이다. 따라서 자유는 자연필연성의 인식에 기초한, 우리 자신과 외부 자연에 대한 지배를 뜻한다. (20: 106면)

여기에서는 자연필연성의 과학적 인식에 기초한 인간의 자기정립을 '자유'로 이해하고 있는 데 반하여, 저기에서는 자연력의 '보복' 또는 '참된 전제주의'로 해석하고 있다. 『반뒤링론』에서 엥겔스가 취하고 있는 과학적 입장을 그의 본래 입장으로 받아들인다면 무정부주의적 반권위주의자들에 대한 저 대중적이고 선동적인 논박을 '불행한' 에피소드로 이해하고 악용하지 않는 것이 마땅할 것이다.

반권위주의자들에 대한 그의 논박에서 권위의 필요성에 관한 잘못된 이론적 설명보다 더 중요한 것은 이 논박의 부산물이다. 엥겔스는 부차적인 차원에서일지라도 반복해서 기업적 권력과 정책결정의 민주적 조직을 언급하고 있다. 철도행정과 관련해서는 더욱 명료하게 이 점을 부각시키고 있다. "여기에서도 경영의 제1조건은 모든 하위문제를 옆으로 제쳐놓는 지배적 의지인데, 이 의지는 선임된 단일 **대표자**에 의해 대변되거나 대다수의 이해당사자들의 결의(決議)의 집행을 위임받은 **위원회**에 의해 대변되거나 할 수 있다"(18: 307면). 이러한 민주적 대변구조는 강권의 단순한 '형태전환'(Formwechsel)이 아니라 적대적 지배강권에서 적대성 없는 권력으로의 '본질'전환(Wesenveränderung)이라는 것은 자명한 것이다.

강권의 단순한 '형태전환'이란 적대적 지배강권이 단순히 다른 형태로 전환되는 경우를 두고 하는 말이다. 이런 의미에서 맑스는 "노예와 농노를 직접 임금노동자로 전환시키는" 경우의 자본주의적 변혁을 종속의 "형태전환"(23: 743, 789면)으로 규정하고 있다. 이런 경우 형식적 민주선거 원칙이 도입되더라도 자유의 나라는 도래하지 않는다. 맑스에 의하면 "선거의 성격은 이런 명칭에 달려 있는 것이 아니라 선거권자들의 경제적 기초, 즉 경제적 관계에 달려 있기 때문이다"(18: 635면).

그러나 사회주의적 기업'권력'에 의한 자본주의적 기업'강권'의 대체는 적대 없는 권력에 의한 적대적 강권의 교체를 가능케 하는 '경제적 토대'의 전환을 전제한다. 이 책 제1장 서두에서 명확히 했듯이 '개인적 소유권자'들의 생산수단의 공동'점유'('사회적 소유'의 맑스적 개념)에 기초를 둔 기업에서의 민주주의는 부르조아적 정치민주주의와 같이 그렇게 형식적인 것이 아니라 새로운 경제적 토대를 현실적으로 구현하는 사회주의적 조직원리가 된다. 새로운 경제적 토대로서의 개인적 소유권자들의 생산수단 공동점유는 합리적 행정의 민주적 조직과 공론성 없이 사회주의적 기업관계를 자동적으로 창출하는 것이 아니다. 민주주의와 공론이 없다면 공동'점유'는 자신 위에 봉록관적 지배자를 올려놓는 공동'소유'로 전도된다. 과거 소련·동구권의 기업소장 및 콤비나트 책임자, 교회 및 종교단체의 책임자 등으로 현상하는 이 봉록관적 지배자는 노동자들의 개인적 소유를 범죄시하는 법률적 '인민소유'를 자신의 봉록적 점유물(präbendaler Besitz)로 변질시켜 독재적으로 좌지우지했다. 이 봉록관은 불가피하게 '보아뱀'처럼 노동자들의 개인적 권리와 기업생활을 옥죄는 지배수단으로서 완벽한 관료기구를 발전시키게 된다. 따라서 공동'점유' 상태의 생산수단에 대한 개인적 '소유'는 자신의 사회주의 규정을 완전히 만개시키기 위해 필연적으로 민주주의의 일관된 발전을 요구하고 역으로 "일관된 민주주의는 한편으로 사회주의로 전환되고 다른 한편 사회주의를 요구한다"(*LAW* Ⅱ, 382면).

과거 많은 맑스주의자들은 '완전한 민주주의는 자본주의하에서 불가능한데 반해 사회주의 안에서는 민주주의가 불필요할 것이기 때문에 모든 민주주의가 사멸할 것이다'라고 생각하였다. 이에 대해 레닌은 다음과 같이 대꾸하고 있다.

> 이것은 어떤 사람이 머리카락 하나를 잃으면 대머리가 되기 시작하는 것인지 묻는 옛 농담 질문을 생각나게 하는 궤변이다. 종국에까지의 민주주의의 발전 등——이 모든 것은 사회주의적 혁명을 위한 통합적 투쟁과업의 하나를 이룬다. 민주주의는 그 자체로 떼어놓고 보면 사회주의를 가져다 주지 않는다. 그러나 구체적 생(生) 속에서는 민주주의를 '그 자체로 떼어놓을' 수 있는 것이 아니라 다른 현상과 '결합되고', 그리하여 민주주의는 경제에도 영향을 미칠 것이고 이 경제의 변혁을 촉진시킬 것이고 경제적 발전의 영향 아래 놓일 것이다. 이것이 바로 생동하는 역사의 변증법이다. (*LAW* Ⅱ, 383면)

따라서 새로운 기업 안에서 민주주의적 자주관리는 강권의 단순한 형태전환만을 초래하는 것이 아니라 **권력에 의한 강권의 본질적 교체**도 초래한다. 민주주의는 기업관계의 봉록화와 관료화를 막고 기업 노동자들을 미성년화된 개별 인간의 지위에서 공동점유의 기업에 대한 개인적 소유권자로 성장하게 해준다. 여기에서 조직형태상의 민주주의 원리는 개인적 소유권자들의 생산수단 공동점유로의 구성체적 전환이 일단 **가능케** 해준 내용을 현실화하는 결정적 수단이 되는 것이다. 위에서 시사했듯이 부르조아적 선거행위에 대해 실질민주주의적 성격을 부인했던 맑스도 동일한 의미맥락에서 다음과 같이 말하고 있다. "어떤 사람이 자기 자신을 지배한다면 이 원리에 따라 이 사람은 자신을 지배하는 것이 아니다. 그는 그 자기 자신일 뿐 다른 사람이 아니기 때문이다"(18: 634면).

그럼에도 불구하고 사회주의적 기업권력도 최소한의 강권 또는 '권위'에 의해 **보충되어야** 한다고 생각한다. 물론 "미래의 사회조직은 권위를 생산조건이 불가피하게 요구하는 한계 내에 한정시켜야"(Engels, 18: 307면) 하지만. 엥겔스는 이 강권의 필요성을 기계제 대공업체계가 요하는 비상조치의 필연성에서 도출하려고 시도하고 있다. '증기의 권위', '기계적 자동장치의 폭정', 과학적으로 인식되고 공업적으로 적용된 자연력의 '전제주의' 등의 비유적 표현으로써 엥겔스는 아마 주의 깊게 이용되어야 하는 고도기계화된 생산수단의 경제(절약적 사용)와 이에 상응하는 노동기율을 위한 비상조치 또는 긴급조치의 필수성을 강조하고자 했을 것이다. 그러나 비상조치를 위한 작업규칙이 연대한 기업 직원들에 의해 민주적으로 정해진다면, 그리고 이 직원들이 일정 인물에게 이 작업규칙을 집행할 권한을 위임한다면, 이 권한은 정의상 '강권'이 아니라 상호합치에 입각한 인간집단의 연대적 행위 능력이라는 의미에서의 '권력'이다.

게다가 엄밀히 말하면 현대적인 고도기계화된 생산체계 안에서의 작업규칙의 준수는 가공의 기술적 사물강제 때문에 필수불가결한 것이 아니라 실은 인간노동을 흡입한 경제적 물자를 아끼려는 **경제적** 고려(및 인간을 아끼는 안전적·보건적 고려)에서 그런 것이다. [69] 맑스에 의하면 생산수단의 경제는 결국 노동시간의 경제(절약)로, 따라서 자유시간의 연장으로 귀착된다. "시간의 경제, 최종적으로 모든 경제는 이 시간의 경제 속으로 용해되기"(42: 105면) 때문이다. 따라서 생산수단의 경제 및 노동기율은 사회주의에서도 사회적 필연성이다. "시간의 경제는…공동적 생산의 기초 위에서 제1의 경제적 법칙이다. 그것은 심지어 훨씬 더 높은 정도로 법칙이 된다"(같은

---

69) 레닌은 생산수단의 경제와 노동기율의 관계를 명료하게 강조하고 있다. "그러한 모든 기업에서 기술은 무조건적으로 가장 엄격한 기율, 각자에게 맡겨진 부분작업을 수행하는 데 있어서의 최대의 정확성을 처방한다. 그렇지 않으면 전기업의 정지, 기계체계의 훼손, 생산물의 훼손 등이 염려되기 때문이다"(*LAW* Ⅱ, 409면 이하).

곳).

　하지만 이런 의미에서의 노동기율의 관철은 강권투입을 요하지 않는다. 이것은 이익대립 없이 합의될 수 있고 따라서 오직 연대의 간주체적 이성에 기초한 **권력**만으로도 강력하게 관철시킬 수 있다. 작업규칙으로부터의 일탈은 여기서 예외 없이 우연적인 과실, 실수, 태만으로 말미암은 것일 수밖에 없다. 이 우연적 과실, 실수, 태만에 대해서는 권력만으로 완전히 대응할 수 있는 것이다. 기업 관리자나 직원 집단은 이런 종류의 일탈을 간주체적으로 효과있게 제재할 수 있기 때문이다. 이 제재는 관리자의 민주적 위임권력의 확대도 복종의 강화도 야기하지 않는다. 노동규칙의 관철은 최종적으로 노동시간의 축소를, 따라서 자유시간의 확대를 가져오고 노동시간의 축소는 노동자들이 기업 관리자의 긴급권력을 감당해야 하는 시간의 축소를 뜻하기 때문이다. 위임권력을 용인(容認)하는 시간의 외연적 축소는 대기술적・정밀기술적 생산수단의 좀더 경제적인 이용을 위한 보다 엄격한 작업기율의 경제적 필연성에 조응하는 권력의 내포적 강화경향을 상쇄시킨다. 또한 생산수단의 좀더 경제적인 이용문제는 대부분 습관적으로, 자발적으로 해결될 수 있고 오늘날에는 점점 기술적으로(즉, 정보통신기술적으로) 해결되어가는 추세다. 따라서 이런 유형의 작업기율은 점차 축소되고 이런 유형의 긴급권력도 사라질 듯 작은 것이다. 게다가 과학화된 생산수단의 절약문제는 직접적인 노동현장의 작업기율과 아무런 관련이 없는 고위관리자들의 권력을 설명할 수 없다.

(3) 맑스의 노동철학과 사회주의적 기업관리론의 재구성

　필자는 엥겔스가 말하는 것과는 완전히 다른 근거에서 사회주의적 기업권력이 권위적 강권에 의해 측면 보조되어야 한다고 생각한다. 이 강권이 사회주의적 연대 원칙의 간주체적 합의가 존중되는 한계 내에서만 사용되어야 할지라도. 아직 공산주의적인 지도가 아니라 사회주의적인 지도 안에서 부분적 강권이 필요한 본질적인 이유는 생산수단의 경제보다 더 깊은 곳에 놓여 있다. 이 이유는 두뇌노동과 손노동 간의 대립, 정신노동과 물질적 노동

간의 대립,[70] 오늘의 소비욕와 미래를 예비한 축적필요 간의 대립 등 온갖 형태의 (적대적이지는 않지만) 명백한 이익대립을 야기하는 **아직 내키지 않는 노동**(unwillige Arbeit)의 역사적 성격에서 찾아야 한다. 이러한 대립으로 인해 '우연한' 일탈이 아니라, 권력만으로는 제재할 수도 없고 저지될 수도 없는 **필연적이고 집요한 일탈**이 불가피하게 생겨난다. 이런 유형의 일탈은 권력으로 현저히 완화될 수는 있을지언정 제거될 수는 없으므로 불가피하게 권위적 강권으로 해결되어야 한다. 그리하여 변형된 형태로 또다른 대립, 즉 강권적 권능을 가진 관리자와 관리당하는 노동자들 간의 갈등도 발생하게 된다.

사회주의적 기업지도가 권력만이 아니라 (최소의) 강권도 필요로 한다면, 공산주의적인 지도가 아직 아닌 사회주의적 지도는 오케스트라 지휘자의 지도와 같이 권력만으로 충분히 수행될 수 있는 **순수지도**가 아니다.

물론 노동이 '내키지 않는' 것이 아니라 '일차적인 생명욕구'가 되었다고 가정하면 위에서 나열된 모든 대립, 갈등은 사라질 것이다. 인간이란 맑스에 의하면 "개인으로서 '정상적인 상태의 건강, 힘, 활동성, 재능과 수완'을 가진 경우 정상적인 양의 노동에 대한 욕구, 따라서 일정한 정도의 휴식중단에 대한 욕구도 갖기"(42: 512면) 때문이다. 이럴 경우 사람들은 개인적 생명욕구의 충족을 위해 필요한 자기 몫의 노동을 남에게 전가하지 않을 것이다. 그리하여 노동 및 노동성과의 분배를 둘러싼 모든 이익갈등도 영원히 잠들 것이고 사람들은 완전히 자유롭게 연대할 수 있을 것이다. 이럴 경우에만 지도는 권력만으로 수행되어 '순수'해질 수 있다.

하지만 "노동의 양은 그 자체가 달성해야 할 목표와 이 목표의 달성을 위해 노동으로 극복해야 하는 장애에 의해 외적으로 정해진 것으로 나타난다"(42: 512면). 그러나 '달성해야 할 목표'는 점차 늘어난다. 무엇을 얼마나 생산해야 하는가는 대중의 증가하는 욕구에 비례하기 때문이다. 생산력의 수준이 일정하면 노동자는 자신의 욕구가 발달함에 따라 "자신의 욕구를 충족시키고 자신의 생명을 유지하고 재생산하기 위해" 그만큼 더 많이 "자연과

---

70) 두뇌노동(Kopfarbeit)과 정신노동(geistige Arbeit), 손노동(Hand Arbeit) 또는 육체노동(körperliche Arbeit)과 물질적 노동(materielle Arbeit) 간의 차이에 관해서는 이 책 제3장 참조.

씨름해야 한다"(25: 828면). 말하자면 "문명인의 발전과 함께 욕망의 증대로 인해 자연필연성의 나라는 확장되는 것이다"(25: 828면). 물론 생산력 진보는 '자연필연성의 나라'의 확대를 일정 정도 상쇄하겠지만, 생산력 진보가 얼마나 빨리 '필연의 나라'를 '정상적인 양의 노동에 대한 욕구, 따라서 일정한 정도의 휴식중단에 대한 욕구'와 일치하는 수준으로 축소시킬지 알지 못하고 알 수도 없다. 다만 이러한 일치의 상태가 장구한 역사과정 속에서 언젠가는 도래하게 될 것이라는 것만을 알 뿐이다.

이때까지는 노동 안에서 외적 목적의 계기(생존수단으로서의 노동의 도구적 측면)가 자유로운 자기활동의 자기목적적 계기(인간의 생명활동으로서의 노동의 자기실현적 측면)에 대해 우세할 것이다. 따라서 이때까지는 맑스의 다음과 같은 테제가 타당할 것이다.

물질적 생산영역에서의 자유는 오직 사회화된 인간, 즉 연대한 생산자들이 자연과의 물질대사를 이것이 눈먼 권력으로서 생산자들을 지배하도록 놓아두는 것이 아니라 합리적으로 규제하고 자신들의 공동통제 아래 끌어들이고 그들의 인간적 본성에 대해 가장 품위있고 가장 적합한 조건 아래서 가장 근소한 능력사용으로써 그 물질대사를 수행하는 것에 있다. 그러나 필연의 나라는 여전히 남아 있다. 이 필연의 나라 저편에서야 자기목적으로 간주되는 인간의 능력개발, 즉 참된 자유의 나라가 시작되는데, 이 나라는 저 필연의 나라를 토대로 해서만 만개할 수 있는 것이다. 노동일의 단축은 근본전제이다. (25: 828면)

맑스는 이와같이 노동이 '일차적 생명욕구'로 고양되지 않은 채 '내키지 않는 것'으로 남아 있는 사회주의 단계에서 '필연의 나라'(경제세계)와 '자유의 나라'(생활세계)의 이원론을 불가피한 것으로 수락하고 있다.

그런데 『자본론』 3권의 이 구절은 줄곧 이론적 몰이해에 의해 시달려왔다. 가장 전형적인 오해는 맑스가 초기 저작에서 기안하고 『정치경제학 비판 강요』에까지 고수한 '생명활동 차원으로의 노동의 지양' 이념을 이 『자본론』 3권의 바로 위 구절에서 포기했다는 것이다. 이런 해석은 알프레트 슈미트(Alfred Schmidt)로 대표된다. 그는 자신의 저작 『맑스 이론에서의 자연의 개념』(*Der Begriff der Natur in der Lehre von Marx*)에서 이 구절을 논하면서 맑스를 '변증법적' 회의론자로, 엥겔스를 '비변증법적' 비약론자로 만들어 놓고 있다.

엥겔스에게는 생산수단의 사회화와 함께 모든 것이 본래 잘 되어가고 필연의 나라에서 자유의 나라로의 비약적 이행이 성립될 것으로 보인 데 반해, 훨씬 더 회의적이고 또한 더 변증법적인 맑스는 자유의 나라가 필연의 나라를 간단히 교체하는 것이 아니라 필연의 나라를 청산할 수 없는 계기로서 자신 안에 간직하는 점을 보고 있다. 보다 이성적인 생활구성이 생활의 재생산을 위해 필요한 노동시간을 한정하기는 하되 결코 완전히 노동을 철폐할 수는 없다는 사실에 맑스 유물론의 모순성이 반영되고 있다. 이 유물론은 지양 불가능성 속에서 지양 가능하다. 맑스는 자유와 필연을 필연의 토대 위에서 상호 화해시키고 있다. (Schmidt 1971, 138면)

슈미트는 대중팸플릿이 무조건적으로 요구하는 간단명료한 선동적 표현방식의 가치를 알지 못하고 있다. 그가 인용하고 있는 엥겔스의 글인 「공상에서 과학으로의 사회주의의 발전」은 전형적인 선동적 팸플릿에 속하는 것이다. 게다가 슈미트는 맑스가 엥겔스의 이 팸플릿을 읽고 1880년 프랑스본을 위한 서문도 써두고 있다는 사실을 모르고 있다. 이것은 맑스 자신이 혁명적 팸플릿에서 고루하게 비칠 정밀한 과학적 표현보다 "필연의 나라에서 자유의 나라로의 인류의 비약"(19: 226면)이라는 엥겔스의 대중적 표현의 선동적 단순성을 더 선호하였다는 것을 간접적으로 의미한다. 또한 슈미트는 '훨씬 더 회의적이고 더 변증법적인 맑스'의 『자본론』 3권의 편찬자가 바로 엥겔스 자신이라는 사실도 망각하고 있다.

물질적 생산활동 '일반'으로 이해되고 오해되는 의미의 '노동'은 물론 지양·폐기될 수 없는 것이다. 그러나 '포노스'(ponos, 苦)로서의 노동, '여호아의 저주'로서의 노동, '희생'으로서의 노동은 완전히 폐기·지양할 수 있는 것이다. 『독일이데올로기론』에서의 '노동의 철폐'의 이념은 이런 의미로 이해되어야 한다. 이것을 '모든' 생산활동의 폐지로 오해하는 사람은 맑스와 엥겔스를 천치로 취급하는 것이나 진배없다. '노동의 철폐'는 여기서 **변증법**

적으로 이해되어야 할 것이다. 노동은 외적 필연의 계기가 물질적 생산활동에서 **완전히** 사라지는 것(이것은 실은 **영원히 불가능하다**)을 기점으로 해서야 비로소 철폐되는 것이 아니라 이미 자기실현의 계기가 필연의 계기에 대해 **양적으로** 압도하는 변증법적 계선(界線)에서부터 철폐되는 것이다(양질전화의 변증법).

모든 노동은 항상 이중적인 측면, 생존을 위한 도구적 계기와 생명활동의 계기를 갖는다. 자본주의에서는 외적 필연의 계기가 우세하고 이로 인해 생명실현의 자기목적적 계기가 무색케 되어 은폐되어 있을지라도 아무리 소외된 임금노동 속에도 포함되어 있는 것이다. 따라서 생명활동의 계기가 생존의 도구적 계기에 비해 우세해지면 먹고 살기 위한 '억지'로서의 노동은 사라진다.

그런데 이 변증법적 계선은 우리의 논의 속에서 개념적으로 이미 알려져 있다. 그것은 사회적으로 수행되어야 하는 개인적 노동이 '정상적인 노동의 양'과 일치하고 분업적 질곡으로부터 벗어나는 지점이다. 이런 변증법적 의미에서 맑스는 다음과 같이 말한다. "외적 목적은 단순한 외적 자연필연성의 허상을 철폐하여 간직하고 개인 자신이 비로소 정립한 목적으로서, 즉 주체의 자기목적, 대상화, 자유의 행동이 노동과 일치하는 실질적 자유로서 정립된다"(42: 512면). 이 경지는 결코 "필연의 토대 위에서의 자유와 필연의 화해"(Schmidt)——이것은 사회주의 단계에 속한다——가 아니라 **필연이 자유에 포섭되어 변증법적으로 자유로 전화된** 경지이다. 원(圓)개념 속에 직선개념이 숨어 있듯이 노동의 지양의 경지에서는 외적 필연이 자유로운 자기실현적 활동 속에 숨겨져 있는 것이다. (이것은 소외된 노동에서 자기실현적 활동의 계기가 외적 필연의 계기 속에 숨겨져 있는 것과 정반대의 양상이다.) 자유로운 생명활동을 하는 '동안에' 동시에 무의식적으로 (인간욕구의 물질적 충족을 위해 필수적인) 도구적 생산행위도 수행되는 것이다. 비(非)노동으로서, 자유로서의 이러한 노동, 이러한 생산활동은 생활의 수단이면서 무엇보다도 동시에 자유로운 생명활동인 것이다. 따라서 슈미트가 맑스의 이러한 변증법적 노동개념을 끝까지 추적했다면 '맑스 유물론의 모순성'에 관해 운위할 수 없는 것이다. 물질적 생산의, 그리고 생산 속의 이러한 자유는 물질적 생산 저편의 '생활세계'의 자유로운 활동과 동일한 수준의 '일차적 생명욕구'의 활동이다. 전적으로 변증법적으로 사유한 맑스는 바로 이 변증법 때문에 노동의 지양 가능성과 관련하여 회의적으로 된 것이 아니라 바로 이 변증법 때문에, 아니 바로 이 때문에만 『자본론』 3권의 초고를 쓴 후 「고타강령비판」(Kritik des Gothaer Programms)에서 저 유명한 테제를 아무런 회의 없이 다시 반복할 수 있었던 것이다.

> 공산주의 사회의 보다 높은 단계에서…노동은 **생활수단**일 뿐 아니라 그 자체가 **일차적 생명욕구**가 될 것이다. …그러면 사회는 자신의 깃발에 능력에 따라 일하고 욕구에 따라 분배받는다고 적을 수 있게 될 것이다. (19: 21면)

이런 까닭에 자유의 나라와 필연의 나라의 이중구조에 관한 『자본론』 3권의 해당 구절은 공산주의의 첫번째 단계, 즉 사회주의 단계에만 적용되는 것으로 이해해야 할 것이다.

결론적으로 말하면 노동은 '일차적인 생명욕구'가 되기 전까지 귀찮은 것으로 남아 있다는 것이다. 노동이 이와같이 귀찮고 내키지 않는 것으로 남아 있는 까닭은 무엇보다도 첫째, 노동자 자신의 확대된 욕구를 충족시키고 축적 및 예비 기금을 달성하기 위해 노동을 '정상적인 양의 노동'보다 더 많이 수행해야 하기 때문이고, 부차적인 측면으로서 둘째, 분업에 의해 질곡당해 있어서 아직 힘들고 과중하고 반복적이고 단순히 생각 없이 시키는 대로 실행해야 하는 것이거나 내용 없이 단순화되어 있는 노동이 일정 인간들에게 전담되어 있기 때문이다. 이런 까닭에 노동시간과 자유시간의 갈등, 좀더 적은 노동과 좀더 많은 자유시간을 위한 노동자 개인 또는 집단의 합법적 또는 불법적 싸움, 좀더 나은 일자리를 갖기 위한 첨예한 경쟁 등도 남아 있게 되고, 결국 '정상적인 양의 노동'보다 더 많은 노동을 수행하도록 이 노동자들을 강제하고 생산과 소비를 둘러싼 모든 갈등을 **권위적으로** 해결하기 위해 사회주의적 생산의 테두리를 법률로 고정하고 '신성화'해야 하는 기업 관리진의 **강권사용의 필연성**도 잔존하게 된다.

"기존의 것을 법률로 신성화하고 관례와 전통에 의해 주어진 테두리를 법적 테두리로 고정시키는 것이 (계급)사회의 지배집단의 이해관계에 속하는 사항이라는 것은 분명하다"(25: 801면). 마찬가지로 사회주의적 생산양식의 재생산조건을 강권으로 창출, 법으로 보위하고 저 비적대적인 대립들로부터 생겨나는 모든 갈등을 권위적으로 해결하는 것은 사회주의 사회의 본질적 이해관계에 속하는 것이다. 새로운 사회주의적 사회상태의 "토대", 즉 "이 상태의 기저에 놓여 있는 관계의 항구적 재생산"은 강권과 권위에 의존하여 "시간이 경과하면서 규칙화되고 질서화된 형식을 취해야 한다." 이것은 무조건적으로 필수적인 사항이다. "이 규칙과 질서는 그 자체가 단순한 우연 또는 자의(恣意)에 대한 독립성 및 사회적 공고성을 갖추어야 하는 **모든** 생산양식의 필수불가결한 계기이다. 그것은 바로 생산양식의 사회적 공고화의 형식이요 단순한 자의와 단순한 우연으로부터 그것의 상대적인 해방의 형식이다". (같은 곳)

사회주의적 기업관리는 자본주의 기업의 '내용상 상극적이고', 즉 적대적이고 '형식상 전제적인' 경영관리와 본질적으로 다른 것이긴 하지만, 제아무리 진정으로 사회주의적인 기업이라 하더라도 물질적 생산 저편에 있는 교향악단 지휘자의 (강권 없는) 지도와 같은 순수지도와 아직 동일한 것은 아니다. [71] 따라서 사회주의적 기업 관리자의 지시에 대한 순응은 개개 동료들의 의식적인 자발성과 자의에 내맡겨둘 수 없는 것이다. 아직 '필연의 나라'에 주소를 두고 있는 사회주의적 기업에서 기업 관리자는 연대규칙을 준수하기는 하지만 힘든 노동부담은 회피하고 싶어하는 동료들을 '노동의 정상적인 분량에 대한 욕구'를 넘어 이보다 많은 노동을 강제하기 위해 불가피한

---

71) 다른 사회주의 국가들과 마찬가지로 옛 동독에서도 동독의 관료주의적 기업지도는 맑스의 순수지도 이론으로써 시기상조로 정당화되었다. 가령 옛 동독 기업사회학자 슈톨베르크는 동독의 기업관료주의적 관리를 지배와 권위 없는 맑스적 의미의 '순수지도'로 미화하고 있지만(Stollberg 1988, 167면 이하), 이내 곧 성급하게 선언된 이 순수지도와 기업의 실제 간의 간극을 느끼고 빈번한 기율위반을 권위적으로 처리해야 할 필수성을 인정하고 있다. "관리자는 (공식적으로든 비공식적으로든) 권위를 향유하고 있고 이러한 권위를 갖고 '일하는' 경우에만 기율위반에 대해 올바른 자세로 임할 수 있다. 그런데 많은 관리자들이 그의 직원들에 대해 동료관계를 맺기 위해 애쓸 뿐만 아니라 '동무'관계를 맺기 위해서 애쓴다는 것이…조사되고 있다. 이러한 관계는 기율위반에 대해 확실하고 명백하게 대응할 수 있는 가능성을 앗아간다"(같은 책, 172면). 슈톨베르크는 이런 까닭에 "사회주의적 노동기율의 공고화"를 위해 "일관된 제재를 가해야 한다"(같은 책, 173면)고 말하고 있다.

권위적 조치를 취해야 한다. 물적 금전**수단**에 의존한 이 조치는 소득삭감 (가령 시한부 감봉조치, 직무해제, 정직 등)의 형태로 관철될 수 있다. 이 사회주의적 기업강권은 기업집단의 다수에 의해 승인되고 정당화되어야 한다.

다수결은 실은 소수에 대한 강권사용을 정당화해주는 기제 외에 다른 것이 아니다. 그러나 강권사용은 이 강권의 형태와 정도에 있어서의 특유한 사회주의적 테두리를 자각해야 한다. 이 강권사용은 착취를 위해서 정당화되는 것이 아니라 '내키지 않는 노동'의 역사적 성격에 기인한 대립과 갈등을 처리하기 위한 목적에서만 정당화된 것이다. 따라서 강권사용은 연대가 견지될 수 있는 한계를 넘어서서는 안되는 것이다. 이런 한에서 이 강권은 '형태만을 바꾸는 것'이 아니라 최종적으로 적대적인 생사여탈권으로서, 즉 해고강권으로서 기능하는 자본주의적 착취권력과 본질적으로 달라야 한다. 사물처럼 교환되고 사물로 취급되는 노동, 즉 사물화된 노동의 상품성격의 핵심구조적인 역사적 성격을 규정하는 것은 임금의 화폐형식이 아니라 실은 노동자가 자본의 '최후이성'(ultima ratio)으로서의 저 해고강권 아래 굴복해 있다는 점이다. 자본주의 기업의 전제주의적 '질서'는 최종적으로 이 해고강권의 행사와 위협에 기초하는 것이다. 사회주의가 특히 임금노동(노동력 상품) 체계의 폐지로 이해된다면, 노동자들간의 인간적 연대를 파괴하여 이들을 소외시키는 기능, 즉 노동력 상품을 착취하는 억압기능으로부터 해방된 사회주의적 기업은 물적 이해관계에서 취해지는 해고와 너무 과중한 장기적 소득삭감 조치를 포기해야 한다. **왜냐하면 이런 유형의 강권조치는 그 자체로서 연대원칙을 심각하게 파기하기 때문이다.** 자본주의적 기업강권은 경제 외적인 물리적 강권(폭력)은 포기하였지만 아직 최종적 심급에서 늘 생사여탈권으로 기능하는 해고강권을 장악하고 있는 한에서 전자본주의적 착취강권과 형태상으로만 구별될 뿐이다. 이에 반해 사회주의적 기업권은 **형태상으로나 내용적으로나** 자본주의적 기업강권과 구별되어야 한다. 이 기업권은 비민주적·전제적 형식을 버려야 하고, 동시에 연대원칙의 중대한 침파나 악용의 경우를 제외하고는 이윤 및 여타 물적 자산에 대한 이해관계에서 기업동료를 해고해서는 안된다. **오직 이런 원칙에 의해서만 노동은 비로소 상품이 되도록 강제당하는 것을 그칠 수 있다.**

자본주의적 관리(管理)에서 순수한 관리로의 역사적 이행형태로서의 사회주의적 기업관리의 권력과 강권의 이 역사적 특징은 기업의 민주주의적 권력조직의 가능성과 필연성을 뜻한다. 자본주의적 기업 또는 (동유럽의) 국가사회주의적 기업은 노동자들의 무산성(無産性)에 기초를 둔 자본주의적 잉여이익 또는 새로운 봉록적 잉여이익에 의해 규정된 적대적 강권체인 한에서 기계적·전제적인 행정메커니즘, 즉 관료체제를 벗어날 수 없었다. 이에 반해 공동점유의 개인적 소유권을 기초로 하고 해고강권을 포기한 맑스적인 사회주의 기업에서는 비관료주의적·민주주의적 행정, 또는 적어도 **관료주의의 현격한 약화**가 체제적으로 가능한 것이다.

적대성을 벗어나 자유로이 연대한 노동자들은 기업의 사회주의적 강권조치(감봉, 직무해제, 정직 등)를 통제함으로써 "자신들의 대표자와 관리(官吏)에 대해 자신들을 보위하는"(22: 197면) 새로운 민주주의적 행정기구와 효과적인 권력기제를 발전시킬 수 있다. 민주적으로 승인되고 제한적인 사회주의적 관리자의 강권적 권한도 항상 통제할 수 없이 자립화된, 즉 소외된 강권으로 퇴락할 위험에 의해 위협받는다. 이런 한에서 성급하게 순수한 권력이나 순수한 지도라는 싸이렌을 불어대서는 안되는 것이다. 반대로 노동자들은 이 강권적 권한을 **엄격히** 민주화하고 **보다 나은** 민주적 조직형태와 통제형태를 발견하기 위해 **끊임없이** 씨름해야 하는 것이다. 이것은 자본이 지금까지 기업의 전제체제를 '헤라클레스의 위업과 견줄 수 있는' 공장규칙법전(Marx)과 기계체계에 기초한 병영전제체제에서 고전적 관료체제 및 테일러-포드주의적 작업장 관료체제를 거쳐 오늘날의 극소전자기술과 린생산방식에 기초한 유연한 관료체제에 이르기까지 완벽화시키기 위해 씨름해왔던 만큼이나 힘드는 역방향의 과업인 것이다.

사회주의적 기업의 이 민주적 행정기제는 독임제적(獨任制的) 관리자의 **전문성**과 **선임제**(및 항시적 소환권)의 적절한 결합과 조합을 통해 노동기술적 합리성의 침해 없이 구성되어야 할 것이다.

모든 관리자의 선임제와 소환제의 원칙을 맑스는 빠리꼬뮌과 관련하여 새로운 '국가'의 인민행정조직을 위해 제시하고 있다. 엥겔스는 반권위주의자들에 대한 논박에서 이 민주적 원리를 사회주의의 '기업' 행정기제에도 적용할 것을 시사하고 있다. 수많은 냉소적인 서구 좌파들의 잘못된 추측과는 정반대로 레닌은 카우츠키에 대한 논박에서 이 '기업'민주주의 원칙을 한걸음 더 발전시키고 있다.[72] 독임제적 전문가 행정의 원칙은 막스 베버에 의해 대중조직에서 노동기술적으로 불가피하다고 인정되고 있다. 레닌은 이 전문가 행정의 원칙을 사회주의 단계의 대기업 관리와 관련하여 베버보다 더 극적으로 강조하고 있다(*LAW* II, 757면 이하). 그러나 전문관리자는 민주적으로 선출되면 이제 관료가 아니다. 그는 '관료주의적' 자세를 취하거나 직원들의 이익을 위해 위에서 내린 지시를 왜곡시키거나 지시이행을 방해할 수 없고 이 지시를 직원의 이익을 위해 수행하지 않으면 안된다. 왜냐하면 이렇게 하는 것이 자신의 이익(가능한 오래 자기 직책에 머무르고 위로 승진하는 길)이기 때문이다. 관리되는 노동자와 사무직원들 또는 이들에 의해 선출된 기업 내 평의회는 경선 및 비밀선거를 통해 일정 임기의 독임제적 정상급 직책과 중간직책을 관리능력이 있는 전문가들에게 맡기고, 이 선임 결과는 다시 해당 분과의 (마찬가지로 선임된) 상급기관에 의해 승인되어야 할 것이다. 노동자총회 또는 노동평의회(기업 내의 '일종의 의회') 및 상급 기관은 서로 독립적으로 기업소장 및 해당 분과의 중간직책자를 소환할 수 있고 기업소장은 다시 다른 중간관리자를 해임하는 권력을 행사할 수 있다.

---

72) 레닌은 『국가와 혁명』에서 명료하고 판명한 언어로 내부에 "일종의 의회"가 설치될 뿐만 아니라 모든 기업 관리자들에게 선임제와 소환제가 적용된 사회주의적 **기업형태**를 기안하고 있다(*LAW* II, 359면 및 409면 이하). 레닌은 "단합한 노동자들이 사회주의적 기업을 조직할 때 빠리꼬뮌이 이미 "국가조직의 영역에서" 겪었던 경험을 활용할 것(같은 책, 359면)과, "모든 기업에서" 기업의 중요한 문제를 결의하고 기업행정기구를 감독할 "일종의 의회를 구성하는 대표자들"을 선출할 것을 요구하고 있다. 동시에 이 행정기구는 노동자와 사무직원들로 구성되어야 하지만, "이들이 관료로 다시 변질되는 것을 막기 위해" 즉각 맑스에 의해 심층적으로 탐구된 조치를 취해야 한다는 것이다. ①이 행정관리자들의 선임제 및 항시적 소환제를 도입할 것, ②이들의 봉급을 노동임금을 넘지 않도록 제한할 것(전통적 관료의 봉급수준에서 충성수당분을 제거할 것), ③모든 노동자들이 통제와 감독의 기능을 수행하는 상태, 즉 "모든 노동자들이 일정 기간 동안 '관료'가 됨으로써 아무도 '관료'가 될 수 없는" 상태로 즉각적으로 이행할 것(같은 책, 410면). 레닌의 이 계획을 과거 소련 권력자들은 감추고 사실상 인용을 금지시킨 데 반해, 대부분의 냉소적인 서구 좌파들은 맑스와 엥겔스의 시사보다 더 명백하고 구체적인 레닌의 이 계획이 존재하는지를 알지 못했거나(가령 Osers 1980, 44면 이하), 레닌의 이 계획을 국가조직계획의 일부로 오해했다(가령 Wright 1978, 4장 2절).

말하자면 이 새 행정기제는 모든 관리자들이 위아래에 대해서 동시에 책임을 지는 기제인 것이다.

베버에 의하면 오늘날도 부분적으로 존속하고 있는 미국 보안관 같은 "피선임 관리(官吏)"는 "독자적 정통성을 갖추고 있기 때문에 미약한 상명하복 관계에 들어 있고" 엄격한 의미의 관료(Bürokrat)가 아니다. 그런데 "이들로 구성된 행정은 '정밀기계'의 측면에서 관료적으로 임명된 관리들로 구성된 행정보다 훨씬 뒤떨어진다". (Weber 1985, 156면) 왜냐하면 "피선임 관리는 '상사(上司)'에 의해 임명되지 않고 승진 가능성이 상사에 의해 좌우되는 것이 아니라 그의 지위가 자신의 피지배자들의 지지에 힘입은 것인 고로 상사의 칭찬을 받기 위한 기계적 기율에 대한 관심이 낮기"(같은 책, 157면) 때문이다.

분명 상사에 대한 위계적 기율이 형식적이거나 거의 의전적(儀典的)인 이런 유형의 피선임 관리들의 행정은 ①모든 자율적인 분과의 선임된, 따라서 상사에 대해 독립적인 관리가 상사의 명령에 저항하거나 상사와 무관하게 행위할 수 있기 때문에 **권력기술적으로** 불합리하고, ②복잡하게 분할·조합된 노동의 정확하고 지속적인 조정과 통일적 조직화가 어렵기 때문에 **노동기술상으로도** 불합리하다. 사회주의 기업에서는 적대적 억압의 사회경제적 근거가 없는 까닭에 권력기술적 불합리성은 염려할 것이 없을지라도 이런 유형의 피선임 관리들의 행정기구는 사회주의 기업에서도 도입할 수 없다. 행정노동에서의 관리자들의 위계적 기율은 여기에서도 공동적 대중노동의 정확하고 지속적이고 통일적인 수행을 보장하기 위해 노동기술상 필요한 것이기 때문이다. 이런 까닭에 위에서 기안된 바대로 기업 총책임자(최고관리자)가 중간관리자의 임명권력과 해임권력을 기업총회와 나누어 가져야 한다(가령 총회에는 임명권과 해임권을, 총책임자에게는 해임권만을 주는 방식). 기업총회는 예를 들면 총책임자와 중간관리자를 선임하지만, 총책임자는 총회의 의사에 반하는 경우에도 중간관리자를 해임할 수 있고, 역으로 총책임자가 특별관리자(가령 측근관리자들)를 임명한 경우에는 총회가 적어도 이 관리자들을 해임할 수는 있어야 하는 것 등을 생각해볼 수 있다. 이 행정체계에서는 순수한 관료적 인물이 분명 사라지게 되지만 중하급 관리자들의 노동기술적으로 필수적인 위계적 기율은 구제될 수 있다. 중하급 관리자들의 임면(任免)을 둘러싼 총책임자와 총회 간의 가능한 갈등은 총책임자와 전체 노동자 간의 적대성의 부재(不在) 덕택에 매우 드문 일이 될 것이다.

민주적 선임(및 소환)과 위계적 임명(및 해임)의 분할된 혼합에 대한 가장 간단한 사례는 오늘날의 대기업의 인적 규모와 유사한 수천 또는 수만명의 인적 규모를 가졌던 원시씨족사회의 지휘구조이다. 엥겔스는 미국의 이로쿼이 인디언의 지휘구조에 관하여 다음과 같이 서술하고 있다. "각 씨족에는 다음 관습이 지배한다. ①씨족은 사쳄(평시 씨족장)과 추장(전쟁지휘자)을 선출한다. ②사쳄은 반드시 씨족 사람을 선출해야 하고 그의 직책은 씨족장이 죽을 때 누군가 즉시 새로 맡아야 하는 한에서 씨족 안에서 세습된다. 이에 반해 전쟁지휘자는 씨족 바같의 사람을 뽑을 수 있고 일시적으로 공석일 수도 있다. …선거시에는 남녀가 모두 투표한다. 그러나 이 선거 결과는 나머지 일곱 씨족들에 의해 비준되어야 하고 그런 다음에야 뽑힌 자는 성대하게 전체 이로쿼이 동맹의 공동평의회 명의로 즉위한다. …③씨족은 임의로 씨족장과 전쟁추장을 해임할 수 있다. 이것도 남녀 공히 참가한다. 해임된 자는 그 뒤 다른 사람과 같은 단순한 전사(戰士)이고 사인(私人)이다. 게다가 부족평의회도 사쳄을 해임할 수 있는데, 이 해임결정은 씨족의 의사에 반해서도 관철된다"(21: 86면 이하). 1987년 7월 30일 제정 공표되어 실행되지 못하고 사라진 과거 소련의 기업법은 이 법률 제6조에서 몇 가지 취약점을 안고 있었지만 이로쿼이족과 유사한 민주주의적 지휘구조를 창출하려는 의도를 담고 있었다.

오늘날 현대 기업의 민주화를 위해서 우리는 엥겔스가 모건(Morgan)의 연구를 기초로 분석한 이 이로쿼이족의 지휘구조로부터 일정한 내용을 배울 수 있다. 이렇게 되면 행정기제는 관료적이지는 않지만 노동기술적으로 효율적일 것이다. 아니, 다음 근거에서 관료체제보다 더 효율적이어야 할 것이다.

①소유권상의 해방적 효과는 관리자와 일반 직원의 업무자발성(주인의식)을 높여줄 것이다.

②신속하고 통일적인 관리를 위해 필수적인 노동기술적 합리성이 유지된다. (관리자는 변함없이 독임전문가이고 상급기관은 관리자에 대한 임명권

은 없지만 적어도 해임권은 장악한다.)

③합리적 노동의 관료적·지배기술적 교란현상이 약화되고 분과들간의 수평적 업무협조가 확대된다.

④업무적 자발성의 제고는 감독의 필요성 및 위계적 지휘단계를 줄여주고 최종적으로 감독비를 줄여준다.

기업 내의 민주화 과정은 아무튼 끊임없이 계속되어야 할 것이다. 소유권 변혁으로 주어진 구성체적 해방 가능성을 실현하려는 부단한 이러한 조직화 노력을 통해서만 기업총회가 수권(授權)한 관리권력과 불가피하게 인정되는 최소한의 강권을 기업 관리자들에게 횡탈당하는 것, 이 관리자들이 기업 직원들에 대해 다시 자립화되는(봉록화되고 관료화되는) 위험을 미연에 방지할 수 있다.

하지만 이 새로운 기업도 자신의 사회주의적 한계 내에서 움직이기 때문에 '공산주의적'일 수 없을 것이다. 노동자들은 전문가들, 즉 노동자 및 사무직원들 중 '최고의 두뇌들'에 의해서 관리권력이 경향적으로 독점되는 역사적 조건하에서 생산과정을 자신의 통제 아래 이제 겨우 형식적으로 포섭한 것이다. 가령 대부분의 육체노동자들은 수동적으로만, 즉 투표권자로서만 기업 운영에 참여할 수 있을 뿐이다. 두뇌노동과 손노동의 분리의 불가피한 존속으로 인해 새로운 기업관리는 민주화의 부단한 심화 없이 봉록화와 관료화의 경향에 대해 완전 방역된 것이 아니다. 이 두뇌노동과 손노동의 대립과 극복의 문제는 다음 장에서 논의된다.

노동의 정치철학

제 3 장

노동의 정치철학
두뇌노동과 손노동의 대립과 극복의 정치이념

대기업적 독점자본들은 맑스가 "자본주의적 생산양식의 고유한 특성"으로 규정한 두뇌노동과 손노동의 기업 내적 분리를 테일러-포드주의적 극단에까지 밀어붙인 바 있다. 하지만 두뇌노동과 손노동의 이러한 양극화 경향은 제2장 마지막 절에서 시사했듯이 최근의 새로운 경향, 즉 양적으로 엄청나고 질적으로 새로운 생산력에 의한 이 양극성의 극복 경향과 잠재적 모순에 빠져들고 있다. 현재 질풍처럼 진행되고 있는 과학기술적 생산력 혁명은 이런 유형의 생산력 진보가 두뇌노동과 손노동의 전통적 분업형태에 미치는 영향을 설명하도록 강요하고 또 맑스와 엥겔스 시대보다 이 대립적 분업의 지양(止揚) 가능성에 대한 한층 정확한 예측을 가능케 해주고 있다.

물론 이에 대한 체계적인 맑스주의적 고찰은 이 문제를 대부분 단순한 추상적 사변으로 간주해서인지 지극히 드물다. 하지만 우리는 이 문제를 순수히 미래에 가서나 신경 쓸 사항으로 간주하지 않는다. 오히려 우리는 현재 속의 미래지향적 암시에 대한 올바른 인식이 항상 현재의 적절하고 올바른 계급정책을 위한 정치철학적 기초가 된다고 생각한다.

존-레텔(Alfred Sohn-Rethel)의 『정신노동과 육체노동』(*Geistige und körperliche Arbeit*, 1972)은 많은 사람들이, 그리고 필자도 이 저작에서 전개된 그의 이론에는 동조할 수 없을지라도 아마 근래 이 주제를 집중적으로 취급한 유일한 저작이며 '맑스주의적' 최면상태가 지배하던 시기에 자행된 경솔한 이론적 오류의 몇몇 전형적인 모습이 가장 잘 집약된 저작일 것이다. 이런 이유에서 필자는 줄곧 이 저작을 거듭 비판적으로 취급하면서 이와 대조적인 필자의 이론적 입장을 구성해나가고자 한다. 존-레텔의 이 저작에 대한 종래의 비평적 독해들은 이 저작의 제목으로 삼은 본래적인 테마의 관점에서 볼 때 전적으로 주변적인 것들이거나, 또는 대부분 그의 '확장된' 상품 및 교환 분석만을 취급하거나, 자연과학의 사회적 성격에 관한 그의 견해에 관해서만 논란한 것들이었다. 이런 까닭에 이런 비평들은 두뇌노동과 손노동의 분리 및 극복에 관한 존-레텔의 견해가, 상품분석과 자연과학에 관한 그의 입장을 용인한다고 가정하더라도, 맑스의 그것보다 부정확하고 미래적 전망에서 보면 불합리하고 위험천만한 사상이라는 것을 그의 이론 안에서 밝혀 보이지 못하고 있다.

1. 과학과 이데올로기

(1) 존-레텔의 자연과학 비판과 맑스의 과학개념

필자는 두뇌노동과 손노동의 분리 및 극복에 관한 존-레텔의 견해에 논의를 집중하겠지만, 이 주제에 대한 서론적 도입을 위해 그가 고수하는 두뇌노동과 손노동의 '형태규정적' 분리론과 내적으로 결부되어 있는 그의 자연과학이론을 비판적으로 개략할 필요가 있다.

그의 자연과학 비판의 출발점이 되고 있는 핵심테제는 수리(數理)형식의 근대 자연과학적 인식논리가 상품교환의 논리로부터 유래한다는 것이다. 그것은 상품교환의 시대에 의해 제약된 것이고 따라서 자연과학적 인식의 진리성격도 사회과학과 마찬가지로 '역사적'이라는 것이다. 그는 그럼에도 불구하고 맑스가 자연과학과 이것의 인식형태에 관한 물음을 사적 유물론의 시야에서 제거하였다고 말한다. 그는 바로 이 점이 맑스주의적 이론진영 안에 진리개념을 양분함으로써 맑스주의적 진리개념의 지극히 미심쩍은 양면성을 야기하였다고 비판한다. 한편에는 변증법적으로 시간에 구속된 역사적 속성의 (사회과학적) 진리가 있고 다른 한편에는 모순적으로 자연과학의 비변증법적·무시간적 "객체진리"가 용인되고 있다는 것이다(Sohn-Rethel 1972a, 15면).

일견으로는 맑스와 정통적 맑스주의자들에 대한 이 비판이 어느정도 일리가 있는 것처럼 들린다. 하지만 자세히 뜯어보면 이 비판은 사적 유물론의 용납할 수 없는 축소에 근거해 있고 맑스의 과학이론을 몰각하고 있을 뿐만 아니라 수많은 이론적 자기모순 속에 휘말려 있다. 사적 유물론은 맑스와 엥겔스에 의하면 일정 사회를 **경제의 선차적 규정**의 관점에서 파악하고 오직 이 경제의 특정 형태 자체가 역사적이고 과거화(過去化)될 수 있는 까닭에서만 사회 일반을 **역사적으로** 파악하는 데 있다. 이에 반해 자연 안에는 어떤 경제도, 상부구조도, 따라서 존·레텔에 의해 자신의 과학분석의 출발점이 된 상품운동도 존재하지 않는다. 엥겔스는 다음과 같이 말한다.

　우리는 인식의 전영역을 고래의 방식대로 크게 세 영역으로 나눌 수 있다. 첫번째 영역은 무생물적 자연과 관련된, 많건 적건 수학적 취급이 가능한 모든 과학들이다. 즉 수학, 천문학, 역학(力學), 물리학, 화학 등이다. 만약 영원한 진리 운운하는 큰소리를 단순한 사물에 적용하는 것이 누군가에게 즐거움을 준다면, 이 과학들의 몇몇 성과가 영원한 진리, 최종단계의 궁극적 진리라고 말할 수 있다. 이런 까닭에 이런 과학들을 정밀과학이라고 부르는 것이다. (20: 81면)

　그러나 제3의 과학그룹, 즉 인간의 생활영위, 사회적 관계, 철학, 종교, 예술 등 관념적 상부구조를 가진 법 및 국가 형태를 역사적 계열 및 현재적 성과에 따라 연구하는 역사적 과학들 안에서 영원한 진리라는 말은 훨씬 더 부절적하다. 하지만 유기적 자연 안에서 우리는 적어도 우리의 직접적인 관찰이 관심거리가 되는 경우 아주 광범한 한계 내에서 상당히 규칙적으로 반복되는 사태진행의 계열과 관계한다. 유기체들의 종류는 아리스토텔레스 이래 대체로 동일하기 때문이다. (20: 82면 이하)

이런 까닭에 **사적** 유물론은(자연과학이 아니라) 유기적 및 비유기적 자연에 적용될 수 없다. 맑스와 엥겔스가 자연 자체를 사적 유물론의 시야에서 제거한 것은 역사적 사회의 소재적 기체(基體)로서의 자연이 사실상 비역사적인 운동 또는 극도로 완만한, 즉 수백만년이 지나서야 인식 가능한 변화과정에 처해 있기 때문인 것이다. 하지만 자연에 사적 유물론을 적용하지 않는 맑스주의자들은 이로 인해 관념론으로 전락하는 것이 아니라, 변함없이 유물론자로 남아 있을 수 있다. 물론 이 경우의 유물론도 "추상적 자연과학적 유물론"(23: 393면 각주)이 아니라, 자연의 의식독립적 대상성과 자연의 변증법적 운동 및 자연사적 변화 등을 인정하고 사회의 영역으로 옮겨갈 때는 다시 사적 유물론적으로 작업할 줄 아는 변증법적 유물론을 뜻한다. 그러나 존·레텔은 변증법적 운동을 단순히 '시간적' 운동으로 축소시키고 있다.

물론 존·레텔의 맑스 비판에서는 '자연'이 아니라 자연의 정신적·이론적 재생산으로서의 '자연과학'이 논의대상이다. 그러나 맑스가 자연과학을 사적 유물론의 시야에서 제거하고 있다는 비판은 잘못된 것이다. 맑스는 자연과학을 포함한 정신적 생산 일반을 전적으로 사적 유물론의 고찰대상에 집어넣고 있기 때문이다.

슈토르흐(H. F. Storch)는, 맑스에 의하면, 가르니에(Germain Comte de Garnier) 이래 새로운 토대 위에서 아담 스미스의 생산적 노동과 비생산적 노동의 구분론을 맹박한 최초의 인물이다. 그는 '문명의 이론'으로 파악해야만 이해할 수 있는 '내면적 재화 또는 문명의 요소'를 물질적 재화, 물질적 생산의 구성요소와 구별한다.

인간이 내면적 재화를 지니지 못했다면, 즉 사회적 제도 등과 같은 능력발전을 위한 수단을 전제로 하여 육체적·지적·도덕적 능력을 발전시키지 못했다면 부(富)를 생산하는 수준에 도달하지 못했을 것이라는 것은 명백하다. 말하자면 민족이 문명화되면 문명화될수록 이 민족의 일국적 부는 그만큼 성장할 수 있다. (Storch, 26.1: 256면에서 재인용)

이것은 역으로도 마찬가지다. 이런 전제 위에서 슈토르흐는 스미스를 맹박한다. "스미스는⋯ 생산적 노동 범주에서 직접 부의 생산에 기여하지 않는 모든 노동을 배제하고 있다. 또한 그는 오직 국민적인 **부**에만 주목한다." 스미스의 오류는 "비물질적 가치를 부와 구별하지 않은 것"이다. (Storch, 26.1: 256면에서 재인용) 맑스는 슈토르흐의 이 스미스 비판에 비판적으로 동조한다. 맑스는 정신적 생산과 관련하여 유사하게 아담 스미스를 비판하고 있다.

> 정신적 생산에서는 다른 유형의 노동이 생산적으로 나타나는 법이다. 그러나 스미스는 이것을 고찰하지 않고 있다. 최종적으로 물질적 생산과 정신적 생산 양자간의 상호작용과 내적 연관은 그의 고찰범위에 들어가지도 않고 있고 물질적 생산이 자신의 고유한 형태로(sub sua propria specie) 고찰되는 경우에 한해서만 군말 이상의 논의로 이끌어지고 있을 뿐이다. (26.1: 256면)

이어서 곧 맑스는 스미스를 비판하고 있는 슈토르흐를 다시 비판하고 있다. 슈토르흐는 그의 '문명이론'이 얼마간의 재치있는 측면을 담고 있긴 해도 가령 "물질적 분업은 정신적 노동의 분업에 대한 전제이다"는 사소한 상투적 명제에 머물러 있다는 것이다. 그가 이러한 상투어 수준을 넘어 자신의 이론을 발전시킬 수 없는 이유는 "단 한가지 사정", 즉 생산형태의 역사적 특이성 및 계급성을 무시함으로써 지배계급의 이데올로기적 지배기능까지도 물질적 생산의 발전에 기여할 수 있는 정신적 생산기능으로 취급하는 그의 '문명이론'의 무개념성으로 말미암은 것이다.

정신적 생산과 물질적 생산 간의 연관을 고찰하기 위해서는 무엇보다도 이 후자를 보편적 범주로 파악하는 것이 아니라 **특정한 역사적** 형태로 파악하는 것이 필요하다. 가령 자본주의적 생산양식에는 중세적 생산양식에서와는 다른 유형의 정신적 생산이 조응하는 것이다. 물질적 생산 자체가 **특정한 역사적** 형태로 파악되지 않는다면, 이 물질적 생산에 조응하는 정신적 생산의 역사적 규정성과 양자간의 상호작용을 파악하는 것은 불가능하다. 말하자면 내용 없는 빈말에 머무를 수밖에 없는 것이다. 이것은

'문명'이라는 상투어 때문에 그렇다. 한걸음 더 나아가 물질적 생산의 특정한 형태로부터 사회의 특정한 구조가 생겨난다——이것이 고려해야 할 첫번째 사항이다. 두번째 고려해야 할 사항은 자연에 대한 인간들의 특정한 관계이다. 인간들의 국가제도와 정신적 세계관은 이 양자에 의해 규정된다. 따라서 **이 인간들의 정신적 생산의 양식(Art)도 이것들에 의해 규정당하는 것이다.** 마지막으로 슈토르흐는 정신적 생산에 **사회적** 기능을 사업적 업무로 수행하는 지배계급의 모든 종류의 직업활동들도 싸잡아 집어넣고 있다. 이 신분층들의 존재는 이들의 기능과 마찬가지로 이들의 생산관계의 특정한 역사적 구성으로부터만 이해될 수 있을 뿐이다. 슈토르흐는 물질적 생산 자체를 **역사적인 것**으로 파악하지 않음으로써——그는 물질적 생산을 물적 재화 생산의 특정한, 역사적으로 발전된, 특이한 형태가 아니라 물적 재화 생산 일반으로 파악하고 있다——한편으로 지배계급의 **이데올로기적 구성부분**과, 다른 한편으로 이 주어진 사회구성체의 **자유로운 정신적 생산**을 파악할 수 있게끔 해주는 유일한 토대를 자신의 발밑에서 뽑아버리고 있다. (26.1: 256면 이하)

맑스는 여기서 정신적 생산이 특정한 생산력 수준("자연에 대한 인간들의 특정한 관계")과 생산관계("사회의 특정한 구성", 즉 사회의 특정한 '경제적' 구성체)에 의해 규정당한다는 것을 명확하게 정식화하면서[1] 동시에 정신적 생산을 "**자유로운** 정신적 생산"[2]과, "물질적 생산 속의 대립으로 인해 필요하고 그 효과가 이 필요 때문에 좋건 나쁘건 간에 좋은 것"(26.1: 259면)으로 수락되는 정신적 **이데올로기** 생산("지배계급의 모든 종류의 직업활동"

---

1) 물질적 생산에 의한 정신적 생산의 규정에 관해서는 『독일 이데올로기』에서 첫번째 서술이 발견된다. "이념, 관념, 의식의 생산은 일단 인간들의 물질적 생산과 물질적 교류, 현실적 생활의 언어 속에 직접 얽혀들어 있다. 여기에서는 아직 인간들의 관념, 생각, 정신적 교류 등이 이 인간들의 물질적 행태의 직접적 유출물로 현상하는 것이다. 어떤 민족의 정치, 법률, 도덕, 종교, 형이상학의 언어로 표출되는 정신적 생산에 대해서도 동일한 것이 적용된다. 인간들은 자신들의 관념의 생산자들이지만, 여기서 이 인간이란 자신들의 생산력의 특정한 발전 및 이에 조응하는, 지극히 광범한 구성체들에 이르기까지의 자신들간의 교류의 특정한 발전에 제약된 현실적인, 활동하는 인간을 뜻한다"(3: 26면 이하).

2) 맑스는 『자본론』 1권에서 "자유로운 과학적 탐구"라는 표현도 사용하고 있다(23: 16면).

또는 "지배계급의 이데올로기적 구성부분")으로 대별하고 있다. 맑스가 '정신적 생산'의 규정으로써 무엇을 뜻하고 또 '자유로운 정신적 생산' 범주로써 무엇을 뜻하는지는 다음에 이어지는 문장에 의해 뚜렷해진다.

슈토르흐는 별 볼일 없는 일반적 상투어를 넘어서지 못하고 있다. 따라서 사정은 그가 애당초 생각했던 것처럼 그리 간단하지 않은 것이다. 가령 자본주의적 생산은 일정한 정신적 생산부분, 예를 들면 예술과 시문에 대해 적대적이다. 그렇지 않다면 18세기 사람들은 레씽이 그렇게 잘 비아냥댔던[3] 그 거만에는 이르지 않았을 것이다. 우리가 역학(力學)에서 고대인들보다 더 앞으로 진보했기 때문에, 어찌 우리가 서사시 또한 쓰지 못할까 보냐는 태도다. 그리하여 『일리아드』 대신 기껏 『앙리아드』[4]를 남겼던 것이다. (26.1: 259면)

맑스는 여기서 예술과 자연과학('역학')을 '자유로운' 정신적 생산으로 언급하고 있다.[5] 우리는 여기에 당연히 사회과학도 덧붙일 수 있다. 심지어 부르조아적 정치경제학도 "계급투쟁이 잠재적으로 머물러 있거나 단지 산발적인 형태로 표출되는 시기에는 과학으로 남아 있을 수 있기" 때문이다(23: 20면). 따라서 사회과학, 자연과학, 예술은 '자유로운' 정신적 생산의 일반적 분과들로 나열될 수 있다. 이 분과들은, 이들이 실제에 있어서 항상 얼마간의 이데올로기적인 부분내용을 담고 있을 수 있을망정 일단 상대적으로 이데올로기적 왜곡으로부터 자유로울 **수 있다는** 의미에서 **자유롭다.** 따라서 우리는 맑스의 논의를 다음과 같이 요약할 수 있다. 주어진 생산양식은 자신의 고유한 필요에서 또한 그 생산력 수준에서 사유(思惟)자료, 사유방향,

---

3) 맑스는 여기서 볼떼르(Voltaire)를 논박하고 있는 레씽(Lessing)의 Hamburgische Dramaturgie"를 염두에 두고 있다.

4) 『앙리아드』(*Henriade*)는 프랑스 국왕 앙리 4세에 관한 볼떼르의 서사시이다.

5) 맑스가 정신적 생산에 자연과학을 집어넣고 있다는 것은 『자본론』 3권에서도 입증된된다. "…부분적으로는 다시 **정신적 생산**의 영역, 가령 **자연과학과 이것의 응용**의 영역에서의 진보와 연관되는 한 생산영역에서의, 가령 철강, 석탄, 기계의 생산과 건축술에서의 노동의 생산력의 발전"(25: 91면) 또한 "저 생산력의 발전은 궁극적 단계에서 …**정신적 노동,** 가령 **자연과학**의 발전에 역작용한다"(25: 92면).

사유자극, 사고방식 등을 풍요롭게 하거나 제한하고 자유로운 정신적 생산의 일정 영역이 촉진되거나 소홀히 되거나 심지어 폐기되는 역사적 조건을 만들어낸다.[6] 그것은 이럼으로써 '정신적 생산의 **양식**'을 규정하고 이 정신적 생산은 다시 물질적 생산에 역작용하는 것이다. 이런 의미에서 정신적 생산(및 그 방법과 내용)은 물질적 생산과 마찬가지로 역사적이다.

따라서 정신적 생산체계로 이해된 자연과학은 명백히 사적 유물론적으로 취급되어야 한다. 그러나 자연과학의 이 사적 유물론적 취급은 그 자체 역사적인 사회과학에 속하는 것이다. 즉, 사적 유물론은 어디까지나 자연과학의 방법이 아니라 사회과학의 방법인 것이다. 자연과학의 대상은 경제적 토대도 정신적 상부구조도 없는 자연과정인 데 반해, 사회과학의 대상은 자연과학도 사회의 한 정신적 생산과정으로 포함하는 사회과정이다. 따라서 자연과학의 사적 유물론적(즉 사회방법적) 논의를 자연과학의 고유한 방법으로 혼동하지 **않는다면**, 엥겔스가 왜 유물사관 발견의 의의를 역사적인 사회과학에만 한정시키고 있는지는 쉽게 이해된다.

이 명제, 즉 '물질적 생활의 생산양식이 사회적·정치적·**정신적** 생활과정 **일반**(이 경우 자연과학까지 포함하는 것으로 이해되어야 할 것이다 —인용자)을 조건짓는다'는 명제는… 경제학에서뿐만 아니라 역사성을 지닌 모든 과학(**자연과학을 뺀** 나머지 모든 과학들이 대상에 의해서 역사적으로 제약된다)에도 하나의 혁명적 발견이었다. (13: 479면)

그러나 자연과학의 정신적 생산을 이론화하기 위한 사적 유물론적 방법을

---

6) 가령 『독일이데올로기』에는 다음과 같이 말하고 있다. "…산업과 상업이 없다면 자연과학이 있을 수 있겠는가? 심지어 이 '순수' 자연과학조차도 상업과 산업, 즉 인간들의 감성적 활동을 통해서야 비로소 자신의 목적 및 자료를 얻는다"(3: 44면). 그리고 맑스는 『자본론』을 위한 한 초고(1861~63)에서 다음과 같이 못박고 있다. "비로소 자본주의적 생산양식이 자연과학을 직접적 생산과정에 이용될 수 있게 만들고 역으로 생산의 발전은 자연의 이론적 장악을 위한 수단을 제공한다. …비로소 이 생산양식에서야 자연과학적으로 해결될 수 있는 실천적 문제들이 생겨난다. 비로소 이제야 생산과정 자체의 경험과 필요가 자연과학적 응용을 허용하고 필연적으로 만드는 단계에 이른다"(*MEGA* Ⅱ/3.6, 2060면).

자연과학 자체의 고유한 방법으로 혼동하는 사람에게는 엥겔스의 이 말이 자연과학을 사적 유물론적 고찰로부터 제외하는 것으로 보일 수 있다. 존·레텔은 맑스가 자연과학을 사적 유물론의 문제범위에서 제외하고 있다고 비난함으로써 바로 이러한 혼동에 굴복한 것이다.

맑스와 엥겔스는 위에서 입증한 바와 같이 자연과학적 발전과정의 역사적 규정성을 사회과학과 마찬가지로 인정하고 있다. 다만 그들은 자연과학의 특유한 대상의 조건부적 또는 특이한 역사적 성격 때문에 생산의 유형에 있어서나 그 결과에 있어서나 달리 역사적으로 조건지어지는 사회과학 및 예술과 구별되는 특수한 위치를 자연과학에 부여하고 있을 뿐이다. "사회적 관계를 물질적 생산성에 따라 구성하는 바로 그 인간들이 자신들의 사회적 관계에 따라 원칙, 이념, 범주 등을 구성한다. 따라서 이 이념, 이 범주 등은 자신들이 표현하는 그 사회적 관계와 마찬가지로 영원한 것이 아니다. 그들은 역사적인, 사라질 수 있는, 일과적(一過的)인 생산물이다. 우리는 생산력의 성장, 사회적 관계의 파괴, 이념들의 형성 등 부단한 운동의 한복판에서 살고 있다. 다만 운동이라는 추상만이 부동(不動)의 것이다——'죽지 않는 죽음'(moris immortalis)이다"(4: 130면).

이것은 맑스 자신의 사회이론에도 적용된다. 맑스의 자본주의 분석은 과거의 봉건제나 그가 추구한 미래의 공산사회에는 타당하지 않기 때문이다. 맑스의 자본이론으로부터는 단지 사회적 관계의 사적 유물론적 '운동추상'만이 '생산 일반' 또는 토대와 상부의 관계규정, 생산력과 생산관계 등과 같은 "이해를 위한 추상"(verständige Abstraktion, 42: 20면)의 자격으로 남을 것이다. 자연의 운동과 사회의 운동은 서로 완전히 다르고 따라서 완전히 다른 법칙을 따른다. 사회적 대상과 자연적 대상에 대한 필연적인 차별적 접근은 결코 존·레텔이 주장하듯이 두 개의 분열된, 한편으로는 유물론적이고 다른 한편으로는 관념론적인 진리개념을 허용하는 것이 아니라 언표(言表)와 대상의 일치성이라는 통일적인 유물론적 진리개념만을 허용할 뿐이다. 다만 이러한 차별적 대상접근은 바로 "특유한 대상의 특유한 논리를 파악한 것"(1: 296면) 외에 다른 것이 아니다. 두 경우 다 문제는 대상들을, 이론적 인식 "이전이나 이후나 두뇌 밖에 고유한 자립성 속에 남아 있는" **자기운동하는** 물질로 취급하는 사회적 또는 자연적 "세계의 단지 사변적인, 단지 이론적일 뿐인 점취"인 것이다(42: 36면).

우리는 자연과학적인 정신적 생산의 양식과 그 방법 및 내용이 물질적 생산양식에 의해 규정된다는 것을 인정함으로써 결코 진리상대주의에 빠지는 것도 아니다. 그때그때의 자연과학들이 발견하여 품고 있는, 항상 실험적으로 입증 가능하고 실천적으로 적용 가능한 **자연에 관한 정보**는 축적되기 때문이다. 정신적 생산의 양식과 과학활동의 기술적·이론적 방법은 생산력 발전 및 물질적 생산양식의 구성체적 전환과 함께 개선된다. 이로써 과학적 자연인식이 지니고 있는 엉터리 지식은 감소하거나 새로운, 덜 불합리한 엉터리 지식에 의해 대체되어간다. 말하자면 "과학의 역사는 엉터리 지식의 점진적 제거 및 새로운, 그러나 덜 부조리한 엉터리 지식에 의한 대체의 역사이다"(27: 492면). 이것은 "인류의 이론적 진보"(*MEGA* Ⅱ/3.6, 2060면)로 이해될 수 있다. 이 진보는 자연지식의 양적 축적만을 뜻하는 것이 아니라 (특히) 광범하고 심층적인 패러다임 혁명을 동반하는 질적 발전과정도 뜻한다.

물론 자연과학도 이데올로기적 왜곡 및 지배이익의 압박을 겪는다. 가령 "최고의 정신적 생산조차도 승인받아야 하고 부르조아한테 양해를 구해야 하기" 때문이다(26.1: 259면). 근대 자연과학이 신학적·형이상학적 코르셋으로부터 해방되는 과정이 얼마나 어렵고 장구한 것이었는가는 잘 알려져 있다. 그러나 항상 경향적으로 이데올로기적 지평을 뛰어넘는 것을 존재이유로 하는 '자유로운' 정신적 생산으로서의 과학이 발휘하는, 상대적으로 독립적인 성향은 지배계급과 이데올로기의 모든 중압에도 불구하고 이것에 대한 "일정한 항거와 적대관계로 발전한다"(3: 47면). 항상 역사적으로 규정된 구체적 형태로 수행되는 정신적 과학 생산의 이러한 상대적인 자유는 또한 "이 역사적 형태도 뛰어넘을 수 있다." 따라서 "이론적·과학적 인식은 예를 들면 기존의 사회적 상태의 이데올로기적 정당화 기능과 적대적 모순에 처해 있을 수 있는 것이다."(Fritsch/Stiebritz 1981, 41면)

맑스는 따라서 존-레텔의 비난과는 정반대로 정신적 생산을 사적 유물론적 고찰 속에 집어넣고 있지만, 동시에 존-레텔과 다시 정반대로 지배계급의 이익압박과 이데올로기로부터 '자유로운' 정신적 생산의 구체적 가능성을 인정하고 있다. 이럼으로써 그는 정신적 생산양식의 역사적 규정성을 인정하면서도 동시에 **절대적 이데올로기 개념의 아포리아**(Aporie)[7]를 제거하고 있다. 이에 반해 존-레텔은 상부구조 일반을 이데올로기와 등치시키고 역사성 일반을 이데올로기성과 등치시키고 있다. 이것은 그에 의해 거듭 사용되는 "이데올로기적 상부구조"(Sohn-Rethel 1972a, 15, 97면 등)라는 표현이 뚜렷이 입증해준다. 엥겔스는 "관념적 상부구조"(idealer Überbau)라는 표현을 사용하고 있지만, 이것은 '이데올로기적 상부구조'와 조금 다른 것이다. 관념적인 모든 것이 애당초 이데올로기적인 것은 아니기 때문이다. 어떤 관념체계가 진정 이데올로기적인지, 이데올로기적이라면 얼마만큼이 이데올로기적이고 얼마만큼이 진리인지는 비로소 수행되어야 할, 완전히 열린 "탐구의 문제"인 것이다(Ritsert 1977, 72면).

　가령 "과학적으로 편견없는(unbefangen) 리카도"(26.2: 114면)의 부르조아 정치경제학과 같은 과학적 이론은 그 대상들이 역사적이기 때문에 그 자체도 역사적이긴 하지만, 그의 이론은 "과학적 이익"(das wissenschaftliche Interesse, 26.2: 112면)에 의해 인도된 한에서 그것이 어떤 오류를 담고 있을망정 이데올로기적이지 않다. 맑스에 의하면 이데올로기는 역사적일 뿐만 아니라 또한 **과학 외적인** 이해관계에 **사로잡혀**(befangen) 전도(顚倒)되고 신비적으로 혹세무민하는, 말하자면 "비속한"(26.2: 112면) 의식이다. 따라서 여기에서 사유가 **이익에 사로잡히는 것 즉 이익편향성**(Interessenbefangenheit)과, 사유의 **이익관련성**(Interessenbezogenheit)을 명료하게 구별하여야 한다. 모든 과학은 과학자들, 계급, 사회집단 등의 경제적 또는 사회적인 개인이익 또는 집단이익과 같은 과학 외적인 이익과 '관련'될 수 있되, 이 이해관계에 의해 변조되지 않은 채 '과학적 이익'을 대변할 수 있는 것이다. 즉, 이익에 '관계하되' 이것에 '사로잡히지' 않을 수 있다는 말이다. 토대와 상부구조의 모든 관계는 이해관계에 의해 매개될지라도 "토대로부터 자라나오는 모든 관념적 내용이 필연적으로 늘 가상(假像)만을 표출하는 것은 아

---

7) 절대적 이데올로기 개념이란 '인간의 모든 지식은 이데올로기이다'와 같은 명제처럼 인간의 모든 관념 '일체'를 이데올로기(허위의식)로 규정하는 이데올로기론을 말한다. 따라서 이 절대적 이데올로기 명제 자체도 인간의 '지식'이거나 '관념'이기 때문에 또다른 이데올로기에 지나지 않게 되는 불가해한 이론적 난제(Aporie)에 말려들고 만다. 이것을 절대적 이데올로기론의 아포리아라고 한다.

니기" 때문이다(Ritsert 1977, 72면).

상부구조는 엥겔스에 의하면 계급들의 정치적·사회적·종교적·문화적 인정투쟁, 이것에 의해 확정된 또는 새로이 개조되는 정치사회적·법적·종교문화적 인정구조, 이데올로기적 의식형태, 과학적 이론 등 "다양한 계기들"로 구성되어 있다(37: 463면). 말하자면 상부구조에는 자연의 이론적 재생산을 뜻하는 자연과학을 포함한 모든 과학도 속하는 것이다. 엥겔스는 다른 곳에서 좀더 명시적으로 "역사 속에서 등장하는 **모든** 관념들"을 상부구조의 계기들로 규정하고 있다(13: 470면). 말하자면 상부구조에 속하는 모든 계기가 몽땅 이데올로기인 것도 아니고, 역사성을 갖는 모든 사유가 즉각 이데올로기인 것도 아니며, 과학 외적인 이익과 관련된 모든 이론이 즉각 이데올로기인 것도 아닌 것이다. 따라서 존.레텔의 '이데올로기적 상부구조'는 전체 상부구조의 한 부분에 지나지 않든가 아니면 치밀하지 못한 그의 사유의 이론적 혼동을 증거하는 잘못된 표현일 것이다. 맑스와 엥겔스가 이론적 자연과학 자체를 '이데올로기적 상부구조'에도 귀속시키지 않고 토대에도 귀속시키지 않은 것은 당연할 뿐이다.

과학은 물론 기계나 인간의 기술적 능력으로 화(化)해 경제적으로 이용됨으로써 생산력이 될 수 있고 따라서 경제적 토대로 들어갈 수 있다. 그러나 생산적 이용을 위한 이론과학의 이러한 물질적 구현은 큰 비용이 든다.[8] 비용이 많이 든다는 것은 이 비용을 감당할 수 있는 사람만이 이 과학을 이용하고 장악한다는 것을 함의한다. 이런 이유에서 자본가들의 "투박하고 소름끼치는 무식"에도 불구하고 과학의 "자본주의적 점취"도 벌어진다는 것이다(23: 407면 각주). 하지만 과학 그 자체는 이론적인 한에서 토대에 속하는 것

---

8) 맑스는 과학의 생산적 활용을 위해 소모되는 높은 비용을 지적하고 있다. "노동의 협동과 분업에서 나오는 생산력이 자본에게 아무런 비용을 추가하지 않는다는 것을 보았다. 이것은 사회적 노동의 자연력인 셈이다. 증기, 물 등과 같은 자연력도 비용이 없다. 그러나 인간이 숨을 쉬기 위해서 허파를 필요로 하듯이 자연력을 생산적으로 소비하기 위해서는 '사람 손의 구성물'을 필요로 한다. 물의 운동력을 이용하기 위해서는 수차가 필요하고 증기의 탄력을 이용하기 위해서는 증기기관이 필요하다. 과학의 이용에서도 자연력에서와 마찬가지다. 일단 발견된 자기나침의 편향법칙은 아무런 비용이 들지 않는다. 그러나 이 법칙을 전신(電信) 등에 이용하기 위해서는 아주 비싸고 몸집이 큰 장치가 필요한 법이다"(23: 407면 이하).

이 아니라 상부구조에 속한다.

　과학이 기계의 형태 등으로 생산적으로 이용되느냐 아니냐는 과학 자체의 이론적 본성에 달려 있는 것이 아니라 주어진 생산양식[9]과 동원될 수 있는 물자에 달려 있고, 또한 과학이 생산영역으로 투입되는 경우에도 그 투입의 범위와 영역은 주어진 생산양식의 특이한 경제법칙에 의해 규제된다.[10] 이런 이유에서 이론적 과학의 부르조아적 대변자들의 이데올로기와 마찬가지로 상부구조에 속하는 이론과학은 주어진 생산양식의 특이한 이익매개 없이는 토대 안에서 기능할 수 없다. 이런 한에서 존-레텔의 다음과 같은 이분법

---

9) 맑스는 노예제에서 섬세하고 정교한 노동수단이 투입될 수 없다고 말한다. "노예는 일짐승과 노동도구를 아무렇게나 취급하고 재미로 망가뜨림으로써 이것들과 자신이 차이난다는 자부심을 갖춘다. 따라서 이 생산양식에서는 거칠고 무거운, 그러나 그 무딘 덩치로 인해 망가지기 어려운 노동도구들을 사용하는 것이 경제법칙으로 통한다"(23: 210면 이하 각주). 이런 까닭에 헤론(Heron aus Alexandrien)이 기원후 120년경에 발명한 증기기관은 생산도구로 투입된 것이 아니라 장난감에만 이용되었다(Kuczynski 1986, 122면). 따라서 엥겔스에 의하면 "이 최초의 증기기관, 즉 열(熱)을 현실적으로 이용 가능한 역학적 열로 전환시키는 이 최초의 장치가 생산되기까지는 거의 2000년이 흘러갔다"(20: 392면). 그러나 증기기관이 자본주의 영국에서 광산 펌프의 추동을 위해 광산업분야와 물을 빼기 위해 산악지대에서 경제적 활용의 기회를 발견한 때에도 영국 밖에서는 고대의 저 희극이 반복되었다. 독일 봉건영주들은 영국의 이 증기기계를 사들여 공원의 분수를 더 세게, 더 아름답게 솟아오르게 하는 데 이용했다 (Kuczynski 1986, 122면). 하지만 기계의 경제적 활용에 대한 봉건적 생산양식의 저항은 이러한 희극으로만 나타난 것이 아니다. Second Lancellotti(1575~1643)에 의하면 1579년경 단찌히에서 리본 짜는 기계가 발명되어 생산적으로 적용되었을 때, 길드결사체인 단찌히 시청은 발명을 탄압하고 발명가를 몰래 익사시켰다. 시청은 이 발명품이 수많은 수공업자들을 거지로 만들게 될 것을 우려했기 때문이다(21: 451면).

10) 맑스는 과학과 기계의 생산적 적용을 규제하는 특이한 경제법칙에 대해 다음과 같이 말하고 있다. "기계를 배타적으로 생산물의 저렴화를 위한 수단으로 고찰하면, 기계사용의 한계는 기계 자체의 생산이 기계의 적용을 통해 대체되는 노동의 양보다 더 적은 노동을 소모하는 데서 그어진다. 하지만 자본에 있어 이 한계는 더 좁게 나타난다. 자본은 적용된 노동을 타산하는 것이 아니라 적용된 **노동력**의 가치를 타산하기 때문에 자본에게 기계사용은 기계가치와 기계에 의해 대체된 노동력의 가치 간의 차이에 의해 한정되는 것이다"(23: 414면). 이에 반해 "공산주의 사회에서는 기계가 부르조아 사회에서와는 완전히 다른 활동공간을 지닐 것이다"(23: 414면 각주). 여기에서는 기계사용의 한계는 기계 자체의 생산이 기계사용을 통해 대체되는 노동보다 더 적은 '노동'을 소모하는 데서 그어질 것이기 때문이다.

은 심히 미심쩍은 것이다. "맑스주의적으로 고찰할 때 사회적 생산이 좀 도식적으로 말해 생산력, 생산관계, 상부구조로 구성된 3단계 구조로 이해된다면, 기계론적 이데올로기는 의심할 바 없이 상부구조에 속하는 데 반해 기계론적 과학들은 생산력들간의 관계 속에서 기능하기 때문에 토대에 속한다"(Sohn-Rethel 1972a, 167면). 그는 여기서 이데올로기로서의 기계론은 상부구조에, 과학으로서의 기계론은 토대에 귀속시키는 반(反)맑스적 이론혼란에 빠져들고 있다.

자본주의적으로 점취되고 따라서 이미 토대 속에서 기능하는 과학, 즉 기술적으로 "구현된 과학"은 항상 "과학을 체현(體現)한 주인의 기계(masters' machinery)"로, 말하자면 자본소유로 나타난다(26.1: 367면). 이것은 기술적으로 구현된 과학이 항상 "노동자들에 대해 낯선 소유로서, 이 노동자들을 지배하는 권력으로서 대립하게 된다"(23: 382면)는 것을 뜻한다. 따라서 존-레텔이 한편으로 자연과학 일체(이론과학이든 기술적으로 구현된 과학이든)를 과학이 불가피하게 자본주의적 소유로 현상하는 토대 속으로 집어넣었으면서도 정신노동의 결실들, 즉 이론적 과학지식은 "사회적 소유"(Sohn-Rethel 1972a, 120면)로 규정한다면, 이것은 그의 큰 이론적 혼란이다.

존-레텔이 '정신노동의 결실들'을 공유물로 규정하는 것은 정신노동이 손노동과 달리 대상적 조건 및 계급적 소유와 독립되어 수행된다는 이론적 환상을 암암리에 전제하고 있다. 그러나,

> 노동은…노동에 의해 생산되는 사용가치, 소재적 부(富)의 유일한 원천이 아니다. 노동은 윌리엄 페티가 말하고 있듯이 이 부의 아버지이고 대지는 이것의 어머니이다. (23: 58면)

라고 하는 맑스의 이 명제는 정신적 생산에도 그대로 적용된다. 정신노동도 '초자연적인 창조력'을 발휘하는 것이 아니라 일정한 대상적 생산조건을 필요로 하기 때문이다. 엄청나게 비싼 연구수단, 실험장치, 학술시설 등을 생각해보라. 존-레텔은 이론적 노동의 물적 조건 및 이 조건의 주체적 조건에 대한 우선성을 잊고 있다. 이 점에서 그는 과학적 지식을 생산수단으로 규정하는 자칭 '좌파 헤겔주의자' 굴드너와 닮고 있다. (그러나 굴드너는 존-

레텔과 정반대로 "문화자본 또는 인간자본"을 "지식계급"의 사적 소유물로 보고 있다[Gouldner 1980].) 손노동과 관련해서든 정신노동과 관련해서든 "사회주의적 프로그램은", 따라서 사회주의 이론도 "노동에 의미를 주는 그 유일한 **조건**을 침묵하는 부르조아적 말버릇을 허용해서는 안된다. … 바로 노동의 이 자연제약성으로부터 자신의 노동력 외에 아무것도 소유하지 못한 인간이 모든 사회상태와 문화상태에서 대상적 노동조건의 소유권자로 올라선 다른 인간의 노예여야 하는 사실이 발생하는 것이기 때문이다"(19: 15면). 바로 이러한 까닭에 과학자와 기술공학자들에 의해 생산된 자연지식의 물질적 구현물이 자본에 의해 장악되고 심지어 정신적 생산자들 자신조차도 흔히 자본의 노예가 되는 것이다. 나아가 이론적 지식의 주요 부분마저도 물적으로 구현되기 전에 이미 자본과 부유한 자들에 의해 독점되어 존-레텔의 저 김빠진 의미에서의 공유물일 수도 없는 것이다. (독점재벌의 특허권, 여전히 엄청난 대학 및 대학원 연구교육비 등을 생각해보라!)

(2) 존-레텔의 헤겔주의적 수학관과 교환분석적 '순수이성' 도출의 난점

존-레텔은 수학(Mathematik)을 단순한 양(量)의 과학으로 이해하는 한에서 헤겔주의 학파의 사상전통에 서 있다. "형태규정성으로서 순수한 수학적 사유의 기저에 놓여 있는 것은 질(質) 일반을 '탈피한', 상대적 본성의 절대적 양(量)이다"(Sohn-Rethel 1972a, 75면). 이런 한에서 그는, 다른 맥락에서는 "인식론을 제거했다"고 헤겔을 나무라고 있을지라도(같은 책, 25면) 일찍이 수학을 단순한 동어반복적 크기 논리로 낙인찍은 헤겔의 무비판적 제자인 셈이다. 엥겔스는 바로 헤겔의 이러한 수학관을 비판하고 있다.

수(數)는 우리가 아는바 가장 순수한 양적 규정이다. 그러나 그것은 **질적** 차이로 가득하다. 1. 헤겔, 수와 단일성, 곱하기와 나누기, 제곱, 근(根) 구하기 등은 이미 질적 차이가 되는데, 이 점은 헤겔에 있어서 강조되지 않고 있다. … 따라서 헤겔이 산술의 무개념성에 관해 서술한 내용은

모두 **틀린 소리다.** (20: 522면)

존·레텔은 엥겔스의 이 헤겔 비판에 대해 수학적 응답을 해야 할 빚을 지고 있다. 그러나 그는 엥겔스의 근대 수학에 대한 이 변증법적 재해석을 철저히 우회하고 있다.

존·레텔의 이 무의식적인 헤겔주의적 수학관이 상품교환으로부터 수학의 근본범주를 도출하는 그의 이론의 근저에 숨어 있는 것이다. 따라서 우리는 엥겔스의 논리를 더 따라가볼 필요가 있다. 엥겔스에 의하면 수학 안에서도 (자신들의 전문분과에 사로잡힌, 그럼에도 철학을 하겠다고 만용을 부리는 근대수학의 대변자들은 의식하지 못할지라도) 양과 질의 변증법적 전화(轉化)가 벌어진다. 수학 안에서는 추상적인 양만 취급되는 것이 아니라 추상적인 질도 취급되는 것이다. 가령 직선과 곡선, 점과 선, 유한과 무한 등은 질적으로 서로 다르고 따라서 완전히 질적인 수학개념들이다. 하지만 현실에서 이 개념들간에는 양적 변화 속에서 변증법적 매개가 벌어진다. 근대수학은 바로 이 매개를 취급한다.

> 수학은 무한히 큰 것과 무한히 작은 것을 입론하는 한에서 심지어 다리 놓을 수 없는 질적 대립으로 나타나는 **질적 차이**를, 그들간의 그 어떤 합리적 관계도, 그 어떤 비교도 종식될 정도로, 즉 양적으로 공약수가 없을 정도로 크게 상이한 양들로서 도입하고 있다. 가령 원과 직선의 통상적인 무공약수성은 이제 변증법적인 질적 차이다. 그러나 여기서 질적 차이를 무공약수성까지 증가시키는 것은 동일종류의 크기의 양적 차이이기 때문이다. (20: 522면 이하)

여기서 엥겔스는 특히 수학논리 안에서의 양과 질 간의 변증법적 매개를 고찰하고 있다. 이에 반해 존·레텔은 수학을 기초로 한 고대 그리스의 자연철학과 근대 정밀과학을 "교환행위로부터 흘러나온 사유형태, 즉 사물의 사용가치를 지움으로써 현상의 질을 위한 그 어떤 범주도, 양과 질 간의 그 어떤 상호매개 가능성도 지니지 않은 사유형태에 구속된 것"(Sohn-Rethel 1972a, 117면)으로 규정하고 있다. 그에 의하면 교환등식은 "그 어떤 유형의 질과도 관계하지 않는 단적인 양"을 전제한다. 이것이 수학적 사유형태의 실재적 토대라는 것이다. "따라서 순수수학적 사유가 이것에 고유한 논리로 등장한 것은 역사적으로 상품교환이 주도적인 사회화 형식이 되는 발전단계에, 말하자면 금속화폐의 도입과 확산이 두드러진 시점으로 추정된다."(같은 책, 75면) 수학을 이와같이 순수한 양의 논리로만 이해하는 것을 엥겔스는 명백히 잘못된 것이라고 말하고 있다. 존·레텔은, 스스로 수학에 매진하였던 맑스도 분명히 동조했을 엥겔스의 이 수학이론을 우회하고 있는 것이다. 물론 존·레텔이 수학적 근본범주의 생성론적 설명을 상품교환에만 한정할 수 있었던 것은 바로 '비맑스주의적일' 뿐만 아니라 완전 잘못된 이 수학관에 기초를 두고 있기 때문이다. 다름아닌 이런 이유에서 그의 '형태생성론적' 설명은, 상품교환의 발전이 인류의 수학적 추상능력의 발전에 얼마나 기여하였든지간에 극히 미심쩍은 것이다. 차라리 수학과 순수사유의 이데올로기의 발생에 관한 엥겔스의 대중적 설명이 훨씬 더 논리적인 것처럼 느껴진다.

수와 도형의 개념은 현실세계 외에 그 어떤 곳에서도 유래하지 않았다. 인간이 셈을 하는, 즉 최초의 산술적 조작을 수행하는 것을 배웠던 열 손가락은 이성의 자유로운 창조물이 결코 아니다. 셈에는 셀 수 있는 대상들뿐만 아니라 이 대상을 바라보면서 이 대상들의 수 외에 여타 속성을 도외시하는 능력이 필요하고 또 이 능력은 장구한 역사적·경험적 발전의 소산이다. 수의 개념과 마찬가지로 도형의 개념도 두뇌 속의 순수사유로부터 돌출한 것이 아니라 전적으로 외부세계에서 차용된 것이다. … 순수수학은 현실세계의 공간형태와 양관계, 즉 매우 실제적인 소재를 대상으로 한다. … 직각형을 한 측면을 중심으로 돌림으로써 원통 형태를 도출하는 생각에 이르기 전에 다수의, 불완전할망정, 현실적인 직각형과 원통을 연구했어야 한다. 모든 다른 과학과 마찬가지로 수학도 땅과 용적의 측정, 시간 측정 및 역학 등 인간의 욕구에서 생겨났다. 그러나 사유의 모든 영역에서와 마찬가지로 일정한 발전단계에서 현실세계로부터 추출된 법칙들은 현실세계로부터 분리되어 자립적인 것인 양, 즉 현실세계를 지배하는 외계에서 온 법칙인 양 이 현실세계에 대립하기에 이른다. 사회와 국가 안에서 그러했듯이 순수수학도 바로 이 현실세계로부터 유래했고 이

세계의 구성형태의 일부분만을 표현할지라도 나중에 이 세계에 적용된다. 그것도 바로 이런 이유에서 일반적으로 적용 가능케 된다. (20: 36면)

엥겔스는 여기서 수학적 개념들이 유래한 외부세계를 결코 사회의 단순한 '표면'에 지나지 않는 순수한 상업세계에 한정하지 않고 있다. '교환행위'가 존·레텔 말대로 양과 질 간의 그 어떤 상호전화도 배제하는 순수한 양의 논리만을 표현한다면, 아마 상품유통영역은 근대수학의——양과 질의 상호전화를 무의식적일망정 그렇게 능란하게 수행하고 바로 이런 이유에서만 실천적 현실에 적용 가능한——근본개념들이 유래한 마지막 장소일 것이다. 따라서 존·레텔의 다음 주장은 '파라독스'일 뿐만 아니라 견강부회적이고 공허하다. "정밀한 자연과학적 사유의 개념형태들은 특별히 많이 적용되는 곳, 즉 생산과정에서 유래한 것이 아니라 반대로 인간이 서로간의 관계를 맺지만 자연과는 관계하지 않는 유통영역에서 유래했다. 이것은 사태의 파라독스이다"(Sohn-Rethel 1972a, 105면). 그런데 존·레텔의 이 개악(改惡)된 자연과학이론을 변호하는 사람이든 비판하는 사람이든 단 한 사람도 그의 완전히 잘못된 수학관에 뿌리박은 이 이론적 오류를 밝혀 보이지 못하고 있다.[11]

수학적 범주들이 역사성 있는, 즉 사라질 수 있는 사적 소유에 뿌리박은 상품교환으로부터 생성되었음을 입증함으로써 수학논리와 이에 의존하는 근대 자연과학의 역사성, 이데올로기성, 계급성을 근거지으려는 이러한 존·레텔의 전략은 수학과 자연과학이 자연에 대한 객관적 타당성을 지니고 있다는 그의 다른 고백과 항구적인 모순에 처해 있다. 한편으로 그는 정력적으로 수학과 자연과학의 내재적 역사성과 계급성을 규정하려고 노력하고 있다. "수학과 자연과학의 형태생성론적 제약성은 계급적 소인(素因)을 지닌 것이다"(같은 책, 120면). 여기서 그에게 "정밀과학의 성립이 자본주의적 생산관계의 **본질적** 부분이라는 것은 확고부동한 것"이다(같은 책, 146, 163면). 이러한 이론적 확정의 궁극점에는 "고전적 자연과학과 다르고 사회적 생산계획의 가능성 조건을 충족시키는" 그 유명하고 악명 높은 마르쿠제식 "새

---

11) 여기서 염두에 둔 학자들은 Hieber(1977), Dudek(1979), O. Ullrich(1979, 84면 이하), Kratz(1980, 76면 이하) 등이다.

로운 논리"라는 유토피아가 놓여 있다. 이것은 존-레텔이 "누군가를 확신시킬 수 있기를 기대하지 않을지라도" 논리적 강제로 인해 불가피하게 마음속에 품고 있어야 하는 단순한 꿈일 뿐이지만. (같은 책, 208면)

하지만 다른 한편으로 그는 "철학적 의식의 범주적 형태들이 사회의 '물질적 토대'로부터 유래하지만, 이 형태들에 대한 의식(즉 의식만—인용자)은 다양하게 매개되어 계급적으로 제약된 것이고 이데올로기적 상부구조에 속하는 것이다"(같은 책, 97면)라고 주장한다. 다른 곳에서도 그는 "추상적 지성은 객관적으로 타당한 인식을 행하지만 그 지성은 이것을 허위의식으로써 행하는 것이다"(같은 책, 120면)라고 말하고 있다. 하지만 이것은 수학과 자연과학이 내용적으로 그리고 방법론적으로는 계급중립적·비이데올로기적이고 다만 수학과 자연과학에 대한 대변자들의 형이상학적·철학적 '의식'만이 계급적·이데올로기적이라는 것을 뜻한다. 이 입장은 맑스와 엥겔스의 입장과 그리 멀지 않다. 엥겔스는 다음과 같이 말한다.

자연을 각 부분으로 분해하는 것, 상이한 자연과정과 자연대상을 부류별로 분리하는 것, 유기적 신체의 내부를 다양한 해부학적 형태에 따라 탐구하는 것은 지난 400년이 우리에게 가져다 준 자연인식상의 그 거대한 진보의 근본조건이다. 그러나 그것은 마찬가지로 자연사물과 자연과정을 그 개별화 속에서만 파악하는 습관, 즉 커다란 전체 연관 밖에서 파악하는 습관을 남겨놓았다. … 베이컨과 로크가 그러했듯이 이런 고찰방식은 자연과학에서 철학으로 이전됨으로써 지난 세기의 특유한 고루성, 즉 **형이상학적** 사고방식을 창출하였다. (20: 20면)

변증법과 역사적 발전에 대한 몰이해 및 가령 사회발전을 다윈의 진화론으로 설명하려는 시도 등을 공통된 특징으로 하는 독일의 동물학자 포크트(Vogt), 네덜란드의 생리학자 몰레쇼트(Moleschott), 독일의 의사 뷔흐너(Büchner) 등이 대변했던 '자연과학적 유물론'에 대해 맑스도 간명하게 다음과 같이 비판하고 있다.

역사적 과정을 배제하는 추상적인 자연과학적 유물론의 결함은 이것의

대변자들이 자신들의 전문영역을 넘어서자마자 드러내는 이들의 **추상적·
이데올로기적** 관념에서 곧 인지된다. (23: 393면 각주)

자연과학에 대한 존·레텔의 견해가 지닌 모순성은 그가 『정신노동과 육체
노동』의 영어판(*Intellectual and Manual Labour*, 1978)에서 자신의 견해를 후
자의 입장, 즉 맑스와 엥겔스의 이 입장과 유사한 관점으로 일원화함으로써
해소된다. 맑스와 엥겔스에 대한 직접적 비판, 자연과학의 내재적 역사성과
계급성에 관한 주장 및 "새로운 논리"에 관한 유토피아적 꿈 등이 완전히
사라져 있든가 크게 후퇴해 있다.[12] 이제 그는 고전물리학은 자본에 의한
노동의 착취와 무관하고 고전물리학의 각종 발견은 모든 생산양식에 타당하
고 수학적·실험적 방법에 근거한 과학은 하나, 오직 하나라고 주장한다(영
어판 1978, 35, 36절). 과학의 의의와 응용에서의 변화도 과학의 선험적인 계급
성에서 야기되는 것이 아니라 과학이 복무하는 사회적 실천의 결과에 의해
일어난다는 것이다(같은 책, 36절). 이로써 존·레텔은 맑스의 입장에 한걸음
더 접근한 것이다.

하지만 모든 관념론적·형이상학적 사고방식의 근저에 놓여 있는 "자율적
이지(理智)"가 품는 자율성 이데올로기의 생성론적 원인에 관한 사이비유물
론적 설명은 변함없다. 그에 의하면 상품교환으로부터 유래하는 "순수한"
이지의 "선험적" 개념들은 교환과정이 그 어떤 유형의 사용과정과도 분리됨
으로써 사회적 생산에 대한 모든 연관을 상실한다. 이 개념들 안에서는 이
제 아무런 사회적인 것도 발견될 수 없다.(Sohn-Rethel 1972a, 100면 이하) 바

---

12) 맑스에 대한 직접적인 비판 및 엥겔스에 대한 비난(진리개념의 양분화는 "엥겔스의
자연과학과 『자연변증법』에 관한 저작에서 변증법이 기실 한낱 겉치레로 축소되는 간
접적 경로를 통할지라도 이미 관철되고 있다"(Sohn-Rethel 1972a, 16면)) 등은 영어
판에서 말없이 지워지고 '새로운 논리'에 관한 절은 제거된다. 게다가 자연과학의 선험
적 계급성에 관해서는 더이상 입론되지 않고 "bourgeois science"라는 표현은
"bourgeois science"와 새로운 "socialist science" 간의 방법론적 연속성을 승인함으
로써 단순한 수사(修辭)로 격하되어 있다(영어판 1978). 한걸음 더 나아가 존·레텔은
마침내 "부르조아적 자연과학"과 "프롤레타리아적 자연과학"에 관한 자신의 입장 및 두
뇌노동과 손노동의 '사회적 통일'의 토대로서의 테일러주의적 오(誤)추리를 완전히 포
기한다고 말하기에 이른다(Sohn-Rethel 1979, 249면 이하).

로 이런 이유에서 "화폐에 결정화(結晶化)된 추상의 반성을 통하여 순수한 이지활동은 순수이지의 생성적 유래에 대한 완벽한 무지 속에서 완성에 도달한다"(같은 책, 108면). "순수한" 이지활동의 "논리적 자율성"은 정신노동과 육체노동의 분리를 비로소 현실적으로 만든다. 그는 이 순수이지의 자율성으로써 굳어지는 현실적인 정신노동-육체노동의 분리를 "형태규정적" 분업이라고 부른다. 이 "형태규정적" 정신노동-육체노동 분리는 상품교환이 상대적으로 일반화되었던 고대 그리스에서 처음 나타난다. 상품교환이 확산되지 않은 고대동양적 계급사회에서의 정신노동은 아직 "형태규정적인", 즉 현실적인 형식, 또는 손노동으로부터의 분리의 "내재적" 형식을 취하지 못하고 있었다. (같은 책, 134면) 말하자면 존-레텔은 순수이지의 잘못된, 이데올로기적인 자율성 망상으로부터 정신노동과 육체노동의 현실적인 분업을 도출하는 관념론에 빠져듦으로써 맑스와 엥겔스의 방법과 비교할 때 완전히 **뒤집힌** 경로를 밟고 있는 것이다. 맑스와 엥겔스는 역으로 정신적 노동과 '물질적 노동'의 분업(이때 이 '물질적 노동'은 맑스에 의하면 반드시 정신적 역량으로부터 거의 완전히 소외된 '손노동'을 뜻하는 것이 아니다. 이 두 개념의 혼동에 관해서는 아래에서 상론한다)으로부터 의식의 현실적인 자율성 이데올로기를 도출하고 있기 때문이다.

　　노동의 분업은 물질적 노동과 정신적 노동의 분업이 등장하는 그 순간부터 비로소 현실적으로 분업이 된다. 이 순간부터 의식은 기존의 실천의 의식과는 다른 어떤 것이라는, 즉 현실적인 어떤 것을 떠올리지 않고도 무언가를 현실적으로 떠올릴 수 있다는 망상을 현실적으로 할 수 있게 된다. 이 순간부터 의식은 세계로부터 해방되어 '순수한' 이론, 신학, 철학, 도덕 등의 형성으로 이행할 수 있게 된다. (3: 31면)

　　자연적 생산력과 사회적 생산력이 인구의 일부분만이 물질적 노동으로부터 방면될 수 있을 만큼 낮다면, "정신적 노동과 물질적 노동, … 향유와 노동, 생산과 소비 등은 서로 다른 개인들에게 제각기 맡겨지지 않을 수 없고"(3: 32면 난외 주) 분업적으로 고루화된 관계와 개인들의 고루한 의식이 불가피하게 발생한다. 맑스와 엥겔스에 의하면 이것이 바로 정신적으로 활동

하는 자들이 물적 토대 없이 활동한다는 사유자율성의 이데올로기를 갖게
되는 진정한 이유이다. 존-레텔의 '자율적 이지'의 이론은 그 자체가 물구나
무 서 있는 셈이고 그의 '형태규정적인' 정신노동 개념은 실은 완전히 관념
론적인 것이다. 이것은 "맑스주의 이론의 단초(端礎)의 확장은 맑스주의로
부터 떠나는 것이 아니라 맑스주의로 더 깊이 파고들어가야 한다"는 자신의
공언(Sohn-Rethel 1972a, 14면)과 정면으로 상반되는 귀결이다.

2. 두뇌노동과 손노동의 분업과 분업극복의 이론

(1) 존-레텔의 분업개념의 이론적 빈곤과 개념적 몰이해

　존-레텔의 '형태규정적' 정신노동 개념은 그의 시야를 결정적으로 좁혀놓
고 있다. 그에 의하면 그리스의 논리학과 수학에 대해 감도 잡지 못하고 있
었던 고대동양적 계급사회 및 동양적 봉건사회에서의 '형태규정적이지 않은'
정신적 노동과 물질적 노동의 분업은 진지한 이론적 논의의 대상이 될 수
없다. 그러나 정신적 노동자와 물질적 노동자의 사회적 대립은 고대 동양사
회에서도 그리스 고대사회에서만큼이나 가혹한 양상을 띠고 있었다.[13] 아시

---

13) 이것은 고대 이집트의 한 파피루스 문건에 아주 선명하게 기술되고 있다. 이 문건은
　　한 아버지가 아들에게 다음과 같은 충고를 하는 내용을 전해주고 있다. "나는 힘든 육
　　체노동을 깊이 생각해보고 너의 마음을 학문 쪽으로 돌려놓고자 한다. 나는 육체노동
　　으로부터 해방된 인간에 관해 숙고해보았는데, 학문보다 값진 것은 없더라. 나는 주물
　　작업을 하는 대장장이를 관찰해보고 활활 타는 대장간 앞에서 일하는 금속노동자를 관
　　찰해보았다. 그의 손가락은 악어의 가죽 같고 그의 몸은 물고기 알처럼 성난 냄새를
　　풍긴다. 또한 일하며 구멍을 파는 목수는 그 누구든 쟁기질하는 사람보다 더 많이 휴
　　식을 갖는가? 글쓰는 법을 배운 사람은 이 사실 하나만으로 이미 우위에 선 자이지
　　만, 내가 방금 여기서 기술해준 직업 가운데 어떤 것도 이렇지 못하다. …서당에서 보
　　낸 하루는 서당 밖에서 보낸 영겁보다도 너에게 더 나은 것이다. …레니트(Rennit) 여

아 봉건사회에서도 그것은 마찬가지로 가혹한 것이었다. 가령 자신들의 지배정당성을 고대중국어인 한문(漢文) 이해와 유교적 교양에서 도출했던 중국과 조선의 문사(文士) 신분을 한번 떠올려보라! 이들은 자신들만이 이런 교양을 독점하고 있었기 때문에 이 지식에서 소외된 생산자들(농민, 수공업자, 노비 등)을 그만큼 더 멸시하였다.

'형태규정적인' 정신노동의 개념 안에서는 오직 **정신적으로 생산하는** 과학적 유형 및 이데올로기적 유형의 두뇌노동자, 특히 자연과학적·기술적 정신노동만이 주제화되고 있다. 따라서 다른 정신노동들, 즉 수적으로 규모가 큰 예술가적 노동, 무용가와 직업적 스포츠맨의 신체예술적·스포츠적 정신노동, 장교들의 군사적 정신노동 등은 고찰시야에서 사라진다. 게다가 존-레텔은 정신적으로가 아니라 물질적으로 생산하는 경제적 **지도**의 노동도 의심할 바 없이 두뇌노동이라는 사실을 망각한다. 그의 관념론적인 '형태규정적' 정신노동 개념은 **정신적으로 생산하는** 두뇌노동밖에 모르기 때문이다. "모든 두뇌노동은 뿌리를 캐들어가면 계급지배의 원인과 긴밀히 연관되어 있을지라도 지배계급에게 유일한 존재이기 위해서는 최소한의 정신적 독립성을 필요로 한다. 두뇌노동의 담당자들은 성직자든 철학자든 과학자든 자신들이 필수불가결한 기여를 하는 지배의 담당자들 및 일차적인 수혜자들과 직접 일치한다"(Sohn-Rethel 1972a, 18면). 존-레텔은 여기서 지배계급의 경제적 지도 및 관리 활동을 두뇌노동의 범주에서 빼놓고 있고 두뇌노동 일반을 과학이론과 이데올로기의 **정신적 생산부문의** 정신노동으로 착각, 축소시키고 있는 것이다. 이러한 잘못된 파악은 불가피하게 사실의 전도를 가져온다. "두뇌와 손의 분리는 사회적 계급분리의 일부분"(같은 곳)이라는 것이다. 그에게는 계급분할의 현상이 두뇌와 손의 분리 현상의 특수한 일부가 아니라 거꾸로 두뇌와 손의 분할 현상이 계급분할 현상의 특수한 일부인 것이다.

지배계급은 계급사회의 역사를 관통하여 전체 두뇌노동자의 결정적인 일

신이 문사가 태어난 날, 그리고 그가 어른이 되어 어전 회의실에 들어서면 그의 어깨에 임한다. 진정일지어다, 왕(그에게 생명, 힘, 건강이 함께할지어다)의 집에서 식사하지 않는 문사는 한 명도 없다."(Bernal 1961, 102면; Fritsch/Stiebritz 1981, 42면에서 재인용)

부를 이루긴 했지만, 두뇌노동의 범주는 항상 지배계급보다 수적으로 더 컸다. 심지어 노예제사회에서의 정신노동과 물질노동의 분할조차도 자유인과 노예의 계급분할선(線)과 일치하지 않았다. 한편으로는 늘 자신들의 가족과 함께 또는 몇명의 노예를 데리고 직접 물질적으로 생산하는 일부 자유로운 자영농민과 수공업자들이 잔존하였고, 다른 한편으로는 의사, 시인, 가정교사, 관리(官吏), 농장의 중간관리자(vilici) 등의 수많은 두뇌노동하는 상층 노예들이 존재했다. 노예제사회에서도 정신노동자와 두뇌노동자들은 지배계급을 수적으로 능가했던 것이다. 말하자면 정신 및 두뇌 노동자들 가운데 생산수단 및 노예에 대한 소유권을 가진 자들만이 지배계급을 구성하기 때문에 계급분할은 두뇌와 손의 사회적 분할의 특수한 일부를 점한다.

　물론 계급규정적 소유관계는 전경제를 규정함으로써 지배계급에 속하지 않는 두뇌·정신 노동자를 포함한 전체 정신적 생산자와 두뇌노동자의 재생산을 전반적으로 결정짓는다. 이것은 비싸고 긴 교육기간으로 인해 정신적으로 생산하는 정신노동자 집단에게 더 많이 적용되고 존·레텔의 '형태규정적' 두뇌노동자에게도 적용되는 것이다. 그는 적어도 이런 사실을 인정하고 있다. "화폐소유자는 자신의 새로운 개념들에 대해 오직 불충분한 해명만을 할 수 있을 뿐이다. …이 개념들에 대한 명료한 의식을 얻고 이 개념들을 상호 구별하고 정식화하는 것…등은 이제 상인의 기지(奇智)로 풀 수 있는 일이 아니라 이오니아, 남이딸리아, 그리스에서 기원전 7세기, 6세기경에 등장하기 시작하는 철학자들의 과업이었다"(같은 책, 96면 이하). 철학을 하기 위해서는 육체노동과 농장관리의 경제적 두뇌노동으로부터 자유로운 여유시간과 부(富)가 필요하다. 따라서 물질적으로 생산하는 두뇌노동이 아니라 정신적 생산활동인 철학행위는 물질적 생산분야의 육체노동자들에게 가능한 것도 아니고 지배계급의 모든 구성원들에게 가능한 것도 아니다. 아리스토텔레스는 다음과 같이 말하고 있다. "주인의 과학은 노예를 사용할 줄 아는 과학이다. 주인의 진면목은 노예를 획득하는 데 있는 것이 아니라 노예를 부리는 데 있기 때문이다. 하지만 이 과학은 그리 위대한 점도 고상한 점도 없다. …따라서 이 일로 자신을 고롭지 않게 할 만큼 성공한 노예주(즉, "경제영역에서의 지배의 기능"으로 자신을 괴롭힐 필요가 없는, 말하자면 "충분히 부유해진" 주인—맑스의 주석, 25: 398면)는 이 직책을 농장관리자에게 떠넘기고 그 자신은 정치와 철학을 한다"(Aristoteles 1971, 1255b). 이것은 그래도 대농장주의 경우일 것이다. 이보다 작은 중소농장의 경우에 철학은 농장관리의 업무를 물려받지 않는 노예주 차남이나 삼남에게만 가능할 것이다. 이것은 대체로 근대 자본가 집안에서도 그대로 적용된다(Bourdieu 1991, 69면 이하). 경영자들에게 회사관리를 넘긴 대자본가들이 오늘날 국사(國事)를 돌보거나 철학을 하는 것은 아닐지라도(25: 400면). 아무튼 정치자, 대성직자, 철학자, 과학자 등의 정신적 생산분야의 정신노동자들은 학업비용이 저렴해지고 고등교육기관이 일반화되고 장학제도가 부분적으로 도입된 오늘날까지도 대체로 부와 여가시간을 가진 지배계급으로부터 충원되어왔다.[14] 물질적 생산 저편에서 정신적으로 생산하는 정신노동자의 재생산의 기저에 놓여 있는 이 계급경제적 토대를 존-레텔은 줄곧 소홀히 하고 있다. 그는 본질적으로 '순수한' 이지의 자율성 이데올로기 때문에만 실존을 얻는다는 자신의 관념론적인 형태규정적 두뇌노동 개념의 포로인 것이다.

맑스 원전의 독해에 있어 존-레텔은 수많은 오류를 범하고 있다. 여기서 이 오류를 모두 밝혀 보일 수는 없지만, 필자의 논의에 중요한 의미를 갖는 몇몇 중대한 오류를 지적하고자 한다. 주의깊지 못한 모든 맑스 독서가들처럼 존-레텔은 **정신노동**(geistige Arbeit)**과 물질노동**(materielle Arbeit)의 분업과 특유하게 자본주의적인 **두뇌노동**(Kopfarbeit)**과 손노동**(Handarbeit)＝**육체노동**(körperliche Arbeit)의 분업을 혼동하고 있다.[15] 맑스에 의하면 '물질

----

14) 맑스는 다음과 같이 정식화하고 있다. "노동하지 않는 부와 살기 위해 수행되는 노동의 대립은 또한 지식의 대립을 초래한다. 그리하여 지식과 노동은 분리된다. 전자는 자본으로서 후자에 대립하거나 부자의 사치품으로서 현상한다." 그는 이어서 네커(Necker)로부터 다음 말을 인용하고 있다. "알고 이해하는 능력은 자연의 보편적 혜택이지만, 교육을 통해서만 발전되는 것이다. 소유가 균등하게 분배되어 있다면, 모든 사람은 적절하게 일할 것이고…각자는 얼마간의 지식을 지닐 것이다. 왜냐하면 공부와 사색에 헌신할 수 있는 얼마간의 시간이 각자에게 돌아갈 것이기 때문이다." 맑스는 이 말에 "따라서 다시 노동시간의 양이 결정적인 것이다"라는 말을 끼워넣고 있다. (26.1: 280면)

15) 이러한 혼동은 그의 저서에서 쉽사리 찾아볼 수 있다. 가령 "이러한 경제적 특징에 …정신노동과 육체노동의 분리가 첨가되어야 한다. 이것에 관해 맑스는 『독일이데올로기』에서 다음과 같이 말하고 있다. '분업은 물질적 노동과 정신적 노동의 분업이 등장한 순간부터 현실적으로 분업이 된다'"(Sohn-Rethel 1972a, 110면, 169면도 참조).

적 노동'에 대립하여 쓰여진 '정신적 노동'은 '정신적 재화의 생산활동'(정치, 종교, 철학, 과학, 예술활동 등)을, '물질적 노동'은 '물질적 재화의 생산활동', 즉 경제활동 일반을 뜻한다. 따라서 '정신적 노동과 물질적 노동의 분업'은 **사회전반적 분업**(gesellschaftliche Arbeitsteilung)이며 종래 그 최대의 공간적 표현형태는 "도시와 농촌의 분리"(3: 50면)로 나타나곤 했다. 이에 반해 '정신노동'이 '육체노동'과 대립되는 맞짝개념으로 쓰여지면 주로 **물질적 생산과정**의 **사업장 분업 내**에서의 '두뇌노동'을 뜻하고 '육체노동'은 '손노동'과 동의어이다. 따라서 맑스는 있을 수 있는 오해를 피하기 위해 "정신노동과 육체노동의 분업" 범주(그는 이 범주를 단지 두 번 사용한다[16])를 "두뇌노동과 손노동의 분업"이라는 표현으로 바꾼다. 도식화하면 다음과 같다.

정신적 노동(생산) (=비물질적 노동 I)*	정치, 사회운동, 종교, 철학, 예술, 과학 등
물질적 노동(생산)	두뇌노동
	손노동

* '비물질적 노동 II'는 써비스노동을 뜻하는데, 여기서는 생략한다. 이 노동을 포함한 도표는 제4장 제3절을 보라.

두뇌노동과 손노동의 (사업장 내적 또는 기업 내적인) 분업은 이와같이 물질적 생산분야에 국한된 것이고 또 이 분야에서의 이러한 분업은 자본주의에 고유한 것이다. 그럼에도 불구하고 존-레텔은 이 범주를 전 인류역사에 적용하고 있다. 다음에서는 바로 이 문제를 집중적으로 취급하고자 한다.

맑스에 의하면 전근대적 구성체에서는 두뇌노동과 손노동의 분업이 아니라 '정신적 노동과 물질적 노동의 분업'만이 존재했다. 물질적 생산 안에서

여기서 존-레텔은 맑스의 '정신적 노동과 물질적 노동의 분업' 개념을 '정신노동과 육체노동의 분업' 개념으로 착각하고 있다.

16) 맑스는 그의 전저작을 통틀어 『독일이데올로기』에서 한 번(3: 65면), 「고타강령비판」에서 한 번(19: 21면) 이 쌍대개념을 사용한다. 그 이외의 경우는 '두뇌노동과 손노동'의 쌍대개념을 사용하고 있다(23: 531면; 26. 1: 387면; *Resultate*, 65, 66면 등).

두뇌노동과 손노동을 미분화된 상태로 모두 포괄했던 '물질적 노동'은 '손노동'과 다른 차원의 개념인 것이다. '정신적 노동'은 대체로 지배계급이 독점했던 정치, 종교, 학문, 예술 등의 활동만을 지칭하는 데 반해, '물질적 노동'은 육체노동뿐만 아니라 노예주, (노예 출신) 농장관리자(vilici)의 농장경제적 관리기능으로서의 물질적 두뇌노동도 포괄하고 자본주의 시대에는 자본가, 최고경영자, 중간관리자, 엔지니어, 상업행정사무원 등의 경제적 두뇌노동도 포괄한다.

이런 이유에서 맑스는 **지배계급 내에서의** '정신적 노동과 물질적 노동의 분업'도 거론하고 있다. "분업은… 지배계급 안에서도 정신적 노동과 물질적 노동의 분업으로 나타나고 그리하여 이 계급 내에서 일부는 이 계급의 사상가로 등장하는 데 반하여 다른 자들은 자신이 자기들에 관한 환상과 사상을 만들 시간이 적기 때문에 이 사상과 환상에 대해 차라리 수동적·수용적인 태도를 취한다"(3: 46면 이하).

맑스가 '물질적 노동'에 대한 쌍대개념으로 사용하고 있는 '정신적 노동'의 개념은 물질적 생산 저편에서 정신적으로 생산하는 이데올로기적·정치적, 학문적, 예술적 노동이고 따라서 경영관리 등과 같은, 물질적 생산 안에서의 두뇌노동을 배제하는 개념이다. 또한 '물질적 노동'은, 심지어 이 가운데 두뇌노동에 속하지 않는 부분도, 세분화된 테일러-포드주의적 분업을 통해 일체의 정신적 역량을 박탈당한 자본주의적 손노동과 등치시킬 수 없다. 전근대적 경제구성체는 "작업장 내의 분업을 완전히 배제하거나 단지 저급한 수준에서만 또는 산발적·우연적으로만 발전시키기 때문이다"(23: 377면 이하). 따라서 작업장 내의 두뇌노동과 손노동의 대립적 분리가 발생하지 않았거나 맹아적인 상태에 있었다. 또한 노예나 봉건적 예농(隸農)의 농업노동은 많은 두뇌노동을 내포하고 있었다. 이런 까닭에 맑스는 1845년경 다음과 같이 확인하고 있다.

여기에서 자연생장적(自然生長的) 생산도구와 문명에 의해 창출된 생산도구 간의 차이가 부각된다. 농토(물 등)는 자연생장적 생산도구로 간주된다. 첫번째의 경우, 즉 자연생장적 생산도구들의 경우에는 개인들이 자연 아래로 포섭되고, 두번째 경우에는 노동의 생산물 아래로 포섭된다.

첫번째 경우에는 따라서 소유(토지소유)도 직접적인, 자연생장적 지배로 나타나고 두번째 경우에는 소유가 노동의 지배로, 특히 축적된 노동, 즉 자본의 지배로 나타난다. … 전자의 경우에는 평균적인 인간예지(叡智)로도 충분하고 육체활동과 정신활동이 아직 분리되어 있지 않다. 그런데 후자의 경우에는 이미 정신노동과 육체노동의 분리가 실천적으로 완수되지 않을 수 없는 것이다. (3: 65면. 이것은 맑스의 전저작을 통틀어 "정신노동과 육체노동의 분리"라는 표현이 등장하는 두 곳 중 하나이다—인용자)

이러한 확인은 나중에도 반복된다. 『자본론』 준비논집에서도 다음과 같이 말하고 있다. "이전의 생산단계에서 한정된 정도의 지식과 경험은 직접 노동과 결합되어 있었고 노동과 분리된 자율적 권력으로 발전하지 않았다. … (각 수공업의 비기祕技의 경험적 습득) 손과 두뇌는 분리되지 않은 것이다" (*MEGA* Ⅱ/3.6, 2060면 이하). 또한 『잉여가치학설사』에서는 다음과 같이 못박고 있다. "상이한 노동들을, 따라서 두뇌노동과 손노동들——또는 전자의 측면이나 후자의 측면이 더 우세한 노동들——을 분리하여 상이한 사람들에게 배분하는 것은 바로 **자본주의적 생산양식의 고유한 특성**이다"(26.1: 387면). 마침내 그의 최후저작인 『자본론』 1권에서는 다음과 같이 말하고 있다.

원시인이 전쟁기술을 개인적 교지(巧智)로서 발휘하듯이 자영농민들이나 수공업자들이 아무리 작은 차원에서일지라도 발전시키는 지식, 통찰, 의지는 이제 작업장 전체에서 필요한 것이 된다. 생산의 정신적 차원은 수많은 쪽에서 소멸하기 때문에 한편에서 그 규모를 확대한다. 부분노동자들이 상실하는 것은 이들에 대립하여 자본 속에 집중되는 것이다. …이러한 분리과정은 자본가가 개별적인 노동자들에 대해 공동적 생산과정의 통일성과 의지를 대변하게 되는 단순협업 안에서 맹아적으로 시작된다. 그러다 그것은 노동자들을 부분노동자로 불구화하는 매뉴팩처에서 더욱 발전하고, 과학을 자립적인 생산역량으로 노동에서 떼어내어 자본에 복무하도록 강압하는 대공업에서 완성된다. (23: 382면)

두뇌노동과 손노동의 분리가 중세에 농사일이나 수공업 작업장 안에서 거의 존재하지 않았고 따라서 전체 사회적 차원에서도 존재하지 않았다는 것은 "봉건적 생산양식의 기초가 소농과 독립수공자들"(23: 354면 각주)이었기 때문에 의심할 바 없다. 그러나 이것은 맑스에 의하면 **모든** 전자본주의적 계급사회에 적용된다.

물론 두뇌노동과 손노동의 분리는 위 인용문에서 맑스가 말하고 있듯이 한 노동관리자가 "개별적인 노동자들에 대해 공동적 생산과정의 통일성과 의지를 대변하게 되는 단순협업 안에서 맹아적으로 시작"될 수 있다. 고대 동양사회에서도 토목공사 등에서 이러한 단순협업 형태의 대규모 공사는 종종 발견된다. 이 대규모의 고대적 단순협업에서는 두뇌노동이 협업대중으로부터 맹아적으로 분리될 뿐만 아니라, 소수의 노동관리자들을 제외한 대중에게 육체적 중노동을 전가하게 된다. "아시아 군권국가(君權國家)의 농사 짓지 않는 노동자들은 자신들의 개인적인 육체적 노고 외에 역할을 할 것이 거의 없었기"(R. Jones로부터 Marx의 인용, 23: 353면) 때문이다. 따라서 이 경우 능히 두뇌노동과 손노동의 분리에 관해 운위할 수 있을 것이다. 그러나 "고대세계, 중세, 근대 식민지 등에서 대규모 협업의 적용은 산발적인 것"으로서 아무런 생산양식적 지속성을 지니지 못했다(23: 354면).

여기서 맑스에 대해 그가 고대로마의 노예제 대농장, 즉 **라티푼디움**(latifundium)의 노동양식이었던 노예대중의 일상적 대협업(대략 5000명 단위)을 망각하고 있다고 이의를 제기할 수 있을지 모른다. 그러나 역사연구는 아테네와 로마 유형의, 동산(動産)으로서 매매 가능한 노골적인 노예제 자체가 전체 고대세계에서 점(點)과 같은 예외였다는 것을 보여준다. 스파르타의 종속된 생산자인 헬로테족(Heloten), 크레타의 포이케족(Foikees), 테살리니아의 페네스테족(Penesten) 및 아테네와 로마를 둘러싼 전지역의 기타 종속된 생산자들은 전혀 매매 가능한 동산노예가 아니었고 "자유인과 노예의 중간형태의 종속상태"(Radant u.a.(Hg.) 1981, 389면)에서 살았을 뿐이다. 엥겔스도 이미 1882년 맑스에게 다음과 같이 써보내고 있다. "농노제와 예농제는 분명 중세에만 고유한 형태가 아니다. 우리는 정복자가 토지를 토착주민들로 하여금 자신들을 위해 경작하도록 만든 도처에서, 거의 도처에서 그런 형태를 발견한다. 가령 테살리니아에서는 매우 일찍 발견된다"(35: 137면). 말하자면 "노예제는 지중해 연안을 따라서만 그리고 중요한 교통로와 강에 인접한 도시들에만 확산되어 있었다"(Radant u.a.(Hg.) 1981, 398면).
게다가 대규모 협업이 적용된 라티푼디움은 노예제 안에서 주변적인 것이었
다. 아테네는 라티푼디움을 아예 몰랐고 로마의 경우는 노예제의 그 전성기
에도 "라티푼디움이 아니라 빌라(villa)가 노예를 가지고 생산하는 전형적
경영단위로 기술될 수 있기"(같은 책, 450면) 때문이다. 약 200명 정도의 노
예를 가진 중소농장, 즉 농촌빌라(villae rustica)는 와인, 올리브, 식용기름
등과 같은 세련된 재화의 생산만을 전문으로 하였기 때문에 가능한 한 주의
깊게 경영되어야 했고 이곳의 노예노동은 봉건농민의 노동과 유사한 개인적
인 경험성을 요구했다. 따라서 수공업노예, 의사노예, 시인노예, 관리(官
吏)노예, 가정교사노예 등은 말할 것도 없고 이곳의 농장노예들도 주도면밀
하게 직업적 농민으로 교육되어야 했다. 게다가 거친 군대식 대규모 협업노
동을 기초로 곡류생산을 전문으로 하였던 라티푼디움은 곧 노예들을 주인의
가계(家計)에서 분리시켜 작은 땅뙈기를 배분, 경작케 하는 콜로나트
(Kolonat)화 과정에 포섭되었기 때문에 단명으로 끝난다. 이런 변동은 "노
예반란에 대한 공포, (올리브나 와인 등의 생산이 아니라) 곡물농사로 이용
되는 토지 위에서의 노예노동의 저조한 경제성, 효과적인 노동감독의 불가
능성 등으로 인해 야기되었다"(같은 책, 398면). 종합하자면 고대 로마와 그
리스의 개인적인 노예노동 과정에서도 두뇌노동과 손노동의 분리를 이 생산
양식의 특징으로 운위할 수 없는 것이다. 고대의 생산은 본질적으로 노예노
동자의 소규모적·개인적 노동과정에 기초를 두었고, 지배적이었던 빌라는
이 소규모의 개인적 노동과정을 좀더 큰 규모로 나란히 붙여놓은 것이었다.
따라서 맑스는 정당하게 다음과 같이 못박고 있다. "…이 소기업적 생산양
식은 (노예제와 나란히만이 아니라—인용자) 노예제, 농노제, 기타 예속관
계의 내부에도 존재한다"(23: 789면).

　물론 빌라노예의 지위는 봉건농민의 지위보다 못했다. 노예는 '노동자율
성'만을 향유했는 데 반하여 봉건농민은 개인적 노동을 수행하는 데 있어 두
뇌와 손의 단단한 통일성에 근거하는 '노동자율성'과 동시에 (봉건유럽과 봉
건아시아에서의) 세습 가능한 사적 **점유**(Privat*besitz*) 또는 (인도에서의) 공
동**점유**(Gemein*besitz*)에 기초를 둔 '경영자율성'(이것은 농사일과 가내수공업
의 자율적 운영권으로 표현되었다)을 둘 다 동시에 향유했기 때문이다(노동

자율성과 경영자율성의 차이에 관해서는 제1장 제3절에서 이미 언급한 바 있다). 이 노예는 근대 임금노동자가 누리는 인격적 자유나 봉건농민이 누리는 '경영자율성'을 향유하지 못했지만 '노동자율성'만은 향유했다(근대 임금노동자는 인격적 자율성의 향유 대가로 제1장과 제2장에서 상론했듯이 경영자율성뿐만 아니라 기계적·테일러주의적·포드주의적 분업의 관철로 인해 노동자율성까지도 완전 상실한다). 노예의 이 '노동자율성'으로 인해 노예노동의 효과적인 감독은 어려웠고 일정한 지점부터는 불가능하기까지 하였다. 노예의 가혹한 외적 종속성과 노예노동의 내적 노동자율성의 이러한 모순은, 생산의 노동주체적 동기를 높여주기 위해 노예에게 콜로나트적 농토점유권 및 경영자율성을 허용하는, 노예의 봉건적 해방의 한 주요 원인이 된다. 말하자면 개인적 노예노동의 손과 두뇌의 단단한 통일은 고대의 몰락에 한 원인을 제공한 것이다.

우리가 노동과정에서 단순협업을 "지배적인 것으로 목도하는", 공동소유에 기초를 두었던 문명 초기에 손과 두뇌의 분리가 존재하지 않았다는 사실은 두말할 필요가 없다(23: 354면). 그런데 우리는 한가지 사실을 더 주목해야 할 것이다. "소농경영과 독립적 수공업은…동시에 원래의 동양적 공동소유가 이미 해체되었지만 노예제가 아직 생산을 심각하게 장악하지 못한 최전성기의 고전적 공동체의 기초를 이루고 있었다"(23: 354면 각주). 공동소유의 사적 이용 또는 사적 소유에 기초하였지만 아직 계급이 발생하지 않았던 이 역사적 과도기의 '고전적' 공동체도 노동과정에서의 손노동과 두뇌노동의 분리를 알지 못했다. 따라서 우리는 맑스와 현대의 역사연구를 종합하여 일반적으로 다음과 같이 결론지을 수 있다. 두뇌노동과 손노동의 분업이 운위될 수 있는 전근대적 대규모 협업은 안정적인 생산양식적 지속성을 지닌 것이 아니라 간헐적이거나 산발적인 것에 불과하였고, 원칙적으로 고전시대의 무계급적 구성체 또는 전근대적인 계급구성체는 모두 물질적 생산과정에서의 두뇌와 손의 특유한 분리를 알지 못했다.

그러나 존-레텔은 "두뇌와 손이 자연체계에서 한몸에 속하듯이 두뇌노동과 손노동을 통합하고 있는 개인적 노동과정"(23: 531면)을 발달한 자본주의적 상품생산의 '초기'에만 한정시키고 있다(Sohn-Rethel 1972a, 12면). 개인 단위의 노동이 인류의 문명 초기에 존재하지 않았다는 것은 분명하다. 그러나 그것이 자본주의가 발달하기 전인 상품생산의 초기단계에만 존재한 것은 아니다. 위에서 입증했듯이 그것은 소경영적 사적 점유권 및 사적 소유권을 기초로 했지만 아직 계급이 발생하지 않았던 모든 고전적 공동체 및 소농경영과 독립적 수공업을 전형적인 노동형태로 하는 모든 전자본주의적 계급사회의 생산의 근본단위를 구성하였다. 게다가 자본주의 안에서도 개인적 노동과정은 완전히 사라진 것이 아니다. "소농경영과 독립적 수공업"은 또한 "자본주의적 기업과 **나란히** 등장하고 있기" 때문이다(23: 354면 각주).

존.레텔은 다시 자신의 위 명제와 상치되게 노예노동을 개인적 노동으로 규정한다. 그런데 그는 자신이 '개인적 노동'으로 규정한 이 노예노동에 대해 '두뇌와 손의 개인적 통일성'을 부인하고 있다. 그의 주장의 이러한 비논리성은 그가 경영자율성과 노동자율성을 구별하지 못하고 고대역사를 불철저하게 소화하고 있는 것에 기인한 것이다. 이로 인해 그는 노예노동이 개인적 노동형태라고 하면서 동시에 이 노동의 경우 두뇌와 손이 분리되어 있다고 주장하는 모순적인 논리를 펴고 있으면서도 자신의 주장의 부조리성을 전혀 느끼지 않고 있는 것이다.

그는 이런 까닭에 자신의 '형태규정적' 두뇌노동의 이론을 정당화하기 위해 손노동과 두뇌노동의 분업이라는 고유한 자본주의적 범주를 고대역사 전체에 적용하고 있다.

> 손과 두뇌의 개인적 통일은 본질적으로 개인적인 독립생산에 복무하는 노동만을 특징짓는 것이다. 이것은 또한 역으로 모든 개인적 독립생산이 이러한 개인적 통일을 전제한다는 것을 뜻하지 않는다. 가령 생산물을 자신의 독립노동으로 생산하기는 하지만 이 노동의 목적과 양식을 지배할 수 없었던 노예에 의한 도기(陶器)생산과 옷감생산을 생각해보라. 두뇌와 손의 개인적 분리는 소외된 목적설정하에 진행되는 모든 노동에 적용된다. (Sohn-Rethel 1972a, 126면)

두뇌와 손의 '개인적' 분리라는 묘한 범주의 도입은 아마 그가 '소외된 목적설정하에서' 진행되는 노예노동과 봉건적 농민노동이 공히 향유하는 '노동자율성'에 관해, 나아가 이 자율성에 필연적으로 따르는 두뇌와 손의 개인

적 통일에 관해 아무런 감도 잡지 못하고 있다는 것에 대한 가장 좋은 증거
일 것이다. 맑스는 노동이 개인적인 한 노동자율성은 유지되고 두뇌와 손은
불가피하게 통일된다고 말한다. "노동과정이 순수히 개인적인 과정인 한에
서 같은 노동자가 모든 기능을 통합해서 갖는다. … 개인적 인간은 자기 근
육을 자기 두뇌의 통제하에 운동시키지 않고 자연에 작용을 가할 수 없기
때문이다"(23: 531면). 존-레텔은 결국 소유관계에 근거한 노동의 사회적 소
외성(예속성)을 노동(소재가공)과정 속에서의 두뇌노동과 손노동의 분리로
착각하고 있는 것이다. 심지어 그는 두뇌노동과 손노동의 분리개념을 '사회
적'이라는 형용어의 도움으로 지금까지의 전계급사회에 적용하고 있다. "개
인적 분리와 대립되는 것은 착취의 전역사를 관통하여 지극히 상이한 형태
들을 취하는 정신노동과 육체노동의 사회적 분리이다"(Sohn-Rethel 1972a, 126
면). 이와같이 존-레텔에 있어 두뇌와 손의 '개인적' 분리와 '사회적' 분리는
맑스에 있어서의 전체사회적 분업과 작업장 분업의 구별에 조응하는 것도
아닌 기이한 범주들인 것이다.

(2) 존-레텔의 노동과정 분석의 제문제

맑스 원전의 독해와 관련된 존-레텔의 중대한 오류는 물론 이것으로 끝나
지 않는다. 그는 두뇌와 손의 '개인적 통일'과 '사회적 통일'을 구별하는 것
이 중요하다고 강조하고 있다. '개인적' 통일 개념의 문제점은 이미 앞에서
논의했다. '사회적 통일'에 관해서 그는 다음과 같이 설명하고 있다. "손과
두뇌의 사회적 통일은 원시적 유형 또는 기술적으로 고도발전된 유형의 공
산주의 사회의 특징이다"(같은 곳). 이것이 전부다. 미지(未知)의 사실이 다
시 미지의 사실('기술적으로 고도발전된 사회')로 정의되고 있는 것이다. 이
런 이유에서 우리는 이 신비스런 개념의 의미를 존-레텔의 다른 언술을 바탕
으로 해독해내지 않을 수 없다.

'물질적 생산의 본성으로부터 도출되는 생산적 노동의 상술(上述)한 근
원적 규정이 전체로서 본 총노동자에 대해 항상 타당한'(맑스로부터 인용—

인용자) 상태에 관한 상(像)은 주어진 관계에 견줄 때 먼 미래로 현상한 다. 이 상은 후기자본주의의 현존하는 생산관계 안에서 구체적인 현실성 을 결여한 개념구성물에 조응하는 것이다. (같은 책, 173면)

맑스가 『자본론』 1권에서 '총노동자'(Gesamtarbeiter) 범주를 써서 간략히 종합하고 있는 **자본주의에 고유한** 노동현장의 모습(23: 53면 이하)을 존-레텔 은 여기서 미래의 공산주의상으로 오해하고 있다. 존-레텔의 이 오해는 그 가 의심할 바 없이 노동과정을 '인간과 자연 간의 과정'으로 정의하는 '역사 적 형태와 무관한 추상적' 개념규정을 뜻하는 "생산적 노동의 상술한 근원적 규정"이라는 맑스의 말을 그 다음 문단에 이어지는——우리가 앞에서 상론 했듯이 역사상 실제로 존재했던——"순수히 개인적인 노동과정"의 구체적 규정으로 잘못 해석함으로써 야기된 것이다. (그는 맑스가 '상술한 근원적 규정'이라는 말로써 지시하고 있는 저 추상적 규정을 그의 저서에서 단 한 번도 인용하지 않고 있다.) 맑스는 '총노동자 개념'으로써 결코 미래의 사회 모습을 그리고 있는 것이 아니라, "한 부류는 좀더 많이 손으로 일하고 다 른 부류는 좀더 두뇌로 일하는, 즉 한 부류는 매니저, 엔지니어, 기술자 등 으로서 또다른 부류는 감독자로서, 제3의 부류는 직접적 손노동자로서 또는 심지어 단순한 막노동자로서 일하는"(*MEGA* Ⅱ/4.1, 109면), 그리하여 손노동 과 두뇌노동이 서로 다른 사람들과 제각기 공고히 결합되고 자본관계에 구 속되어 "적대적 대립으로까지 발전하는"(23: 531면) 자본주의적 기업의 총노 동과정을 묘사하고 있는 것이다.

자본주의적 노동과정의 분업적 협업과정은 이 분업적 협업성으로 인해 상 술한 추상적 의미에서의 노동과정이기를 그만두는 것이 아니다. 총노동과정 은 여전히 인간(즉, 제각기 다른 분업적 기능을 가진 모든 개인들을 노동의 유기적 통일 속에 종합하는 단위기업의 총노동자)과 자연 간에 벌어지는 재 화생산과정인 것이다. 따라서 생산적 노동의 근원적인 일반적 규정이 이 경 우에 적용되면, 총노동과 총노동자는 유용물을 생산한다는 의미에서 '생산 적'이다. 이 관점에서는 두뇌노동자든 손노동자든 양자의 노동이 다 동일한 생산물 속에 대상화되기 때문에 '직접생산자'(unmittelbare Produzenten)이 다. 그러나 존-레텔처럼 '순수히 개인적인 노동과정'의 기준을 이것에 적용하면, 단위기업의 총노동자의 어떤 구성분자도, 가령 개인적 두뇌노동자도 손노동자도 생산적이지 않다. 단위기업적 총노동체계로부터 분리된 어떤 노동자든 개인 단독의 '순수히 개인적 노동과정'을 통해서는 기업체계 안에서 다른 노동자들과 함께 생산하던 그 물건을 생산할 수 없기 때문이다.

아무튼 존-레텔의 두뇌노동과 손노동의 '사회적' 통일은 두뇌노동과 손노동 간의 **오해된** 자본주의적 협업을 뜻한다. 따라서 존-레텔에 의하면 '개인적' 통일과 구별되어야 하는 이 '사회적' 통일은 달성하려고 시도할 필요가 없다. 두뇌와 손의 '사회적' 통일은 저 맑스의 명제에 대한 존-레텔의 오해가 의도하지 않게 드러내고 있듯이 자본주의적 생산과정 속에 아무리 '적대적인 대립'의 성격을 띠고 있을망정 이미 현존하는 것이기 때문이다. 하지만 그는 정신노동과 육체노동의 '재통일'에 관해 거듭 거론하고 있다 (Sohn-Rethel 1972a, 171면; 1972b, 48면; 1973, 16면). 이 '재통일'은 존-레텔의 말에 따라 '개인적' 통일과 구별되어야 한다면 이상화된 자본주의적 기업형태를 취하고 있을 것이다.

하지만 존-레텔은 '사회적 통일'에 이르는 길이 있다고 주장한다. 바로 이 테마에서 그는 추상적인 사고습관 속에 통속적으로 출몰하는 두 대립적인 측면의 '재통일'을 통한 대립의 극복노선과 "직접생산자들과 분리된 지식인층의 제거"(Sohn-Rethel 1973, 16면)라는 마오주의적 노선 사이에서 동요하고 있다. 필자는 다음에서 이 두 극단의 노선들을 다 비판적으로 취급할 것이다.

대립이 있다면 으레 양자를 통일시킴으로써만 극복할 수 있다고 생각하는 헤겔주의적 사고방식에 근거한, '재통합'을 통한 두뇌노동과 손노동 대립의 해소라는 관념론적 도식은 존-레텔로 하여금 근대적 노동과정의 모든 사실을 엉뚱하게 잘못 해석하도록 강제하고 있다. 그는 테일러화된 노동과정 (포드주의를 그는 테일러주의의 훨씬 완벽화된 연속태로 이해하는데, 제2장에서의 분석에 의하면 이것부터가 문제이다)을, "손노동과 기계기능의 척도통일성"을 창출하여 "손노동과 지식노동의 사회적 통일을 요청하는 기초"로 간주하고 있는 것이다 (Sohn-Rethel 1972a, 203면). 그러나 테일러주의와 포드주의는 제2장에서 상론했듯이 기계역학적 자동화 및 이에 따른 실질적 노동포섭이 불가능한 이종적 (異種的) 생산과정에서 실질적 노동포섭의 효과를 얻기 위해 투입된 **테크노크라트적 · 관료체제적** 방법과 **미세(微細)분업적** 방법에 불과한 것이다. 게다가 '손노동과 기계기능의 척도통일성'은 오늘날의 극소전자적 자동화의 진척과 함께 인간노동이 점차 노동대상과 직접 접하는 기계의 운동으로부터 분리되고 있기 때문에 해체되기 시작하고 있다. 인간노동의 리듬은 기계의 기술적 리듬으로부터 멀어지고 있는 것이다. 초창기 극소전자적 부분자동화의 부정적 결과에 사로잡힌 존·레텔은 극소전자적 자동화의 효과에 관해서도 자기기만에 빠져 있다. "양자의 척도통일성은 전노동과정의 자동화에서 기술적인 형태도 취할 수 있다"(같은 책, 222면). 오늘날 엉터리 예측으로 입증된 이러한 공상적 추정보다 오히려 맑스가 130여 년 전 역학적 자동화와 관련하여 내리고 있는 미래진단이 극소전자적 자동화체계의 현재와 미래에 더 타당할 것이다.

> 노동이 이제 생산과정 속으로 끼워지는 것이 아니라, 역으로 인간이 생산과정에 대해서 **감시자와 조절자**의 자세를 취하게 된다. … 노동자는 객체와 자신 사이에 수정된 자연**대상**을 중간마디로서 끼워넣는 것이 아니라, 이제 산업적 과정으로 전환시킨 자연**과정**을 자신과 자신이 장악하는 자연 사이에 수단으로서 끼워넣는다. 그는 이제 생산과정의 주요 인자(因子)가 아니라 생산과정 **옆에** 병렬로 등장한다. (42: 601면)

따라서 미래의 완전자동화 단계에서는 '기술적 형태'의 '척도통일성'이란 존재하지 않고 테일러-포드주의 단계에서 존재하던 기존의 '척도통일성'조차 소멸하게 된다. 따라서 두뇌노동과 손노동의 존·레텔식 '사회적 재통일'의 가능성은 시간이 감에 따라 점차 해소될 수밖에 없다. 따라서 존·레텔이 비록 억압적 · 대립적인 형태일지라도 이미 **현존하는** 두뇌노동과 손노동의 사회적 통일을 **소멸하는** '가능성'을 토대로 도달하려 하는 것이야말로 진짜 난센스가 아닐 수 없는 것이다. 물론 이러한 사실논리적 결론은 그의 의도가 아니었다. 그가 손노동과 두뇌노동의 '사회적' 통일의 개념으로써 의도한 내용을 평이하게 올바로 표현하도록 돕는다면, 그것은 아마 기존의 두뇌노동과 손노동의 사회적 통일상태가 지닌 적대적 · 억압적 성격의 해소, 즉 자본주의 기업의 노동공동체 내에서 손노동과 두뇌노동 간의 기존 **세력관계의**

본질적 변동일 것이다. 노동의 독점자본주의적 사회화와 관련하여 그는 다음과 같이 말하고 있기 때문이다.

> 현대적인 연속적 노동과정이 새로운 사회적 종합의 주요 요소들을 내포하고 있다는 우리의 확신이 옳다면, 이것으로부터 나오는 회피할 수 없는 결론은 오직 직접생산자 자신만이 이 종합의 권능있는 주체일 수 있다는 것이다. 그러나 현재의 사회적 상태에서 노동과정의 제형태는 사회적 종합의 요소로 기여하지 않고 있다. 그것은 잘못된 손아귀에 들어 있다. 그것은 테일러에 의해 창안되어 거의 도처에 확산된 '과학적 경영' 속에서 노동자들로부터 벗어나 특수한 기능적 기업관료체제에 의해 찬탈되었다. 여기에서 그것은 노동계급의 지배에 봉사하고 있는 것이 아니라 노동계급에 대한 지배에 봉사하고 있는 것이다. (Sohn-Rethel 1972a, 212면)

여기서 그는 노동과정에 대한 통제권이 관료체제에서 '직접생산자들'에게로 실질적으로 이전되는 것, 즉 기업 내 세력관계의 진정한 변혁을 두뇌노동과 손노동의 '사회적' 종합의 내용으로 이해하고 있는 것처럼 보인다. 하지만 그는 여기에서 '직접생산자' 개념을 손노동자에 한정하고 두뇌노동과 손노동의 분리선을 절대화함으로써 애석하게도 마오주의적 지식인관에 빠져들고 있다. "자본주의적 사적 소유의 철폐가 생산조직에 대한 통제권을 찬탈자적 관료체제에로 이전시키는 것으로 귀착된다면, 이로써 사회주의를 위해 얻은 것은 거의 없다. 이것이 바로 쏘비에뜨정권에 대한 중국적 비판의 기저에 놓인 통찰인 것이다"(같은 책, 214면). 이 중국적 대안은 맑스의 이론에 따르면 올바로 제기한 문제에 대한 매우 빗나간 처방이다.

맑스에 의하면 노동과정 자체가 개인적인 것이 아니라 여러 사람이 기능을 나누어 물건을 제작하는 분업적 협업의 형태로 발전하면 "생산적 노동과 그 담당자, 즉 생산적 노동자"의 개념은 "필연적으로" 확대된다. 이 분업적 협업의 총노동체계 안에서 "생산적으로 일하기 위해서는 이제 자신이 (노동대상에—인용자) 직접 손을 댈 필요가 없고 총노동자의 어떤 하위기능을 수행하는 총노동자의 한 부속품이라는 것으로 충분한 것이다"(23: 531면). 이와 함께 직접생산자의 개념도 확대되지 않을 수 없는 것이다. 따라서 자본주의적 직접생산자는 필연적으로 실질적으로 포섭된 노동자(작업장과 사무실의 손노동자)와 형식적으로 포섭된 노동자(지식프롤레타리아)를 모두 포괄한다. 임금노동자의 이 두 분파는 협업체계 속에서 유용물을 생산함으로써 자본을 위해 직접 잉여가치를 생산하는 '생산적 노동자'들이기 때문이다. 일찍이 맑스는 다음과 같이 말하고 있다.

> 상이한 노동들, 따라서 두뇌노동과 손노동도…분리하여 상이한 사람들에게 제각기 배분하는 것은 바로 자본주의적 생산양식의 고유한 특성이다. …이 모든 사람들은 물질적 부의 생산에 직접 고용되어 있을 뿐만 아니라 자신의 노동을 직접 자본으로서의 화폐와 교환하고 이럼으로써 자신들의 봉급 외에 자본가를 위한 잉여가치를 직접 생산한다. 이들의 노동은 지불노동과 무지불 잉여노동으로 구성된다. (26.1: 386면 이하)

여기서 맑스는 노동집단의 관료적 관리자나 지배자가 아니라 재화를 손이나 머리로 직접 생산하는 주체라는 것에 개념적 본질을 두고 있는 '직접생산자' 개념을 두뇌노동자도 포함하는 것으로 설정하고 있고, 따라서 직접생산자는 손노동자와 등치될 수 없는 것이다. 또한 생산에 고용된 지식인은 모두 두뇌노동자이지만, 거꾸로 모든 두뇌노동자가 대학교육기관에서 추상적인 이론을 배운 지식인적 두뇌노동자인 것은 아니다. 두뇌노동자들 중에는 (이론적으로가 아니라) 경험적으로 사무업무를 익혀 두뇌노동의 직책을 맡은 손노동자 출신의 두뇌노동자도 끼여 있기 때문이다. 또한 대부분의 관료들은 지식노동자(=지식인적 두뇌노동자)이지만, 모든 지식노동자가 관료인 것은 아니다. 게다가 생산과정에서 지식인적 두뇌노동자층 가운데 관료가 아닌 사람들의 수가 관료가 된 사람의 수보다 훨씬 더 크다. 그러나 존·레텔에게 있어서 모든 직접생산자는 손노동자이고 모든 두뇌노동자는 '직접생산자로부터 분리된 지식인'이고 다시 이 지식인은 노동자들에 대한 명령권을 행사하는 관료적·테크노크라트적 찬탈자로 나타나고 있다. [17]

---

17) 예전에 지식프롤레타리아와 지식인적 관리자층의 혼동은 '근로인텔리'라는 불분명한 범주 때문에 소련·동유럽에서 비일비재했다. 물론 이 양자는 '손노동계급'과 대립해 있다. 그러나 이러한 대립에도 불구하고 지식프롤레타리아는 이 손노동자 집단과 프롤

이 극도로 단순화된 위험한 등식은 다음과 같은 숙명적인 결론으로 귀결되고 있다. "지식적 활동과 육체적 활동의 형태규정적 분리가 사회적 과정에서 지배하는 한, 지배권은 노동자의 손아귀에 있을 수 없다는 자명한 사실에 대해서는 미리 명백한 관점이 필요하다. 정신노동과 육체노동의 분리는 정신활동의 담당자가 노동자집단에 대해 명령권을 행사하지 않을 수 없다는 사실을 내포하는 것이다"(Sohn-Rethel 1972a, 214면). 이 숙명적 상황의 돌파를 위해서는 저 분리가 중국적 유형의 "문화혁명과정"(put politics in command)에 의해 "청산"되어야 한다는 것이다(같은 책, 222면 이하). "이 청산은 본질적인 청산 중의 하나, 아니 장기적 시각에서 좋이 가장 본질적인 내용이고 이 청산의 점진적 성공은 프롤레타리아독재의 가장 엄밀한 기준이다"(같은 책, 215면). 존-레텔에 의하면 "두뇌와 손의 분리를 청산하는 것이 오늘날 거의 전망할 수 없을 정도로 지난하고 장구하고 단계적인 과정이기"(같은 곳) 때문에 프롤레타리아독재는 저 청산의 종결에 이르기까지 장구하게 지속되지 않을 수 없다.

하지만 노동과정 안에서 과학기술적 지도권이 의심할 바 없이 생산적 지식노동자들 중 관리자들에게 있을지라도 두뇌노동과 손노동의 분리로부터 즉각 모든 기업과정에서 손노동에 대한 두뇌노동의 일방적 명령권이 성장해 나오는 것은 아니다. 사회주의 기업의 권력은 두 가지 권력으로 구성되어 있을 수밖에 없는바, 하나는 개인적인 소유권자들(Marx)로서의 각개 노동자들 모두가 기업총원(지식프롤레타리아를 포함한 '직접생산자들')에게 위임하는 **기업권력**이고, 다른 하나는 이 기업권력을 전문가들이 경향적으로 독점성 속에서 대변하는 전문기술적 **지도권력**이다. 그러나 소유권자들의 기업권력은 자본주의 기업에서처럼 지도권력보다 우위에 있는 것이고 이 지도권력을 자신의 하위에 둘 수 있다. 집단적 점유자(Kollektivbesitzer)로서 노동집단은, 이 중의 다수는 한동안 손노동자들이겠지만, 엄격한 민주적 권력기제를 통해 고권적(高權的) 기업권력을 인사정책, 재정정책, 임금정책, 사회정책 등에 행사할 수 있고 이를 통해 행정적·기술적 지도권력과 협주적(協

레타리아적 '형제관계'에 있을 수 있는 데 반해, 관리자집단은 중간층으로서 기껏해야 손노동자 집단과 '우호관계'에 있을 수 있을 뿐이다.

奏的)인 관계를 맺을 수 있는 것이다. 따라서 자본관계에 의해 긴장된 두뇌노동과 손노동의 '적대적' 대립관계의 해소 정도는 두뇌노동과 손노동의 대립적 결합상태 속에서도 벌어질 수 있고 손노동자 집단과 지식프롤레타리아 집단 간의 비적대적인 통일 또는 형제적 연대가 두뇌노동과 손노동의 분리의 극복 이전에도, 그리고 양자간의 비적대적인 대립의 존재에도 불구하고 가능한 것이다. [18) 이 노동공동체 내의 작업장 및 사무실 단순노동자들이 노동과정에서는 개별적으로 비록 관리직에 있는 두뇌노동자들에 대한 복종관계에 처해 있을지라도 기업 전체의 경영과정에서는 수적 다수파로서 자신들의 집단적 이익을 관철시킬 수 있다. 그러나 경영자율성과 기술적 노동자율

18) 여기서는 '적대적' 대립과 '비적대적인' 대립의 범주적 구별이 중요하다. 두뇌노동과 손노동의 '적대적' 대립의 극복이라는 표현은 따라서 양자간의 그 어떤 이익대립도 소멸한다는 말이 아니다. 사회주의 안에서도 두뇌노동과 손노동 사이에는 적대적 대립은 사라지더라도 단순한 '차이'보다는 더 강한 차원의 비적대적 '대립'이 상존한다. 이런 까닭에 스딸린의 다음 명제는 문제가 있다. "자본주의 및 착취체제의 철폐와 더불어 육체적 노동과 정신적 노동의 이익대립도 사라지지 않을 수 없을 것이라는 것은 명백하다"(Stalin 1972, 30면). 과거 '사회주의' 국가에서는 노동계급과 소위 '근로인텔리'의 동맹을 이 양자간의 대립 측면에 대해 강조하려는 정치적 의도에서 양자간의 '대립'이라는 말보다는 '차이'라는 말을 선호했다. 이것은 전통적으로 저 스딸린의 테제와 긴밀히 관련된 것이다. 그러나 맑스는 「고타강령비판」에서 '좀더 고차적인 단계'의 공산주의 사회를 '정신노동과 육체노동의 대립'이 사라지고 난 후의 사회로 규정하고 있는데, 이것은 공산주의 '1단계', 즉 사회주의 단계에서는 양자간의 대립이 잔존한다는 것을 함의하는 것이다. '대립' 범주의 철폐는 물론 현실적인 대립 자체의 철폐를 뜻하지 않기 때문에 그것은 다만 권력자에게 이로운 방향으로 사회주의 사회의 역동적 성격을 약화시키는 데 기여했을 뿐이다. 따라서 레닌이 그랬던 것처럼 적대적 대립과 비적대적인 단순대립을 명확히 구별하고 두려움없이 노동계급과 지식프롤레타리아의 관계규정에도 적용하는 것이 나을 것이다. 나아가 정신노동과 두뇌노동의 적대적 대립의 경제적 기초에 관한 스딸린의 설명도 결정적인 오류를 안고 있다. "정신노동과 육체노동의 대립의 경제적 기초는 정신노동의 담당자들에 의한 육체노동자들의 착취이다"(같은 책, 30면). 이 테제는 중국의 발전을 지체시킨 지식인 하방사업으로 표현된 마오주의적 문화혁명의 폭민정치에 사이비 과학적 기초를 제공했다. 스딸린의 이 테제와는 달리 두뇌노동과 손노동의 대립의 본질적인 기초는 두뇌노동에 의한 손노동의 착취가 아니라 자본의 착취기능에 복무하도록 매여 자신도 자본에 착취당하는 두뇌노동자의 노동억압 기능이다. 게다가 위 테제는 오늘날 더욱 문제성 많은 것이 되고 있다. 아무런 관리자 직책도 맡지 못하고 손노동자와 나란히 다만 착취당할 뿐인 두뇌노동자(지식프롤레타리아)는 그 사이 대중적 현상이 되었기 때문이다.

성의 차이에 대해 아무런 감도 잡지 못하고 있는 존·레텔은 두뇌노동과 손노동의 분리가 존속함에도 불구하고 조성되는 **형식적** 공산주의, 즉 사회주의의 객관적 가능성을 부인하고 있다. 관료적·테크노크라트적 권력찬탈의 분쇄와 프롤레타리적 이익의 집단적 실현은 생산력의 객관적인 경제적 발전법칙에 굳게 뿌리내린 두뇌노동과 손노동의 분리가 '청산'되는지 여부에 달려 있는 것이 아니라 기업지분의 개인적 소유자들인 개개 노동자들이 기업경영권의 집단적 '점유자'로서 스스로를 어떻게 그리고 얼마나 민주적으로 집단적 주체로 조직화해내는지에 달려 있다 할 것이다. 과거 노동공동체를 기업의 주인으로 규정하는 정치적 선언도 법적·상징적 규정도 노동자들을 실질적인 주인으로 높이지 못했기 때문에 기업 노동공동체의 구성체적 점유권력의 민주적·조직적 실현의 문제는 지극히 중요한 것이다. 자본주의적 공장주가 공장의 구성체적 소유강권을 통해 간단히 공장의 실질적 지배자로서의 자신의 명실상부한 지위를 확립한 것이 아니라 기계노동 수칙의 '발명'과 이것의 성공적인 관철——이것은 당시로선 "헤라클레스적 위업"(Ure로부터 Marx의 인용, 23: 447면)이었다——로부터 시작하여 관료체제, 테일러-포드주의, 극소전자적 자동화, 린생산방식 등을 통해 힘든 고투 속에서 지속적으로 완벽화하려고 노력해왔음을 상기하면, 노동공동체의 구성체적 권력의 민주조직적 구성 및 이것의 완벽화는 필경 '헤라클레스의 위업'보다 더 크고 힘든 일이 될 것이다. 그러나 존·레텔은 중국 공장 안에 단 한 점의 민주적 기업조직 형태의 흔적도 남겨놓지 않은 '좌익소아마비' 4인방의 문화혁명적 폭민정치(Ochlokratie)에 대한 변호에만 매달리고 있다.

(3) 지식인의 '제거'에 의한 두뇌노동과 손노동의 사회적 대립의 해소?

존·레텔에 의하면 두뇌노동과 손노동의 분리의 '청산'은, 대부분의 두뇌노동자들이 손노동자와 사회적으로 분리된 실존에도 불구하고 손노동자들 '위'에서가 아니라 손노동자들과 '나란히' 노동하는 사실을 무시하고 "직접노동자와 분리된 인텔리층 일반의 제거"를 통해 관철되어야 한다는 것이다

(Sohn-Rethel 1973, 16면). 그런데 이것은 궁극적으로 "병영공산주의"(Marx/Engels)로 편향될 수밖에 없는 소농적(小農的) 평등급진주의(Gleichheitskommunismus)의 위험한 유치증적 발상이다. 맑스주의의 탈을 쓴 마오주의적인 것이든 존·레텔적인 것이든 또는 바꾸닌적인 것이든 모든 병영공산주의는 대중의 인간적 욕구를 해방하는 것이 아니라 금욕주의적 도덕훈화를 통해 이 욕구를 통제하고 수평화하고자 했다. 이것은 생산력 진보의 법칙과 정면 상치되는 짓이고 따라서 프롤레타리아를 1960년대의 중국식 빈곤의 나락으로 전락시킬 수밖에 없다. 그런데 이 대중의 금욕과 인텔리층의 '청산'은 다음과 같은 명제를 이념으로 하는 맑스적 사회주의와 아무런 관계가 없는 것이다. "진정한 경제——절약——는 노동시간의 절약이다(생산비의 최저한〔및 최저로의〕절감). 이러한 절약은 생산력 발전과 동의어이다. 말하자면 목표는 **향유의 금욕이 아니라** 힘, 생산능력, 및 향유수단뿐만 아니라 **향유능력의 발전이다**"(42: 607면). 두뇌노동자의 기술적 권능은 현재와 같은 기술적·경제적 토대 위에서 존재이유를 지닌 것이다. 문제는 테크노크라트적 권능의 전면적 분쇄가 아니라 이 권능의 **올바른 위치정립, 활용, 통제**이고, 기업 내에서의 프롤레타리아의 '단독적' 지배가 아니라 테크노크라트적 권능 및 기타 권능들과의 복합적인 경쟁 속에서 실현되는 프롤레타리아의 민주적 '헤게모니'이다. 프롤레타리아가 자신의 **형식적·소유권적** 경영권력과 테크노크라트의 전문기술적 권능 간의 온갖 상충에도 불구하고 자신의 소유권자적 지위와 수적 우위에 힘입어 자신의 민주적 헤게모니를 관철시킬 수 있는 가능성은 자본의 역사를 상기해보면 곧 이해된다. 과거 매뉴팩처 단계의 난쟁이 자본가들은 형식적으로 포월적인 자신의 소유강권과 본질적으로 수공업적인 매뉴팩처 노동자의 기술적 노동자율성 간의 상충관계에도 불구하고 절대주의 국가의 영토적 비호 속에서 자신의 경영권적 헤게모니를 관철시킬 수 있었고 이 "형식적 자본주의 기업"("형식적 자본주의적 생산양식" 또는 "형식적 자본관계"—Marx)은 19세기 깊숙이까지, 즉 기계투입에 의한 노동의 실질적 포섭, 즉 실질적 자본관계가 창출될 때까지 지속되었고 이종적 생산부문에서는 테일러-포드화되고 부분자동화되는 20세기 깊숙이까지 잔존하였다. 따라서 두뇌노동자들의 기술적 권능이 남아 있는 한 사회주의가 불가능하고 따라서 장구하고 가차없는 프롤레타리아독재가 필요하다는 존-레

텔의 명제는 이론적으로 실천적으로 위험천만한 발상인 것이다.

　게다가 '프롤레타리아독재'는 원래 이론적으로 두뇌노동과 손노동의 대립의 '청산' 문제와 무관한 것이다. 맑스는 이 '대립'의 해소를 공산주의 1단계(=이른바 사회주의)와 공산주의의 '보다 높은 단계'(=이른바 공산주의)를 가르는 한 기준으로 규정하고 있는 데 반해(19: 21면), '독재'는 자본주의에서 공산주의로 이행하는 혁명기 국가의 정치적 본질과 연관시키고 있기 때문이다. "자본주의 사회와 공산주의 사회 사이에는 전자에서 후자로의 혁명적 전환의 시기가 끼여 있다. 이 시기에는 정치적 이행기도 대응하게 되는데 이 정치적 이행기의 국가는 프롤레타리아트의 혁명적 독재체제 외에 다른 것일 수 없다"(19: 28면). 여기서 '자본주의 사회와 공산주의 사회 사이'는 자본주의와 공산주의 1단계 사이, 즉 '자본주의 사회와 사회주의 사회 사이'로 해석하는 것이 의미론상 타당할 것이다.[19] 따라서 이 독재체제는 공산주의 사회의 제1단계, 즉 사회주의로의 이행이 종결되고 옛 착취자계급들의 심각한 정치적 저항이 소멸하는 즉시 종식되어야 할 것이다.[20] 이 독재기간이

------

　19) 이 명제는 여기서 사용된 '공산주의'가 1단계인지 '보다 높은 단계'인지 불분명하기 때문에 '정치적 이행기'를 자본주의에서 1단계(사회주의)를 거쳐 '높은 단계'에까지 이르는 전기간으로 해석하고 사회주의 국가 일반을 프롤레타리아 국가로 해석하는 사람들도 있다. 그러나 레닌은 이행기를 자본주의에서 사회주의로의 이행기로 해석하고 독재를 이 기간에만 한정하고 있다(LAW Ⅲ, 238면). 이 해석에 따르면 이행을 마감한 사회주의 국가 자체는 독재체제가 아니다. 따라서 프롤레타리아독재의 종식을 국가의 종식으로 오해한 스딸린은 '독재'개념을 사회주의 단계에까지 연장하는 소책자 『레닌주의의 제문제』(Stalin 1970, 215면 이하)에서 레닌의 테제를 인용하지 못하고 '자본주의의 포위'라는 역사적 사실을 들어 자신의 '사회주의=독재' 테제를 정당화한다.

　20) 프롤레타리아독재의 철폐는 국가의 철폐를 뜻하지 않는다. 독재의 철폐와 함께 국가는 이때부터 비로소 **축소되기** 시작한다. 이런 까닭에 엥겔스는 무정부주의자들의 구호인 국가의 '철폐'를 거부하고 국가의 '사멸'(Absterben)을 주장하였다. 독재의 철폐와 더불어 지금까지 국가를 국가로서 규정하던 국가의 억압적 기능들이 약화되고 사라지기 시작할 것이기 때문에 국가의 잔재는 독재 종식 이후에도 장구하게 잔존할 것이다. 딜레땅뜨적인 부르조아 정치이론가들은 이러한 이론적 측면을 숙지하지 못하고 소련이 독재 종식 후에도 국가형태를 유지하는 것을 이론과 실천의 상치로 비방하곤 했었다(가령 Schroeder 1979). 프롤레타리아독재론에 관해서는 여기서 길게 논의할 수 없겠다. 상세한 것은 황태연, 「프롤레타리아독재론과 전인민국가론의 제문제」(『과학기술혁명시대의 자본주의와 사회주의』, 중원문화 1990)를 보라.

짧으면 짧을수록 프롤레타리아가 더 많은 정치적 노고를 절약할 수 있기 때문에 더 많은 행복을, 특히 프롤레타리아에게 더 많은 행복을 가져다 줄 것이다. 요약하자면 프롤레타리아독재는 맑스에 의하면 사회주의로의 이행이 완결될 때까지만 지속되는 데 반하여, 존·레텔의 독재는 사회주의 단계를 관통하여 두뇌노동과 손노동의 대립이 극복되는 '고차적인' 공산주의 사회에 도달할 때까지 지속된다.

존·레텔은 '직접생산자들로부터 분리된 지식인층의 제거' 방도도 제시하고 있다. "과학자 또는 엔지니어는 노동자들처럼 임금수령자라는 사실만으로 노동자들의 잠재적 계급동지인 것이 아니다. …과학자 또는 엔지니어는 분리된 과학적·기술적 지식인층의 속성을 떨치고 자신의 기능이 노동자들에 의해 흡수당한다면 그리고 이렇게 흡수당하는 만큼만 지배계급에게 지성적 지원을 주는 것을 비로소 그치게 된다"(Sohn-Rethel 1973, 16면). 두뇌노동과 손노동의 '사회적' 통일을 주장하던 존·레텔은 여기서 갑자기 노동자들에 의한 인텔리의 과학적·기술적 기능의 '흡수', 즉 손노동과 두뇌노동의 '개인적' 통일에 관해 말하고 있다. 그는 어떤 대립이든 항상 양 극단의 '통일'을 통해 극복하려는 추상적·사변적 사고방식과 마오주의적 지식인 탄압 사이에서 방황하다가 여기에서는 전적으로 손노동자들에 의한 분리된 두뇌기능의 '흡수' 쪽으로 기울고 있다. '야수화된' 소농(小農)의 멋진 유토피아다!

경제적 분업의 생산력법칙적 필연성에 의해 정립된 두뇌노동과 손노동의 대립이란 한 노동자의 두 가지 신체기능이었던 것이 분리되어 제각기 다른 노동자들에게 특화됨으로써 이 중 두뇌노동을 수행하는 노동자가 특권적 지위에 서게 됨으로 인해 노동자들이 사회적으로 대립하게 되는 지경까지 자립화되는 것을 말한다. 그러나 양자는 이후에도 필연적으로 결합되어야 하고 서로를 전제해야 한다. 손노동이든 두뇌노동이든 단독으로는 경제적으로 의미가 없다. 따라서 이 두 기능의 어느쪽도 그 자체로 보면 서로 다른 기능에 대해 특권적 우위를 차지할 근거가 없다. 이것은 다음과 같은 논리적 의미를 갖는다. 첫째, 두뇌노동자의 특권적 대우는 장차 지양되어야 한다는 것을 뜻한다. 둘째, 두뇌노동이든 손노동이든 서로를 '흡수'할 우선권을 지니지 않는다는 것을 뜻한다. 이것은 우리가 논리적 사유를 통해 얻을 수 있는 최대한의 귀결이다. 그러나 존·레텔은 아무런 논리적 근거 없이 손노동자에 의한 두뇌노동의 '흡수'를 통해 두뇌노동자와 손노동자의 대립을 해소하고자 하고 있는 것이다.

게다가 이 '흡수'전략은 경제적으로 실현 불가능한 것이다. 가령 8천 명의 육체노동자와 2천 명의 두뇌노동자가 모든 일을 처리할 수 있는 기업에서 1만 명의 **지식인적 육체노동자**(intellektuelle Handarbeiter)가 우글댄다면, 이것은 인간노동의 엄청난 낭비요 경제적 바보짓일 것이다. 1만 명 중 2천 명의 노동자는 육체기능적으로 과잉교육되었고 8천 명은 정신적으로 과잉교육되었다. 존-레텔은 이지적 두뇌를 쓰면서 동시에 손기능으로 노동하는 인원의 긴 교육기간과 많은 교육비를 망각하고 있다. 엥겔스는 자본주의적 분업의 극복과 관련하여 다음과 같이 말하고 있다. "낡은 분업의 지양도 결코 노동생산성의 희생을 통해서 관철되어야 하는 요구가 아니다"(20: 274면). 이것은 변형된 형태로 두뇌노동과 손노동의 분업의 극복에도 타당하다. 이 분업의 극복도 노동생산성의 희생을 통해 관철될 수 없는 것이다. 동서양의 현재 생산과정의 지배적인 협소한 기술적 토대가 두뇌노동과 손노동의 분업을 잠정적으로 가장 경제적인 노동방법으로 명령하고 있음은 우리가 항상 주목해야 하는 현재의 특유한 역사적 사실이다. 존-레텔의 '흡수'전략은 현재의 관점에서 경제적으로 도달할 수 없는 경건한 소망에 지나지 않는 것이다.

또한 손노동자에 의한 두뇌노동의 이 '흡수'전략은 미래에도 도달할 수 없는 순수한 사변이다. 사회경제적 범주들로서의 두뇌노동과 손노동의 개인적 '재통일'은 현재 질풍처럼 진행되고 있는 생산력 혁명의 본질적 경향에 비추어볼 때 미래에도 불가능한 것이다. 극소전자적 자동화는 인간노동을 제작과정에서 떼어내어 손노동을 점차 추방해나가고 있기 때문이다.

사회경제적 범주로서의 두뇌노동은 모든 육체적 기능이 사라진 순수한 두뇌기능이 아니라 두뇌기능이 육체적 기능에 비해 '우세한' 노동을 말한다(Marx). '정신적으로 생산하는' 존-레텔의 반복적인 타자노동과 기계엔지니어, 지질학자, 조각가 등의 육체적 중노동을 한번 떠올려보라! 사회경제적 범주로서의 손노동도 육체기능이 두뇌기능에 비해 '우세한' 노동을 뜻한다. 따라서 노동과정으로부터 손노동의 점진적 추방이란 모든 손기능이 노동과정으로부터 사라지는 것을 뜻하는 것이 아니라, "직접적인" 손노동이 (맑스가 예견하고 있듯이) "양적으로 **더 적은 분량**으로 축소되고 질적으로 **일반적** 과학적 노동, 즉 자연과학의 기술공학적 적용 및 총생산의 사회적 구성에서 나오는 일반적 생산력에 비해 필수불가결하되 **하위적인** 계기로 격하되는 것"(42: 596면), 그리하여 두뇌노동자가 양적으로 극소화된 손기능을 넘겨받고 손노동이 **사회경제적 직업범주**로서 소멸하는 것을 말한다. 생산과정이 요구하는 모든 노동은 미래에 '우세하게' 두뇌로써 처리될 것이다. **손노동자의 수는 점차 감소하고 이들의 손기능은 손기능을 독립적 직업범주로서 분업적으로 투입하는 것이 아무런 특별한 경제적 합리성(효율성)을 갖지 않는 변증법적 결절점**(Knotenpunkt)에서 두뇌노동자들의 우연적 기능으로서 부가적으로 또는 순번제적으로 두뇌노동자들에게 전가될 수 있을 것이다. [21] 요

---

21) 이런 이유에서 스딸린의 다음과 같은 말은 '우세하게' 두뇌로써 수행되는 노동이라는 맑스의 두뇌노동의 정의도 또 맑스가 130여 년 전 진단한 자동화의 영향도 이해하지 못한 사이비 정밀주의적인 현학에 불과한 것이다. "많은 동지들은 시간이 가면 육체노동과 정신노동의 본질적 차이뿐만 아니라 심지어 이들간의 어떤 차이도 사라질 것이라고 주장한다. 이 말은 맞지 않다. …문화적·기술적 수준에서의 커다란 불평등이라는 의미에서의 이들간의 본질적 차이는 무조건 사라질 것이다. 그러나 비록 본질적인 것은 아닐지라도 모종의 차이가 잔존할 것인바, 그것은 기업의 관리직원의 노동조건과 노동자의 노동조건이 동일하지 않기 때문이다"(Stalin 1972, 33면). 스딸린은 여기서 비변증법적 사변의 소용돌이 속에 말려들고 있다. '정신노동'과의 '본질적' 차이를 극복한 소위 그 '육체노동'은 필경 우세하게 정신적인 노동임에 틀림없고 따라서 이 노동은 맑스의 변증법적 정의에 따르면 이제 육체노동이 아니라 두뇌노동이다. 게다가 그는 모든 두뇌노동자가 '관리직원'인 것으로 망상하고 있다. 그는 마오주의적 4인방처럼 인텔리를 제거하고자 한 것이 아니라 역으로 모든 노동자와 농민을 인텔리로 만들려고 하였다. "우리는 모든 노동자와 모든 농민을 유식한 문화인으로 만들고자 한다. 우리는 시간이 가면서 이것을 이룰 것이다"(Stalin 1970, 220면). 스딸린은 두뇌와 손의 분업 자체가 미래에 사라질 것이라는 사실을 예견하지 못하고 물질적 생산자의 노동이 그것의 정신적 계기가 양적으로 육체적 계기에 비해 우세한 순간부터 변증법적으로 질적으로 다른 규정, 즉 두뇌노동의 범주로 전화되는 변증법적 사실관계를 이해하지 못하고 있다. 물론 두뇌노동자들 내부에서도 가령 창조적인 두뇌노동과 반복적 두뇌노동, 보다 높은 기능의 두뇌노동과 저급한 두뇌노동, 관리하는 두뇌노동과 관리되는 두뇌노동 등의 차이와 같은 무수한 단계와 차이가 있겠지만, 이 차이들은 이제 두뇌노동과 **육체노동** 간의 차이가 아니라 두뇌노동과 두뇌노동 간의 차이인 것이다. 그러나 위 인용문에서 스딸린은 '본질적' 차이 극복 이후에도 정신노동과 '육체노동' 간의 모종의 차이에 관해 말하고 있다.

는 손노동이 두뇌노동에 의해 '흡수'되면 '흡수'되었지 거꾸로는 아닌 것이다. 이것은 존·레텔의 사변적 '흡수'전략과 정반대의 방향이다.

그러나 상대적으로 저급한 기술적 토대 위에서 사회를 사회주의적으로 변혁하는 과정에서는 두뇌노동과 손노동의 모순은 당분간 더 발전되어야 할 것이다. 왜냐하면 "역사적 생산형태의 제모순의 **발전**은 이 모순들의 해소와 재구성의 유일한 역사적 노선"(23: 512면)이기 때문이다. 이러한 모순이 '적대적' 모순으로 발전하는 것은 새로운 기술적 토대가 발전하여 일반화될 때까지 임금정책, 사회정책 등의 규제적 조절을 통해 막아야 하겠지만, 중국식 '문화혁명'은 엄히 저지되어야 할 것이다. 두뇌노동과 손노동의 사회경제적 대립은 손노동자들과 이들의 자녀들이 이론적 지식을 습득하기 위해 열심히 공부하는 데, 그리고 수적으로 증대되는 두뇌노동자들간의 점점 강화되는 경쟁이 이들의 노동의 질을 높이도록 하는 데 결정적인 물질적·사회적 자극과 동기로 기능하기 때문이다. 만약 저 대립이 없다면, 즉 사회주의 사회가 "암묵적으로 노동자들의 불평등한 개인적 재능과 능력"을 "자연적 특권"으로 인정하지 (19: 21면) 않는다면, 아무도 이론학습의 그 길고 고된 금욕기간(Karenzzeit)을 견뎌내려 하지 않을 것이다. 두뇌노동자들의 양적·질적 증대는 새로운 극소전자적 생산력 혁명을 관철할 필수적인 주체적 전제이고 다시 이 생산력 혁명은 점점 더 많은 손노동자들을 두뇌노동자들로 전환시키는 역사적 기관차이다.

손노동과 두뇌노동의 모순의 해소는 물론 물질적 생산 안에서의 모든 모순의 해소를 뜻하는 것이 아니라 두뇌노동과 손노동의 모순이 이 모순의 '발전'을 통해서 '해소'되고 보다 **고차적인 두뇌노동과 저급한 두뇌노동의 새로운 모순**으로 '재구성'되는 것을 뜻한다. 아무튼 새로운 기술적 토대는 현재 지배적인 협소한 기술적 토대와는 정반대로 지금까지 가장 경제적인 노동방법으로 간주되어온 손노동을 추방하도록 강제함으로써 두뇌노동과 손노동의 낡은 분업의 해소를 명령하고 있다. 따라서 존·레텔이 주장하는 두뇌노동과 손노동의 '재통일' 테제 또는 손노동자에 의한 두뇌노동의 '흡수'전략은 물질적 생산과정의 미래적 현실 속에서 순수 난센스로 입증될 것이다. 왜냐하면 미래적 생산과정에서는 두뇌노동을 '흡수'하여 지식노동과 육체노동을 **동시에** 수행하는 손노동자가 아니라 **지적인 두뇌노동자**(intellektuelle Kopfarbeiter)가 주요 노동자대중으로 나타날 것이기 때문이다.

필자의 이러한 진단은 현실에 의해 부분적으로 입증되고 있다. 현재 산업의 극소전자적 자동화와 로보트화가 1950~60년대의 기술주의적 이상주의자들이 공상했던 것보다 아직 부진할지라도(*Der Spiegel*, 1987. 7. 8, 56면 이하), 자동기계와 로보트는 그간 놀랄 만한 규모로 투입되고 있다. 이 분야에서 선두에 선 나라는 일본인데, 일본의 산업로보트는 전세계적으로 활용되고 있는 로보트의 총대수를 수적으로 "훨씬 뛰어넘고 있다"(*Neue Zeit*, Nr. 9/1988, 30면). [22] 로보트로써 로보트를 생산하는 일본 기업 Func는 "세계에서 가장 자동화된 공장"(*Der Spiegel*, Nr. 33/1986, 112면)이다. 이 기업의 작업홀은 무인(無人)공정이고 로보트만 홀로 밤낮없이 일한다. "감고 돌리는 것, 대패로 깎고 납땜하는 것, 조립하고 쌓는 것 등 모든 작업동작은 컴퓨터에 의해 명령된다. 단 한 명의 오퍼레이터가 TV 모니터의 배터리 앞 어디엔가 앉아 있을 뿐이다." 전직원은 1500명이다. 이 기업은 "최대의 순이익, 판매고의 36%"를 올리고 있다. 노동자들은 모두 대학을 졸업하였고 커피 담당 여직원조차 대졸 "영양사"이다. (같은 책, 113면 이하) 말하자면 직원 모두가 고등자격의 두뇌노동자들이고 결코 지적 노동과 육체노동을 동시에 연마한 노동자들이 아니다. [23]

---

22) 1980년대 중반 일본은 10만 대 이상의 산업로보트를 투입하고 있는 데 반해(*Der Spiegel*, Nr. 33/1986, 114면; *Neue Zeit*, Nr. 9/1988에 의하면 12만 대), 미국은 겨우 2만 대(*Der Spiegel* Nr. 33/1986; *Der Spiegel*, 1987 7. 8의 58면에 의하면 1만 8천 대), 서독은 겨우 1만 2천 대를 투입하고 있다(*Der Spiegel*, Nr. 33/1986).

23) 그러나 노동과정이 철저히 자동화되고 모든 노동자들이 두뇌노동자로 전환되었을지라도 기업독재와 두뇌노동자들 간의 분업은 물론 이 자본주의적 Func사에서 공고히 유지된다. "사장 이나베씨가 담배를 피우지 않기 대문에 아무도 담배를 피울 수 없고 본부건물 안에 심지어 방문객을 위한 재떨이조차 없다." 이 "노란 황제" 이나베씨는 순수한 자본주의적 정신에서 다음과 같이 말하는 것도 주저치 않는다. "한 회사를 관리하는 경우에는 지혜롭지 못한 민주주의보다 지혜로운 독재가 더 낫다." 또한 직원들이 자신의 전문영역을 넘어 다른 것을 아는 것은 엄히 금지되어 있다. "Func의 연구실험실은 지도자급 매니저에게도 출입이 금지된다. 모든 직원은 자신의 전문적인 일에 필요한 것만 알면 된다."(*Der Spiegel* Nr. 33/1986, 115면 이하) 이것은 엥겔스가 그리고 있는 공산주의적 목표와 정면 대립하는 상(像)이다. "전측면적으로 개발된 생산자들이…전체 산업적 생산의 과학적 기초를 이해하고 이들의 각자가 처음부터 끝까지 생산분야의 전체 과정을 실천적으로 거쳐간다"(20: 276면). 생산관계의 변혁이 없다면,

이와같이 극소전자적 자동기계가 미래에 모든 손노동을 (심지어 두뇌노동의 단순반복적인 부분도) 본질적으로 넘겨받을 것이기 때문에, 물질적 생산과정은 인간이 신체적 능력을 발전시킬 수 있는 주요 장소가 아니다. 이런 까닭에 엥겔스의 다음 테제도 현재 생산력 혁명의 새로운 경향에 따라 수정되어야 할 것이다.

각 개인에게 자신의 전측면적 능력, **육체적 능력**과 정신적 능력을 모든 방향으로 개발하고 활력화하는 기회를 제공함으로써 생산적 노동이 예속수단이 아니라 인간의 해방수단이 되는, 따라서 이 노동이 짐에서 기쁨으로 전화하는 생산조직이 낡은 생산양식을 대치해야 한다. (20: 273면 이하)

그러나 엥겔스의 이 명제가 전제하고 있는 것과는 반대로 극소전자화된 물질적 생산체계는 미래에 '육체적 능력을 모든 방향으로 개발하고 활력화할 기회'를 점점 더 적게 제공할 것이기 때문에, 그리고 새로운 생산력 혁명이 점점 더 많은 자유시간을 허용할 것이기 때문에 물질적 노동이 아니라 **물질적 생산 밖에서** 자유시간에 추구하는 **스포츠나 무용 등의 육체미학**이 미래 공산주의적 인간의 육체교육을 떠맡을 수밖에 없을 것이다. 따라서 전측면적으로 발전된 인간의 교육적 형성, 즉 "노동분업 아래로의 개인들의 예종적 복속" 및 특히 "정신노동과 육체노동의 대립"의 극복은 존-레텔이 그리고 있듯이 결코 **물질적 생산과정 내에서의** 두뇌노동과 손노동의 개인적 '재통합' 또는 손노동에 의한 두뇌노동의 '흡수'를 통해 벌어질 수 없을 것이다. 새로운 극소전자적 생산력의 발전방향은 두뇌노동과 손노동의 대립의 극복이 거꾸로 생산과정 안에서의 손노동의 극소화 및 두뇌노동에 의한 이 극소화된 손노동의 부수적 또는 순번제적 '흡수'의 경로를 통해 이룩될 것이고 이것은 한편으로 물질적 생산과정 내에서의 생산적 두뇌노동과 다른 한편으로 물질적 생산과정 저편의 신체미학적·스포츠적 활동의 사회적·개인적 결합의 동시적 과정으로 나타날 것이라는 점을 보여준다.

증대되는 욕구를 충족하기 위한 '자연과의 씨름'은 모든 사회구성체에 공

그리고 가업의 민주적 구성을 위한 조직적 노력이 없다면, 극소전자적 자동화만으로는 이러한 자유가 올 수 없는 것이다.

통된 인간적 생의 폐기 불가능한 기초이지만 자연과의 씨름시간은 점점, 특히 육체적 씨름시간은 더 신속히 축소될 것이기 때문이다. 자유시간 및 육체적 자유시간 활동은 이미 자본관계 아래서 시작된 새로운 생산력 혁명에 힘입은 노동하는 계급들의 진보적 투쟁과 더불어 확대될 것이다. 이를 통해 일단 양적으로 적절한 인간적 수준으로 축소된 생산적 두뇌노동은 '제일가는 생명욕구'가 될 것이다. 인간 자신의 육체적 본질성으로 인해 필수적인 인간의 신체적 운동은 고통스럽고 지루한 육체적 **노동**에서 해방된 시민사회 안에서의 유희적·미학적인 육체적 자유시간 활동으로 전환될 것이다. 이 측면이 아마 맑스가 '향유의 능력'과 관련하여 '진정한 경제'로 강조하고 있는 '노동시간의 절약'을 위한 역사적 투쟁의 깊은 의미일 것이다.

(4) 시민사회 없는 일면적 '노동사회'로서의 공산주의 사회?

미래사회의 이러한 측면은 하지만 '철학하는' 존-레텔의 시야에서 완전히 사라지고 있다. 이것은 그가 다음과 같이 규정하고 있는 무계급 사회구성체의 완전히 잘못된 관념으로 인해 불가피하게 야기된 것이다.

> 계급사회의 생산관계와 무계급적 생산관계를 차별하는 특징에 대해 여러 번 시사했다. 차별성은 사회적 종합의 상이한 성격에 근거한다. 한 사회가 생산과정 내에서의 노동연관에 의해 사회적 종합의 형식을 얻는다면, 즉 자신의 결정적 질서를 직접 인간적 자연활동의 노동과정으로부터 도출한다면, 이 사회는 적어도 가능성에 따라 무계급적이다. 이러한 사회는 이 사회의 구조적 규정성상 생산사회(Produktionsgesellschaft)라 불릴 수 있다. (Sohn-Rethel 1972a, 123면)

여기서 존-레텔은 **공산주의적 생산관계 및 소유관계**를 '인간적 자연활동의 노동과정'의 '노동연관'으로, 즉 사회적 노동형식을 도외시한 **기술적** 노동양식으로 축소시키고 있는 것처럼 보인다. 따라서 이 '생산사회'는 노동과정의 기술적 연관에 의해 지배되는, 철두철미하게 기술적으로 구성된 사회 외에 다른 것이 아닐 것이다.

그가 상품교환하는 착취적 '점취사회'(Aneignungsgesellschaft)에 대립시키고 있는 이 '생산사회'는 두 가지 종류, "원시적 유형과 기술적으로 고도발전된 유형"(같은 책, 126면)이 있다. 그러나 그가 원시공산주의적 씨족사회를 말하고 있는 이 '원시적 (공산주의) 사회'는 '자신의 결정적 질서를 직접 인간적 자연활동의 노동과정으로부터 도출하는' 생산사회가 아니라, 개별적으로 취약한, 미성숙한 개인들로 이루어진 혈족의 재생산을 위한 자연생장적 혈연적 질서원리를 전제하는, 따라서 역으로 이 혈연적 원리로써 노동과정도 포섭하는 "구성원들의 혈연성에 기초한 사회"(Marx, 19: 387면) 또는 "혈족조직에 기초한 사회"(Engels, 21: 28면)이다. 오직 이런 까닭에서만 이 씨족사회에서는 "노동이 공동으로 수행되고 공동체적 생산물이 재생산을 위해 예비되는 분량을 제외하고 **욕구에 따라** 분배되는 것이다"(Marx, 19: 403면). 한 개인이 혈연적 동족으로부터 고립되는 것이 이 개인의 죽음을 뜻하는 원시씨족사회에서의 공동체적 생산의 원리는 노동과정의 결과도, 생산의 사회화의 결과도 아니고 거꾸로 "주지하다시피 개별적으로 고립된 개인의 취약성의 결과"(19: 388면)인 것이다.

요약하면 원시공산주의가 '생산사회'라는 존.레텔의 주장은 전혀 사실무근이다. 그러면 미래의 고도기술화된 공산주의는 '생산사회'일 것인가? 이 공산주의에서도 물질적 생산은 벌어질 것이지만, 이 생산은 비물질적 생산(써비스 생산＋정신적 생산)과 욕구의 확장 및 발달에 상응하게 고도로 분화된 물질적 생산영역을 가질 것이다. 이 고도분화된 물질적 생산체계 및 사회체계 전체의 재생산에 필수적인 생산영역들간의 비례적 균형의 산출은 물론 자연생장적인 시장과정에만 의존하지 않고 계획요소들을 활용할 것이다. 그러나 이 균형산출이 존.레텔이 말하는 개별공장적 '노동과정에서 직접 도출되는' '사회적 종합'의 원리에 의존하지는 않을 것이다. 전사회적 생산체계는 단위공장의 확대판이 아니고 따라서 **사회적** 생산분업의 계획적 균형의 원리는 **개별공장적** 노동체계의 계획적 균형의 원리와 완전히 다른 것이기 때문이다. 전사회적 생산체계는 최종적으로 시민사회에서 발전되는 욕구들의 요동치는 증감 및 분화 운동을 반영해야 하는 데 반해, 단위공장의 계획은 '최종적으로 모든 경제가 귀착되는' 경제원리인 노동의 경제화(절약)의 필연성에 의해 지배되기 때문이다. 아담 스미스가 사회적 분업과 공장분업을 동일시하고 있듯이 존·레텔은 정신적 노동과 물질적 노동의 사회적 분업과 두뇌노동과 손노동의 공장 내 분업을 혼동한 데 이어 사회적 생산분업의 원리를 그에 의하면 전적으로 기술에 의해 규정당하는 개별공장적 노동체계의 원리적 연장으로 오해하고 있다. [24]

미래의 '생산사회'는 존·레텔에 규정에 따르면 다음과 같은 특징을 갖게 된다. ①전체 경제는 유일하게 기술적 연관에만 기초하여 기능하고, ②모든 개인들이 노동 아래 포섭되는 일면적인 **노동사회**(Arbeitsgesellschaft)가 되어야 할 것이다. 존·레텔의 공산주의 사회의 '결정적 질서'는 '직접 노동과정으로부터 도출되어야' 하고 따라서 노동시간의 절약과 단축에 의한 정신적 활동의 발달을 목표로 하지 않기 때문이다. ③소비수단의 분배의 질서도 불가피하게 '노동과정으로부터 직접 도출되어야' 할 것이다. 존·레텔에 의하면 미래 사회전체를 좌우하는 '결정적' 질서가 '노동과정으로부터 직접 도출되어야' 하기 때문이다. 따라서 분배는 생산 밖의 시민사회에서 발전하는 욕구에 따라서가 아니라 개개인의 노동능력과 노동량에 따라 이루어질 수밖에 없을 것이다.

따라서 '철학하는' 존·레텔의 '생산사회'는 맑스의 개념을 적용하면 완전한 '반동적 사회주의'(reaktionärer Sozialismus), 즉 전대미문의 **테크노크라트적 '노동사회'**일 것이다. 이 '반동적 사회주의 사회'는 "두뇌의 차이 및 지적 능

---

[24] 사회주의적 국민경제 전체를 공장메커니즘의 확대판으로 오해하는 거대공장형 사회주의관은 존·레텔의 독창적인 오류가 아니라 20세기 초까지 주도적이었던 사회주의관에 영향받은 레닌의 오류이다. 레닌은 『국가와 혁명』에서 공산주의 단계의 사회를 다음과 같이 그리고 있다. "전체 사회는 동일한 노동자와 동일한 임금을 주는 단 하나의 사무실과 단 하나의 공장일 것이다. 그러나 승리한 프롤레타리아가 자본주를 전복한 후, 착취자를 제거한 후 전사회에 확대할 이 '공장'기율은 우리의 이상 또는 우리의 궁극목적에 상당하는 것이다…"(*LAW* Ⅱ, 403면; 399, 359면도 참조). 존·레텔의 공산주의적 '생산사회' 개념은 이 사회주의관을 다른 술어로 반복하고 있는 셈이다. 그러나 레닌은 『국가와 혁명』에서 피력된 이 거대공장형 사회주의 모델에 따른 사회주의 건설 시도가 참담하게 좌초한 7년 뒤 이 모델을 폐기하고 사회 전체의 시장메커니즘적 물자교류에 정초한 협동조합체계를 사회주의로 정의한 새 모델을 제시하는 유언적 논문 「협동조합에 관하여」(Über die Genossenschaften, *LAW* Ⅲ, 858면)를 남겨놓고 있다. 존·레텔은 이 논문을 전혀 모르고 있다.

력의 차이"의 토대 위에서 조직되어 생산물을 이 차이에 따라 분배하는 사회를 말하는바(3: 528면), 이 사회가 '기술적으로 고도발전된' 생산토대 위에서 재현되면 철두철미한 테크노크라트 사회일 것이기 때문이다. 이것은 '직접생산자와 분리된 지식인집단의 제거'를 통해 테크노크라시와 단호하게 투쟁하고자 하는 실천적 존-레텔의 미래 소망과 정반대의 대척물이다. [25]

이에 반해 진정으로 공산주의적인 사회는 아마 결코 '생산사회'가 아니라 분배의 원리를 노동이 아니라 새로운 소유관계(공동'점유'된 생산수단에 대한 개인적 '소유') 및 정신적·육체적 "위(胃)"의 동지연대적 평등성에 정초하고(같은 곳) 연대적인 자유활동들(freie Tätigkeiten)의 자치(自治)연관과 공론(Öffentlichkeit)을 제일가는 체제원리로 실현하고자 하는 완전한 의미에서의 공동체일 것이다. 이것은 일단 물질적 생산(자연과의 물질변환과 인간 간의 물자교류를 핵심적 기능연관으로 하는 노동의 영역) 저편에서 전면적으로 발전된 **시민사회**(공론적 의사소통과 자율제재에 기초한 자유로운 연대적 활동의 영역)를 전제한다. 일단 생산적 노동(Arbeit)과 구별되는 이 시민사회적 **활동**(Tätigkeit)은 항상 신선하고 창발적인 정신을 가지고 노동에 역작용함으로써 극소로 단축된 두뇌'노동'을 인간들의 자유로운 전측면적 '활동'의 자연스런 연쇄 속으로 지양할 것이다.

노동시간의 절약은 자유시간의 증대, 즉 노동의 생산력에 다시 최대의 생산력으로 역작용하는 개인의 완전한 발전을 위한 시간과 같다. … 여가시간이면서 동시에 좀더 고차적인 활동을 위한 시간인 자유시간은 이 시

---

25) 존-레텔의 견해에 의하면 "테크노크라시는 사회가 기술을 지배하는 것이 아니라 기술이 사회를 지배하는 미래"(Sohn-Rethel 1972, 17면)를 말한다. 이 테크노크라시의 정의에서도 존-레텔은 이중적인 오류를 범하고 있다. 앞 장에서 논의했듯이 기술이나 기계는 의지가 없기 때문에 이해갈등 속에서 행위하는 의지의 인간을 지배할 수 없다 (지배사회학적 오류). 권력을 행사하는 것은 '기술'이 아니라 기술에 의존하여 자신의 사회적·조직적 지위를 높인 '인간', 즉 테크노크라트이다. 나아가 기술자와 전문가가 소유권자를 제치고 지배권을 장악하는 체제라는 의미에서의 존-레텔의 '테크노크라시' 개념은 사실적 경향을 반영하는 것이 아니라 테크노크라트적 전문바보들의 이데올로기적 '희망사항'을 사실적 경향으로 착각, 과장한 보수적 비판가(가령 겔렌 Anold Gehlen) 또는 좌파적 비판이론가(가령 마르쿠제, 하버마스 등)의 개념적 오류를 그대로 답습하고 있다(테크노크라시 개념의 오류).

간의 점유자를 이전과는 **다른 주체**로 변화시키고, 이어 이 시간의 점유자
는 이 달라진 주체로서 직접적 생산과정에 등장한다. 이 생산과정은 생성
되는 인간들(청소년들—인용자)에게는 학과목이고, 자신의 두뇌 속에 사
회의 축적된 지식을 지닌 생성된 인간들(어른들—인용자)에게는 연습, 실
험과학, 물질적으로 창조적인, 스스로 대상화하는 과학일 것이다. (42:
607면)

따라서 '노동'은 맑스의 공산주의 개념 안에서 사회의 '결정적인 질서'를
위한 기초가 아니라 이제 더이상 종래의 '노동'이 아닌 **생산적 '활동'으로 전
환되어** 자유로운 시민사회의 '활동'연관 속에서 **사라질** 것이다. 따라서 맑스
의 공산주의적 목표는 '노동'과정의 질서논리에 기초를 둔 '생산사회'가 아니
라 **노동이 사라진**, 즉 전측면적으로 발전될 잠재력을 지닌 인간들을 '노동
자'로 한정하지 않는 '활동'사회인 것이다. 물질적 생산과정 속의, '활동'으
로 지양된 이 지적 노동을 맑스는 정신적 생산과정 속의 본래적 과학활동과
구별하기 위해 "일반적 노동"(allgemeine Arbeit)으로 명명하고(42: 512, 596면;
25: 113면 이하) 이 '일반적 노동'이 미래의 물질적 생산과정 안에서 지배적이
될 것으로 진단하고 있다(42: 512면, 595면 이하). 맑스의 이 천재적인 진단은
지금까지 주목받지 못했지만 오늘날 새로운 생산력 혁명의 경향에 비추어볼
때 예리한 선견지명을 담고 있는 것이다. "공산주의가 온갖 유형의 반동적
사회주의와 구별되는 특징"(3: 528면)을 이해하기 위해서 존-레텔은 전측면적
잠재능력을 지닌 인간을 '노동자'의 범주 속에 구속시키는 일면적인 '노동사
회'의 폐기를 암묵적으로 겨냥하는 슬로건인 "능력에 따라 일하고 욕구에 따
라 분배한다"는 맑스의 테제를 더 깊이 천착했어야 했다.

자본의 재생산과 지배양식의 역사적 전환

제 4 장

자본의 재생산과 지배양식의 역사적 전환

1. 자본의 내포적 축적양식 —— 지배기술적 합리성과 노동기술적 합리성의 새로운 모순성

지금까지는 극소전자적 신산업화(Neoindustrialisierung) 과정에서 전개되는 질적으로 새로운 생산력 진보의 사회적 영향추세를 취급하였다. 이 장에서는 자본의 축적양식에 대한 이 생산력 진보의 경제적 영향을 논의하고자 한다. 여기서 일단 필자의 이론적 관심은 맑스에 의해 자본주의적 축적모순의 가장 중요한 '법칙적' 표현으로 간주된 '이윤율의 경향적 하락의 법칙'으로 인하여 자본주의체제가 (사회주의로 자동적으로 이행하지는 않을지라도) 적어도 몰락할 것으로 진단되었음에도 불구하고 자본주의가 왜 지금까지 존속할 수 있었는가 하는 역사적 물음과, 1970년대에서 1985년에 이르는 20여 년의 새로운 (케인즈주의적) 장기불황도 수많은 기대 및 예측과는 달리 왜 자본주의의 해체를 야기하지 않았는가 하는 최근의 이론적 물음을 규명하는 것이다. 이어서 모순 속에서도 재생산되는 서구 자본주의의 안정성과 기술진보에 강력히 영향받은 현대 지배이론들이 표방한 몇몇 기술관을 분석하고자 한다.

(1) 역학적 기계화 과정과 자본의 외연적 확대재생산

18세기 말부터 개시된 산업혁명과 더불어 자기의 발로 서게 된 근대자본주의의 객관적 생산력은 주로 유기적 생산과정에서 산 노동을 절약하고 단순화하는 역학적 기계체제에 기초했다. 이 자본주의는 후에 역학적 기계로는 전혀 또는 거의 기계화될 수 없었던 이종적 생산과정에서 역학적 기계의 대용물로 기능하였던 포드주의와 테일러주의의 노동조직에 의해 보충되었다. 19세기 말까지 주로 유기적 생산과정에서 관철된 이 기계화 과정은 점점 더 많은 기계의 투입을 통해 산 노동을 추방하고 평가절하하는 것을 직접 겨냥하였고 이런 한에서 불가피하게 자본의 유기적 구성도의 지속적인 고도화와 생산수단의 소재적(素材的)·가치량적 규모의 폭증을 초래하였다. 이것은 불변자본을 소재적으로, 따라서 가치량적으로 증대시키는 데 반해 투하노동량, 노동자의 수와 숙련도, 결국 이로 인해 가변자본을 상대적으로 감소시키는 한에서 자본주의적 기계화 과정의 체계필연적 귀결이었다. 이런 유형의 확대재생산은 생산규모, 생산시설, 공장부지 면적 등의 지속적 확대를 초래할 수밖에 없었다. 이것은 경우에 따라 단기적으로 자본의 유기적 구성도의 고도화 없이도 진행될 수 있지만 장기적으로는 이것의 고도화를 동반하는 생산수단 및 불변자본의 절대적·상대적 증대로 말미암은 것이다. 맑스는 『자본론』 2권에서 이러한 확대재생산(축적)을 **외연적 확대재생산**으로 정의하고 있다. "중장기적인 기간에 확대재생산이, 그것도 사회의 관점에서 본 확대재생산이 벌어진다. 이 확대재생산이 생산영역의 확장으로 이루어지면 외연적인(extensiv) 것이다"(24: 172면).[1] 외연적 확대재생산은 점

---

1) 이와 반대되는 경우를 맑스는 내포적(intensiv) 확대재생산이라고 부른다. 그런데 이 『자본론』 2권의 재생산이론적인 '외연적' '내포적'의 범주는 『자본론』 1권의 착취이론적인 '외연적' '내포적' 범주와 혼동해서는 안될 것이다. 『자본론』 1권에서 맑스는 다음과 같이 말하고 있다. "지금까지 전제된, 노동자에게 지극히 유리한 축적조건하에서 노동자들의 자본에 대한 종속관계는 견딜 만한 형태 또는 이든(Eden)의 말대로 '마음 편하

점 더 많은 역학적 기계의 투입에 의한 '산 노동'의 경제(가변자본의 절약)에 근거하는 한 불가피하게 이윤율의 경향적 하락 및 지난 세기 전환기의 체제위기를 야기하였다.

맑스와 엥겔스는 주지하다시피 이 체제위기를 자본주의 구성체 일반의 궁극적 위기로 해석하였다. 엥겔스는 1891년 다음과 같이 진단하고 있다. "98년(1898년—인용자)까지 우리는 가능성으로 보면 정권의 키를 잡을 수 있을 것이다. 이 일이 일어나지 않으면 이 낡은 부르조아 사회는 외부의 충격이 이 썩어문드러진 구곽을 깨지도록 만들지 않는 한 얼마 동안 계속 도생(徒生)할 수 있을 것이다. 바람이 잠잠하다면 이와같이 썩은 구곽도 자신의 본질적인 내적 사망 이후에 몇십년은 유지될 수 있는 것이다"(38: 188면 이하). 또한 1893년 그는 이 체제위기가 "보편적 파괴전쟁"(22: 371면)으로 전화될 수 있다고 예견하고 있다. 게다가 1877년 이미 그는 다가올 전쟁은 "세계대전(Weltkrieg) 외에 다른 전쟁이 아니다"라고 못박고, 이 세계대전은 "지금까지 예상하지 못한 외연과 격렬성을 가진 세계대전"으로서, "800만 내지 1000만의 군인들이 서로 교살하고 지금까지 어떤 메뚜기떼도 자행하지 못한 정도로 전유럽을 벌거숭이로 만들어놓을 것"이라고 말하고 있다. 그는 이

고 자유로운' 형태를 취한다. 이 종속관계는 자본의 축적과 더불어 더 내포적으로 되는 것이 아니라 단지 더 외연적으로 될 뿐이다. 즉 자본의 착취, 지배영역이 자신의 고유한 차원과 자신의 신민(臣民)의 수에 있어 확대되는 것이다"(23: 645면 이하). 여기서 '외연적' '내포적'의 범주는 종속관계의 분류와 관련된 것으로서, 착취당하는 노동자의 수가 자본의 생산영역의 확대 및 단위자본의 고용확대로 인해 늘면 '외연적' 종속확대로 규정하고 만약 노동자 수의 증가 없이 종속을 절대적으로 강화하거나 생산혁신을 통해 상대적으로 강화하여 기존의 노동자들에 대한 착취율을 높이면 '내포적' 종속확대로 보고 있다. 따라서 이 범주들은 생산의 '주체적' 조건인 노동자와 관련된 것이다. 이에 반해 『자본론』 2권의 범주들은 생산의 '객체적' 조건인 생산수단과 관련된 규정이다. 따라서 여기서 '외연적' 확대재생산은 종속관계의 '외연적' 확장이라는 규정과는 반대로 노동자의 수를 늘리는 것이 아니라 상대적으로 감소시킨다. 이런 이유에서 맑스가 사용한 이 범주들은 『자본론』 1권의 범주든 2권의 범주든 최근 '조절이론가'들이 사용하는 '외연적' '내포적' 범주와 무관한 것이다. 이들은 자본량이 자본구성도의 고도화를 통해 증가하면 '내포적' 축적으로, 자본구성도가 불변인 상태에서 자본의 투자영역의 확대를 통해 증가하면 '외연적' 축적이라 부르고 있다. 이것은 자본이 기술혁신 없이 절대적으로 팽창하는 '절대적' 축적과 상대적 잉여가치의 생산방식을 통해 증가하는 '상대적' 축적으로 나누는 것이 더 나을 것이다.

전쟁이 "낡은 국가들 및 이들의 국가적 지혜의 붕괴"로 끝날 것이고 그리하여 "수십개의 왕관이 아스팔트 위에 굴러다녀도 이것을 줍는 사람이 아무도 없을 것이다"라고 단언하고 있다. 엥겔스는 이어서 "전쟁이 아마 우리를 잠시 배후로 밀어내고 이미 정복한 많은 지위를 빼앗아갈 수도 있겠지만, 이런 비극의 종말에는 프롤레타리아의 승리가 이미 쟁취된 상태이든지 이것이 아니더라도 이 승리는 불가피할 것이다". (21: 350면)

동시에 그는 사회주의 혁명이 이 전쟁으로 인해 "시기상조로" 벌어지도록 강제될 수 있음을 염려하고 있다(38: 189면). 전쟁 없이 "우리가 지배기회에 당도하는 것"은 "순전한 개연성의 계산"(38: 189면)으로서 현실성이 없었다. 제국주의적 출구 개척에도 불구하고, 아니 이러한 제국주의적 움직임으로 말미암은 제1차 세계대전의 발발과 함께 "우리가 전쟁에 의해 시기상조로 권력을 장악하게 될지도 모른다"는 엥겔스의 염려는 애석하게도 사실이 되고 말았다. 그러나 전쟁은 '우리' 모두를 권력에 이르게 한 것이 아니라 러시아, 독일, 오스트리아, 헝가리의 노동자당이 혁명적 경로로 권좌에 올랐고 벨기에, 노르웨이, 스웨덴, 핀란드 등은 민주적 선거절차를 통해 권력을 잡았다. 이 중 대부분의 노동자당들은 자신의 혁명권력의 방어에 실패하거나(헝가리) 급진적 사회혁명을 포기하였다(독일, 오스트리아, 벨기에, 노르웨이, 스웨덴, 핀란드 등). 그리하여 러시아 사회주의자들만이 단독으로 '시기상조'의 혁명으로 나아가도록 강제되었다. 하지만 엥겔스의 예견은 적어도 부분적으로 사실로 입증된 셈이다.

제1차 세계대전 이후에도 유럽 자본주의는 다시 한번의 체제위기에 말려들었지만 '몇십년 동안 더 유지되었다'. 그러나 이 체제위기도 전쟁 없는 사회주의 세계혁명이 아니라 전면적인 반혁명적 파시즘과 다시 '보편적 파괴전쟁'으로 전화되었다. 이 제2차 세계대전으로 인해서도 모든 사회주의 정당들이 권력에 이른 것이 아니라 동유럽과 동아시아의 사회주의자들만이 생산력 토대와 과학기술 및 전문인력이 미비한 상태에서 '시기상조로' 권력을 잡게 된다.

자본가들은 이 양차 세계대전과 파시즘 지배시기 동안 전전(戰前)에는 자신들에게 불리한 세력관계로 인하여 일반적으로 정착시킬 수 없었던 새로운 노동방법, 즉 테일러씨스템과 포드주의를 노동과정에 투입하는 데 성공한다. 이 책 제2장에서 심층적으로 분석했듯이 이 두 노동방법은 이종적 생산과정에 적용되어 직장(職長)제도와 옛 반(半)수공업적인 노동귀족층을 해소하게 된다. 이 노동방법들은 불변자본의 고정부분을 거의 늘리지 않으면서 노동의 착취율을 높이고 동시에 노동을 절약하고 이윤율의 점진적 하락의 일반 법칙의 효과를 일시적으로 '상쇄하고 지양하는' 아주 효과적인 방법이었다. 다른 한편 극호황과 공황을 오가는 극단적인 진폭의 경제주기는 국가의 케인즈주의적 개입을 통해 호황과 불황의 보다 부드러운 경기변동으로 전화되었다.

이것은 보통 전후 30여 년 동안의 서구 독점자본주의의 안정적 성장을 위한 토대로 이해되고 있다. 그러나 이것도 최종적으로는 자본의 유기적 구성도의 증가를 야기하는 외연적 재생산양식의 교묘한 변형태에 지나지 않았다. 테일러-포드주의는 불변자본의 고정부분은 늘리지 않았지만 이것의 유동부분을 증대시켰다. 첫째 노동시간당 더 많은 원자재(유동부분)가 사용된 것이다. 또한 테일러-포드화와 나란히 기계화도 계속 진척되었다. 이런 이유에서 자본의 유기적 구성도는 순전한 역학적 기계화에 기초를 둔 외연적 축적단계에 비교할 때 그 속도는 둔화되었을지라도 결국 장기적으로 고도화되었다. 따라서 맑스는 이런 경우에 대비하여 정당하게 다음과 같이 말하고 있다. "이윤율의 하락을 저지하지만 최종적으로는 늘 이 하락을 가속화하는 원인들에는 발명 등을 활용하는 자본가에게 있어서 일시적이지만 늘 반복되는, 이 생산부문 또는 저 생산부문에서 등장하는 일반적 수준 이상으로의 잉여가치 증가가 포함될 수 있는지 하는 물음이 제기될 수 있을 것이다. 이 물음은 긍정으로 답해져야 할 것이다"(25: 243면 이하). 이것은 다음과 같은 내용을 갖는다. "잉여가치율의 상승은, 위에서 언급했듯이 가령 가변자본에 대한 불변자본의 증대 또는 비례적 증가가 전혀 초래되지 않은 사정하에서도 이런 상승이 벌어지는 경우가 있기 때문에 잉여가치량 및 이윤율을 같이 규정하는 한 요인이다. 하지만 이 요인도 이윤율 하락의 일반 법칙을 지양하지 못한다"(25: 244면). 이것은 외연적 축적체제의 테일러-포드주의적 산업화 단계 안에서도 부차적인 기계화가 지속되었다는 것을 고려하면 더욱 사실이 된다. 그리하여 이윤율 하락의 경향은 1960년대 말에서 1980년대 초반까지 다시 나타났고 결과는 제로성장, 살인적인 군비강화, 가차없는 환경파괴였다.

'레닌주의'체제가 붕괴된 오늘날 아무런 이론적 기여도 인정받지 못하게 된 레닌은 그의 청년시절 이러한 자본의 기술적·유기적 구성도의 고도화의 역사적 경향과 맑스의 재생산이론을 결합시켜 외연적 성장유형의 특이한 역사적 양상을 정확히 정식화한 바 있다. "맑스의 재생산도식으로부터는 결코 제Ⅰ부문이 제Ⅱ부문에 비해 우위를 가진다는 결론을 도출할 수 없다. 『자본론』 1권에서 맑스가 논증했듯이 기술진보는 가변자본의 불변자본에 대한 비례관계(v/c)가 점차 감소하는 것으로 표현되는 데 반해, 이 재생산도식에는 이 비례관계가 불변이라는 가정이 전제되고 있는 것이다. 이 도식을 수정하면 당연히 소비수단의 성장과 대비되는 생산수단의 더 빠른 성장이라는 결론이 나온다"(*LW* 1, 76면). 따라서 다음 명제가 도출된다. "생산수단을 위한 생산수단의 생산(표기: P-P―인용자)이 가장 빨리 성장하고, 소비수단을 위한 생산수단의 생산(P-K)이 다음 순으로 빨리 성장하고, 소비수단의 생산(K)은 가장 느리게 성장한다. 『자본론』 2권에서의 맑스의 연구 없이도 불변자본이 가변자본보다 빨리 성장하는 경향을 갖는다는 법칙에만 근거하여도 동일한 결론에 도달할 수 있을 것이다. 생산수단의 더 빠른 성장의 테제는 이 법칙의 사회적 전체 생산과 관련시킨 다른 표현에 지나지 않기 때문이다"(*LW* 1, 78면). 레닌의 이 결론을 그래프로 옮겨놓으면 다음과 같다.

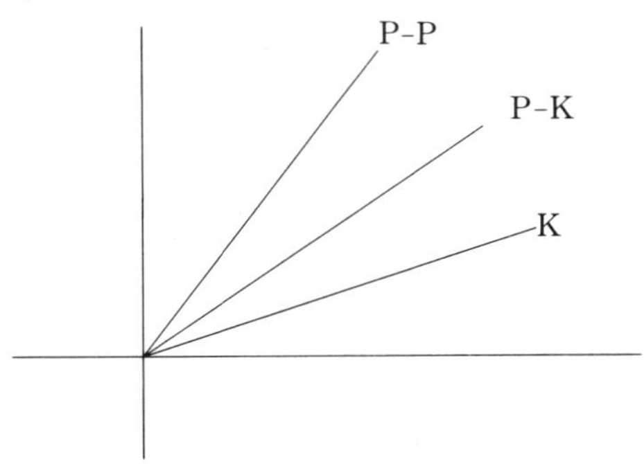

가령 잉여가치율이 100%이고 제Ⅱ부문(소비재 생산부문), 즉 (Ⅱ)의 가변자본이 (도식의 단순화를 위해 인구규모와 복지수준을 불변으로 놓으면)

500으로 고정되고 유기적 구성도(C : V)가 1 : 1, 2 : 1, 3 : 1, 4 : 1, 5 : 1로 고도화된다고 가정하면, 재생산은 다음과 같이 진행될 것이다.

제1기 (C : V＝1 : 1)
(I) $250c + 250v + 250m$
(II) $500c + 500v + 500m$
　　　$750c + 750v = 1500gk$ (총자본), 이윤율 $(750/1500) = 50\%$
　　　(I)부문 총자본 $(500) /$ (II)부문 총자본 $(1000) = 0.5$

제2기 (C : V＝2 : 1)
(I) $1000c + 500v + 500m$
(II) $1000c + 500v + 500m$
　　　$2000c + 1000v = 3000gk$, 이윤율 $(1000/3000) = 33\%$
　　　(I)부문 총자본 $(1500) /$ (II)부문 총자본 $(1500) = 1$

제3기 (C : V＝3 : 1)
(I) $2250c + 750v + 750m$
(II) $1500c + 500v + 500m$
　　　$3750c + 1250v = 5000gk$, 이윤율 $(1250/5000) = 25\%$
　　　(I)부문 총자본 $(3000) /$ (II)부문 총자본 $(2000) = 1.5$

제4기 (C : V＝4 : 1)
(I) $4000c + 1000v + 1000m$
(II) $2000c + \ 500v + 500m$
　　　$6000c + 1500v = 7500gk$, 이윤율 $(1500/7500) = 20\%$
　　　(I)부문 총자본 $(5000) /$ (II)부문 총자본 $(2500) = 2$

제5기 (C : V＝5 : 1)
(I) $6250c + 1250v + 1250m$
(II) $2500c + \ 500v + 500m$

$$8750c + 1750v = 10500gk, \ \text{이윤율}(1750/10500) = 16.7\%$$
$$(\text{I})\text{부문 총자본}(7500) / (\text{II})\text{부문 총자본}(3000) = 2.5$$

이 재생산도식은 외연적 확대재생산의 제5기에 유기적 구성도(C:V)의 고도화와 함께 제 I 부문의 자본이 제 II 부문의 자본규모를 2.5배 능가하게 되고 사회적 총자본의 이윤율은 잉여가치량의 증가(1750)에도 불구하고 50%에서 16.7%로 하락해 있음을 보여주고 있다. 이 결과는 사회적 총자본의 소재적 유지가 천연자원 채취로 인한 자연의 가차없는 약탈 및 산업폐기물, 산업폐기가스, 산업폐수 등에 의한 거대한 자연파괴를 초래한다는 것, 하지만 이것은 제 II 부문의 소비재생산(따라서 대중들의 개인적 소비)의 증가속도를 압도적으로 능가하는 생산재 생산부문(제 I 부문: 중공업부문)의 과도한 생산재 소모에 의해 야기되었다는 것을 뜻한다. 자연과의 자본주의적 물질대사과정의 생태학적 교란은 맑스 시대에도 산발적으로 등장한 바 있다. 그러나 우리의 재생산도식은 고도화된 유기적 구성도의 필연적 경향을 수반하는 외연적 재생산의 반복으로 인한 이러한 생태학적 교란이 일정 기간 후 '법칙적'으로 첨예한 생태학적 위기로 전환된다는 것과 이 위기는 다시 자본에 의해 이윤율 하락이라는 간접적인 경제적 이해타산의 경로로 포착되고 있음을 잘 보여준다.

(2) 극소전자적 정보화 과정과 내포적 확대재생산의 개념

내적 자연(인간 신체)과 외적 자연(대지)을 낭비, 피폐화하는 외연적 축적체제는 순수역학적 기계화체계에 기초를 둔 것이든 테일러-포드주의에 의해 보충된 것이든 체제위기에 빠져든다. 그러나 이 외연적 성장체계의 체제위기도 자본주의의 종말을 뜻하지 않는다. 제국주의적 수탈과 임금을 노동력 가치 이하로 깎아내리는 착취강화 방법들을 도외시할 때[2] 이윤율의 하락

---

2) 제국주의적 수탈과 착취의 강화는 둘 다 피수탈민족과 피착취대중의 저항투쟁을 분쇄할 막대한 전쟁비용과 지배비용을 초래하므로 장기적으로 보면 이윤율에 안정적으로 기여하기 어렵기 때문이다.

에 대항하는 유력한 방법은 불변자본의 소재적 구성요소들의 효율적 절약이다. 기계의 효율화를 위한 개량, 동력사용, 동력전달에 있어서의 절약, 생산을 효율화하는 새로운 발명, 건물과 건물부지 이용의 효율화, 노동자의 건강을 희생한 생산시설의 절약, 생산수단의 주인다운 효율적 이용 등 생산수단을 절약하는 여러가지 방법이 있다(25: 87면 이하). 여기서 노동조합의 계급투쟁으로 인해 점점 어려워져 이제 효과가 없거나 적어도 항상 효과를 보지는 못하는 '노동자의 건강을 희생한 생산시설의 절약'과 임금노예제하에서는 역사적인 형태규정적 한계에 봉착한 '생산수단의 주인다운 효율적 사용'을 도외시하는 경우에도 가령 노동기구, 산업간접시설, 건물 등을 효율화하고 절약하는 여러가지 생산방법이 있다. 가령 생산수단을 두 배 효율화하거나 절약하면, 국민경제 전체의 소요 생산수단의 소재적인, 따라서 가치량적인 양, 말하자면 사회적 총자본의 기술적 및 유기적 구성도는 반감된다(우리는 여기서 단순화를 위해 기술적 구성도의 반감이 가치구성도에 직접 반영되는 것으로 가정한다). 이 새로운 좀더 효율적인 생산방법과 기계의 연구, 개발, 설치 및 운용에는 유동하는 불변자본의 감가상각적 축장분이 투하될 수 있다. 이러한 투자방식은 기존의 상품시장이 불변이라는 전제하에서 소모되는 생산수단의 소재적 양을 축소시키고 경쟁능력 없는 자본들을 몰락시킴으로써 물질적 생산분야에서의 사회적 총자본의 가치량을 축소시킨다. 사업규모를 늘리는 게 아니라 거꾸로 축소시키는 이런 유형의 확대재생산을 맑스는 저 외연적 확대재생산 방식과 구별하기 위해 **내포적 확대재생산**이라 명명하고 있다. "중장기적인 기간에 확대재생산이, 그것도 사회의 관점에서 본 확대재생산이 벌어진다. … 생산수단이 좀더 효율화되도록 만들어지면 **내포적**(intensiv) 확대재생산이 벌어진다. 이러한 확대재생산은 잉여축적——잉여가치의 자본으로의 전환——으로부터가 아니라 **고정자본의 몸체로부터 떨어져 화폐형태로 분리되어나온 가치의 새로운, 추가적이든 아니든 좀더 효율적인 동종(同種)의 고정자본으로의 복귀적 재전환**(Rückverwandlung)으로부터 생겨나는 것이다"(24: 172면). 이러한 경제성장은 감가상각비로 축장된 자본량을 재투자하여 이전보다 효율적인 시설 및 신기계로 기존의 낡은 생산수단을 대체해나가는 것을 뜻하기 때문에 축적된 순이윤(잉여가치)을 사용할 필요가 없다.

이러한 생산수단 절약은 생산수단에 포함된 '죽은' 노동의 절약을 통한 노동생산성의 간접적 제고로써 최종적으로 노동의 절약으로 현상한다. 이것은 기계화와 테일러-포드화를 통해 '산' 노동(가변자본)의 직접적 절약을 목표로 했던 노동생산성의 제고방식과는 본질적으로 구별된다. 이 내포적 재생산은 외연적 재생산체제하에서도 산발적으로 끊임없이 벌어졌다. 이 내포적 재생산은 생산수단을 축소하여 이에 드는 비용을 저렴화함으로써 유기적 구성도의 고도화에 대항하였다. 이 내포적 성장이 조금도 진행되지 않았다면 산업자본의 유기적 구성도는 매뉴팩처 자본의 구성도보다 엄청나게 높았을 것이고 외연적 성장체계의 위기는 훨씬 일찍 닥쳤을 것이다.

따라서 우리가 역학적 기계화와 테일러-포드주의에 의한 성장형태를 '외연적 축적체제'라고 부른 것은 외연적 재생산이 내포적 재생산에 대해 경향적으로 **우세한** 역사단계의 질적 규정 외에 다름아니다. 반대의 경우는 '내포적 축적체제'라고 부르고자 한다(Abalkin 1987, 59면 이하).

물론 외연적 축적단계에서도 자본의 기술적 구성도는 유기적 구성도에 직접 반영되지 않는다. 왜냐하면 생산수단은 제 I 부문에서의 기계화를 통한 가변자본의 절약으로 인해 끊임없이 저렴해지기 때문이다. 그러나 자본의 기술적(소재적) 구성도는 외연적 축적체제에서 엄청나게 신속히 고도화되고 이것은 유기적 구성도의 지표로 잘 포착되지 않는다. 맑스는 바로 이와같은 사정을 다음과 같이 적절히 지적하고 있다. "불변자본분(分)에 대한 가변자본분의 감소 또는 자본의 변화된 구성도는 소재적인 구성요소들의 구성도의 변화를 단지 대강만 표시해줄 뿐이다. 가령 오늘날 방직업에 투하된 자본가치가 그 7/8이 불변자본분이고 1/8이 가변자본분인 데 반해 일정량의 방직노동이 오늘날 생산적으로 소모하는 원자재, 노동수단 등의 덩치는 18세기 초보다 **수백배** 더 크다. 그 까닭은 노동의 생산성이 증가함에 따라 이 노동에 의해 소모되는 생산수단의 규모(Umfang)가 증가하는 반면 이 생산수단의 가치(Wert)는 그 규모와 비교할 때 상대적으로 감소한다는 간단한 사실에 있다"(23: 651면). 따라서 구성도의 가치지수(指數)는 경제성장의 생태학적 부담을 잘 보여주는 고도화된 기술적 구성도를 은폐하는 측면이 있다.

이에 반해 내포적 성장은 효율화에 기초한 생산수단의 **소재적 절약**을 통한 불변자본의 가치량적 절약에 있다. 따라서 내포적 성장유형에서 전체 경제의 자본구성도는 단순히 가치량적으로뿐만 아니라 **기술적(소재적)으로도** 감소한다. 이 점에서 내포적 성장은 제 I 부문의 기계화 수준, 즉 기술적 구성도의 고도화를 통한 생산수단의 저 단순한 저렴화와 근본적으로 구별된다.

오늘날의 극소전자적 정보화 및 린생산방식에 기초한 신(新)산업혁명(neoindustrielle Revolution)의 주공방향은 생산수단의 혁명적 절약, 따라서 대상화된 노동(불변자본)의 혁명적 절약에 있다. 필자는 이 신기술적·신생산조직적 내포화가 특히 **불변자본**의 소재적, 따라서 가치량적인 절약에 본질을 두고 있는 점을 강조한다. 왜냐하면 가변자본의 절약을 완전히 배제하지 않는 이 내포화는 하지만 이전보다 더 많이 임금이 지불되어야 하는 고도숙련된 두뇌노동 인력의 성장을 동반하기 때문이다. [3] 즉, 가변자본의 절약은 생산성 향상의 **단계규정적인** 특징이 되지 **못하고** 있다. 이것은 산 노동의 혁명적 절약을 의미했던 19세기 이래의 구(舊)산업혁명과 대립되는 점이다. 게다가 신(新)산업혁명은 물질적 생산을 위해 필요한 사회적 총자본

3) 이 유연적 정보자동화 과정에서도 부분적으로 산 노동이 절약되지만 이것의 가치량적 효과는 그리 의미심장하지 않다. 이 절약된 단순노동력의 가치를 (머리 수에 있어서가 아니라) 가치량적으로 수배 능가하는 새로운 고도숙련화된 '산' 지식노동이 급속히 증가하기 때문이다. 이 유연자동화 체계에 입각한 산업생산은 인간노동에 대한 의존성을 탈피하는 것이 아니라 이전보다 더 강하게 인간노동에 의존한다. 말하자면 현재의 내포적 성장은 인간노동으로부터의 생산체계의 독립을 추구하는 것이 아니라 무엇보다도 생산수단의 절약을 겨냥하는 것이다. 1950~80년간의 독일 경제의 발전과정을 경험통계적으로 조사한 히켈(Rudolf Hickel)은 다음과 같은 결론을 내리고 있다. "자본집약도 및 영리활동인구의 생산성의 성장에 상응하게 1950년대 이윤율의 전경제적 평균치는 상승했다. 하지만 그 이후 이윤율의 하락이 시작되었는데 이 하락률은 1960년대 초 이래 둔화되어 마침내 상대적으로 안정적인 지수치를 맴돌았다. 게다가 여기서 활용된 크기——자본량——는 부분적으로 혁신적 성장부분의 중요한 발전조차도 은폐할 수 있는 공룡집체들이다. 여전히 1983년 1.6의 자본공률(자본스토크 대 총가치창출)은 1970년의 2.2에 비해 하락했다. …극소전자적 토대의 신기술들의 확산은 전반적으로 노동절감, 아니 **훨씬 더 강력한** 자본절감으로 귀착되고 있는 듯하다"(Hickel 1987, 103면; Leisewitz 1984, 180면도 참조). 자본절약을 목표로 인간노동의 역할을 중시하는 이런 경향은 경영학자들에 의해서도 예감되고 있다. "과학기술혁명의 성과로서 과학기술혁명은 첫번째 주요 영향방향에 있어서 한편으로 앞으로의 생산성장을 적용되는 노동량에 덜 의존적으로 만들고 있지만, 이것은 다른 한편으로 보다 높은 차원에서 산 노동에 대한 새로운 의존성을 야기한다"(Lauenroth (Hg.) 1988, 313면 이하).

이 상대적으로 감소할 수 있고 감소하지 않으면 안되기 때문에 정보생산, 정보전달(대중매체, 텔레통신 등), 지식생산 및 예술생산(서적, 예술작품, 비디오, 음반, 카세트 등의 생산), '교육공장'(Lehrfabrik)에서의 고도숙련된 두뇌인력의 생산, 병원에서의 망가진 건강의 '수선', 기업형 접객업소, 여가산업, 기타 써비스산업 등 강력히 확장된 **비물질적 생산분야**(immatrielle Produktion)에서의 새로운 활동영역의 개척을 가능케 하고 또 요구한다.

또한 이 신산업혁명은 첨단과학과 기술에 기초한 새로운 예민하고 정밀하고 정교한 생산수단을 개발하고 사용하고 수선하는 두뇌노동자와 이 두뇌노동자를 '교육공장'에서 길러낼 두뇌노동자를 점점 더 많이 필요로 한다. (이에 반해 옛 역학적 기계화 및 테일러-포드체계에 입각한 산업화는 점점 더 단순화된 노동을 요구했다.)

따라서 신산업혁명은 자본의 유기적 구성도에 대항하여 기능하여 아예 이윤율의 경향적 하락의 법칙 자체를 지양하는 것으로 보인다. 생산수단이 계속 절약되는 데 반해 이에 대응하는 노동자들은 수적으로 감소하되 고숙련화되고 있다. 가령 노동자의 수가 반감되지만 남은 노동자의 노동기능의 숙련도가 두 배 더 상승한다면 가변자본(지불되어야 하는 총임금)의 가치량은 변함이 없다. 그리하여 총자본의 유기적 구성도는 하락하고 따라서 이윤율은 상승하고 경제는 다시 성장한다. 몇몇 선진제국(일본, 독일, 이딸리아 등)에서 1985년 이래 곧 침체에 빠져들 것이라는 좌우의 경제진단을 비웃으며 지속된 새로운 성장붐은 독일 통일 이후의 일시적 침체에도 불구하고 필자의 설명을 보증해주는 것처럼 보인다.

(3) 내포적 성장단계와 이윤율 하락 법칙의 역사화

지금까지의 고찰을 근거로 우리는 옛 역학적 산업화의 운동변증법에 의해 제약된 맑스의 이론적 근본구상의 한 측면을 교정하고자 한다. 역학적 자동기계체계는 생산수단의 규모를 점점 증대시키고 노동을 단순화하고 노동자의 머리 수를 상대적으로 축소시켰다. 따라서 자본의 증식토대는 점점 협소해졌다. 이것은 단순한 기계화를 전제할 때 전적으로 올바른 파악이다. 그러나 우리는 역학적 자동화가 원리적인 기술적 한계로 말미암아 이종적 생산과정에는 적용될 수 없었다는 것을 알고 있다. 이 이종적 생산과정은 오늘날의 극소전자적 정보 및 인공두뇌기술(산업로보트)의 적용을 통해서야 비로소 자동화되고 있다. 하지만 맑스는 저 역학적 자동화가 전경제에 파급될 것으로 가정하고 다음과 같이 말하고 있다. "진정한 부(富)는 적용된 노동시간과 생산물 간의 엄청난 불비례 및 순수한 추상으로 축소된 노동과 이 노동이 감독하는 생산과정의 강력한 위력 간의 질적인 불비례에서 표명되고 이것을 대공업은 폭로하고 있다. ···현재의 부가 기초한 남의 노동시간에 대한 절취는 이 새로 발전된, 대공업에 의해 창출된 기초에 비해 보잘것없는 것으로 나타난다. 직접적인 형식의 노동이 부의 큰 원천이기를 그만두자마자 노동시간이 부의 척도이기를, 따라서 교환가치는 사용가치의 척도이기를 그만두어야 하고 그만두지 않을 수 없는 것이다"(42: 601면).

맑스의 이 사유과정이 일시적인 생각이 아니라 그의 근본사상이라는 것은 다음의 서술이 잘 보여준다. "예를 들면 24명의 노동자들로부터 추출되는 잉여가치만큼 많은 잉여가치를 2명의 노동자로부터 추출하는 것은 불가능하다. 24명의 노동자는 제각기 12시간의 노동 중 1시간만 잉여노동을 제공하면, 이들은 도합 24시간의 잉여노동을 제공하는 반면, 2명의 노동자는 총노동이 24시간밖에 되지 않기 때문이다. 따라서 기계의 적용이 주어진 크기의 자본이 생산하는 잉여가치의 두 요인 가운데 한 요인, 즉 잉여가치율을 다른 요인, 즉 노동자의 수를 줄임으로써만 높이는 점에서 잉여가치의 생산을 위한 기계의 적용에는 내재적인 모순이 들어 있다"(23: 429면). 주지하다시피 맑스의 이 근본적 사고내용은 이윤율 하락의 법칙으로 체계화된다. 그는 노동자의 수가 24명에서 2명으로 감소하는 동안 동시에 잔존하는 2명의 노동자가 **수배 더 높이** 숙련화될 수 있는 가능성을 상상할 수 없었다. 복잡노동을 몇제곱의 단순노동으로 환산하는 맑스의 이론을 여기에 적용하면 가령 고도의 이론교육을 받고 6~7배 더 많이 숙련된 2명의 잔존노동자는 물론 12명 또는 14명의 단순노동자와 등치될 수 있다. 그렇다면 가령 착취율을 2배로 높임으로써 24명으로부터 추출하는 것과 동일한 또는 이보다 더 많은 양의 잉여가치를 추출하는 것이 가능하다. 맑스는 당시의 역학적 기계화 과

정이 전통적인 숙련노동자의 수를 상대적으로 감소시키고 동시에 노동의 숙
련도를 점진적으로 단순화시켰기 때문에 이 가능성을 고려할 수 없었다. 당
시 자본의 증식토대는 사실상 점점 협소해져 이윤율이 하락하였다. 맑스는
역학적 공업화의 특이한 자기모순의 이 변증법을 자본주의의 궁극적 미래에
까지 연장하여 이론적으로 자본주의 일반의 내재적 근본모순으로 격상시켰
다. 이러한 이론적 일반화는 신기술의 확산과 더불어 오류로 입증되고 있
다. 역학적 기술에 기초한 이윤율 하락의 법칙은 극소전자기술의 토대 위에
서 자신의 타당성을 상실한다. 아직도 이윤율 하락 법칙을 교조로 고수하는
이론적으로 게으른 맑스주의자들, 특히 만델(Ernst Mandel)류의 뜨로쯔끼주
의자들을 위하여 정식화하자면 이 법칙은 역학적 기계화의 테일러-포드주의
적인 역사 단계까지만 적용되는 것으로 이해하는 것이 올바르다는 것이다. [4]

맑스의 이론 일반은 사변적 교조가 아니라 그의 방법에 따라 거듭거듭 교
정작업이 계속되고 내용적으로 풍부화되어야 하는 산 역사적 이론이다. 여
기에서 다음과 같은 맑스의 방법론적 명제가 우리의 이해를 도울 수 있다.
"자본의 실존은 사회형성의 장구한 **역사적** 과정의 소산이다. 이 점은 **변증
법적** 서술형식이 어째서 자신의 **한계**를 아는 경우에만 올바른 것인지를 확
실하게 보여준다"(42: 945면).

필자는 위에서 오늘날의 정보기술적 자동화가 물질적 생산의 노동자들을
수적으로 축소시키면서 동시에 노동자들의 숙련도를 제고시키고 있다는 점
을 설명한 바 있다. 더구나 산업로봇 씨스템의 전면적 네트워크로 구성된

---

4) 필자의 이러한 이론적 결론은 경험적 통계로 입증되고 있다. 통계적으로 작업한 히켈
   은 이윤율 하락 법칙과 관련하여 다음과 같이 말하고 있다. "극소전자기술의 확산과
   함께 노동절약적이면서 동시에 자본절약적으로 기능하는 기술변동이 관철되고 있는 것
   같다. 만약 이 경향이 전경제적으로 일반화된다면, 이윤율 하락 법칙의 배경을 이루는
   기술적·경제적 근거 설명은 맞아떨어지지 않게 된다"(Hickel 1987, 103면). 극소전
   자기술에 기초한 신기술의 이윤경제적 투입의 전경제적 결과는, 19세기 산업화 단계에
   서 기계체계가 관철될 때의 경험을 "무역사적으로" 이 새로운 생산력 단계에 이전함으
   로써는 "소재적으로나 가치증식적으로나" 서술될 수 없다. "결국 오늘날의 자료취합의
   체계를 토대로 가령 장기간에 걸친 이윤율의 불변성을 목도하면서도 '이윤율의 경향적
   하락의 법칙'의 원칙적 타당성을 논의의 출발점으로 삼는 것은 이론적으로 전혀 받아들
   일 수 없는 것이다."(같은 책, 108면)

극소전자적 무인공장(menschenleere Fabrik)조차도 '2명의 노동자'만을 필요로 하는 것이 아니라 단위기업의 무인공장의 **주변에 붙어 있는 모니터 일자리나 그 외곽에 위치한 별도의 사무실**에 앉아 있는 모니터 감시를 통한 씨스템 조종자, 씨스템 수선공, 계획수립자, 개발자, 컴퓨터 디자이너 등 아무런 관료적·테크노크라트적 특권이나 지시권한도 없이 서로 나란히 앉아 일하는 수천명의 대학교육을 받은 숙련노동자들을 필요로 한다. 이들은 필경 미래에 피착취자대중의 주력부분을 형성할 저 지식프롤레타리아들인 것이다.

그러나 전망할 수 있는 장래에 부(富)생산적 주력노동자의 지위가 손노동자에서 두뇌노동자로 이동한다는 사실은 결코 자본주의적 착취의 종식을 뜻하지 않는다. 따라서 그것은 신기술의 발전으로 인한 맑스의 정치경제학 비판의 평가절하 시도에 근거를 제공하는 것도 아니고 정치경제학 비판에서 사변철학적 기술비판으로의 "퇴락"(Marcuse)에 근거를 주는 것도 아니며 생산에서 소통으로의 패러다임 전환(Habermas)을 정당화해주는 것도 아니다. 아니 반대로 몇몇 사회비판 이론가들이 새로운 기술진보의 질풍에 직면하여 반(反)계몽적 몽매(가령 하버마스의 "독립적인 잉여가치 원천"으로서의 기술 운운 또는 마르쿠제의 "잉여가치 형성 이론의 무효성" 운운)에 빠져들어 맑스를 "비숙련(단순)노동"만을 고려하고 있다거나(Habermas) "일차적으로 손노동자들만"을 고려하고 있다고(Marcuse) 무고할 기회로 오늘날의 기술진보를 이용하고 있는 마당에 맑스의 정치경제학 비판의 역사적 계몽 역할은 그만큼 강력히 강조되어야 할 것이다. 프랑크푸르트 학파의 저 '비판이론가들'이 대량의 두뇌노동이 상품화된 오늘날 이 두뇌노동의 착취현상을 무시하고 있는 데 반해, 맑스의 비판은 피착취 두뇌노동자의 수가 미미했던 시대에도 이 두뇌노동의 착취를 전적으로 고려하고 있다(23: 532면; 26.1: 387면). 자본은 예나 지금이나 손노동과 두뇌노동을 동시에 착취하고 있고 다만 오늘날은 몇곱절의 단순노동으로 환산될 수 있는 두뇌노동의 착취가 점점 더 확산되고 있을 뿐이다. 맑스는 이 지적 두뇌노동자를, 필자가 존-레텔에 대한 비판에서 부각시켰듯이 '일반적 노동'으로 규정하고 이 일반적 노동이 미래에 지배적인 형태가 될 것으로 전망하고 있다.

필자가 위에서 입증했듯이 오늘날 물질적으로 생산하는 자본의 유기적 구성도는 낮아지고 있다. 결국 자본의 증식토대는 '비물질적' 생산분야로 더욱 확대될 것이다. 맑스는 다음과 같이 말하고 있다. "기업가가 자신의 자본을 소시지공장에 투자하는 대신 학습공장(학교—인용자)에 투자하더라도 가치증식관계에는 아무런 변화가 없다"(23: 532면). "극장, 유흥시설 등의 기업에 있어서도 마찬가지이고"(26.1: 386면), "서적, 회화(繪畫), 간단히 말해 모든 예술생산물 등과 같이 생산자 및 소비자로부터 유리된 자립적인 형태를 취하는" 정신적 "사용가치들"의 자본주의적 생산(26.1: 385면)에 있어서도 잉여가치의 생산은 마찬가지로 벌어진다. 말하자면 자본의 증식은 무인생산공정의 시대에도 물질적 생산분야에서든 비물질적 생산분야에서든 지속될 수 있는 것이다. 자본은 여기다 선진국의 새로운 과학기술혁명으로 더욱 강화될 제국주의적 수탈이 첨가되면 더욱 이윤증식에 목을 걸고 활약할 수 있다. 따라서 가치, 잉여가치, 착취(및 가치증식), 재생산, 자본구성도, 이윤율 등 맑스의 모든 정치경제학적 범주는 여전히 유효한 것이다. 이 범주들은 맑스가 역학적 산업화 시대에 역학적 산업자본주의가 왜 종말을 고할 것인가를 설명하는 데 기여한 반면, 이제 이 범주들은 오늘날 극소전자적 신산업자본주의가 왜 더 발전할 전망을 가졌는지를 그 어떤 주류경제학적 범주들보다 더 잘 설명해낼 수 있는 이론구성의 가능성을 제공한다. 다른 모든 설명방도는 예나 지금이나 자본물신주의나 기술물신주의(가령 '자본생산성' 또는 '독립적인 잉여가치 원천으로서의 기술')로 전락한다. 이제 지금까지의 사유과정을 재생산도식으로 옮겨보고자 한다.

앞의 외연적 확대재생산 도식의 마지막 시기인 제5기(C : V=5 : 1)는 다음과 같았다.

제5기(C : V=5 : 1)
(Ⅰ) 6250c+1250v+1250m
(Ⅱ) 2500c+ 500v+500m
　　　　8750c+1750v=10500gk, 이윤율(1750/10500)=16.7%
　　　(Ⅰ)부문 총자본(7500)/(Ⅱ)부문 총자본(3000)=2.5

도식의 단순화를 위해 신기술의 토대 위에서 확대재생산이 '단계적'으로 벌어져 매번 단계전환 이후 일정 단계에서 한동안 단순재생산이 벌어지는 것으로 가정하자. 여기에 유기적 구성도가 성공적인 내포화 덕택에 5:1, 4:1, 3:1 등으로 낮아지고 정신적 소비재를 생산하는 **비물질적 생산**(다음 도식에서 '제Ⅲ부문'으로 부르는)이 물질적 생산에서 몰려나온 자본에 의해 그만큼 더 정복된다면(소비재 생산부문의 이중화), 그리고 전체 잉여가치량이 자본가계급과 이에 빌붙은 중간계층들에 의해 소비되거나 내포적 생산체계의 구축을 위해 사용된다면, 나아가 제Ⅲ부문의 구성도(이 부문의 기술적·유기적 구성도는 통상 물질적 부문보다 훨씬 낮다)를 물질적 생산부문과 동일한 것으로 가정한다면, 이 재생산은 다음과 같이 진행된다.

제6기 (C : V = 4 : 1)
(Ⅰ) 5600c + 1400v + 1400m
(Ⅱ) 2000c + 500v + 500m
(Ⅲ) 800c + 200v + 200m
　　　8400c + 2100v = 10500gk,
　　　1400m + 500m + 200m = 2100m, 이윤율 (2100/10500) = 20%

제7기 (C : V = 3 : 1)
(Ⅰ) 4725c + 1575v + 1575m
(Ⅱ) 1500c + 500v + 500m
(Ⅲ) 1650c + 550v + 550m
　　　7875c + 2625v = 10500gk
　　　1575m + 500m + 550m = 2625m, 이윤율 (2625/10500) = 25%

제8기 (C : V = 2 : 1)
(Ⅰ) 3500c + 1750v + 1750m
(Ⅱ) 1000c + 500v + 500m
(Ⅲ) 2500c + 1250v + 1250m
　　　7000c + 3500v = 10500gk
　　　1750m + 500m + 1250m = 3500m, 이윤율 (3500/10500) = 33.3%

이 도식에서 불변자본은 최초의 8750에서 8400 및 7875를 거쳐 7000으로 1750만큼 줄어들었고 이윤율은 16.7%에서 20% 및 25%를 거쳐 33.3%로 상승했음이 드러나고 있다. 자본은 이와같이 순수한 가치론적 관점에서 보면 다시 목을 걸고 활약할 수 있는 것이다.

그러나 자본의 순수한 가치운동만을 중심에 놓고 자본의 본질인 특이한 강제관계를 도외시하는 이 관점은 자본의 영원성의 '경제주의적 변호론'의 한 변형태 외에 다름이 아닐 것이다. 그러면 **강제적 지배체제**로서 자본주의가 과학기술혁명을 관철하고 내포적 성장체제로의 이행을 완결할 수 있을 것인가? 쿠친스키는 이 물음에 정언적으로 부정적 답변을 하고 있다. 자본주의는 과학기술혁명을 시작할 수 있기는 하지만, 이것을 완수할 수 없을 것이라는 것이다. "왜냐하면 생산이 완전 자동화되어 생산과정에서 한 명의 노동자도 더이상 착취당할 수 없게 된다면 자본주의가 자신의 의미를 상실할 것이기 때문이다"(Kuczynski 1986, 119면). 역학적 산업화의 시대에 살았던 맑스에게 있어 이와같은 오(誤)추리는 피하기 어려웠을 것이라는 점은 이해할 수 있다. 모든 사람은 그 시대의 아들 딸이기 때문이다. 그러나 극소전자혁명의 소용돌이 속에 살고 있는 쿠친스키가 왜 이 혁명을 (맑스에 의존하여) 19세기의 눈으로 관찰하고 있는지는 이해할 수 없다.

위에서 필자는 자본주의가 자동화로 인해 생산과정 안에 어떤 노동자도, 즉 어떤 '착취자료'도 잔존하지 않을 것이기 때문에 종말을 맞지는 않을 것이라는 점을 밝혀 보였다. 훨씬 더 높이 숙련화되었기 때문에 **훨씬 더 많은 잉여가치를 생산하는** '착취자료들'이 무인생산공정의 주변에 있는 모니터 앞, 연구개발실, 기획실 등에 또는 비물질적 생산과정 안에서 우글댈 것이다. 이러한 새로운 대안(對岸)이 알려진 한에서 이윤율 하락의 고전적 이론은 과거에 귀속되는 것으로 역사화되어야 할 것이다.

물론 이러한 역사화 조치는 맑스의 이론에 기초해서 설명되어야 할 것이다. 이윤율 하락 법칙의 작동은 네 가지의 (명시적·묵시적) 전제에 입각해 있다. ①기술적 (유기적) 구성도의 고도화, ②이에 제약된 물질적 노동자의 머리 수의 상대적 감소, ③노동자 평균숙련도의 하락(또는 적어도 상승하지 않을 것), ④"완전히 무시되어도 좋을 만큼" 자본주의적인 **비물질적** 생산분야의 근소성(26.1: 368면) 등이 그것이다. 역학적 기계화는 이 네 가지 전제를 충족시켰다. 따라서 자본의 가치증식 기반은 점차 축소되었던 것이다. 하지만 오늘날의 내포화는 한편으로 생산수단을 경제화하고 이럼으로써 자본의 기술적·유기적 구성도를 낮추고, 다른 한편으로 노동자의 머리 수를 줄일지라도 노동자들의 평균숙련도를 높이고 있다. 게다가 물질적 생산으로부터 방출된 자본이 써비스, 여가, 정보, 문화, 지식 생산에 다시 투자되어 비물질적 생산부문이 강력히 확장하고 있다. 이 네 가지 전제 가운데 세 가지가 역전된 방향으로 발전하고 있고 두번째 전제(물질적 노동자의 머리 수의 상대적 감소)는 오늘날 비물질적 생산분야의 노동자들의 수적 증대 및 물질적 생산분야를 포함한 두 분야 노동자대중들의 고도숙련화에 의해 상쇄되고 압도되고 있다. 이윤율의 경향적 하락의 법칙은 맑스가 역학적 산업자본주의의 특이한 자기모순으로부터——자본주의 '일반'의 법칙으로——추리해낸 것이다. 이 추리는 극소전자적 내포화의 신(新)산업자본주의의 도래와 함께 속단적 추리(Kurzschluß)로 입증되고 있다. 이것은 모든 맑스주의적 이윤율 이론의 근본확신을 철저히 재검토하게끔 하는 충분한 이유가 된다. 하지만 한가지 사실은 견지되어야 할 것이다. 가치 및 잉여가치를 생산하는 자본은 오직 노동만을 먹고 살고 따라서 예나 지금이나 이윤율의 유지를 위해 노동주체들과 **지배전략적으로** 씨름해야 한다는 것이다. 이런 한에서 고전적 이윤율 법칙이 무력화되더라도 노동가치론과 착취이론은 자본관계가 온존하는 한 여전히 유효한 것이다.

(4) 지배기술적 합리성과 노동기술적 합리성 간의 모순심화

따라서 현대자본주의의 새로운 모순을 고찰하는 우리의 이론적 출발점은 고전적 자본주의의 근본모순, 즉 자본주의적 소유강권의 본질적으로 전제적인 지배성격과 공동사용하는 생산시설들에 제약된 생산의 사회적 성격 간의 모순이 잔존할 뿐만 아니라 새로운 형태로 더 심화되고 있다는 사실이다. 생산의 사회적 성격은 생산수단의 극소전자적 네트워크화가 진척될수록 더욱 강화되는 반면, 모든 콘쩨른의 금융자본주의적 권력쎈터는 "직접적 생산과정으로부터 멀어지면 멀어질수록 극히 선명하고 광범하게 통제하는"(42: 251면) 위치를 장악하기 때문이다. 게다가 극소전자기술을 노동자들 및 시민에 대한 직접적 지배기술(감시기술, 업적측정기술, 정보독점기술 등)로 더 많이 활용하면 할수록 기업정상의 권력쎈터와 국가의 권력기관은 더 강화되는 법이기 때문이다.

이에 반해 더 예민하고 더 세련되고 더 정밀해진 극소전자적 생산수단들은 이 수단들의 보다 효율적이고 주인다운 사용과 정성스런 취급을 요구하고, 따라서 동시에 이 생산수단을 취급할 노동자와 사무원들의 보다 많은 주체적 자유를 요구한다. 말하자면 새로운 산업생산은 개별노동자 및 전체 노동자 양자에 보다 더 긴밀히 의존함으로써만 벌어질 수 있다. 직접생산자에 대한 새로운 산업생산의 이 더 강한 의존성은 특히 ①노동자들의 높은 숙련도, ②좀더 효율적인 과학기술적 문제해결을 통해 유연 제작씨스템을 이용한 가일층의 생산물 혁신 및 과정 혁신을 실현하고 점증하는 쏘프트웨어 수요를 충족시키기 위한 노동자들의 과학기술적인 창조능력, ③높은 수준의 노동조직성 및 노동자의 정보지식 등을 함의한다(Lauenroth (Hg.) 1988, 314면). 산 노동의 창조성에 의존하지 않고는 유연적 자동화의 효율잠재력이 전면 활용될 수 없다. 이리하여 고도숙련화된 노동자들의 비율은 유연적 정보자동화가 집중 투입되고 있는 모든 영역에서 국제적으로 급증하고 있다.

현재 자본은 선진산업국가들에서 내포적 생산체계로의 이행의 초기 단계에 있다. 하지만 자본으로서의 자본은 쿠친스키가 지적하는 이유와는 완전히 다른 이유에서 이 새로운 축적형태의 구축을 완성하기 어려울 것으로 보인다. 강제관계로서의 자본은 극소전자적 토대 위에서 더욱 강화된 자본의 지배강권이 신산업혁명 안에서 필수적으로 요구되는 좀더 큰 노동자율성과 모순에 빠지기 때문이다.

우리는 극소전자적 자동화가 본래 생산수단의 경제화를 겨냥하고 있음을 확인했었다. 그런데 생산수단의 이러한 극소전자적 절약은 한편으로 지식프롤레타리아의 수적 증대를 야기하고, 다른 한편으로 고도과학화된 생산수단은 지극히 효율적이고 주인다운 보살핌을 요구한다. 이 지극히 효율적이고 주인다운 취급은 실은 저 객체적인 극소전자적 경제화와 구별되는 생산수단의 주체적인 경제화인 셈이다. 맑스는 다음과 같이 못박고 있다. "아무것도 망가지고 낭비되지 않고 생산수단이 오직 생산 그 자체에 의해 요구되는 방식으로만 사용되도록 하는 것은 부분적으로 노동자의 훈련과 교육에 달려 있고 부분적으로는 자본가가 협업하는 노동자들에 대해 행사하는 기율, 노동자들이 자신의 경리로 일하는 사회상태에서는 필요없는 기율에 달려 있다"(25: 93면).

완전자동화가 오늘날처럼 비로소 산발적으로 투입된다면, 자본은 생산수단의 효율적인 이용의 문제를 강제기율의 주입을 통해 해결하고 이 강제기율체제를 지적 두뇌노동자에 대한 금전적·사회적 특권부여를 통해 정당화할 수 있을 것이다. 따라서 이 지적 두뇌노동자들의 부분적인 '여피화'(Yuppifizierung) 또는 '신사화'(Gentryfizierung) 경향은 일시적으로 불가피할 것이다. 이들의 '신중산층적' 여피화에 필요한 금전은 독점그룹의 선진기업들이 아직 일반적으로 확산되지 않은 산발적 정보자동화 덕택에 개별적으로 확보하는 초과잉여가치를 통해 조달될 수 있다. 그러나 자동화가 이미 상당히 확산되면 이 초과잉여가치, 여피적 특권화, 이것의 정당화 근거, 직접적 강제기율의 경제적 효율성도 사라질 것이다. 이 경우 강제기율은 제아무리 약삭빠르게 세련화될지라도 학력 높은 지적 두뇌노동자들의 저항적 불만으로 인해 생산수단 절약의 수단에서 필요한 것보다 더 많은 생산수단을 낭비하게 되는 원인으로 둔갑할 것이다. **"노예들은 노동도구와 일짐승을 학대하고 재미삼아 망가뜨림으로써 이것들과 자신이 다르다는 자의식을 보존하려고"**(23: 210면 각주) 하기 때문에 **노예가 세련된 생산도구에 적합하지 않았듯이, 점점 지성화되어가지만 예나 지금이나 강제기율과 실업을 겪는 오늘날과 미래의 임금노예들도 고도과학화된 세련된 생산수단의 효율적이고 주인다운 사용에 적합하지 않은 것이다.** 고도과학화된 생산수단이 이에 기초한 내포적 축적체제의 순조로운 운행을 위한 필수전제로서 효율적이고 주인다운 보살핌을 요구하고, 이와같은 보살핌이 노동자들이 '자기 경리로 일하는 사회상태'에서만 가능하다면(Marx), 이윤율은 고도숙련화된 프롤레타리아들이 기업의 완전히 자유로운 주인으로 해방된 곳에서 가장 높을 것이다. **따라서 노동기술적 합리성(노동생산성)의 극대발전은 지배기술적 합리성의 제고와 반비례관계에 있는 것이다.** 생산수단의 극소전자기술적 경제화에 생산수단의 주인다운 사용이 수반되지 않으면 이윤율은 다시 하락할 수밖에 없다. 생산수단의 주인다운 효율적 사용은 강제기율로 동원될 수 없고 생산하는 노동주체의 일관된 자유확장을 전제한다. 따라서 오늘날과 미래의 자본은, 일단 순수경제적인 관점에서 볼 때 이윤추구의 포기(강제관계로서의 자신의 본질의 고수를 통한 자본의 자기부정)냐 아니면 프롤레타리아에 대한 점점 더 많은 자유의 용인(강제관계로서의 자본의 자기부정을 통한 이윤율의 유지)이냐 하는 원칙적 딜레마에 처해 있는 셈이다.

자본의 이 새로운 이윤율적 딜레마는 직접 개별기업적으로 투명한 것이고 따라서 자본은 점점 더 세련된 경영개념을 발전시키도록 내몰리고 있다(이 점에서 이 딜레마는 단위기업의 프롤레타리아들의 개인적 의식의 저편에서 진행되던 전체 체계적인 축적딜레마인 이윤율 하락 법칙과 본질적으로 차이가 난다). 우리가 이 상황을 순수한 이윤경제적 관점에서 고찰하면 미래의 자본주의는 고도숙련화된 지적 두뇌노동자들에 대한 자유의 지속적인 양보를 통해서만 자신의 이윤율을 유지할 수 있고 이를 통해 슬그머니 자기도 모르게 다른, 보다 고차적인 구성체로 탈바꿈될지도 모른다. 극소전자적 내포화의 소용돌이 속에서 이윤율의 유지는 이제 이전처럼 가시적인 강제기율의 강화에 있는 것이 아니라 자유의 확대와 나란히 진행될 것이다. 말하자면 기업의 경제적 효율은 자본주의의 새로운 구성체로의 지속적인 해체를 통해서만 유지될 수 있고 이러한 해체는 자본 자신의 이윤추구논리와 임금노동자 대중의 저항적 요구에 의해 관철될 것이다.

임금노동자의 마지막 노동자율성까지도 파괴하려는 경향을 보였고 또 이 파괴수준에 실천적으로 도달한 외연적 축적체제의 이윤율 법칙과 정반대로 극소전자적 내포적 재생산체제의 새로운 이윤율 법칙은 필연적으로 노동자의 자율성 확대와 맞물려 있다. 자본은 이제 노동의 단순화나 가시적인 통제강화 등으로 노동의 가일층적인 실질적 포섭을 추구할 수 없는 것이다. 신산업체계는 점점 더 높은 숙련도를 갖추고 (노동기술적인 합리성의 논리로 인해) 노동 안에서 더 자율적인 노동자를 전제하기 때문이다.

이것은 자본가들의 정치적·사회적·이데올로기적·기타 지배전략적 행위차원들을 일단 도외시한, 따라서 새로운 해방된 구성체로의 자본주의의 자동주의적 성장전화의 이론으로 오해되어서는 안되는 순수히 이윤논리적인 가정법 논리이다. 자본가들은 물론 단순히 경제적 방식으로만 행위하는 것이 아니기 때문이다. 착취를 위한 강제관계인 자본은 오늘날 자신의 이 새로운 모순에 대응하기 위해 가령 새로운 정치이데올로기, 경영이데올로기, 테크노크라시 이데올로기, 정보통신기술, 건축기술, 심리기술, 소음기술, 공간조직기술, 공간미학기술, 사회보건기술 등 각종 정치적 기율화기술 및 통제기술들을 지배기술적으로 가장 합리적인 방식으로 투입함으로써 통제를 은폐하면서 동시에 극대화하고 대공간사무실의 시선공공성의 빈틈없는 관계망의 설치 및 노동자들의 행태양식을 자동적으로 표준화하거나 노동자들의 급여기술적·사회문화적·소비위계적인 체제통합 조작 등 기타 수많은 '여피화' 전략 등을 투입하는 방향을 취하고 있다.

자본의 지배-예속관계는 신기술의 지배기술적 적용을 토대로 기업구조적으로 보이지 않게 확대재생산되고 있는 것이다. 따라서 미래의 생산과정에서의 사회적 주요모순의 골자는 노동자의 주체적 반성능력과 저항능력을 높이는 노동의 고도숙련화(노동숙련도의 양극화의 완화)와 동시에 결부된 권력정상을 강화시키는 권력의 양극화이다.

노동적용의 테일러-포드주의적 통제방식과 경직된 관료주의적·위계적 조직형태는 하이테크 분야에서 기업의 적응에 대한 심각한 장애로 드러나고 있다. 이런 까닭에 예를 들면 경영지도부는 오늘날 값비싸고 교란요인에 민감한 시설에서 근무하는 직원들의 '주인다운' 동기유발, 자발적인 참여, 생산적 주도권 등을 이데올로기적·조직기술적으로 '꾀여내려 하고' 있다. 라인스톱제 등을 포함한 린(lean)조직, '합의적 경영제', '새로운 참여개념' 등은 이를 위해 자본이 발명한 방법들이다. 경영지도부가 '품질팀', '프로젝트 그룹' 또는 '분석팀' 등에 일정한 유형의 결정권한을 위임하고 이를 통해 이른바 '기업 내적 기업가층'을 창설하는 것이다. 이러한 자본의 새로운 전략들은 착취강권으로서의 자본의 내재적 **고루성**과 숙련도가 높아지는 노동자들의 **현대적인 주체성 요구** 간의 직접적인 갈등으로 표현되는 새로운 이윤율적 딜레마, 즉 지배기술적 합리성과 노동기술적 합리성 간의 모순을 완화하고 감추려는 전략들로 간주될 수 있다.

그러나 합의나 자발성을 존중하는 것 같은 이러한 각종 전략들은 내용적 한정성, 인적인 한정성, 권력의 사실적 양극화 등으로 인해 대단히 이데올로기적인 것이다. 기실 이것이 노리는 것은 "의미론적으로 치장된 신판 '기업가족' 이데올로기" 또는 "자본 아래로의 노동의 이데올로기적 포섭"(Mahnkopf 1989, 34, 41면)이다. 자본 아래로의 포섭이 실질적 포섭에서 점차 형식적 포섭으로 이행하고 있는 교육수준이 높아지는 노동자들에 대해 노동자들의 주체성을 분쇄하는 테일러-포드주의의 경직된 관료체제는 점차 역기능적이 된다. 이런 까닭에 자본은 이전보다 더 강하게 이데올로기적 합의에 의존하는 것이다. 이럼으로써 기업정상은 노동조합과 노사협의기구를 우회하여 교육수준이 높은 노동자들을 **자발적으로 잉여노동을 수행하도록** 하게끔 만들려는 것이다.

하지만 이 새로운 형태의 노동투입을 이익연관적으로 정치화하는 가능성은 이 새로운 노동귀족층들에게서도 "비관주의적 시대정신이 우리에게 예언하는 것처럼 그렇게 나쁘지만은 않다"(같은 책, 41면). 예를 들면 '합의적 경영제'는 항상 정상권력의 강화 및 중앙집권화된 포괄통제방식 등에 의한 노동통제 및 행태통제의 신기술적 세밀화 및 정밀화와 함께만 도입된다. 따라서 교육수준이 높아지는 노동자들은 오래지 않아 이러한 '합의제'를 거짓으로 꿰뚫어보게 된다. 고르즈가 강조하는 일본의 '새로운 노동자엘리뜨들'의 자족적 유유자적성(Gorz 1989)은 과장되어서도 안되고 전지구적인 양 일반화되어서도 안된다 할 것이다. 그의 테제는 기실 지식프롤레타리아의 **일반적** '여피화' 테제에 불과한 것이다. 그러나 이것은 경험적으로 간단히 부정되고 있다(이 책 제5장 참조). 지식프롤레타리아의 인식적 비판능력과 도덕적 예민성은 과소평가되어서는 안될 것이다. 게다가 다음과 같은 사실이 고려되어야 한다. "탈중앙적으로 조직된 노동단위체들의 중앙집권적 총괄감시의 관철과정에서 오늘날도 자발적으로 잉여노동을 수행하고 높은 보습(補習)교육열을 보이는 상대적으로 '특권화된' 노동자집단들은 임금보장과 노동량 규정의 일반적 규제형태에 관심을 갖게 된다. 급여를 기업의 경제적 성취에 연동시키는 수행된 노동의 비금전적 보상과 급여규정은 특히 나이들어 능력이 줄어들고 보습교육열이 식은 취업자집단에게 '연대적인' 급여정책에 대한 의미있는 대안이 될 수 없다. 노동조건과 고용조건이 상대적으로 특권화된 노동자집단도 계산 가능한 급여 흐름 및 건강과 사회생활에 적절한 노동량 요구에 대해 장기적 관심을 보이고 있다"(Mahnkopf 1989, 42면).

따라서 취업자의 머리 수를 둘러싼 기업과 노조 간의 투쟁은 강고한 형태로 계속될 수밖에 없다. 그러나 **통제기술의 세련화, 총괄감시기술 등을 위한 자본의 모든 시도는 최종적으로 자기 자신의 객관적 이윤법칙에 대한 자본의 투쟁으로 입증되고 마는 새로운 강제기율 형태의 창출시도인 반면, '합의'나 '자발성'을 존중한답시는 새로운 노동포섭을 위한 시도들은 강제관계로서의 자본 자신의 역사적 고루성 및 불필요성의 의도치 않은 고백인 셈이다.** 자본 속에서 "자본의 고루성의 문장(紋章)"으로 재생산되는 지배-예속관계는 "나름의 고루성을 표현하는 모든 근원적 소유관계 및 생산관계의 발전과 몰락의 필연적인 효인(酵因)이면서 이 지배-예속관계 자신의 해체의 효인이기도 하다는 것이다"(42: 408면). 요약하면 자본은 '착취자료'의 부족(축적모순)으로 몰락하는 것이 아니라 점점 재숙련화되는 프롤레타리아의 **현대성**과 점점 첨예한 모순에 빠져드는 '강제'로서의 자본 자신의 **고루성**으로 인해 해체된다는 것이다.

따라서 프롤레타리아트(Proletariat)와 프롤레타리아(Proletarier)의 화해가 시야에 들어오기 시작하는 지금 하필 "프롤레타리아트와 작별"(Gorz 1988)을 할 아무런 이유가 없는 것이다. 미래에 아무런 관료적·테크노크라트적 특권도 없는 직접생산자의 주요 대중은 점점 지적으로 숙련되는 프롤레타리아일 것이다. 이들은 모두 관료체제와 테크노크라트 조직 안에서 경력을 쌓기 위해 자발적으로 억척스레 일하는 '여피' 노릇을 하지는 않을 것이다. 관료와 테크노크라트의 기업 중간층은 중간층적 특권이 없는 두뇌노동자를 포함한 노동자대중에 비해 모든 콘쩨른에서 아주 얇은 층에 지나지 않기 때문에 기업 중간층으로 승진할 행운은 점점 드물어지고 결국은 이데올로기적 허상에 불과한 것이 될 조짐을 보이고 있기 때문이다.

새로운 노동귀족층으로서의 지식프롤레타리아는 옛 수공업적 노동귀족층처럼 그렇게 기술을 보수적으로 대하지도 않고 노동 안에서의 자유에 대해 비밀주의적인 방어적 자세를 취하지도 않는다. 모든 통계가 그 반대를 입증하고 있다. 그들은 신기술의 담당자이고 미래에 대해 개방적이다. 그들은 비관주의적 기술물신주의에 대해 적대적이지만 테크노크라트적 기술숭배론자도 아니다. 그들 자신은 기술의 종복이 아니라 기술의 주인이고 동시에 테크노크라트의 단순한 통제대상이기 때문이다. 따라서 신기술의 모든 지배기술적 적용과 모든 지배기술에 대한 원칙적인 반대자이다. 자신들이 바로 자본주의적 관료주의와 테크노크라시의 단순한 통제대상이기 때문이다. 경험적 조사보고서들은 거듭 지적인 두뇌노동자들이 자신들의 노동자율성의 단순한 방어자가 아니라 이 자율성을 공세적으로 기업경영에까지 확장하려는 의사를 지니고 있음을 알려주고 있다(이 책 제5장 참조). 그들은 가능성에 비추어볼 때 기업과 정치체제의 민주주의를 위한 투사들이 될 수 있다.

지식프롤레타리아는 '혁명적'이지는 않다. 그들은 한편으로 자본의 '여피화' 전략에 말려들 위험도 있는 것이다. 그러나 그들은 다른 한편으로 계급조직과 계급운동이 그들의 욕구를 '여피화' 전략에 대항하여 올바로 정식화하고 선명히 하면 **개혁의욕에 불타는** '두더지'가 될 수 있다. 그들은 지금의 기업군주체제가 "다른 경우에는 부르조아가 그렇게 애호하는 권력분립과 대의제도"(23: 447면)로 대체되어야 한다는 것을 이해하고 요구하고 있기 때문이다. 또한 그들은 "책을 필요로 할 만큼"(Lenin) 문화적 교양을 갖고 있다. 그들은 부자가 아니지만 그렇다고 적빈(赤貧, blutarm)하지도 않다. 그들은 다만 자신들의 청빈(淸貧, saubere Armut)을 향유할 뿐이다. [5] 그들은 자신들의 이론적·문화적 지식을 끊임없이 갱신하기 위해 좀더 많은 임금보다 좀더 많은 여가시간, 즉 좀더 적은 노동시간을 원한다. 따라서 그들에게 있어서 실업자들과의 연대를 위한 보다 넓은 이익토대가 존재한다. [6] 새로운

---

5) 필자는 과학기술혁명과 더불어 스딸린주의에서 정점에 도달한 수평주의적·포퓰리즘적 사회주의 시대가 막을 내리지 않을 수 없다고 생각한다. 옛 맑스주의자들이 가장 빈곤하고 무지한 인구층인 '적빈'의 노동계급을 자신들의 정치적 주요 기반으로 간주한 한에서, 과학적 사회주의 이념을 몇개의 수평주의적 공식으로 왜곡하는 것은 실천적으로 불가피했다. 하지만 이러한 수평주의적으로 왜곡된 사회주의는 사회주의적 능력원칙(능력에 따른 분배) 및 맑스의 자유철학과 정면 모순되는 것이다. 그리하여 평등 대신에 획일적 수평주의가 들어서고 연대 대신 집단주의가, 공론민주주의 대신 관료주의가, 자유롭게 연대한 노동자조직 대신 거주지종속제가, "공동점유"의 생산수단에 대한 "개인적 소유"(Marx) 대신 봉록적 국가소유가 들어서게 되었다. 대부분의 공식적 맑스주의자들은 지식프롤레타리아를 프롤레타리아의 일부로 파악한 것이 아니라 노동계급 및 농민계급 다음의 제3의 서열에 서는 소위 '근로인텔리'로 규정하였다. 그리하여 지식프롤레타리아를 포함한 지식인 일반에 대한 모멸 경향은 팽배하게 된다.

6) 여기서 '지식프롤레타리아'는 오늘날과 미래의 프롤레타리아 상층을 말하는바, 자본주의의 후기 단계에서 이러한 프롤레타리아의 이중화는 지나간 역사를 "이해를 위한 추

지배기술의 투입을 통해 억압을 더 강력하게 제고시키려는 자본은 장차 새로운 생산수단이 요구하고 가능케 하는 새로운 생산자들의 주체적 속성과 좀더 심화된 모순에 처해 있는 셈이다.

2. 기술철학과 정치이론——마르쿠제와 하버마스의 기술비판의 제문제

앞선 논의에서 가치, 잉여가치, 착취, 자본의 유기적 구성도, 이윤율, 지배 등 맑스의 정치경제학적 근본범주들은 오늘날도 여전히 이론적 적합성 및 비판적 유효성을 지닌 것으로 입증되었다. 하지만 몇몇 좌익 이론가들이 맑스의 정치경제학 비판을 '낡은 것'으로 또는 더이상 '설명력 없는 것'으로

상"(Marx)으로 포착하면 매우 이해 가능한 사실이다. 고대의 노예대중은 노골적인 매매의 대상인 노예계급의 정치적·경제적 계급투쟁을 통해 철폐된 것이 아니라 노예층과 유사(類似) 소작인층(Quasi-Kolonenschaft)으로 양분되었다. 로마 후기의 이 현대화된 노예들은 바우가우덴(Baugauden) 운동 등과 같은 크고 작은 음양의 계급투쟁을 통해 이 완화된 노예제를 봉건제로 지양함으로써 봉건적 농노로 해방되었다. 봉건제도 이 농노들의 계급투쟁을 통해 자본주의로 지양된 것이 아니라 농노와 예농(및 수공업자층)으로 양분되었다. 이 예농과 수공업자층은 후기봉건제를 자본제로 변혁시킨 주요 세력이다. 아마 자본제의 궁극적 해체를 담당한 주요 세력도 산업자본주의 초기의 검댕과 오물 속에 사는 무식한 적빈프롤레타리아가 아닐 것이다. 이 적빈의 노동대중은 서구 제국주의 국가에서의 '인간적 얼굴을 한 자본주의'와 동구권에서의 '인간적 얼굴 없는 스딸린주의적 사회주의'를 창출하였다. 후기자본주의와 국가사회주의를 인본적인 민주사회주의로 변혁할 담당자는 과학기술혁명과 함께 증대되는 현대화된 프롤레타리아일 것이다. 그러나 우리는 우리의 '지식프롤레타리아' 개념이 굴드너의 '지식인 신계급'과 선명히 구분된다는 것을 강조한다. '지식프롤레타리아'는 자본주의적 **피착취자**를 뜻하는 데 반해, 굴드너의 '신계급'은 지적 임금노동자(Gouldner 1980, 20면), '자유로이 부유하는' 임금노동자가 아닌 인텔리(같은 책, 88면), 테크노크라트(같은 책, 92, 191면), 심지어 대학교육을 받은 관료(같은 책, 175, 190면) 등을 몽땅 싸잡는 착취하는 '문화부르조아지'를 뜻하기 때문이다.

간주하고 이 정치경제학 비판을 기술비판으로 대체하여 기술의 지배논리적 본질 또는 기술의 이데올로기적 기능을 비판하고자 시도하고 있음은 잘 알려져 있는 사실이다. 환경위기와 더불어 다시 중시되기도 하는 이런 이론적 흐름은 기술의 테일러-포드적 적용방식과 단순히 테일러-포드씨스템의 보충적 기제로 활용된 초창기의 극소전자기술적 부분자동화 및 반자동화 체계가 초래하는 부정적인 영향을 기술 자체의 본질로 일반화, 본질주의적으로 과장하고 있는 것이다.

지금까지의 논의에서 우리는, 테일러주의만으로는 노동자들의 숙련성이 완전히 분쇄되지 않는다는 사실을 알고 있다. 테일러화된 노동자들도 그 핵심부류는 실업학교에서 3~4년 동안 교육받은 숙련노동자들이었다. 테일러씨스템에 뒤이어 등장한 초창기 부분자동화의 역할은 바로 이 테일러화된 노동자들의 잔존 수공기능마저 분쇄하는 데 있었다(이 책 제2장 제4절 참조). 기업 직원들은 1950년대 말에서 1970년대 초까지 확산된 부분 또는 반자동화의 영향 속에서 비로소 단순노동자 대중과 소수의 대졸직원의 두 극단으로 양극화되었다.

극소전자적 자동화의 신기술은 당시 겨우 초창기적 수준에 도달해 있었던 것이다. 따라서 이 신기술의 엄청난 잠재력은 거의 예감될 수도 없었고 이 기술의 궁극적인 파급효과도 아직 올바로 평가될 수 없었다. 소위 '미래의 무인(無人)공장'도 수천명의 지식프롤레타리아를 필요로 한다는 사실, 따라서 자본의 새로운 증식토대가 생성된다는 사실 등은 전혀 알려져 있지 않았다.

(1) 마르쿠제의 가치 및 잉여가치 이론의 폐기

마르쿠제는 자동화기술의 초창기에 해당하는 1964년 기술진보의 결과를 다음과 같이 정리하고 있다. "개인적 생산도구로서, 즉 '절대적 단위물'로서의 기계를 제거하려는 경향을 보이는 기술변동은 '자본의 유기적 구성도'라는 맑스의 개념과 잉여가치 생산의 이론을 무효로 만드는 것처럼 보인다. 맑스에 의하면 잉여가치는 산 노동의 착취의 성과인 데 반해, 기계는 결코 가치를 생산하지 못하고 다만 자신의 가치를 생산물에 이전시킬 뿐이다. 기계는 인간 노동력의 체현이고 이 기계를 매개로 과거의 (죽은) 노동은 보존되고 산 노동을 지배한다. 그런데 이제는 자동화 기계의 등장으로 죽은 노동과 산 노동의 관계가 질적으로 변하는 것처럼 보인다. 자동화는 생산성이 '개인적 노동능률에 의해서가 아니라 기계에 의해' 정해지는 지점까지 나아가고 있다." 그는 다니엘 벨(Daniel Bell)에 의존하여 여기에 다음과 같이 덧붙인다. "게다가 개인적 노동능력의 계산도 불가능해지고 있다". (Marcuse 1967, 48면) 그는 그럼에도 불구하고 모순되게도 "지속되는 착취"를 인정한다 (같은 책, 45면). 그가 이와같이 착취의 지속성을 인정하면서도 다른 한편으로 잉여가치의 창출을 부정하는 이같은 발언들은 전혀 자가당착적이다. 공장이 극소전자적 자동화 네트워크에 의해 '무인화(無人化)'되더라도, 구상하고 연구하고 기획하고 개발하는, 나아가 이 자동화씨스템을 조종하고 관리하고 수선하는 노동자들이 증대되는 한, 이 고도로 숙련된 노동자들에 대한 잉여가치의 착취는 계속 벌어진다. 또한 '개인적' 노동능력의 '계산'이 불가능하다는 것도 결코 잉여가치의 이론을 무효로 선언할 근거가 될 수 없다. 자본이 주목하는 노동은 자고로 맑스에 의하면 결코 개인적 노동이 아니라 "사회적 평균질(質)의 노동, 즉 평균적 노동력의 발휘"이다. 평균으로부터의 개인적 노동의 편차가 계산 불가능하다는 사실은 본래 잉여가치 추출의 장애가 아니다. "수학적으로 보면 '오류'로 얘기되는 이 개인적 편차는 보다 큰 무리의 노동자들을 한 묶음으로 취합해보면 상호 상쇄되어 사라지는 것이기 때문이다"(23: 342면).

맑스 정치경제학 비판의 이해 정도를 의심하게 만드는 이러한 이론적 불철저성에도 불구하고 마르쿠제는 적어도 초창기의 극소전자적 자동화의 질적으로 변화된 기술적 성격을 예감하고 있다. "나는 확산되는 자동화가 기계화의 양적 증대 이상의 것이라는 것, 즉 자동화는 근본적 생산력의 성격에 있어서의 변화라는 사실을 알리고 싶다"(Marcuse 1967, 55면). 그러나 이 예감은 다시 중대한 오류로 전도된다. "기술적 가능성의 극한에까지 추진되는 자동화는 생산과정에서의 인간 노동력의 사적 착취에 기초한 사회와 부합될 수 없다"(같은 곳). 바로 이 대목에서 그는 다음과 같은 맑스의 그릇된 예견을 인용하고 있다. "지금의 부(富)가 기초하는 남의 노동시간에 대한 도둑질은 대공업 자체에 의해 창출되어 새로이 발전된 토대에 비하면 가련한 것으로 비치게 된다. 노동이 그 직접적인 형식에 있어서 부의 큰 원천이기를 그치자마자 노동시간은 부의 척도이기를 그치고 또 그쳐야 하며 따라서 교환가치는 사용가치의 척도이기를 그치게 된다"(42: 601면). 맑스의 이 예견은 노동의 단순화로 인한 자본의 유기적 구성도의 지속적인 고도화라는 가정에 기초한 것이다. 말하자면 그것은 이윤율 체감의 법칙에 근거한다. 그러나 위에서 밝혀 보였듯이 이 법칙은 더이상 들어맞지 않는다. 극소전자적 토대에 근거한 오늘날 생산의 주타격방향은 노동내용의 풍부화를 수반하는 불변자본의 내포화 또는 '축소화'(따라서 유기적 구성도의 저감) 및 물질적 생산부문에서 방출된 자본의 비물질적 생산영역으로의 확산에 있기 때문이다. 이 비물질적 분야의 유기적 구성도는 어차피 매우 낮다. 따라서 '남의 노동시간의 도둑질'은 미래에도 전적으로 가능한 것이다. 마르쿠제는 맑스 정치경제학 비판의 여전히 유효한 근본범주들을 무효화시키면서도 오늘날 더이상 타당하지 않은 맑스의 그릇된 예견은 교조적으로 고수하고 있다. 그런데 적어도 자본의 유기적 구성도 개념을 유효한 것으로 수락하는 자만이 바로 이 구성도 개념에 근거한 저 그릇된 예견에 호소할 이론적 권리가 있는 것이다.

(2) 초(超)좌익적 현실인식의 난점

 주지하다시피 맑스와 엥겔스는 지금까지 모든 사회의 역사는 계급투쟁의 역사이고 억압자와 피억압자는 '부단한' 투쟁을 계속해왔다는 견해를 공언하고 있다. 그러나 이 투쟁은 반드시 '공공연한' 투쟁만을 뜻하는 것이 아니다. 계급투쟁은 오히려 "이따끔 은폐되어 또 이따끔은 공공연하게"(4: 462면) 벌어지고, 따라서 사회변혁은 "보다 완만하게" 일어나는 때도 있고 또는 "보다 급속히" 일어나는 때도 있다(13: 9면). 자본주의 사회의 변혁도 경우에 따라 매우 완만하게 진행될 수 있다. 가령 독일에서처럼 그간의 격렬한 투쟁의 성과를 바탕으로 자본가와 노동자라는 대결적 표현이 완화된 '사용자'(Arbeitsgeber)와 '피용자'(Arbeitsnehmer) 간의 은폐되고 제도화된 계급투쟁으로도 수행될 수 있기 때문이다. 그러나 마르쿠제는 "견딜 수 없는 생존조건"의 변혁을 향한, "궁핍화"에 의해 야기된 "절대욕망과 절대필요"만을 "사회제도에 대항하는 혁명"의 원인으로 인정하고 있다(Marcuse 1967, 46면). 분명 그는 제2차 세계대전 이전의 공공연한 혁명적 계급운동의 궁핍화이론적 노스탤지어에 아직도 사로잡혀 있음이 틀림없다.

이런 까닭에 그는 전후의 모든 노동쟁의와 '완만한' 사회변혁에 대해 그 어떤 계급투쟁적 성격도 인정하지 않는다. 프롤레타리아는 이제 완전히 체제에 통합되었고 사회는 '일차원적'으로 단순화되었으며 생활수준, 여가시간, 정치에 있어서의 계급특유한 성격은 소멸하였다는 것이다. 프롤레타리아와 부르조아의 이러한 접근과 동화(同化)는 "공장 안에서의, 즉 물질적 생산과정 안에서의 통합으로부터 유래한다"(같은 책, 50면). 기술적 선진부문에서 노동하는 부류는 '결정적인 전환'을 겪고 있다는 것이다. 그는 이 전환의 네 가지 주요 요인을 나열하고 있다.

① 기계화는 노동할 때 발휘되는 육체적 에네르기의 양과 강도를 점점 감소시킨다. 이것은 생산과정에서 노동자들의 자세와 지위를 변화시켜 타자수, 은행창구직원, 판매원 등의 기능과 유사한 비생산적 활동에 접근케 한다. 육체적 피로가 신경적 긴장과 정신적 노고로 대체된 '기계화된' 노동은 그래도 일평생의 활동으로서 변함없이 "긴장하고 감각을 마비시키는 비인간적 노예상태"에 처해 있다. 그러나 이제 "오물과 궁핍 속에" 살지 않을 뿐만 아니라 더이상 자신의 근육을 긴장시키는 일짐승이 아닌 노동자들은 이제 부르조아 사회에 대한 "살아 있는 부정"이 아니다. 노동자는 사회분업의 다른 인간적 객체들처럼 "관리당하는 인구의 기술공동체에 합체된다"(같은 책, 45면). "육체적 에네르기가 기술적·정신적 기능으로 전환되는 점이 부각되는" 가장 성공적인 자동화 부문에서 인간 원자들은 "일종의 기술공동체 속으로 통합되어 있는 것처럼" 보인다(같은 책, 46면).

② 개인적 노동과정을 훨씬 초월하는 기계화씨스템은 "노동자들의 직업적 자율성"을 파괴하고 "기술적 총체 아래 고통받고 또 이 총체를 관리하는" 다른 테크노크라트적 관리자 직업과 노동자들을 종합한다. 이로 인해 노동자들은 "자신들을 다른 직업부류와 구별되는 계급으로 만들어주던 특유한 직업적인 부정의 권력의 원천을 상실한다."(같은 책, 48면)

③ 노동과 생산도구의 이러한 성격변화는 노동자계급의 자본주의 사회 속으로의 "사회적·문화적 통합"을 관철시킨다. 기계적인 노동공동체를 창출하는 기술적 조직은 "노동자를 공장 속으로 통합하는 보다 포괄적인 상호적 종속성"을 산출한다. "기술적으로 가장 선진적인 기업들 중 어떤 곳에서는 노동자들이 기업에 대해 진지한 관심을 보이는데, 이것은 자본주의 기업에 대한 '노동자들의 참여'로서 빈번히 목격되는 것이다."(같은 책, 50면)

④ 경영위원들의 포괄적인 위계 속에서 "착취의 진정한 원천"은 객관적인 합리성의 간판 뒤로 사라지고, 지배는 "행정"으로 이전된다. 자본주의적 지배자와 소유권자들은 책임있는 인물로서의 자동성(自同性)을 상실하고 "관료"의 기능을 떠맡게 된다. 증오와 실망은 특유한 목표물을 잃고 기술적 베일은 불평등과 노예화의 재생산을 은폐한다. 기술진보와 함께 "생산기구 아래로의 인간들의 굴복"이라는 의미에서의 부자유는 다양한 자유와 편이의 형태로 영구화되고 강화된다. (같은 책, 52면) "생산기구 아래로의 인간들의 굴복" 안에서 인간이 "도구로서, 사물로서 존재하는 예속의 순수한 형태", 즉 "예속의 기술적 형태에 의한 사물화"가 실현된다. 조직자와 관리자들조차도 점점 더 총체화되는 기술적 예속에 빠져든다. 이제 "기술자들의 지배"와, 이들을 기획자와 집행기구로 고용한 "자본가들의 지배"는 더이상 구별할 수 없다. (같은 책, 53면)

필자는 마르쿠제의 사변적·피상적 논증의 현실이반성을 보여주기 위해 그의 생산과정 분석을 의도적으로 상세히 소개하였다. 초창기 부분자동화 또는 반자동화의 부정확한 분석에 기초한 그의 이 비관적 상황묘사는 근본적으로 잘못된 것이다. 변화된 자본관계에 대한 그의 평가는 여기서 부분적으로 부르조아 이데올로기에 빠져들고 있는데, 이 이데올로기는 그의 초(超)혁명적 관점에서 다시 한번 왜곡되고 있다. 따라서 위에서 요약된 네 항목에 대한 상세한 비판이 필수적이다.

①에 대하여: 마르쿠제는 생산적 손노동자들의 육체적 기능이 감소하는 현상을 맑스의 프롤레타리아트 개념이 침식되는 근거로 파악하고 있다. "맑스에게 프롤레타리아는 일차적으로 자신의 육체적 에네르기를 노동과정에서 발휘하는 손노동자이기 때문"(같은 책, 44면)이라는 것이다. 그러나 맑스 자신의 프롤레타리아 개념은 결코 '일차적으로' 노동의 소재적 측면(손노동이

냐 두뇌노동이냐 또는 신경노동이냐)에 따라 정의된 것이 아니다. 반대로 그는 프롤레타리아를 자본주의적 직접생산자의 역사적 **형태 측면**, 즉 임금노동에 의해 정의하고 있다. 가령 출판사에 고용된 두뇌노동자는 자본주(資本主)의 관료기구에 속하지 않는 임금노동자인 한에서 프롤레타리아[7]인 것이다. 맑스는 이들을 '문필프롤레타리아'로 명명한 바 있다. 물론 19세기 프롤레타리아가 압도적으로 손노동자들이었지만 맑스 자신은 프롤레타리아트 개념을 육체노동자로 국한하지 않았을지라도 마르쿠제는 맑스의 프롤레타리아트 개념이 아니라 당대 프롤레타리아의 압도적인 분파가 육체노동자들이었다는 경험적 사실을 맑스의 프롤레타리아트 개념으로 전치시키고 있는 것이다.

게다가 노동자의 육체적 기능의 감소에 상응하는 신경적 긴장의 증가는 결코 전후의 특유한 현상이 아니다. 기계의 자본주의적 적용은 자고로 "신경체계를 극한적으로 공략하고 근육의 다측면적 활동을 억압하는 것이다"(23: 445면). 이리하여 기계화된 노동이 신경적 손노동으로 바뀌어 사무실 하급직원의 손노동과 동화(同化)될지라도 이러한 사실은 결코 프롤레타리아의 소멸을 뜻하는 것이 아니다. 오히려 수적으로 증가하는 중급 및 하급 사무노동자 분파는 수적으로 감소하고 있는 산업노동자 분파와 더불어 현대화된 프롤레타리아를 구성하는 것이다. 이 현대화된 프롤레타리아는 물론 이제 '오물과 검댕 속에 사는 저 일짐승'이 아니다. 그러나 이것은 마르쿠제가 전제하듯이 단순히 기술진보의 덕택뿐만이 아니라 특히 이 프롤레타리아 자신의 은폐되고 공공연한, 험난하고 장구한 투쟁의 덕택으로도 돌려질 수 있다. 프롤레타리아가 이제 부르조아적 시민사회에 대한 '살아 있는' 부정이 아니라는 점을 애석해하는 마르쿠제는 노동자들이 영원히 '오물과 검댕' 속에 살기를 바라는 '인민의 적(敵)'처럼 논리를 펴나가고 있다. 그리하여 1964년 당시의 그에게는 역사상 전대미문의 전쟁(제2차 세계대전) 속에서의 "폭력적이고 성과 없는 긴장된 노력 이후에 휴식이 필요한 프롤레타리아"(Engels, 26: 77면)가 아무런 주체성도 없이 풍요에 빠져 허우적거리면서 부르

---

7) 자본주의 관료기구의 구성원은 맑스에 의하면 '중간계급'에 속한다. 이들은 "자본주의의 사회적 안전과 권력을 증대시키고" 자본주의 소득에 의해 부양되기 때문이다(이 책 제2장 제6절을 보라).

조아적 시민사회 속으로 간단히 통합된 바보집단으로 비치고 있다. 이 바보집단은 "노고를 짜고 짜내 감각이 둔감해진 비인간적인 노예상태", "가일층의 가속화와 통제로 인해 이전보다 더 수고를 짜내야 하는 노예상태"에도 불구하고 아무런 저항을 수행할 수 없다는 것이다(Marcuse 1967, 45면). 그러나 이것은 사실이 아니다! 마르쿠제가 『일차원적 인간』을 집필한 1960년대에도 "노동자들의 90%는 자신들의 눈에 '부르조아적으로' 비치는 영화관람을 전면적으로 피했고 그들의 행태의 여러 예들 중 하나를 더 들면 시민강좌도, 심지어 '보다 나은 선술집'도 피했다"(Kofler 1983, 128면). 게다가 테일러-포드주의적으로 분쇄된 노동자들의 "능력발휘의 거부, 적응결손, 폭발적인 요구, 애당초 실현될 수 없는 자기실현 관념 및 간헐적이고 거의 예상할 수 없는 저항" 등은 자본의 "경제적 위기과정"과 중첩되고 또 이 위기과정을 강화하였다(Hirsch/Roth 1986, 93면). 프롤레타리아들은 지배자와 중간층의 부르조아적 시민사회에 아직 통합된 것이 아니라 여전히 부르조아적 시민사회에 대한 '부정'으로 남아 있었다. 오늘날에야 프롤레타리아의 두뇌노동자 분파가 비로소 계급특유하게 비대칭적으로 짜여진 **부르조아적** 시민사회에 침투하는 중이다.

한편, 절대적 곤궁과 궁핍의 극복은 결코 프롤레타리아적 욕구의 소멸이 아니라 오히려 새롭고 좀더 고차적인 욕구의 생성과 증대의 토대를 뜻한다. 1960년대 말 신기술을 생산적으로 투입하도록 자본을 강제한 주요 추동력은 실은 이 새로운 욕구를 지닌 임금노동자들의 은폐된 또는 공공연한 투쟁이었던 것이다. 기술의 생산력화는 기술 일반을 생산력과 등치시키는 마르쿠제의 전제와는 달리 예나 지금이나 기술진보의 자동적 결과가 아니다.

선진적인 자동화 공장에 관한 마르쿠제의 결론도 잘못된 것이다. 완전자동화와 더불어 정신적 숙련도는 물론 상승한다. 그러나 이렇게 생겨나는 고도숙련화된 두뇌노동자들은 "기계노동자의 상태와 본질적으로 다름없는 노예상태"(Marcuse 1967, 45면)에 처해 있는 것이 아니다. 이 두뇌노동자들은 형식적으로만 종속되어 있고, 따라서 실질적으로 종속된 기계노동자들과 달리 노동 속에서 비교적 자율적이다. 이 두뇌노동자들의 기능은 완전자동화와 더불어 기계의 '리듬'과 더욱 독립적이 되는 반면, 자동화 기계경영은 역으로 이 두뇌노동자들의 숙련기능에 더욱 종속될 것이다.

②에 대하여: 노동자들의 직업적 자율성은 19세기에 기계화를 통해 대개 공동화(空洞化)되었다. 다만 이종적 생산과정의 기계제작공, 기계수리공, 인쇄공, 서적제작공, 목수 등만이 이러한 단순한 기계화를 통해 분쇄되지 않았을 뿐이다. 이들은 20세기 깊숙이까지 숙련노동자로 남아 있었다(이 책 제2장 제4절 참조). 그러나 직업적으로 비교적 자율적인 이 구(舊)노동자귀족층도, 마르쿠제가 그릇되이 전제하고 있듯이 '기성사회의 부정'을 '체현하고 있지' 않았다. 이들은 영국에서 19세기 초반 또는 세계시장에서의 독점적 지위에 있지 못한 여타 유럽 국가들에서 세기 전환기에, 그리고 테일러주의와 포드주의의 확산 물결 속에서 일시적으로 혁명적 노동운동을 이끌었지만, 그렇지 않은 경우에는 "부패한 노동자층"으로서 "자유부르조아지의 꼬리"(Marx) 노릇을 하면서 노동운동을 보수적인 방향으로 이끌었다. 그러다가 양차대전 사이에 이 노동귀족층은 테일러-포드주의에 의해 궁극적으로 분쇄되고 말았다.

직업적으로 해체된 이 '노동자계급'은 '기술적 총체를 관리하는 테크노크라시 및 행정관료'와 하나로 '통합'될 수 없다. 왜냐하면 **새로운 노동자귀족층**(전기 전문기술자, 화공 전문기술자, 컴퓨터 엔지니어, 통신 전문기술자, 기타 상업 및 행정관련 사무직원 등)이 수공업적인 구노동자귀족층 대신 등장하여 수적으로 점감하는 육체노동자 대중과 테크노크라시 및 행정관료층 사이에서 증대하고 있기 때문이다. 엔지니어 직업의 80% 이상을 차지하는 (아무런 테크노크라트적 또는 관료적 지시권한을 갖지 못한) 이 두뇌노동자층은 시간이 감에 따라 테크노크라시와 관료층에 더욱 선명하게 대립해나가는 '지식프롤레타리아'를 이룬다. 이것을 마르쿠제는 전혀 관측할 수 없었다.

③에 대하여: 적빈프롤레타리아의 낡은 '기동전'(Gramsci)만을 알고 있는 마르쿠제는 노동자들의 경영참여 및 공동결정제와 관련하여 파멸적인 오류를 범하고 있다. 그는 '자본주의 기업에 대한 노동자들의 참여' 및 이로부터 유래하는 '기업에 대한 진지한 관심'을 '기술조직의 좀더 포괄적인 상호종속'을 야기하는 노동자들의——공장과의——완전한 통합에 대한 징표로 잘못 비난하고 있다. 그는 이것이 기업을 민주화, 변혁하려는 노동자들의 맹아적 시도라는 사실을 인지하지 못한 것이다. 현대 노동자들은, 그가 거듭 주장

하고 있듯이 이제 '사슬' 외에 아무것도 가진 게 없어 기존 사회의 단순한 부정에 일방적으로 매달려야 하는 19세기의 궁핍한 임금노동자들이 아니라, 사슬과 **동시에** 권리를 가진 주체들이며, 이 사슬과 권리가 둘 다 기존 사회 질서에 속한다는 것을 아는 노동자들이다. 게다가 이 권리들은 기술진보에 의해 자동적으로 노동자들에게 선사된 것이 아니라 노동자들 자신의 가열찬 투쟁을 통해 쟁취된 것이다. 이 권리들은 지배계급의 의사에 반해서 공세적으로 확장되어야 하고 동시에 반동적 극우모험주의적 세력에 대항하여 방어되어야 한다. 한마디로 노동자들은 대항권력이면서 동시에 체제요소인 것이다. 프롤레타리아들의 이 새로운 변증법적 상황을 마르쿠제는 인식하지 못하고 있다. 그의 관점은 겉보기에 '일차원적으로 부르조아적인' 체제를 파시즘에 대항해 방어하는 것을 주저하다가 곧 파시즘에 의해 분쇄되고 말았던 1920년대 말의 극좌세력의 관점과 동일한 것이다. 전면적 부정이 아니면 어떤 운동이든 체제에 통합된 것으로 배격하는 극좌적 사이비 원리주의의 이 비변증법적 유치증은 마르쿠제의 다음과 같은 절망적 결론을 초래하고 있다. "제도적인 현상(現狀)을 유지·개선하려는 절대적 관심은 현재 사회의 선진부문에서 옛 적대세력들을 통합한다"(Marcuse 1967, 15면).

19세기 프롤레타리아는 소득과 노동시간 분배에서의 최소한의 정의, 초보적 민주주의, 조합결사권, 파업권, 단체협상권 등을 쟁취하기 위해 목숨건 투쟁을 치러야 했다. 그러나 전후 비약적인 생산력 발전 덕택에 그와 유사한 정도의 성과를 쟁취하기 위해 이제 자신들의 목숨까지 바칠 필요는 없다. 항상 커다란 희생과 너무나도 빈번히 극히 비인간적인 형식을 취할 수밖에 없었던 계급투쟁은 20세기 후반 "이 계급투쟁이 가장 합리적이고 인간적인 방식으로 여러 단계를 거쳐 나갈 수 있는 합리적 중간단계"(17: 546면)에 도달한 셈이다. 새로운 시의적절한 전략과 과업을 개발해야 할 문제를 안은 마르쿠제의 '비판이론'은 도리어 이 합리적이고 인간적인 계급투쟁을 "무의미하고 필경 위험하기까지 한" 것으로 비난하고 있다(Marcuse 1967, 267면). 그는 이로 인해 불가피하게 '외부로부터의' 잘못된 사변적 부정으로 전락하고 있는 것이다. "사회비판이론은 현재와 미래 사이의 간격을 메울 수 있는 개념들을 결하고 있다. 이 비판이론은 아무것도 약속할 수 없고 아무런 성과를 보여주지 못함으로써 부정적인 것으로 남아 있다. 이런 까닭에 비판이론은 희망 없이 위대한 거부를 위해 자신의 목숨을 바친, 그리고 바치고 있는 사람들에게 충성을 지킬 따름이다"(같은 책, 268면). 하지만 희망 없이 목숨 바치는 것에 대한 이 사변적 제식(祭式)은 다음과 같은 사실을 확신하는 맑스주의의 역사낙관주의와 무관한 것이다. "인류는 자신이 해결할 수 있는 과업만을 자신에게 제기한다. 자세히 관찰해보면 과업 자체는 이 과업 해결의 물질적 조건이 이미 현존하거나 적어도 생성중에 있는 곳에서만 생겨난다는 사실을 발견하게 되기 때문이다"(13: 9면). "자본주의적 생산양식에서 연대적 생산양식으로의 이행형태로서의 주식회사"(Marx), 노동자들의 주식참여, 험난한 투쟁을 통해 쟁취한 보통민주주의, 초보적인 공동결정제, 기업민주주의 등은 실은 "생성중에 있는 과업 해결의 물질적 조건"이 아닌가? 이 물음은 심지어 오늘날도 보수이데올로그들이 가령 독일 매체노조(IG Medien)를 다음과 같이 비방하고 있는 사실에 눈멀지 않다면 긍정되어야만 한다. "새 매체노조의 규약에 규정된 '원칙과 목표'에 대한 서문 규정은 독일연방공화국의 사회체제의 변혁이 매체노조의 가장 중요한 목표 중의 하나라는 사실을 호도한다. 구인쇄노조(IG Druck)와 지물(紙物)노조회의(Papier Tagen)에서 노골적으로 '생산수단의 사회화'로 요구되던 것이 오늘날은 약간 더 치장되어 '민주화'라는 표어로 통용되고 있다. …이데올로기적 짐은 감소한 것이 아니라 도리어 증가했다"(Gärtner/Klemm 1989, 68면).

④에 대하여: 이 책 제2장 제1절에서 이론적으로, 경험적으로 분석한 독점자본관계의 지배 측면의 이중화에 직면하여 마르쿠제는 대립의 양 극단 사이에서 갈팡질팡하고 있다. 자본주의 대기업의 지배기구의 이중화(법적 자본소유권자와 최고경영층의 신용점유권자)는 자본주의적 지배자 및 소유권자가 책임있는 세력으로서의 자신의 정체성을 상실하는 것을 결코 뜻하지 않는다. 첫째, 표준적 경영자 통제하에 있는 기업은, 마르쿠제의 억측과는 반대로 실은 매우 드물기 때문이다(이 책 제2장 제1절 참조). 이 잘못된 억측은 그가 벌 2세와 민스의 과장된 미국 기업 분석을 '비이데올로기적 분석'으로 수락하고 있기 때문에(Marcuse 1967, 19면) 물론 불가피하다. 둘째, 표준적 경영자 통제하에 있는 대기업의 최고경영자층도 '새로운 금융귀족층'(Marx)에 속하는 새로운 자본주의적 지배자들이기 때문이다. 기업의 최고심급은 옛 주인이든 새 주인이든 중요한 기업정책적 결정을 위한 모든 '일급비밀'과

최고권력을 독점한다. 이런 한에서 '지배의 행정으로의 이전'이나 최고심급의 '관료화' 따위에 관해서는 운위할 수 없다. 더구나 마르쿠제 자신도 "객관적 합리성의 간판 뒤에 숨어 있는 착취의 진정한 원천"의 존재를 입에 담고 있다면 더욱 그렇다. 아니면 그는 지배가 행정으로 이동한다는 테제를 대변한다면 "착취의 진정한 원천"에 관해 침묵해야 한다. (그러나 지배의 행정으로의 이전이라는 테제는 최종적으로 갤브레이스의 '테크노스트럭처' 테제와 동일한 것 아닌가?) 노동자들의 증오와 실망이 목표를 잃었다는 그의 주장은 실로 현실에 낯선 억측이다. 현실 속의 노동자들과 사무직원들의 증오와 실망은 항상 정확하게 기업의 최고심급인 '저 위에 있는 놈들'(die da oben), 즉 착취의 진정한 심급을 겨냥해왔고 지금도 겨냥하고 있다.

마르쿠제는 부르조아지가 사회문화적으로 확인 가능한 계급으로서 소멸하였다고 생각한다. 이 말은 부르조아 대신 이제 관료와 대조직이 등장하고 권력의 조정간에는 "백발이 희끗희끗한 테크노크라트와 기관원"이 앉아 있다는 히르슈(J. Hirsch)의 테제와 다를 바 없다. 마르쿠제는 애석하게도 종종 이론적으로 자포자기한, 사회적으로 뿌리 없는 비관주의적 좌익 지식인들에게도 침투하여 떠도는 체제이데올로기적 잡담의 포로가 되고 만 것이다.

(3) 마르쿠제의 비관주의적 사회비판──'사물화' 개념의 실체화

마르쿠제의 오류는 맑스의 사물화 개념과의 관계에서 노골화된다. 맑스에게 있어서 경제적 관계의 "사물화"는 결코 대상적 실체가 아니라 자본주의적 생산에서의 제관계 또는 이 생산 안에서 작동하는 힘들과 권력을 이것들에게 "담지체"로서 봉사하는 자연소재적 사물요소들로 귀인(歸因)시키는 "허위의식", 즉 "잘못된 허상과 기만" 또는 "일상생활의 종교"(25: 838면)이다. 그러나 이 '사물화'를 대상적 실재로 **실체화**(Hypostasierung)하면, 맑스의 사물화 개념은 비판적 힘을 상실한다. 이 실체화된 사물화 개념 자체가 '일상생활의 종교' 또는 절망적 물신주의의 희생물이 되고 말기 때문이다. '생활수준이 높아진, 이제 급진적이지 않은 프롤레타리아에 대한 마르쿠제의 모멸의식은 너무 커서 사물화 개념을 구사할 때 개념적 혼돈에 빠져들 정도이다. 그는 일단 "사물화란 허상이다"(Marcuse 1967, 266면)라고 인정하고 있기는 하지만, 고도기술화된 생산과정의 분석과 관련해서는 이 개념을 실체화하고 있는 것이다.

그는 생산기구 아래로의 인간들의 굴복을 야기하고 강화하고 봉인하는 사회경제적 인간관계를 주제화하는 것을 더이상 의미있는 것으로 간주하지 않는다(같은 책, 161면). 그는 지배와 예속의 사회경제적 조건을 뒤로 밀어내고 경제적 운동을 최종적으로 기술적 메커니즘으로 대체하려는 것처럼 보인다. 사회경제적 예속은 기술적으로 합리적인 생산기구에 의해 한낱 "은폐되는 것"(같은 책, 52면)이 아니라, "기계의 물리적(단지 물리적이기만 한가?) 권력"(같은 책, 23면)에 의해 "도구로서, 하나의 사물로서 존재하는 순수형태의 예속"으로 변한다. 이 변화된 예속상황을 그는 "기술적 형태에 의한 사물화"라고 명명한다.(같은 책, 53면) (예속성과 도구성을 등치시키는 이 비유적 등식이 개념적으로 올바른 것인지에 관한 문제는 나중에 다루겠다.)

지배와 예속의 사물화는 맑스에게 사물들이 이것의 소재적 기능에 있어 인간 일반을 사물처럼 취급하는 지배자인 양 느끼는 인식주체의 '의식상'의 허상이다. 따라서 이 허상에서는 실재의 지배심급이 도외시(사상)된다. 자본가든 노동자든 인간 일반은 사물들 앞에서 동일하게 노예로 현상한다. 이 허상적 추상을 '교리적으로' 대상적 실체로 전화시키는 자는 사물적 기구를 지배의 주체로 등극시키고 역으로 여기에 종속된 노동자들을 단순한 사물로 규정하기에 이른다. 맑스는 경고한다. "이러한 오류는 이데올로기적 관점에서…쉽게 저질러진다"(43: 98면). 이 허상적 추상의 실체화가 "소득원천의 자연필연성과 영구적 정당화를 선언하고 교리로 격상시킴으로써 지배계급의 이익에 조응하기"(25: 839면) 때문이다. 이러한 실체화로 인해, 아니 바로 이러한 실체화 조작 때문에만 마르쿠제는 노동자들을 진짜 사물로 격하시킬 수 있는 것이다.

한걸음 더 나아가 마르쿠제는 사물화의 원인을 '기술적 형태'에 귀착시킨다. 이로써 자신의 처지에 대한 아무런 통찰도 지니지 않고 따라서 "이제 역사적 변혁의 주체가 아닌" 예속의 '순수형태'가 완성된다(Marcuse 1967, 15면). 여기서 그는 지배-예속관계의 기술물신주의에 빠져들고 있다. 이 기술물신주의에의 퇴락은 "기술물신주의에 대한 자신의 경고"(같은 책, 246면)에 의해서도 상쇄될 수 없는 것이다. 이 경고에서 구사되는 마르쿠제의 '기술물신주의' 개념은 역사진보를 기술진보의 자동적 결과로 관념하는 기술주의적 이데올로기만을 뜻하기 때문이다. 말하자면 그는 지배-예속관계를 일단 자본의 사물('생산기구')로 환원하고 다시 이것을 이 사물의 **기술적 운동논리**로 환원하고 있는 것이다. (그는 생산기구의 정치경제학적 '자본가치'나 기술변동에 의해 창출되고 은폐되는 테크노크라트적·관료적 권한 또는 권위의 새로운 사회적 관계에 대한 인식을 철저히 배제하고 있다.) 이로써 그는 자본물신주의와 기술물신주의라는 이중적 물신주의에 빠져들고 있는 것이다.

(4) 본질주의적 기술비판——지배합리성과 노동합리성의 갈등관계의 평면화

마르쿠제의 좌익비관주의적 기술관은 생산과정의 기술변동에 관한 그의 그릇된 분석을 추동한 저 이중적 물신주의에만 근거하는 것이 아니다. 이 기술관의 뿌리는 더 깊이 내려간다.

마르쿠제의 경우 기술은 추상적인 '기술적 합리성'으로 나타나는가 싶으면 어느새 곧 '생산력'으로 둔갑한다. 순수한 관념 속에만 출몰하는 **추상물** '기술' 또는 기술적 합리성은 물론 **무정형적**인 반면, **실제적** 기술은 결코 일정한 목적에 무차별적이지 않다. 구체적 기술과 구체적 목적은 **상호 침투하는** 법이다(이 대목에서는 헤겔의 목적과 수단의 변증법을 상기하기만 하면 된다). '기술적 합리성' 개념의 원조인 막스 베버조차도 이 점을 인정하고 있다. "일정한 사용목적이 기술적 시초의 근저에 놓여 있다는 사실은 기술적 합리성의 문제와 순수개념상⋯원칙적으로 무관한 것이지만 물론 실제 그런 것은 아니다"(Weber 1985, 33면). 기술은 인간관계의 지극히 특수한 정황하에서만 '생산력'으로 기능한다. 기계는 지배기술, 전쟁파괴기술, 의료기술, 미학기술, 유희기술 등 경제외적인 기술일 수도 있기 때문이다. 실제적 기술은 그 성격과 사용목적상 좋은 것일 수도 있고(생산적, 노동해방적, 편의적, 안전한, 위생적, 환경친화적), 나쁠 수도 있는 것(가령 억압적, 파괴적, 살인적, 환경적대적인 경우)이라서 결코 가치중립적인 것이 아니다. 따라서 특정한 기구, 조직기술 등은 거의 손쉽게 바꿔치기할 수 없는 것이다. 가령 재봉틀과 자동차 조립용 산업로보트는 둘 다 노동기계지만 전쟁용 기계와 노동기계만큼이나 상호 교체될 수 없는 법이다.

물론 생산력으로 투입된 일정한 노동기술의 사회경제적 결과도 다양할 수 있다. 기술의 자본주의적 활용은 일단 순수 노동기술적이다. 그러나 이 기술을 통해 제고된 노동생산성은 자본주의적 메커니즘 속에서 상대적 잉여가치의 획득, 상대적 잉여인구의 창출, 노동의 단순화(새로운 분업의 가능성) 등으로 귀착되고 결국 간접적으로 지배권력의 사회경제적 강화로 귀결된다. 지배권력의 이러한 강화는 물론 노동기술적 기계체계 그 자체와 결부된 것이 아니라 생산력의 특수한 **자본경제적** 운동방식과 결부된 것이다.

자본주의적 생산관리는 "이중적 성격"을 지니고 있을 뿐만 아니라 "한편으로 생산물의 제조를 위한 사회적 노동과정이면서 다른 한편으로 자본의 가치증식과정인, 관리되어야 할 생산과정의 모순성으로 인해 내용상 모순적이기도 하다"(23: 351면)는 것, 말하자면 순수한 지도와 억압적 지배의 상극적(相剋的) 혼효물이라는 특색을 안고 있다. 이 대목에서 사태는 매우 복잡해져 유일한 본질주의적 단일 테제로 환원될 수 없게 된다! 일정한 방법과 기구는 ①순수한 관리기술(이것은 순수관리가 협업의 매개를 위해 필수적인 노동인 한에서 노동기술이다)로서, ②순수한 지배기술(가령 작업장의 은닉된 감시모니터, 주체성을 조절하는 행태규제기술 등), ③지배기술이면서 동시에 순수한 관리기술(가령 정보통신기술로 중앙집중화된 데이터 뱅크)로 적용될 수 있다. 첫번째의 순수한 관리기술은 해방된 사회에서도 넘겨받을 수 있지만 두번째 지배기술은 폐기해야 할 것이다. 이 지배기술은 지배 이외의 다른 목적에 사용될 수 없기 때문이다. 두 측면을 모두 포함하고 있는 세번째 기술에는 분석적으로 접근해야 할 것이다. 이 기술의 노동기술적 요소가 지배기술적 요소로부터 해방되는 경우에만 넘겨받을 수 있기 때문이다. 이 경우에는 완전한 기술적 개조를 수반할 것이다.

전체적으로 보면 자본주의적 생산과정의 기술들은 노동기술과 지배기술의 모순적 복합체이다. 여기에서 '기술 일반'의 공허한 개념으로 작업하는, 기술의 '본질'에 대한 총괄규정의 본질주의적 방법은 극력 회피되어야 할 것이다. 이 점은 국가행정의 경우에도 마찬가지이다. "국가에서 정부의 감독 및 전측면적 개입의 노동은 모든 공동체의 본성에서 유래하는 공동업무의 수행과 함께 정부와 인민대중의 대립에서 생겨나는 특수한 기능, 이 양자를 모두 포함하기 때문이다"(25: 397면). 자본주의적 기업과 국가의 '목적합리성'이란 따라서 노동기술적 합리성과 지배기술적 합리성의 모순적인 강제통합이고 이런 한에서 비합리적인 것이다.

'합리화'를 통한 자본주의적 생산성(수익성)의 제고는 항상 이 두 가지 합리성에 근거한다. "자본은 ①잉여노동을 위한 강제로서 생산적이고, ②사회적 노동의 생산력과 일반적인 사회적 생산력의 흡수체 및 점취자로서 생산적이기 때문이다"(26.1: 368면). 지배기술적 합리성과 노동기술적 합리성은 본래 상호 배척하고 핵무기와 산업기술처럼 상호 대체할 수 없는 것이다. 하지만 자본은 수익성의 제고가 어떤 합리성에 더 많이 근거한 것인지에 대해 무차별적이다. 바로 이런 이유에서 두 가지 상호 모순적인 합리성은 '목적합리성' 또는 '기술적 합리성'이라는 베버의 개념 속에 미분화된 채 혼효될 수 있었던 것이다. 그러나 사회비판이론의 해방적 관점에서 이 두 합리성은, 양자의 구별이 자본주의적 현실 속에서 아무리 어려울지라도 엄격히 구분되어야 할 것이다. "다른 모든 곳에서와 마찬가지로 여기에서도 사회적 생산과정의 발전에 근거한 큰 생산성과 자본주의적 착취에 근거한 더 큰 생산성은 구별해야 하기"(23: 445면) 때문이다. '사회적 생산과정의 발전에 근거한 생산성', 즉 노동기술적 합리성만이 맑스의 생산력을 뜻하기 때문이다. 해방된 사회에 의한 기존 생산력의 역사적 상속에 관한 맑스의 테제란 지배기술적 기술체계도 포함하는 모호한 '기술적 기구' 일반이 아니라 오직 노동기술적 기구 또는 노동기술적 합리성만을 염두에 둔 것이라는 필자의 이해는 맑스에 입각할 때 지당한 것이다.

그러나 마르쿠제는 맑스를 다음과 같이 무고하고 있다. "고전적 맑스 이론은 자본주의에서 사회주의로의 이행을 혁명으로 관념한다. 프롤레타리아는 자본주의의 정치적 기구는 파괴하지만, 기술적 기구는 보존하고 사회화에 복속시킨다. 혁명 속에는 하나의 연속성이 있는 것이다. 비합리적인 제약과 파괴로부터 해방된 새 사회의 기술적 합리성은 보존되고 자신을 완성한다"(Marcuse 1967, 42면). 왜냐하면 "이 기술적 합리성은 모든 생산력의 사회주의적 발전을 위한 전제조건으로 남아 있기"(같은 책, 43면) 때문이다. 마르쿠제는 여기서 '기술적 기구'(지배기술적 기구와 노동기술적 기구의 혼효물)니 '기술적 합리성'(지배기술적 합리성과 노동기술적 합리성의 혼합물)이니 하는 애매하기 짝이 없는 개념들을 가지고 사유하고 있다. 그는 바로 이어서 '기술적 기구'를 지배기술적 기구로, '기술적 합리성'을 지배기술적 합리성으로 슬그머니 단순화하여 맑스를 비판한다. "하지만 기존의 기술적 기구가 사회의 모든 영역들의 공적·사적 생존을 삼켜갈수록, 즉 노동하는 계급들을 통합한 정치적 우주 안의 통제와 결속의 매체가 되어갈수록 양적 변화는 기술적 구조 자체의 변화를 초래하게 될 것이다"(같은 곳). 기술화의 양적 증대를 슬그머니 정치적 지배통제('정치적 우주 속의 통제')의 증대로 바꿔치기하고 여기로부터 기술의 성격이 변하여 기술 그 자체에 지배성격이 내재하게 된다는 테제를 도출하고 있다. 따라서 자본주의의 기술적 생산력의 사회주의적 상속을 가정한 맑스의 혁명적 이행론은 문제가 있다고 비판한다. 그러나 이론적 비판의 방향은 맑스의 테제가 아니라 마르쿠제 자신의 베버주의적으로 호도된 '기술적 합리성' 개념을 겨냥해야 할 것이다.

가령 베버에 의하면 지배도구로서의 관료체제는 기술적으로 가장 효율적인 행정이고 따라서 이 기술적인 효율성만을 유일한 목적으로 간주하면 어떤 근대사회에서도 '피할 수 없는' 행정원리이다. 스스로 관료체제를 지배기구로 규정하면서도 관료체제를 기술적 효율성의 관점에서 특징짓는 베버의 이런 관념 속에는 관료체제의 두 원리적 요소인 노동기술적 요소와 지배기술적 요소가 구별할 수 없이 혼동되고 있을 뿐만 아니라 '기술적 효율성'이라는 말로 간단히 상호 동치(同値)되고 있기까지 하다. 본질적으로 대척적인 두 개의 합리성들이 베버에게서는 무차별적으로 동일한, 단일한 합리성으로 등장한다(이 책 제2장 참조). 이런 고찰방식은 위에서 언급한 자본의 무차별성 원리를 그대로 반영한다. 그리하여 베버에 있어서 줄곧 '합리성'은 노동기술적 합리성을 뜻하다가 슬그머니 지배기술적 합리성으로 둔갑하기도 하고 또 역으로 지배기술적 합리성을 뜻하다가 슬그머니 노동기술적 합리성으로 둔갑하기도 한다.

따라서 막스 베버가 지배도 내포하는 단일한 합리성의 **이중의미**를 다시 한번 은폐하고 있다고 마르쿠제가 베버를 비판한다면(Marcuse 1965 참조) 이 비판은 부정확한 것이다. 베버 자신도 이른바 이 '이중의미'를 잘 알고 신비적 논법을 구사하기까지 하고 있다. 그는 관료체제를 대중업무의 처리(즉 사무노동)의 기술적 효율성에 있어서 능가할 수 없는 완벽성을 지닌 것으로 규정하면서 이런 이유에서 불가피하게 극단적으로 확장되는 '합리적' 관료체제를 '예종의 가막소'라고 갑자기 경고하고 있지 않은가? 그러나 우리가 밝혀 보여야 하는 문제의 요점은 베버가 합리성의 이중성을 인식했는지 은폐했는지 여부가 아니라 마르쿠제도 베버와 동일한 차원에서 사유하고 있다는 것이다. 마르쿠제도 베버처럼 두 개의 이질적 합리성들(노동효율과 지배효율)을 **단일한** 기술적 합리성의 **이중본성**(Doppelnatur)으로 오해하고 있다. 베버와 마르쿠제 사이에는 단지 표현적 차이만 약간 있을 뿐이다. '근대적 합리성'의 지배성격은 베버의 경우 이 합리성의 확장이 극단화되는 경우에야 비로소 견딜 수 없는 것이 되는 반면, 마르쿠제의 경우 기술적 선험성은 그 자체가 정치적 선험성이다. "기술이 물질적 생산의 포괄적인 형식이 되었기" 때문이다. "기술은 이제 문화 전체를", 따라서 "역사적 전체성을 바꿔 쓰고, 그리하여 하나의 세계를 기획한다."(Marcuse 1967, 168면 이하) 따라서 마르쿠제에게도 관료적 행정은 지배기술적으로 가장 합리적인 통제를 가능케 하는 "전면적 행정"(같은 책, 55면)으로 출몰하기도 하고 동시에 생산의 자동화를 촉진시키는 노동기술적으로 가장 합리적인 행정으로 둔갑하기도 한다. 따라서 관료체제를 전면화한 "쏘비에뜨체제에서 자동화는 더 급속히 이루어진다"(같은 책, 57면)는 것이다. 전면적으로 관료화된 옛 쏘비에뜨체제의 기술적으로 썩어 문드러진 국민경제를 볼 때 마르쿠제의 이 베버주의적 몽상은 얼마나 가련한 것인가!

합리성의 자본주의적 희화(戲畫)를 그대로 통역하는 저 미분화된 '기술적 합리성' 개념이 마르쿠제의 두뇌 속에서 야기하는 이 지독한 혼돈으로 인해 노동기술적 합리성과 지배기술적 합리성은 잠재적 또는 명시적 상호모순에 처해 있는 것이 아니라 오히려 직접 상호 동일화되고 있다. 그리하여 하나의 단일한 합리성이 지배기술적 합리성으로 둔갑하기도 하고 곧 노동기술적 합리성으로 둔갑하기도 한다. 생산성 향상과 지배강화의 연관은 **본질적으로 이종적(異種的)인** 합리성들의 비합리적 강제결합이 아니라 베버의 경우와 마찬가지로 마르쿠제에 있어서도 단일한 합리성의 "이중적 의미"(같은 책, 161면), 즉 **야누스적 면모**를 이룬다.

그러나 합리화의 이 이중적 의미는 마르쿠제에 의하면 "과학의 특유한 사회적 적용의 결과"일 뿐 아니라 "아직 어떤 실천적인 목적이 의도되지 않는 단계에 있는 순수과학에도 이미 내재하는 일반적 방향"(같은 곳)이다. 또한 "자연의 과학은 자연을 잠재적 수단으로, 통제와 조직을 위한 소재로 기획하는 기술적 선험성성하에 발전한다. 자연을 (가설적인) 수단으로 파악하는 것은 모든 특수한 기술적 조직의 발전을 선행하는 것이다"(같은 책, 168면). 그리하여 "자연과학적 방법의 이 가장 내밀한 도구주의적 성격"은 지배 또는 강권의 논리라는 것이다(같은 책, 169, 172면).

"기술진보의 부단한 동학(動學)은 정치적 내용에 의해 삼투되었고 기술의 로고스는 계속되는 지배의 로고스로 이전되었다. 기술의 해방적 힘——사물의 도구화——은 해방의 족쇄로 전도되어 인간의 도구화로 변한다"(같은 책, 172면). 따라서 심지어 다음과 같은 테제도 타당한 상황이 도래한다. "개념적 사유와 행태로서 이성은 필연적으로 강권, 지배이다. 로고스는 인식에 근거한 법칙, 규칙, 질서이다. 사유는 특수한 사례들을 일반자 아래 포섭함으로써 특수한 사례들에 대한 지배강권을 획득한다. 사유는 이 특수한 사례들을 파악할 수 있을 뿐만 아니라 이것들에 대해 영향을 가하기도 하고 이것들을 통제하기도 한다"(같은 책, 181면 이하). 이 얼마나 포스트모던적인 명제인가? 1964년 이미 마르쿠제는 1980년대 이후의 포스트모더니즘을 선취하고 있다.

이것으로써 기술적 합리성 및 기술의 지배성격에 관한 논증은 완결된다. "점점 효율화되는 자연지배를 야기하는 과학적 방법은 자연지배를 매개로 점점 효율화되는 인간에 대한 인간의 지배를 위한 도구들과 같은 순수개념들도 제공한다. …오늘날 지배는 기술을 매개로 해서(vermittels)뿐만 아니라 기술로서(als) 영구화되고 확장된다"(같은 책, 173면). 이렇다면 사회해방은 과학과 기술 자체의 변혁 없이 생각할 수 없다. 아닌게아니라 마르쿠제는 '새로운 과학'(Neue Wissenschaft)의 꿈을 피력한다(같은 책, 181면). 그러나 과학화된 기술의 소위 내재적인 지배성격을 근대과학의 방법으로부터 도출하려는 마르쿠제의 이 철학적 시도는 비유어들의 혼성물을 가지고 전개하는 궤변적 오(誤)추리 외에 다른 것이 아니다. 그는 여기서 개념이 아니라 비유적 어법을 구사하여 '기술적 합리성'이라는 자본주의적 일상 개념의 통역을 수행하고 있다.

(5) 마르쿠제의 지배개념의 비유적 오추리

마르쿠제에 있어 지배는 인간의 '도구화'를 뜻하고 노예임은 도구 또는 수단임을 뜻한다. 이러한 비유로써 슬그머니 그는 인간지배와 자연지배가 동일한 '도구화'의 논리를 따르고 자연지배의 기술(노동기술)이 인간지배의 기술(지배기술)과 본질적으로 동일하다고 전제하고 있다. 그런데 이러한 추리 속에는 과학적 토론에서는 허용될 수 없는 비유적 등식들, 가령 노예화=도구화=자연지배가 숨겨져 있다.

옛 노예소유주들은 주지하다시피 노예를 '말하는 도구'(instrumentum vocale)로 규정하여 '반쯤 말하는 도구'(instrumentum semivocale, 동물) 및 '말 없는 도구'(instrumentun mutum, 노동도구)와 함께 생산수단에 귀속시켰다. 그러나 노예주들의 이러한 이데올로기적·법기술적인 비유는 당시에도 아무런 현실연관성이 없는 것이었다. 노예는 실은 사물도 아니고 동물도 아니고 인간적 육체, 자기의식, 의지를 가진 인간이었기 때문이다. "노예 자신은 동물과 노동도구로 하여금 자신이 이것들과 같은 것이 아니라 인간이라는 것을 느끼게 해준다. 그는 동물과 노동도구를 학대하고 재미로(con amore) 망가뜨림으로써 이것들과 자신의 차별의 자부심을 확보하였다"(23: 210면 각주). 노예는 실제로 '도구'라는 범주로 파악될 수 없는 존재였다. 지배와 예속의 문제를 다루는 데 있어서 목적-수단(도구)의 범주는 아무런 도움을 주지 않는다. 어떤 사물이나 인간이 다른 사람의 수단으로 기능하는 모든 관계가 지배-예속관계는 아니기 때문이다. 그런 관계로는 기계적인 목적-수단관계도 있을 수 있고 사기(詐欺)행위 또는 두 상인이 서로서로를 수단으로 이용하는 상업관계, 한 파트너가 사랑, 우정, 연대에서 상호적으로 다른 파트너를 자신의 이익에 따라 움직이도록 부탁하는 사랑, 우정, 연대관계일 수도 있기 때문이다. 간단히 말하면 지배-예속관계는 목적-수단관계에서 도출되는 것이 아니라 오히려 **남의 의지**의 강제적 장악으로 말미암은 것이다. 맑스는 지배의 본질을 다음과 같이 간명하게 규정하고 있다. "남의 의지의 장악은 지배관계의 전제이다"(42: 408면).

한편 '자연지배'라는 말도 인간이 자연을 자신의 이익을 위해 작용하도록 하는 생산적 자연가공에 대한, 학술적으로 무용한 비유적 표현이다. 인간은 의지 없는 자연을 가공하고 소유하고 점취하고 이용하고 거기에 거주하고 먹고 마시고 파괴하고 오염시킬 수 있지만, 엄격히 말하면 지배하거나 억압할 수는 없기 때문이다. 맑스는 말한다. "동물이 봉사한다고 하더라도 동물, 토지 등과는 이것들의 점취를 통해 어떤 지배관계도 성립할 수 없다. … 가령 동물 등과 같이 **의지가 없는 것**은 봉사할 수는 있지만 자신의 소유권자를 지배자로 만들지는 못하는 법이다"(42: 408면). 따라서 '의지 없는' 자연에 대한 '지배'란 어불성설이고 '자연지배'라는 비유적 표현에 힘입어 이것과 인간지배의 본질적 동일성을 암시하려는 것도 불가능한 노릇이다. 인간이 노동을 통해 '의지 없는' 자연을 생산적으로 가공할 수 있되 엄격히 말해 '지배'할 수는 없는 한, 생산적 자연가공과 인간지배는 본질적으로 서로 다른 것이다. 따라서 자연가공(노동)의 기술(따라서 노동기술적 합리성)과 인간지배의 기술(따라서 지배기술적 합리성)은 마찬가지로 **본질적으로 다를 뿐 아니라 경우에 따라 상호 배척·갈등하는** 것이다. 생산력 발전을 저지하는 자본의 지배-예속관계도 동일한 이유에서 "자본의 해소의 효인이고 자본의 고루성의 문장인 것이다"(42: 408면). 노동기술적 합리성의 발전, 즉 노동의 사회적 생산력의 발전이 일정 단계에 도달하면 노동지배에 기초한 기존의 생산관계와 갈등하게 된다는 것은 맑스 유물사관의 근본테제가 아니던가!

물론 자본주의적 우주 안에서 자본은 '포괄적인 주체'로서 자연가공(노동)을 인간지배와 강제적으로 결합시킴으로써 역사의 일정한 단계까지 노동기술적 합리성의 발전을 지배기술적 합리성의 발전과 통합시켜왔다. 그러나 자연과학이 자신 쪽에서 능동적으로 "자신의 고유한 방법과 개념에 근거하여 자연지배가 인간의 지배와 결합되는 우주를 기획하고 촉진시킨다"(Marcuse 1967, 180면)는 마르쿠제의 테제는 자연과학의 '지극히 내밀한 도구주의적 성격'에도 불구하고 상상할 수 없다. 실은 언제나 이러한 특유한 우주를 능동적으로 기획하고 촉진시키는 것은 과학 자체를 도구화하는 자본의 지배이익일 뿐이다.

또한 '자연의 도구화'도 위에서 십분 논증된 이유에서 논리적으로 인간지배와 아무런 관계가 없다. 따라서 '과학의 지극히 내밀한 도구주의적 성격'을 입증했다고 해서 과학이 자본주의적 지배세계의 기획을 위한 내재적 힘을 자본처럼 분출한다는 것을 논증하기 위한 어떤 논리적 근거도 마련되지 않는다. '자연지배'라는 말을 이 경우에는 비유적으로 저 경우에는 논증적으로 구사하는 마르쿠제의 논술은 심지어 지배개념의 신비적 파괴로 귀착되고 있다. "평안은 자연에 대한 지배를 전제한다. …그러나 두 종류의 지배가 존재하는데 억압적 지배와 해방적 지배가 그것이다"(같은 책, 247면). 남의 의지의 강제적 장악으로서의 지배가 동시에 해방적일 수도 있단 말인가? '해방적' 지배란 '뜨거운 얼음' 같은 형용모순인 것이다.

마르쿠제는 이러한 지배개념의 비유적 취약성으로 말미암아 지배로서의 기술(Technik als Herrschaft)에 대한 본질주의적 일괄비판(Pauschalkritik)과 생산력으로서의 기술의 정치적 결백성 테제 사이에서 동요한다. 그는 한편으로 기술의 내재적인 지배성격을 주장하면서도 해방기획으로서 기존의 기술적 합리성 자체의 전면적 변혁에 관해서가 아니라 겨우 기술진보의 '새로운 방향'에 관해서만 운위하고 있다(같은 책, 239면). 따라서 기존의 합리성은 그대로 변함없이 남는다. 기술진보의 방향을 통제하는 가치들만 변한다는 것이다. "기존의 기술적 토대는 욕구의 충족과 힘든 노동의 감축을 가능케 한다. 그것은 모든 형태의 인간적 자유를 위한 진정한 토대로 남아 있다. 질적인 변혁은 오히려 이 토대의 개조, 즉 **다른 목적을 향한** 발전에 있다"(같은 책, 242면).

그러나 정치경제학 비판을 대체하는, '지배로서의 기술'에 대한 일괄비판을 위한 마르쿠제의 전략은 그 자체 이론적으로 근거 없는 것일 뿐만 아니라 독점자본가들과 대자본가들이 최종적으로 발언권을 장악한 현실을 이데올로기적으로 다시 한번 은폐하는 데 무의식적으로 기여한다. 마르쿠제의 비판전략은 비판의 과녁을 자본에서 기술로 이동시키기 때문이다. 그러나 참된 사회비판의 과업은 자본지배의 모든 허상(사물적 허상이든 기술적 허상이든)을 해체하고 실재적 지배심급을 명료히 '폭로하는 것'(Marx)이다. 기술적 사물화를 자포자기 심정에서 비판적 색깔로 단순히 재생산하는 마르쿠제의 입장은 독점부르조아의 환희에 찬 기술물신주의와 색깔에 있어서만 다를 뿐이다. 그것은 또한 자연과학과 기술의 비약적 발전에 의해 평가절하된 인문주의적 교양부르조아를 특징짓는 기술허무주의 및 기술비관주의와도 다를 것이 없다.

선진자본주의 국가들의 오늘날 노동운동은 물론 혁명적이지 않고 부문 또는 경우에 따라서는 심지어 보수적이기까지 하다. (여러 번 강조하였듯이 19세기에도 적지 않은 유럽 노동운동 세력들은 혁명적이지도 개혁적이지도 않았고 부르조아의 '꼬리'에 지나지 않았다.) 하지만 이러한 개별적 사례를 예외로 하면 오늘날 노동운동은 전반적으로 볼 때 "사회적 결속의 위험한 효소"(같은 책, 267면)가 아니라 개혁지향적이다. 그것은 모든 성격변화에도 불구하고 수많은, 그러나 무력한 종파집단이나 '새로운 사회운동'에 의해 대체될 수 없는 진보적 세력이다. 노동조합이라기보다 숙련노동자들의 흡사 직업단체적인 결사체인 미국의 미국노동총연맹-산별노조협의회(AFL/CIO)를 염두에 두고 있는 듯한 마르쿠제는 유럽 노동운동이 평화적 개혁으로 방향을 전환하는 것을 목도하고 즉각 이 미국적 예외를 주요 추세로 일반화하여 이론과 실천의 신노선을 강구하기는커녕 노동운동에 대한 비방으로 전락하고 있다. 그러나 "적어도 현실적으로 의미있는 해방이론이라면 노동운동의 좀슨 사건들로부터 유래하는 상투적 정식에 사로잡혀 있어서도 안되지만 상품형태적 사물화와 총체적 사회화의 지배적 추세를 엄중히 폐쇄하고 모순도 없는 부정적 유토피아로 농축하는 것도 적절치 않은 것이다"(Hirsch 1990, 124면).

마르쿠제에 의하면 "보수적인 토대민중 밑에 위치하는 천민들과 국외자들의 기층만이 혁명적이다." 왜냐하면 "이들의 반대는 체제를 외부로부터 타격하고 게임의 규칙을 위반하기 때문이다."(Marcuse 1967, 267면) 그러나 이것은 순전한 환상이다. '천민들과 국외자', 즉 룸펜집단은 분산되어 있고 역사상 단 한번도 혁명적이지 않았고 또 현재도 혁명적이지 않으며 기율 바른 투쟁도 할 능력이 없다. 게다가 룸펜프롤레타리아는 "절대적으로 매수될 가능성이 높고 절대적으로 시건방져서"(16: 398면) 예나 지금이나 자신의 독력으로 자신을 해방할 수 없다. 오직 마르쿠제에 의해 모멸받는 평화적 노동운동의 개혁지향적인 경향을 가능한 한 깨어 있도록 유지하고 강화하는 것과 이 노동운동을 시의에 따른 그때그때의 여타 사회운동들과 성공적으로 결합시키는 것만이 '천민들과 국외자들'의 문제도 아울러 해결해나갈 수 있을 것이다.

정치경제학 비판에 대한 마르쿠제의 평가절하와 일괄적 기술비판은 쉽사리 한편으로 노동의 존재론적 평가절하로 이어지고 다른 한편으로는 생산의 평가절하로 이끌어질 수 있을 것이다. 하버마스는 자신의 독자적인 입장에서 이 양자를 감행한다.

(6) 하버마스의 본질주의적 기술보수주의

하버마스는 일단 '지배로서의 근대기술'이라는 마르쿠제의 본질주의적 명제의 '난점들'을 지적한다. 그에 의하면 마르쿠제의 신비적인 '새로운 과학' 이념은 "유대교적이고 프로테스탄트적인 신비론의 전통에서 친숙한 '전락한 자연의 소생'이라는 약속과 연관되어 있다"(Habermas 1969, 54면). 따라서 그는 이 이념을 단호하게 거부한다.

이런 사고에 끝내 대항하는 사실은 근대과학이 적어도 대안적 기획이나마 생각해볼 수 있는 경우에만 역사적인 일회성 프로젝트로서 이해될 수 있을 것이라는 점이다. 한걸음 더 나아가 대안적인 새로운 과학은 새로운 기술의 정의를 포함해야 한다. 이러한 고구(考究)는 우리를 정신이 들게 만든다. 기술은 무릇 어떤 기획으로 환원된다면 역사적으로 넘어설 수 있는 프로젝트로가 아니라 누가 뭐래도 인류 전체의 '프로젝트'로만 환원될 수 있기 때문이다. (같은 책, 55면)

마르쿠제는 자연에 대한 대안적인 해방적 태도를 주장하고 있지만, "이것으로부터는 새로운 기술의 이념이 획득될 수 없다." 자연을 "기술적 조작이 가능한 대상(Gegenstand)"으로서가 아니라 "상대방"(Gegenspieler)으로 대하는 것은 "아직 불완전했던 간주체성의 차원에 속하는 것"이다. (같은 곳) 이에 대해 하버마스는 자연에 대한 인간의 기술적으로 정초된 독백적 행위와 인

간들끼리의 규범매개적인 대화적 행위 간의 차이를 거듭 힘주어 강조하고
있다. 이 두 유형의 행위는 상호 배제한다. 마르쿠제 테제의 취약성에 대한
이러한 비판 후에 하버마스는 자신의 기술관을 선보인다.

> 아르놀트 겔렌(Arnold Gehlen)은 우리에게 알려진 기술과 목적합리적 행
> 위의 구조 간에 내재적인 연관이 존재한다는 사실을 지적한 바 있는데,
> 나에게는 이것이 거부할 수 없이 타당한 것으로 느껴진다. 우리가 성공지
> 향적 행위의 기능범위를 합리적 결정과 도구적 행위의 결합으로 이해한다
> 면, 기술의 역사를 목적합리적 행위의 단계적 객관화의 시각에서 재건할
> 수 있다. (같은 책, 55면 이하)

말하자면 기술은 "마치 인류가 인간 유기체에 고정된 목적합리적 행위의
기능범위의 기초적인 구성요소들을 차례로 기술적 수단의 차원에 투사하고
상응하는 기능으로부터 면해지는 것과 같은" 해석모델에 그대로 들어맞는다
는 것이다. 처음에는 손과 발(운동기관), 다음은 인간육체(동력생산), 다
음은 눈·귀·피부(감각기관), 마지막으로 두뇌(조절기관)가 강화되거나
대체되었다. 기술발전은 "노동의 구조에 조응하는 논리"를 따른다는 것이
다. 우리는 인간적 자연성의 조직이 변화되지 않는 한 "우리의 기술"을 포
기하고 질적으로 다른 기술을 선택할 수 없는 것이다. (같은 책, 54면)

하버마스는 기술을 여기서 '우리의 기술'로, 즉 노동기술 또는 생산력으로
일괄 긍정하고 있다. 그는 여기서 근대 기술의 기획을 개인적 수공업 모델
과 등치시키고 기술이 오직 노동하는 인간적 기관(器官)의 구조에만 조응하
는 것으로 생각하고 있다. 따라서 기술을 **신체기관적** 노동기능의 투사로 이
해하는 이 기술관은 다음과 같은 작은 대항질문만으로도 붕괴하고 만다. 비
행기나 우주로케트는 인간의 어떤 유기체적 기능을 대체한 것인가? 인간은
날개가 없다. 하버마스는 인간의 유기체적 기능범위를 초월하는 다양한 목
적들이 기술에 대해 가하는 규정성을 망각하고 있는 것이다.

게다가 그는 목적합리적 행위 일반을 노동(생산)과 등치시킴으로써 기술
이 생산적 목적 이외의 수많은 다른 목적과 행위구조(지배, 전쟁, 유희, 예
술, 의료행위 등)에 따라 발전했고 또 발전할 것이라는 사실을 완전히 간과

하고 있다. 가령 하버마스가 의도하지 않게 인정하고 있듯이 (같은 책, 79, 96 면), 전쟁기술, 지배기술, 고문기술, 행태통제와 인성전환기술 등도 있는 것이다. 마찬가지로 "어떤 한 시대나 일정 계급, 과거로 흘려보낼 수 있는 어떤 상황의 프로젝트가 아니라 인류 전체의 프로젝트"(같은 책, 57면)인 이 모든 기술들은 노동기술이 아니다. 즉, 이런 기술들은 모두 '해방적 인류이 익'의 관점에서 절대적으로 비판될 수 있다. 하버마스가 기술 일반을 노동 기술로, 목적합리적 행위를 노동으로 환원하는 것과 이를 통해 가능해지는 기술 및 목적합리적 행위의 본질주의적 일괄 긍정은 이후의 중대한 오류들 을 야기하게 된다.

요약하자면 마르쿠제는 기술 그 자체가 지닌 생산력과 지배로서의 '내적 인 이중의미'를 공격하는 본질주의적 기술비판을 시도한 반면, 하버마스는 기술 일반을 생산력으로 일괄 긍정하는 본질주의적 기술보수주의를 취하고 있다. 이 입장에 서서 하버마스는 다만 기술이 수행하는 외적인, 사후적인 이데올로기 기능만을 비판하고자 한다(같은 책, 60면).

(7) 하버마스의 자유주의적 경제주의와 노동가치론의 제거

기술의 이데올로기 기능을 설명하기 위해 하버마스는 일단 '목적합리적 행위'로서의 노동(Arbeit)과 '소통적 행위'로서의 상호작용(Interaktion)을 대 별한다. 목적합리적 행위로서의 노동은 다시 기술적 규칙에 따르는 '도구적 행위'와 전략을 따르는 '합리적 선택'으로 구분된다. 소통적 행위는 의무적 으로 통용되는 규범에 입각한 상징매개적 상호작용으로 정의된다(같은 책, 62 면). 이에 따라 하버마스는 생산력과 생산관계의 연관을 '노동과 상호작용의 보다 추상적인 연관'으로 대체한다(같은 책, 92면).

이 행위이론에서는 경제적 지배심급과 착취심급이 들어설 자리가 없다. 맑스에 의하면 여러 자본주의적 생산관계들 가운데 핵심구조적인 생산관계 는 지배와 착취 관계, 즉 자본관계이다. 이 지배와 착취 기제는 하버마스의 이론모델에 엄격히 입각하자면 목적합리적 행위에도 또 소통적 행위에도 속 하지 않는다. 또한 이 지배심급은 '목적합리적 행위의 하부체계'(기업과 국가)에도 귀속시킬 수 없다. 하버마스는 앞서 목적합리적 행위를 노동과 등치시키고 있기 때문이다. 그래도 그가 지배를 이 '목적합리적 하부체계'에 귀속시키면, 그는 착취당하고 지배당하는 노동을 착취하고 지배하는 행위와 등치시키는 것이 되고 만다. (그러나 지배를 '착취하는 노동'으로 규정하여 '착취당하는 노동'과 등치시키는 것은 맑스에 의하면 속류경제학자들의 오래된 사기술이 아니던가!)

다른 한편 자본관계는 '상호작용'에 귀속될 수도 없다. 자본관계는 사후적으로 어느정도 개별기업적 또는 국가 차원에서 언어적 소통을 통해 규범적으로 보증될 수 있을지라도 일차적으로 **말없는, 가치매개적인 물질적 이해관계**에 따라 창설, 유지되는 것이다. 이에 반해 하버마스의 '상호작용'은 '의무적으로 통용되는 규범', 즉 상부구조적 요소만을 따른다. 핵심구조적 지배관계의 이러한 마술적 은폐로 말미암아 하버마스의 이론체계에서 '지배'나 '억압'은 난데없이 갑자기 출몰한다. 하버마스의 자본주의 경제관은 본질적으로 '자유주의적 백치'의 '경제주의적' 자본주의관을 그대로 닮고 있는 것이다. 여기서 말하는 '경제주의'는 주지하다시피 모든 정치사회적 사실과 움직임을 일면적으로 경제적 토대로 귀인(歸因)시키고 이것으로부터 다시 인과율적으로 도출하는 속류맑스주의적인 경제주의가 아니라 자본주의적 행위자들의 지배·착취관계를 "상품유통에서 유래하는 단순한 관계로 해소하여" (23: 128면) 결국 마술적으로 은폐해버리는 자유부르조아적 경제주의를 뜻한다. 말하자면 속류맑스주의 전통의 '경제주의적 부담물의 폐기'를 시도하는 하버마스의 기획은 '자유주의적 백치들' 못지않게 조악한 경제주의로 전락하고 있는 셈이다.

하버마스가 베버의 애매한 목적합리적 행위개념을 노동과 등치시키고 "목적합리적 행위의 명제들이 주로 제도화된 하부체계들"(Habermas 1969, 63면)을 기업과 국가——맑스에 의하면 이 두 기구의 기능은 지배와 노동의 모순적 복합체이다——로 규정하고 있는 한, 그의 자유주의적 경제주의는 피할 수 없는 귀결이다. 하버마스는 맑스의 노동가치론, 잉여가치론, 지배이론을 부정하거나 약화시킴으로써 자신의 자유주의적 경제주의를 추가로 더욱 강화한다.

기술과 과학은 제일가는 생산력이 되고 이럼으로써 맑스의 노동가치론의 적용조건이 소멸한다. 과학기술적 진보가 독자적인 잉여가치의 원천이 된 반면 맑스가 유일하게 고려한 잉여가치의 원천, 즉 직접생산자의 노동력은 점차 비중을 잃어간다면, 연구와 개발에 투자된 자본금액을 비숙련의 (단순)노동력의 가치에 입각하여 계산하는 것은 이제 더이상 의미가 없다. (같은 책, 79면)

그러나 이 짧은 언급 속에는 자기모순과 무고가 가득 차 있다. 여기서 하버마스는 맑스의 자본개념을 중심으로 집결해 있는 가치개념을 거부하면서 동시에 사용하고 있다. "자본순환의 4각 구적법(求積法)인가? 자본주의를 아직 존재하는 것으로 간주하는 사람은 기술과 자본의 관계규정들을 결코 맴돌지 않는 법이다. '자본'개념이 문제가 될 때면 늘 의견들이 정력적으로 분열되곤 하더라도"(Ritsert 1988b, 254면). 게다가 하버마스는 노동과정의 신기술화가 이 신기술화에 대응하는 새로운 노동형태의 창출 없이 과거의 역학적 기계화처럼 노동을 일직선적으로 단순화하고 추방한다고 가정하고 있다. 그러나 "실은 기술적 기구는 이것을 사용하는 사람들의 행위와 관념을 막바로 조건짓는다. 기술을 사용 가능한 생산수단의 덩이로 이해하는 경우, 대체로 생산물의 양적 산출을 높이는 능률을 떠올리게 된다(생산성). 기술은 또한 사물, 도구, 재료를 다루는 합목적적 취급의 자연과학적으로 반성된 기획도 포괄한다. 이 경우에 **노동력의 자연과학적·기술적 교육**이 전면에 부각된다. 기술은 또한 사물, 도구, 재료를 다루는 합목적적 취급의 **실천적 능력**으로도 이해된다. 여기에서도 노동력의 기술적 숙련화는 결정적인 역할을 한다. 요약하면, '기술'은 대상적 생산수단의 증대의 문제만을 뜻하는 것이 아니라 동일한 정도로 **생산적 노동력의 속성**을 뜻하기도 하는 것이다"(같은 책).

이런 한에서 하버마스가 새로운 노동의 형성을 도외시한 채 단순히 생산수단의 과학적 기술화만으로 이해하고 있는 '과학기술적 진보'는 결코 '독자적인 잉여가치의 원천'이 될 수 없다. 게다가 하버마스는 맑스가 직접적 생산자를 단순노동자로 국한하고 잉여가치의 원천을 이 단순노동자로 한정하고 있다고 무고하고 있다. 그는 한낱 이러한 무고에 의존해서만 그 귀찮은 노동가치론을 극복할 수 있었을 뿐이다. 그러나 맑스 자신은 다음과 같이 말하고 있다. "노동과정 자체의 협업적 성격과 더불어 생산적 노동과 그 담지자인 생산적 노동자의 개념은 필연적으로 확장된다"(23: 531면). 따라서 맑스가 잉여가치를 점취하는 경영층과 잉여가치를 허비하는 앞잡이계층(관료층)에 대립시킨 '직접생산자'의 개념도 확장되는 것이다. 물론 새로운 과학적 기술에 조응하여 창출되는 새로운 노동자는 저 관료적·테크노크라트적 앞잡이에 속하지 않는 한에서 직접생산자이다. 따라서 이 새로운 노동자의 노동은 두뇌노동이든 손노동이든 관계없이 잉여가치의 원천이다(26.1: 387면). '맑스가 유일하게 고려한 잉여가치의 원천'은 사라지고 있는 것이 아니라 실은 새로이 확장되고 있고 맑스의 노동가치론도 자본이 살아 있는 한 여전히 타당한 것이다.

한편, "체제위기의 회피를 겨냥한 지배체제(하버마스의 지배체제는 이와 같이 난데없이 출몰한다―인용자)는 (직접적인 정치적 지배 또는 경제적으로 매개된 사회적 지배라는 의미에서) 한 계급주체가 다른 계급주체에 대해 인지 가능하게 맞서는 방식으로 행사되는 '지배'를 배제한다"(Habermas 1969, 86면). 하지만 자유주의 시대의 지배도 객관적으로 실존하는 계급이 다른 계급에 인지 가능하게 맞서는 그런 멍청한 방식으로 행사되었던가? 푸꼬가 판옵티콘(panopticon)의 분석에서 보여주듯이 물론 아니다. 자유주의 국가의 계급지배도 오늘날의 국가에 못지않을 만큼의 중립성 간판을 달고 있었다. 또한 하버마스가 붕괴된 것으로 간주하는, 개별적인 자본가의 기업지배에 이데올로기적 정당성을 제공하던 등가교환의 허상을 도외시하더라도 총자본가의 경제적 지배도 이 총자본가가 기업가, 은행가, 지주 등으로 자립화되고 때로는 서로 '적대적 형제들'처럼 굴었기 때문에 단일 계급의 통일적 지배로 **현상하지** 않았다. 게다가 "사회경제적 차원에서 '객관적'으로 정의되는 계급들 자체는 사실상 결코 단 한번도 현상형태로 등장한 적이 없다"(Hirsch 1990, 133면). 계급들의 의식적인 사회정치적 행위와 조직은 객관적인 경제 구조와 기제를 통해 각인되지만, 동시에 '경제적 관계의 말없는 강제'에 대항하는 경제외적인 규범적 연대를 통해 견지되어야 하는 것이기 때문이다. 정치사회적으로 현상하는 것은 계급 자체가 아니라 오직 의사소통적으로 창설되는 규범적 **조직들**뿐이다. 계급의 전국적 조직화에 관한 한,

통일적인 계급조직이 전국적 노조동맹체와 이것에 맞서는 전국적 기업가연합체 등의 조직형식으로 등장한 것은 19세기가 아니라 20세기이다. 19세기 자유주의 단계에는 이와같은 것은 없었다. 또한 (최고경영자를 포함한) '금융귀족층'(Marx)의 지배는 가령 크루프, 록펠러, 지멘스, 메르체데스 벤쯔 등의 '저 위에 있는 놈들'로서 도리어 오늘날 더 선명하다.

오늘날의 경제적인 기업지배를 은폐하려는 하버마스의 노력은 기업을 '목적합리적 행위', 즉 노동의 '하부체계'로 일면화, 미화하려는 시도에 조응하는 것이다. 자본주의 경제 속의 경제적 강권 또는 지배 관계를 그는 맑스의 이론을 낡은 것으로 역사화하기 위해 불가피하게 맑스나 맑스의 범주들을 언급하는 경우에만 인정한다(Habermas 1969, 73, 90면 참조).

그러나 이것과 직접 모순되게 그는 다음과 같이 확언하고 있다. "사경제적 자본증식의 형태는 국가적 교정자를 통해서만 유지될 수 있게 되었다. … 사회의 제도적 틀은 재(再)정치화되었다. …그러나 이로 인해 **지배체제**에 대한 경제의 관계는 변화된 것이다"(같은 책, 75면). 이 말은, 정치화되기 이전의 자본주의 경제체제는 전혀 지배체제가 아니었다는 것을 뜻하거나 하버마스가 '자유주의적 백치들'처럼 정치적 지배만을 지배로 이해하고 있다는 것을 뜻한다. 나아가 그는 전(前)자본주의적 지배가 정치적 지배의 직접적 보장을 가진 경제적 지배가 아니라 정치적 지배 자체라고 생각한다. 또한 전자본주의적 소유는 생산관계가 아니라 단지 정치적 지배관계일 뿐이라는 것이다. 하지만 자본주의와 함께 소유체제는 생산관계가 되었다는 것이다. 그는 자본주의적 소유체제는 이제 지배체제가 아니라고 생각하면서 지극히 애매모호한 지배개념을 가지고 자신의 논지를 펴고 있다. 그의 다음과 같은 주장을 상기하면, 이러한 자유주의적 경제주의의 망상은 의심할 바 없는 것이다.

전통적 지배는 정치적 지배였다. 비로소 자본주의적 생산양식과 함께 제도적 틀의 정통성이 사회적 노동의 체계와 직접 결부될 수 있게 된다. 이제야 비로소 소유질서는 정치적 관계에서 생산관계가 될 수 있다. 소유질서는 이제 정통적 지배질서로 정당화되는 것이 아니라 교환사회의 이데올로기인 시장의 합리성으로 정당화되기 때문이다. 지배체제는 필경 그

쪽에서 생산의 정통적 관계에 의해 정당화될 수 있다. (같은 책, 70면)

경제외적 강제에 기초한 경제지배에서 자본관계로의 이행은 주지하다시피 경제 속에서 지배의 소멸을 뜻하는 것이 아니라 정치적 지배와 경제적 지배의 분리를 뜻한다. 자본관계는 "노동력의 소비가 자본가에 의해 이루어지고 따라서 자본가에 의해 감시당하고 관리당하는 상명하복관계"(*Resultate*, 52면)로서 새로운 경제적 지배관계이다. 이러한 기업적 지배구조는 '국가적으로 규제되는 자본주의' 안에서도 부정되지 않고 오히려 '리바이어던'(Leviathan)이 되었다. 오늘날의 거대콘쩨른의 지배는 방대한 기업관료기구와 기업경찰기구에 의해 지탱된다. 몇몇 거대콘쩨른의 관료기구만 합하더라도 규모에 있어 국가관료기구를 능가하는 것이다.

하버마스는 나중에 『소통적 행위의 이론』(1981)에서 '노동'(목적합리적 행위)과 '상호작용'(소통적 행위)의 이분법적 도식 대신 '전략적 행위'(매체매개적 상호작용)와 '소통적 행위'(구어적으로 매개되는 상호작용)의 새로운 이분법적 도식을 사용한다. 노동은 비사회적인 '도구적 행위'로 격하되어 사회적 행위에서 추방된다. 현실적 노동은 사회적 협업과 기업적 협업 속에서 수행되는 까닭에 결코 자연에 대한 단순한 '독백적' 관계가 아니라 언제나 동시에 인간들간의 상호작용을 포함할지라도. 그에 의하면 '매체매개적 상호작용'의 하부체계는 경제체계와 국가행정체계이다(Habermas 1981, Bd. 2, 171면 이하). 여기에서도 경제 속의 지배와 지배기술적 합리성은 연구의 대상이 아니다. 하버마스는 파슨스를 따라 화폐와 권력을 매체로 규정한다. 권력이 국가 행정체계의 조절매체인 반면, 화폐는 경제체계의 조절매체이다. 화폐를 매개로 한 행위의 '표준상황', 화폐의 '대응예비' '제도화의 형태'는 각각 '교환' '금' '소유' 및 '계약'이다(같은 책, 409면). 여기서 화폐와 권력은 본질적으로 상이한 것으로 현상한다. 화폐로 매개되는 강권관계인 **자본관계**는 이것의 허상인 **화폐관계**에 의해 대체된다. 따라서 하버마스에게 화폐로 매개되는 자본주의적 경제체계는 '자유로운', 강권으로부터 자유로운 교환, 계약, 소유질서로 현상한다. 하버마스 자신도 인정한 바 있는 '자본관계와 함께 일찍이 도입된 강권관계'(Habermas 1969, 89면)는 완전히 종적을 감추었다. 그리하여 행정과 관료 기구는 『소통적 행위의 이론』을 관통하여 오직 국가행정과 국가관료기구로만 현상한다(Habermas 1981, Bd. 2, 472, 474, 477, 484, 489, 499, 503, 581면 등). 이에 반해 자본주의적 경제는 **지배, 강권, 관료기구로부터 자유로운** '즐거운' 경제로, 즉 '성공지향적', 목적합리적 행위체계로 둔갑한다. 그의 자유주의적 경제주의는 따라서 『소통적 행위의 이론』에서 결코 극복된 것이 아니라 오히려 완성되었다. [8]

경제의 '목적합리성'은 하버마스에 있어 지배기술적 합리성을 포함하는 것이 아니라 오직 노동기술적 합리성 또는 경제적 합리성일 따름이다. 말하자면 지배기술은 존재하지 않는 것이다. 경제 차원에서 과학기술적 발전은 하버마스의 경우 생산력의 증대만을 뜻한다. 이러한 천진한 망상은 심지어 강권, 관료기구, 지배의 심급인 국가체계에서의 과학기술적 진보조차도 생산력의 증대로만 해석하도록 강제하고 있다(같은 책, 98면 참조). 말하자면 그는 적대적 지배체계에서의 과학기술적 진보란 생산적 효율성의 진보임과 동시에 기술적 지배수단 및 통제수단의 진보이고 따라서 지배기술적 합리성과 지배력의 증대를 뜻한다는 사실을 원리적으로 부정하고 있다. 오늘날 도처에서 사회적 노동과정의 노동기술적 합리성과 충돌에 빠져들고 있는 지배기술과 지배기술적 합리성에 대한 비판은 그의 안중에 없는 것이다.

이런 이유에서 하버마스의 비판이론은, 그의 소통적 행위론 및 생활세계론이 비판이론의 가일층적 발전에 결정적으로 기여하고 있음에도 불구하고, 비판을 생활세계에 대한 목적합리적 행위논리의 침범에만 한정함으로써 목적합리적 행위의 '매체매개적 하부체계' 자체를 비판 없이 긍정하는 보수주의로 전락한다. 그가 노리는 것은 다만 자본과 국가의 지배에 대한 비판과 지배이성에 대한 비판을 완전히 포기한 채 테크노크라트 이데올로기와 생활세계의 침식만을 비판하는 것이다.

---

8) 하버마스의 자유주의적 경제관은 최근의 저작에서 더욱 노골적이다. "경제와 국가기구를 나누는 체계적 고유 의미가 손상되거나 기능능률이 교란됨이 없이 **내부로부터 민주적으로 변혁될 수 없는**, 즉 정치적 통합양식으로 전환될 수 없는 체계적으로 통합된 행위영역으로 간주한다. …급진적 민주화의 추동방향은 오히려 원칙적으로 견지되는 '권력분립'의 틀 내에서의 세력의 변위로 특징지어진다. …목표는 이제 단순히 자본주의적으로 자립화된 경제체계와 관료기구적으로 자립화된 지배체계의 '폐지'가 아니라 생활세계 영역에 대한 체계명령의 식민화하는 침범의 민주적 차단이다. 이로써 객관화된 본질력의 소외와 점취라는 실천철학적 관념은 작별된다"(Habermas 1990, 36면).

(8) 하버마스의 이데올로기적 테크노크라시론의 혼돈

하버마스에 의하면 과학과 기술의 진보는 경제성장이 거꾸로 과학기술적 진보에 종속되고 노동가치론의 적용조건이 소멸할 만큼 광범한 '유사(類似) 자율성'을 획득하였다. 그리하여 사회체제의 발전이 과학기술적 진보에 의해 규정되는 것처럼 생각하는 새로운 사고방식이 생겨난다. "이러한 진보의 내재적 법칙성은 기능적 요구들에 복종하는 정치가 추종해야 하는 사실강제(Sachzwang)를 산출하는 것처럼 보인다. 그러나 이러한 허상이 효과적으로 정착했다면, 기술과 과학의 역할에 대한 프로파간다적 시사는 왜 현대사회에서 실천적 문제에 대한 민주적 의사형성과정이 자신의 기능을 상실하고 행정직원들의 대안적 지도집단들에 대한 국민투표식 선택에 의해 대체되어야 하는지를 설명하고 정당화할 수 있다"(같은 책, 80면). 이 테크노크라트적 이데올로기에 따르면 소통적 행위유형에 의해 지탱되는 사회의 '제도적 틀'이 이 제도적 틀 속에 마련된 '목적합리적 행위의 하부체계들'에 의해 '흡수되어'버린다(같은 책, 83면). 그러나 과학기술적 진보를 '독자적인 잉여가치 원천'으로 선언하고 맑스의 노동가치론을 부정하는 자는 이러한 부르조아적 테크노크라시 테제를 이데올로기로 비판할 이론적 권리가 없다.

따라서 이러한 테크노크라트적 전망을 하버마스는 이데올로기이면서 동시에 사실적 추세라는 신비적 이중규정으로 설명한다. "필경 이러한 테크노크라트적 의도가 파편적으로나마 구현된 곳은 어디에도 없다. 그러나 이러한 의도는 한편으로 기술적 과업을 겨냥한 새로운 정책을 위한 **이데올로기**로 기능하여 실천적 문제들을 배제하고, 다른 한편으로는 우리가 제도적 틀이라고 부르는 것에 잠입하여 이것을 침식할 수 있는 **일정한 발전추세를** 그대로 적중하는 것이다"(같은 곳). 단일한 테크노크라트적 의도가 이데올로기이면서 동시에 실제적 추세로 동시에 현상하다. 그리하여 하버마스는 **이데올로기로서의 테크노크라시**와 **실제적 추세로서의 테크노크라시**를 뒤섞는 항간에 널리 유포된 오류에 빠져들고 있다. '이데올로기로서의 테크노크라시'는 지배권이 과학기술적 발전과 더불어 부르조아에서 과학자와 기술전문가에게로 이동한다는 기술주의적 망상을 가리킨다. 이에 반해 '실제적 추세로서의 테크노크라시'는 지배자가 지배행사에 있어서 지배합리성을 제고하기 위해 전통적인 관료기구에 더하여 과학자와 기술전문가의 고용을 점차 늘려가는 사실을 뜻한다. 이 경우 테크노크라시는 지배자에 대한 등가적 대체물이 아니라 관료체제에 대한 보완적 등가물로 이해된다. 따라서 진정으로 일어나는 변화는 인간들간의 상호관계로서의 지배권이 테크노크라시의 고용으로 인해 테크노크라시에 굴복하는 것이 아니라 역으로 스스로를 강화한다는 것이다. 하버마스가 조직기술적인 수단이 순수한 관료기구에서 혼합된 테크노크라시적 관료기구로 변화된다는 사실을 지배권의 탈권 또는 약화로 탄식한다면 바로 이데올로기로서의 테크노크라시 테제로 전락하는 것이다. "권위적 국가의 명시적 지배는 기술적·기능적 행정의 조작적 강제에 굴복한다"(같은 곳). 그는 마르쿠제와 완전히 다른 경로를 통해 마르쿠제와 동일하게 실제적 지배심급을 호도하는 데 기여하고 있다. 그러나 테크노크라트적 효과에 대한 하버마스의 이해는 기술로서의 지배가 약화되는 것이 아니라 "개인에 대한 사회적 지배의 영향권이 이전보다 헤아릴 수 없이 커진다"는 마르쿠제의 테제와 직접적으로 대립한다. 마르쿠제에 의하면 "우리 사회는 원심적 세력들을 테러에 의해서보다 기술적 경로로 정복하는 사실에 의해 특징지어진다."(Marcuse 1964, 12면)

하버마스 논법의 신비적 성격은 이것으로 끝나는 것이 아니다. 그가 인정하듯이 기존의 정치는 "국가적으로 조직된 자본주의 안에서의 정치적 지배"(Habermas 1969, 86면)의 행사 외에 다름 아니다. 제도적 틀의 침식을 초래하는 '일정한 발전추세'는 "탈권당한 제도적 틀과 목적합리적 행위의 자립화된 체계들간의 새로운 정황"(같은 책, 91면) 외에 다른 것과 관련된 것이 아니다. 여기서 그의 논의의 괴이한 구조가 드러난다. 이상하게도 그는 본질적으로 무죄(無罪)인 노동(목적합리적 행위)의 생산력 발전으로 인해 유죄(有罪)인 제도적 틀(그에 의하면 지배와 '교정된' 착취의 제도조건)이 침식되고 탈권당하는 것에 대해서 탄식하고 있는 것이다.

하버마스가 올바로 '일정한' 사실적 '발전추세'로 예감한 테크노크라시를 (테크노크라트가 아니라) 지배자의 지배기술적으로 합리적인 새로운 강권행사요 슈퍼독점체들의 지배합리적인 행위의 새로운 조직기술적 기구로 비판

하는 것은 기술, 테크노크라시, 목적합리적 행위 등에 대한 그의 혼돈된 입
장으로 말미암아 본래 불가능한 것이었다.

(9) 해방전략으로서의 토론? —— 해방전략의 소통주의적 희석

'제도적 틀의 해방적 변화'를 위한 하버마스의 변혁전략적 제안도 마찬가
지로 부조리로 이끌어지고 있다. '목적합리적 체계의 합리화'는 '생산력의
발전'이다. 이것은 "언어적으로 매개되는 상호작용의 매체를 통해서만, 즉
의사소통의 한계 타파를 통해서만 수행될 수 있는" 제도적 틀 차원의 '합리
화'를 대체하지 않는 경우에만 해방의 잠재력일 수 있다는 것이다.
(Habermas 1969, 98면)

목적합리적 행위의 발전하는 하부체계가 가하는 사회문화적 역작용의
관점에서 행위지향적 원칙과 규범들이 적절한지 또는 바랄 만한 것인지
여부에 관한 무제한적이고 지배로부터 해방된 공개적 토론, 즉 정치적인
또는 다시 정치화된 의사형성과정의 모든 차원에서의 이런 종류의 의사소
통은 '합리화' 같은 것이 가능한 유일한 매체이다. (같은 곳)

목적합리적 하부체계의 합리화를 나중에 『소통적 행위의 이론』에서 하버
마스는 경제의 '화폐화'와 국가의 '관료화'로 축소 규정한다(이것은 물론 '자
본화' '기술화' '일정한 발전추세'로서의 테크노크라시를 망각한 것이다). 이
'화폐화'와 '관료화'는 그에 의하면 본질적으로 무죄이고 문제는 다만 이 경
향이 "정상의 경계를 넘어선다"(Habermas 1981, Bd. 2, 477면)는 데만 있을 뿐
이다. "파슨스의 매체이론은 나를 다음과 같은 가정으로 이끌어주었다. 이
경계는 문화적 재생산, 사회적 통합, 사회화의 영역들 속으로 체계적 강제
들이 침습함으로써 월경(越境)한다는 것이다"(같은 책, 548면). 일차적인 사
회문제는 이제 분배문제가 아니라 '너무 많은' 체계합리성의 제한적 차단이
다.

자본주의적 성장은 특히 화폐적·관료적 복합체의 확장과 응집으로 인해 생활세계 내에서 갈등을 야기하는데, 이런 일은 일단 사회적으로 통합된 생활연관들이 소비자와 의뢰인의 역할를 매개로 (체계에) 동화되는 곳에서 벌어진다. 물론 이 과정은 이미 자본주의적 근대화의 일부였다. 이 과정은 일차적으로 생활세계의 물질적 재생산을 공식적으로 조직된 행위영역으로 전환하는 것이 문제인 한에서 역사적으로 한동안 당사자들의 방어를 초월할 수 있었다. 체계와 생활세계를 가르는 전선에서 분명 생활세계는 생활세계의 상징적 재생산의 기능이 저촉되는 경우에야 비로소 끈질기고 전망 있는 저항을 수행한다. (같은 책, 516면)

테일러-포드주의적 근대에 의해 무의식적으로 강력히 영향받은 자본주의적 근대의 이러한 2단계론은 맑스를 역사화하는 것과 더불어 도입된다.

맑스의 오류는 최종적으로 근대에 형성된 체계분화의 수준과 이것의 계급특유한 제도화 형태들 사이의 충분히 예리한 분리를 허용하지 않는, 체계분석과 생활세계 분석의 저 변증법적 결착에 귀인(歸因)한다. 맑스는 헤겔의 전체성 개념의 유혹에 저항하지 않았고 체계와 생활세계의 통일성을 변증법적으로 '잘못된 전체'로 해석하였다. 그렇지 않았다면 그는 모든 근대사회가 고도의 구조적 분화를 보이지 않을 수 없다는 것을 도외시하는 자기기만에 빠져들지 않았을 것이다. 가치이론적인 출발점의 취약성도 이것과 유관하다. 맑스에게는 전통적인 생활형태의 파괴와 전통 이후의 생활세계의 사물화를 구별하는 기준이 결여되어 있는 것이다. (같은 책, 500면 이하)

이제 새로운 사회갈등은 "분배문제에서가 아니라 **생활형태의 문법의 제문제에서 불타오른다**"(같은 책, 576면). 경제적·사회적·국내적·군사적 안보와 관련된 '구(舊)정치'에서 '신(新)정치'로의 이러한 주제전환은 결국 생산패러다임의 역사화와 맞닿게 된다. 사회갈등은 이제 생산 속에서의 노동의 착취, 지배, 무기력, 단조로움에 의해 조건지어지는 것이 아니라 체계강제에 의한 생활세계의 '내적' 식민화에 대항하는 개성의 방어와 실현에 대한 다원주의적 관심에 의해 야기된다. "생활의 질, 동등권, 개인적인 자기실현, 참여와 인권의 제문제는 새로운 것이다. 사회국가적 특징에 따라 해명할 때 '구정치'는 기업가, 노동자, 소상공인적 중산층(Mittelstand)에 의해 지지되는 반면, 신정치는 새로운 중산층, 청년세대, 자격을 부여하는 학교 교육을 받은 집단 안에서 보다 더 강력한 지지층을 발견한다. 이런 현상은 내적 식민화 테제에 부합되는 것이다"(같은 책, 577면). 비판이론의 과제는 따라서 자본비판이 아니라 자본주의의 과잉확장하는 경제적·행정적 체계의 '제한적 차단'(Eindämmung)을 통해 소통적 행위의 고유한 의미가 가족적 생활세계에서든 대중매체에 의해 각인되는 공론장에서든 확증될 수 있는 이전의 적절한 체계분화 수준으로 복귀시키는 것이다.

하버마스는 이를 위해 지배로부터 해방된, 언어적으로 매개되는 의사소통을 목적이며 동시에 소통의 제한철폐를 위한 수단으로 규정한다. 말하자면 '무제한적이고 지배로부터 해방된 공개적 토론'은 지배로부터의 해방의 달성을 위한 '유일한 매체'라는 것이다. 이 동어반복은 오늘날의 주요 문제가 자립화된 하부체계들의 합리화의 과잉에 있다고 하는 자신의 (지배이성 없는) 경제주의적 하부체계론을 그대로 반영하고 있다. 하지만 그 자신도 여기저기서 지배의 존재를 상기하고 있다. 해방을 지향하는 사회과정은 물론 토론과 논쟁도 포함하고 동의와 승인도 산출하고 정립하기는 하지만, 무릇 지배가 존재한다면 자유로운 토론과 논쟁을 위한 공론장의 상대적인 자유공간은 소통을 차단하고 제한하는 지배권력에 대항하는 사회운동과 사회조직들의 험난한 투쟁과 대항권력의 행사 없이 창설되고 확장될 수 없다. 지배란 항상 소통적 사회통합의 '제도적 틀'의 우연적 '부록'이 아니라 이것의 **근본구조**이기 때문이다.

한편, 기존의 공론장은 대부분 독점자본과 국가의 손아귀에 들어 있는 대중매체들에 의해 주조된다. 하지만 우리는 대중매체가 이데올로기적으로 몽매(夢寐)하게 만드는 대중문화의 산출과 포괄적인 사회적 통제를 위한 단순한 수단으로 기능한다는 호르크하이머와 아도르노의 '문화산업' 테제를 대변하지 않는다. 하버마스는 이 '과잉단순화된' 대중매체 테제를 정력적으로 부정하고 있다. "이 매체공론장은 의사소통의 가능성의 지평을 서열화하면서 동시에 무제한화한다. 이 양자의 시각은 상호 분리될 수 없다. 여기에 바로 매체공론장의 양가치적 포텐셜(잠재력)이 근거하고 있다. 대중매체는 소통의 흐름을 중앙집중된 네트워크로 일면적으로 회로화하는 한에서…사회통제의 효과를 현격히 강화할 수 있다. 그러나 이 권위주의적 포텐셜을 남김없이 관철시키는 것은 쉽지 않다. 소통구조 자체 속에는 해방적 포텐셜의 대항추가 내장되어 있기 때문이다"(같은 책, 573면). 하지만 대중매체산업의 상징적·의사소통적 강권에 대항하는 이른바 '소통적 이성'의 대항추는, 언론매체노조의 두더지 같은 투쟁에서 투쟁력 있는 대항적 공론장 또는 대안적 대중매체의 압력에 이르는 일련의 정열적인 사회집단의 투쟁이 결여되어 있는 한 단순한 **포텐셜**로 그치고 말 것이다(대항적 또는 대안적 공론장에 관해서는 Stamm 1988; Hirsch 1990, 172면 참조). 게다가 이러한 항의포텐셜의 형성과 각성유지는 다시 단순한 토론을 통해서는, 아니 골백번의 토론을 벌인다 하더라도 가능하지 않고 오직 사회 투쟁과 운동의 항구적이고 성공적인 동원과 조직적 제도화를 통해서만 가능하다.

늘 '언어적으로 매개되는 의사소통'도 포함하게 마련인 사회투쟁은 어떤 형식을 취하든 일단 험난한 '전략적 행위'이다. 하버마스가 자신의 이론의 타당성을 증거하는 사례로 인용하고 있는 1960년대 미국 대학생의 항의운동과 1980년대 '새로운 사회운동'(Habermas 1969, 100면 이하; 1981, Bd. 2, 86면)도 결코 단순한 토론클럽이 아니라 일정한 형식의 **투쟁**이다. 해방의 결정적인 매체인 투쟁의 계기를 역사에서 제거하는 하버마스의 해방전략은 그 자신에 의해 선택된 인용사례에 의해서도 그 일면성이 드러나고 있다. (의사소통과 이것의 정반대인 투쟁 간의 변증법은 이 책 제1장에서 이미 취급하였다.) 이런 이유에서 하버마스는 그람시적 시민사회 개념을 우회적으로 수용하여 소통이론적으로 재건하고 있는 최근 저작 『사실성과 타당성』에서 자신의 본래적인 소통패러다임적 해방기획과 모순되게 투쟁의 계기를 슬그머니 끌어들여 쓰고 있다(Habermas 1992, 439~40면).[9]

'낡은' 계급대립도 새로운 유형의 인간차별도 하버마스에 의하면 메마른 공론장의 재정치화를 작동시킬 수 있는 저항포텐셜이 아니다. 이른바 낡은 계급대립의 사회국가적 '완충'은 이 대립형태를 잠재태로 내몰았음을 뜻한다

---

9) 『사실성과 타당성』에 대한 별도의 비평적 논문으로는 황태연, 「하버마스의 공론장 이론과 민주적 법치국가론의 재건」, 『한국정치학회 월례발표논문집』 Ⅳ(1994. 6), 183~243면.

(Habermas 1969, 86면). 따라서 계급이론 자체는 아닐지라도 계급의식의 이론은 '그 경험적 연관성'을 상실한다는 것이다(Habermas 1981, Bd. 2, 517면).

이제 "인지 가능한 관심에 의해 새로운 갈등을 지향하는 유일한 항의포텐셜은 대학생과 고교생들의 특정 집단 사이에서 생겨나고 있다"(Habermas 1969, 100면). 이들의 활동적 분파는 경제적 부담을 면한 '부르조아 가정'에서 충원되는 청년들이다(같은 책, 102면). 이들은 "비교적 빈도 높게 사회과학, 철학, 역사 분과 출신들이고 자신의 학문적 연구의 일차적인 체험이 테크노크라트적 근본가정과 부합되지 않기" 때문에 테크노크라트적 의식에 대해 "방역되어" 있다(같은 책, 101면). 이 부르조아 청년들이 미국의 제국주의 정책과 월남전을 반대하여 일시적으로 투쟁하였다는 것은 역사적 사실이다. 그러나 지금 그들은 다 어디 갔는가?

미국 학생운동의 초창기(1960~65)에 뉴딜정책 시대 활동가들의 자식들(이른바 '붉은 기저귀')에 의해 조직된 소규모 학생운동은 노동조합과 공조하고 군산복합체에 대항하여 사회민주화를 촉진시키고자 하였다. 그러나 범죄적인 월남전과 학생들을 직접 타격하는 일반적 병역의무로 말미암아 폭발적으로 확산된 학생운동의 제2단계(1965~68)에는 초창기의 이념적 응집력이 해소되고 초창기 운동멤버들이 밀려나게 된다. 운동의 상징과 활동은 동시에 전개되던 히피들의 '대항문화'와의 유동적 혼성상태에 처한다. 운동은 정치적이라기보다는 룸펜문화적이었다. 마약복용, 부르조아적 섹스모랄과 능력윤리의 거부, 천박한 광란(crazy) 음악과 예술 등이 지배하였다. 이 단계에서 정치행동은 표현적 자기연출, 개인주의적 신념고백, 대중매체를 위해 연출되는 해프닝 등의 성격을 보였다. 이러한 행위들의 자유주의적·공동체주의적·개인고백적 지평은, 부르조아적 능력윤리의 거부를 일단 배제하면 '아메리카니즘'과 정면 대립한 적도 없었다. 제3단계(1968~72)에서 미국 학생운동은 해소되었다. 조직된 단체들은 이미 1969년 이데올로기적으로 교조적이고 점차 고립되는 집단들간의 내적 분열로 인해 흐지부지되어갔다. 운동의 전성기에도 기껏해야 10% 정도의 학생들만이 일관되게 급진적인 입장을 취한 것으로 분류될 수 있고 이 중에서도 쾌락주의적 자세를 지닌 무정부주의가 사회주의적·맑스주의적 입장보다 더 강력하게 부각되었다(Kitschelt 1985, 264면 이하). 말하자면 운동분자들은 일시적으로 범죄적인 월

남전에서 우연적인 저항 이슈를 얻었지만, 곧 히피(Hippies)를 거쳐 사상도 심장도 없는 실리주의적·쾌락주의적 중간급 테크노크라트의 이념형을 체현하는 소비욕에 가득찬 여피(Yuppies) 속으로 소멸하고 만 것이다. 이것은 계급대립의 피안에서 벌어지는, 사회적 뿌리 없는 모든 사회운동의 예측 가능한 귀결이 아닌가?

실망한 하버마스는 이제 미국의 부르조아 청년들 대신 이른바 '새로운 사회운동' 안에서 '체계와 생활세계 사이를 가르는 전선에서 끈질기고 전망 좋은 저항을 수행하는' 새로운 집단적 주체를 찾는다. 그런데 하버마스가 어찌하여 하필 고도로 숙련된 임금노동자층을 뜻하는 '새로운 중산층'을 일반이익의 전위투사로 지목하게 되었는가? 이것은 자신의 다른 역사적 확언과도 격심한 모순에 처한 입장 수정이다. "우리를 맑스로부터 분리시키는 것은 역사적 명증성, 가령 선진자본주의 사회에서 침해된 일반이익의 대변자로 거침없이 규정될 수 있는 인지 가능한 어떤 계급도, 명확히 분류할 수 있는 어떤 집단도 존재하지 않는다는 통찰이다"(Habermas 1980, 479면). 그가 '새로운 중산층'을 '새로운 사회운동'의 주요 담당자로 규정한 것은 필경 새로운 중산층의 계급상황과 이들의 의식적인 사회행위 간에는 분절적이고 매개된 것일지라도 모종의 보다 긴밀한 연관이 존재한다는 것을 암시한다. 이런 한에서 계급의식의 이론은 '경험적 연관'을 상실한 것이 아니라 경제주의적 또는 루카치주의적 하중을 탈각한 새로운 정식화를 필요로 할 뿐이다.

하버마스는 맑스의 사적 유물론적 근본테제, 즉 경제의 선차성 테제를 인정하고 있다. "사회 전체의 발전노선을 규정하는 것은 이 경제적 하부체계의 제문제이다"(Habermas 1981, Bd. 2, 504면). 그렇다면 새로운 '생활문법'의 포괄적인 발전을 위한 전제는 노동합리적 행위와 노동기술을 착취, 지배, 지배기술적으로 합리적인 행위들로부터 해방하는 것을 목표로 한 경제비판 없이 마련될 수 없다. 체계와 생활세계의 '전선'에서 벌어지는 '새로운 중산층'의 저항은 체계의 과잉요구와 과잉확장만을 차단하려고 시도하는 한 전혀 '전망이 좋을 것'이 없고 차라리 무망(無望)한 것이다. '새로운 사회운동'이 제기하는 주제들(환경문제, 여성문제, 위험부담 문제, 자기실현, 참여, 새로운 인권 등) 중에 어떤 한가지도 소유, 권력, 시간, 자원, 소득의 새로운 분배 없이 행동으로 옮겨질 수 없다. 부분적으로 경제에 대한 하등의 직접적 연상 없이도 **제기될** 수 있는 이른바 '생활형태의 문법의 제문제'는 최종적으로 다시 '분배문제'로 유입되지 않고는 전혀 **해결될** 수 없다. 근시안적 관점에서 '옛' 문제와 대립하는 것처럼 보이는 '새로운' 문제는 실은 생활과 환경을 매개로 한 분배문제 외에 다른 것이 아니다. 이것은 생각건대 모든 '새로운 사회운동'이 1983년 이래 기존의 좌우정당들에 의해 포섭당하거나 약화되고(Brand 1985, 7면; Brand u.a. 1986, 241면), 즐겨 비방하던 자신의 정적(政敵)인 사민당과의 동맹을 자기 쪽에서 조르게 된 이유일 것이다. 이러한 새로운 무망의 상황은 하버마스를 "새로운 무전망성"(Habermas 1985) 속으로 밀어넣고 만다.

한편 하버마스가 강조하는 선진자본주의 국가에서의 생활세계의 위기는 결코 일면적으로——그 자체로서 보면 무죄(無罪)라는——경제적·정치적 '메가기제'에 의한 생활세계의 과잉침탈의 결과('생활세계의 식민화')로 해석될 수 없다. 최종적 심급에서 자율적인 '토대'의 발전이론 대신에 2단계 근대이론('과소한' 체계합리성 단계와 '과잉의' 체계합리성 단계)을 제시하는 하버마스는 자본주의적 토대가 테일러-포드주의적 축적형태로부터 위기를 거쳐 극소전자적 자동화에 기초한 내포화 단계로 이행하고 있음을 시야에서 놓치고 있다. 잔존하는 전통적 생활형태의 분쇄와 테일러-포드주의적 '철저자본화'(Durchkapitalisierung), 대량소비, 노동내용의 극단적 궁핍화, 노동과 자연에 대한 약탈 등으로 특징지어지는 전후시대에 체계의 이른바 과잉요구와 과잉하중은 정점에 달했다. 그러나 체계의 이러한 과잉요구는 미분화된 채 일직선적으로 강화된 것이 아니다. 차라리 체계의 노동합리적인 압박은 점차 감소하기 시작한 반면, 체계의 지배합리적 압박은 점점 더 응집된 것이다!

체계의 노동합리적 요구는 사회경제적 대중빈곤의 상대화, 노동대중의 욕구의 폭발적 증대, 노동시간의 점진적 단축, 여전히 지배당하되 노동으로부터 자유로운 생활시간의 연장, 테일러-포드체제의 위기, 극소전자적 자동화에 기초한 내포화 단계로의 이행, 노동내용의 경향적 풍요화 등에 의해 삭감되어갔다. 오늘날은 노동합리적 체계강박의 가일층적 완화가 지배와 지배기술적 합리화의 동시적 강화 속에서도 벌어지고 있다. 경제의 극소전자적 내포화가 테일러-포드주의적 축적체계를 대체하는 추세와 더욱 단축된 노동시간(1997년부터 독일의 주당 35시간 노동제도)과 더 길어진 여가시간의 쟁취가 이루어졌기 때문이다.

공동화(空洞化)된 생활세계의 느낌은 너무 강력히 확장된, 그 자체로 보면 죄(罪) 없는 하부체계들의 과잉요구를 뜻하기보다 **노동합리적 체계강박의 상대적 완화와 지배합리적 체계강박의 가일층적 강화 간의 모순적 분리, 이탈**을 뜻한다. 원인은 모호하게 규정된 단일한 '합리성'의 **단순한 양적 과잉**에 있는 것이 아니라 두 가지 본질적으로 상이한, 서로 분리되어가는 합리성들간의 기업 내적이고 전체 사회적인 모순에 있다. 이 모순은 개인생활을 노동에 과도히 포섭하던 상태의 상대적 완화와 지배권 아래 노동과 생활세계, 이 양자를 모두 가장 지배합리적인 방식으로 포섭하려는 강화된 추세 간의 모순으로 표현된다. 이 모순은 개인들의 물질적 토대와 여가시간이 확장되는 반면, 동시에 노동과 여가생활의 개성적 자율구성을 가장 포괄적으로 분쇄하는 것을 뜻한다. 이 모순은 일단 하버마스가 '새로운 중산층'에 잘못 귀속시키고 있는 지식프롤레타리아의 청년층을 가장 예민하게 타격하여 경제적·정치적 강권공룡(독점체와 국가), 대중매체산업, 문화산업 및 여가산업, 광고 등에 의한 개인주권적 생활세계의 지배기술적 변조, 타율조종, 궁핍화, 파괴에 대하여 투쟁하도록 내몰고 있는 것이다.

따라서 1990년 여론조사에 따르면 응답자의 대부분이 비활동적이고 황량하고 타율조종되고 주체성 없는 여가시간보다 온갖 타율규정에도 불구하고 얼마간 **자신을 활동케 하고 확증할 수 있는** 명시적으로 종속적인 노동시간을 더 선호하고 있는 것도 결코 놀랄 일이 못된다! 이미 1983년 케른과 슈만은 다음과 같이 확인하고 있다. "노동에 주체로서 관계할 가능성이 증가하고 있다. …게다가 노동의 새로운 견인적 매력에 대한 노동자들의 느낌은 여가시간을 대상으로 한 점증하는 상업화와 산업화로 인해 기업 밖의 생활공간도 결코 명료하게 산업생산에 대한 적극적인 대조물로 경험될 필요가 없다는 새로운 사실에 의해 강화된다. 소외되고 공동화(空洞化)된 여가시간의 관점에서 바로 이 변화된 '필연의 나라'가 더 많은 매력을 가질 수도 있을 것이다"(Kern/Schumann 1983, 360면).

따라서 생활세계의 위기는 지배합리적 행위로의 강제가 증가하는 반면, 노동합리적 행위의 압력이 감소하는 묘한 모순적 상황을 반영하는 것이다.

사회 전체의 이러한 묘한 상황은 극소전자기술적 내포화 과정에서 노동의 숙련도의 경향적 고도화가 **이전처럼** 노동 안에서의 더 많은 자유를 자동적으로 산출하는 것이 **아니라** 극소전자 네트워크의 지배기술적 투입으로 인해 노동의 무력화와 경영진의 위력화 간의 적대를 강화하는 최근 경제토대의 묘한 추세(제2장의 제2절 및 제4장의 제1절 참조)와 **내적으로** 결합해 있다. 이런 한에서 노동으로부터 자유로운 생활세계의 해방과 생산과정 안에서의 노동의 해방은 불가분적으로 결부되어 있다. 생산과정에서 노동을 억압하는 동일한 경제적 강권메커니즘이 생산 저편의 시민사회적 생활세계도 억압하기 때문이다. 이런 이유에서 여가생활의 자율적 구성은 경제 및 정치 체계를 지배권력과 지배기술로부터 해방함으로써만 달성될 수 있는 것이다. 이러한 해방은 그 이면에서 부르조아적 계급권력으로부터 **시민사회**의 강화되는 해방 외에 다른 것을 뜻하는 것이 아니다. 물론 여기서 '시민사회'는 **강권투쟁도 권력투쟁도 없는** 순수한 소통메커니즘으로 축소되어서는 안될 것이다. [10]

오늘날 자본주의의 모순적인 발전을 '합리화'니 '화폐화'니 하는 모호하고 순진한 개념으로 정식화하려는 자는 불가피하게 자본주의에 대한 보수적 비판의 함정에 빠지고 만다. 특유하게 자본논리적으로 관철된 지배 및 착취 강제의 생활세계적 현상을 잘못 해석하여 대항전략을 잘못 제안할 위험은 명백하다. 가령 3세대 가족유형 및 이로 인한 전통적인 가족적 노인부양의 소멸은 모호하게 규정된 '금전화' 또는 '합리화'의 관철 결과가 아니라 **지배기술적으로** 관철된, **특유하게 자본주의적인** 개인주의와 소(小)가족제도의 부속효과인 것이다. 이것은 가령 지멘스 같은 개별 독점체의 의도된 지배전략적 가족정책에서 역사적으로 증명할 수 있다. 한편, 가족적 자녀부양에서 돈 주고 자녀를 맡기는 시설제도적 자녀부양으로의 이행도 '생활세계의 금전화'의 결과가 아니라, 대가족제도의 붕괴와 여성의 강제된 직업활동의 동

---

10) 맑스의 '시민사회' 개념 및 문화주의적 축소(Gramsci)와 소통이론적 희석화 (Habermas)에 대항하는 맑스의 시민사회 개념의 구체화에 관해서는 이 책 제1장의 제1절을 참조하라. 맑스가 체계분석과 생활세계 분석을 "근대에 형성된 체계분화 수준과 계급특유의 체계의 제도화 형태의 충분히 예리한 분리를 허용하지 않을 정도로" 결착시켰다는 하버마스의 비판은 빗나간 것이다. 하버마스가 역으로 시민사회의 계급특유의 운동과 투쟁을 제거하고 있다는 비판이 오히려 더 적중할 것이다.

시적 결합의 결과이다. 직업활동하는 부모와 유아시설 간에 이루어지는 시설제도적 자녀부양의 금전적 매개는 가족붕괴의 원인이 아니라 역으로 가족붕괴의 표면적 결과인 것이다. 따라서 인간적인 형태로의 가족의 발전은 가족의 금전적 지원에 의해서가 아니라 **자본에 대항하는** 노동시간의 가일층적 단축 및 여가연장을 위한 투쟁을 통해서만 달성될 수 있다. 오직 이것만이 가족의 '재건'과 직업활동 속에 부정적 맹아로서 내재하는 여성해방을 동시에 가능케 한다.

노동합리적 행위와 지배합리적인 행위 간에 점차 분명해지는 분리를 하버마스는 파악할 수 없었다. 그는 목적합리적 행위와 소통적 행위 간의 차이를 너무 강조한 나머지 베버의 '목적합리적 행위'개념에 모순적으로 내포된 노동기술적 합리성과 지배기술적 합리성의 차이를, 따라서 과로와 지배로부터의 노동의 해방 문제를 뒷전으로 밀어내버리고 말았기 때문이다. 그러나 그가 초기 행위이론에서 노동이 인간의 **자연과의** 관계인 반면, 상호작용이 **인간들간의** 상호관계라는 점을 들어 '노동'과 '상호작용'을 근본적으로 구별하고 있다면, 동일한 이유에서 노동기술적 합리성과 지배기술적 합리성도 본질적으로 구별했어야 했다. 노동기술적 합리성이 일차적으로 **인간과 자연 간의 관계**와 관련된 것인 반면, 지배기술적 합리성은 인간과 인간 간의 관계와 관련되는 것이기 때문이다. 이 두 합리성은 따라서 누차 강조하였듯이 본질적으로 이질적인 것이고 하버마스의 '노동'과 '상호작용'처럼 서로 배제하는 것이다.

'소통적 행위의 이론에 기초한 사회비판이론'은 결국 경향상 지배와 지배기술을 반(反)계몽주의적으로 호도하거나 적어도 사소한 것으로 비치게 하는 한편, 노동의 해방을 평가절하하는 것으로 귀결된다. 계몽의 전통, 합리성, 근대 등의 비판적 방어를 위한 하버마스의 프로젝트는 목적합리적 행위와 기술의 변호론적 이해와 신비화로 말미암아 자유주의적 프로젝트로 퇴락할 위험으로부터 탈피하지 못한다.

(10) 노동개념에 대한 하버마스의 이론적 '소통독재'

　　많은 이들은 하버마스가 근본적인 생활범주이기도 한 노동을 일면적으로 목적합리적 행위, 즉 도구적 행위로 축소한다고 정당하게 비판할 수 있다 (Ullrich 1979, 310면; Seppmann 1983, 13면; 하버마스의 '은밀한 아리스토텔레스주의'에 관해서는 Hund 1990, 70면 등). 이러한 비판에 대해 그는 다음과 같이 응수하고 있다. "이미 맑스 자신이 「파리초고」에서 소외된 노동에 대한 비판의 척도를 제공했던 노동의 인간학적 외화 모델을 곧장 포기하였다"(Habermas 1980, 492면). 이런 이유에서 그는 『소통적 행위의 이론』에서 맑스의 '구체적 노동' 개념을 다시 생활세계 범주로 도입하였다(같은 책, 492면 이하; Habermas 1981, Bd. 2, 486면). '구체적 노동'은 본질 외화, 즉 생명표현으로서의 인간학적 노동개념에 대한 '등가물'로 간주될 수 있다는 것이다.

　　맑스 자신의 입장을 인용한 이러한 주장의 근거는 기실 빈약하다. 맑스의 '구체적 노동'은 맑스가 결코 포기한 적이 없고 「고타강령비판」에서 **다시** 주제화하는 '제일가는 생적(生的) 욕구'로서의 노동개념에 대한 '등가물'일 수 없기 때문이다. '제일가는 생적 욕구'라는 노동개념으로서 맑스는 대화적 의사소통의 범주를 뜻한 것도 아니고 또한 "도구적 행위와 양해지향적 행위 사이 그 어딘가 중간쯤에 위치하는"(Habermas 1980, 492면 이하 각주) 어떤 것을 의미하지도 않는다. 맑스에 있어 **일차적으로** 노동은 간(間)주체적인 차원에 위치하는 것이 아니라 자연적·기술적 **대상과의 관계에서** 적절한 자기활동과 자기확증을 필요로 하는, 따라서 자발적으로 노동을 수행할 욕망을 지닌 건강한 **개인의 대상적이고 개인적인** 생명향유이다. "정상적인 상태의 건강, 힘, 활동, 기능, 능란성을 갖춘 **개인**은 정상적인 분량의 노동 및 휴식중지에 대한 욕구도 갖는 법"(42: 512면)이기 때문이다. 존-레텔과 관련하여 충분히 논증하였듯이 맑스는 사회화된 '과학적 성격'의 '일반적 노동'이 지배적인 단계가 되면 '노동의 지양(止揚)', 즉 '제일가는 생적 욕구'가 된 새로운 노동, 즉 생산적 활동으로의 현존 노동형태의 전환이 이루어질 것으로 보았다(같은 곳). 따라서 맑스의 노동개념과 관련해서는 "맑스가 끌어와 낭만적으로 변용시킨 수공업적 활동 모델"(Habermas 1980, 484면) 따위에 관해 운위할 수 없는 것이다.

노동에서 느끼는 이러한 생명향유는 심지어 자본주의적으로 착취되는 노동과정 안에서도, 이 노동과정이 자본주의 사회에서 하버마스의 소통적 합리성만큼 소외되고 억압된 형식을 취하고 있을지라도 완전히 사라지지 않는 것이다. 하버마스는 다음과 같이 말하고 있다. "소통적 합리성이 기존의 상호작용 형태 속에 이미 억압된 형식으로 체현되어 있고 따라서 당위로서 비로소 요청되어야 할 필요가 없다는 사실은 운명의 저 인과성에서 입증되는 것이다. …소통적 합리성은 역사 속에서 보복적 권력으로 작동한다"(같은 책, 488면 이하). 바로 동일한 말은 자본주의적 임금노동의 은폐된 생적 의미에도 그대로 적용되는 것이다. 이 생적 의미는 실업상태에서 간접적·부정적 방식으로, 그러나 노골적으로 드러난다.

인간의 도구적 행위이며 동시에 인간적 생(生)의 대상적 확증행위로서의 노동이라는 맑스의 노동개념이 지닌 **이중의미**(Doppelsinn)에 대한 하버마스의 몰인식은 깊은 뿌리를 가진 것이다. 하버마스는 이전에 단계규정적이었던 구체적 노동형태, 즉 테일러-포드주의적으로 분쇄된 노동을 **절대화하고** 있는 것이다. "호네트(Axel Honneth)는 점점 더 수공업적 활동 모델로부터 멀어진 산업노동의 발전을 환상 없이 고찰하고 있다. 이에 상응하게 산업사회학의 노동개념은 모든 규범적 내용으로부터 순화되었고 사회철학에서는 해방적 추동력으로부터 면해졌다. 노동시간의 단축 및 노동의 생활세계적 유의미성의 상응하는 평가절하 추세를 추가로 고려하면, 산업노동의 역사적 발전이 (아그네스 헬러 Agnes Heller 류의─인용자) 실천철학의 토대를 뽑아버리고 있다는 사실을 목도하게 된다. 그러나 산업노동의 생산미학적 평가절상이 대상을 잃는다면, 전체적 문제논의는 '노동의 인간화'라는 냉정한 사회정책적 수준으로 움츠러들게 된다"(같은 책, 485면).[11] 하버마스는 여기서 **3중적** 오류를 범하고 있다. 첫째, 그는 맑스의 산업노동 개념을 은연중에 **교조적으로 손노동**으로 한정하고 있다. 둘째, 그는 노동을 극단적으로 단순화시킨 테일러-포드주의를 유일하고 영원한 '합리화 방법'으로 전제함으로써

---

11) 호네트의 노동이론과 이에 대한 비판적 평가에 관혀서는 엄경숙, 「포스트모던적 노동개념과 고전적 노동개념」, 엄명숙/황태연, 『포스트사회론과 비판이론』, 푸른산 1994(증보재판).

1960년대까지 계속된 탈숙련화 및 탈인간화 추세를 절대적 추세로 격상시키고 있다. 하지만 극소전자적 자동화기술이 투입되기 시작한 이후 1980년대에는 노동의 점진적 재(再)숙련화 추세가 개시되었다. 셋째, 노동시간 단축추세는 결코 '노동의 생활세계적 유관성의 평가절하'로 귀결된 것이 아니다. 이것은 현실에 낯선 사변적 오추리이다. 사태는 오히려 정반대이다. "1900년경 취업자는 자신의 빈한한 생존을 연명하기 위해 주당 60시간을 일해야 했다. 그런데 오늘날은 40시간이고 1990년대 말에는 30시간이면 족할 것이다. 그것도 훨씬 높은 생활수준에서 말이다. 따라서 취업노동량의 감축은 결코 노동사회의 종말을 뜻하는 것이 아니다. 정확히 그 반대가 사실이다. 즉, 취업노동의 경제적 의의는 항구적으로 증대한다. 노동시간 단축의 역사적 과정은 더 적게 일하고 더 많은 소득을 얻는 것을 보여준다"(Steinkühler 1986, 184면). 게다가 노동은 노동시간이 '정상적인 분량의 노동'에 접근하면 할수록 그만큼 더 사회적으로 그리고 생적(生的)으로 **평가절상**된다. 이것은 자본주의적으로 강제된, 그리고 상대적으로 낮은 생산력 수준에 의해 강제된 인간의 '일짐승'(Arbeitstier) 단계, 즉 노동이 배타적으로 중요한 인간활동이지 않으면 안되는 상태가 생산력의 단계적 발전 및 노동시간 단축과 더불어 완화된다는 것을 뜻한다. 그러나 '노동의 생활세계적 유의미성'은 이로 인해 그만큼 더 평가절상되는 한편, 다른 사회적 활동의 생활세계적 가치들이 동시에 더 많이 고려될 수 있게 된다. 하버마스는 노동시간의 단축에 의한 노동의 부정적 의미의 축소를 '생활세계적 유의미성' 자체의 축소로 오해하고 있는 것이다.

노동시간 단축과 숙련도 상승으로 평가절상된 노동의 생적 의미는 노동의 '자본주의적 껍질'과 더 첨예한 모순에 빠지지 않을 수 없을 것이고 노동자들의 해방의지를 상대적으로 강화시킬 수도 있을 것이다. 말하자면 노동과 '해방적 추동력' 간의 일체의 관계에 대한 하버마스의 부정은 노동을 산업적 손노동으로 축소하는 허용될 수 없는 교조주의, 테일러-포드주의의 절대화, 노동시간 단축과 관련된 중대한 오추리 등에 근거한 것이다.

해방에 대한 노동의 관계를 근거 없이 부정함으로써 하버마스는 해방을 오로지 생활세계의 계급초월적 과업으로 만들고자 한다. 임금노동하는 인간들은 인류의 해방투쟁에서 하등의 '특권적' 지위도 향유할 수 없다는 것이다. 이런 사유과정은 그가 애호하는 언표와도 직접 모순되는 것이다. 다시 숙련도가 상승하는 임금노동자들을 그는 교조적으로 '새로운 중산층'으로 부르는데, 이들이 '끈질기고 전망 좋은 저항'을 한다고 말하지 않았는가? 따라서 그는 한편으로 해방의 대의(大義)에 대한 임금노동의 일체의 특수한 관계를 부정하면서 다른 한편으로는 임금노동자들의 일부(지식프롤레타리아)가 해방투쟁의 선구자라고 무의식적으로 자인하고 있는 셈이다!

우리는 거듭 확인한다. 테일러주의와 포드주의에 사로잡힌 하버마스의 환상과는 달리 노동이 극소전자화 과정에서 다시 재숙련되어 다소 매력적으로 변하기 시작한 지 이미 오래 되었다는 것이다. 노동조합은 프롤레타리아트의 어떤 분파의 경우——노동내용에 관한 한——노동을 뒤늦게 '인간화'하려고 투쟁할 필요가 없다. 물론 노동의 재숙련화와 생적 의미의 절상이 즉각 '해방적 추동력'의 증대를 뜻하는 것은 아니다. 이런 가정은 계급이론적인 경제주의의 또다른 변형태일 것이다. 그러나 노동의 숙련도 상승과 인식적 비판능력 및 도덕적 예민성의 증대 간에는 하버마스가 '신중간층'과 관련하여 무의식적으로 자인하듯이 **일정한** 상대적 연관이 있다. 고르즈(André Gorz)는 넥트(Oskar Negt)의 순진한 경제주의에 대한 비판에서 하버마스를 본떠 임금노동의 숙련화와 해방능력 간의 관계를 '엄격히' 부인하고 이 해방능력을 순수히 생활세계적 의사소통의 일로 만들고 있다. 넥트는 물론 성급하게 다음과 같이 주장한 바 있다. "노동은 이제 그 구조상 정치적 노동이 되었다"(Negt 1984, 192면). 이에 반해 고르즈는 넥트에 대한 비판을 너무 극단으로 몰아가고 있다. "정치적 책임은 물론 전체적 시야를 갖추는 것뿐만이 아니라 이것으로부터 출발하여 쟁론적인 토론을 매개로 생산 또는 기술선택의 목표, 합목적성, 적합성, 귀결 등을 공개적으로 문제삼는 것이기도 하다. 그러나 이 문제삼는 행위는 직무의 틀 안에서 **엄격히** 불가능하다. … 정치적 책임윤리가 전제하는 것은 노동과 또는…'사상 없는 저 전문인'과 동화된 정체감에 대한 **정면적 대립지위이다**"(Gorz 1989, 123면). 말하자면 고르즈는 기업 내의 모든 고도숙련화된 사무직원들을 사상도 심장도 없는 '여피'로 규정하고 있다. 하지만 최근의 임금노동자 연구는 노동의 탈숙련화 및 탈인간화 테제(Habermas)를 거듭 부정하지만 고도숙련된 전문노동자들의 일반적 '여피화' 테제(Gorz)도 부정한다. 1989년의 독일여론조사연구소

(INFAS) 연구보고는, 기업에서의 자기실현, 자율성, 환경, 평화, 3세계를 선호하는 '체제개혁파'는 거의 모두 고도숙련된 사무직원층에 속하는 반면, 소득, 일자리, 도구적 직업의식을 선호하는 '사회개혁파'는 대부분 비숙련노동자 및 사무직원층에 속한다는 사실을 보여준다(이 책 제4장을 보라).

하버마스가 빈약한 근거에서 노동가치론 및 잉여가치론을 포기하고 '해방적 추동력'에 대한 노동의 관계를 **일절** 부정함으로써 해방과정을 오로지 **배타적으로** 생활세계와만 관련된 '소통적 합리성의 관철'의 시각에서만 파악한다면, 그의 이론구조는 전체적으로 노동의 모든 이성, 즉 피착취노동의 규범적·사회적 비판력, 노동의 인간발생사적 역할, 적절히 단축되고 숙련된 노동의 해방능력과 생적 의미 등을 모조리 배격하는 소통독재(Kommuni-kationsdiktatur)에 불과한 것이다. 바로 이 점은 하버마스가 소통적 행위론을 완성함으로써 비판이론의 발전에 결정적으로 기여했음에도 불구하고 비판이론 계열 속으로 쉽사리 수용되는 것을 어렵게 하고 소통이론과 관련된 무용한 오해들을 야기해온 이론적 최대 약점이 되어왔다. 지배질서에 완전히 통합된 것은 하버마스가 주장하듯이 프롤레타리아가 아니라 다름아닌 하버마스 자신의 '소통적 이성'에만 근거한 사회비판, 즉 '비판답지 않은 비판'(unkritische Kritik) 또는 '이빨 없는' 비판(zahllose Kritik)이기 때문이다. 이런 한에서 자신의 타당성을 반동적 사회주의(Marx)로 일탈하는 존-레텔식의 '생산독재'에 대한 대항성에서만 찾을 수 있는 하버마스의 '소통독재'에 대한 우리의 비판은 우리가 맑스와 더불어 "소통적 이성의 관철을 당파적으로 편드는 것"(Habermas 1980, 487면)을 전혀 거부하지 않을지라도[12] 불가피한 것이다. '소통적으로' 연대한 노동자들의 해방적 투쟁은 실은 오늘날도 '소통적 이성의 관철'과 '노동의 생활세계적 유의미의 절상'을 위한 선구적이고 핵심적인 투쟁이다. **임금노동 개념 저편에서** 벌어지는, 투쟁을 멀리하고 계급을 초월한 순수한 의사소통적 잡담은 '소통적 이성의 관철'로 통하는 길이 아니다.

---

12) 필자는 크뤼거(Hans-Peter Krüger)에 의한 맑스 저작의 유의미한 소통이론적 해석을 지적한다. 그는 '사회적 소통방식'의 개념으로써 맑스의 비판이론과 새로운 사회의 전망을 미래지향적으로 제시하려고 시도하고 있다(Krüger 1990 참조).

3. 정치적 기술비판의 제문제 —— 울리히의 기술비판의 오류와 한계

(1) 본질주의적 기술관의 이론적 난점

지배로서의 기술에 대한 마르쿠제의 본질주의적 비판도 하버마스의 노동 기술과 동일시한 기술 일반에 대한 본질주의적 긍정도 이론적 문제점을 노정하고 있다. 오직 관념적 또는 이론적 상상 속에서만 존재하는 본질주의적 **사유추상물**(Denkabstraktion) '기술'은 노동기술, 지배기술, 전쟁기술, 의료기술, 예술기술 등 실제의 구체적인 기술들을 주조한 실제적 행위목적들을 추상하기 때문이다. 말하자면 이론가들은 본질주의적 추상물 '기술'을 이러저러한 구체적 기술들의 연상과 자의적으로 결합시킴으로써 오직 사변적인 사유세계 속에서만 일괄 비판하고, 일괄 긍정하고, 일괄 중립화할 수 있는 것이다.

자연과학의 이데올로기적 성격의 증명에 근거하여 근대 기술을 비판하려는 존-레텔의 시도도 실패했다. 기존 사회의 세계상에 의해 제약된 근대 자연과학의 부분적인 이데올로기 성격은 증명 가능한 것이긴 하다. 그러나 과학의 이러한 부분적 이데올로기 성격으로부터 자연과학에 의해 획득된 자연지식에 근거한 실제적 기술들의 내재적인 지배이데올로기 성격을 도출하는 것은 불가능한 것이다. 이론적인 자연과학에 부분적으로 포함된 필연적 **허위적 의식**(이데올로기 요소)은 과학의 기술적 응용에 직면하면 무력화될 수밖에 없기 때문이다. 자연현실에 대하여 항상 유효해야 하는 실제적 기술들(사물적 장치, 물질적 기계, 물리적 설비 등)은 이론적인 과학과 달리 일체의 허위적 의식을 내포할 수 없다. 모든 실제적 기술들은 허위적 의식의 실현물이 아니라 자연과학이 축적한 올바른 의식의 실현물이기 때문이다.

특정한 기술들의 비인간적·억압적·파괴적 특성을 몇몇 기술공학적·물리적 원리로부터 도출하려는 시도도 설득력이 없다. 셀 수 없는 여타 인간적·해방적 기술들도 동일한 원리에 근거하고 있기 때문이다. 한편, 본질주의적 사유추상물 '기술'을 일괄 **목적중립적** '수단개념'으로 환원하는 일괄적 중립화 규정을, 결코 목적중립적이지 않은 실제적 기술들에 확장하는 것도 기술의 사유추상을 일괄 악마시하거나 일괄 신격화하는 것 못지않게 허용될 수 없다. 이 전통사회주의적인 기술중립화 명제 속에는 진정 비판 가능한 구체적 기술들(가령 사회주의 국가의 화생방 무기)을 중립화하여 결국 무해(無害)한 것으로 우기려는 이론적 위험이 도사리고 있기 때문이다.

결국 우리에게 가능한 것은 문제성을 노정하는 구체적 기술들과 이것들의 적용방식 또는 이러한 적용방식에 숨겨진 특수한 이해관계를 진보적 계급이익 또는 인류 일반의 이익 관점에서 평가하는 **구체적 비판**일 뿐이다. 기술의 본질주의적 사유추상을 가지고 수행하는 추상적·일반적 평가방법은 쉽사리 사이비 근본주의의 막다른 골목에 봉착하고 만다.

(2) 기술의 지배본질에 대한 오토 울리히의 비판

오토 울리히(Otto Ullrich)는 해방적 실천 관점에서 구체적인 기술들을 비판하려고 의도한다. 그는 전체화하는 평가방법(일괄적 악마시, 일괄적 신격화, 일괄적 중립화)을 일단 거부한다. 그러나 그도 이 전체화하는 방법으로부터 탈피하지 못하고 있다. 그는 기껏해야 '수많은 개별 메커니즘을 통해' 또는 '증후군 양식으로' 기술과 자연과학이 자본과 마찬가지로 지배기능을 산출한다는 것을 설명하려고 시도한다. '증후군 양식으로' 근대과학적 기술과 자본 간에는 '구조적 친화성'(strukturelle Affinität)이 존재한다는 것이다.

기술, 과학, 자본의 오늘날 긴밀히 결합된 영역들은 제각기 고유한 발전논리를 가진, 원래 상대적으로 분리된 '생활영역들'이었다. 이것은 아주 오래된 영역인 과학과 기술에 일단 그대로 타당하다. 과학이 계급사회와 함께 생겨나고 이것과 함께 사회적 차원의 분업이 생겨나기 때문에 '기술'

은 물질적 재생산의 영역에 속하는 반면, '과학'은 정신적 재생산의 영역에 속한다. 서로 다른 계급에 분배되어 공간적·사회문화적으로, 그리고 일반적으로 낮은 '기술적' 커뮤니케이션 수준에 의해 상호 분리되었던 이 영역들은 자율적인 부분과정으로서 각각 고유한 '논리'를 발전시켰다. 아주 나중에야 추가로 등장하는 자본의 논리는 세 영역을 모두 융합시켰다. 이 융합과정에서 중요한 것은 '자본의 논리'와 '과학의 논리' 간에는 '적극적으로 이해된 적응 이전에 이미' **유사성**이 존재했다는 것과, 게다가 두 영역간의 **'견인성'**에 관해 운위할 수 있고 이것은 두 영역이 자신의 고유한 논리의 완전한 전개를 위해 제각기 상대 영역을 요(要)하고 찾는 식으로 견인한다는 것에 주목하는 것이다. 이 '유사성'과 '견인성'을 뜻하기 위해 나는 **구조적 친화성**의 개념을 택한다. (Ullrich 1979, 51면 이하)

이 '구조적 친화성' 명제로써 울리히는 교조적 맑스주의의 즉자적 기술('기술 그 자체') 및 기술적 중립성 명제뿐만 아니라, 근대적 노동기술 그 자체가 정치적으로 문제되는 것이 아니라 노동기술 그 자체의 '자본주의적 적용방식'이 문제라는 맑스의 유명한 적용테제(Anwendungsthese)도 격렬히 비판한다. 그는 이 '친화성'의 요소들을 손노동으로부터 두뇌노동의 분리의 생성적 계급성격, 과학의 비형상적(非形相的) 성격, 실험적이고 분석적·종합적인 성격, 무차별성과 개방적 목적구조 등으로 나열하고 있다(같은 책, 62~107면).

하지만 '과학의 사회적이고 내재적인 지배합치성'의 증명을 위한 그의 시도는 아깝게도 새로운 전체화라는 본질주의적 평가방법에 지나지 않고 이론적 오류, 자가당착, 낡은 경험자료에 사로잡혀 있다. 게다가 그는 종종 자신이 격렬히 비판하는 기술의 중립성 명제로 퇴락하기도 한다.

(3) 울리히의 '정신노동'과 '두뇌노동'의 개념적 혼동과 그 귀결

울리히는 모든 주의 깊지 못한 맑스 독자들과 마찬가지로 정신적 노동과 물질적 노동의 분업을 두뇌노동과 손노동의 분업과 등치시키는 존·레텔식 혼동에 빠져들어 있다(이 차이에 관해서는 이 책 제3장에서 취급하였다). 이 중대한

혼동으로 인해 그는 불가피하게 정신적 생산 내에서의 역사적 분화와 테크
노크라트층과 지식프롤레타리아의 계급분화를 호도하고 두뇌노동과 손노동
의 양극화 명제를 경험적 사실에 반하여 과장하고 두뇌노동자 일반을 적대
하게 된다. 그는 다음과 같이 말하고 있다.

> 기능범위가 기획자, 수행자, 통제자, 판매자 등 서로 다른 사람들에게
> 분할되어 '물질적 노동과 정신적 노동의 분업이 등장하는 순간부터 분업
> 은 현실적인 분업이 된다'. (Ullrich 1979, 59면)

여기서 외따옴표 내의 문장은 맑스(『독일이데올로기』)로부터 따온 인용문이
다. 그런데 물질적 노동과 정신적 노동의 분업은 맑스에 의하면 **전체 사회
적** 차원에서 벌어지는 분업이다. 이런 이유에서 물질적 생산으로부터 분리
된 이 정신적 노동은 이미 계급사회 이전에 발생하여(무당, 추장, 전쟁수
령) 이후에는 별도의 신분으로 정착하였다(성직자, 예술가, 학자, 사상가,
정치지배자, 장군 등). 이에 반해 두뇌노동과 손노동의 분업은 **기업 내적인**
분업으로서 물질적 노동의 '기능범위'가 명확히 분화하는 **자본주의적 생산과
정**에서야 비로소 전형화되는 것이다. '기획자, 수행자, 통제자, 판매자'의
저 분업은 사회적 분업이 아니라 기업 내적 분업이다. 울리히는 두 가지 본
질적으로 다른 분업유형을 동일시하여 위 인용문에서 하나로 통합하는 오류
를 범하고 있다. 그러나 맑스는 이 두 유형의 본질적 차이를 아담 스미스에
대항하여 강조하고 있다(23: 375면 이하 참조). 맑스에 입각하여 물질적 노동과
정신적 노동 및 두뇌노동과 손노동의 기능위치를 도식화하면 다음과 같다.

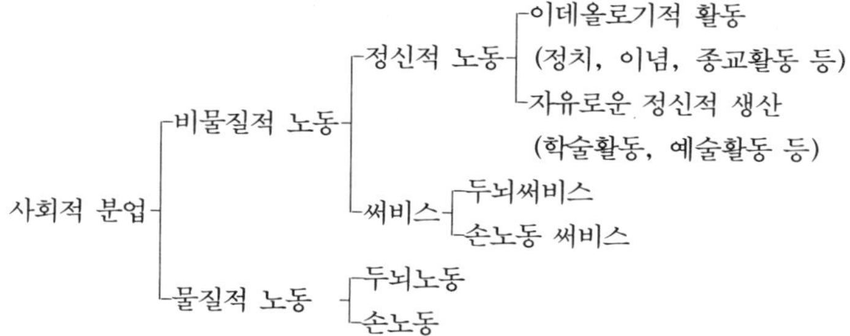

울리히는 정신적 생산의 산물로서의 과학이 애당초 지배성격을 지니고 있다고 주장한다. 과학은 자고로 지배계급의 업무였기 때문이라는 것이다. "과학은 오늘날까지 소수가 장악하고 있고 그것도 모든 사회에서 그렇다. 과학이 번성하고 발전한 5000년의 계급적 분위기가 과학에 깊이 정착된 계급성격을 부여하지 않았다면 오히려 이상한 일일 것이다"(Ullrich 1979, 65면). 과학의 이른바 이 '깊이 정착한' 계급성격은 과학에 '이중성격'을 부여한다. "과학과 과학적 기술은 '인간'이 물질적 생산을 수월하게 하기 위해 자신과 자연 사이에 끼워넣은 '도구'일 뿐만 아니라…소수의 사람들, 즉 지배계급은 과학을 지배안정화의 사회적 **수단**으로 필요로 했고 이런 이유에서 과학을 촉진하고 발전시켰다. 소수의 사람들은 따라서 자신의 특권을 유지하고 확고히 하기 위해 자신과 다른 사람들 사이에 과학을 끼워넣는다. 과학은 처음부터 이중성격을 가진다. 그것은 자연의 지배를 위해서도 또 인간의 지배를 위해서도 합목적적이다(같은 책, 67면).

마르쿠제처럼 울리히가 자연지배 논리와 인간지배 논리를 동일시하는 오류는 여기서 일단 차치하자. 그런데 지배계급이 과학과 과학적 기술을 지배의 용이화 및 확장을 위한 '수단'으로 적용한다면, 그것은 과학의 '깊이 정착한' 계급특징과 무관한, 과학과 기술을 **이용한**(mittels) 지배에 지나지 않는다. 이것은 고전적인 '적용'테제가 아닌가? 이 경우 과학 그 자체는 중립적인 것이 되고 만다.

과학은 지배이익에 **사로잡히지** 않고도 지배이익과 **관련되어** 있을 수 있다. 여기서 우리는 이 차이에 주목하여 과학의 이익연관성(Interessenbezogenheit)과 이익편향성(Interessenbefangenheit)을 엄격히 구별하여야 한다(이 책 제3장의 이데올로기론 참조). 과학은 계급이익에 사로잡히면 사로잡힐수록, 즉 계급이익이 더 많이 과학의 '깊이 정착한' 성격이 되면 될수록, 그만큼 더 많이 이데올로기로 격하되고 과학적 지위를 그만큼 적게 향유한다. 따라서 우리는 이 과학 또는 저 과학의 이데올로기적·비과학적 측면을 운위할 수 있지만, 과학 일반(*die* Wissenschaft)의 '깊이 정착한' 계급성격을 말할 수는 없다.

그러나 울리히는 정신적 노동과 물질적 노동의 사회적 분업의 산물로서의 과학이 물질적 생산과정의 두뇌노동과 손노동의 분업을 촉진, 공고화하고 따라서 **자기 쪽에서** 자본의 지배에 기여한다고 확신하고 있다. 인간은 도구의 적용을 통해 대상과 거리를 취하고 경향적으로 자신의 신체를 배제한다. 이 경향은 예전의 도구사용과 무기사용에서도 이미 분명 현존했다. 그러나 전(前)산업적 수공업 기술은 도구에 의한 필연적인 신체 배제에도 불구하고 '신체집중적'이고 '둘러볼 수' 있었다. "비로소 산업적·과학적 기술은 거리취함(Distanzierung)의 위험한 신(新)차원으로 나아가는 '돌파'를 가능케 한다"(같은 책, 61면).

과학과, 전후에도 한참 뒤에야 지배적인 추세가 된 생산의 과학화가 오늘날 생산과정의 지배를 공고하게 만들고 있다는 것은 논란의 여지가 없다. 그러나 테일러-포드주의가 아니라 과학적 기술에 기초한 지배의 공고화는 손노동과 두뇌노동의 대립의 강화가 아니라 새로운 기술의 지배기술적 적용(숙련도의 양극화와 결부된 경영권력의 강화에 관해서는 이 책 제4장 제1절 참조)에 의하여 벌어지고 있다. 두뇌노동과 손노동의 대립에 관한 한, 이 대립은 강화되는 것이 아니라 완화되는 추세에 있다. 즉, 손노동은 생산의 가일층적 과학화에 의해 점차 감소되고 두뇌노동은 증가하고 있기 때문이다.

한편, 임금노동자의 숙련도는 생산의 과학화에 의해 매우 분화되고 모순적으로, 그러나 지속적으로 상승하고 있다. 생산의 과학화 추세는 과거 테일러-포드화와 달리 두뇌노동과 손노동의 대립의 첨예화가 아니라, 역으로 **지배계급의 지식독점, 학문독점, 교육독점의 가일층적 완화**를 초래하고 있다. 이 측면을 울리히는 완전히 망각하고 있는 것이다. 이런 까닭에 그는 노동숙련도의 양극화(탈숙련화)라는 낡은 테제에 가담하고 있는 것이다(같은 책, 296면 이하 참조).

게다가 그는 취업자의 계층구조의 변화방향을 시야에서 놓치고 있다. 상층 테크노크라트 및 관료층은 머리 수에서 절대적으로 증가하고 이들의 권력도 더욱 강화되고 있다. 그러나 울리히가 말하는 '중간영역'은 테크노크라트 및 관료층보다 더 빨리 확대되고 있다. 이에 반해 비숙련노동자들은 절대적으로 그리고 상대적으로 감소하고 있다. 이것은 전체 사회적 차원에서도 확인되지만 개별기업에서도 사실이다. 이것은 울리히가 경험자료를 얻었던 1980년 초의 가령 지멘스사의 사원구조를 살펴보더라도 입증될 수 있다.

지멘스사의 사원구조

(단위 : %)

	1962년	1973년	1982년
대학 및 전문대졸 사원	약 9.1	약 11.5	약 17
기능사, 마이스터, 상업직원	19.5	26.5	30
숙련노동자	23	19	20
단순노동자 및 단순사무직원	47.2	43	31.6
	(단순사무: 3.9)	(3.7)	(3.1)

자료: Semmler 1984, 167면 도표의 백분율화.

생산과정과 사무실의 단순노동력은 둘 다 줄곧 점진적으로 감소하는 데 반해, 숙련노동자 비율은 1973년경 4% 감소하였다가 1982년경 다시 증가하기 시작하고 있다. 한편, 대졸 학력의 고도숙련된 노동력과 대학을 통하지 않고 직업과정에서 고도숙련된 유자격 노동력(기능사, 마이스터, 상업직원)은 뚜렷하게 증가하기 시작했다. 이 중 테크노크라트와 관료층의 비중은 추정상 1%도 안된다. 따라서 울리히가 말하는 '중간영역'은 소멸하고 있는 것이 아니라 역으로 확대되고 있다. 이것은 결코 숙련도의 양극화가 아니라 반대로 그 완화인 것이다.

울리히가 여러 관점에서 증명하고 있는 테크노크라트(과학기술적 인텔리의 상층)의 강화 테제(같은 책, 223면 이하)에는 이의없이 동조할 수 있다. 하지만 중앙권력의——과학기술을 기초로 한——자립화 및 강화, 즉 '**권력의 양극화**'를 **숙련도의 양극화**로 혼동해서는 안된다. 울리히는 극소전자적 산업화의 모순되는 묘한 사회적 파장, 즉 종래 지속되던 숙련도의 테일러-포드주의적 양극화의 완화와 동시에 결부된 자본권력의 가일층적 강화를 올바로 파악하는 데 실패하고 있다. 울리히의 오해는 당시(1977)에 획득 가능했던 경험자료에 부분적인 원인이 있을 것이다. 그러나 그의 양극화 테제는 보다 더 깊은 이론적 오류, 즉 정신적 노동과 물질적 노동의 분업을 두뇌노동과 손노동의 기업 내적 분업과 혼동하는 오류 및 전자가 후자를 일직선적으로 촉진·강화할 것이라는 억측과도 무관하지 않다. '정신적 노동'의 '계급적' 특징은 두뇌노동과 손노동의 계급분할을 강화한다는 것이다.

그러나 정신적 노동과 물질적 노동의 분할선은 두뇌노동과 손노동의 분할선과도 합치되지 않지만 계급분할선과도 합치되지 않는다. 정신적 활동가(가령 직업정치가, 학자, 예술가 등)와 물질적 활동가의 일부(가령 자본가와 최고경영자)는 같이 부르조아지에 속하는 데 반해, 두뇌노동하는 화이트칼라든 손노동하는 블루칼라든 테크노크라트와 관료가 아니면 모두 프롤레타리아트에 속한다. 물질적 생산 외부에서 벌어지는 정신적인 과학활동은 전후 물질적 생산 속의 기술과 숙련도의 **내용**에 강력한 영향을 미쳤지만, **자기의 고유한 동력으로** 두뇌노동자와 손노동자의 숙련도와 계급관계의 **구조변동**을 야기한 것이 아니다. 이 두 구조는 생산기술의 과학기술적 성격이나 자본관계 중 어떤 하나에 의해서만 규정당하는 것이 아니라 이 양자의 복합적인 **변증법적 연관**에 의해 규정된다.

나중에 자신의 새 저작에서 울리히는 모든 과학기술이 생산과정에서 두뇌노동과 손노동의 분할을 강화하는 것이 아니라 최고도의 정신적 노동의 산물인 극소전자적 신기술은 "두뇌노동과 손노동의 극소한 분할"(Ullrich 1980, 131면)만을 허용한다는 점을 인정한다. 나아가 그는 또한 신기술이 자본의 통제권력을 극대화하는, 즉 권력을 양극화하는 큰 위험을 내포하고 있다는 점도 통찰하고 있다. "극소전자기술과 결부된 큰 위험은 상대적으로 적은 비용으로 거의 불가시적으로 작동하는 통제씨스템이 수립될 수 있다는 것이다"(같은 책, 132면). 하지만 경영권력의 강화를 노동의 탈숙련화로 혼동하는 그의 오류는 지속된다. "극소전자기술은 아직 노동과정 안에서 표준화될 수 있는 두뇌노동을 떼어내어 컴퓨터에 의해 조절되는 장치로 대체함으로써 생산영역에서도 노동을 강화하고 통제하는 여타의 가능성을 창출한다(자본권력의 강화! —인용자). 이를 통해(? —인용자) 이전의 합리화 물결 속에서도 인지할 수 있었던 숙련도의 양극화 추세가 **강화된다.** 오직 시설의 설계와 건설을 위한 소수의 고도로 숙련된 사람들과 점점 감소하는 수의 반숙련노동자만이 소요된다(반숙련노동자들이 감소하는 데도 불구하고 탈숙련화? —인용자). 중간영역, 특히 수공업적으로 숙련된 직업들은 평가절하되어 소멸한다"(같은 책, 133면). 이와같이 극소전자의 경제적 운동에 관한 그의 이해는 순수한 혼란이다. 그는 1986년에도 이 숙련도 양극화 테제를 고수하고 있다(Ullrich 1986, 44면 참조).

울리히는 숙련도 상승의 **주요추세**에 의해 중첩되는 탈숙련화의 **부분추세**를 과장하고 있는 것이다. 숙련도의 이러한 과장된 양극화 테제로 인해 그는 대부분의 기술인텔리의 프롤레타리아화(탈테크노크라트화 및 탈관료화) 추세를 고려하지 않음으로써 기술인텔리를 모두 프롤레타리아의 적으로 만들고 있다. 그러나 이러한 지식프롤레타리아로부터는 '과학공동체'의 인간적 대적인 대(大)프로젝트 기술을 비판할 능력이 있는 울리히와 같은 비판적이고 환경의식적인 인물들도 충원될 수 있는 것이다.

(4) 공장의 사회적 관계와 맑스의 기술테제

한편 '자연의 지배'라는 메타포도 과학과 자본의 구조적 친화성의 논증을 위한 울리히의 취약한 논리를 보강하는 데 종종 뒷바라지하고 있다. 그는 가령 다음과 같이 선언한다. "올바른 상징으로 낯선 힘들을 자신에게 복무하도록 강제하는 것은 자연력을 '공식(公式)'으로 지배하려는 마법의 '태초적 동경'의 보다 합리화된 형태이다. …마법의 지배욕은 실험적 자연과학으로 통해 자연과 관련하여 처음으로 실제적 힘을 얻는다. 거리를 둔 위치에서, 즉 자기 신체를 개입시키지 않고 상징적 지식을 통한 자연의 지배는… 원칙적으로 가능하고… 외부로부터 조종하고 통제할 수 있는, 균일하게 진행되는 자동적 과정은 산업생산의 모델이 된다"(Ullrich 1977, 100면 이하). 이것은 실현될 수 없는 테크노크라트의 이데올로기적 꿈이다. 이 꿈은 **사람들**간에 특유하게 맺어진 지배관계와 계급관계에도 기초하는 생산현장의 현실에 부딪히자마자 산산조각이 나고 만다. 자본은 생산과정에서 노동하는 **인간주체들**과 끊임없이 씨름하지 않으면 안되는 것이다. 이런 이유에서 자본의 외부조종은 기계의 외부조종과 근본적으로 다르다. 이를 위해 공장은 기계공학적 또는 극소전자적 지배기구 및 노동기술의 지배기술적 적용만을 필요로 하는 것이 아니다. **생산관계**로서의 공장(Marx)은 특히 오로지 자본강권의 위협과 적용을 통해 그리고 이데올로기적으로 주입되어 내면화된 **이익통합**과 **규범**을 매개로만 창설, 유지될 수 있는——개인적으로 둘러볼 수 없고 종종 기술적·사물적으로 은폐될지라도 특유하게 인간매개적인——**권**

위조직을 필요로 하는 것이다. '자연의 지배'라는 메타포를 통한 기술적 노동구조와 지배구조의 이러한 직접적인 등치는 울리히의 경우 필연적인 허위의식으로서의 맑스의 사물화 개념의 파괴로 귀착되고 있다. 그는 사물화를 기술적으로 제약된 노동자의 '둘러볼 수 없음'(Unüberschaubarkeit)으로 오해하고 있는 것이다(같은 책, 176면 이하). 그러나 둘러볼 수 없는 것은 그저 둘러볼 수 없는 것이지 결코 허위의식이 아니다.

아무튼 기술적으로 완전 합리화된 노동모델은 자본주의적 지배모델이 될 수 없다. 이 모델은 여러 번 강조하였듯이 상호 배제하는 것이기 때문이다. 이런 이유에서 마르쿠제 테제를 무비판적으로 반복하는 울리히의 다음과 같은 주장도 이론적 정당성이 의심스럽다. "요약하여 말하자면 자연과학의 논리는 지배의 논리라는 말은 일단 당혹스러울 것이 없는 말이고 전혀 불리점이 아니다. 동기는 자연의 지배이다. 하지만 자본의 특유한 논리가 결정적인 역할을 하기 이전에 이미 그 동일한 논리가 물질적 생산의 지배조직을 가능케 하고 암시하고 이데올로기적으로 준비한다는 것은 충분히 주목받지 못했다"(같은 책, 103면).

울리히는 과학적 기술과 자본의 '구조적 친화성'의 다른 결정적인 요소로서 과학적 기술의 '무차별성과 개방적 목적구조'를 든다.

과학적 영향을 받은 '기초기계'에는 그것이 특정한 목적구조에 구속되어 있지 않다는 점이 특수한 방식으로 전형적이다. 과학기술적인 이익은 기술적인 개별과정의 가능한 한 이상적인 진행도 겨냥한다. 신기술의 중점적 관심은 '수단'에, 즉 임의의 목적을 위한 '개방적 잠재력'의 준비에 있는 것이다. 분석적 접근방법도 특정한 목적에 대한 개방적 목적구조, 즉 무차별성도 전(前)산업적 수공기술에 완전히 낯선 특징이다. (같은 책, 106면)

근대 기술의 이러한 무차별성은 노동내용과 사용가치에 대한 자본의 무차별성과 결합한다는 것이다. 여기서 울리히는 중대한 오류를 범하고 있다. 모든 구체적인 기술들은 특정한 목적들에 의해 불가분적으로 삼투되어 있다. 기술의 이른바 '무차별성'은 아무런 현실연관성도 없고 특정한 목적에 대한 과학과 과학적 기술의 단순한 **사유추상**(Denkabstraktion, 실재의 구체적 기술들을 사유 속에서 이론적·기술공학적 기초원리로, 심지어 훨씬 더 모호한 철학적 '수단'개념으로 환원하는 것)에 불과한 것이다. 이에 반해 노동내용과 사용가치에 대한 자본의 무차별성은 언제든 자본주의적 현실 속에서 관철되는 실재추상(Realabstraktion)이다. 울리히는 '기술'의 사유추상을 자본의 실재추상과 같은 것으로 혼동하고 있다. 이런 혼동 속에서는 근대 기술만이 아니라 실재하는 만물의 모든 사유추상들(가령 인간, 연인, '그것' 등)이 실재추상으로서의 자본과 결합할 수 있을 것이다.

게다가 사유추상물 '기술'의 '무차별성'과 '임의성'은 '기술'과 관련된 전통적 중립성 테제의 명칭 변경에 지나지 않는다. 울리히와 속류맑스주의적 기술중립화론자들 간의 차이는 울리히가 이 중립성을 자본과의 '친화성'으로만 해석함으로써 비판하는 데 있다. 이에 반해 과거 '공식적인' 속류맑스주의적 기술적용 테제는 이른바 '기술 그 자체'를 모든 이익과 결합 가능한 것, 따라서 프롤레타리아의 계급이익과도 결합 가능한 중립적인 것으로 보고 모든 기술을, 그것이 가령 핵무기든 고문기술이든 프롤레타리아의 이익을 위하여 적용되면 무해(無害)한 것으로 규정하는 데 있다.

종합하면 기술과 지배의 관계에 관한 울리히의 모든 본질적인 논증은 근거가 박약한 것으로 생각된다. 차라리 맑스의 적용테제를 이것의 남용을 막는 방향으로, 즉 지배기술, 비인간적인 또는 자연파괴적인 구체적 기술들 그 자체를 무해한 것으로 만들지 않는 방향으로 다듬는 것이 더 손쉬운 길이 될 것이다.

맑스의 적용테제는 사유추상물 '기술'과 관련된 것이 아니라 **노동기술**의 직접적 또는 경제적으로 매개된 남용 또는 악용하고만 관련된 것이다. 따라서 그것은 노동기술의 자본주의적 적용에 의해 강화된 노동자의 궁핍화와 무력성을 **기술적으로 불가피한 일시적 허상**으로 정당화하는 부르조아 정치경제학의 기술주의에 대한 매서운 비판이었다.

기계의 자본주의적 적용과 분리될 수 없는 모순과 대립은 이것이 기계 자체에서가 아니라 기계의 자본주의적 적용에서 생겨나기 때문에 존재하는 것이다! 따라서 기계는 그 자체로서 고찰하면 노동시간을 줄이는 반면 자본주의적으로 적용되면 노동일을 늘리고, 그 자체로서는 노동을 용이하게 하는 반면 자본주의적으로 적용되면 노동강도를 높이고, 그 자체로서는 자연력에 대한 인간의 승리인 반면 자본주의적으로 적용되면 인간을 자연력에 의해 굴종시키고, 그 자체로서 보면 생산자의 부를 증대시키는 반면 자본주의적으로 적용되면 생산자를 궁핍화시키기 때문에, 부르조아 경제학자들은 기계를 즉자적으로 고찰하면 저 모든 명명백백한 모순들이 그 자체로서, 따라서 이론 속에 존재하지 하는 것이 아니라 비속(卑俗)한 현실의 단순한 허상일 뿐이라는 점이 세모(細毛)를 가르듯 예리하게 입증된다고 선언한다. (23: 465면)

여기에서 즉자(卽自)의 차원은 추상물 '기술'이 아니라 생산적 기계이다. 따라서 이 노동기계 자체는 비판될 수 없고 자본주의적 적용만이 비판될 수 있다.

주지하다시피 맑스는 자본경제적 기제를 매개로 관철되는 '노동기술을 **이용한** 지배강화'를 고찰하고 있을 뿐 아니라 노동숙련도를 분쇄함으로써 노동자를 무력하게 만드는 당시의 **역학적** 노동기술의 특유한 **기술적 포텐셜**도 고찰하고 있다. "모든 자본주의적 생산에는 그것이 노동과정일 뿐만 아니라 자본의 가치증식과정인 한에서 노동자가 노동조건을 적용하는 것이 아니라 노동조건이 노동자를 적용하는 점은 공통되지만, 이 전도(顚倒)는 기계와 더불어 비로소 **기술적으로 명백한** 현실성을 얻는다"(23: 446면). 기계가 생산과정에 노동기술로서 등장한 것은 기술발전의 우연적 결과가 아니다. 능동적으로 그리고 의식적으로 자본은 비(非)노동수단으로 이미 존재하던 기계를 노동수단으로 도입하여 기계의 기술적 조건을 직접 지배강화를 위해 활용하였다. "노동수단이 기계로 발전한 것은 자본에 있어 우연이 아니다"(42: 594면). 이것은 자본이 오늘날 극소전자기술을 노동수단으로 도입하고 동시에 권력의 양극화를 위해서 적용하는 것에도 그대로 타당하다. 이것은 지배나 권위적 권력이 기계나 극소전자기술의 기술적 성격에 뿌리박고 있다는 것을 뜻하는 것이 아니다. 이 특유한 기술적 성격을 지배의 강화를 위해 활용하는 자는 자본가이다. 이러한 활용을 위해 자본가는 노동자가 결코 사물이 아닌 한에서 '병영적 기율'이나 관료기구적 기율을 전제한다.

자동화 공장에서의 주요 난점은 인간들로 하여금 불규칙적인 노동습관을 포기하도록 만들고 커다란 자동기계의 불변적 규칙성에 노동자를 동화시키기 위해 필수적인 **기율**에 있다. 그러나 자동체계의 욕구와 속도에 조응하는 **기율법전을 고안하여 성공적으로 집행하는 것**은 헤라클레스의 위업에 맞먹는 기도(企圖)이다. (23: 447면)

이 기율권력과 규범을 망각하는 자는 마르쿠제, 울리히 등과 같이 지배의 좌익 기술물신주의에 빠져든다. 직접 지배강화를 위해 적용되는 생산도구는 권력기제의 창조주도 아니고 담지체도 아니며 다만 이 권력기제의 **보족적** 도구일 뿐이다.

그러나 "기계가 고정자본의 사용가치의 가장 적합한 형태라는 사실에서부터 자본의 사회적 관계 아래로의 포섭이 기계의 적용을 위해 가장 적합하고 가장 좋은 사회적 생산관계라는 결론을 도출할 수는 없다"(42: 596면). 동시에 지배의 강화를 위해서도 투입되는 이 노동기술 자체는 지배 폐지와 더불어 **순수히** 생산적으로만 활용될 수 있다. 즉자의 차원이 여기서는 여전히 노동기술이기 때문이다. 물론 지배와 관료기구적 권위 및 기율 구조가 완전히 제거되지 않는 한 이 기술이 슬그머니 다시 지배기술로 기능하게 되는 위험은 여전히 남는다. 새로운 좀더 나은 기술이 개발되면, 기존의 미심쩍은 기술들은 제거될 수 있다. 그러나 대안적 기술이 개발되지 않는 한에서 저 위험에 대응하는 길은 노동기술 그 자체의 '제거'가 아니라 보다 강력한 민주주의를 위한 **사회적** 투쟁일 것이다. 이 민주화 투쟁은 노동기술의 적용에서 노동기술적 합리성과 지배기술적 합리성의 모순이 빚어내는 투쟁 외에 다른 것이 아니기 때문이다.

이에 반해 울리히는 이 노동기술의 기술적 성격으로써 자본주의적 지배체제와 스딸린주의적 지배체제의 뿌리를 동시에 설명하려고 하고 있다. 그러나 이런 식의 설명은 소련·동구의 독재체제를 '기술적으로 불가피한 것'으로 정당화하는 데 기여할 수도 있을 것이다. 자본주의적으로 개발되어 적용되는 기술 일반이 아니라 적어도 **노동기술**만은 완전히 민주화된 공장에서 원칙적으로 지금까지와는 달리, 따라서 **순수한** 노동기술로서 적용될 수 있는 것이다.

하지만 노동기술과 관련된 맑스의 이 '적용'테제로부터 **비(非)노동기술**인 지배기술, 전쟁기술 등 기타 수없이 많은 인간에 대해 적대적이고 위험한 기술들을 중립화하는 중립화 테제를 도출해서는 안될 것이다. 여기서 기술적 즉자(即自)의 차원은 바로 지배기술, 전쟁기술 등이고 전혀 노동기술이 아니다. 여기서 즉자의 차원을 '추상물 기술'('수단'개념)로 환원하거나 기술 공학적 또는 자연과학적 원리로 환원함으로써 맑스의 적용테제를 남용하여 이 기술들을 '그 자체' 무해한 것으로 만들어선 안된다. 이 기술들은 지배와 전쟁 외에 거의 **달리 적용될 수 없기** 때문이다. 이 모든 기술적 기제들에는 지배, 전쟁 등이 **기술적으로** 체현되어 있기 때문이다. 이 기술들은 이 기술들과 결합된 사회적 이익 및 목적뿐만 아니라 **그 자체로서**(an sich)도 비판되어야 하고 궁극적으로 폐기되어야 한다. 한편, 한 관점에서는 유익하지만 동시에 다른 인간적 생활이익을 기술적 본성상 침해할 위험이 있는 여타 기술들도 그 자체로서 비판되어야 할 것이다. 이 경우(가령 유전자공학 등의) 이러한 기술들의 개발과 활용은 다른 생활이익의 관점에서 정치적으로 통제되거나 대안적 기술을 찾아 포기되어야 할 것이다.

하지만 환경적대적인 생산기술의 경우에는 **다측면적인** 접근이 필수적이다. 환경파괴의 원인들은 자본이익, 외연적 대량생산 유형, 특정한 환경적대적 생산기술 및 재료 등의 **얽히고설킨 복합적 연관**에 근거하기 때문이다. 따라서 환경에 유해한 기술의 통제, 폐기, 대안적 기술의 개발 등의 기술주의적 접근만으로는 환경위기의 완화에 거의 도움이 될 수 없다. 이러한 접근전략은 자본이익과 외연적 대량생산에 의해 야기되는 전세계적 환경교란 앞에서 너무 사소한 해결책으로 왜소화되고 말 것이다. 이 환경문제와 관련해서는 맑스의 '적용'테제도 도움이 되지 못한다. 비자본주의적 또는 반자본주의적 사회도 대중복지의 유지와 향상을 위해 강제되는 대량생산 및 전래된 근대 기술의 대량투입으로부터 하차(下車)할 수는 없을 것이기 때문이다. 하지만 그렇다고 종말론적 환경독재론으로 나아가거나 자연경건주의에 탐닉할 이유는 없다. 자세히 관찰해보면, 항상 과제는 그 해결의 물질적 조건이 이미 현존하거나 적어도 생성중에 있는 경우에만 제기되기 때문이다. (우리는 다음 장에서 이 주제로 다시 돌아갈 것이다.)

(5) 울리히의 '대기술' 및 '생산력' 비판의 오류

울리히는 맑스가 자본주의적으로 삼투된 대공업과 대기술을 무비판적으로 새로운 사회주의 사회의 기초로 수락하고 있다고 비판하고 있다. 맑스는 생산력과 대공업을 진보적 총체로 간주한 채 이것들을 분화하여 비판하지 않았다는 것이다. 하지만 비판되어야 하는 것은 생산관계만이 아니라 생산력이기도 하다는 것이다(Ullrich 1980, 8면 참조). 이 근대적 생산력은 특히 "권력의 포텐셜을 강화하는 중앙권력 지향적인"(같은 책, 20면) 생산력이다. 비판의 핵심 포인트는 "오늘날까지 맑스주의 속에서도, 그리고 지배적인 좌익의식 속에서도 자본주의에 의해 발전된 대공업이 발전의 척도로 채택되고 있다는 것"이다. "그러나 대공업은 사회를 포괄적 관점에서 더 생산적으로 만드는 것이 아니고 사회주의적 사회화를 위한 기초도 제공하지 않는다."(같은 곳) 대공업의 발전을 인류의 이익으로 주장하는 것은 "맑스주의 이론 안에 들어 있는 유럽중심주의적, 부르조아·자본주의적 이데올로기"(같은 책, 21면)에 속하는 것이다.

자본주의적 생산관계가 언필칭 중립적인 것으로 이해되는 생산력 속으로 침투해들어갔다는 것이다. 따라서 울리히는 생산관계의 비판을 넘어——루돌프 바로(Rudolf Bahro)에 근거하여——생산력의 비판, 즉 "생산력 속의 자본주의적 생산관계의 비판"도 아울러 요구한다. "대공업 속에서 분업과 위계서열화의 체계를 가진 조직구조가 구조 전체 면에서 개인들의 수탈, 지배, 잉여물의 추출의 성향을 지닌 **복잡성과 크기**로 생겨났다. …대공업의 조직형태는 사회주의 사회에서 달리 '적용'될 수 없다. 따라서 그것은 대공업으로서 더이상 존재할 수 없도록 개조되고 철폐되어야 한다"(같은 책, 54면 이하).

이런 이유에서 지배로부터 자유로운 '사물의 관리'란 대공업 안에서는 공상이다. 현실사회주의 국가의 독재적인 거대광증(Megalimanie)은 이 국가들이 '대공업'에 근거하는 한 필연적인 것이다. "맑스주의자들은 대체 무슨 근거에서 하필 자본주의에 의해 산출된 생산력이 해방으로 귀착될 것이라는 희망을 갖는가?"(같은 책, 65면) "과학화된 생산력을 가진 복합적이고 고도로 분업화된 사회가 '지배로부터 자유로운 사물의 관리'로 조직될 수 있다"는 생각은 "매우 널리 유포되어 있다." "이 생각은 오늘날까지 모든 가능한 방향의 맑스주의자와 공산주의자, 민주사회주의자, 전통자유주의자의 신앙고백 법전이다."(같은 책, 69면)

'대기술'에 기초한 대공업은 '사물필연적으로', 따라서 '생산관계와 독립적으로' 공장전제체제를 창출한다. 이 주장을 정당화하기 위하여 울리히는 『모든 사회적 조직과 독립된 대공장의 참된 전제주의』라는 엥겔스의 반(反)무정부주의적 논박문(우리가 앞서 상론한 『권위에 관하여』)을 인용하고 있다. 그러나 울리히는 곧 자신의 주장을 완화시킨다. "하지만 산업자본주의의 역사적 단계에서도 사회주의적으로 적용할 수 있는 기술이 생겨난다." 가령 "기구의 공학적 구성요소나 통상의 전기적 구성요소를 극소전자적 부품으로 교체하면, 매우 많은 자재, (특히 기업의) 동력, 소외된 노동을 절약한다. …게다가 생산과정은 대공업에 구속되어 있지 않다. 이 과정은 중간급 기업규모에서 자동화될 수 있다."(같은 책, 131면)

하지만 어떤 생산력을 사회주의 사회로 넘겨받아도 되는지는 기업의 '최적규모'를 획득하기 위한 개별 사례의 철저한 분석을 통해 알아내야 한다. 이 최적규모는 '자연과학적 상수가 아니라' '단위당 인간의 수라는 의미에서'의 규모이다(같은 책, 119면). 여기에서 '사회비판적 크기'의 규정은 아주 중요하다. 기업은 모든 측면에서 통제 가능하고 둘러볼 수 있는 기층그룹 및 대표자평의회의 체계로 건설되어야 한다. 기업의 한계규모는 '**1000명에서 1500명의 직원규모**'이다. 하지만 여기에서도 사회비판적 한계는 경직된 것이 아니다. 가령 직원의 숙련도는 이 한계를 변화시키는 역할을 한다. "조직성원들이 모두 다른 일자리에 대한 용이한 통찰과 순번교대를 가능케 할 만큼 과업영역에 대한 보편적 숙련도를 갖추고 있다면, 근본확신에서의 깊은 합의가 존재하고 게다가 직원들이 '의사소통'에 즐겨 시간을 투자할 용의가 있다면, 가능한 조직규모는 상향 이동할 수 있다. 그러나 숙련도와 정치의식으로 이 한계를 임의적으로 훨씬 위쪽으로 끌어올릴 수 있다고 생각한다면 이것은 오류일 것이다. 자주관리할 수 있는 생산기업에는 1000명에서 1500명의 직원이 높은 숙련도의 경우에도 상한치이다. 연대적인 생산들의

자유로운 연합에 도달하기 위해서는 물론 훨씬 낮은 직원 수가 바람직하다."(같은 책, 120면 이하)

따라서 다음과 같은 사실도 중요한 것이다. "탈(脫)산업적(nachindustriell) 사회주의 사회를 향한 다수 획득 가능한 이성적 전망은 **비중이 결정적으로 중요한 혼합체제**, 즉 짧은 노동시간제와 순번교대제를 갖춘 전국 또는 지자체(地自體) 연합 차원의 **소수의** 대공장, 지방자치단체 연관틀 속의 **수많은** 중소 자주관리기업, 소규모 네트워크 속에 짜여진 **대다수의** 공동작업장 등의 혼합체제일 수 있다"(같은 책, 128면). "특정 재화를 생산해야 하기 때문에만 설치되는 대공장은 소수만 있어야 할 것이다"(같은 책, 100면).

자본주의적 생산력 비판에 초점을 맞춘 울리히의 맑스 비판과 '탈산업적' 사회주의 대안은 많은 점에서 주목할 만한 가치가 있긴 하지만, 동시에 논리적으로 자기모순적이고 따라서 이론적으로 근거가 희박한 것이다.

일단 논리적으로 다음과 같은 이의를 제기할 수 있다. 생산력의 '자본주의적 생산력'으로서의 대공업이 "구성상 자본의 지배와 착취 목적에 **철두철미 정향된 것**"(같은 책, 23면)이라면, 왜 **모든** 자본주의적 생산력이 미심쩍은 것이 아니라 일부만 그런 것인가? 울리히는 스스로 자본주의적 기술들 중 사회주의가 넘겨받을 수 있는 기술도 있다고 말하고 있다. 이것은 **인간들간의 관계**로서의 생산관계가 생산력의 **사물구조** 속으로 **삼투해들어가지 않았다**는 것을 뜻한다. 자본주의 안에서 발전된 기술적 생산력들 중 어떤 것은 여반장(如反掌)으로 지배강화를 위해 쓰일 수 있다는 것은 입증 가능하지만, 이로부터는 생산력 속으로의 생산관계의 삼투 테제도 이른바 생산력 비판도 도출할 수 없다. 첫째, 어떤 기술들은 여타의 미심쩍은 기술들과 마찬가지로 자본주의적으로 '철두철미' 제약된 것일지라도 왜 문제가 없는 기술인지를 울리히는 입증할 수 없다. 둘째, 기술은 생산력과 직접 등치될 수 없다. 생산력이란 일정한 자연적·기술적 토대 위에서 그리고 개인적인 노동숙련도로써 사회적으로 생산하는 **인간주체들**의 생산적 힘의 내적 개념이다. 이 생산력은 맑스에 의하면 지배로부터 완전히 자유로운 연대한 개인들의 연합에서 전면적으로 전개된다. 이미 이 테제는 자본주의적 생산과정 속의 모든 지배기술과 여타의 미심쩍은 기술들이 비판되어야 한다는 것을 내포한다. 그러나 울리히는 모든 기술을 생산력과 등치시키고 마찬가지로 기

술 일반을 생산력과 등치시키는 맑스주의자들을 비판하고 있다. 동시에 그
는 이 속류맑스주의적 생산력 개념을 맑스에게 뒤집어씌운 다음 '생산력 비
판'을 추진하고 있는 것이다. 그는 자신이 격렬히 비판하는 속류맑스주의자
들과 동일한 차원에서 사고하고 있다.

한편, 산업기업의 크기는 '대기술'에 의해 제약된 것이 아니라 (울리히도
인정하듯이 항공기나 선박과 같은 몇몇 생산물처럼 순수 노동기술적인 이유
에서 반드시 거대기업 형태로 생산되어야 하는 예외적인 재화도 있긴 하지
만) 일차적으로 자본의 집적과 집중의 논리에 의해 제약된 것이다. 이런 이
유에서 대부분의 거대한 독점자본주의적 혼합콘쩨른은 자본소유를 철폐할
수 있다면 쉽사리 적절한 단위로 분해될 수 있다.

대부분의 거대콘쩨른은 종종 '규모의 비경제'에 빠질 위험이 있다. 이런
이유에서 많은 자본주의 기업들은 구성기업군을 기술적으로 일석주적인 조
직구조로 만드는 것을 회피한다. 일본의 거대콘쩨른에 속하는 단위기업들은
모두 철저한 독립채산제로 경영된다. 콘쩨른 중앙은 단위기업들을 오직 연
간 수익계산에 입각해서만 통제하고 단위기업들은 경영 및 기술 구조상 독
립체이다. 이 기업들은 대체로 수백명 또는 기천명의 노동자들을 고용하고
있을 뿐이다. 따라서 거대콘쩨른은 기술단위가 아니라 다만 **소유단위**인 것
이다. 이런 한에서 '대기술' 개념으로써 자본주의 '대기업'을 비판하려는 울
리히의 전략은 혼미에 빠져들 수밖에 없다.

물론 일석주적으로 조직된 자본주의적 독점체와 과거 소련·동구 공산당
의 거대광증은 노동의 부자유와 경영효율의 관점에서 비판되어야 할 것이
다. 소련·동구의 콤비나트는 규모에서 통상적인 자본주의 독점체를 능가하
고 개별기업들의 독립성을 완전히 무시한 일석주적 관료조직체였다. 그러나
공산당의 이 거대광증도 자본주의로부터 넘겨받은 '대공업'의 기술적 성격에
근거하는 것이 아니라 속류맑스주의에 근거하는 것이다. 동구의 거대콤비나
트는 지배욕에 굶주리는 자본주의적 독점체들도 넘어서는 것을 꺼리는 '규
모의 경제'의 비판적 상한선을 넘어선 것들이었다.

울리히는 물론 기업의 크기가 지배로부터 자유로운 연합을 불가능하게 하
는 '사회비판적 한계'를 지닌다고 주장한다. 권력집중의 위험을 고려한다면,
그의 우려는 근거없는 것이 아니다. 그러나 그는 맑스가 조직기술적인 측면

에서 저 '사회비판적 한계'(1000~1500명의 직원규모)를 넘어설 정도로 큰 '대공업'을 사회주의 사회의 기초로 넘겨받으려 한다고 부당하게 비판하고 있다. 그런데 잘 따져보면 이 비판은 완전히 빗나간 것이다.

맑스가 안중에 두었던 '대공업적' 기업은 50명 이상의 노동자를 고용한 기업에 불과하였고 당시 이런 규모의 기업이 전체 기업 수에서 차지하는 비율은 1%도 되지 않았다. 맑스는 직원 수가 1000명에서 1500명에 이르는 기업을 보았더라면 아마 유별난 자본왕의 초대형 기업으로 느꼈을 것이다. 이것은 지난 세기 전환기의 다음 통계가 입증한다. "가령 독일에는 1000개의 산업기업마다 1개소의 **대기업, 즉 50명 이상의 임금노동자를 고용한** 기업이 있었다. 1882년에는 3개소, 1895년에는 6개소, 1907년에는 9개소였다" (*LAW* Ⅰ, 776면). 1907년에는 "326만 5623개 독일 기업 중 3만 588개만이, 즉 0.9%만이 대기업이었다." 하지만 "1000명 이상의 기업은 1907년 독일에 586개소가 있었고 전체 노동자의 10분의 1(138만 명)을 고용하고 있었다". (같은 곳)

따라서 맑스가 '대공업'이라는 말로 의미한 대기업은 실은 오늘날의 기준으로 보면 **중소기업**에 불과한 것이다. 그 당시에는 1000명에서 1500명 이상을 고용한 오늘날의 대기업은 진정 너무 드물었다. 따라서 맑스의 사회주의적 대공업체계는 '소수의 대기업', '수많은 중간급 기업', 그리고 대량의 소기업으로 구성된 울리히의 '혼합체계'와 거의 구별되지 않는다. 울리히의 맑스 비판은 자세히 뜯어보면 전혀 근거없는 것이다.

기술적으로 제약된 거대기업들(제철소, 선박, 기차, 항공기, 빌딩건설회사 등)을 제외하면 대부분의 자본주의적 독점콘쩨른의 거대성은 기술적으로 제약된 것이 아니라 금융귀족층의 독점자본주의적 **자본소유**에 기인하는 것이다. 이 공룡들은 독점소유권의 해소와 더불어 쉽사리 분해될 수 있다. 여기에는 아무런 기술적 장애가 없다. 콘쩨른의 단위기업들은 그렇지 않아도 기술적으로 독립적이기 때문이다. 이 점을 울리히는 부정적 기술물신주의에 사로잡혀 완전히 소홀히 했다. 이 기술매몰성은 그의 안목을 협애화시켜 그에게는 **독점자본의 비판**이 결여되어 있다.

게다가 그의 대공업 비판은 극소전자적 내포화 추세와 더불어 점점 더 근거없는 것이 된다. 오늘날 산업은 기술적·소재적 규모 면에서 상대적으로

‘축약화’되고 있다. 또한 직원들의 숙련도가 높아지는 반면, 기술적 단위기업에서 동시에 노동하는 직원 수는 감소한다. (이것은 교대로 일하는 직원들까지 다 합한 단위기업의 직원 전체가 노동시간 단축 및 교대제적 주당 노동시간의 조직을 통해 증가하거나 불변이더라도 타당하다.)

나아가 울리히의 ‘사회비판적 한계’가 ‘단위당 인간의 수라는 의미에서의 크기’를 뜻하고 또 이 한계가 숙련도 상승에 따라 ‘상향 이동할 수 있다면’, 장래 사회주의 사회의 건설에서는 기업의 **기술적** 또는 **산업적으로 제약된 크기**의 문제에 대한 염려로부터 해방될 수 있을 것이다. 그렇지 않아도 프롤레타리아의 숙련도는 최근 내포화 과정 속에서 증가하고 있기 때문이다. 따라서 미래의 사회주의적 전망은 ‘산업 이후’의 사회나 ‘탈산업화’(Ullrich 1986, 27면 이하)에 있는 것이 아니라, 탈(脫)자본주의화된 산업의 극소전자기술을 기초로 한 내포화 및 ‘축약화’에 있을 것이다.

특정한 기술들이 지배의 강화를 용이하게 한다고 생각할 수 있기는 하지만, 기술을 지배구축의 **능동적 주요 요인**으로 규정하고 이 원인을 기술적으로 제약된 **크기**로 환원하려는 울리히의 이론적 근본가설은 지배와 미심쩍은 기술의 허구적 비판으로 귀착되고 있다.

제 5 장

내포적 재산업화와 자연환경

제 5 장

내포적 재산업화와 자연환경

이제 맑스의 정치경제학 비판의 생태학적 단초를 조감하고, 제4장에서 그의 재생산이론에 의존하여 발전시킨 **내포적** 재생산이론의 **소재(素材)경제적인**, 따라서 **생태학적인** 의미를 밝혀내고 이 글에 의해 발전된 이 맑스의 관점에서 현재 대표적인 환경이론들을 비판적으로 검토하고자 한다.

1. 맑스와 엥겔스의 생태학적 이론단초와 생산력 개념

주지하다시피 맑스는 120년 전 이미 자본주의적 산업의 생태학적 비합리성을 정력적으로 지적한 바 있다. 자본주의적 생산은 대지(大地)의 보건적·미학적·문화적 사용가치 등을 부정함이 없이 "노동의 자연제약적 생산력"(23: 538면)으로 환언할 수 있는 "토지의 지속적 풍요성의 영원한 자연조건"을 "교란한다"(23: 528면). '자연제약적 생산력'의 이러한 산업자본주의적 파괴는 농업분야에서도 강행된다(23: 529면 이하 참조). 여기서 자본주의적 경제의 확대재생산은 환경파괴의 능동적 원인으로 등장한다. 이러한 간략한 확인으로써, 그 사이 빈번한 인용으로 인해 닳아버릴 정도로 엥겔스로부터 동원되는 표준인용문들[1]은 건너뛰어도 될 것이다.

그러나 맑스와 엥겔스가 환경파괴의 원인을 자본의 시장무정부주의적 증식충동에만 한정시키고 있는가? 환경파괴의 원인 설명이 자본형태를 비판하는 추상적 설명으로 완결되는 것인가? 사실은 그렇지 않다. 첫째, 맑스는 스스로 다음과 같이 말하고 있기 때문이다.

> 여러 산업부문에서의 생산력 발전이…종종 상반된 방향으로 진행되게 되는 것은 경쟁의 무정부성과 부르조아적 생산양식의 특유성에서만 생겨나는 것이 **아니다**. 노동의 생산성은 **사회적 조건에 근거한 생산성이 증가하는 것과 반비례로** 종종 점점 풍요로움을 잃어가는 **자연조건**에도 묶여 있다. 따라서 이 여러 부문에서 **상반되는** 운동이 벌어져 여기에서는 **진보**가, 저기에서는 **퇴보**가 나타난다. 가령 모든 원자재의 최대량을 좌지우지하는 사계(四季)의 단순한 영향, 삼림·탄광·철광 등의 고갈을 생각해보라. (25: 270면)

이런 경우 경제적 합리성과 생태학적 합리성 간의 모순으로 발전하는, 두 생산성——사회적 생산성과 자연제약적 생산성——간의 '상반된' 관계는 혁명적 체제전환으로써도 배제될 수 없다.

둘째, 화학의 농업적 적용에 관한 리비히(Liebig)의 설명에 붙인 맑스의 주석도 그가 환경교란의 체제초월적인 다른 원인, 즉 산업생산과 산업기술의 생태학적으로 미심쩍은, 자연소재 자체를 변질시키는 기술적 성격에도 전적으로 주목했다는 것을 보여준다. "근대 농업의 부정적 성격을 **자연과학적** 관점에서 설명한 것은 리비히의 불멸의 공적이다"(23: 529면 각주).

적잖은 산업기술들은 자연제약적 생산력의 예측할 수 없는 파괴의 원인이고 따라서 생태학적 관점에서 미심쩍은 기술들이다. 이것은 전(前)산업적 기술의 경우에도 마찬가지였다. 그러나 이 **예측 불가능성**(Engels)은 자연소재를 훨씬 근본적으로 변경시키는 과학적인 산업기술에서 본질적으로 더 우

---

1) 2: 259~76, 279~305, 325~30면; 20: 275면 이하 참조.

려된다. 그럼에도 불구하고 자연과학과 산업기술은 일괄 악마시되어서는 안될 것이다. 우리가 생산과 기술의 생태학적으로 부정적인 '영향파급'을 설명하고 교정하는 데 있어 의존하는 수단은 다시 바로 그 자연과학과 기술이기 때문이다(Engels, 20: 453면 참조).

따라서 확인해두어야 하는 사실은 자본주의적으로 발전된 생산력의 일부는 맑스에 의하면 참된 생산력이 아니라 인간적 또는 자연적 생산력에 대해 파괴력으로 작용할 수밖에 없는 **사이비 생산력**(Scheinproduktivkräfte)에 불과하다는 것이다. 이런 한에서 맑스의 생산력 개념은 "자본주의적 착취에 근거한" 사이비 "생산성"을 배제하는 점에서(23: 445면) **사회비판적인** 개념일 뿐만 아니라, '자연제약적 생산력'의 재생산에 주목하는 **생태비판적인** 개념이기도 하다. 맑스는 사용가치, 즉 소재적 부(富)의 원천이 노동, **그리고** 자연이라는 사실을 망각한 적이 없다(23: 57면 이하). 맑스의 정치경제학 비판은 항상 자연대지의 보존도 염두에 두고 있다. 사회는 "좋은 가부장(boni patres familias)으로서 대지를 차세대에 개선하여 넘겨주어야 한다"(25: 784면).

맑스의 정치경제학 비판은 따라서 부르조아 경제에 대한 단순한 사회적 비판으로 국한되어야 하는 것이 아니라, 모든 자연망각적 경제에 대한 생태학적 비판으로도 재건될 수 있는 것이다. 「고타강령비판」의 **첫번째** 항목은 이 자연망각성의 비판이 아니었던가! [2] 따라서 이론적 과업은 이러한 맑스의 생태학적 단초(端礎)를 더욱 발전시키는 데 있다.

우리가 지금 설명하고 해결해야 하는 것은 견딜 만한 환경'문제'가 아니라 환경'위기'이다. **비(非)위기**로서의 환경'문제'는 맑스와 엥겔스의 위 인용문들이 증거하듯이 19세기에도 산업자본주의의 부수현상이었다. 오늘날 전지구적 환경위기는 1950~60년대 이래의 새로운 현상이다. 전지구적 차원의 이러한 위기적 환경교란은 19세기 이래의 산업폐기물과 소비쓰레기의 일직선적 누적의 결과로 해석될 수는 없을 것이다. 자연이 어느정도 이러한 폐기물과 쓰레기를 분해·정화하는 대항력으로서 기능했을 것이기 때문이다.

---

2) "노동은 모든 부의 원천이 **아니다.** 자연도 노동과 마찬가지로…사용가치의 원천이다. …사회주의 강령이라면 노동에게 유일하게 의미를 부여하는 (자연)**조건**을 침묵하는 이따위 부르조아적 말버릇을 허용해서는 안된다"(19: 15면).

지구 생태계에는 자연력이 일정 정도까지 원자재 채취와 폐기물 방기를 소화할 수 있는 생태학적 상한선이 존재한다. 산업적 환경 부담의 정도는 이 생태학적 상한선 아래 머물러 있는 한 환경'위기'로 발전하지 않는 것이다.

따라서 오늘날 환경'위기'의 대두는 산업적 자연부담이 이 상한선을 초과했음을 증거한다. 그런데 여기서 제기되어야 하는 근본물음은 오늘날의 환경위기가 전후시대에 급속히 향상된 국민복지, 즉 **소비재**의 '대량'생산과 '대량'소비의 숙명적인 대가인가 하는 것이다. 이 물음이 긍정된다면, 환경위기의 해결방안은 현재의 소비재의 대량생산과 대량소비를 포기하는 금욕주의적 방도밖에 없다. 바로 여기에 경제적 합리성과 생태학적 합리성 간의 ──생산방식에 의해 제약된── 모순이 게재되어 있는 것 같다.

그러나 환경위기의 해결책은 경제를 생태학적 이성에 폭력적으로 또는 금욕주의적으로 굴복시키는 데 있지 않을 것이다. 이것은 곰곰이 생각해보면 빈곤을 '굶는 광대'(Hungerkünstler) 식으로 퇴치하려는 정책만큼이나 실천적으로 어리석은 공상이고 또 전혀 해결책이라고 볼 수도 없다. 실천 가능한 진정한 해결책은 자본주의적으로 또는 사회주의적으로 불가피한 경제적 합리성(생산성)의 지속적 발전, 즉 소비재의 대량생산과 대량소비를 생태학적 합리성과 **조화**시키는 데 있을 것이다. 여기에 바로 모든 생태학적 논의의 본래적 어려움이 가로놓여 있는 것이다.

소재(素材) 및 자연의 계기를 경제학 속에 편입시키려는 최근의 시도들, 가령 엔트로피 이론, 생활세계 이론, 중농주의적 자연가치론의 도입을 통한 노동가치론적 '감옥논리'의 철거이론, 수리경제학의 열역학적·물리학적 비판, '사회적 가치' 개념의 도입을 통한 신고전파의 비판 등(Brentel 1989, 23면 이하; 1987 참조)은 모두 오늘날의 환경위기를 은근히 향상된 국민복지의 숙명적 대가로 전제하는 이론적·실천적 딜레마, 즉 성장비판 및 생산력 비판에 빠져든다.

환경위기를 교환가치와 사용가치의 자본주의적 대립의 문제로 환원하여 자본주의 발전의 특수단계에서 첨예화되는 경제와 생태학의 **특수한** 대립을 가치증식과정과 노동과정의 **일반적** 모순 차원으로 귀인(歸因)시키는 적잖은 맑스주의적 환경이론도 유사한 딜레마에 빠져든다. 오늘날의 환경위기가 가치이론적 시각에서 자본주의에 특유한 **체제문제**로 오해되는 것이다. 그런데 체제에 특유한, 시장매개적 **조절양식**(Regulationsmodus)을 중심에 놓는 이 접근방법은 과거 옛 소련·동유럽 국가들도 왜 서구보다 더 첨예한 환경위기에 빠져들었는지를 설명할 수 없다.

이런 접근방법과는 반대로 필자는 맑스의 '외연적' 및 '내포적' 재생산양식(Reproduktionsmodus) 논의에서 밝혀진 제Ⅰ부문과 제Ⅱ부문의 **상반된 소재(素材)경제적** 발전방향을 논의의 중심에 놓고자 한다. 말하자면 필자는 앞서 제4장 제1절에서 해명한 재생산이론적 결론을 출발점으로 삼는다. 이 결론에 의하면 '외연적' 재생산양식에서 제Ⅰ부문의 소재적 규모의 확대는 제Ⅱ부문의 생산량 증가와 비교할 때 몇곱절 높은 비율로 벌어진다. 따라서 제Ⅰ부문의 소재적 규모는 제Ⅱ부문의 소재적 규모보다 **훨씬 더 빠르게** 성장해왔다. 이것은 개인적 소비수단의 단위당 확대가 점점 더 많은 생산수단을 필요로 했다는 것을 뜻한다. **제Ⅰ부문의 소재적 규모의 이러한 초비례적인 확대는 산업적 폐기가스, 폐기물, 폐수의 과도한——생태학적으로 위기적인——방출 및 자연의 과도한 채취약탈의 주요 원인으로 규정되어야 할 것이다.** 따라서 오늘날의 환경위기는 소비재 생산의 상대적으로 빈약한 성장에 대비되는 생산수단 생산의 극단적 이상비대(異狀肥大), 기형팽창을 초래하는 '외연적' 확대재생산 양식에 의해 야기되었다. 이 재생산 유형의 기형성은——과거에는 인간생활에 직접 소요되는 생활재화의 생산에 쓰이는 도구의 생산이 생활재화의 생산에 부속되어 무시될 정도의 수준에 머물러 있었던 반면——오늘날 생활재화로 직접 쓰일 수 없는 도구의 생산이 별도의 부문(제Ⅰ부문)으로 독립되고 경제의 본래적 목적에 해당하는 소비재화의 생산규모를 몇곱절 압도할 정도로 팽창했다는 데 있다.

경제의 이러한 기형화는 역학적 기계(mechanische Maschinerie)에 경향적으로 제약된 것이다. 이런 한에서 환경위기는 역학적 기술과 일정한 관계가 있다. 물론 이것은 '근대적' 기술 일반의 환경적대적인 기술적 본성을 지칭하는 것이 아니라 **소재적 사용가치 경제의 재생산양식**에 대한 지배적인 역학적 기술의 영향을 가리킨다. 역학적 기계화에 기초한 확대재생산은 자본의 기술적·유기적 구성도의 고도화를 강제한다. 동시에 이것은 제Ⅰ부문을 팽창시켜 기계 수요, 기계 제작 및 운용에 필요한 원자재(철강 및 각종 금속, 목재, 합성수지, 각종 윤활유 등)의 수요, 동력(석탄, 석유, 전기) 수요, 기타 보조재료에 대한 수요 등의 거대한 증가, 수송체계의 거대화(국내외적 광석, 석탄, 원유수송, 수송 회수의 급증 및 사고빈발 등), 이런 물자들의 가격의 점진적인 상승, 이 가격상승에 의해 촉진되는 자연의 대규모 채취와 산업폐기물의 대량방출에 따른 환경위기, 이 환경위기로 인한 원자재 가격의 재등귀 등을 야기한다. 이 상승된 가격과 환경위기는 그렇지 않아도 유기적 구성도의 고도화로 인해 개시된 이윤율의 경향적 하락을 가속화시켰다.

　그것은 동시에 제Ⅰ부문의 소재경제적 기형화 위기와 이로 인한 환경위기를 **감지하는** 자본의 특유한 방식이었다. 그러나 위기를 감지한 자본에게는 생산수단의 절약으로 나아가는 길 외에 다른 탈출구가 없었다. 서구 및 일본의 노동조합과 노동자정당들은 경제위기 국면에서 으레 등장하는 자본의 전면적인 반동적 움직임(노동시간 연장, 노동강도 강화, 임금 삭감, 사회보장 삭감, 노동자조직의 탄압, 민주주의 후퇴 등)을 차단할 충분하지는 않을지라도 강력한 압력포텐셜을 이미 장악하고 있었기 때문이다. 이리하여 생산의 주체적 조건의 착취가 어려운 자본은 불가피하게 생산의 객체적 조건(생산수단)을 합리화하는 방향을 취함으로써 1970년대 중반 이래 신기술의 대량투입을 통한 효율혁명에 의해 **생산수단**의 소모를 절감하고 착취를 새로운 차원에서 지속하는 방식으로 이 위기에 강력 대응한다. 생산수단의 이 대규모 절감, 즉 국민경제의 소재적 규모의 '축소화'(Miniaturisierung)는 전통적인 중화학공업, 철강 및 금속제련, 채탄(採炭), 채유(採油), 정유(精油) 공업 등 흑색산업 부문의 위기적인 비중상실로 이어지고 원자재와 동력의 가격하락을 초래하였다. 오늘날 자본주의적 재생산양식은 극소전자적 기술과 신경영방식의 도입을 통해 외연적인 재생산양식에서 내포적인 재생산양식으로 넘어가는 이행기에 처해 있다. 제Ⅰ부문 전체의 규모와 제Ⅱ부문의 생산수단 규모는 이로 인해 가치량적으로나 소재량적으로나 절감되고 '축소화'된다. 이에 반해 소비재의 대량생산과 대량소비는 확대되는 단계에서 계속된다.

(1) 내포적 확대재생산의 생태학적 함의와 '생태학적 맑스주의'의 난점

내포적 확대재생산 과정에서는 경제적 합리성을 생태학적 합리성과 조화시킬 수 있는 실제적 토대가 마련된다. 제 I 부문의 '축소화'를 통한 경제의 생태학적 개조는 제 II 부문(소비재의 대량생산과 대량소비)의 성장을 유지하는 경우에도 이루어질 수 있다. 소비수단의 대량 생산과 확대는 내포적 재생산양식에서 단위당 **점점 더 적은** 생산수단을 필요로 하기 때문이다. 따라서——대량소비의 '소비주의적' 부작용은 비난받아 마땅할지라도——오늘날 노동자대중의 쟁취된 생활복지가 최종적으로 근거하는 소비재의 대량생산과 대량소비를 지속하면서도 경제의 생태학적 개조를 추진하는 것은 원칙적으로 가능하다. 이런 관점에서 접근하면 산업적 대량생산에 대한 '생태학적' 선전포고는 이론적으로 너무 천진한 짓이고 차라리 생태학적 자연보존을 사회진보에 대립시켜 최종적으로 생태학적 반동화 추세로 전락하는 이론적 자포자기로 간주될 수 있을 것이다.

제 I 부문의 내포적 '축소화'는 그 **소재적** 측면과 관계하는 한에서 과거 '사회주의' 경제의 생태학적 개조를 위해서도 효과적일 것이다. 생태학적 위기는 근본적으로 보면 종래 외연적 축적과정에서 구조화된 **제 I 부문의 이상비대의 생태학적 한계**의 표현이면서 동시에 가치경제적 표현(이윤율 하락) 및 사회체제적 표현(스딸린주의적 국가사회주의의 붕괴)과는 구별되는 외연적 확대재생산 양식 **자체의 역사적** 한계의 또다른 표현이기 때문이다. 소비수단의 단위당 확대에 비해 초비례적으로 폭증하는 생산수단을 소요하고 따라서 소비재 1단위당 점점 많은 산업폐기물을 방출하며 점점 더 많은 자연채취를 강요하는 제 I 부문의 이러한 소재경제적 이상비대 위기는 무의식적으로 전제된 자연의 사용가치의 과도한 파괴로 이끌어진다. 그러나 이 과도한 자연부담은 소비재의 대량생산을 지속하면서도 소요되는 생산수단을 극소전자기술 및 신경영방식에 기초하여 절감함으로써 생태학적 한계 아래로 감축시킬 수 있다. (이 이론적 가설의 확장과 통계적 입증에 관해서는 뒤에서 다시 논한다.) 따라서 자연부담의 생태학적 상한선은 성장지향적인 경제의 모든 재생산양식이 이 상한선에 걸려 좌초하고 말 정도로 절대적인 것이 아니다. 그것은 내포적 성장유형에서라면 저촉되지 않을 수도 있기 때문이다.

이와 반대로 엘마르 알트파터는 외연적 재생산양식에 특징적인, 경제와 생태학의 특히 위기적인 대립을 가치증식과정과 노동과정의 일반적 모순 차원에 귀인시켜 새로운 재생산양식에서가 아니라 새로운 **조절양식**에서 환경문제의 해결책을 찾으려고 시도한다. 그는 맑스 이론의 방법적 통찰만을 활용하여 생태학과 경제의 단순한 외적 대립을 극복할 수 있다는 입장이다. 다만 자연과 인간의 교환의 특유성(사회적 형태규정성)을 밝혀내는 것이 필요할 뿐이다. 경제와 생태학의 대립은 사용가치의 생산에 따르는 자본증식과 자연개조의 저 모순으로 재정식화할 수 있다(Altvater 1989).

그리하여 알트파터는 현재의 사회생태학적 위기를 비(非)자본주의적 생산조건(자연, 노동, 생활세계)의 위기로 정의한다. 자본주의는 자본이 무한히 처분 가능한 것으로 전제하는 고유한 자연적 생산조건들, 즉 노동력, 자연환경, 사회적 소통조건의 파괴경향을 갖는다. 그러나 인간의 외적 자연과 내적 자연의 '감당능력'(carrying capacity)은 한계가 있는 것이다. 이런 까닭에 무한한 가치유통과 유한한 불가역적 자연조건 간의 모순은 자연적 생산조건의 '감당능력'이 견딜 수 없는 한계점에서 첨예화된다. 여기서 문제가 되는 것은 '포드주의적' 축적체제 내에서의 소재 및 동력의 관류(貫流)의 조절 문제이다. 생태학적 한계가 성장의 사회적 한계들과 중첩되게 되며 시장메커니즘은 파괴적 에네르기를 분출하고 이 에네르기는 환경의 전지구적 파괴를 야기한다. 경제와 생태학(가치변환과 소재변환)의 이중화는 오직 조절양식의 전환을 통해서만 중지될 수 있는 적극적 피드백의 체계로 귀착된다.

알트파터가 이 도정을 일관되게 밟아가면, 맑스 이론의 생태학적 전개를 위한 그의 시도는 맑스와 엥겔스의 유물사관적 해방전략의 근본가정에 대한 비(非)맑스주의 이론가들의 비판으로 전도될 위험에 빠지게 된다. 그는 미상불 맑스와 엥겔스를 비판하고 있다. 생산력 진보에 걸었던 이들의 희망은 "산업시대의 합리주의 이성에 사로잡힌 것"(같은 책, 44면 이하)이라는 것이다. 그러나 이것은 '맑스주의의 위기'로 통하는 첩경일 것이다. 알트파터가 맑스 이론의 방법적 통찰을 활용하여 극복한 것으로 믿는 경제와 생태학의 이론적 대립이 생산력 진보에 대한 비판의 형태로 슬그머니 다시 등장하고 있기 때문이다.

알트파터의 테제에 부분적으로 동조하는 헬무트 브렌텔의 사유과정 (Brentel 1989, 52면 이하)도 동일한 결과로 귀착될 수 있다. 알트파터와 달리 그는 맑스의 재생산이론으로부터 출발하여 맑스의 재생산 개념이 "가치재생산과 소재재생산의 모순적 통일로 구상되었다"(같은 책, 52면)는 점을 올바로 강조하고 있긴 하다. 그러나 그의 고찰은 알트파터와 마찬가지로 자본의 **지속적인** 가치형태적 재생산과 소재적 자연토대의 **절대적 한계성** 간의 **충돌가능성**에 고정되어 있다(Brentel 1987, 112면).

주지하다시피 맑스의 재생산이론은 근본범주의 가치형태적 구분이 아니라 최종적으로 생산수단과 소비수단의 **사용가치적**, 따라서 소재적 구분(제Ⅰ부문과 제Ⅱ부문의 구분)에 기초를 두고 있다. 따라서 맑스의 재생산도식의 생태학적 유관성을 발전시키고자 한다면, 제Ⅰ부문 및 여기서 진행되는 생산수단의 확대재생산의 **소재적** 규모와 제Ⅱ부문에서 진행되는 소비재의 **소재적** 규모의 확대재생산 간의 **비례관계의 역사적** 전개를 고찰하여야 할 것이다. 경제와 '임의로 재생산될 수 없는' 자연 간의 소재변환의 특유한 부수현상으로서의 환경'문제'는 자본주의 구성체의 생성과 함께 **즉각** 생태학적 **위기**의 형태를 취한 것이 **아니다**. 생태학적 위기는 자본주의의 **역사적** 발전의 일정한 단계에서 나타난 현상이다. 이것이 올바르다면, 맑스의 재생산이론에 근거한 생태학적 고구의 출발점은 자본의 지속적인 재생산의 형태논리적 강제와 '임의로 재생산될 수 없는' 자연적 전제 간의 논리적 모순의 **추상적·일반적** 가능성이 아니라, 모순의 이러한 **가능성**을 비로소 **현실성**으로 만드는 **필연적** 계기[3]로서 자본의 **역사적으로** 변화하는 (따라서 소재경제적인) 재생산구조이다. [4]

---

3) 사회적 현상의 대두와 관련하여 우리가 늘 주목해야 하는 것은 결코 존재자의 원인과 결과 간의 단순하고 유치한 인과성(Kausalität)이 아니라 존재자의 양상(Modus)이다. 존재자의 양상변화에 대한 올바른 인식은 가능성(Möglichkeit)과 필연성(Notwendigkeit)의 변증법적 통일로서의 현실성(Wirklichkeit) 개념을 규명한 헤겔의 양상변증법(Modaldialektik)을 우회할 수 없다.

4) 재생산이론적 생태학에서 자본에 특유한, 시장무정부적인 조절양식은 부차적인 의미밖에 지니지 못한다. 시장무정부성은 19세기와 20세기 초반에 더 광포했던 반면, 환경

자본의 소재경제적인 재생산구조의 생태유관적 변화에 있어서 일차적으로 중요성을 점하는 것은 '절대적 자연한계'가 아니라, 소비재 생산에 대한 생산재 생산의 관계를 상반된 방향으로 매개하는 자본의 두 가지 재생산양식, 즉 외연적 양식과 내포적 양식이다.

외연적 재생산양식에서 나타나는 경제적 합리성과 생태학적 합리성 간의 소재경제적 모순은 자본주의적 구성체로부터 탈피하더라도 해결할 수 없다. 맑스는 주지하다시피 자본의 반복되는 구조적 순환의 '변증법적 서술'을 일삼는 자는 이러한 서술의 역사적 '한계'를 알아야 한다고 경고한 바 있다(42: 945면). 자본의 형태논리적 순환에 대한 서술(화폐로부터 자본의 도출, 자본의 증식, 유통 및 현금화, 재투자 등의 가치론적 서술)은 객체적이고 주체적인 생산조건들(가령 단순협업, 매뉴팩처, 기계화, 극소전자화, 노동주체의 숙련도 및 욕구의 발전, 기업적 조직형태, 경영방식, 노동대중의 정치사회적 조직도 및 인구론적 발전 등)에 제약된 자본의 역사적 생성 및 발전과정을 이론 속에 완전히 편입하지 않는다면 공허하고 사변적인 것이다. 게다가 이러한 비역사적·순수 자본논리적 '서술' 속에는 맑스주의 이론사 안에서 반복되어온 커다란 오류를 재범할 위험이 은닉되어 있다. 즉, 그것은 객체적·주체적 생산조건의 주어진 소재경제적 발전단계에 의해 제약된 자본의 특정한 역사적 운동형태를 자본의 형태논리 일반으로 절대화하여 자본의 주어진 소재적·외적 한계를 자본의 절대적 한계로 과장하는 오류를 가리킨다.[5] 물론 이와같이 자본의 역사적 존속한계와 일과성(一過性)을 자본의 '고루한' 내재적 본질(지배와 착취 — Marx)에서가 아니라 자본의 **외적** 경계(Schranke)에서 구하는 것은 맑스에게 낯선 방법이다.

문제는 위기로 발전하지 않고 차라리 인간의 절박한 관심사에서 밀려난 하나의 '문제'로 남아 있었기 때문이다.

5) 이윤율의 경향적 하락 법칙과 관련해서는 맑스도 역학적 기계화 단계에 제약된 자본운동의 역사적 경향을 자본의 본질적 경향으로 절대화함으로써 부분적으로 이러한 오류에 말려들었고 로자 룩셈부르크도 비자본주의적 식민지를 자본주의의 절대적 존속조건으로 격상시킴으로써 본질적으로 동일한 오류를 반복하였다.

(2) 환경위기의 체제초월적 보편성과 사회적 위기대응의 계급적 특유성

자본주의의 교환가치 및 시장조절적 특성으로부터 환경위기의 근본원인을 도출하여 이것을 자본주의의 '절대적 한계'로 격상시키는 것은 경험적으로도 거의 설득력이 없다. 환경위기는 전지구적이고, 시장을 거의 용인하지 않은 옛 소련·동유럽 국가들은 생태학적 기형발전의 '세계챔피언들'이었다. 이것은 이 나라들이 진정한 사회주의 국가들이 아니었거나 체제경쟁에 대한 시사를 통해서도 충분히 설명될 수 없다(Heine 1990, 242면 이하 참조). 이들 국가들은 모두 시장조절체계에 기초를 두지도 않았고 가치증식을 지향하지도 않았기 때문이다. 이 나라들은 적어도 시장과 이윤에 의해 조절되지 않는 **비(非)자본주의적 사회**였다. 이런 까닭에 현재의 전지구적 환경위기의 **근본원인**(Grundursache)을 소재경제적 재생산의 특정한, 그러나 체제초월적인 외연적 유형에 특유한 것으로 규정하는 것이 논리적이고 유의미하다.

환경파괴는 앞서 언급한 맑스의 고찰에 따르면 일정한 경제양식과 산업기술에 제약된 것이다. 하지만 애당초 환경을 직접 훼손하는 특정 기술들은 사회투쟁을 통해 비교적 어렵지 않게 대체할 수 있기 때문에(가령 CFC 결합물을 이미 개발된 다른 냉동제로, 또는 가솔린자동차를 곧 실용화될 무연자동차로) 오늘날의 생태학적 **주요 문제**로 간주될 수 없다. **자본주의적** 체제특징도 오늘날의 환경위기의 **근본원인**일 수 없다. 자본주의적 가치성장은 소재경제로부터 주기적으로 일탈함으로써 본질적으로 위기적인 과정을 거칠지라도, 실은 노동대중의 현재 복지수준을 지탱하고 이런 한에서 사회주의 국가라 하더라도 중단 없이 추진해야 하는 소재적 부(富)의 성장을 매개한다. 게다가 소재량을 미리 계획하는 과거 '사회주의적' 계획경제도 자본주의의 국가규제적 시장경제 못지않게 무정부적이고 물자낭비적일 수밖에 없었다. 이런 까닭에 오늘날의 전지구적 환경위기는 단순히 자본주의의 체제특징으로부터 도출할 수 없는 것이다.

특별히 환경을 직접 훼손하는 특정 기술들, 시장무정부적인 (공황기의) 물자낭비, 자본주의에 특유한 산업과 상업의 지역적 집중, 자본에 의해 강요되는 소비주의 등은 환경교란의 중요한 부차적 원인(Nebenursache)들이지만, 우리의 테제는 견지될 수 있다. 현재 환경위기의 근본원인은 특정 기술도, 산업적 생산방식 일반도, 소위 자연적 생산조건의 절대적 한계와 충돌한다는 무한계적 교환가치 생산과 유통의 자본주의적 조절양식도 아니고, 외연적 확대재생산 양식에서 관철된 소비재 생산의 보잘것없는 성장에 대비되는 생산재 생산의 소재경제적인 기형비대이다. 따라서 맑스의 생태학적 단초들을 더욱 발전시키고자 한다면, 자본주의적 재생산의 형태 측면(Formseite) 또는 '절대적 한계'를 지닌 소재적 자연과 자본주의적 생산의 저 형태 측면으로 인해 야기된다는 추상적 충돌 가능성의 공허한 설명에 만족해서는 안되고, 저 단초들을 맑스의 재생산이론의 소재 측면(Stoffseite) 및 외연적 재생산과 내포적 재생산의 소재경제적 의미와 결합시켜야 할 것이다.

동유럽 국가사회주의의 환경위기도 유사한 외연적 확대재생산 양식에 근거한다. 따라서 현재 환경위기의 소재경제적 근본원인은 **체제초월적인** 것이다. 이에 반해 전통적으로 자본주의에 고유한 것으로 분석되고 비판되어온 자본주의적 시장무정부성이 야기하는 공황기의 비합리적 물자낭비를 동유럽의 계획무정부주의적 물자낭비에 대한 '등가물'로 간주하더라도, 환경위기의 **작용형태**(Wirkungsform)는 **체제에 특유한** 방식으로 나타난다. 가령 서구 자본주의의 환경위기는 세계시장 기제를 타고 제3세계에도 파급된다. 제3세계를 향한 독성폐기물 수출, 국제채무에 허덕이는 개도국 지하자원의 철저한 채굴, 원시림의 대량 벌채, 환경훼손적 산업부문의 수출 등의 **환경제국주의 경향**은 자본주의에 특유한 것이다. [6] 게다가 자본의 상품전시, 상품 광고와 선전에 의해 항구적으로 강요되는 소비주의와 단순한 상품판매 전략상 야기되는 비생산적 물자낭비(불필요한 상품포장 및 포장생산, 광고용 물자 사용 등)에 의한 공해는 자본주의체제에 내재적인 것이다. 이 모든 현상들은 동유럽에서 거의 모습을 보인 적이 없다.

한편, 환경위기의 **위험부담**(Risiko) 자체는 울리히 베크(Beck 1986)가 강

---

6) 구조적인 환경제국주의에 관한 이론적 설명으로는 Crosby 1986(영어 원판), 1991(독일어판); Meyer-Abich 1991; Altvater 1991 참조. 이러한 이론 단초들의 종합적 구성에 관해서는 황태연 1994(『환경정치학과 현대정치사상』) 참조.

조하듯이 초계급적인 반면, 이 위험부담에 대한 주민들의 **사회적 반응**은
——베크의 주장과는 반대로——경향상 **계급적** 성격을 띤다. [7] "위태롭
게 만드는 포텐셜과 이것을 줄이려는 관심은 당사자들이 생산의 위계서열에
서 어떤 지위를 차지하는가에 따라 좌우되기 때문이다"(Böhme/Grebe 1985,
35면). 자본가들은 모든 통계에서 환경위기에 대해 나서서 싸우는 마지막 계
급이다. 그러나 환경위기에 대한 사회적 반응의 이러한 경향적 계급성에도
불구하고 환경위기 자체를 자본주의의 특유한 체제문제로 간주해서도 안되
고 계급문제로 환원해서도 안될 것이다. 자본주의적 체제성격에 의해 제약
된 것은 환경위기의 근본원인이 아니라 오직 이 위기의 **작용형태**일 뿐이고
또 이 위기로 인해 가해지는 위험부담 자체는 초계급적인 것이기 때문이다.

2. '대공업'에 대한 생태학적 비판과 '탈산업화' 테제

거의 모든 생태학적 맑스 비판가들은 맑스의 외연적·내포적 성장, 사회
적·생태학적 생산력 등의 세부개념들을 알지 못한 채 종말론적 심조 속에
서 무개념적 성장 관념과 역학적 생산력 개념에 고착되어 기술, 공업, 성장
을 비판의 중심에 놓고 있다.

---

7) 베크는 생태학적 '위험부담'의 초계급적 일반성으로부터 경솔하게 즉각 다음과 같은
   결론을 끌어내고 있다. "이런 의미에서 위험부담사회(Risikogesellschaft)는 결코 계
   급사회가 아니다. 이 사회의 위험상황은 계급상황으로 파악될 수 없고 이 사회의 갈등
   은 계급갈등으로 파악될 수 없다"(Beck 1986, 48면). 베크의 이러한 오추리는 위험부
   담 자체의 초계급적 일반성과 이 위험부담에 대한 대중의 사회적 반응의 계급성을 구
   별하지 못한 데 있다. 생태학적 위기에 대한 이 상이한 계급적 반응은 계급적 빈부격
   차, 이익대립, 적어도 중단기적으로 상이하게 배분되——공해로부터의——회피 여지

(1) 대공업폐지론의 기술고착적 오추리

종말론적 기술비판, 공업비판, 성장비판의 측면에서 오토 울리히의 시도
는 전형적이다. 그는 '생산력 발전의 한계'에 대한, 기술에 고착된 생태학적
비판을 추진한다. 그는 근대적인 '대기술'과 여기에 기초를 두고 있는 '대공
업' 일반을 환경파괴의 적극적 주요 원인으로 간주하기 때문이다. '막다른
골목의 기술들'과 '공업체계'의 토대에서는 생태학적으로 화해적인 생산양식
은 발전되어나올 수 없다. '막다른 골목의 기술들'로서 그는 핵기술, 화학공
업(특히 석유화학적 합성기술), 농업의 산업화를 위한 각종 화공기술 등을
나열한다(O. Ullrich 1980, 72면 이하). 나아가 대공업 일반은 자본주의 대공업
이든 사회주의 대공업이든 무한계적 성장과 사려없는 소비주의를 강요한다.
이 대목에서 울리히는 맑스를 비판한다. 맑스는 공업적 생산양식이 "수요를
기다릴 수 없다"는 것을 이 생산양식의 특성으로 규정하였으면서도 공업적
생산력 진보의 지속을 옹호하고 동시에 개인적 교환의 포기와 국가계획을
통한 올바른 물자배분을 대안으로 제시하였다는 것이다. 맑스의 소망은 제
품생산과 더불어 수요도 함께 창출하는 공업적 생산력의 진보가 계획체제를
도입하여 어떤 식으로든 잘 진행되는 것이다. 그러나 이 소망은 근거없는
것이었기에 실현되지 않았다. 현재 문제의 대부분은 "수요를 기다릴 수 없
는 대공업" 자체에 의해 야기되기 때문이다(O. Ullrich 1986, 46면).

울리히는 여기서 생태학적 합리성을 최고의 것으로 선언하는 환경위기의
──언뜻 보기에──급진적인 해결책, 즉 '탈산업화'(Entindustrialisierung)
를 도출한다. 울리히는 생활세계를 지향하는 '생태논리'에서 자본주의의 기
술공학적 현대화도 소위 사회민주주의적 '구좌익들'의 '생태학적 현대화론'도
거부한다. 그의 비판은 '구좌익들'이 제기한 주당 노동시간의 급속한 단축과
결합된 현존 생활수준의 유지 명제와 '생태학적 현대화' 명제에 집중된다.
그는 '생태학적 현대화'의 기본구상을 특히 격렬히 비판한다. 물질적 원자재
토대를 생태학적으로 화해로운 소재로 전환하는 이 명제의 요구에 대해 그
는 '커다란 회의로써' 반응한다. "특히 유전자공학 부문에서는 탄화수소화학
으로 인한 위협을 훨씬 능가하는 위험이 도사리고 있다"(같은 책, 39면)는 것

이다. 그의 대항전략은 다음과 같다. "장기적으로 생태에 화해로운 생산에는 오직 지구의 진화과정에 참여한 자연적 소재들만이 사용되어야 한다"(같은 책, 38면). 생산의 생태학적 개조는 염화탄화수소의 토대에서 합성하는 화학공업의 거의 전면적인 제거와 현격히 낮은 물자유통 수준에서의 자연소재 화학의 건설을 뜻한다. 이 양자의 조건은 '탈산업화'를 필연적으로 요구한다.

생태학적 현대화론의 또다른 명제는 '정보써비스 사회'로의 구조전환을 통해 생산의 물질적 부분을 감축한다는 것인데, 이 명제에 대항해서 울리히는 공업형 인간들이 전자기구, 모니터, 정보데이터 등과 관련하여 지칠 줄 모르고 분출할 소비주의가 또하나의 생태학적 위험을 초래할 것이라고 주장한다(같은 책, 39면). 기껏해야 극소전자적 미세(微細) 조율 속에서 소비가 좀더 효율화될 것이라는 것이다. 전자기술적 정보화와 상업적 경영자들에 의해 공업형 인간들의 병적인 소비성향이 목표의식적으로 더욱 강화될 것이기 때문이다.

울리히는 대공업사회에 대항하여 탈산업화된 생태학적 '꼬뮌씨스템'을 제시한다. 그런데 이 씨스템은 근거리 상업과 주문에 의존한 중소기업적 생산의 중세식 도시공동체와 촌락공동체를 본뜬 것처럼 보인다. 수요를 리드하는 것이 아니라 수요를 기다릴 줄 아는 이 생산체제는 **한층 더 노동집약적**이다(같은 책, 48면). 수많은 생산현장은 보건 및 생태학적 이유에서 폐쇄된다. 이로 인해 더 늘어나는 실업은 고소득집단의 임금보상 없이 관철되는 급격한 노동시간 단축, 군비의 분해, 폐기작업 및 산업적 훼손의 보수작업으로 창출되는 새로운 일자리로 잠정 해소한다.

착취와 정복의 맥락에서 생겨난 기술에 대한 일반적인 진보관념은 이제 '유해성(有害性)의 **일반적인 의심**'으로 대체되어야 한다. 따라서 "현존 기술들 중 현격한 부분은 **대체물 없이** 사라져야 하고 또 사라질 수 있다"(같은 책, 49면). 과학과 기술에 의존하여 필요노동시간을 항구적으로 감축해야 한다는 '낡은' 사회주의 공식은 대체로 공업적 착취논리와 낡은 생산력 도취심리를 내포한다. 따라서 생산력 개념은 이제 완전히 새로 규정되어야 할 것이다. 생산력 개념은 질적인, 사회적인 차원을 추가로 포함해야 하고 '부르조아적·맑스주의적 노동가치설'의 **일면성**을 극복하기 위해서 가령 중농주의자들의 **자연가치론**을 다시 도입해야 한다는 것이다.

가끔 종말론적으로 들리던 울리히의 생태학적 '계몽'은 자연경건주의적 생태독재(Öko-Diktatur)를 거쳐 자연소재들을 인격화하는 신낭만주의의 신비주의적 반(反)계몽주의로 전락하고 있다. 가령 인간, 짐승, 식물과 물질요소들은 서로 '친척'이고 자연의 한 '권리공동체'를 이루어야 한다는 것이다. 울리히의 결정적인 명제는, 이런 새로운 문화를 목표로 하는 꼬뮌씨스템은 "산업문화의 기본 합리성으로부터의 근본적 탈피 없이는, 즉 문화적 패러다임의 전환 없이는" 도달할 수 없다는 것이다(같은 책, 42면).

울리히는 수많은 대공업 기술의 환경적대적 성격을 올바로 그리고 감동적으로 부각시키고 있긴 하지만, 그의 비판들은 이론적으로 그리고 경험적으로 근거가 없는 명제들에 기초하고 있다. 가령 부르조아 경제학에서 생산성으로서의 자연은 물론 아무런 지위를 점하지 못하지만, '자연제약적 생산력'을 포함하는 맑스의 생산력 개념[8]은 앞서 언급한 바와 같이 그 본질상 사회적·생태학적으로 비판적이라서 중농주의의 자연가치설에 맞춰 개정될 필요가 없다. 게다가 가치의 두 차원——교환가치와 사용가치——을 물신비판적으로 구분하여 포착하는 맑스의 가치이론은 '일면적인' 것이 아니라 반대로 양면적이다. 물적 부(富)로서의 자연은 맑스의 가치론에서 사용가치의 차원에 속하는 것이다. 이에 반해 맑스보다 너무 뒤늦게 자연을 생산력과 사용가치로 재발견한 울리히는 중농주의적 자연물신주의로 전락하고 있다. 하지만 자연에 속하는 것은 자연에게, 노동에 속하는 것은 노동에게 돌려주어라!

한걸음 더 나아가 자연에 해로운 소비주의는 공업체계 일반의 산물이 아니다. 오직 자본주의적 대공업만이 수요를 기다리지 못한다. 울리히는 자본주의적 공업의 이러한 논리를 일반화하다가 동유럽의 소비자들은 역으로 대공업의 물품공급을 줄서서 기다려야 했다는 것을 망각하고 있다. 울리히가 대공업 일반에 내재적인 것으로 우기는 '대공업의 소비주의'는 동유럽에서는 찾아볼 수 없었다. '사회주의'체제 말기에 나타난 부분적인 소비풍조도 서유

---

8) 맑스는 다음과 같이 생산력을 정의한다. "노동의 생산력은 노동자들의 기량, 과학과 그 응용 가능성의 발전, 생산과정의 조합, 생산수단의 규모와 능률, 그리고 자연관계(Naturverhältnisse)에 의해 규정된다"(23: 54면).

럽으로부터 수입된 이국적 현상이었다. 이런 까닭에 여기서 차라리 옛 소
련·동유럽의 대공업은 왜 서유럽의 그것보다 훨씬 더 적은 소비품을 제공
했으면서도 서유럽보다 몇곱절 더 많이 자연을 파괴하였는가를 물어야 할
것이다.

(2) 기술고착적 ‘생태학적 현대화’론의 난점

  사회민주당계 학자들이 주장하는 ‘생태학적 현대화론’에 대한 울리히의 비
판도 빗나간 것이다. 정보화도 소비주의로 인해 환경적대적으로 기능할 수
있다는 비판적 지적은 올바르긴 하지만, 소비주의는 ‘자본주의적’ 정보산업
에만 특징적인 것이다. 오히려 중요한 문제는 “써비스사회로의 구조전환을
통해 생산의 물질적 부분을 추방하는 것”이 발전논리적으로 **가능한** 것인가
하는 물음이다. 울리히가 정력적으로 비판하는 사회민주당 전(前) 원내총무
페터 글로쯔(Peter Glotz)는 산업의 구조변동 추세를 다음과 같이 진단하고
있다. “다른 편에서 소기업들, 가령 지극히 다종다양한 **매뉴팩처**가 의당 계
속 증가하더라도 생산부문은⋯지속적으로 작아질 것이다. ⋯정보부문은 성
장할 것이다. ⋯정보사회로의 이행이라는 정식은 적어도 추세상 올바르다.
써비스부문은 성장할 수 있다”(Glotz 1986, 41면). 이 예측을 뒷받침하듯 사민
당계 교수 오텐(D. Otten)은 다가올 수십년의 예상 취업구조를 다음과 같이
그리고 있다.

취업부문	비율
신종 소규모 정보수공업	약 40%
써비스업	40%
공업	6%
농업	6%
전통적 수공업	4%
행정공무원, 기타	4%

자료: Otten 1986, 98면.

오텐은 자본주의가 무수한 **소규모 가내 정보수공업자**(소위 재택근무자)들과 새로운 선대제(先貸制)를 구성하는 (가령 IBM 같은) '마케팅자본주의'로 변할 것이라고 예견한다. 그리하여 다렌도르프(R. Dahrendorf)가 주장하는 것처럼 노동 일반이 사라지지는 않을지라도 기업에 종속된 '임금노동'은 사라질 것이라고 예견한다. 하지만 자본과 개인적 계약을 맺고 정보네트워크에 기초하여 정보와 자료를 가공하는 소규모 가내수공업체의 수적 증가추세는 확인할 수 있을지라도 오텐의 미래진단에는 동조하기가 어렵다. 그는 이 새로운 정보통신적 선대제 재택근무가 일직선적으로 확산될 것으로 성급하게 전제하면서 기존의 노동조합이 자신의 권력기반을 유지하기 위해서라도 가일층적인 노동시간 단축을 쟁취하여 기업식으로 고용된 노동자들의 수가 급격히 줄어드는 것을 저지할 수밖에 없을 것이라는 점을 망각하고 있기 때문이다. 게다가 전(前)자본주의적 선대제 상업자본이 비생산적 **교섭거래비용**과 **수송비용**(현대 정보기업의 경우 정보송신비용)의 폭증 및 점점 더 어려워지는 **노동통제 문제**로 인해 결국 선대제를 기업형태의 노동체계로 전환시키게 되었다는 사실을 기억한다면(이 책 제1장 제3절 참조), 노동자에게 출퇴근비용을 면해줄지 모르지만 자본에게는 무수한 개인적 계약의 관리비용과 대외적 정보통신비용을 추가하고 기업적 기율공간의 해체와 산업정보의 전면적 누출위험을 초래하는 새로운 선대제의 무제한적 확산을 이윤욕과 지배욕에 불타는 오늘날의 산업자본이 좌시할 것이라고 생각할 수 없다.

이러한 논리적 반박은 경험적 사실에 의해 이미 부분적으로 입증되고 있다. 오늘날 자본의 기업적 조직형태는 정보통신기술의 개발과 판매의 치열한 국제경쟁으로 인하여, 그리고 이 신기술의 도움으로 더욱 강화되고 대규모화되고 있다. 첫째, 자본의 새로운 병합열풍이 EC 국가들을 휩쓸고 있는 것이 확실하다. 1988, 89년에 EC 국가에 1122건의 병합사례가 있었다(이것은 1966년 이래 최고치이다). 이것은 산업적으로 공동화(空洞化)되는 '마케팅자본주의적' 병합이 아니라 대부분 산업병합이다. 지금까지 대부분 중소기업에 의해 지배되어온 독일 기계제조업 부문이 대표적으로 이 병합물결에 휩쓸리고 있다.

둘째, 생산의 기업적 조직형태는 감소하지도 않고 기업이 재택 정보수공업 형태로 기술적·조직적으로 분할되지도 않으며 또 마케팅기능으로 퇴화하지도 않고 있다. 반대로 생산의 기업적 조직형태는 더욱 증가, 확대일로에 있다. 기존의 중심업체와 하청업체들은 소유권적 독립성을 포기하지 않은 채, 즉 병합되지 않은 채 하나의 거대한 공장지붕 아래 대기업 또는 생산연합(Produktionsverbund)의 생산라인적 물자유통 속으로 기술적·조직적으로 결속된다. 이것이 최근 독일 자동차산업에서만이 아니라 기계제조, 전자산업, 목재 및 신소재 가공업, 철강산업 등에서 시험되고 실행되는 이른바 '총체적 병참개념'이다. 이를 통해 수송비용, 유통비용, 창고비용이 절감되고 수많은 부품과 완제품의 적시(just-in-time, JIT)생산, 적시공급, 적시창고유지, 적시판매의 전체 과정은 총체적·포괄적이 된다. "모든 복잡한 병참체계들의 포괄적 조절의 전제는 결합된 전영역의 정보기술적 관통이다. 이 흐름지향적 조직개념의 목표는 노동과정을 측면지원하는 정보 및 자료 흐름, 모든 노동수단 및 경영수단을 포함한 모든 노동과정을 **하나의 포괄적 통제**에 복종시키는 '유리 같은 공장'이다"(Mahnkopf 1989, 34면).

　1980년 후반에 초보적으로 선보이기 시작한 이러한 일본의 토요따 또는 린생산방식(schlanke Produktion)은 1992년에 일어난 독일 업계와 학계의 이른바 '일본화' 논의 열풍(Deppe 1993) 이후 불황 돌파를 위해 더욱 급속히 확산되고 있다(Bochum/Meißner 1994). 간단히 말해서 자본주의는 결코 '마케팅'자본주의로 퇴화할 기미는커녕 그 역방향의 발전노선을 보이고 있다. 주변적으로 나타난 새로운 선대제의 부분적 확산은 가내수공업자와의 거래비용이 감당할 수 없을 정도로 증가하고 무수한 가내 작업장에서 가공된 무수한 세부정보의 정확한 공급을 통제하기가 어려워지면 피치 못할 사회경제적 한계에 봉착한다. 그리하여 '생태학적 현대화'는 곧 거짓으로 입증되고 말 것이다.

　게다가 정보통신적 가내 작업장의 확산은 생태학적 관점에서 보면 환영할 만한 것이 못된다. 이것은 울리히가 염려하듯이 단순히 점점 분화되고 미세해지는 극소전자기구들에 대한 소비주의만을 불러일으키는 것이 아니라 **생산수단의 커다란 비경제**를 야기한다. 가령 기업 내에 설치된 개인컴퓨터 한 대는 순번제적인 주당 노동시간을 구성할 경우 **여러 명**의 노동자들이 공용(共用)할 수 있지만, 가내에 설치된 컴퓨터는 **한두 명**의 사람들만이 사용할 뿐이다. 이러한 식의 생산수단(여기서는 컴퓨터) 낭비는 국민경제 전체를 헤아리면 자연을 강력히 파괴하고도 남을 것이다. 따라서 생태학적 현대화는 생산성의 역사법칙상 가능하지도 않고 바랄 만한 것도 아니다. 이 점을 울리히는 보지 못하고 있다.

또한 현대인들은 아마 '소공간적이고 공간제한적인 지향'을 갖는 울리히의 생태독재적·자급자족적 '꼬뮌씨스템'에서 살고 싶어하지 않을 것이다. 거기에는 '사회의 역사적 운동력'(Marx)을 약화시켜 사람들을 고루한 촌락의식 속에 가둘 위험이 있기 때문이다. 고루한 촌락의식은 또한 세계시민적 공론장에서 전세계적 환경위기와 투쟁하는 것을 가로막을 것이다. 물론 국가와 경제의 독점권력은 폭넓게 더욱 분산되고 지방화되어야 하겠지만, 이것은 사회의 경제적·사회정치적 전체 연관을 약화시키는 방향이 아니라 이 연관을 유지하고 시민사회를 국가와 독점자본으로부터 점차 해방함으로써 더욱 세계개방적으로 만들어 국가가 '사멸할' 때까지 목표의식적으로 강화하는 방향으로 이루어져야 할 것이다.

3. 성장과 환경의 관계 —— 내포적 성장으로의 생태학적 경제개조

'근본적' 탈산업화 명제에 기초한 오토 울리히의 '꼬뮌씨스템' 구상은 그의 의견에 의하면 생태학적 이성과 '사물필연적' 갈등에 빠지는 대공업에 대한 그의 종말론적 심판에 근거한 것이다. 이런 이유에서 그는 어떤 유형의 경제성장에도 반대한다. 그러나 필자는 울리히도, '생태학적 현대화론자들'도 산업의 극소전자적 내포화의 경제동학을 올바로 이해하지 못하였다고 생각한다. 이 내포화는 심지어 맑스의 이윤율의 경향적 하락의 법칙조차도 무력화시킬 정도로 강력한 가치량적, 그러나 동시에 소재량적 생산수단 절약을 가져오고 있다(제4장 제1절 참조).

울리히도 최소한 극소전자가 물자와 동력을 절약하는 엄청난 포텐셜을 내포하고 있다는 점을 인정한다. "기구 속의 역학적 또는 통상적인 전기적 구성요소들을 극소전자적 구성부품으로 대체하면, 아주 **많은** (특히 기업의) 물자, 동력 등을 절감할 수 있다. … 극소전자의 생산, 사용, 여기서 떨어지는 쓰레기는 생태학적으로 보아도 **전혀** 문제를 야기하지 **않는다**"(O. Ullrich 1980, 132면). 또한 극소전자의 재료는 무한하다. "본래적인 제작기반을 위한 재료는 주로 실리시움인데, 이것은 실천적으로 무한히 존재하고 오직 소량만 소요된다. 다른 재료들, 즉 접촉부분에 쓰이는 금과 은도 소량만 필요하다"(같은 책, 130면). 필자도 신기술의 이런 여러 특성에 주목하는데, 단순히 이러한 기술적 관점에서 주목하는 것이 아니다. 앞서 충분히 논의하였듯이 기술 그 자체는 신격화될 것도, 악마시될 것도, 또한 중립화될 것도 아니다. 또한 신기술의 이른바 '깨끗한' 성질도 신뢰하지 않는다. 필자는 다만 산업의 **소재경제적** 내포화를 가능케 하는 신기술의 **재생산이론적** 유관성에 주목하는 것이다.

필자는 내포화가 울리히가 대안적 경제로 부르짖는 '충만의 질적 경제, 즉 감각적 기쁨의 충족'을 가리키는 것이 아니라는 사실을 강조한다. 이것은 실은 경제가 아니라 경제외적인 시민사회적 생활원리일 따름이다. 내포화는 또한 '생태학적 현대화'도 아니고 전통적인 자본 및 기술 집약적인 경제를 가리키는 것도 아니다. 그것은 노동조합이 선호하는 이른바 '질적 성장'[9]을 지칭하는 것도 아니다. 내포화는 소비재의 대량생산과 대량소비의 지속 속에서도 그간 기형비대화된 전체 사회적 생산재의 생산규모를 극소전자적 기술토대 위에서 축약화하는 것을 가리킨다.

---

9) '질적 성장'은 기술혁신으로 대체물이 생겨날 때까지 '성장둔화'를 통해 기존 자원을 계속 사용하는 것을 핵심으로 하는 '생태학적 성장전략'이다(Brentel 1987, 13면 참조). 이 전략에서 경제성장의 속도는 생태학적 고려에서 제한되거나 늦춰진다. 따라서 이 전략에서 경제적 합리성과 생태학적 합리성의 대립은 미결로 남아 있다. 이 절충주의적 전략의 효과는 자본의 성장충동과 노동조합의 완전고용정책 및 임금정책을 고려할 때 회의스럽다(이에 관한 비판은 같은 책, 10면 이하 참조).

(1) 실제적 추세

1970년대 초반의 경제공황 이래 자본은 극소전자적 자동화의 경제적 투입을 가속화해왔다. 이런 혁신의 동기는 물자와 동력의 절약, 지배와 착취의 강화, 산재방지, 보건위생적 조치, 공해절감 등 다양하다. 하지만 여기서 생산수단을 절감하려는 투자의도는 중대한 동기이다. 다음 도표는 자동화 투자의 동기에 관한 조감을 제공한다.

자동화 투자의 실제적 동기들 중 현저히 부각되는 것은 각종 생산수단 절감 및 이보다 비중이 덜하지만 착취·지배의 강화(임금절감, 전문지식 의존성 경감, 노동력 부족 등)이다. 여기서 일단 앞서 충분히 논의한 지배와 착취의 강화 동기 및 직접 생태학적·보건위생적 유관성을 지닌 동기들은 도외시해도 될 것이다. 자재 찌꺼기나 재료조각 등의 '배출량'의 '감량', '물자

산업에서의 자동화 동기(1981~83)　　　　(단위: %)

동기	제조업 전체	생산재산업 (기초)	투자재 산업	소비재 산업	식료 산업
생산시간 단축	72	43	84	68	4
생산의 유연성	60	37	71	44	42
배출량 감량	34	41	31	40	25
물자소모 절감	34	50	29	31	35
동력소모 절감	48	71	39	44	73
기술적 불가피성	28	9	38	12	13
임금비용의 경감	57	37	63	69	64
전문지식 의존성 경감	7	10	5	12	12
양적 노동력 부족	9	5	9	11	16
질적 노동력 부족	12	8	12	23	30
반복과 단조성 경감	28	23	33	13	14
산재예방의 개선	32	14	41	14	25
보건조치	45	37	51	25	34
환경보호조치	13	20	10	16	36

＊ 투자량에 연계한 가중치 백분율, 동기는 여러번 선택 가능.

자료 : Hickel 1987, 169면.

소모 절감', '동력소모 절감' 등은 생산수단의 직접적 절약을 뜻한다. 반면, '생산시간의 단축' 및 '생산의 유연성' 증대는 생산수단의 간접적인 절약을 가져온다. 이것은 생산시설의 효율성을 제고하여 단위시간당 일정한 제품량의 생산을 위해 필요한 기계 대수와 기타 기계운용재료의 양적 규모를 절감하는 한편, 생산시설의 '도덕적' 마모 또는 소비자들의 유행 및 취향의 급변으로 인한 '사회적' 노후화[10]를 막아준다.

역학적 기계화와 테일러-포드화에 기초한 외연적 축적과정의 본질은 **점점 더 많은** 기계의 지속적인 확대투입과 분업의 **근본적 심화**를 통해 노동의 숙련도를 파괴하고 상대적 과잉인구(실업자)를 생산하는 한편('산 노동의 절약'), 기계제조와 기계운용을 위해 폭발적으로 소모되는 **물자와 동력의 대량채취, 대량수송, 대량투입**을 통해 대량생산을 관철시키는 데 있었다. 이것은 핵물질을 포함한 원자재와 동력의 채굴 및 채취산업에서 자연의 과잉약탈, 자원의 대량 수송체계에서 배기가스와 운송사고(폭증한 화물선 및 화물차량의 배기가스, 화물차량 및 유조선의 빈번한 대형사고 등), 생산재 제조업 및 원자력발전소를 포함한 동력산업에서 폐기가스, 폐수, 폐기물의 대량방출, 대량소비에 따른 생활쓰레기의 축적과 생활하수의 대량방류를 초래하였다.

이에 따라 환경파괴의 사회경제적 차원은 다음과 같이 도식화될 수 있다.

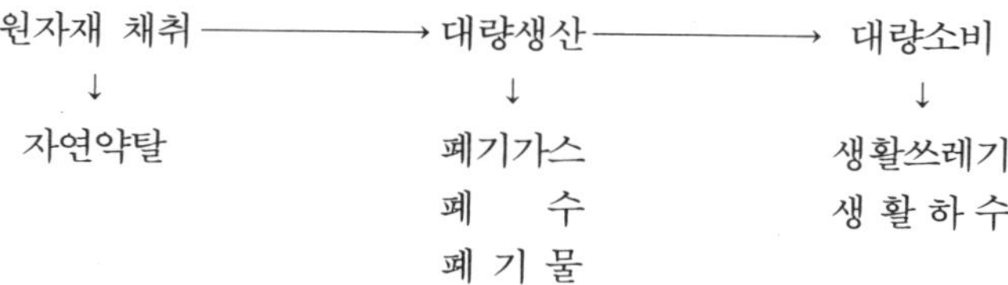

---

10) 주지하다시피 기계설비의 '도덕적' 마모는 좀더 좋은 신기계의 등장으로 경쟁압박에 내몰린 생산자가 이미 설치되어 있는 기존의 기계설비를 물리적으로 망가지기 전에 폐기하는 것을 뜻하는 맑스의 범주이다. 이에 반해 '사회적' 노후화는 소비자대중의 유행, 기호, 취향 등의 급격한 변화로 인해 이런 변화에 맞는 신제품을 생산하기 위해 이전에 설치된 설비를 폐기하고 새로운 설비를 도입하는 것을 가리키는 것으로 필자가 고안한 것이다.

이 도식에서 전제해야 하는 것은 탄광, 각종 금속광산, 유전에서 생산현장으로 원자재를 수송하는 과정에서 대량생산으로 인해 원자재 및 동력 수요가 증대함에 따라 수송규모, 수송횟수, 수송수단 및 교통시설이 증대하고 동시에 수송수단의 배기가스와 수송사고도 폭증한다는 사실이고, 다른 한편 대량생산체계의 기형비대화한 제 I 부문 내에서 생산재(기계, 에너지, 화공물질 등)를 수송하는 과정과 제 I 부문에서 제 II 부문으로 생산재를 수송하는 과정에서도 화물차량의 배기가스와 수송사고가 마찬가지로 폭증한다는 것이다. 나아가 국제적·국내적 범위에서 증가하는 화물의 수송 수단과 시설의 확충에도 엄청난 물자가 다시 소모되는 연쇄반응이 일어난다. 금욕주의적 환경운동 세력들의 피상적인 시각에서 증오의 대상이 돼온 승용차(소비재)의 증대는 이 화물차량(생산재)의 과잉증대 및 환경파괴와 대비할 때 약소한 것이다. 게다가 승용차는 디젤유와 중유를 사용하는 화물차량에 비해 악성 배기가스를 덜 내뿜고 승용차의 배기가스는 연소촉진기의 기술적 수단으로 더욱 경감될 수 있으며 나아가 차세대에는 아예 태양열과 전기로 추동되는 무연자동차로 대체되어갈 것이다.

한편, 군수물자 생산부문의 급격한 성장 및 이에 따른 전쟁의 산업적 대규모화와 빈발도 제 I 부문의 기형비대와 긴밀히 연결되어 있다. 제 I 부문의 기형비대는 자본의 기술적·유기적 구성도의 증가를 뜻하는 한에서 맑스에 의하면 이윤율을 하락시킨다. 중공업부문의 대기업들이 이윤율 하락에 가장 손쉽게 대항하는 여러 임시방편들 중에는 군수산업의 확장과 군수품 수출이 주목되어야 한다. 맑스는 상대적 잉여가치의 생산과 관련된 설명에서 노동과정의 기술적·사회적 발전이 노동력의 가치 인하에 영향을 미치지 않는 생산부문으로 "생활필수품을 공급하지도 않고 생활필수품의 생산을 위한 생산수단을 공급하지도 않는 생산부문들"(23: 334면)을 들고 있다. 이 생산부문들은 크게 사치품 생산부문과 군수물자 생산부문으로 대별할 수 있다. 생산력 발전이 노동력의 가치하락에 영향을 주려면, 이 발전이 생필품 생산부문이나 생필품 생산에 필요한 생산재 생산부문에서 이룩되어 생필품과 필수생산재의 시장가격이 하락하고 따라서 노동자대중의 생활비가 하락하는 것을 전제한다. 그런데 생산력 진보가 가격하락으로 이어지려면, 다시 생산력 진보로 인해 생산량이 증가하여 증가분만큼의 상품이 판로를 상실하는 시장포화 메커니즘의 작동을 전제한다. 여기서 사치품은 시장포화에 가장 먼저 도달하는 상품이지만, 노동자의 가계와는 아예 무관한 부르조아의 생활품목이라서 거명되는 것이다. 이에 반해 군수품은 국민대중의 생활필수품이 아닐뿐더러 시장포화를 모르는 품목이다. 따라서 군수품은 신종 제품이 개발되면 개발되는 대로 판로를 발견한다. 군수품은 이른바 세이(J.-B. Say)의 판로설이 그대로 적용될 수 있는 유일한 품목이다. 국경이 긴장된 모든 나라는 항상 최상의 신종 무기로 무장하려는 사활의 관심을 지니고 있기 때문이다.

군수품목의 이러한 특수한 상품성격 때문에 제I부문의 기형비대를 초래하는 기술장비율의 고도화로 인해 과잉생산 및 이윤율 하락의 위기에 주기적으로 시달리는 자본주의 기업들은 기존의 중공업적 토대와 과잉자본을 쉽사리 기계제 무기의 생산으로 전용함으로써 신무기 개발과 군수생산의 확대를 위기극복의 출로로 선택한다. 군수품 생산은 시장포화를 모르고 따라서 과잉생산의 위기에 빠지지 않는 유일한 탈출구인 것이다. 따라서 자본의 기술적 구성도의 고도화로 인한 제I부문의 기형비대는 주기적 위기 국면에서 군수산업을 동시에 확대시켜왔다. 그리하여 과잉살상(overkilling) 능력의 신종 무기를 공급하는 군수산업의 팽창은 그 자체로서 환경파괴의 중대요인이 되고, 전쟁의 기계화와 신무기 무장의 산업적 대규모화는 그 자체로서 전쟁의 유발요인이 되기도 한다. 이에 더하여 1960년대 이후 비대해진 군산복합체의 압력과 로비를 받는 선진산업국가들의 정책담당자들은 침략적이고 고압적인 대외정책을 통해 전쟁을 유발하고 전쟁의 구실을 만들어낼 수밖에 없다. 이리하여 대규모화하고 빈발하는 전쟁은 다시 치명적인 생태계 파괴의 요인이 된다. 말하자면 군수물자의 과잉생산과 빈발하는 기계화 전쟁의 환경파괴도 제I부문의 기형비대화와 다각적인 연관을 가지는 것이다.

따라서 제I부문의 기형팽창을 환경파괴의 주요 원인으로 보는 이 글의 명제는 물자수송산업과 군수산업 및 전쟁을 고려할 때 더욱 견지되어야 하는 의의를 지니는 것이다. 따라서 이 명제를 일반화하여 전지구적 환경 위기의 핵심원인은 소비영역이 아니라 **생산영역**에 있고(생산중심 테제) 그것도 생산영역 중에서도 기형팽창된 **제I부문**(수송체계까지 포함한 생산재 생산부문, 즉 대체로 '중화학부문')에 있다고 정식화할 수 있다(중화학공업 중심 테제). 따라서 문제의 핵심은 생활쓰레기가 아니라 기형비대화한 생산재 산업에 원자재를 공급하기 위한 **자연의 과잉약탈**과 기형비대화한 중공업부문의 **산업적 폐기가스, 폐수, 폐기물, 세계의 방방곡곡을 파고든 수송체계를 이용하는 화물 수송수단의 배기가스와 수송사고**, 비대한 군산복합체의 **군수물자 생산과 전쟁**인 것이다. 따라서 이런 결정적인 측면들을 거론하지 않고 생활쓰레기와 생활하수를 주로 문제삼는 금욕주의적 공상가들과 딜레땅뜨들의 환경운동은 대중매체의 카메라를 향한 단순한 해프닝이거나 환경세를 모든 소비자, 즉 전국민에게 전가하려는 독점재벌과 이들의 이익을 대변하는 언론재벌들이 선전하는 이데올로기적 '소비중심 테제'에 무의식적으로 말려든 것이다. 생활하수는 정화시설이 부족하고 불완전한 나라에서만 심각한 문젯거리로 비칠 뿐이고 생활쓰레기는 대부분 낭비적인 상품포장과 일회용 상품용기를 규제하는 법률이 아직 부재하거나 낭비적인 식생활 습관을 가진 나라에서만 일시적으로 심각한 것처럼 느껴질 뿐이다. 그러나 실은 이 생활쓰레기 문제는 입법조치와 행정규제를 통해 쉽사리 제압할 수 있는 손쉬운 문제들이다. 생활쓰레기는 쓰레기 분리수거제 및 종량제의 도입을 통해 소비자를 압박하고 이 소비자들이 상품포장과 일회용 용기 등의 거부를 통해 생산자를 압박하면 크게 줄어들 수밖에 없고, 여기에 덧붙여 생산자에게 상품포장 수거의무를 강제하면 더욱 급격히 줄어든다.[11] 따라서 필수적인 잔여 생활쓰레기의 처리는 그리 어려운 일이 아니다. 게다가 이 잔존하는 필수적 쓰레기는 대부분 유기물질들로서 산업폐기물에 비해 분해되기 쉽고 또 독성이 적은 것들이다.

---

11) 쓰레기 분리수거제와 부분적 종량제가 실시된 구서독에서 전체 폐기물(연간 약 2억 5000만 톤)에서 생활쓰레기가 차지하는 비율은 약 12%(약 3000만 톤)였다(*FR*, 1990년 11월 13일자 참조). 가령 기업이 비생산적으로 사용하는 광고지, 상품포장, 일회용 상품용기를 뺀 **순수한** 생활쓰레기는 아마 이보다 훨씬 더 적을 것이다. 1990년 이후 기업의 상품포장 및 일회용 용기 회수의무에 관한 입법이 발효된 현재는 더 줄어들었을 것이다. 1995년 1월 1일부로 종량제를 도입한 우리나라의 경우도 쓰레기가 크게 줄었다. 환경부에 따르면 수도권 매립지에 반입되는 1일 쓰레기 반입량은 1994년 12월까지 2만 1600톤이었으나 1995년 1월 6일 현재 1만 5900톤으로 감소하여 26%가 줄었다. 환경부는 종량제가 완전히 정착하면 40%까지 줄어들 것으로 전망한다. 전국적으로는 연간 9백만 톤이 줄어들 것으로 추정된다.

따라서 산업의 내포화와 이를 통한 생산수단의 소재적 규모의 축약화만이 자연약탈과 산업폐기물을 줄이고 군수부문을 축소시킴으로써 환경위기의 주요 원인을 제거할 수 있을 것이다. 이것은 이 글의 명제에 입각할 때 소비수단의 산업적 대량생산과 대량소비의 유지 및 확대 과정에서도 이룩될 수 있는 것이다.

서유럽의 환경파괴는 동유럽에 비해 덜하다. 이것은 아마 부분적으로는 서구의 환경제국주의와 환경운동의 덕일 것이다. 하지만 이런 지적은 근본적인 물음을 설명하기에 부족한 것이고 피상적인 것이다. 이것은 동유럽의 대공업이 **서유럽보다 훨씬 더 적은 소비품을 공급했으면서도** 왜 서유럽보다 생산수단을 몇곱절 더 많이 소모하고 그리하여 자연을 더 많이 파괴하였는가 하는 의문을 풀 수 없다. 린생산방식 및 리엔지니어링 등의 신경영 개념과 결부된 극소전자적 내포화의 부재에 대한 지적만이 이 수수께끼를 풀 수 있을 것이다. 자본주의의 외연적 발전단계와 관련된 레닌의 '제 I 부문의 비약적 성장' 테제에 의존하여 정립된 옛 소련·동유럽 공산당의 '중공업 우선'의 사회주의적 경제개발 교리는 자본주의의 외연적 축적체제의 소재경제적 구조를 더욱 극단적으로 단순화시킨 모델이기 때문이다. 이런 까닭에 소비재 생산부문의 성장은 옛 소련·동유럽에서 정책적으로 지체되었다. 따라서 옛 소련·동유럽에서 생활쓰레기의 환경파괴적 역할은 서유럽에 비해 미미한 것이다. 여기서는 환경파괴에 있어 산업부문, 특히 중공업부문의 각종 산업폐기물과 자연채굴이 서구에서보다 더 결정적인 역할을 수행하였다. 가령 옛 소련에서는 대규모 자연채굴, 생산재 및 군수 생산, 원유 및 석탄, 화력, 수력, 원자력 등의 동력생산을 위해 시베리아 및 북극권을 포함한 옛 소련 전지역의 삼림, 해양, 하천, 대기, 농경지가 가차없이 파괴되고 오염되었다. 이것은 서유럽보다 더 파국적이고 곧 인접국에도 파괴적인 영향을 미칠 대규모 환경오염이다. 이것은 필연적 근거를 지닌 것이다. 소련 산업은 '공식적' 통계에 따르더라도 서유럽보다 제품단위당 **150%나 더 많은** 원자재와 **50%나 더 많은** 동력을 소모하였다(1990년 7월 소련공산당 제28차 전당대회 서기장 보고). 옛 소련·동유럽에서 극소전자적 자동화기술을 무기체계나 소수의 전시용 모델공장에만 국한시키게 한 체제적 한계에 관한 설명은 여기서 생략해도 될 것이다.

이에 반해 구서독 정부의 「환경보고 1990」은 서독의 환경상황이 이미 1980년대 후반에 개선되는 방향으로 발전하고 있음을 보여준다. 서독의 GNP는 1970년에서 1989년까지 약 56%로 성장한 반면, 예를 들면 대기오염 물질들은 역으로 감소하였다. 가령 아황산가스는 72%, 분진은 59% 감소하였고 석탄, 원유, 천연가스의 발화에서 나오는 이산화탄소도 상당히 감소하였다. 발전소와 차량에서 나오는 이산화질소는 같은 기간에 23억 톤에서 27억 톤으로 증가하였지만 1987년을 정점으로 감소하는 추세로 돌아섰다.

이런 성과의 대부분은 구서독 정부의 업적일 수는 없다. 서독 정부는 환경정책에서 1980년대를 허송하였고 심지어 환경운동 세력을 탄압하기까지 하였기 때문이다. 이 성과는 물론 경제적 내포화만의 효과는 아닐 것이다. 필경 각종 환경기술의 투입도 기여했을 것이기 때문이다(환경기술과 환경산업의 생산가치는 1988년 현재 240억 독일마르크에 달하고 약 19만 명의 일자리를 창출하였다). 하지만 생산수단의 내포적 대량절감의 **무의식적** 환경효과를 이 성과의 주요 근거로 해석해야 할 것이다.

이른바 정보화 사회에서도 정보란 의식주를 제공할 수 없기 때문에 자연과의 물질적·소재적 교류가 변함없이 훨씬 중요한 삶의 기반일 것이라고 주장하는 오토 울리히의 주장은 기본적으로 옳은 말이다. 동시에 그는 공업체계에서 환경오염, 원자재 및 동력 소모의 증가는 생활복지의 향상과 비례하지 않는다고 강조한다. 인구와 1인당 소비량은 이 재화의 산출을 위해 소모된 생산재의 사용량보다, 특히 환경오염보다 느리게 증가하였다(O. Ullrich 1980, 89면). 이 기형성이 바로 외연적 산업화의 생태학적 비합리성의 핵심인 것이다. 그러나 울리히는 이 올바른 관찰로부터 애석하게도 금욕주의적인 '탈산업화' 테제를 도출하고 있다. 이것은 중대한 오추리이다. 실은 이 올바른 관찰로부터는 소비재 증가를 생산재 소모의 절감과 결합하는 다른 경제형태, 즉 내포적 경제성장도 가능하다는 정반대의 테제가 도출될 수 있는 것이다.

내포화는 인공적인 유해요소(핵폐기물, 화학적 합성소재)를 배출하는 '막다른 골목기술들'의 문제도 해결하는 데 간접적으로 기여할 수 있다. 이 유해요소들은 분해되지 않은 채 잔존하는 '존속기간'이 너무 길고 또 우리의 차세대 인류를 해치는 독성물질들이고 자연적인 생존기반(가령 오존층)을 파괴한다. 산업의 내포화가 물자와 동력의 산업적 사용량을 현격히 절감시켜준다면, 이런 유해요소들을 배출하는 몇몇 '막다른 골목기술'을 비교적 쉽사리 폐기할 수 있을 것이다. 산업적 동력 사용량의 내포적 절감 덕택에 수력발전소나 태양열 및 지열 발전소 등의 분산적인 무한 에너지원(源)이 산업의 수요를 충족시켜준다면, 가령 핵발전소는 폐지하거나 적어도 더이상 건설할 필요가 없을 것이다. 물론 즉각 폐지하여야 하는 화공기술(가령 CFC 결합물질)도 존재한다. 바로 여기에만 울리히의 탈산업적 환경독재가 적당할 것이다. 그러나 여기에서도 환경적으로 친화적인 새로운 대체기술은 현재의 과학과 기술공학 수준에서 충분히 개발될 수 있다. 몇몇 '막다른 골목기술'의 문제는 자본의 경제적 특수이익 및 부르조아의 정치적 특수이익과 얽혀 있지 않은 한에서, 즉 기술 그 자체로서 보면 사실 내포화 정책으로, 그리고 기술적으로 충분히 해결할 수 있는 사소한 범주인 것이다.

한걸음 더 나아가 합성소재 화학산업도 '자연소재 화학'으로 탈산업화되어서는 안될 것이다. '생태학적 현대화론자'의 **기술고착적** 낙관주의에 대한 마찬가지로 **기술고착적인** 비판으로서의 울리히의 '자연소재 화학의 건설' 제안은 '지구의 진화과정에 참여한 자연적 소재'의 새로운 탐사와 전대미문적인 대규모 채굴 위험으로 인해 더욱 파국적인 환경위기를 야기할 것이기 때문이다. 자연파괴는 **과학적** 공업기술에 의해서만 야기되는 것이 **아니기** 때문이다. 이미 엥겔스는 고대에 삼림벌채와 농지개간이 어떻게 환경파괴를 초래하였는가를 설명해주고 있다(20: 453면). 나아가 K. -W. 베에버는 자신의 최근 저작에서 납그릇, 납상수관 등의 사용, 목탄연료, 번잡한 마차통행 및 전쟁으로 인해 아테네, 로마 등의 고대도시에서 심각한 대기오염, 환경오염, 생물멸종 문제가 얼마나 발생하였는가를 잘 보여주고 있다(Weeber 1990). 따라서 합성소재 화학공업의 특수한 환경오염에 대한 좀더 현실적인 방책도 내포적 재산업화 정책에서 찾아야 할 것이다. 전체 국민경제가 내포화되면 화학공업 외의 다른 생산부문에서 소요되는 합성소재의 사용량도 점점 절감되고, 연쇄반응으로 합성소재 화학공업 부문 자체가 축소되고, 합성소재 화학공업 부문 자체가 또다시 내포화되면 이 공업부문의 폐기물도 점점 줄어들 것이다. 여기에 생활쓰레기의 분리수거제와 종량제가 도입되고 생산자의 포장 및 용기 수거의무가 입법화되면 플라스틱, 비닐, 스티로폼, 인공색소 등의 합성소재가 많이 사용되는 상품포장, 광고물, 일회용 용기에 대한 소비자 및 유통업체의 거부반응으로 인해 합성소재의 판매전략적 남용도 급감한다. 이것은 다시 합성소재 화학공업 부문의 추가적 축소를 가져다 줄 것이다.

(2) 생활쓰레기 문제와 인구의 내포화

생활쓰레기 문제는 앞서 원칙적으로 강조하였듯이 환경파괴의 주요 원인은 아닐지라도 '지금까지 쟁취된 생활수준'을 유지하고 나아가 지속적으로 향상시키는 경우 결코 사라지지 않을 문제이다. 특히 생활쓰레기에 포함된 합성소재 쓰레기는 지속적으로 문제가 될 것이다. 그러나 한 **국민**이 소비하는 소재적 규모가 개인들의 생활수준 향상과 더불어 **일직선적으로 확대될** 것이라는 가정은 아마 그릇된 것일 것이다. 이 가정은 생산의 내포화에 따른 **인구론적** 변동추세를 전혀 고려하지 않은 것이다. 19세기의 산업화로 인해 '갑자기' 폭발한 인구(26.2: 134면)는 비숙련노동자를 대량으로 요구하던 외연적 확대재생산 양식의 포괄적인 형성과 긴밀히 결부되어 있다(Winter 1989, 14면). 숙련노동자의 감소추세와 결합된 비숙련노동자에 대한 점증하는 산업적 수요는 자녀 많은 가정을 주조하고 동시에 청소년들의 고등교육을 불필요하고 불가능하게 만들었다. 비숙련인구의 폭발적인 확대재생산은 **외연적** 인구증가로 불릴 수 있다. 이에 반해 생산의 경제적 내포화와 더불어 국민의 머릿수는 줄어들더라도 내포화의 산업구조가 요구하는 노동력 수요에 조응하여 각 개인의 학력과 숙련도는 상승하는 인구의 **내포화**가 벌어진다. 모든 징후를 보더라도 선진산업국가의 인구추세는 이 방향을 취하고 있다.[12] 내포적 재산업화는 노동대중의 재숙련화, 여성이 취업할 수 있는

---

12) 구서독에서는 1972년에 처음 사망률이 출산율을 능가했다. 서유럽 인구가 세계 인구에서 차지하는 비율은 1984년 6.7%에서 2000년 5.4%로 하락할 전망이다. 구서독 인구는 2.3%, 벨기에는 2.3% 감소하였고 덴마크는 정체할 것으로 전망된다. 가톨릭이 지배하는 이딸리아와 스페인은 각각 1.6% 및 6.7%, 식민지에서 유입된 인구가 많

경제부문의 확장, 출산율의 급격한 하락을 초래한다. 인구의 내포화 테제가 장기적으로 옳다면, 대량소비도 단순히 일직선적으로 증가하지는 않을 것이다. **각 개인**은 숙련도의 상승과 복지향상 덕택에 더 많이 소비하게 될지라도 **국민** 전체의 소비량은 인구감소로 인해 단지 한정적으로만 증가하거나 정체하거나 어떤 국가의 경우에는 장기적으로 감소하는 나라도 나올 것이다. 생활쓰레기도 유사한 추세를 따를 것이다.

그렇다면 생활쓰레기 문제, 특히 합성소재 쓰레기 문제도 **재활용경제** (Ökonomie des Recyclings)로써 해결하는 데 결정적인 장애물이 없다. [13] 재활용경제 구축에는 전국민이 참가해야 하겠지만, 가계가 아니라 기업이 주요 금전부담을 져야 할 것이다. 생활쓰레기 가운데 비교적 자연분해가 잘 되는 음식찌꺼기, 야채 부스러기 등의 유기물질과 재활용이 가능한 폐자재들을 제외하면 자연에 가장 큰 생태학적 부담을 주는 종류는 합성소재류인바, 오늘날 산업기업은 자연소재를 합성소재로 대체해가는 추세에 있어왔고 또 단순한 시각적 유인을 위해 합성소재를 상품포장 및 광고용으로 너무 많이 남용하기 때문이다. 기업에 주요 책임을 묻는 정의로운 방향으로 재활용경제를 구축하기 위해 필요한 것은 울리히의 '탈산업화'가 아니라 대중의 생태학적 권력이다. 자연환경에 해로운 화학적 합성소재들은 재활용경제 씨스

은 영국과 프랑스는 각각 2.1% 및 5.3% 증가할 것이다(Winter 1989, 17면).

13) 가령 구서독에서는 연간 300만 대의 텔레비전 수상기가 쓰레기로 버려진다. 이로 인해 매년 5만 4000톤의 유리, 3000톤의 철, 2만 1000톤의 금속(이 중 4500톤의 구리, 수십년 내 부존량이 고갈될 수톤의 아연이 포함되어 있다), 그리고 약 6톤의 카드뮴이 사라진다. 이 수상기 폐기물은 동시에 합성소재 부품, 배금도금판, 화학처리된 뒤판 등으로 인해 환경을 파괴한다. 그러나 쓰레기로 버려지는 이 수상기 잔해도 분해되면 이윤을 내면서 재활용될 수 있다. 독일의 한 쓰레기 전문가는 이미 이 분해기술을 개발하여 부다페스트에 재활용공장을 건설하였다. 최대로 재활용할 경우 한 대의 텔레비전 수상기에서 남는 진짜 쓰레기는 300g밖에 안 된다(*Der Spiegel*, Nr. 30, 1990.7. 23, 15면 이하). 다른 사례로는 폐차된 승용차를 들 수 있다. 그러나 이 쓰레기도 100%까지 재활용할 수 있다. 100% 재활용이 경제적 이익을 가져오기 위해서는 새 자동차가 모두 잘 분해될 수 있게 제작되어야 한다. 생태학적 사고전환이 개발과 제작 단계에까지 침투해야 하는 것이다. 물론 소비자도 사고를 전환해야 한다. 합성소재의 재활용에서 생겨나는 핵심문제는 플라스틱 부분의 시각적 품질수준이 재활용할수록 점점 낮아진다는 점이다. 소비자들이 이 순전히 시각적인 손해를 감수하면 완전한 재활용이 가능한 자동차는 기술적으로 제작 가능하고 이윤을 올리면서 재활용될 수 있다.

템을 통해 자연 안에서 축적되지 못하도록 **사회 내에서만** 유통하도록 만들 수 있다. 게다가 생활쓰레기 및 생활하수 문제와 관련해서는 쓰레기 분류기술, 청정기술, 기타 환경기술들도 결정적인 도움을 줄 수 있다. 기술에 대한 본질주의적 일괄 비판에 근거한 울리히의 '기술에 대한 일반적 의심'에 사로잡혀 있어서는 안될 것이다.

나아가 내포적 물자절감은 **소비재**에서도 이루어질 수 있다(가령 필름이 필요 없는 일본의 극소전자식 카메라, 그림처럼 벽에 걸 수 있는 얇은 텔레비전 수상기, 문방용구와 종이가 필요없는 정보통신적 사무실 등). 말하자면 내포적 경제화는 소비생활에서도 관철될 수 있다. 내포화에 기여하는 이러한 극소전자적 신제품들의 생산, 시판은 다만 이러저러한 자본주의적 이해갈등에 걸려 지체되고 있을 뿐이다.

대량소비는 자본주의적·소비주의적 부작용을 동반할지라도 산업 일반을 폐지하고 또 생산력 진보에 기초한 해방이념으로부터 탈피할 근거가 아니다. 사회경제적 해방전략이 하필 각인의 발전조건과 만인의 발전조건이 매 시간마다 서로 접근하는 오늘날 포기되어야 한단 말인가?

(3) 환경운동의 사회적 주체

자본주의적 내포화 과정을 동반하는 진정한 우려는 대량생산에 있다기보다는 자본이 극소전자기술을 내포화가 아니라 착취와 지배 강화에 이용하는 경향이 있다는 사실에 있다. 극소전자적 자동화의 경제적 적용에서, 동기는 앞서 소개한 도표가 보여주듯이 물자 및 동력의 절감, 지배와 착취의 강화, 사고방지, 보건조치 등 다양하다. 생산수단의 절약은 여기서 현저한 동기임이 틀림없다(Hickel 1987, 169면). 그러나 착취와 지배 강화의 동기도 도외시할 수 없는 것이다. 따라서 숙련도의 양극화를 완화하는 것과 동시에 권력의 양극화의 심화, 관료기구적 지배의 정보통신적 강화와 완벽화, 대규모 실업 창출 등이 동시에 벌어진다. 특히 구조변동으로 야기되는 만성적인 대량실업을 배경으로 자본은 임금을 억제하고 공포심리와 기율의식을 증폭함으로써 착취를 강화한다. 따라서 실업의 위험에 처한 단순노동자를 저렴하게 고용, 장악하여 '부분'자동화 체계의 '틈메우기 노동자'로 이용하는 것이 극소전자적 네트워크를 완성하는 것보다 경우에 따라 더 저렴하다. 이런 까닭에 자본가들은 많은 자본투자를 요하는 '완전'자동화에 직접적인 관심이 없다. 따라서 임금인상, 노동시간 단축 등 노동조합의 전통적인 방어전략들은 대량실업과 착취압박을 완화함으로써 자본가에게, 가일층적 자동화를 무의식적으로 강요하는 한에서 예나 지금이나 포기할 수 없는 전략들이다. 한 걸음 더 나아가 이 대항전략들은 극소전자기술을 경제적 내포화에만 이용하도록 강제하고 이 내포화를 가속화·일반화하는 사회생태학적 공세전략으로 활용될 수 있다. 신기술을 착취의 강화가 아니라 내포적 생산력의 발전에만 이용하도록 하는 것은 자본주의 세계에서 종속적으로 노동하는 대중의 압력 없이는 상상할 수 없는 법이다. 19세기의 역학적 산업혁명이 그렇듯이 극소전자적 신기술들의 경제적 투입과 확산은 기술진보나 자본들간의 단순한 경쟁의 결과만이 아니라 자본과 노동 간의 복합적인 계급투쟁의 결과인 것이다. 노동자대중은 가능한 한 배타적으로 내포화 방향으로만 이 신기술들을 투입하고 확산시키도록 자본을 투쟁적으로 압박해야 한다.

 이것은 전통적인 노동조합들이 비록 무의식적인 차원이었지만 전적으로 수행해온 투쟁형태이다. 이제는 이 투쟁을 의식적으로 강화하고 가속화할 때이다. 이런 한에서 경제적 내포화를 자극하고 가속화시킴으로써 결과적으로 경제의 생태학적 구조조정을 강제하는 노동투쟁은 환경투쟁에 대한 '제동기'가 아니라 실은 근원적인 환경투쟁인 셈이다. 따라서 프롤레타리아의 전통적인 전략은 이른바 '옛' 사회정책에서든 '새로운' 환경정책에서든 주요 역할을 수행하고 있다. 점차 재숙련화되는 프롤레타리아는 '옛 노동운동'과 '새로운 사회운동'의, 고전적 의미에서 '혁명적'이지는 않지만 그래도 오인할 수 없는 사회주체인 것이다. 이 테제는 종종 '중간층'으로 오해되어온 '새로운 사회운동'의 주요 지지계층이 실은 '문필프롤레타리아'(26.1: 377면), '상업프롤레타리아'(25: 312면), '지식프롤레타리아'(22: 415면) 등으로 구성되어 있는만큼 더욱 타당한 것이다.[14] 따라서 사회적 투쟁주체가 동시에 기업 내외

---

14) 필자가 아는 한 거의 모든 좌익 이론가들은 환경운동의 주요 지지계층을 환영 또는 경멸하면서 '중간층'(Brand u.a. 1986, 102면), '중간계급'(Hirsch 1990, 141면 이하), '새로운 중산층'(Habermas 1985, 577면), 심지어 '소부르조아'(Seppmann

에서 환경개선을 위해 싸우는 생태학적 투쟁주체인 것이다. 오늘날 프롤레타리아의 대부분은 19세기와 20세기 초반처럼 오물과 검댕을 뒤집어쓴 '적빈' 속에 사는 것이 아니라 한층 숙련화되고 학력이 높아진 '청빈(淸貧)' 속에서 살고 있고 따라서 당연히 생태학적으로 의식화되어 있기 때문이다. [15]

이런 사실에 비추어볼 때 전통적 노동조합의 생태학적 무능은 프롤레타리아의 계급이익과 진보적 인류이익의 일치를 전제하는 맑스의 계급론이 이제 그릇되다는 것을 증거하는 것이 아니라, 다만 화이트칼라 일반을 중간층으로 간주하고 냉대하는 노동조합의 계급정책이 시의적절하지 않다는 것을 증명할 뿐이다. 오늘날도 지속되고 있는 노동조합의 일반적 위기는 가령 독일노동총동맹(DGB)의 조직원구조가 그 사회적 구성에 있어서 1950년대의 경제 및 취업자 구조에 그대로 대응하고 있다는 데 있다. 환언하면 노조의 조직적 위기의 본질은 단지 조직원 수의 통계적·양적 결손이 아니라 **조직원구조가 산업부문 육체노동자에 국한되어 있다는 것**이다(Fehrmann 1990, 44

1983, 9면)로 오해한다. 오직 리체르트(Jürgen Ritsert)만이 올바로 이 운동을 "생산적 노동자들의 상황에 있는 운동과는 다른, 이들의 또다른 사회운동"(Ritsert 1988b, 353면)으로 이해한다. '새로운 사회운동'의 이론적 대변자들은 '낡은' 계급범주를 사용하여 '새로운' 사회운동의 지지계층을 하나로 묶고자 한다. "일반적으로 중간층의 젊은 부류, 특히 높은 학력을 가진 집단들이 두드러지게 나타난다"(Brand u.a. 1986, 102면). 하지만 그들이 거의 모두 '젊은' 임금노동자들이라는 사실은 적어도 그들이 비교적 긴 경력을 가진 관료나 테크노크라트적 중년 간부층으로 승진하지 않았다는 증거를 제공한다. 따라서 평사원들임에 틀림없는 젊은 그들은 결코 (관료적 또는 테크노크라트적) 중간층에 속하는 것이 아니라, '지식프롤레타리아들'이다. 맑스는 주지하다시피 중간층의 핵심기능을 "상류층의 사회적 안전과 권력"을 증대시키는 중간간부적 기능으로 규정하였다(26.2: 576면).

15) 1989년의 독일여론조사연구소(INFAS) 조사서는 노동자대중이 사회적으로 그리고 생태학적으로 의식화된 주요 주체들이라는 사실을 보여주고 있다. 이 조사서에서 부각되는 점은 다음과 같다. ①노동자대중의 미래적 선호사항에서 71%의 거명으로 가장 선두에 있는 것은 집단적 재화, 즉 '자연환경의 보호'이다. 이 선호도는 교육수준에 비례하여 상승한다. ②노동자대중 안에는 거의 비등한 두 개혁분파, '사회개혁파'와 '체제개혁파'가 존재한다. '사회개혁파'의 선호목표는 일자리, 소득, 가정 및 '도구주의적' 직업관이다. 이들은 미래문제의 해결에서 노동조합에 가장 높은 능력을 인정한다. '체제개혁파'의 목표는 '개인적 자유 속에서, 그리고 만족스런 노동을 통한 자기실현의 요구' 및 환경, 평화, 제3세계 등의 집단적 재화의 정치적 보호이다(Mückenberger 1989, 20면 이하 참조).

면).

DGB 조직원의 다수가 보이는 정치적 관심은 노동자대중 전체의 다수가 바라는 요구를 이제 더이상 대변하지 않고 "전략적으로 점차 더 중요해지는 더 큰 임금노동자 분파"(사무직원층, 특히 지식프롤레타리아)의 이익과 비전은 노동조합의 정책에 거의 반영되지 않는다. 1960~70년대에 유행해 마지않았고 때로는 오늘날도 고루한 좌익 이론가들이 고수하는 '숙련도의 양극화'(탈숙련화) 테제가 이론적 측면에서는 기형화된 노동조합의 이러한 위기에 가장 큰 책임이 있다. 구서독 사무노동자 분파의 노조 조직률은 이 사무노동자들도 탈숙련화되어 조만간 노조로 저절로 기어들어오게 될 것이라는 망상을 유포시킨 탈숙련화 테제로 말미암아 "바이마르공화국 시대보다 훨씬 낮은 상태"(같은 책, 46면)에 있다!

이 위기를 지금이라도 돌파하는 올바른 방도는 프롤레타리아의 **주요 분파**(Hauptfraktion) 개념을 증가하는 지식프롤레타리아만큼 확대하고——이것보다 더 결정적인 것인데——이 이론적 개념확대를 **조직정책적으로** 실제 관철하는 데 있을 것이다. '노조공룡의 멸종', '옛 프롤레타리아 계급의 진보적 역할의 종말' 등의 유행하는 구호는 노동조합의 이러한 계급정책적 기본자세의 전환을 통해서만 제압될 수 있다. 이런 계급정책적 수정이 실천적으로 이룩되는 경우 노동운동은 환경운동과 환경정책에서도 헤게모니 요구를 제기할 수 있을 것이다. 이윤과 지배욕에 사로잡힌 부르조아도, 권위와 기술물신주의에 사로잡힌 관료 및 테크노크라트층(중간층)도 생태문제를 해결하기는커녕 진정으로 제기할 능력도 없고 실은 점점 더 숙련화되고 '청빈화'되는 프롤레타리아만이 진정 이러한 능력이 있다는 사실을 여러 징후들이 보여주기 때문이다.

따라서 사회의 생태학적 개조는 노동운동과 환경운동의 압박하에 관철되는 **내포적 재산업화**(intensive Reindustriakisierung)의 전략, 즉 소비수단의 대량생산의 유지 및 확대와 결부된 생산수단 생산부문의 내포적 '축약화', 재활용경제의 계급투쟁적 구축, 핵발전소 등의 '막다른 골목기술'로부터의 점진적 탈피, 노조의 새로운 계급정책 및 인구의 내포화를 겨냥한 새로운 교육정책 등의 복합전략에 의해서만 미래개방적으로 실현될 수 있다. 이 전략의 전망에서는 '노동의 해방'이라는 전통적인 진보목표도 소실되지 않는다. 노동자대중은 생태학적 내포화 과정 속에서 발전하는 사회적으로 그리고 생태학적으로 비판적인 참된 내포적 생산력을 자신들의 사회경제적 해방을 위해서도 활용할 수 있기 때문이다. 따라서 경제구조를 생태학화하는 생산력과 경제의 내포적 발전은 노동의 해방을 위해서, 동시에 현재 세계적인 환경위기의 관점에서 더욱 **목표의식적으로** 추진되어야 할 것이다.

이제 이 글의 논지를 요약하자. 환경위기의 **작용방식**은 얼마간 **체제 특유한** 형태를 취한다. 또한 이 위기 자체는 계급초월적으로 작용할지라도 이 위기에 대한 **사회적 반응**은 얼마간 **계급 특유한** 것이다. 그러나 현재의 전지구적 환경위기의 **근본원인**은 자본의 **가치경제적** 체제특성에 근거한 것도 아니고 대공업의 **기술적** 속성에 근거한 것도 아니다. 그것은 차라리 자본주의의 **외연적** 확대재생산 유형에 의해 발전된 **소재경제적** 구조의 역사적 한계성격에 근거하는 것이다. 이런 까닭에 생태학적 위기는 자본주의의 체제특성이나 '산업적 생산방식'의 기술적 성격으로부터 자본주의 구성체 또는 '산업적 생산방식'의 **궁극적인 한계**를 도출할 수 없다. 이러한 도출론은 한낱 자본주의 산업경제의 새로운 '붕괴론'으로 귀착하고 말 뿐이다.

오늘날 선진산업국가의 자본주의는 외연적 축적유형에서 내포적 축적유형으로 이행하는 도정에 있다. '청빈한' 노동자대중의 역사적 역할은 전통적 노동투쟁과 새로운 환경운동을 통해 이 이행과정이 생태학적·내포적인 재산업화 방향을 유지하고 가속화되도록 압박하는 것이다. 전지구적 차원의 생태학적 위기에 직면하여 노동자대중은 임금인상의 수세적 최소강령이든 사회경제적 해방의 최대강령이든 포기해서는 안된다. 이들의 사회투쟁은 수세적이든 공세적이든 단순히 경제의 생태학적 개조와 조화로울 뿐만 아니라 그 자체가 이러한 생태학적 사회개조를 위한 포괄적인 투쟁의 **근본적** 구성요소이기 때문이다.

결 론

전통적 '맑스주의'의 해소와 고전적 맑스 이론의 재인식

1960년대 말에서 80년대 중반에 이르는 자본주의의 구조적 위기는 자본의 내포화 과정 속에서 극복되고 있는 것 같다. 자본주의는 현대화됨으로써 새로운 모습을 갖춘 반면, 자본의 현대화 과정을 따라잡지 못한 각종 맑스주의는 한편으로 다시 한번 '프롤레타리아와 작별'을 고하면서 '경제적 합리성의 비판'(Gorz)을 추진하고, 다른 한편으로는 종파성 속에 자신을 가두거나 또는 옛 소련·동구에서는 '인민'에 의해 정치적으로 타도당함으로써 일대 이념적 위기에 빠져들었다. 자본주의가 자신의 구조적 위기를 극복하자마자 자본주의의 체제위기가 '맑스주의의 위기'로 둔갑하고 만 것이다.

1980년대를 가로질러 또한 동구권의 해체로 인해 1990년대 초에도 지속되고 있는, 아니 더 첨예화된 맑스주의의 이 비상한 위기는 생태학적 위기를 자본주의의 '절대적' 위기로 과장하거나 '새로운 사회운동'을 재활성화하는 이론적 편법으로 극복할 수 있는 성격의 위기가 아니며 더군다나 '프롤레타리아와의 작별'이라는 이론적 자살방식으로 극복될 수 있는 것은 더욱 아닐 것이다.

맑스주의는 무엇보다도 자본주의가 자신을 현대화한 만큼 스스로를 현대화함으로써 자신의 새로운 모습을 갖춰야 한다. 또한 프롤레타리아가 자본주의를 변화시킨 만큼 맑스주의도 자신을 변화시켜야 한다. 그렇지 않으면 맑스주의는 자본의 현대화 과정에 의해 불가피하게 짓뭉개지거나 프롤레타리아 계급투쟁의 단계적인 역사적 성취의 희생물이 될 것이기 때문이다.

고르즈는 1980년에 또 한번 '프롤레타리아와 작별'을 고할 필요가 없었다. 이미 1950년대에 대부분의 유럽 좌익들은 노동자대중이 이제 더이상 정치적 무권리자가 아니고 '시민'으로 올라섰음을 지적하면서 '프롤레타리아'와, 따라서 '맑스주의'와도 '작별'했다. 하지만 근대 프롤레타리아에게 명칭을 남겨 준 고대로마의 룸펜프롤레타리아조차도 정치적 권리가 없지 않았다. 임금노동자들이 몇몇 정치적·사회적 권리를 쟁취했다는 사실, 이것은 '프롤레타리아와 작별'할 구실을 제공하지 않는 것이다. 게다가 '프롤레타리아'는 19세기에조차도 노동자대중 자신의 구어(口語)가 아니라 지식인들과 사회운동가들의 이론적 술어 또는 '외래어'였다. 맑스와 엥겔스는 당대의 경험을 고착시키지 않고 프롤레타리아 개념을 자본주의적 임금노동자 **일반**으로 정의한 반면, 당시 임금노동자 대중의 열악한 사회적 처지를 보며 좌익지식인들은 '무권리' '적빈' '오물과 검댕' '무지' 등의 경험적 관념으로 프롤레타리아 개념을 고정시켰다. 그리하여 맑스 이론에 고무된 운동가들에 의해 이끌어진 노동자대중이 일정한 정치적·사회적 권리를 쟁취하고 투쟁을 통해 '적빈'과 '오물'로부터 해방된 후에 지식인들은 자신들의 낡은 경험에 사로잡힌 이 고착된 프롤레타리아 개념과 작별한 것이 아니라 애석하게도 '프롤레타리아 자체와 작별'을 고한 것이다.

1960년대에 일부 사회비판 세력들은 더이상 '오물과 검댕' 속에서 살지 않는, 따라서 이제 '사명감'을 느끼지 않고 더욱 유복해진 프롤레타리아를 심지어 '위험한' 인민집단(Marcuse) 또는 '아둔한' 집단(Habermas)이라고 비난하고 대학생과 지식인집단을 프롤레타리아와 다른, 달리 '저항하는 집단적 주체'로 격상시켰다. 이리하여 맑스주의는 '대학생맑스주의'로의 사이비 진보를 이룩하게 된다. **현실 속에 살고 있는** 프롤레타리아에게 사회운동과 정치행위의 '이론적 지원'을 제공해야 할 짐을 진 맑스주의자들이 자신들의 고고한 혁명적 욕구를 충족시키기 위해 프롤레타리아들에게 혁명적 부역(負役)을 요구하는 '신성가족'으로 돌변하여 이 욕구가 충족되지 않으면 더이상 혁명적이지 않은 프롤레타리아를 깔보기 시작한 것이다.

또한 그들은 백여 년에 걸친 유혈의 계급투쟁을 통해 비로소 가능해진 "인간적·합리적 계급투쟁"의 제도화(Marx)도 '계급화해'니 '신사화(紳士化)'니 하며 비아냥거렸다. 소위 '계급타협'이란 본질적으로 **비대칭적**일 수밖에 없다는 것, 프롤레타리아의 체제통합은 다만 **부분통합**이라는 것, 따라서 프롤레타리아의 권력은 기존 체제에 대한 대항권력이면서 **동시에** 모든 반동적 시도들에 대한 체제유지권력으로 기능해야 한다는 것이 너무나도 종종 무시되었다. 극렬화된 좌익들에게나 리버럴해진 좌익들에게나 '프롤레타리아의 체제통합'이라는 테제는 유행이 되었다——물론 대립적인 함의를 갖고서. 맑스주의의 이 두 조류는 프롤레타리아의 적빈성, 무권리성, 혁명성의 소멸을 즉각 프롤레타리아 자체의 소멸과 동일시한 것이다. '임노동자대중' 또는 '피용자계층'은 이제 '프롤레타리아'와 동의어로 쓰이는 것이 아니라 간단히 '프롤레타리아'를 대체해버렸다. 요는 좌익들이 우익과 마찬가지로 프롤레타리아를 역사화하고 비아냥거리고 금기시하였던 것이다.

다른 한편 사회민주주의적 노동운동과 공산주의적 노동운동은 금세기의 70년대에도 '노동자' 범주를 19세기식으로 공장의 육체노동자로 한정시켰고 두뇌노동하는 프롤레타리아를 '중간층'으로 규정하였다. 그리하여 갈수록 노동조합은 프롤레타리아 내부에서 점점 줄어드는 분파인 육체노동자들의 이익단체로 전락하여 전체 프롤레타리아의 일반이익을 대변하지 않았고 사무직원(특히 지식프롤레타리아)이 수적으로 증대되는 방향으로 취업자구조가 변화하자 자신의 사회적 헤게모니를 상실하고 말았다. 특히 이것으로부터 오늘날도 걷잡을 수 없이 진행되고 있는 전세계적 '노동운동 위기'가 결과하였다. 이 고루한 노조가 1970년대를 관통하여 그리고 80년대 초까지도 자본가와 손을 맞잡고 이 고루한 노조 안에서 자기 자리를 찾을 수 없던 '형제들'의 또다른 사회운동인 환경운동과 투쟁한 것은 너무 당연한 귀결의 '비극'이었을 뿐이다. 공장 손노동자들의 이익단체로 축소된 노조는 환경운동이——근본적으로 고찰할 때——새로운 모습의 프롤레타리아의 생태학적 행위의 초기형태라는 것을 인지할 이론적·실천적 능력이 없었던 것이다. 오늘날의 노동자대중은 '오물과 검댕' 및 '적빈'과 '무지'로부터 마침내 해방된, 말하자면 자신의 계급투쟁 덕택에 '청빈'해지고 따라서 생태학적으로도 의식화된, 또한 자본의 내포화 과정을 통해 교육수준이 높아진 '프롤레타리

518

아'인 것이다.

지식프롤레타리아의 환경운동을 위시한 '새로운 사회운동'을 고루한 좌익들은 계급적 성격이 애매한 또는 계급이익에 초연한 운동으로 격하시키거나, '새로운 사회운동'에 더 많은 가치를 주는 주의주의적(主意主義的) 좌익 또는 리버럴해진 좌익들은 동일한 이유에서 찬양했다. 그러나 양측은 **하나같이 교조적으로** '새로운 사회운동'을 '자신들의 사회적 자동성(自同性)이 흔들리게 된 중간층'의 운동(Seppmann) 또는 '중간계급운동'(Hirsch) 또는 심지어 '신중산층운동'(Habermas)으로 분류하였다. 오직 '새로운 사회운동'의 주력이 손노동자들이 아니라 교육수준이 높은 두뇌노동자들이라는 단 한 가지 이유에서 그런 계급분류를 고수한 것이다.

요약하면 고루한 좌익이든 겉으로 현대화된 좌익조류들이든 계급이론에서 대부분 19세기 사고방식의 포로였다. 이러한 낡은 계급이론의 포로상태에서 그들은 「고데스베르크강령」(Godesberger Programm)으로 또는 '저항하는 대학생맑스주의'로 또는 중간층의 '소통독재'(Kommunikationsdiktatur) 또는 '환경독재'(Öko-Diktatur)로의 사이비 진보를 이룩하거나 '마르셰식(à la Marchais)의 공산주의자 가족'으로의 퇴보를 거듭하였다. 전면적으로 또는 부분적으로 과거에 사로잡힌 각종 맑스주의는 거의 모든 이론방향에서 자신의 실천적 투쟁성과의 희생물이 되었던 것이다.

이 맑스주의들은 자본주의의 현대화 과정을 따라잡지 못하고 종종 시대착오적인 이론시도도 서슴지 않았다. 가령 손노동과 두뇌노동의 대립은 손노동자들의 '생산독재체제'(Produktionsdiktatur)하에서 손노동자에 의한 두뇌노동의 '흡수'를 통해 극복되어야 한다는 것이다. 그러나 자본주의의 극소전자적 현대화 과정은 이른바 두뇌노동을 '흡수'할 사명을 띠고 있다는 손노동자들을 자꾸 생산과정에서 감소시키고 있다. 또는 사회적 총자본의 유기적 구성도가 자본의 극소전자적 내포화 과정 속에서 정체하거나 심지어 저하되고 있는 현실적 추세를 전혀 모른 채, 일부 맑스주의자들은 유기적 구성도의 고도화에 의한 이윤율의 경향적 하락의 법칙을 완강히 고수하고 있다. 또 어떤 이들은 환경위기를 자본주의의 '절대적' 한계로 선언하기도 한다. 하지만 선진자본은 환경위기로부터 탈출구를 뚫는 기제를 창출한 지 이미 오래인 것이다.

계급이론 영역에서 각종 맑스주의는 프롤레타리아 개념만이 아니라 부르조아 개념 및 중간층 개념에서도 맑스 이론에 충실하지도 현실에 충실하지도 않았다. 예를 들면 최고경영자의 자본기능은 결코 '상품'이 된 적이 없다. '직업소개소'가 최고경영자 직책을 소개하는 것은 법으로 금지되어 있고, 최고경영자들의 콘쩨른간 자리바꿈은 예외없이 '흑막' 속에서 이루어진다. 자본주의적 현실은 어디에서나 한편으로 최고경영자와, 다른 한편으로 오인할 수 없이 간부 및 전문인력 시장의 공공연한 '상품'으로 나타나는 관료 및 기술관료를 선명히 차별하고 있다. 독점콘쩨른의 최고경영진은 맑스에 의하면 '새로운 금융귀족층'에 속한다. 그들은 법적 자본소유권자들과 자본주의 특유의 신용관계를 맺고 있는 **신용자본 점유권자들**이기 때문이다. 하지만 이 최고경영자 '금융귀족층'을 종종 아무런 자본도 점하지 않는 "백발의 테크노크라트"(Hirsch)로 규정하거나 맑스의 이론적 한계를 비꼬며 "프롤레타리아적 임금노동자층"(Fetscher)으로 파악함으로써 맑스 계급이론을 역사화하였다. 또는 자립화된 위력적 최고경영자 금융귀족층을 법적 자본소유권자의 단순한 "부속집단"(Jung)으로 과소평가하고 있다.

다른 한편 어떤 이들은 부르조아의 '사회적 안전과 권력을 증대시키는' 관계로 맑스에 의하면 '중간계급'에 속하는 관료와 테크노크라트를 노동계급에 귀속시키고 있다(Bischoff). 맑스는 '착취하는 노동'(여기서는 관료와 테크노크라트의 지배대행 기능)과 '착취당하는 노동'을 둘 다 노동으로 보아 동일시하는 속류경제학적 견해를 비판하고 있지 않은가! 관료와 테크노크라트는 **오늘날의 자본주의적 현실** 속에서도 이른바 '간부 및 전문인력'으로서, 프롤레타리아적 노동시장과 엄격히 구별되는 **특수한** 노동시장에만 등장한다. 따라서 맑스주의는 맑스 이론과 현실 양자에 대해 다 충실하지 못했던 것이다. 각종 맑스주의는 화이트칼라 및 테크노크라시 이데올로기에 직면하여 계급이론적으로 너무나 자주 무력화되었다.

한걸음 더 나아가 맑스주의는 1960년대 이래 20여 년에 걸친 국가론적 논의에서 아무런 이론적 성과도 남겨놓지 못했다. 또한 맑스의 '국가사멸론'이 처한 이론적 딜레마는 어떤 맑스주의적 국가론도 거들떠보지 않았고 권력이론과 시민사회적 공론(公論) 개념의 이론적 결여로 인해 국가론의 새로운 지평을 열 수도 없는 논리적 악순환 속에 갇혀 있다. 국가소유 또는 사회주의적 공동소유를 미래의 대안적 소유제도로 관념하고 있는 한 시민자율적인 공론매체의 국가에 대해 자율적인 소유권적 독립은 상상할 수 없는 것이기 때문이다.

기술적 필연성으로 인해 공동사용해야 하는, 따라서 이미 '공동**점유**' 상태에 있는 생산수단에 대한 노동자들의——주식 또는 지분매개적인——'개인적 **소유**'로 오해할 여지 없이 선명히 정식화된 맑스의 '사회적 소유'의 변증법적 개념은 지금까지 '공동소유'나 '국가소유'로 오해되었다. 이리하여 자본소유와 사회보장의 '국가화' 또는 '국유화'가 사회주의적 조치로 등치되어왔다. 이 소유권 문제와 관련해서는 다음과 같이 단언할 수 있다. 사회민주주의적 노동운동과 공산주의 운동은 지금까지 소유권 정책에서 **공히** 오류를 범했다. 이 두 운동 사이에는 기껏 '국유화'의 **정도**와 **방법**에서의 차이와 통상 단지 이에 관한 다툼만이 있었을 뿐이다. 그러나 (기실 베버적 의미에서의) 국가관료주의적 '사회주의'는 옛 소련·동구에서 저절로 붕괴하였고 서구에서는 신보수주의적 '재사유화' 정책에 의해 회생할 수 없이 타격당했다. 이런 이유에서 사회운동 내에서 잔존하던 체제변혁에 대한 마지막 염원조차 고갈되었고 전대미문의 방향 없는 체제적응 추세의 제물이 되고 있다.

이런 여러가지 이유에서 우리는 교조화된 맑스주의에도 동조할 수 없었고 또한 극렬화 방향으로 또는 리버럴한 방향으로 '진보한' 맑스주의 조류들에도 동조할 수 없었다. 차라리 '이러한 사이비 진보를 걷어치우자!'가 우리의 지론이었다.

현대자본주의를 보는 우리의 기본입장은 이 변모된 자본주의를 프롤레타리아의 계급투쟁의 쟁취성과와 이에 내몰리는 자본의 자기현대화의 결과물로 이해하는 것이다. 이런 관점에서 프롤레타리아 모습의 역사적 변모를 추적하고 점점 교육수준이 높아지고 따라서 점차 자유의식과 생태학적 의식이 높아지는 '청빈한' 현대 프롤레타리아를 계급이론적으로 선명히 확정하려고 시도하였다. 이것은 자본주의적 생산과정의 수백년에 걸친 구성체적·생산조직적 변동을 사회사적으로 추적하는 이론적 작업을 요구했다. 전(前)관료체제적·가부장제적 생산조직, 고전적 관료주의, 테일러-포드주의적 관료주의, 극소전자기술에 의해 변모된 새로운 관료주의적 노동조직 등의 분석, 매뉴팩처, 고전적 기계화 과정, 테일러-포드화 과정, 극소전자적 자동화 과정 등에서의 노동숙련도와 자본관계의 변화에 대한 분석, 노동귀족층의 역사의 추적 등이 바로 그러한 작업이다. 필자의 작업결과는 현대 프롤레타리아가 이제 더이상 고전적 의미에서의 '혁명적인' 세력은 아니지만 그럼에도 불구하고 여전히 견인력 있는 개혁세력들을 낳을 결정적인 사회적 토양이라는 것이다.

나아가 필자는 사회해방과 생태학, 또는 노동운동과 '새로운 사회운동', '옛' 사회정책과 '새로운' 정책 등 간의 가상적 대립을 이론적으로 해소하고자 노력하였는바, 이 두 가지 운동방향은 실은 **현대화된 프롤레타리아**의 사회운동의 두 가지 표현태로 정식화될 수 있고, 생태학적 효과를 수반하는 내포적 재산업화 과정 속에서 **하나의** 정치조직 안에 '형제처럼'(Engels) 통합될 수 있는 것이기 때문이다.

다른 이론적 측면은 특히 맑스주의의 현대화 문제와 관련되어 있다. 이 작업과정에서 필자는 한편으로 맑스와 엥겔스의 몇몇 이론부분과 프로젝트들을 비판적으로 해소하여 역사에 귀속시키고(권위개념 및 지도개념과 관련된 엥겔스의 오추리, 이윤율의 경향적 하락의 법칙, 손노동과 두뇌노동의 재통합에 의한 양자의 대립의 극복 프로젝트 등) 이론적 대안을 제시하였다(점점 재숙련화되는, 따라서 반성능력과 자유의식이 높아지는 현대 프롤레타리아와 맞닥뜨린 자본의 이윤율의 새로운 딜레마, 자동화되는 노동과정 안에서의 손노동의 점진적 감소를 통한 손노동과 두뇌노동의 대립의 약화 및 **두뇌노동자들**에 의한 잔존하는 손노동의 궁극적인 흡수, 생산과정 밖의 육체적 **활동**과 두뇌노동자의 사회적 결합 등). 다른 한편으로 필자는 맑스의 저작 안에서 완전히 소홀히 되어온, 그러나 오늘날 지극히 중요해진 몇몇 이론적 단초들을 현대화하고 새로운 정식으로 발전시켰다('새로운 금융귀족층'으로서의 최고경영자, 비난하는 의미가 아니라 프롤레타리아 중 '가장 많은 임금을 지불받는' 상층이라는 맑스의 객관적 의미를 지닌 새로운 '노동귀족층'으로서의 '지식프롤레타리아', 맑스와 엥겔스의 생태학적 단초와 생태학적 기술테제, 자본의 '외연적' 및 '내포적' 확대재생산, 내포적 재산업화 양식의 자본경제적·소재경제적·생태학적 함의의 해명 등).

동시에 필자는 맑스 원전들에 관한 유행하는 오해(이른바 좌우의 '소문 맑스')를 비판적으로 해체하거나 소홀히 되어온 범주들을 다시 살려내 분석적으로 적용하였다('두뇌노동과 손노동'의 공장 내 분업과 '정신적 노동과 물질적 노동'의 사회적 분업의 혼동에 대한 비판, '유기적' 생산과정과 '이종적' 생산과정의 구분, '형식적' 포섭과 '실질적' 포섭 등). 또한 최근의 기술 논의를 위해 맑스의 기술테제를 정밀화했다. 노동기술적 합리성과 지배기술적 합리성을 선명히 구분하고 맑스의 '기술의 자본주의적 적용테제'를 노동기술에만 한정시키고 맑스의 생산력 개념의 생태학적 비판성을 부각시키는 것 등이 바로 그것이다.

이른바 맑스주의의 위기는 어떤 의미에서 동서 맑스주의자들의 자기귀책적 위기라고 봐야 할 것이다. 맑스주의의 '위기'는 항상 이론적으로 고전적 방법과 원칙에 충실하지도 않고 동시에 또 현대 프롤레타리아에 의해 쟁취된 성과와 점진적 세계변혁 및 자본주의의 현대화를 따라잡지 못하는, 과거에 사로잡힌 각종 맑스주의 조류들의 이론적 부정행위와 지체된 자기혁신에 의해 야기되었기 때문이다. 따라서 '위기'의 본질은 현실과 동떨어진 각종 맑스주의의 현실이격성 외에 다른 것이 아닌 셈이다. 이런 한에서 '맑스주의의 위기'는 사고의 위기이고 21세기를 향한 창발적인 이론적 발전과 획기적인 사고혁신을 통해, 오직 이것을 통해서만 극복될 수 있을 것이다. 이러한 위기극복은 물론 생산독재, 소통독재, 환경독재 등과의 근본적 결별을 전제하는 것이다. 필자는 이 저작이 이것에 조금이나마 기여할 수 있기를 바랄 따름이다.

약어 및 참고문헌

1. 약 어

FAZ: *Frankfurter Allgemeine Zeitung*
FR: *Frankfurter Rundschau*
MEGA: *Marx Engels Gesamtausgabe*
MEW: *Marx Engels Werke*
LAW: *Lenin Ausgewählte Werke*
LW: *Lenin Werke*

2. 문헌 및 자료원

엄명숙/황태연, 1993(재판 1994), 『포스트사회론과 비판이론』, 서울: 푸른산.
최정운, 1992, 『지식국가론』, 서울: 삼성출판사.
황태연, 1990, 『과학기술혁명시대의 자본주의와 사회주의』, 서울: 중원문화.
황태연, 1992(재판 1994), 『환경정치학과 현대정치사상』, 서울: 나남.

Abalkin, L. I. 1987. *UdSSR——Strategie der ökonomischen Entwicklung.* Moskau.
Afanasiew, W. G. 1974. *Wissenschaftlich-technische Revolution, Leitung, Bildung. Berlin.*
Ahlberg, R. 1978. "Die Bürokratie als herrschende Klasse in sozialistischen Gesellschaften." in: Geißler, H. (Hrsg.) 1978. *Verwaltete Bürger—— Gesellschaft in Fesseln. Bürokratisierung und ihre Folgen für Staat, Wirtschaft und Gesellschaft.* Frankfurt am Main/Berlin/Wien.

Altvater, E. 1972. "Zu einigen Problemen des Staatsinterventionismus." in: *Prokla*. Heft 3/1972.

__________. 1989. "Prolegomena zur ökologischen Kritik der politischen Ökonomie——10 Thesen." in: *Ökologie und ökonomische Rationalität. Thesenpapiere und Kommentare zu einem Symposion. Reihe kritische Interdisziplinarität*. Heft 1. Frankfurt am Main.

__________. 1991. *Die Zukunft des Marktes. Ein Essay über die Regulation von Geld und Natur nach dem Scheitern des "real existierenden Sozialismus"*. Münster.

Arendt, H. 1989. *Vita Activa oder Vom tätigen Leben*. München (Englische Ausgabe: *The Human Condition*. Chicago 1958).

__________. 1990. *Macht und Gewalt*. München/Zürich (Englische Ausgabe: *On Violence*. New York 1970).

Aristoteles. 1971. *Politik*. München.

Aßmann, G./Stollberg, R. (Hrsg.) 1979. *Grundlagen der marxistisch-leninistischen Soziologie*. Berlin.

Aumeier, K. 1976. "Im Großraumbüro." in: *Kursbuch*. Nr. 43/1976.

Baethge, M./Oberbeck, H. 1986. *Zukunft der Angestellten. Neue Technologien und berufliche Perspektiven in Büro und Verwaltung*. Frankfurt am Main/New York.

Bahrdt, H. P. 1958. *Industriebürokratie—— Versuch einer Soziologie des industrialisierten Bürobetriebs und seiner Angestellten*. Stuttgart.

__________. 1968. "Die Krise der Hierarchie im Wandel der Kooperationsform." in: Mayntz, R. (Hrsg.) 1968. *Bürokratische Organisation*. Köln/Berlin.

Beck, U. 1986. *Risikogesellschaft. Auf dem Weg in eine andere Moderne*. Frankfurt am Main.

Bentham, Jeremy. 1962a. *An Essay on the Political Tactics*. in: Bentham, J. *The Works of Jeremy Bentham*. Vol. 2. New York.

__________. 1962b. *Panopticon, or, the Inspection House*. in: Bentham, J. *The Works of Jeremy Bentham*. Vol. 4. New York (reproduced from the Bowering Edition of 1838~1843).

Benz-Oberhage, K./Brumlop, E./Freyberg, Th. von/Papadimitriou, Z. 1982. *Neue technologien und alternative Arbeitsgestaltung: Auswirkungen des Computereinsatzes in der industriellen Produktion*. Frankfurt/New York.

Bergmann, J. 1989. "'Reelle Subsumtion' als arbeitssoziologische Kategorie." in: Schumm, W. (Hrsg.) 1989. *Zur Entwicklungsdynamik des modernen Kapitalismus. Beiträge zur Gesellschaftstheorie, Industriesoziologie und Gewerkschaftsforschung.* Symposium für Gerhard Brandt. Frankfurt am Main/New York.

Bernal, J. D. 1961. *Die Wissenschaft in der Geschichte.* Berlin.

Bier, D. /Möll, G. 1989. "Einige Anmerkungen zur Entwicklung des 'Theorems der reellen Subsumtion' bei Gerhard Brandt." in: Schumm, W. (Hrsg.) 1989. *Zur Entwicklungsdynamik des modernen Kapitalismus. Beiträge zur Gesellschaftstheorie, Industriesoziologie und Gewerkschaftsforschung.* Symposium für Gerhard Brandt. Frankfurt am Main/New York.

Bischoff, J. (Hrsg.) 1980. *Die Klassenstruktur der BRD.* Hamburg.

Bischoff, J. u.a. 1982. *Jeseits der Klassen? Gesellschaft und Staat im Spätkapitalismus.* Hamburg.

Blanke, B. /Jürgens, U. /Kastendick, H. 1974. "Zur neueren marxistischen Diskussionen über die Analyse von Form und Funktion des bürgerlichen Staats." in: *Prokla.* Heft 14/1974.

Blau, J. 1977. *Zum Ausbau des staatlichen Repressionsapparates seit Ende der sechziger Jahre.* Frankfurt am Main.

Blume, A. 1981. *Die Fabrik. Zur Kritik betrieblicher Macht, Kooperation, Hierarchie und Disziplin.* Giessen.

Bochum, U. /Meißner, H.-R. 1994. "Schlanke Produktionskonzepte als Krisenlösung?" in: *Sozialismus.* 4/1994.

Böhme, G. /Grebe, J. 1985. "Soziale Naturwissenschaft. Über die wissenschaftliche Bearbeitung der Stoffwechselbeziehung Mensch und Natur." in: Böhme, G. /Schramm, E. (Hrsg.) 1985. *Soziale Naturwissenschaft. Wege zu einer Erweiterung der Ökologie.* Frankfurt am Main.

Bosetzky, H. 1978. "Bürokratisierung in Wirtschaft und Unternehmen." in: Geißler, H. (Hrsg.) 1978. *Verwaltete Bürger——Gesellschaft in Fesseln. Bürokratisierung und ihre Folgen für Staat, Wirtschaft und Gesellschaft.* Frankfurt am Main/Berlin/Wien.

Bourdieu, Pierre. 1985. *Sozialer Raum und "Klassen". Leçon sur la leçon. Zwei Vorlesungen.* Frankfurt am Main.

————. 1989. *Die feine Unterschiede. Kritik der gesellschaftlichen Urteils-*

kraft. Frantfurt am Main.

________. 1991. *Die Intellektuellen und die Macht*. Hamburg.

Bowls, S. /Gintis, H. 1983. "Die Heterogenität von Macht." in: *Argument*. Nr. 140/1983.

Brand, K.-W. 1985. "Einleitung." in: Brand, K.-W. (Hrsg.) 1985. *Neue soziale Bewegungen in Westeuropa*. Frankfurt/New York.

Brand, K.-W. /Büsser, D./Rucht, D. 1986. *Aufbruch in eine andere Gesellschaft. Neue soziale Bewegungen in der Bundesrepublik*. Frankfurt am Main.

Braverman, H. 1977. *Die Arbeit im modernen Produktionsprozeß*. Frankfurt am Main/New York (Englische Originalausgabe: *Labor and Monopoly Capital. The Degradation of Work in the Twentieth Century*. 1974).

Brentel, H. 1987. *Alternative ökonomische Reproduktionsmodelle. Die natureinbeziehenden Konzepten*. Frankfurt am Main.

________. 1989. *Soziale Form und ökonomisches Objekt. Studien zum Gegenstand und Methodenverständnis der Kritik der politischen Ökonomie*. Opladen.

________. 1989. "Ökologische und ökonomische Rationalität." in: *Kommune*. 11/1989.

Bühl, A. 1982. "Der unmittelbare Gewalt- und Repressionsapparat." in: IMSF (Hrsg.) 1982. *Der Staat im staatsmonopolistischen Kapitalismus der Bundesrepublik*. Frankfurt am Main.

Bünnig, J. /Frobbe, G. /Höfkes, U. 1984. "Zur aktuellen Neustruktuierung des Kapital- und Klassenverhältnisses. Der Betrieb als Formationsbasis sozial ökonomischen Strukturwandels." in: *Marxistische Studien*. 7/1984.

Burnham, J. 1948. *Das Regime der Manager*. Stuttgart (Englische Originalausgabe: *The Managerial Revolution*. 1941).

Burnheim, J. 1987. *Über Demokratie. Alternativen zum Parlamentarismus*. Berlin (Originalausgabe: *Is Democracy possible?* Cambridge 1985).

Butterwege, Chr. 1981. "Die 'Staatsableitungs'-Debatte." in: IMSF (Hrsg.) 1981. *Der Staat im staatsmonopolistischen Kapitalismus der Bundesrepublik*. Frankfurt am Main.

Capital. 8/1988. Frankfurt am Main.

Clawson, D. 1980. *Bureaucracy and the Labor Process. The Transformation of U. S. Industry 1860~1920*. New York/London.

Crosby, A. W. 1986. *Ecological Imperialism. The Biological Expansion of Europe, 900~1900*. Cambridge (Deutsche Ausgabe: *Die Früchte des weissen Mannes. Ökologischer Imperialismus 900~1900*. Frankfurt am Main 1991).

Dahrendorf, R. 1957. *Soziale Klassen und Klassenkonflikt in der industriellen Gesellschaft*. Stuttgart.

Deppe, F. 1993. "Gestaltungskompetenz und Gegenmacht." in: *Sozialismus*. 2/1993.

Deppe, F. u.a. (Autorenkollektiv) 1988. "Wissenschaftlich-technische Revolution
   und staatsmonopolistischer Kapitalismus der BRD: Aktuelle Widersprüche und Konflikte in den Klassenbeziehungen und im staatlich-politischen System." in: IMSF (Hrsg.) 1988. *Wissenschaftlich-technische Revolution und Krise des staatsmonopolitischen Kapitalismus*. Frankfurt am Main.

Diligenski, G. u.a. 1987. *Die soziale Psyche der Klassen und Schichten im heutigen Kapitalismus*. Frankfurt am Main.

Diligenski, G. G. u.a. 1978. "Die Mittelschichten der kapitalistischen Gesellschaft und die Arbeiterbewegung." in: IPW (Hrsg.). *Mittelschichten im gegenwärtigen Kapitalismus*. Berlin.

Dobb, M. 1966. *Organisierter Kapitalismus*. Frankfurt am Main.

Duda, H. 1987. *Macht oder Effizienz? Eine ökonomische Theorie der Arbeitsbeziehungen im modernen Unternehmen*. Frankfurt am Main/New York.

Dudek, P. 1979. "Naturwissenschaftliche Denkformen und ökonomische Struktur. Zur Fortsetzung der Sohn-Rethel-Disskussion." in: *Prokla*. Nr. 1/1979.

Dunkel, K. D. 1988. "Kooperation ist alles . . . Zusammenarbeit zwischen Wirtschaft und Staat bei der Bekämpfung wirtschaftsbedrohender Kriminalität." in: *Wirtschaftsschutz + Sicherheitstechnik*. 11/1988.

Edwards, R. 1981. *Herrschaft im modernen Produktionsprozeß*. Frankfurt am Main (Originalausgabe: *Contested Terrain*. 1979).

Eichhorn, W. u.a. 1969. *Wörterbuch der marxistisch-leninistischen Soziologie*.

528

Berlin.

Engels, Fr. *Marx Engels Werke* (*MEW*). Bände 1~43 und Ergänzungsband. 1~2.

________. *Marx Engels Gesamtausgabe* (*MEGA*). 1. Abt. Bd. 27.

Esser, J. 1975. *Einleitung in die materialistische Staatsanalyse*. Frankfurt am Main/New York.

Etzioni-Halevy, E. 1983. *Bureaucracy and Democracy. A Political Dilemma*. London/Boston/Melbourne/Henley.

Fehrmann, E. 1990. "Quo vadis? Der DGB und die Zukunftsherausforderung." *Sozialismus*. 6/1990. Hamburg.

Ferguson, Adam. 1988. *Versuch über die Geschichte der bürgerlichen Gesellschaft*. Frankfurt am Main (Originalausgabe: *An Essay on the History of Civil Society*. 1767).

Fernstädt, H. /Ehses, H. 1984. *Personenkontrolle. Betriebliche Überwachung und Regelung des Personenverkehrs*. Heidelberg.

Fetscher. I. 1981. *Von Marx zur Sowjetideologie*. Frankfurt am Main.

Flatow, S. /Huisken, F. 1973. "Zum Problem der Ableitung des bürgerlichen Staats. Die Oberfläche der bürgerlichen Gesellschaft, der Staat und die allgemeine Rahmenbedingung der Produktion." in: *Prokla*. Heft 7/1973.

Foucault, M. 1976. *Überwachung und Strafen. Die Geburt des Gefängnisses*. Frankfurt am Main (Originalausgabe: *Surveiller et Punir. La naissance de la Prison*. Gallimard 1975).

________. 1978. Dispositive der Macht. Berlin.

________. 1983. *Der Wille zum Wissen. Sexualität und Wahrheit 1*. Frankfurt am Main.

________. 1986. *Vom Licht des Krieges zur Geburt der Geschichte*. Berlin.

Fritsch, H. /Stiebritz, B. 1981. *Arbeitsteilung im Kapitalismus und im Sozialismus*. Berlin.

Fritz, H.-J. 1982. *Menschen im Büroräumen*. München.

Galbraith, J.K. 1974. *Wirtschaft für Staat und Gesellschaft*. Frankfurt am Main.

Gärtner, H.-D. /Klemm, P. 1989. *Der Griff nach der Öffentlichkeit, Grundsätze und Ziele der neuen IG Medien im DGB*. o. O..

Gelhausen, U. /Spitzner, A. 1978. "Privatisierung der 'inneren Sicherheit'?" in:

Blätter für deutsche und internationale Politik. 9/1978.

Gemkow, H. u.a. 1984. *Friedrich Engels, Eine Biographie.* Berlin.

Glotz, P. 1986. "Die Zuspitzung der Arbeit. Fünf Thesen zur Arbeitsgesellschaft und ihrer Zukunft." in: Haaren, K. van/Klose, H.-U. /Müller, M. (Hrsg.) 1986. *Befreiung der Arbeit. Strategien gegen Arbeitslosigkeit, Naturzerstörung und Entfremdung.* Bonn.

Gorbatschow, M. u.a 1988. *Die Zukunft der Sowjetunion. Die Debatte auf der Parteikonferenz der KPdSU.* Köln.

Gorz, A. 1988. *Abschied vom Proletariat. Jenseits des Sozialismus.* Frankfurt am Main (überarbeitete Aufl.).

———. 1989. *Kritik der ökonomischen Vernunft. Sinnfragen am Ende der Arbeitsgesellschaft.* Berlin.

Gouldner, A.W. 1980. *Die Intelligenz als neue Klasse. Sechzehn Thesen zur Zukunft der Intellektuellen und der technischen Intelligenz.* Frankfurt am Main/New York (Originalausgabe: *The Future of Intellectuals and the Rise of the New Class.* 1979).

Graichen u.a. (Autorenkollektiv) 1980. *Sozialistische Betriebswirtschaft.* Berlin.

Gramsci, A. 1980. *Zu Politik, Geschichte und Kultur.* Frankfurt am Main.

Guha, A.-A. 1988. "Reformschub. Anmerkungen zur 19. Parteikonferenz der KPdSU." in: Gorbatschow, M. u.a. 1988. *Die Zukunft der Sowjetunion. Die Debatte auf der Parteikonferenz der KPdSU.* Köln.

Habermas, J. 1969. *Technik und Wissenschaft als 'Ideologie'.* Frankfurt am Main.

———. 1976. "Hanna Arendts Begriff der Macht." in: Habermas. 1981. *Philosophisch-politische Profile.* Frankfurt am Main.

———. 1980. "Replik auf Einwände." in: Habermas. 1984. *Vorstudien und Ergänzungen zur Theorie des kommunikativen Handelns.* Frankfurt am Main.

———. 1981 (3. durchgelesene Aufl. 1985). *Theorie des kommunikativen Handelns* Bd. 2. *Zur Kritik der funktionalistischen Vernunft.* Frankfurt am Main.

———. 1985. *Die Neue Unübersichtlichkeit.* Frankfurt am Main.

———. 1990. *Strukturwandel der Öffentlichkeit. Untersuchung zu einer*

Kategorie der bürgerlichen Gesellschaft. Frankfurt am Main (1. Aufl. 1962).

————. 1992. *Faktizität und Geltung. Diskurstheorie des Rechts und des demokratischen Rechtsstaates.* Frankfurt am Main.

Haupt, H./Kolbe, H. 1978. "Zur Entwicklung der Intelligenz der BRD in den 70er Jahren." in: IPW (Hrsg.) 1978. *Mittelschichte im gegenwärtigen Kapitalismus.* Berlin.

Häußermann, H. 1977. *Die Politik der Bürokratie.* Frankfurt am Main/New York.

Heine, M. 1990. "Ökologische Perspektive der DDR." in: Heine, M. u.a. (Hrsg.). *Die Zukunft der DDR-Wirtschaft.* Reinbeck bei Hamburg.

Hegel, G. W. F. 1980. *Grundlinien der Philosophie des Rechts.* Frankfurt am Main. *Hegel Werke.* Bd. 7.

Hickel, R. 1987. *Ein neuer Typ der Akkumulation? Anatomie des ökonomischen Strukturwandels —— Kritik der Marktothodoxie.* Hamburg.

Hieber, L. 1977. "Sohn-Rethels Bedeutung für die Selbstreflexion naturwissenschaftlicher Arbeit." in: *Prokla.* Nr. 29/1977.

Hirsch, J. 1976. "Bemerkungen zum theoretischen Ansatz einer Analyse des bürgerlichen Staats." in: Backhaus, H.-G. u.a. (Hrsg.). *Gesellschaft.* 8/9. Frankfurt am Main.

————. 1990. *Kapitalismus ohne Alternativ? Materialistische Gesellschaftstheorie und Möglichkeiten einer sozialistischen Politik heute.* Hamburg.

Hirsch, J./Roth, R. 1986. *Das neue Gesicht des Kapitalismus. Vom Fordismus zum Post-Fordismus.* Hamburg.

Hoffmann, J. 1992. "Neuer Produktivitätstyp—alte Vertretungsstrukturen. Die industriellen Beziehungen in der Bundesrepublik zwischen regionaler Dezentralisierung und Internalisierung." in: *Prokla.* Heft. 86/1992.

Hofmann, W. 1988. *Industriesoziologie für Arbeiter. Klassenverhältnis und Arbeitsverfassung.* Heilbron.

Hölscher, L. 1979. *Öffentlichkeit und Geheimnis,* Stuttgart.

Hund, W. D. 1990. *Stichwort: Arbeit —— vom Banausentum zum travail attractif.* Heilborn.

Ilijtschow, L. F. u.a. 1973. *Friedrich Engels. Sein Leben und Wirken.* Moskau.

Inosemzew, N. N. u.a. 1985. *Die Internationale Arbeiterbewegung. Fragen der*

Geschichte und der Theorie. Bd. 6. Berlin.

Institut für Marxismus-Leninismus beim ZK der SED. 1984. *Friedrich Engels. Eine Biographie.* Berlin.

Isenmann, E. 1988. *Die Deutsche Stadt im Spätmittelalter: 1250~1500.* Stuttgart.

Jung, H. 1973. "Zu den klassentheoretischen Grundlagen einer sozialistischen Analyse der Klassen- und Sozialstruktur der BRD." in: IMSF (Hrsg.) 1973. *Klassen- und Sozialstruktur der BRD 1950~1970.* Teil I 'Klassenstruktur und Klassentheorie'. Frankfurt am Main.

————. 1986. *Deformierte Vergesellschaftung. Zur Soziologie des staatsmonopolistischen Kapitalismus der BRD.* Frankfurt am Main.

Karl, H. 1988. "Zur Zukunft humanorientierter Produktionsprozesse." in: IMSF (Hrsg.) 1988. *Zukunft von Technik und Arbeit——Alternativen und Strategien der Arbeiterbewegung.* Frankfurt am Main.

Keane, J. 1984. *Public Life and Late Capitalism.* London/New York/New Rochelle/Melbourne/Sydney.

Kebir, S. 1990. "Vergesellschaftung statt Verstaatlichung. Über die Aktualität von Gramscis Zivilgesellschaft." in: *Sozialismus.* 7/1990. Hamburg.

Kern, H./Schumann, M. 1977 (Taschenbuch 1985). *Industriearbeit und Arbeiterbewußtsein.* Frankfurt am Main.

————. 1983. "Arbeit und Sozialcharakter; alte und neue Konturen." in: Matthes, J. (Hrsg.). *Krise der Arbeitsgesellschaft?* Verhandlungen des 21. Deutschen Soziologentage in Bamberg 1982. Frankfurt am Main.

————. 1984. *Das Ende Arbeitsteilung? Rationalisierung in der industriellen Produktion——Bestandaufnahme, Trendbestimmung.* München.

Kitschelt, H. 1985. "Zur Dynamik neuer sozialer Bewegungen in den USA. Strategien gesellschaftlichen Wandels und 'American Exceptionalism'." in: Brand, K. W. (Hrsg.) 1985. *Neue soziale Bewegungen in Westeuropa und den U. S. A..* Frankfurt am Main/New York.

Kocka, J. 1981. *Die Angestellten in der deutschen Geschichte 1850~1980.* Göttingen.

————. 1990a. *Weder Stand noch Klasse. Unterschichten um 1800.* Bonn.

————. 1990b. *Arbeiterverhältnisse und Arbeiterexistenz. Grundlagen der Klassenbildung im 19. Jahrhundert.* Bonn.

532

Kofler, L. 1983. *Beherrscht uns die Technik?* Hamburg.

Köhler, R./Speer, G. 1978. "Zur Stellung der wissenschaftlich-technischen Intelligenz in Leitungsprozessen." in: IPW (Hrsg.) 1978. *Mittelschichten im gegenwärtigen Kapitalismus.* Berlin.

Die KPdSU. "Thesen des Zentralkomitees der KPdSU zur 19. Unionsparteikonferenz." 23. Mai 1988. in: Gorbatschow, M. /Abalkin, L. u.a. 1988. *Die Zukunft der Sowjetunion. Die Debatte auf der Parteikonfernz der KPdSU.* Köln.

Kratz, S. 1980. *Sohn-Rethel.* Hannover.

Krüger, H.-P. 1990. *Kritik der kommunikativen Vernunft.* Berlin.

Kuczynski, J. 1986. *Bemühungen um die Soziologie.* Berlin.

Lange, H. 1984. "Die lohnabhängigen Naturwissenschaftler und Ingenieur." in: *Marxistischen Studien.* 7/1984.

Lauenroth, H.-G. (Hrsg.) 1988. *Innovatiponsprozeß. Flexible Automatisierung.* Berlin.

Leisewitz, A. 1984. "Flexibierung und Kontrolle. Neue Technologien und Veränderungen der Betriebsstrukturen am Beispiel der Automobilindustrie." in: *Marxistische Studien.* 7/1984.

________. 1988. "Neue Technik und Arbeit im Umbruch." in IMSF (Hrsg.) 1988. *Zukunft von Technik und Arbeit.* Frankfurt am Main.

Lenger, Fr. 1988. *Sozialgeschichte der deutschen Handwerker seit 1800.* Frankfurt am Main.

Lenin, W.I. "Zur sogenannten Frage der Märkte." *Lenin Werke (LW)* 1. Berlin 1962.

________. "Was sind 'Volksfreunde' und Wie kämpfen sie gegen die Sozialdemokraten?" *LW* 1.

________. "Eine rückläufige Richtung in der Rissischen Sozialdemokratie." *LW* 4.

________. "Der Imperialismus als höchstes Stadium des Kapitalismus." *Ausgewählte Werke (LAW).* Bd. Ⅱ. Berlin 1970.

________. "Staat und Revolution." *LAW* Ⅱ.

________. "Die nächste Aufgaben der Sowjetmacht." *LAW* Ⅱ.

________. "Gruß an die ungarischen Arbeiten." *LAW* Ⅲ.

________. "Über die Genossenschaften." Ⅰ, Ⅱ. *LAW* Ⅲ.

________. 1981. *Bemerkungen zu Bucharins 'Ökonomik der bergangsperiode'*. Frankfurt am Main/Gelsenkirchen.

Luhmann, N. 1978. "Die Organisationsmittel des Wohlfahrstaats und ihre Grenzen." in: Geißler, H. (Hrsg.) 1978. *Verwaltete Bürger —— Gesellschaft in Fesseln. Bürokratisierung und ihre Folgen für Staat, Wirtschaft und Gesellschaft*. Frankfurt am Main/Berlin/Wien.

Mahnkopf, B. 1989. "Die dezentrale Untersuchungsorganisation —— (k)ein Terrain für neue 'Produktionsbündnisse'?" in: *Prokla*. Nr. 3/1989.

Marcuse, H. 1965. "Industrialisierung und Kapitalismus im Werk Max Webers." in: Habermas. 1965. *Kultur und Gesellschaft* Ⅱ. Frankfurt am Main.

________. 1967. *Der eindimensionale Mensch. Studien zur Ideologie der fortschrittenen Industriegesellschaft*. Darmstadt/Neuwied (Originalausgabe: The One-Dimensional Man. Boston 1964).

Marglin, S. A. 1977. "Was tun die Vorgesetzten? Ursprünge und Funktion der Hierarchie in der kapitalistischen Produktion." in: *Technologie und Politik*. Nr. 8/1977.

Marx, K. *Marx Engels Werke* (*MEW*). Bd. 1~43 und Ergänzungsband. 1~2.

________. *Marx Engels Gesamtausgabe* (*MEGA*). 1. Abt. Bd. 27.

________. *Resultate des unmittelbaren Produktionsprozesses*. Frankfurt am Main (veröffentl.: 1969).

Meyer-Abich, K. M. 1991. "Öko-Kolonialismus —— auch durch die Veränderung des Klimas." in: Altner, G. u.a. (Hrsg.) 1992. *Jahrbuch Ökologie 1992*. München.

Mückenberger, U. 1989. "Entwicklungsperspektiven des Normalarbeitsverhältnisses. Anmerkungen zum Stand der gewerkschafts- und rechtspolitischen Diskussion." in: *Prokla*. Nr. 3/1989.

Müller, W./Neusüß, Chr. 1971. *Die Sozialstaatsillusion und des Widerspruch von Lohnarbeit und Kapital*, Prokla-Sonderheft 1/1971.

Negt, O. 1984. *Lebendige Arbeit, enteignete Zeit. Politische und kulturelle Dimension des Kampfes um die Arbeitszeit*. Frankfurt am Main/New York.

Neue Zeit. Nr. 9/1988. Moskau.

Ocqueteau, F. 1987. "Frankreich: private Sicherheitsdienste." in: *Bürger-*

534

rechte & *Polizei*. 1/1987 (*CILIP*. Nr. 26).

Ortmann, G. 1987. "Leitung an sich?" in: *mehrwert*. 15~16 1978.

Osers, J. 1980. *Sozialistische Wirtschaftsmodelle*. Frankfurt am Main/New York.

Otten, D. 1986. "Good bye Mr. Ford. Anmerkungen zur Entwicklung der Produktivkräfte in der dritten industriellen Revolution und ihre Rückwicklung auf die Erwerbsarbeit in den kommenden Dekaden." in: Haaren, K. van/Klose, H.-H. /Müller, M. (Hrsg.) 1986. *Befreiung der Arbeit. Strategie gegen Arbeitslosigkeit, Naturzerstörung und Entfremdung*. Bonn.

Paschukanis, E. 1969. *Allgemeine Rechtstheorie und Marxismus*. Frankfurt am Main (2. Aufl.).

Peter, L. 1988. "Einführungsthesen zum 'Themenblock: Neue Technologie und Veränderung der Arbeit'." in: IMSF (Hrsg.) 1988. *Zukunft von Technik und Arbeit*. Farnkfurt am Main.

Poulantzas, N. 1975. *Klassen im Kapitalismus―― heute*. Berlin.

Projekt Klassenanalyse, 1973. *Materialien zur Klassenstruktur der BRD*. Berlin.

Pross, H. 1965. *Manager und Aktionäre in Deutschland. Untersuchung zum Verhältnis von Eigentum und Verfügungsmacht*. Frankfurt am Main.

Pusch, R. 1975. "Die Totalisierung der Gewalt―― Anmerkungen zum Ausbau der staatlichen Gewaltpotentiale in der Bundesrepublik." in: Albrecht, U. /Schierholz, H. /Theilen, J. H. -H. (Hrsg.) 1975. *Anti-Wehrkunde*. Darmstadt/Neuwied.

Radant, H. u.a. (Hrsg.) 1981. *Handbuch Wirtschaftsgeschichte*. Berlin.

Reusswig, F. /Ritsert, J. 1991. *Marxsche Dialektik―― Stichworte zu einer unendlichen Geschichte. Seminamaterialien 11*. Frankfurt am Main.

Riedke, R. 1988. *Wem gehört unsere Republik? Hundert Konzerne und ihre Verflechtungen*. Frankfurt am Main.

Ritsert, J. 1973. *Probleme politisch-ökonomischer Theoriebildung*. o. O. .

―――. 1975. "Handlungsgründe und Verhaltensursachen (Reasons and Causes)." in: Ritsert (Hrsg.). *Gründe und Ursachen gesellschaftlichen Handelns*. Frankfurt/New York.

―――. 1977. *Denken und gesellschaftliche Wirklichkeit 1. Arbeitsbuch zum Klassischen Ideologiebegriff*. Frankfurt am Mein/New York.

________. 1988a. *Gesellschaft*. Frankfurt am Main/New York.

________. 1988b. *Der Kampf um das Surplusprodukt. Einführung in den klassischen Klassenbegriff*. Frankfurt/New York.

________. 1988c. *Das Bellen des toten Hundes. Über Hegelsche Argumentations-figuren im sozialwissenschaftlichen Kontext*. Frankfurt/New York.

________. 1989. "Produktionsparadigma, Kulturkampfthese und neue soziale Bewegungen." in: *Leviathan*. 3/1989.

________. 1990. *Ästhetische Theorie als Gesellschaftskritik. Umrisse der Dialektik in Adornos Spätwerk*. Frankfurt am Main.

Römer, P. 1978. *Entstehung, rechtsform und Funktion des kapitalistischen Privateigentums*. Köln.

Rudel, G. 1978. *Die Entwicklung der marxistischen Staatstheorie in der Bundesrepublik*. Frankfurt am Main/New York.

Ruppert, W. 1983. *Die Fabrik*, München.

Schanz, G. 1973. *Zur Geschichte der deutschen Gesellen-Verbände*, Glashütten.

Schmidt, A. 1971. *Der Begriff der Natur in der Lehre von Marx*. Frankfurt am Main.

Schmiede, R. 1989. "Reelle Subsumtion als gesellschaftliche Kategorie." in: Schumm, W. (Hrsg.) 1989. *Zur Entwicklungsdynamik des modernen Kapitalismus. Beiträge zur Gesellschaftstheorie, Industriesoziologie und Gewerkschaftsforschung*. Symposium für Gerhard Brandt. Frankfurt am Main/New York.

Schroeder, Fr.-Chr. 1979. *Wandlungen der sowjetischen Staatstheorie*. München.

Schumm-Garling, U. 1972. *Herrschaft in der industriellen Arbeitsorganisation*. Frankfurt am Main.

Semmler, B. M. 1984. "Die Großbetriebe und ihre Belegschaften. Angaben zum großbetrieblichen Sektor der Bundesrepublik." in: *Marxistische Studien*. 7/1984, Frankfurt am Main.

Seppmann, W. 1983. "Alternative Technik-Kritik. Einleitende Anmerkungen zur Aktualität der Kritik der technologischen Rationalität." in: Kofler, L. 1983. *Beherrscht uns die Technik?* Hamburg.

Sereni, E. 1981. "Von Marx zu Lenin: Die Kategorie 'ökonomische Gesellschaftsformation'." in: IMSF (Hrsg.) 1981. *Ökonomische Gesellschaftsfor-*

mationen. Theorie und Geschichte. Frankfurt am Main.

Sicherheitsberater. Nr. 6/1988.

Simonis, U. E. 1991. "Klimakonvention: Neuer Konflikt zwischen Industrie- und Entwicklungsländern." in: Altner, G. u.a. (Hrsg.), 1992. *Jahrbuch Ökologie 1992.* München.

Smith, A. 1928. *Eine Untersuchung über Natur und Wesen des Wohlstandes.* Bd. 1. Jena.

Sohn-Rethel, A. 1972a. *Geistige und körperliche Arbeit.* Frankfurt am Main (Englische Ausgabe: *Intellectual and Manual Labour——A Critique of Epistemology.* 1978).

————. 1972b. *Die ökonomische Doppelnatur des Spätkapitalismus.* Darmstadt/Neuwied.

————. 1973. "Technische Intelligenz zwischen Kapitalismus und Sozialismus." in: Vahrenkamp, R. (Hrsg.) 1973. *Technologie und Kapital.* Frankfurt am Main.

————. 1979. "'Einige Unterbrechungen waren wirklich unnätig'. Gespräch mit Alfred Sohn Rethel." in: Greffrath, M. (Hrsg.) 1979. *Die Zerstörung einer Zukunft.* Reinbek bei Hamburg.

"Sowjetisches Gesetz über den Staatsbetrieb." 30. Juni 1987. in: *Über die grundlegenden Umgestaltung der Leitung der Volkswirtschaft in der UdSSR. Gesetzen und Beschlüsse* (Deutsche Ausgabe: Berlin 1987).

Speier, H. 1989. *Die Angestellten vor dem Nationalsozialismus. Zur deutschen Sozialstruktur 1918~1933.* Frankfurt am Main.

Der Spiegel. Nr. 33/1986; 5. Juni 1992; Nr. 7/1988.

Stalin, J. W. 1970. "Rechenschaftsbericht an den XVIII. Parteitag über die Arbeit des ZK der KPdSU (B)." in: Stalin, J. W. 1970. *Schriften zur Ideologie der Bürokratisierung.* Reinbek bei Hamburg.

————. 1970. *Probleme des Leninismus.* Stalin 1970. Schriften. Reinbeck bei Hambung.

————. 1972. Ökonomische Probleme des Sozialismus in der UdSSR. Peking.

Stamm, K.-H. 1988. *Alternative Öffentlichkeit. Die Erfahrungsproduktion neuer sozialer Bewegungen.* Frankfurt am Main/New York.

Steinkühler, F. 1986. "Befreiung der Arbeit. Betriebliche und politische Mobilisierung von Arbeitnehmerinteressen." in: Haaren, K. van/Klose,

H.-U. /Müller, M. (Hrsg.) 1986. *Befreiung der Arbeit.* Bonn.

Stollberg, R. 1988. *Soziologie der Arbeit.* Berlin.

Strasser, J. /Traube, K. 1982. "Technik und Herrschaft." in: Jokisch, R. (Hrsg.) 1982. *Techniksoziologie.* Frankfurt am Main.

Taylor, Fr. W. 1913. *Die Grundsätze wissenschaftlicher Betriebsführung.* autorisierte deutsche Übersetzung von *The Principles of Scientific Management.* Nachdruck 1977. Weinhelm/Basel.

Teschner, M. 1989. "Was ist Klassenanalyse? Klassenverhältnis, Ausbeutung und Macht." in: Schumann, W. (Hrsg.) 1989. *Zur Entwicklungsdynamik des modernen Kapitalismus. Beiträge zur Gesellschaftstheorie, Industriesoziologie und Gewerkschaftsforschung.* Symposium für gerhard Brandt. Frankfurt am Main.

Therborn, G. 1987. "Auf der Suche nach dem handeln. Geschichte und Verteidigung der Klassenanalyse." in: *Prokla.* Nr. 66.

Tjaden, K. H. 1990. *Mensch— Gesellschaft— Biosphäre. Über die gesellschaftliche Dialektik des Verhältnisses von Mensch und Natur.* Kassel.

Töpfer, B. u.a. (Autorenkollektiv) 1985. *Allgemeine Geschichte des Mittelalters.* Berlin.

Treiber, H. /Steinert, H. 1980. *Die Fabrikation des zuverlässigen Menschen. Über die 'Wahlverwandtschaft' von Kloster- und Fabrikdisziplin.* München.

Udy, S. H., Jr. 1968. "Bürokratie und rationale Elemente in Webers Bürokratiekonzeption." in: Mayntz, R. (Hrsg.) 1968. *Bürokratische Organisation.* Köln/Berlin.

Ullrich, O. 1979. *Technik und Herrschaft. Vom Handwerk zur verdinglichten Blockstruktur industrieller Produktion.* Frankfurt am Main.

________. 1980. *Weltniveau. In der Sackgasse des Industriesystems.* Berlin.

________. 1986. "Modernisierung oder Entindustrialisierung? Überlegungen zur Technologipolitik." in: Projetgruppe Grüner Morgentau (Hrsg.) 1986. *Perspektiven ökologischer Wirtschaftspolitik. Ansätze zur Kultivierung von ökonomischen Neuland.* Frankfurt/New York.

Ullrich, R. 1988. "Neuer Belegschaftstyp: High-Tech-Konzern." in: IMSF (Hrsg.) 1988. *Zukunft von Technik und Arbeit——Alternativen und Strategien der Arbeiterbewegung.* Frankfurt am Main.

Vahrenkamp, R. 1976. "Taylors Leben——ein Mittelklassentraum. über-
legungen zu seinem Rätsel." in: *Kursbuch*. Nr. 43/1976.

________. 1977. "Frederick Winslow Taylor——Ein Denker zwischen Manu-
faktur und Großindustrie." in: Einführung zum Nachdruck von Fr. W.
Taylors *Die Grundsätze wissenschaftlicher Betriebsführung*. Weinhelm/
Basel 1977.

Volpert, W. 1977. "Von der Aktualität des Taylorismus." in: Einführung zum
Nachdruck von Fr. W. Taylors *Die Grundsätze wissenschaftlicher Betrieb-
sführung*. Weinhelm/Basel 1977.

Weber, M. 1984. *Die protestantische Ethik I ——Eine Aufsatzsammung*. Tübin-
gen (hrsg. v. J. Winckelmann).

________. 1985. *Wirtschaft und Gesellschaft*. Tübingen (besorgt v. J. Winckel-
mann).

________. 1988a. *Gesammelte Aufsätz zur Sozial-und Wirtschaftsgeschichte*.
Tübingen.

________. 1988b. "Der Sozialismus." *Max Weber-Studienausgabe (MWS)*. I/15.
Tübingen.

________. 1988c. "Parlament und Regierung im neugeordneten Deutschland.
Zur politischen Kritik des Beamtentums und Parteiwesens." *MWS*. I/15.
Tübingen.

Weeber, K.-W. 1990. *Smog über Attika. Umweltverhalten im Altertum*. Zürich/
München.

Welskopf, E. Ch. 1957. *Die Produktionsverhältnisse im Alten Orient und in der
griechisch-römischen Antike*. Berlin.

Winter, L. 1989. *Klassen und soziale Schichten im Kapitalismus der Gegen-
wart*. Berlin.

Winzer, R. u.a. (Autorenkollektiv) 1980. *Körperliche und geistige Arbeit im
Sozialismus*. Berlin.

Wirtschaftsschutz + Sicherheitstechnik. 7/1988; 4/1989.

Womack, J. P. /Jones, D. T. /Roos, D. /Carpenter, D. S. 1990. *The Machine
that changed the World* (한영석 옮김, 1991, 『생산방식의 혁명』, 서울: 기아
연구소).

Wörterbuch der Geschichte. 1984. Bd. 2. Berlin (Hrsg. v. H. Bartel u.a.).

Wright, E. O. 1978. *Class, Crisis and the State*. London.

찾아보기

창비신서 147

지배와 이성　　　　　　　ⓒ 황태연 1996

1996년　5월　30일　초판 발행
1997년　2월　20일　3쇄 발행
　　　　　　지은이　황　　태　　연
　　　　　　펴낸이　김　　윤　　수
　　　　　　펴낸곳　(주)창작과비평사
　　　　121-070 서울 마포구 용강동 50-1
　　　　　　전화 718-0541 · 0542 (영업)
　　　　　　　　　718-0543 · 0544 (편집)
　　　　　　　716-7876 · 7877 (독자관리)
　　FAX. 713-2403 (영업) 703-3843 (편집)
　　　　　　　　　　지로번호 3002568
　　　　　　　대체구좌 010041-31-0518274
　　　　　　등록 1986. 8. 5　　제10-145호
　　조판 동국전산주식회사 · 인쇄 삼신문화사

ISBN 89-364-1147-0　03300

* 책값은 뒤표지에 표시되어 있습니다.